中国民法典释评

ZHONGGUO MINFADIAN SHIPING

物权编

上卷

崔建远　著

中国人民大学出版社

·北京·

作者简介

崔建远，男，1956年生，现任清华大学法学院教授，清华大学文科资深教授，教育部“长江学者”特聘教授，第二届全国十大杰出中青年法学家，清华大学法学院“凯原学者”，清华大学法学院民事法研究中心主任，享受国务院政府特殊津贴。兼任中国法学会民法学研究会副会长，中国人民大学民商事法律科学研究中心学术委员会主任，最高人民法院执行特邀咨询专家，最高人民检察院咨询专家，北京市物权法学研究会会长。

教学和研究领域是民法，包括民法总则、物权法、合同法、不当得利法、无因管理法和侵权责任法（侵权行为法）。

代表性著作有：《合同责任研究》（吉林大学出版社1992年版）、《准物权研究》（法律出版社2003年第一版、2012年第二版）、《土地上的权利群研究》（法律出版社2004年版）、《论争中的渔业权》（北京大学出版社2006年版）、《合同法总论（上卷）》（第二版）（中国人民大学出版社2011年版）、《物权法》（第四版）（中国人民大学出版社2017年版）、《物权：规范与学说——以中国物权法的解释论为中心》（上、下）（清华大学出版社2011年版）、《合同法》（北京大学出版社2012年第一版、2013年第二版、2016年第三版）、《债权：借鉴与发展》（中国人民大学出版社2012年第一版、2014年第二版）、《合同法总论（中卷）》（中国人民大学出版社2012年版）、《债法总论》（法律出版社2013年版）、《民法总则：具体与抽象》（中国人民大学出版社2017年版）、《合同解释论——规范、学说与案例的交互思考》（中国人民大学出版社2020年版）、《中国民事典型案例评释》（中国人民大学出版社2020年版），以及《土地上的权利群论纲》（载《中国法学》1998年第2期）、《“四荒”拍卖与土地使用权》（载《法学研究》1995年第6期）、《无权处分辨》（载《法学研究》2003年第1期）等学术论文253篇。

代总序

民法典的时代意义

民法典是新中国成立以来第一部以“法典”命名的法律，也是第一部直接以“民”命名的法典。以“法典”命名，表明凡是纳入民法典的规则，都具有基础性、典范性的特点；以“民”命名，说明民法典把人民愿望置于首位，充分反映人民的利益诉求。民法典的立法宗旨和目的就是充分反映人民群众的意愿，保障私权，维护广大人民群众的利益。

习近平总书记指出，“民法典在中国特色社会主义法律体系中具有重要地位，是一部固根本、稳预期、利长远的基础性法律”。如何理解习近平总书记所说的“基础性法律”？我认为可以从两个方面理解：一是在整个社会主义法律体系中，民法典是一部基础性法律。所谓“典”，就是典范、典籍的意思，在整个社会主义法律体系中，民法典是宪法之下的基础性法律。法律分为公法与私法两部分，它们分别确认公权与私权。现代法治的核心是规范公权、保障私权。一般认为，保障私权是由民法典等民事法律实现的，而规范公权是由公法承担的，但实际上，民法典通过确认和保护私权，也起到了规范公权的作用，其他法律、行政法规以及单行法等，都应当与民法典保持一致。同时，行政执法、司法也都要以民法典为基本遵循。二是在民事领域，民法典是基础性法律，换言之，民法典是私法的基本法。民事关系纷繁复杂，它不仅依靠民法典调整，还需要大量的民事单行法，而在所有调整民事主体财产和人身关系的法律中，民法典居于基础性地位，民法典也被称为私法基本法。

（一）推进民事立法的体系化

我国民法典的颁布有力地促进了民事立法的体系化。一方面，迄今为止，我国已经颁布了多部民商事法律，在民法典之外，还存在大量的单行法，如公司法、保险法、破产法等。民法典的颁布，使各个民商事单行法在民法典的统帅下，构成一个完整的、系统化的整体。民法典和民事单行法之间的关系，就像树根、主干与枝叶之间的关系，民法典是树根和主干，而民事单行法是枝叶，民事单行法必须以民法典为基础和根据。民法典的颁布有效沟通了民法典和单行法，这有利于消除民法典与单行法之间的冲突和矛盾。另一方面，就内部体系而言，民法典按照“总—分”结构，形成由总则、物权、合同等构成的完整体系，各分编也在一定的价值和原则指引下形成了由概念、规则、制度构成的、具有内在一致性的整体，实现了形式的一致性、内容的完备性以及逻辑自足性。民法典共分七编，即总则编、物权编、合同编、人格权编、婚姻家庭编、继承编、侵权责任编，它们都以对民事权利的确认和保护而形成一个体系化的整体。总则是对民事权利的一般规则作出的规定，各分编则是分别对物权、合同债权、人格权、婚姻家庭中的权利、继承权以及对各项权利的侵权责任制度所组成的规则体系。

民法典有助于制度的科学化，为良法善治奠定基础。在我国，由于长期没有民法典，许多调整民事关系的重要规则不能通过民事法律的方式表现出来，从而留下了法律调整的空白。这些法律空白一般是通过国务院各部委的规章及地方政府颁布的地方性规章予以填补的，而一些规章难免出现不当限制公民私权，或者变相扩张行政权的问题。民法典颁布后，其作为上位法，可以有效指导行政法规等制度，避免民法规范与行政法规、地方法规等的矛盾冲突，防止政出多门，保障交易主体的稳定预期，维持市场经济的正常运行。

（二）有效提升国家治理体系和治理能力的现代化

国家治理体系和治理能力现代化的主要特征是实现法治，即全面依法治国。如前述，现代法治的核心在于规范公权、保障私权。一方面，民法典构建了完备的民事权利体系，确立了完善的民事权利保护规则，鼓励个人积极维护自身权利，这不仅保障了私权，也有利于规范公权。民法典的各项规则也明确了各级政府依法行政的边界，就是说，国家机关要把民法典作为行政决策、行政管理、行政监督的重要标尺，不得违背法律法规随意作出减损自然人、法人和非法人组织合法权益或增加其义务的决定，这必将有力推动政府治理能力。另一方面，作为市民社会的一般私法以及百科全书，民法典通过合理的架构为民事活动提供各种基本准则，为交易活动确立基本的规则依据，为各种民事纠纷的预防和解决提供基本的遵循。民法典进一步强化私法自治，充分鼓励交易，维护交易安全。合同编从合同的订立到履行都强调了增进合同自由和私法自治这一宗旨，将有力调动市场主体从事交易的积极性。此外，民法典还有效地处理了个人与个人、个人与社会、个人与国家的关系，在对个人的保护中，同时强调对公共利益的维护，以实现个人和社会之间关系的平衡，这必将推动社会共建共治共享，促进社会和谐有序。

（三）完善社会主义市场经济法律体系

社会主义市场经济本质上是法治经济。各项民法制度根植于市场经济的土壤，其也反作用于市场经济，是市场经济有序发展的重要制度保障。我国《民法典》总则编所规定的诚实信用、公平原则等，确立了市场主体活动的基本原则，为诚信经济的建立提供了法律保障；总则编中的民事主体就涵盖了市场主体，民事法律行为制度、代理制度为市场主体从事交易活动提供了极大的便利；民法典的物权制度、合同制度是市场经济最基本的规则，是支撑市场经济最重要的两根法律支柱；民法典的担保制度也为融通资金、繁荣经济、保障债权提供了有力的制度保障。编纂民法典不仅完善了市场经济基本的法律制度，而且有利于营造良好的营商环境，并充分调动民事主体的积极性和创造性，维护市场交易秩序和交易安全。①

（四）为实现人民群众美好幸福生活提供保障

民法典的要义是为民立法，以民为本。“人民的福祉是最高的法律”。编纂民法典，就是顺应保障人民群众合法权益的需求，形成更加完备、更加切实的民事权利体系，完善权利保护和救济规则，形成较为有效的权利保护机制，使人民群众有更多、更直接、更实在的获得感、幸福感和安全感。我国《民法典》充分保障人民群众美好幸福生活，主要表现在以下几方面。

一是通过人格权编充分保障个人人格尊严。进入新时代，我国已经成为世界第二大经济体，人民物质生活条件得到了极大改善，不久即将全面建成小康社会。在基本温饱得到解决之后，人民群众就会有更高水平的精神生活追求，并希望过上更有尊严、更体面的生活。正因如此，“保护人格权、维护人格尊严，是我国法治建设的重要任务”②，例如，针对发送垃圾短信、垃圾邮件侵扰个人私人生活安宁的行为，《民法典》人格权编专门在隐私权部分规定了此种侵害隐私

① 王晨. 关于《中华人民共和国民法典（草案）》的说明：二〇二〇年五月二十二日在第十三届全国人民代表大会第三次会议上. 人民日报，2020-05-23（6）.

② 民法典分编草案首次提请审议：分编草案共六编总计千余条. 人民日报，2018-08-28（6）.

权的行为类型，并第一次规定了私人生活安宁权，明确将个人私人生活安宁规定在隐私权之中，禁止非法进入、拍摄、窥视他人的住宅、宾馆房间等私密空间，禁止非法拍摄、窥视、窃听、公开他人的私密活动，禁止非法拍摄、窥视他人身体的私密部位，这有利于保障社会生活的安定有序（第1033条）。

二是民法典通过各项制度安排充分保障人民群众的物质生活需求。例如，《民法典》物权编新增的居住权制度，对于解决“住有所居”问题、保障个人的居住利益具有重要意义。再如，《民法典》合同编典型合同完善了租赁合同的规则，完善了优先购买权规则，新增优先承租权规则（第734条），这对于稳定租赁关系、规范租赁市场秩序、保障承租人的居住利益具有重要意义。又如，合同编典型合同部分还完善了运输合同的规则，这对于保障个人出行安全、维护运输秩序具有重要意义。

三是民法典通过各项民事责任制度充分保障人民的合法权益。民法典通过各项规则，守护老百姓“舌尖上的安全”“车轮上的安全”“头顶上的安全”等财产和人身安全。例如，《民法典》侵权责任编在产品责任部分规定了惩罚性赔偿规则，这必将有力遏制生产、销售不合格食品的行为，有利于保证人们“舌尖上”的安全（第1207条）；侵权责任编还重点完善高楼抛物致人损害的责任，这有利于充分保障人们“头顶上的安全”（第1254条）。

（五）有利于实现依法行政、公正司法

民法典具有基础性和典范性的特点，是公民权利保护的宣言书，是民事主体的行为准则、依法行政的基本依循，也是法院裁判民事案件的基本遵循。民法典对于依法行政、公正司法的作用还表现在：一是资讯集中，方便找法。实践中之所以出现“同案不同判、同法不同解”现象，重要的原因就在于，法官选择法条和裁判依据存在差别。而法典化的一个重要优势在于“资讯集中”，正所谓“法典在手，找法不愁”，执法者、法官只要有一部民法典在手，并通过领悟其规则和精神，就可以找到民事裁判的主要依据。二是统一裁判依据。民法典是基础性法律，是行政执法者、法官适用法律的基本遵循，因此，处理民事纠纷，首先要从民法典中找法。在我国，长期以来，有些新法颁布以后，因为没有废止旧法，且没有指明新法修改了哪些旧有的规定，这就产生了新法与旧法同时适用的现象，造成了规则的不统一。民法典的颁布将从根本上改变这一现象。民法典的颁行可以保障法官裁判依据的统一性，正是因为法律适用具有一致性，法官的自由裁量权将在规范的约束下进行，这就可以保障法官平等地、统一地对不同案件作出判决，保障“类似情况类似处理”，从而实现判决结果的可预测性，实现法的安定性。三是提升执法和司法人员的能力。民法典是法律工作者今后研究、处理涉及民事纠纷的基本依据，也是执法、司法的基本平台，民事纠纷的解决都应当在该平台中研讨。在民事领域考验我们的执法能力，很大程度上就是衡量我们准确把握、理解和运用民法典的能力。民法典颁布后，如果执法和司法人员都能够真正学懂、弄通民法典的规则，就可以基本把握处理和裁判民事纠纷的基本规则，并能够按照体系化的思维方式处理民事纠纷。

自 序

这部释评书系我附和中国人民大学出版社法律分社之意而立项的作品。

我本无编写本释评书的打算，原因复杂。首先，《合同法》、《合同法总论》（上卷、中卷）、《物权法》、《物权：规范与学说——以中国物权法的解释论为中心》（上册、下册）、《债权：借鉴与发展》、《合同解释论——规范、学说与案例的交互思考》、《中国民事典型案例评释》等拙作的撰写经历，使我切身体会到：待包括全国人大常委会法工委释义《中华人民共和国民法典》在内的研究民法典的著述问世，自己学习、揣摩之后，再构思、动笔解读和阐释民法典的作品，可以梳理既有的研究成果，吸取他人著述中的精华，避免乃至减少重复性的工作，少走弯路，着力薄弱环节的探讨，提高自己阐释的可信度，效果会更佳。可是，依出版社的要求，一俟《中华人民共和国民法典》通过，即刻定稿《中国民法典释评・物权编》，不合上述经验，反倒突显自己的短板——尽管我应全国人大常委会法工委及民法室之邀，多次参与《中华人民共和国民法典（室内稿）》《中华人民共和国民法典（草案）》的研讨，终归非逐句逐条地草拟和打磨法律条文之人，对某些法律条款以及措辞难解其深意，而编写释评书恰恰需要逐字逐句地解读。

其次，《中华人民共和国民法典》颁行后，既有的合同法、物权法领域的作品均须修订，加上多家刊物约稿，我所负文债沉重，无力再揽新活儿。

再次，青少年时代的艰苦生活，磨炼了我，也启迪了我，渐育有这样的人生哲学：勤于学习和工作，积极上进，不虚度光阴，但不预设固定的结果；取得成绩，获得奖励，固然高兴！无此荣耀，也不怨天尤人，继续努力。执此理念，不愿"一窝蜂"地争先恐后，匆忙汇编释义书，免得被人批评为"攒书"，赚取稿费。

世上之事，相当一些都未沿轨迹运行。中国人民大学出版社法律分社社长郭虹数次登门交流，苦口婆心，力劝我编写《中国民法典释评・物权编》，我一再婉谢，郭虹分社长就不断地以宽容条件为代价要我承诺：允许我不检索、附加有关物权纠纷的判决，由我自定释评书的质量和字数标准，可以延后交稿日期，可谓仁至义尽。精诚所至，金石为开。作为一名理性人，也作为与中国人民大学出版社长期合作且关系融洽的作者，我不得不应承下来。

起初是被动和无奈，但一经构思、动笔，便不愿敷衍了事，而是诚信待人，认真做事。可谓江山易改，禀性难移。况且，我也清楚出版社的真意是书的质量应为上乘，不问水准纯属虚假的意思表示。事情的转机出现在释评《中华人民共和国民法典》第206条和第207条，厘清市场主体的法律地位、发展权和法律平等保护物权三者间的关系阶段。随着检索、阅读文献的进展，学思相伴，越来越觉得不得人云亦云，应该发表自认为适当的意见。耗时近月，终成万言，释评这两条才暂告一个段落。实际上，此后也时有对之完善之语。自此，情绪高涨，信心大增，倾我所思，马不停蹄地前行，每日必到明理楼，风雨不误，雷打不动，连大年初一都在明理楼工作。

回头审视本释评书，值得提及的至少有如下几处：（1）吸纳他人著述之长，当然予以注释、说明；补其之短，扬己之长。只要有把握，就尽力阐发自己的理解。（2）我以往的作品可能是受编写体例限制，或许因一俊遮百丑，要么遗漏了某些法律条文，要么对某些法律规定轻描淡写。本释评书则不然，客观上要求逐条解读中国民法典物权编，不容回避。如此，我第一次做到了全面阐释物权法。如果说，给本科生讲授物权法，教师仅仅精于某些制度及学说，不懂另外一些制度及理论，肯定不合格，必须熟悉整个物权法及理论，至少明白教科书上的内容，由此逼得教师融会贯通物权法及学说，那么，编写本释评书也迫使我了解了物权法的角角落落。呈现给读者的，是对中国民法典物权编的完整解读。（3）出乎我自己的预料，在若干制度及理论方面，或是新增了观点，或是完善了，或是突破了，或是深化了，或是矫正了我既有的看法。例如，关于市场主体的法律地位·发展权·法律平等保护物权间的相互关系，关于股权的善意取得，关于记名登记不动产物权的法律效力，关于抵押权和质权并存于同一个动产上时的效力顺序，关于流押条款和流质条款的效力，关于超级优先权，均属新增的观点。关于指示交付与动产物权变动的关系，尤其是指示交付的完成要件和时间点，完善了我原来的阐释。关于恢复原状请求权是否同时为损害赔偿请求权和物权请求权，为突破了我过去的看法。关于不动产物权登记的公信力制度的适用范围的见解，属于深化了我以往的意见。关于无权处分夫妻共有不动产的法律效力，本释评书矫正了《物权法》教科书、《物权：规范与学说——以中国物权法的解释论为中心》（上册、下册）中的观点。（4）我之所以答应释评中国民法典物权编，该书之所以能于数月后定稿，一个重要原因是我对物权法及理论有二十余年的积累，本释评书的主干部分是以往的研究成果被装入该书之中而成的。这表明平素积累的必要性，所谓机会留给有准备之人也。行政管理岗位能获任命如此，就业求职成功如此，研究课题能够立项如此，撰写论文和著作也是如此。（5）说来话长，我在考上大学之前，担任过小学、中学的民办教师，教过两年的高中语文。这个经历使我在较长的期间认为自己在语法、逻辑和修辞方面不错。高考时作文特意设置老师教给学生修辞知识的课堂场景，其实是在显示自己的修辞知识。没想到，先后有三位老师郑重其事地指出我在语文方面的缺点。第一位批评我在语文方面问题的，是我的导师陈国柱教授。陈老师对我说："你的文章使用复句太多，句子过长，这会使读者在阅读时喘不过气来。"担任民法教师后，时任《吉林大学社会科学学报》法学编辑的周维春先生也批评我的文字表达让人不太好理解。再后来，时任《法学研究》副主编的梁慧星教授在回复我请教《不当得利研究》一文的得失的信中指出："你的优点是发现人所未见的问题，缺点是语言文字佶屈聱牙，艰涩难懂。"三位老师的批评，引起我高度重视，在其后的写作时我有意识地增加短句，尽力表达得通俗易懂。耳朵里听见了表扬之声。这两三年来，还偶用形象化的语言、比喻句，自以为贴切、易懂、生动（不过，这受到审稿专家的批评——太口语化）。同样未料到，中国人民大学出版社的法律编辑们更正我的遣词造句、词语搭配、标点符号，矫正误写的法律条文数目，指出某某法规、规章已被废止，这不止一处两处，而是占有相当的比例。其中大部分的处理都是正确的，可取的；也有一些校订不为我所认可，甚至遭我反对。尽管我对某些处理心存意见，强烈抗议，但一想到责任编辑们纠正了我那么多的错误（包括汉语拼音输入时同音不同义之字、只有状语却无主语、词语搭配不当，等等），避免了、至少是减少了作品瑕疵，呈现给读者的是相对完美的著述，感谢之情、感激之意便占据上风，把对责任编辑的意见排除一空。一部有瑕疵的著述好比一个蓬头垢面的演员，责任编辑消除瑕疵就如同化妆师为演员净面洁衣、梳妆打扮，为其梳理起优美的发型，待该演员登台时光鲜靓丽，赢得满堂彩。所以，我一直由衷地感谢中国人民大学出版社的责任编辑们！没有他们负责任的编辑工作，就没有如此质量的作品！

如果说本释评书确有积极价值，那么，除了感谢《中华人民共和国民法典》的制定和颁行外，还必须感谢清华大学法学院副教授龙俊博士和中国人民大学出版社法律分社社长郭虹女士！龙俊博士被借调到全国人大常委会法工委民法室，一直在第一线参与草拟和研讨《中华人民共和国民法典（室内稿）》《中华人民共和国民法典（草案）》。他了解每个条款的文义、规范意旨和设计背景。他向我介绍了《中华人民共和国民法典》第368条、第369条（居住权），第388条中段所谓“担保合同包括抵押合同、质押合同和其他具有担保功能的合同”，第416条和第441条但书等条款的设计考量。这保证了对这些条款解读的准确性。郭虹分社长不但策划并约我签署《物权法》、《合同法总论》（上卷、中卷、下卷）、《合同解释论——规范、学说与案例的交互思考》、《债权：借鉴与发展》、《中国民事典型案例评释》，而且反复说服我参与释评中国民法典的浩大工程之中，方有本释评书的立项和出版，且我自己对之较为满意。好像是听到过陈兴良教授这样的感触：有些书纯粹是编辑设计的而自己从未想过的，有些书是编辑催促出来的。没有编辑，就不会撰写它们，或难以及时出版。此言非虚！我也有同感，就此也得致谢郭虹分社长！

崔建远

2020年7月15日

自序于清华大学明理楼

缩略语

《宪法》——《中华人民共和国宪法》（2018 年修正）

《民法典》——《中华人民共和国民法典》

《民法通则》——《中华人民共和国民法通则》（2021 年 1 月 1 日废止）

《民法总则》——《中华人民共和国民法总则》（2021 年 1 月 1 日废止）

《物权法》——《中华人民共和国物权法》（2021 年 1 月 1 日废止）

《土地管理法》——《中华人民共和国土地管理法》（2019 年修正）

《农村土地承包法》——《中华人民共和国农村土地承包法》（2018 年修正）

《城市房地产管理法》——《中华人民共和国城市房地产管理法》（2019 年修正）

《合同法》——《中华人民共和国合同法》（2021 年 1 月 1 日废止）

《农业法》——《中华人民共和国农业法》（2012 年修正）

《海商法》——《中华人民共和国海商法》

《海域使用管理法》——《中华人民共和国海域使用管理法》

《领海及毗连区法》——《中华人民共和国领海及毗连区法》

《民族区域自治法》——《中华人民共和国民族区域自治法》（2001 年修正）

《草原法》——《中华人民共和国草原法》（2013 年修正）

《森林法》——《中华人民共和国森林法》（2009 年修正）

《矿产资源法》——《中华人民共和国矿产资源法》（2009 年修正）

《煤炭法》——《中华人民共和国煤炭法》（2016 年修正）

《渔业法》——《中华人民共和国渔业法》（2013 年修正）

《野生动物保护法》——《中华人民共和国野生动物保护法》（2018 年修正）

《铁路法》——《中华人民共和国铁路法》（2015 年修正）

《军事设施保护法》——《中华人民共和国军事设施保护法》（2014 年修正）

《国防法》——《中华人民共和国国防法》（2009 年修正）

《公司法》——《中华人民共和国公司法》（2018 年修正）

《企业国有资产法》——《中华人民共和国企业国有资产法》

《全民所有制工业企业法》——《中华人民共和国全民所有制工业企业法》（2009 年修正）

《乡镇企业法》——《中华人民共和国乡镇企业法》

《合伙企业法》——《中华人民共和国合伙企业法》（2006 年修正）

《个人独资企业法》——《中华人民共和国个人独资企业法》

《乡村集体所有制企业条例》——《中华人民共和国乡村集体所有制企业条例》（2011 年修正）

《商业银行法》——《中华人民共和国商业银行法》（2015 年修正）

《文物保护法》——《中华人民共和国文物保护法》（2017 年修正）

《水土保持法》——《中华人民共和国水土保持法》（2010 年修正）

《海岛保护法》——《中华人民共和国海岛保护法》

《建筑法》——《中华人民共和国建筑法》

《婚姻法》——《中华人民共和国婚姻法》（2001 年修正，2021 年 1 月 1 日废止）

《妇女权益保障法》——《中华人民共和国妇女权益保障法》（2018 年修正）

《归侨侨眷权益保护法》——《中华人民共和国归侨侨眷权益保护法》（2009 年修正）

《台湾同胞投资保护法》——《中华人民共和国台湾同胞投资保护法》（2019 修正）

《工会法》——《中华人民共和国工会法》（2009 年修正）

《教育法》——《中华人民共和国教育法》（2015 年修正）

《高等教育法》——《中华人民共和国高等教育法》（2018 年修正）

《公益事业捐赠法》——《中华人民共和国公益事业捐赠法》

《担保法》——《中华人民共和国担保法》（2021 年 1 月 1 日废止）

《民用航空法》——《中华人民共和国民用航空法》（2018 年修正）

《环境保护法》——《中华人民共和国环境保护法》（2014 年修正）

《海洋环境保护法》——《中华人民共和国海洋环境保护法》（2017 年修正）

《大气污染防治法》——《中华人民共和国大气污染防治法》（2018 年修正）

《水污染防治法》——《中华人民共和国水污染防治法》（2017 年修正）

《环境噪声污染防治法》——《中华人民共和国环境噪声污染防治法》（2018 年修正）

《保密法》——《中华人民共和国保守国家秘密法》

《民事诉讼法》——《中华人民共和国民事诉讼法》(2017 年修正)

《仲裁法》——《中华人民共和国仲裁法》(2017 年修正)

《村民委员会组织法》——《中华人民共和国村民委员会组织法》(2018 年修正)

《刑法》——《中华人民共和国刑法》

《监狱法》——《中华人民共和国监狱法》(2012 年修正)

《海关法》——《中华人民共和国海关法》(2017 年修正)

《邮政法》——《中华人民共和国邮政法》(2015 年修正)

《清洁生产促进法》——《中华人民共和国清洁生产促进法》(2012 年修正)

《土地管理法实施条例》——《中华人民共和国土地管理法实施条例》(2014 年修订)

《城镇国有土地使用权出让和转让暂行条例》——《中华人民共和国城镇国有土地使用权出让和转让暂行条例》

《无线电管理条例》——《中华人民共和国无线电管理条例》(2016 年修订)

《城镇集体所有制企业条例》——《中华人民共和国城镇集体所有制企业条例》(2016 年修订)

《河道管理条例》——《中华人民共和国河道管理条例》(2018 年修订)

《关于民法通则的意见》——《最高人民法院关于贯彻执行〈中华人民共和国民法通则〉若干问题的意见(试行)》

《关于审理房地产管理法施行前房地产开发经营案件若干问题的解答》——《最高人民法院关于审理房地产管理法施行前房地产开发经营案件若干问题的解答》

法释〔2001〕30 号——《最高人民法院关于适用〈中华人民共和国婚姻法〉若干问题的解释(一)》

法释〔2002〕16 号——《最高人民法院关于建设工程价款优先受偿权问题的批复》

法释〔2005〕5 号——《最高人民法院关于审理涉及国有土地使用权合同纠纷案件适用法律问题的解释》

法释〔2005〕6 号——《最高人民法院关于审理涉及农村土地承包纠纷案件适用法律问题的解释》

法释〔2009〕5 号——《最高人民法院关于适用〈中华人民共和国合同法〉若干问题的解释(二)》

法释〔2009〕7号——《最高人民法院关于审理建筑物区分所有权纠纷案件具体应用法律若干问题的解释》

法释〔2009〕11号——《最高人民法院关于审理城镇房屋租赁合同纠纷案件具体应用法律若干问题的解释》

法释〔2012〕8号——《最高人民法院关于审理买卖合同纠纷案件适用法律问题的解释》

法释〔2014〕2号——《最高人民法院关于适用〈中华人民共和国公司法〉若干问题的规定（三）》（2014年修正）

法释〔2015〕18号——《最高人民法院关于审理民间借贷案件适用法律若干问题的规定》

法释〔2018〕2号——《最高人民法院关于审理涉及夫妻债务纠纷案件适用法律有关问题的解释》

法〔2019〕254号——最高人民法院《全国法院民商事审判工作会议纪要》

《执行规定》——《最高人民法院关于执行工作若干问题的规定（试行）》

目　录

第二编　物权

第一分编　通则

第二编　物权

第一分编　通则

《民法典》“第二编　物权”，即“物权编”，共辖“第一分编　通则”、“第二分编　所有权”、“第三分编　用益物权”、“第四分编　担保物权”和“第五分编　占有”。其中，“第一分编　通则”下设“第一章　一般规定”、“第二章　物权的设立、变更、转让和消灭”和“第三章　物权的保护”共三章。

“第一分编　通则”系关于物权编总则的规范总汇，界定物权编的调整对象，重申《宪法》固定的中国特色社会主义经济制度和社会主义市场经济原则，确立各种所有制形式的市场主体的发展权，确立平等保护国家、集体和私人的物权的原则，宣示物权变动应予公示，概要不动产物权变动的公示方法为登记、登记机构及其职责，以及动产物权变动的公示方法为交付（占有），奉行物权的公示原则和公信原则及其适用领域，区分不动产物权变动与其原因行为，明确不动产登记簿的记载与不动产权属证书之间的关系，查询不动产登记资料的主体及其权利与义务，设置若干重要的登记类型及其法律效果，规范登记错误及登记机构的赔偿责任，明确动产交付的类型和法律效能，创设非基于法律行为的物权变动规则，依次规定物权确认请求权、物权请求权以及物权的债法保护方式。

在《民法典》的框架内，对应总则编、合同编、人格权编等名称时，物权编的称谓十分确切。但这不妨碍把调整物的归属和利用的法律规范的总和依然叫作物权法，或曰物权制度。《物权法》单独立法时这顺理成章，变《物权法》为物权编后这也毫无问题。这确有其利，《德国民法典》下辖不当得利制度，可不少学者经常称呼其为不当得利法。

本分编的重要内容之一是明确物权编/物权法/物权制度的基本原则，如社会政治原则（第 206 条）、平等保护原则（第 207 条）、公示原则（第 208、209 条等）、公信原则（第 216 条第 1 款）等。同时应当注意，服从潘德克顿模式的要求，位于《民法典》“第一编　总则”中的物权法定原则/主义（第116条）也是并且当仁不让地是物权编/物权法/物权制度的基本原则，还特别重要。虽然《民法典》未设具体条文来表达物权优先于债权、一物一权主义，但统观整部《民法典》，应当说它们确是物权编/物权法/物权制度的基本原则，当然，均有例外，且须依发展的眼光来认识之。

本分编第205条关于物权编/物权法/物权制度的基本原则调整范围的规定，逻辑的结论是，《民法典》“第二编　物权”中的条文基本上为物权规范，其他编中关于物的归属或利用的规范也是物权规范，《民法典》之外的单行法有关物的归属或利用的规范同样属于物权规范。例如，《土地管理法》第9条规定的“城市市区的土地属于国家所有。农村和城市郊区的土地，除由法律规定属于国家所有的以外，属于农民集体所有；宅基地和自留地、自留山，属于农民集体所有”，第63条规定的“土地利用总体规划、城乡规划确定为工业、商业等经营性用途，并经依法登记的集体经营性建设用地，土地所有权人可以通过出让、出租等方式交由单位或者个人使用，并应当签订书面合同，载明土地界址、面积、动工期限、使用期限、土地用途、规划条件和双方其他权利义务”（第1款）；“通过出让等方式取得的集体经营性建设用地使用权可以转让、互换、出资、赠与或者抵押，但法律、行政法规另有规定或者土地所有权人、土地使用权人签订的书面合同另有约定的除外”（第3款）；“集体经营性建设用地的出租，集体建设用地使用权的出让及其最高年限、转让、互换、出资、赠与、抵押等，参照同类用途的国有建设用地执行”（第4款前段）。

第一章

一般规定

本章承继了《物权法》“第一章　基本原则”的主要内容，但因《民法典》“第一编　总则”已经明示了立法依据（第 1 条），且涵盖“第二编　物权”，所以，“第二编　物权”无须赘言立法依据，于是删除了《物权法》第 1 条关于“为了维护国家基本经济制度，维护社会主义市场经济秩序，明确物的归属，发挥物的效用，保护权利人的物权，根据宪法，制定本法”的规定；因《民法典》“第一编　总则”已经界定了物权（第 114 条），规定了不动产（土地及其附着物、矿产资源、水资源、海域）、动产（不动产以外的有体物）和权利可以依法作为物权的客体（第 115 条），奉行物权法定主义（第 116 条），包括物权的取得和行使在内的民事活动不得违法（第 8 条），其他法律对包括物权关系在内的民事关系有特别规定的，依照其规定（第 11 条），所以，本章不再重复这些内容，未再抄袭《物权法》“第一章　基本原则”中的这些规则。

遵从《民法典》体系的要求，本章变《物权法》“基本原则”中关于物权法调整对象的规定为物权编调整对象的表述。

《民法典》“第二编　物权”重申《宪法》固定的中国特色的社会主义经济制度和社会主义市场经济原则，保障在社会主义市场经济中一切市场主体的平等法律地位和发展权利，确立平等保护国家、集体和私人的物权的原则，宣示物权变动应予公示。这些内容与《物权法》“第一章　基本原则”中的相一致。

所谓物权，按照《民法典》的规定，是指物权人依法对特定的物享有直接支配和排他的权利，包括所有权、用益物权和担保物权（第 114 条第 2 款）。其中的所有权，包括国家所有权（第 246 条以下）、集体所有权（第 260 条以下）和私人所有权（第 266 条以下）。其中的用益物权，不但包括土地承包经营权（第 330 条以下）及土地经营权（第 339 条以下）、建设用地使用权（第 344 条以下）、宅基地使用权（第 362 条以下）、居住权（第 366 条以下）和地役权（第 372 条以下），而且含有海域使用权（第 328 条）、探矿权、采矿权、取水权、养殖权、捕捞权（第 329 条）。其中的担保物权，包括抵押权（第 394 条以下）、质权（第 425 条以下）和留置权（第 447 条以下）。

上述所有权、土地承包经营权、土地经营权、建设用地使用权、宅基地使用权、居住权、地役权、不动产抵押权、动产抵押权、动产质权、留置权等，都是以特定的物为客体的物权，具有优先效力甚至追及效力等，其设立无须行政许可，因此被称为典型物权。而探矿权、采矿权、取水权、养殖权、捕捞权等，与典型物权相比具有许多特殊性，如大多在设立上须经行政许可或特许，有些在客体方面具有不特定性，有的在追及效力方面具有特殊性，等等，且由特别法予以特殊调整。在德国、日本和中国台湾地区，民法典不规定它们，民法理论称之为准物权，而不径称为物权。

至于权利抵押权、权利质权，虽有学说认为它们属于准物权，但它们只在其客体是权利这点上具有特殊性，其他各方面都与典型物权相同，以至于许多人都把它们作为物权，忽略其准物权的属性。本释评书亦然。

在这种背景下，我们描述物权，要么沿袭德国民法的传统表达，同时指出准物权作为例外；要么推翻传统学说，重新抽象、概括物权的特征及效力。采取后一种思路，难免工程浩大，短期内难以完成。有鉴于此，笔者仍然选择经济的路径，将所论物权基本上限于典型物权，若论述到准物权，则会特别说明。

法国法规定了一组优先权，日本民法称之为先取特权。中国法也承认了若干种优先权。① 有些优先权的效力及于债务人的全部财产，这也与所有权、用益物权等物权的效力仅仅及于特定物的属性不同。应当说，某些优先权在属性上模糊了物权和债权之间的界限。如果对优先权和典型物权作统一说明，一是困难较大，颇费笔墨，二是意义如何，值得怀疑。正因如此，本释评书所论物权，除非特别说明，不包括优先权的类型。

［引申］

在广阔的视野下，物权的概念具有三个层次的意义。第一个层次，在民法内部，就物权自身而言，强调物权是物权人支配物的现象，表现为人与物的关系。

① 例如，《民法典》第 807 条规定的承包方对发包方享有的工程款债权属于优先权；《企业破产法》第 113 条规定的职工对破产企业享有的工资债权，医疗、伤残补助、抚恤费用的债权，优先于普通破产债权。

上文所述的物权属于该层次的物权。揭示该层次物权的含义，能使我们易于识别出物权和债权的不同，归纳出物权的特征，找到发现物权内容的路径。第二个层次，从物权人对抗非物权人的角度看，物权是物权人与义务人之间的关系。其积极意义在于，设计及划分出物权的效力。第三个层次，在法理学、政治学等领域，强调物权意味着人与人之间的关系，从而为诸如物权具有阶级性等结论服务。

物权，尤其是同债权相比，具有如下法律性质。

（一）物权是主体可直接支配标的物的权利

物权的本质在于，法律将特定物归属于某权利主体①，由其直接支配，享受其利益，并排除他人对此支配领域的侵害或干预。所谓直接支配，是指物权人可以按照自己的意思享受物的利益，无须他人的介入。例如，汽车的所有权人可依自己的意思驾驶、出租或设立抵押权，不需要他人的同意。与此不同，债权的实现则往往需要债务人的积极行为予以协助。

［评论］

人对于特定物所享有的权利，若被称为物权，需要具备人直接支配该物的事实。不过，这种事实关系是否上升为物权关系取决于立法政策。法律对于诸如借用、租赁等人直接支配特定物的事实并未按照物权关系设计，而是将借用人的使用权、承租人的租赁权规定为债权。其深层原因在于债权能够满足承租人、使用人的需要，为防止出租人出卖住房等可能损害承租人的生存权，特设买卖不破租赁的原则也已足够；若为物权，则意味着借用人、承租人获取了超出甚至远远地超出了所付代价的利益，会阻碍出借人、出租人处分标的物，尤其在借用人、承租人利用借用权、租赁权融资的情况下，极有可能使出借人、出租人遭受重大的不利。

法律将物归属于某人支配，在于使其享受物的利益。物的利益可分为使用价值和交换价值。所有权的效力所及，系物的全部利益，包括占有、使用、收益和处分。所有权人不需要依赖他人的行为就能享受这些利益。用益物权的效力所及，系物的使用价值。用益物权人可以不经他人的同意就可以使用物并获得收

① 目前德国民法的通说把物权作为归属权，或称物的财产归属权，并将之分为两种，归属权（即物直接归属权利人）与绝对的归属权（即对抗任何人的效力）。Scwab/Prutting，Sachenrecht，28. Aufl.，München：Beck，1999，Rdhr. 14；M. Wolf，Sachenrecht，München，1999，Rdhr. 1. 转引自蔡明诚：《论物权的概念与类型》，载《财产法学篇》（一），台北，学林文化事业有限公司 2002 年版，第 105 页。

益。严格地说，处分是对物的所有权的处分，而不是对这个物的处分①，用益物权人显然无权处分标的物，仅仅可以处分用益物权自身，因而，用益物权所具有的被抵押、转让的效力，不是处分标的物（所有权）的表现，即用益物权无处分标的物（所有权）的效力。担保物权的效力所及，系物的交换价值，在债务人不履行其债务时，债权人可依法将担保物变价，就该价金满足其债权。②

（二）物权原则上是排他性的权利

同一标的物上存在着某一物权时，便不允许互不两立的物权与其并存。同一不动产上若有两个以上的抵押权存在，则其顺位不同。而债权却可以在同一个标的物上成立数个。③

［提示］

法律也例外地承认了无排他性的物权，此类物权和债权几乎相同。④ 基于河岸权原则而设立的取水权，相互间没有排他性。入渔同一渔场的捕捞权，相互间亦无排他性。

由于物权的排他性对第三人的影响很大，出于保护善意第三人的需要，物权的存在乃至变动必须具有众人知晓的外部表征，即公示。《民法典》规定，动产物权的公示方法为占有，动产物权变动的公示方法为交付，不动产物权及其变动的公示方法为登记（第224条）。由于债权主要反映着相对人之间的关系，一般无必要公示，大多也无法公示。已经公示的物权具有对世性。未公示的物权，如船舶、航空器和机动车辆等物权的设立、变更、转让和消灭，未经登记，不得对抗善意第三人（《民法典》第225条）。

［探讨］

未经登记的物权虽然不得对抗善意第三人，但仍然不同于债权，兹举例说明如下：(1) 在甲将A物的所有权移转给乙，但乙对A物的所有权尚未公示的情况下，甲又将A物出卖于知情的丙，丙不能取得A物的所有权。不过，在甲虽将A物出卖给乙，但尚未移转所有权的情况下，甲又将A物出卖于知情的丙，则丙可以取得A物的所有权，尽管丙为恶意，乙也无权抗辩。当然，在日本民

---

① ［德］冯·图尔：《德国民法总论》，第1卷，第18章注释第26和第2卷第1部分，第54章注释第36。转引自［德］卡尔·拉伦茨：《德国民法通论》（上册），王晓晔、邵建东、程建英、徐国建、谢怀栻译，谢怀栻校，北京，法律出版社2003年版，第403页。

② 王泽鉴：《民法物权·通则·所有权》（总第1册），台北，三民书局有限公司2003年8月增补版，第38～39页。

③④ ［日］我妻荣：《日本物权法》，有泉亨修订，李宜芬校订，台北，五南图书出版公司1999年版，第9～10、10页。

法上，善意取得要求占有标的物之人没有过失。[①] 其原因就在于，前者场合，甲系出卖他人之物，丙是否取得A物的所有权必须按照善意取得规则予以确定；后者场合，甲系出卖自己之物，属于有权处分，丙取得A物的所有权与否，由甲和丙之间的买卖合同的效力和履行状况决定，不适用善意取得规则。(2) 在甲将A物的所有权移转给乙的情况下，尽管尚未公示，在甲进入破产程序时，A物不属于破产财产。与此不同，如果A物只是甲所享有债权的标的物，则A物属于破产财产。再如，土地承包经营权、宅基地使用权、地役权不需要公示，如果因此把它们当成债权，在设立人破产或因其他原因而消灭的情况下，就会出现极为不公正的后果。因为，设立这些权利的主体破产，也就是债务人破产，于此场合，债权只能按比例获得清偿，甚至得不到清偿，最后归于消灭。设定这些权利的主体因其他原因而消灭，也就是债务人消灭，债权要随之消灭，于是，土地承包经营权、宅基地使用权、地役权等便化为乌有。可是，土地承包经营权、宅基地使用权、地役权若作为他物权，一经设立就具有独立性，只要其母权（如土地所有权）没有绝对消灭，只要这些他物权的存续期间没有届满，即使设立人破产或因其他原因而消灭，它们也照样存在。(3) 甲对于乙占有的A车享有请求转移占有和所有权的债权，丙作为乙的债权人，申请人民法院强制执行A车，甲对抗丙的强制执行，可否？通说认为，甲若对A车享有物权，则可以对抗丙的执行申请，但仅仅享有债权则对抗不了丙的执行申请。可见，物权和债权在执行程序中所处的地位不同。[②] (4) 乙若对A物享有所有权，在第三人不法侵害该物的情况下，乙可以请求该第三人承担侵权责任；若仅仅享有债权，因中国现行法尚未承认债权为侵权行为的标的，所以，乙无权请求该第三人承担侵权责任。

(三) 物权的客体具有特定性

基于物权直接支配其标的物的需要，物权的客体必须是特定的（《民法典》第115条），通常表现为特定物。对于仅仅确定种类和数量的物，债权虽然可以成立于其上，物权却不能。

权利抵押权、权利质权以权利为客体，这是由担保物权系价值权、不注重对标的物的物理形态的支配的性质所决定的，况且这没有破坏客体特定性的要求，只是标的物的形态是权利而非有体物。

---

① ［日］田山辉明：《物权法》（增订本），陆庆胜译，齐乃宽、李康民审校，北京，法律出版社2001年版，第105～106页。

② 《最高人民法院关于人民法院民事执行中查封、扣押、冻结财产的规定》第17条、《最高人民法院关于人民法院办理执行异议和复议案件若干问题的规定》第28条规定，在具备若干条件的情况下债权人有权对抗强制执行。

取水权固然以不特定的水资源为客体，但它系一种准物权，不属于典型物权，所以，这不影响上述针对典型物权所抽象出来的性质。[①]

（四）物权人是特定的，义务人不特定

因债权以请求权为主要内容，属于相对权，故其当事人各方均为特定之人。因物权为直接支配权，不需要他人以积极行为予以协助，属于对世权，故物权人系特定之人，义务人则为不特定的人。

上述物权依一定的标准划分，形成以下分类。

（一）所有权与定限物权

1. 区分标准

以对标的物的支配范围为划分标准，物权可分为所有权和定限物权。

2. 界定

所有权，是指所有人依法对于标的物为全面支配的物权。所谓全面支配，是指支配标的物的使用价值和交换价值。所有权因此而被称为完全物权。不过，由于实务中所有权时常被定限物权所限制，所有权社会化强调对利用权的保护，利用权已经逐渐独立为永久的一面支配权，在这些情况下，所有权的弹力性难以恢复，所谓全面支配权，有些名实不符。[②]

定限物权，又称为限制物权或他物权，则仅为特定目的，对标的物为一定支配的物权。[③] 所谓定限，一是指它的效力仅仅及于标的物的部分价值，二是指它系分享所有权中的部分权能而形成的物权，反过来对所有权呈现出限制。此类物权，除如所有人抵押权等特殊情况以外，通常都成立在他人的财产上，于是也叫作他物权。宅基地使用权、质权等属于此类。

3. 分类的法律意义

区分所有权和定限物权的法律意义在于：（1）权利行使的范围不同。所有权对标的物为全面的支配，定限物权仅支配标的物的特定范围。（2）所有权是定限物权产生的母权，系定限物权产生的根据或根据之一。（3）定限物权天生地具有限制所有权的作用，其效力优先于所有权的效力。

---

① 详细论述，见崔建远：《准物权研究》，北京，法律出版社2003年版，第26页；崔建远：《土地上的权利群研究》，北京，法律出版社2004年版，第32～34页。

② 谢在全：《民法物权论》（上册），台北，三民书局有限公司2003年7月修订2版，第73页。

③ 定限物权一语，系日本学者松冈义正所创，最早源出于罗马法 jus in re aliena。转引自谢在全：《民法物权论》（上册），台北，三民书局有限公司2003年7月修订2版，第76页；陈华彬：《物权法原理》，北京，国家行政学院出版社1998年版，第78页。

（二）用益物权与担保物权

1. 区分标准

定限物权，以其所支配的内容为标准，可分为用益物权和担保物权。

2. 界定

所谓用益物权，是指以支配标的物的使用价值为内容的物权，或者说是权利人对他人所有的物依法享有占有、使用和收益的物权（《物权法》第117条）。土地承包经营权、建设用地使用权、宅基地使用权、地役权、养殖权、捕捞权等属于此类。所谓担保物权，则系以支配标的物的交换价值为内容的物权。抵押权、质权、留置权，为其典型。

3. 分类的法律意义

区分用益物权和担保物权的法律意义在于：（1）在用益物权的情况下，权利人可以按照标的物的性质使用标的物，并取得收益。在担保物权的情况下，物权人原则上不得使用标的物，仅就标的物的折价或变价使其债权优先获得清偿。（2）除地役权、捕捞权、（许多）取水权等用益物权以外，一个标的物上存在了一个用益物权，即不得再于其上设立其他的用益物权。与此不同，同一个标的物上可以并存数个担保物权。（3）同一个标的物上可以并存担保物权和用益物权。

（三）动产物权、不动产物权与权利物权

1. 区分标准

以标的物的种类为划分标准，物权可有动产物权、不动产物权和权利物权的分类。

2. 界定

所谓动产物权，是指以动产为标的物的物权。动产所有权、动产质权、动产抵押权和留置权属于此类。所谓不动产物权，是指以不动产为标的物的物权。不动产所有权、土地承包经营权、建设用地使用权、宅基地使用权、地役权等为其代表。所谓权利物权，是指以权利为标的物的物权，如权利抵押权、权利质权。

3. 分类的法律意义

按照《民法典》的规定，区分动产物权、不动产物权和权利物权的法律意义在于：（1）物权变动的要件不同。动产物权基于法律行为的变动，多数以交付为生效要件（第208条后段、第224条等）；不动产物权基于法律行为的变动以登记为生效要件（第208条前段、第209条第1款、第214条等）；权利抵押权以登记为生效要件（第402条）；权利质权比较复杂，股权质权、基金份额质权、知识产权质权等以登记为生效要件（第443条第1款、第444条第1款），以汇票、支票、本票、债券、存款单、提单、仓单等为标的物的质权则以交付权利凭证为生效要件；没有权利凭证的，以办理出质登记为生效要件（第442条后段）。

法释〔2000〕44号则规定，以汇票、支票、本票出质，出质人与质权人没有背书记载“质押”字样，以票据出质对抗善意第三人的，人民法院不予支持（第98条）。以公司债券出质的，出质人与质权人没有背书记载“质押”字样，以债券出质对抗公司和第三人的，人民法院不予支持（第99条）。(2) 权利的公示方式有所不同。不动产物权以登记为公示方式，除以船舶、航空航天器、机动车辆为标的物的动产物权（第225条）外，动产物权以占有或交付为公示方式（第208条后段等）。以船舶、航空航天器、机动车辆为标的物的动产物权，其变动以交付为生效要件（第224条），表明占有或交付为公示方式；同时，登记为对抗善意第三人的要件（第225条），这意味着登记也是公示方式。权利物权及其变动的公示方式，有的是登记，有的是交付权利凭证，有的是背书。

（四）登记物权与不登记物权

1. 区分标准

以物权的变动是否须经登记为标准，存在登记物权和不登记物权的分类。

2. 界定

物权的变动无须登记即生效力的物权，叫作不登记物权。反之，则为登记物权。按照《民法典》的规定，登记物权的变动必须以登记为生效要件（第209条等）。不动产物权一般属于此类。

应当注意，按照《民法典》的规定，法定抵押权无须登记。因人民法院、仲裁委员会的法律文件或人民政府的征收决定等导致的不动产物权变动，自法律文书或人民政府的征收决定等生效时发生效力（第229条），因继承取得不动产物权的，自继承开始时发生效力（第230条），因合法建造、拆除房屋等事实行为设立或消灭不动产物权的，自事实行为成就时发生效力（第231条）。但是，处分这些不动产物权时，依照法律规定需要办理登记的，未经登记，不发生物权变动的效力（第232条）。

3. 分类的法律意义

这种分类的法律意义在于，登记在两种物权的变动中所起的作用不同。

（五）意定物权与法定物权

1. 区分标准

以物权的发生是否基于当事人的意思为标准，存在着意定物权和法定物权的分类。

2. 界定

在物权法定主义的架构下，意定物权，是指基于当事人的意思而成立的物权。除法定抵押权、留置权以外，民法上规定的物权都可以基于当事人的意思而发生。在法定物权的情况下，物权，不问当事人的意思如何，径由法律规定而发生。

3. 分类的法律意义

这种分类的法律意义在于，物权成立的要件和适用的法律不同。

(六) 有期限物权与无期限物权

1. 区分标准

以物权的存续有无期限限制为标准，存在着有期限物权和无期限物权的分类。

2. 界定

有存续期限的物权，叫作有期限物权。存续期限无限制，且能永久存续的物权，称为无期限物权。定限物权大多为有期限物权，所有权为无期限物权。但是，在中国法上，一方面，存在于以出让方式取得的建设用地之上的房屋所有权，则是“有期限物权”。另一方面，宅基地使用权虽为定限物权，却是无期限物权；行政划拨的建设用地使用权没有明确的终期，只要法定终止事由未出现，就持续存在。

3. 分类的法律意义

这种分类的法律意义在于，有期限物权的存续期限届满时，即当然归于消灭；而无期限物权则除抛弃、标的物灭失或其他原因外，永存不灭。

(七) 主物权与从物权

1. 区分标准

以物权是否具有独立性为标准，存在着主物权和从物权的分类。

2. 界定

主物权，是指可以独立存在，无须从属于其他权利的物权。从物权，是指不具有独立性，必须从属于其他权利的物权。属于前者的，如所有权、建设用地使用权、宅基地使用权等。属于后者的，如担保物权、地役权。

3. 分类的法律意义

这种分类的法律意义在于，主物权可以独立存在，而从物权的命运原则上随从主权利的命运。

(八) 既得权与期待权

1. 区分标准

以物权是否已经取得为标准，存在着既得权和期待权的分类。

2. 界定

既得权，在物权法领域，是指权利主体已经取得了并且能够实现的物权。所有权、建设用地使用权等均属此类。期待权包括物权性的期待权和债权性的期待权。前者是指取得物权的某些要件已经实现，而剩下的条件若实现即可取得物权的期待状态。就其消极方面而言，取得物权的过程尚未完成，所期待的物权尚未取得；自其积极方面来说，物权的取得已经进入完成的过程，当事人已经有所期待。其中所谓“某些要件已经实现”，是指权利主体已经确定，取得物权的部分要件已经具备，所期待的特定利益的内容或范围亦已确定。所说的“期待状态”，是指权利主体的法律地位，且含有特定的利益，在机能上独立，受法律保护。① 属于此类情况的，例如，在所有权保留买卖关系中，买受人的地位；建设用地使用权出让场合，受让人已经提出过户登记申请但尚未登入不动产登记簿时所处的地位；在房屋买卖关系中，买受人已经提出过户登记申请但尚未登入不动产登记簿时所处的地位。

3. 分类的法律意义

这种分类的法律意义在于，有助于人们认识并区分物权的生成过程，丰富物权的类型和体系及其理论，使立法者对每个阶段的法律状态配备相应的法律制度，运用不同的法律保护方法。

（九）完全物权与不完全物权

1. 区分标准

以物权的效力是否完全为标准，存在着完全物权和不完全物权的分类。

2. 界定

完全物权，是指法律效力齐备的物权。不完全物权，是指欠缺某些法律效力的物权。对此，可以建筑物的所有权为例加以说明。合法新建的建筑物，一经封顶，建设用地使用权人即取得其所有权。不过，在办理首次登记之前，该所有权欠缺处分的效力。只有办理完首次登记手续，该所有权才具有全部效力。登记之前的建筑物所有权属于不完全物权，登记完毕的建筑物所有权则为完全物权。

3. 分类的法律意义

这种分类不同于既得权与期待权的分类，因为期待权不是物权，只是物权的期待，而完全物权和不完全物权都是物权。

这种分类的法律意义在于，物权的效力不同，物权人能够实现的利益有别，法律对物权转让设置的限定条件也有差异。例如，因人民法院的判决书、仲裁机构的裁决书而取得的不动产物权，因继承而取得的不动产物权，因合法建造房屋

① ［德］鲍尔/施蒂尔纳：《德国物权法》（上册），张双根译，北京，法律出版社2004年版，第46～47页；申卫星：《期待权基本理论研究》，北京，中国人民大学出版社2006年版，第12～42页。

而取得的所有权，在物权人尚未将此类不动产登记在自己名下时，均属不完全物权。物权人若将此类不动产出卖、赠与或互易，不发生物权移转的效力，只有先行把此类物权登记在自己名下，再协助受让人办理过户登记手续，才会发生不动产物权变动的效果（《民法典》第232条）。

（十）本权与占有

1. 区分标准

以有无物权的实质内容为标准，存在着本权和占有。

2. 界定

占有，是对标的物有一定支配力的一种事实。对占有而言，所有权、定限物权，甚至租赁权，都是本权。

3. 分类的法律意义

这种分类的法律意义在于，确定有无本权的存在，以确定其保护方法。

（十一）其他分类

需要指出，有学说还把物权区分为民法上的物权和特别法上的物权，民法物权和特许物权，典型物权和准物权，私法物权和公法物权等。

第二百零五条

本编调整因物的归属和利用产生的民事关系。

本条主旨

本条是关于物权编调整对象的规定。

相关条文

本条系变通《物权法》第2条第1款关于“因物的归属和利用而产生的民事关系，适用本法”的规定而来。

与之相关的规定，如《最高人民法院关于适用〈中华人民共和国物权法〉若干问题的解释（一）》（法释〔2016〕5号）第1条规定：“因不动产物权的归属，以及作为不动产物权登记基础的买卖、赠与、抵押等产生争议，当事人提起民事诉讼的，应当依法受理。当事人已经在行政诉讼中申请一并解决上述民事争议，且人民法院一并审理的除外。”

理解与适用

本条所谓“物的归属”，望文生义，就是物归属于谁。出于物权法的目的及功能，以及物权法与其他法律部门的分工，“物的归属”层面的“物”，限于有体物，如一个苹果、一台电脑、一宗土地、一栋大楼，均属此类。如此，所谓“物的归属”，描述的是有体物归属于谁的关系，或曰有体物这个所有物与其主人之间的关系，所有物归属于所有权人之间的关系。

在民法上，物分为有体物和无体物。所谓无体物，如股票、债券、仓单、提单、债权、建设用地使用权、土地经营权、著作权、专利权、商标权等。无体物也有“归属”的问题，特别是人们的日常用语中有A专利属于张三，B股权归李四所有，等等。不过，用确切的法律用语来表达其法律意思，所谓A专利属于张三，是指A专利由张三享有专利权，而不是张三享有A专利的所有权；B股权归李四所有，是指B股权的股权人为李四，而不是李四享有B股权的所有权。抽象地说，有体物的归属，由所有权关系来表达；至于无体物的“归属”，不用所有权关系来描述，而是形成相应法律上的相应关系，如张三是A专利的专利权人，李四是B股权的股权人，王五是C著作的著作权人，等等。如果采用类比的方法，不用所有权来表述B股权、A专利权、C著作权，而是径直称作股权、专利权、著作权，不但股权、专利权、著作权等概念能够起到有体物所有权概念那样的作用，而且还发挥着所有权不具备的功能。这样设计、分工所有权与知识产权、股权等民事权利，最大的优点是法律适用具有层次性，效果理想。例如，遇到A专利的问题，首先适用专利法，其次是知识产权法的总则，最后是民法的相应规定。不得颠倒适用法律的顺序，以免酿成不当后果。

所谓“物的利用”，可有两个视角的观察和描述，一个视角是物的所有权人利用该物，另一个视角是他物权人利用其物。

按照前一个视角，所有权人按照该物的性能和用途使用该物，属之，这是狭义的利用，系物权关系中的使用权能；所有权人把该物消耗掉，也属于《民法典》第205条所谓的利用，这是广义的利用，系物权关系中的（事实上的）处分权能；所有权人以该物设立抵押权或质权，还同样属于《民法典》第205条所谓的利用，也是广义的利用，系物权关系中的（法律上的）处分权能；甚至于所有权人把其物抛弃，同样属于《民法典》第205条所谓的利用，也是广义的利用。

依据后一个视角，即他物权人利用物的视角。此处之“物”，有体物固然属之，就是有关的权利等无体物也在其列。例如，A宗地的所有权人（国家）授权甲国有土地资源管理局，将A宗地上的B国有建设用地使用权出让给乙。这是前一个视角下的利用。乙利用B国有建设用地使用权建造C大楼，这是后一个视角下的利用，是他物权人在利用物。不仅如此，乙把B国有建设用地使用权抵押给丙银行，或是同意丁就B国有建设用地享有地役权等，也都是在利用“物”，甚至于乙抛弃B国有建设用地使用权，还是在利用该“物”，只不过，于此场合的利用之“物”，不再是有体物，而是无体物。

总而言之，某特定物归属于某特定的所有权人，且必定是某特定的有体物归属于某特定的所有权人，属于《民法典》第205条所谓“物的归属”，由物权编调整；所有权人利用其物，包括自己使用、处分甚至抛弃，也包括以其物创设他物权，属于《民法典》第205条所谓“物的利用”，也由物权编调整；他物权人使用他物权的标的物，属于《民法典》第205条所谓“物的利用”，由物权编调整；他物权人以其他物权设立地役权、抵押权或质权甚至抛弃他物权，同样属于《民法典》第205条所谓“物的利用”，还由物权编调整。

第二百零六条

国家坚持和完善公有制为主体、多种所有制经济共同发展，按劳分配为主体、多种分配方式并存，社会主义市场经济体制等社会主义基本经济制度。

国家巩固和发展公有制经济，鼓励、支持和引导非公有制经济的发展。

国家实行社会主义市场经济，保障一切市场主体的平等法律地位和发展权利。

本条主旨

本条是关于中国特色社会主义的基本经济制度和社会主义市场经济中市场主体的法律地位平等及发展权的规定。

相关条文

《宪法》第6条　中华人民共和国的社会主义经济制度的基础是生产资料的社会主义公有制，即全民所有制和劳动群众集体所有制。社会主义公有制消灭人剥削人的制度，实行各尽所能、按劳分配的原则。

国家在社会主义初级阶段，坚持公有制为主体、多种所有制经济共同发展的基本经济制度，坚持按劳分配为主体、多种分配方式并存的分配制度。

第7条　国有经济，即社会主义全民所有制经济，是国民经济中的主导力量。国家保障国有经济的巩固和发展。

第8条　农村集体经济组织实行家庭承包经营为基础、统分结合的双层经营体制。农村中的生产、供销、信用、消费等各种形式的合作经济，是社会主义劳动群众集体所有制经济。参加农村集体经济组织的劳动者，有权在法律规定的范围内经营自留地、自留山、家庭副业和饲养自留畜。

城镇中的手工业、工业、建筑业、运输业、商业、服务业等行业的各种形式的合作经济，都是社会主义劳动群众集体所有制经济。

国家保护城乡集体经济组织的合法的权利和利益，鼓励、指导和帮助集体经济的发展。

第11条　在法律规定范围内的个体经济、私营经济等非公有制经济，是社会主义市场经济的重要组成部分。

国家保护个体经济、私营经济等非公有制经济的合法的权利和利益。国家鼓励、支持和引导非公有制经济的发展，并对非公有制经济依法实行监督和管理。

第15条　国家实行社会主义市场经济。

国家加强经济立法，完善宏观调控。

国家依法禁止任何组织或者个人扰乱社会经济秩序。

《物权法》第3条　国家在社会主义初级阶段，坚持公有制为主体、多种所有制经济共同发展的基本经济制度。

国家巩固和发展公有制经济，鼓励、支持和引导非公有制经济的发展。

国家实行社会主义市场经济，保障一切市场主体的平等法律地位和发展权利。

《土地管理法》第13条　农民集体所有和国家所有依法由农民集体使用的耕地、林地、草地，以及其他依法用于农业的土地，采取农村集体经济组织内部的家庭承包方式承包，不宜采取家庭承包方式的荒山、荒沟、荒丘、荒滩等，可以采取招标、拍卖、公开协商等方式承包，从事种植业、林业、畜牧业、渔业生产。家庭承包的耕地的承包期为三十年，草地的承包期为三十年至五十年，林地的承包期为三十年至七十年；耕地承包期届满后再延长三十年，草地、林地承包期届满后依法相应延长。国家所有依法用于农业的土地可以由单位或者个人承包经营，从事种植业、林业、畜牧业、渔业生产。

发包方和承包方应当依法订立承包合同，约定双方的权利和义务。承包经营土地的单位和个人，有保护和按照承包合同约定的用途合理利用土地的义务。

《农村土地承包法》第3条　国家实行农村土地承包经营制度。

农村土地承包采取农村集体经济组织内部的家庭承包方式，不宜采取家庭承包方式的荒山、荒沟、荒丘、荒滩等农村土地，可以采取招标、拍卖、公开协商等方式承包。

第5条第1款　农村集体经济组织成员有权依法承包由本集体经济组织发包的农村土地。

第 9 条　承包方承包土地后，享有土地承包经营权，可以自己经营，也可以保留土地承包权，流转其承包地的土地经营权，由他人经营。

第 10 条　国家保护承包方依法、自愿、有偿流转土地经营权，保护土地经营权人的合法权益，任何组织和个人不得侵犯。

第 13 条　农民集体所有的土地依法属于村农民集体所有的，由村集体经济组织或者村民委员会发包；已经分别属于村内两个以上农村集体经济组织的农民集体所有的，由村内各该农村集体经济组织或者村民小组发包。村集体经济组织或者村民委员会发包的，不得改变村内各集体经济组织农民集体所有的土地的所有权。

国家所有依法由农民集体使用的农村土地，由使用该土地的农村集体经济组织、村民委员会或者村民小组发包。

第 14 条　发包方享有下列权利：

（一）发包本集体所有的或者国家所有依法由本集体使用的农村土地；

（二）监督承包方依照承包合同约定的用途合理利用和保护土地；

（三）制止承包方损害承包地和农业资源的行为；

（四）法律、行政法规规定的其他权利。

第 16 条　家庭承包的承包方是本集体经济组织的农户。

农户内家庭成员依法平等享有承包土地的各项权益。

第 17 条　承包方享有下列权利：

（一）依法享有承包地使用、收益的权利，有权自主组织生产经营和处置产品；

（二）依法互换、转让土地承包经营权；

（三）依法流转土地经营权；

（四）承包地被依法征收、征用、占用的，有权依法获得相应的补偿；

（五）法律、行政法规规定的其他权利。

《农业法》第 5 条　国家坚持和完善公有制为主体、多种所有制经济共同发展的基本经济制度，振兴农村经济。

国家长期稳定农村以家庭承包经营为基础、统分结合的双层经营体制，发展社会化服务体系，壮大集体经济实力，引导农民走共同富裕的道路。

国家在农村坚持和完善以按劳分配为主体、多种分配方式并存的分配制度。

《民族区域自治法》第 26 条　民族自治地方的自治机关在坚持社会主义原则的前提下，根据法律规定和本地方经济发展的特点，合理调整生产关系和经济结构，努力发展社会主义市场经济。

民族自治地方的自治机关坚持公有制为主体、多种所有制经济共同发展的基本经济制度，鼓励发展非公有制经济。

《外商投资法》第 17 条　外商投资企业可以依法通过公开发行股票、公司债券等证券和其他方式进行融资。

第 21 条　外国投资者在中国境内的出资、利润、资本收益、资产处置所得、知识产权许可使用费、依法获得的补偿或者赔偿、清算所得等，可以依法以人民币或者外汇自由汇入、汇出。

第 22 条第 2 款　国家鼓励在外商投资过程中基于自愿原则和商业规则开展技术合作。技术合作的条件由投资各方遵循公平原则平等协商确定。行政机关及其工作人员不得利用行政手段强制转让技术。

《台湾同胞投资保护法》第 5 条　台湾同胞投资者投资的财产、工业产权、投资收益和其他合法权益，可以依法转让和继承。

第 6 条　台湾同胞投资者可以用可自由兑换货币、机器设备或者其他实物、工业产权、非专利技术等作为投资。

台湾同胞投资者可以用投资获得的收益进行再投资。

理解与适用

一、中国特色社会主义的基本经济制度决定《宪法》及《民法典》设计中国特色的物权制度

马克思主义的基本原理之一是，经济基础决定上层建筑。《民法典》及其物权制度作为中国社会的上层建筑的重要组成部分，当然由中国的经济基础决定，反映其本质要求。

中国是社会主义国家，处于社会主义初级阶段，实行以公有制为主体、多种所有制经济共同发展的基本经济制度。2013 年颁布的《中共中央关于全面深化改革若干重大问题的决定》再次强调："公有制为主体、多种所有制经济共同发展的基本经济制度，是中国特色社会主义制度的重要支柱，也是社会主义市场经济体制的根基。公有制经济和非公有制经济都是社会主义市场经济的重要组成部分，都是我国经济社会发展的重要基础。必须毫不动摇巩固和发展公有制经济，坚持公有制主体地位，发挥国有经济主导作用，不断增强国有经济活力、控制力、影响力。必须毫不动摇鼓励、支持、引导非公有制经济发展，激发非公有制经济活力和创造力。"《中国共产党第十九届中央委员会第四次全体会议公报》继续强调："坚持公有制为主体、多种所有制经济共同发展和按劳分配为主体、多种分配方式并存，把社会主义制度和市场经济有机结合起来，不断解放和发展社

会生产力的显著优势。”

中国特色社会主义的公有制包括全民所有制和劳动群众集体所有制。这两种公有制形式，没有高下之分，无贵贱之别，对它们须平等保护。就此，《中共中央关于全面深化改革若干重大问题的决定》明确：“在符合规划和用途管制前提下，允许农村集体经营性建设用地出让、租赁、入股，实行与国有土地同等入市、同权同价。缩小征地范围，规范征地程序，完善对被征地农民合理、规范、多元保障机制。扩大国有土地有偿使用范围，减少非公益性用地划拨。建立兼顾国家、集体、个人的土地增值收益分配机制，合理提高个人收益。完善土地租赁、转让、抵押二级市场。”

强调中国特色社会主义公有制，不意味着否定或歧视非公有制经济。《中共中央关于全面深化改革若干重大问题的决定》宣明平等保护原则：“公有制经济财产权不可侵犯，非公有制经济财产权同样不可侵犯。”“国家保护各种所有制经济产权和合法利益，保证各种所有制经济依法平等使用生产要素、公开公平公正参与市场竞争、同等受到法律保护，依法监管各种所有制经济。”“非公有制经济在支撑增长、促进创新、扩大就业、增加税收等方面具有重要作用。坚持权利平等、机会平等、规则平等，废除对非公有制经济各种形式的不合理规定，消除各种隐性壁垒，制定非公有制企业进入特许经营领域具体办法。”

对于上述政策，2016 年出台的《中共中央 国务院关于完善产权保护制度依法保护产权的意见》重申：“健全以公平为核心原则的产权保护制度，毫不动摇巩固和发展公有制经济，毫不动摇鼓励、支持、引导非公有制经济发展，公有制经济财产权不可侵犯，非公有制经济财产权同样不可侵犯。”“坚持权利平等、机会平等、规则平等，废除对非公有制经济各种形式的不合理规定，消除各种隐性壁垒，保证各种所有制经济依法平等使用生产要素、公开公平公正参与市场竞争、同等受到法律保护、共同履行社会责任。”

《中共中央 国务院关于完善产权保护制度依法保护产权的意见》还特别明确：“加快推进民法典编纂工作，完善物权、合同、知识产权相关法律制度，清理有违公平的法律法规条款，将平等保护作为规范财产关系的基本原则。健全以企业组织形式和出资人承担责任方式为主的市场主体法律制度，统筹研究清理、废止按照所有制不同类型制定的市场主体法律和行政法规，开展部门规章和规范性文件专项清理，平等保护各类市场主体。加大对非公有财产的刑法保护力度。”

上述中国特色的社会主义基本经济制度，既要固定化，又要动态化，才会迸发出活力，产生出人们所需要的物质财富甚至精神财富。其动态化的法律表现，首先由《宪法》予以固定（第 6 条以下），在其内部就完成了从所有制到所有权的转换，确立了国家所有权、集体所有权和私人所有权以及相关的物权制度。

诚然，《宪法》的赋权毕竟抽象，旨在指明方向，确定领域，设置边界，并不，也不必要和可能包揽一切，具体化到技术细节。这是因为，《宪法》上的各种所有权虽为财产的保护提供了纲领性规定和制度性保障，但财产效用的最大发挥需要将宪法上的所有权转化为民法上的所有权，将宪法规范转化为民法规范。法律调整财产的最终目的在于确保物权人对财产持续有效地利用。这也是由现代法的立法技术决定的：不由宪法一部法调整社会生活的全部，而是实行“大权独揽，小权分散”的法制体例，刑事的关系由刑法管辖，民事的关系由民商法调整，等等。内化于宪法规范之中的法律价值需要付诸具体部门法践行。民法规范的作用在于规范所有权的具体行使，促进财产效用的最大发挥。如此，有关所有权的可操作性的规范便交由《民法典》“第二编　物权”负责。

这首先体现在中国特色的社会主义基本经济制度成为《民法典》设计物权制度的灵魂和基本原则，其精神实质贯穿、体现在整个物权制度的始终，表现为物权制度的社会政治原则，市场主体的法律地位平等，保障其（平等的）发展权，以及对国家、集体、私人以及其他类型的主体所享有物权的平等保护原则。《物权法》如此（第1条、第3条、第4条、第45条以下），《民法典》亦然（第206条、第207条、第246条以下）。其次，彰显国家所有权（《民法典》第246条以下）、集体所有权（《民法典》第260条以下）更凸显其制度特色。再次，拾得遗失物、拾得漂流物、发现埋藏物或隐藏物的规则已经向国家倾斜（《民法典》第314条以下），最后，国有建设用地使用权与集体建设用地使用权同权同价（《民法典》第361条）。

二、市场主体的法律地位平等并受法律保障

（一）法律出处

《宪法》规定：“国家实行社会主义市场经济”（第15条第1款）。市场经济天然地使其主体在同一起跑线上赛跑，遵循机会平等，规则相同，等价交换，公平竞争，抽象地说，就是各个市场主体的法律地位平等。为反映和满足这种内在要求，《物权法》第3条第3款规定：“国家实行社会主义市场经济，保障一切市场主体的平等法律地位和发展权利。”《民法典》对此一字不差地予以承继（第206条第3款）。

（二）法律地位平等的终极根源

社会主义市场经济在基础部分是市场经济，在所有制和上层建筑方面采取社会主义的，它是商品经济的高级发展阶段的形态。它不遏制、不排斥商品经济平

等、等价交换、有效率的本性和效能，相反，是充分利用和任其发挥；但商品经济依其自身规律运行带来的负面结果由社会主义机制来遏制、矫正，使其尽可能地朝向公平正义。

“一切商品，对于它的所有者，皆为非使用价值（Nicht-Gebrauchswert），但对于非所有者（Nicht-Bssitzer），则为使用价值。所以，任何一种商品，都有换一下手的必要。但这样换一下手，便是交换（Austausch），使商品以价值的资格互相对待，并实现为价值的，也就是交换。”① “他和货币所有者相遇在市场上，必须彼此以平等的商品所有者的资格，发生关系，不过一个当作买者，一个当作卖者。所以，他们在法律上必须是互相平等的人格。”② “平等！因为他们彼此皆以商品所有者资格发生关系，以等价物交换等价物。”③ “商品是天生的平等主义者。”④

商品经济在社会主义市场经济条件下，各种所有制经济形成的市场主体都是在统一的市场上运作并发生相互关系的，都要遵守统一的市场“游戏规则”，只有地位平等、权利平等，才有公平竞争，才能形成良好的市场秩序。若不如此，就违背了市场经济原则，反过来又会损害社会主义基本经济制度。⑤

（三）法律地位平等的意义

民事权利能力，罗马法叫作人格（persona）⑥，《拿破仑法典》亦然，用于某个人或某团体是民法上的“人”或曰民事主体的场合。凡不具有民事权利能力者均非民法上的“人”，不是民事主体。与此不同，法律地位一词可在若干场合使用，例如，农村集体经济组织的法律地位，自然人的法律地位，法人的法律地位，建筑公司的分公司的法律地位，清华大学法学院的法律地位，业主派驻工地代表的法律地位，等等。前三种场合的法律地位与民事权利能力可作相同意义的理解，后三种场合的法律地位则不具有民事权利能力的意义。之所以如此，一个重要的原因是，法律地位，望文生义，就是一个被界定对象在法律上的位置，相对确切地说，是法律认可或赋权一个被界定对象的地位。在法律的世界里，任何一个被界定的对象均有其位置，如张三是户主，李四是教师，王五是货摊主。不但之于客体的主体是这样，就连客体也有其法律上的位置，如流通物、主物、抵

---

①②③④ 马克思：《资本论》（第1卷），郭大力、王亚南译，上海，上海三联书店2009年版，第40、101、108、39页。

⑤ 全国人民代表大会法律委员会在2006年10月27日十届全国人民代表大会常务委员会第二十四次会议上《关于〈中华人民共和国物权法（草案）〉修改情况的说明》，载全国人民代表大会常务委员会法制工作委员会民法室编著：《物权法立法背景与观点全集》，北京，法律出版社2007年版，第57页。

⑥ 周枏：《罗马法提要》，北京，北京大学出版社2008年版，第16页。

押物等。从中不难看出，法律地位未必与民法认可或确立的“人”直接关联。但民事权利能力则不然，只在民法认可或确立的“人”这个层面上使用，凡是拥有民事权利能力者才是民事主体。至于建筑公司的分公司、大学的法学院、户主、教师等虽然在不同的法律部门中有其法律地位，但不具有民事权利能力，不是民法上的“人”；更遑论流通物、主物、抵押物之类虽有法律地位，但绝对不可享有民事权利能力，不是民事主体了。

《民法典》第 206 条第 3 款所谓法律地位，一方面限于社会主义市场经济中的地位，虽属民事权利能力的范畴，但其外延窄于自然人的民事权利能力的外延，生命、健康、肖像、继承等能力均不在其内。另一方面，由市场主体的本性决定，市场主体的法律地位和发展权利，虽然离不开物权，但肯定不会局限于此，市场主体的名称、字号、商誉、信息、商标甚至专利的权益和相应的义务，都是商家不可或缺的；市场运行更离不开债权。就此说来，《民法典》第 206 条第 3 款所谓法律地位，其含义远远超过市场主体享有物权和负担相应义务的范围。

转换视角，结论有所不同。《民法典》第 206 条第 3 款处于物权规范群之中，立法者的本意重在宣示市场主体享有物权和负担相应义务的法律地位①，即资格，或曰民事权利能力。从物权制度与人格权制度、知识产权制度、债权制度等有关法律制度的分工看，也可得出该项结论。只不过《民法典》第 206 条第 3 款是“超载”表达而已，从立法技术的角度看，《民法典》“第一编　总则”第 4 条已经规定“民事主体在民事活动中的法律地位一律平等”，它覆盖物权关系的领域，《民法典》再设第 206 条第 3 款，明显重复，似无必要。不过，若采取历史的观点，须大力纠正中央高度集权的计划经济体制下的不平等，以及个别地区在个别期间不区分情形地一律把民营企业排除于采矿的领域，则该条款也有“警钟长鸣”之用。此其一。观察这两个条款的文义，挖掘其规范意旨，可以说《民法典》第 4 条重在认可在中国境内从事民事活动者均为民法上的“人”，即民事主体，且其法律地位一律平等；而第 206 条第 3 款是在第 4 条确立的前提下，保障作为民事主体的市场主体已有的平等法律地位，换言之，第 206 条第 3 款为第 4 条“保驾护航”，成为它的“战略纵深”。就此说来，两个条款各有侧重，功用有别。此其二。当然，无论怎么说，《民法典》第 206 条第 3 款着重保障市场主体享有物权和负担相应义务的平等法律地位。有鉴于此，下文主要在这种意义上发表意见。

---

① 参考胡康生主编：《中华人民共和国物权法释义》，北京，法律出版社 2007 年版，第 28 页。

《民法典》第 206 条第 3 款所谓法律地位，是在非常抽象的意义上使用的，不关注一房、一地能否取得或保有。所谓抽象意义上的法律地位，是指国家、集体和私人等任何市场主体均有享有物权的资格，也就是民事权利能力。至于长江、黄河不得由你、我、他取得所有权，只可归属于国家，那首先是《宪法》把此种发展权赋予谁的问题，《民法典》予以贯彻、落实；接下来是具体的长江所有权、黄河所有权由国家独享的问题。《宪法》及《民法典》等部门法没有把此类发展权开放给国家以外的市场主体，普通的市场主体也就不会实际取得长江、黄河的所有权。由此可见，抽象意义上的法律地位不同于发展权以及具体的民事权利。

所谓市场主体享有物权的资格，虽然不排斥其含有取得物权的资格这层意思，但其更关注保有物权的资格这层含义，即法律承认市场主体拥有物权是合法的，是受法律保障的，并且任何市场主体都有资格享有物权。所以，民营企业占有、使用的生产资料，私人拥有的财产，都不被非法没收，不被国有化；除非他们拥有这些财产构成犯罪或用于犯罪，依照刑法的规定应被没收。

在取得物权的资格方面，也是重在抽象的意义，关注国家、集体和私人等市场主体都具有取得物权的资格。你可以享有物权，我可以享有物权，他也可以享有物权，由此体现出平等性。虽然《宪法》及《民法典》等部门法不赋权普通的市场主体可以取得任何一种物权的资格，如不赋权集体组织、自然人取得泰山、黄河的所有权的资格，但这属于不赋予其发展权，绝不可因此说集体组织、自然人丧失取得物权的资格，或曰丧失法律地位。只要他们具备享有包括物权在内的民事权利的资格，就是具有法律地位。

国家、集体和私人等市场主体具有享有物权的法律地位，这不同于享有的物权多寡，因为一俟某物的物权到手，就不再属于法律地位的范畴，而是具体的物权及其行使的问题。

所谓"保障一切市场主体的平等法律地位"，已经限定此处所谓法律地位是市场主体的法律地位，而非其他主体的法律地位。国家、集体、私人，若不是以市场主体的身份出现，则法律不一定保障其法律地位平等。换个角度表述，在民商法的领域，法律"保障一切市场主体的平等法律地位"；在其他领域，法律未必保障其法律地位平等，甚至强调法律地位不平等。例如征收，它不在民商事领域，而受行政法的规制，它不遵循平等性，而是国家动用权力硬性地消灭某民事主体的特定物权。在征收关系中，两方的法律地位绝非平等。更不要说在革命斗争中，推翻蒋家王朝时国家没收蒋宋孔陈四大家族的资产了。

所谓"保障一切市场主体的平等法律地位"，在一定意义上，也潜在地含有这样的意思，尽管如此解读可能有些狭窄了：在交易过程中，在物权的享有和行使方面，国家、集体、私人等市场主体的法律地位是平等的，法律对此予以保障。如果这是正确的，则《宪法》规定“矿藏、水流、森林、山岭、草原、荒地、滩涂等自然资源，都属于国家所有，即全民所有”（第9条第1款前段），“城市的土地属于国家所有”（第10条第1款），就容易理解了，原因就在于此类物权的取得不发生在市场经济运行层面的，不发生在交易领域。

以上所述表明，国家、集体、私人等市场主体的法律地位平等，不是绝对的，而是相对的。所谓不是绝对的，表现在它不像自然人之间的法律地位平等那样彻底：无论性别、民族、种族、出身、职业、职务、文化程度、宗教信仰、政治面貌、财产状况等如何，其法律地位都是平等的，都可以享有民事权利和承担民事义务。在中国民法中，既没有享有更为优越的民事权利能力的自然人，也没有不享有或不能享有民事权利能力的自然人。这很自然，认识不到这一点，就是幼稚的、天真的。“平等保护不是说不同所有制经济在国民经济中的地位和作用是相同的，依据宪法规定，公有制经济是主体，国有经济是主导力量，非公有制经济是社会主义市场经济的重要组成部分，它们在国民经济中的地位和作用是不同的。这主要体现在国家宏观调控、公共资源分配、市场准入等方面，在关系国家安全和国民经济命脉的重要行业和关键领域，必须确保国有经济的控制力。”① 所谓是相对的，有几个方面的表现。其一，现在相对于过去，国家、集体、私人等市场主体的法律地位要平等得多。在高度集权的计划经济时代，民营企业无法律地位，自然人只有享有生活资料的法律地位。如今，这已成历史，《民法典》确立的国家、集体、私人等市场主体的法律地位，达到了空前的平等。其意义非凡，贡献至巨！其原因之一在于，本来，现代民法特别是近代民法，持抽象人格观，赋予市场主体平等的法律地位，物权制度作为民法的重要组成部分，承认各种市场主体具有平等地享有物权的资格，乃逻辑的必然。《物权法》和《民法典》却特设专文宣示国家、集体、私人等市场主体具有平等的法律地位，正说明有段历史时期我们没有做到这一点，需要改正，恢复社会主义市场经济本质要求的原则。其二，国家相对于集体和私人，如果我们不是空洞地议论民事权利能力，而是着眼于民事权利能力的落实，即结合实际享有的物权观察，就不难发现国家处于绝对的优势地位，如河流、矿产资源、海域的物权只能归国家享有，集体组织

---

① 王兆国：《关于〈中华人民共和国物权法（草案）〉的说明》（在2007年3月8日第十届全国人民代表大会第五次会议上），载全国人民代表大会常务委员会法制工作委员会民法室编著：《物权法立法背景与观点全集》，北京，法律出版社2007年版，第7页。

及私人不得染指，只可取得自然资源的“使用权”。其三，未来相对于现在，解读《中共中央关于全面深化改革若干重大问题的决定》《中共中央 国务院关于完善产权保护制度依法保护产权的意见》《中国共产党第十九届中央委员会第四次全体会议公报》，不难发现，随着改革开放的深化，社会经济的发展，集体组织及私人等市场主体的法律地位会越来越高。总之，国家、集体、私人等市场主体的法律地位平等，属于历史的范畴，是个发展的概念，它与差异性不是相互排斥的概念。

三、保障一切市场主体的发展权利

《物权法》第 3 条第 3 款、《民法典》第 206 条第 3 款规定：“国家实行社会主义市场经济，保障一切市场主体的……发展权利。”这是法律保障国家、集体、私人等市场主体具有平等的法律地位的应然结果。假如不保障甚至不允许集体、私人等市场主体在社会主义市场经济中依法、依自身规律向前发展，则所谓法律地位平等也就成了一句空话。仅仅有法律地位平等，没有发展权利来给市场主体带来实实在在的权益，如没有一个一个的具体的物权，没有具体的物权运动带来利益，法律地位平等就没有具体的内容和体现，久而久之，市场主体也就对其厌烦，至少是对之熟视无睹，法律地位平等也就难以为继。可见，市场主体的法律地位平等和发展权利两者相辅相成。

发展权利，简称为发展权，是人权的重要组成，也是人权发展到一定阶段的产物，是第三代人权。它在物权领域也具有不可替代的作用。《民法典》明确规定保障一切市场主体的发展权，很有境界，特别及时，非常必要。发展，有多种表现形式，适合于许多领域，为市场主体所必需。当今世界，即使专注于市场经济及其运行，也不局限于商品生产和交换，市场主体乃至市场经济的文化品位的，历史观的，理念更新的，形象的，人类命运共同体要求的素质和“硬件”，也是发展权不可或缺的构成要素。对于自然人而言尤其如此。

保障一切市场主体的发展权利，首先是准予市场主体进入市场，许其活跃在物权领域。如果把市场主体排斥于市场之外，那么，他们就没有机会从事生产、交换、物流、资金流等活动，“终日游手好闲”“坐吃山空”，只有等死一条路。如果吸取历史上不允许自然人及其家庭保有生产资料，不准进入机动车、设备等生产的领域，一律把民营企业排除于采矿的行业，未核准民营企业设立之类的教训，那么，《民法典》第 206 条第 3 款宣明“保障一切市场主体的……发展权利”，其意义就更加不可估量。应该准入的，法律不再禁止，任市场主体驰骋，其实乃法律地位平等的题中应有之义，因为给予市场主体在同一起跑线上的资格，机会均等，一视同仁，系法律地位平等的重要内容。发展权有“责任”落实之。

《民法典》第206条第3款处于物权制度领域，且受市场经济的“笼罩”，所以，市场主体的发展权必然包含取得和保有生产资料和生活资料的所有权，以便进行生产、经营以及获取利益之权。

市场主体生产的产品需要流通，服务贸易也占据不可小觑的比重，资金的流向之于企业犹如血液之于人体；再有证券化的运作，都需要债权的配置。债权使包括市场主体在内的人类生活更加丰富。在仅有物权关系的时代，可以说只能生活在过去和现在。但债权制度则可以使将来的给付预约变为现在的给付对价，除了过去和现在的财产外，还可以增加将来的财产。债权已不是取得物权和对物的利用的手段，它本身就是法律生活的目的。① 这显示债权是市场主体所需发展权的重要一环。

资金对于企业的重要性越来越凸显，市场主体利用财产融资已是常态，就是说融资权也是发展权的组成部分。

市场主体对于发展权的享有和运用，是因人而异，还是“各种市场主体都处于平等地位，享有相同权利，遵守相同规则，承担相同责任”②？答案必须是遵守相同规则，不然，“就不可能发展社会主义市场经济，也不可能坚持和完善社会主义基本经济制度”③。看来，发展权要以各个市场主体遵守相同规则为基础。在这方面，有经验和教训可供总结。

有必要说明，此处所谓享有相同权利、承担相同责任，是用于民事权利能力的层面上的，绝非用在具体的市场主体对A房享有所有权、对甲承担100万元人民币的赔偿责任之类的具体的权利、义务及责任的。道理很浅显，甲公司系小额贷款公司，乙公司为汽车的生产企业，甲公司不享有也不愿意享有1 000辆汽车的所有权，乙公司也难有1亿元人民币的自由资金。在经营活动中，甲公司鲜有向其他人承担侵权损害赔偿的案例，乙公司对其上家或下手承担逾期履行的违约责任，应不奇怪。就是说，各种市场主体在具体的民事法律关系中不易“享有相同权利，承担相同责任”。

在相当长的历史时期，商业开发建设需要农村集体所有的土地，必须先将集

① ［日］我妻荣：《债权在近代法中的优越地位》，王书江、张雷译，谢怀栻校，北京，中国大百科全书出版社1999年版，第6～7页。

②③ 王兆国：《关于〈中华人民共和国物权法（草案）〉的说明》（在2007年3月8日第十届全国人民代表大会第五次会议上），载全国人民代表大会常务委员会法制工作委员会民法室编著：《物权法立法背景与观点全集》，北京，法律出版社2007年版，第6页。

体所有的土地征收为国有，然后从国家土地所有权中“分离”出占有、使用、收益乃至处分权利自身的权能，由国土资源主管机关出让国有建设用地使用权给用地者，用地者才可在该国有建设用地上从事工业、商业的开发建设（2004 年《土地管理法》第 43 条第 1 款前段、第 44 条以下），这就是“先征收、再出让”模式。它在客观上使国家获取了“剪刀差”，“没收”了集体所有权人乃至有关的土地承包经营权人、集体建设用地使用权人的部分收益。这是因为集体所有权人径直与用地者签订集体建设用地使用权出让合同，直接收取用地者支付的土地使用权出让金，该出让金的数额原则上就是集体建设用地使用权的“价值”本身，而通过征收制度补偿给集体土地所有权人的款额却低于甚至明显低于该数额；国家从出让国有建设用地使用权自用地者处收取的土地使用权出让金又明显高于该数额。简单地说就是，征收补偿款的数额低，土地使用权出让金的数额高。面对此情此景，人们不禁要问：同一宗土地的所有权怎么不如使用权的价值高？在此领域，有学者力主征收补偿一定要实行“同地同价”，即“同样位置的土地无论做公益用途或者是商业用途，应在市场价指导下，给予相同标准的费用”①。

有鉴于此，《中共中央关于全面深化改革若干重大问题的决定》宣布：“在符合规划和用途管制前提下，允许农村集体经营性建设用地出让、租赁、入股，实行与国有土地同等入市、同权同价。缩小征地范围，规范征地程序，完善对被征地农民合理、规范、多元保障机制。扩大国有土地有偿使用范围，减少非公益性用地划拨。建立兼顾国家、集体、个人的土地增值收益分配机制，合理提高个人收益。完善土地租赁、转让、抵押二级市场”（第 11 条）。《中共中央 国务院关于完善产权保护制度依法保护产权的意见》重申“深化农村土地制度改革，坚持土地公有制性质不改变、耕地红线不突破、粮食生产能力不减弱、农民利益不受损的底线，从实际出发，因地制宜，落实承包地、宅基地、集体经营性建设用地的用益物权，赋予农民更多财产权利，增加农民财产收益”。如今，这些政策已经变成了法律。《土地管理法》经修订于 2019 年出台，其第 63 条规定：“土地利用总体规划、城乡规划确定为工业、商业等经营性用途，并经依法登记的集体经营性建设用地，土地所有权人可以通过出让、出租等方式交由单位或者个人使用，并应当签订书面合同，载明土地界址、面积、动工期限、使用期限、土地用途、规划条件和双方其他权利义务”（第 1 款）。“前款规定的集体经营性建设用地出让、出租等，应当经本集体经济组织成员的村民会议三分之二以上成员或者

① 石凤友：《我国土地征收法律制度研究》，载房绍坤、王洪平主编：《不动产征收法律制度纵论》，北京，中国法制出版社 2009 年版，第 156 页。

三分之二以上村民代表的同意”（第 2 款）。“集体经营性建设用地的出租，集体建设用地使用权的出让及其最高年限、转让、互换、出资、赠与、抵押等，参照同类用途的国有建设用地执行。具体办法由国务院制定”（第 4 款）。《民法典》对此予以肯定（第 361 条）。

所谓保障一切市场主体的发展权，就是凡是除国家战略安全、国家经济命脉、制约社会、国家长远发展所需的关键资源及尖端科技等不得不划为“禁区”的领域、行业，都依法允许市场主体进入，从事生产经营。这不但要除去不应设置的显性“壁垒”，而且必须清理不该有的隐形“路障”，如不必要的审批程序，真正使市场主体在法律允许的领域、行业顺畅地进行生产、经营活动。

四、法律地位——发展权——具体的民事权利（含物权）之间的关系

法律地位，最为抽象，其目的及功能在于解决国家、集体、私人或其他市场主体是否被民法承认为民事主体的问题，即能否享有民事权利（含物权）和负担相应义务的问题。具有法律地位者，就是民事主体，即可享有民事权利（含物权）和负担相应义务。反之，不具有法律地位者，就不是民事主体，就不得享有民事权利（含物权）和负担相应义务，金山、银山送到你的怀里也不归你拥有。例如，在罗马法上，家父、妻子、儿女，奴隶，都是自然法则上的人，他们之于动物，均为同类，可在市民法上，奴隶、妻子均无人格，不是主体。即使家父高兴，把住宅赏赐给奴隶，该奴隶也“无福消受”，不会成为该房的主人。[①] 依现代伦理，按照《宪法》及《民法典》的认可，在中国境内从事民事活动的“人”，你，我，他，都是民事主体，在市场经济中均为市场主体，并且都具有平等的法律地位。

具体的民事权利，包括物权，系具有法律地位之人借助法律事实而实际取得、享有的法律上之力。例如，张三自李四处购买 A 房，李四把 A 房的钥匙交付给张三，也协助办理完毕 A 房所有权的转移登记，张三取得 A 房的所有权。该所有权即为此处所谓具体的民事权利。张三具有法律地位，又有 A 房买卖合同这个法律事实，张三最终取得具体的民事权利。

发展权介于法律地位和具体的民事权利之间，有“桥梁”的意味。相对而言，法律地位有点“玄”，有些“虚”，有点“唱高调”：人人都有法律地位，且一律平等！至于张三、李四是否有吃有穿，王五有别墅，那六只好租用他人之

① 周枏：《罗马法提要》，北京，北京大学出版社 2008 年版，第 18～24 页。

屋，这不属于法律地位所管之事。发展权较为“实在”，它之于权益，市场主体不但能看到，而且可以进入相应的生产、经营的领域，从事相应的行业，只要他实际“动作”，如承包土地、取得采矿许可、获准金融业务，等等，就能切实地得到粮食、棉花、矿石、机床等，但是，距离实际得到粮食、棉花等物的所有权还隔着一层，需要法律事实的来临。只有法律事实出现了，在法律事实表现为法律行为时尚需适当履行，才会实际取得粮食、棉花等物的所有权。看来，发展权仍属资格、能力的范畴，而不与 A 房所有权、B 车所有权等具体的民事权利同类。不过，发展权这种资格、能力要比法律地位这类资格、民事权利能力“接地气”，距离实际取得 A 房所有权仅一步之遥。具体的民事权利，才落在实处，“实实在在”。如果把全世界的人都可以取得向日葵画比作法律地位/民事权利能力，那么，甲、乙、丙、丁、戊、己、庚取得竞买人的资格就相当于取得了发展权，甲报价后拍卖师敲锤是法律事实，拍卖行把向日葵之画交给甲，甲才取得该画的所有权。再如，上个自然段所举之例，张三具有法律地位，抽象地享有取得 A 房所有权的资格。但是，他若欠缺发展权，就无法实际取得 A 房所有权。如果 A 房位于北京市，张三无北京市的户籍，从未在北京市纳税过，那么，即使张三有万贯家财，也无权与李四签订受法律保护的 A 房买卖合同，即便签订了，在法律上也不能履行，总之，张三不能取得 A 房所有权。因为他不享有在北京市买房的发展权。如果他已经取得了北京市的户籍，或者在北京市纳税满 5 年，即他有了在北京市买房的发展权，那么，他与李四签订 A 房买卖合同就受法律保护，履行完毕该合同，他便实际取得 A 房所有权。

发展权，对于众多的公司来讲至为重要，说对其性命攸关，也不夸张。发展，有正常发展、茁壮成长、在“夹缝里求生存”等不同形态，市场主体取得物权的状况会呈现出差异，这与特定社会、特定国家的基本制度直接相关。在典型的市场经济条件下，任何一个商品的生产者、交换者都有发展权，且呈现出平等性。在封建社会，如果用发展权的概念和分析工具解剖的话，只有地主阶级享有发展权，农民最多享有生存权，侈谈发展权。在“四人帮”横行的年头，高喊“割资本主义的尾巴”，农民不得拥有生产资料，没有发展权。在社会主义市场经济中，《宪法》及《民法典》赋予各种市场主体发展权，但出于国家战略利益、国家经济命脉、制约社会及经济发展所需的关键资源和尖端科技等方面的考量，赋予不同类型的市场主体的发展权是有差别的。不这样，就是幼稚的，会吃大亏的。

虽然法人都有法律地位，也假设都资金充足，可是若无相应的发展权，就无权经营证券业务、贷款业务，取得不了“堆积如山”的人民币这种具体的民事权利；就无权开采矿藏，不能取得矿石的所有权这种具体的民事权利；就无权制造导弹、隐形飞机，无法取得它们的所有权这种具体的民事权利；等等。

总而言之，法律地位/民事权利能力最为抽象，只管自然人或团体是否为民法上的主体这一点，当然也是最为“要害”的一点。正因其只管这关键之点，其平等性也较为彻底。发展权次之，但也属于资格的范畴，而非具体的民事权利。它的差异性十分明显，某类市场主体仅可从事这样的业务，另类市场主体只能从事那样的活动，不得超越边界。《民法典》第246条第1款、第247条、第248条、第249条前段、第250条正文、第252条、第254条第1款关于国家发展权的规定，最能表明这层意思。至于具体的民事权利，其与特定的民事主体相结合时，千差万别，有人万贯家产，有人身无分文；有人执掌公司，有人把守厂门；等等。对此，不宜从平等不平等的层面认识和解读，除非你持极端的平均主义。因为这不属于地位的范畴，不涉及相同的事物相同处理、相似的事物相同处理的问题，而是一片土地上之百花开放的问题。

打个可能不太恰当的比喻，法律地位类似于张三具有A国的国籍，他是A国之人；发展权决定着张三可以从事农林牧渔的生产、经营，但不得从事战斗机的制造；具体的民事权利，诸如张三已经拥有甲屋、乙车和对李四的100万元人民币的债权。

第二百零七条

国家、集体、私人的物权和其他权利人的物权受法律平等保护，任何组织或者个人不得侵犯。

本条主旨

本条是关于国家、集体、私人等主体的物权受法律平等保护之原则的规定。

相关条文

《宪法》第8条第3款　国家保护城乡集体经济组织的合法的权利和利益，鼓励、指导和帮助集体经济的发展。

第11条第2款　国家保护个体经济、私营经济等非公有制经济的合法的权利和利益。国家鼓励、支持和引导非公有制经济的发展，并对非公有制经济依法实行监督和管理。

第12条　社会主义的公共财产神圣不可侵犯。

国家保护社会主义的公共财产。禁止任何组织或者个人用任何手段侵占或者破坏国家的和集体的财产。

第 13 条 公民的合法的私有财产不受侵犯。

国家依照法律规定保护公民的私有财产权和继承权。

《民法通则》第 5 条 公民、法人的合法的民事权益受法律保护，任何组织和个人不得侵犯。

第 73 条第 2 款 国家财产神圣不可侵犯，禁止任何组织或者个人侵占、哄抢、私分、截留、破坏。

第 74 条第 3 款 集体所有的财产受法律保护，禁止任何组织或者个人侵占、哄抢、私分、破坏或者非法查封、扣押、冻结、没收。

第 75 条第 2 款 公民的合法财产受法律保护，禁止任何组织或者个人侵占、哄抢、破坏或者非法查封、扣押、冻结、没收。

第 77 条 社会团体包括宗教团体的合法财产受法律保护。

第 80 条 国家所有的土地，可以依法由全民所有制单位使用，也可以依法确定由集体所有制单位使用，国家保护它的使用、收益的权利；使用单位有管理、保护、合理利用的义务。

公民、集体依法对集体所有的或者国家所有由集体使用的土地的承包经营权，受法律保护。承包双方的权利和义务，依照法律由承包合同规定。

土地不得买卖、出租、抵押或者以其他形式非法转让。

第 81 条 国家所有的森林、山岭、草原、荒地、滩涂、水面等自然资源，可以依法由全民所有制单位使用，也可以依法确定由集体所有制单位使用，国家保护它的使用、收益的权利；使用单位有管理、保护、合理利用的义务。

国家所有的矿藏，可以依法由全民所有制单位和集体所有制单位开采，也可以依法由公民采挖。国家保护合法的采矿权。

公民、集体依法对集体所有的或者国家所有由集体使用森林、山岭、草原、荒地、滩涂、水面的承包经营权，受法律保护。承包双方的权利和义务，依照法律由承包合同规定。

国家所有的矿藏、水流，国家所有的和法律规定属于集体所有的林地、山岭、草原、荒地、滩涂不得买卖、出租、抵押或者以其他形式非法转让。

第 82 条 全民所有制企业对国家授予它经营管理的财产依法享有经营权，受法律保护。

《民法总则》第 3 条 民事主体的人身权利、财产权利以及其他合法权益受法律保护，任何组织或者个人不得侵犯。

第 113 条　民事主体的财产权利受法律平等保护。

第 130 条　民事主体按照自己的意愿依法行使民事权利，不受干涉。

《物权法》第 4 条　国家、集体、私人的物权和其他权利人的物权受法律保护，任何单位和个人不得侵犯。

《土地管理法》第 12 条第 2 款　依法登记的土地的所有权和使用权受法律保护，任何单位和个人不得侵犯。

《农村土地承包法》第 5 条第 2 款　任何组织和个人不得剥夺和非法限制农村集体经济组织成员承包土地的权利。

第 6 条　农村土地承包，妇女与男子享有平等的权利。承包中应当保护妇女的合法权益，任何组织和个人不得剥夺、侵害妇女应当享有的土地承包经营权。

第 7 条　农村土地承包应当坚持公开、公平、公正的原则，正确处理国家、集体、个人三者的利益关系。

第 8 条　国家保护集体土地所有者的合法权益，保护承包方的土地承包经营权，任何组织和个人不得侵犯。

《城市房地产管理法》第 5 条后段　房地产权利人的合法权益受法律保护，任何单位和个人不得侵犯。

《海域使用管理法》第 6 条第 1 款　国家建立海域使用权登记制度，依法登记的海域使用权受法律保护。

《农业法》第 7 条第 1 款　国家保护农民和农业生产经营组织的财产及其他合法权益不受侵犯。

第 10 条第 1 款　国家实行农村土地承包经营制度，依法保障农村土地承包关系的长期稳定，保护农民对承包土地的使用权。

《草原法》第 9 条　草原属于国家所有，由法律规定属于集体所有的除外。国家所有的草原，由国务院代表国家行使所有权。

任何单位或者个人不得侵占、买卖或者以其他形式非法转让草原。

第 11 条　依法确定给全民所有制单位、集体经济组织等使用的国家所有的草原，由县级以上人民政府登记，核发使用权证，确认草原使用权。

未确定使用权的国家所有的草原，由县级以上人民政府登记造册，并负责保护管理。

集体所有的草原，由县级人民政府登记，核发所有权证，确认草原所有权。

依法改变草原权属的，应当办理草原权属变更登记手续。

第 12 条　依法登记的草原所有权和使用权受法律保护，任何单位或者个人不得侵犯。

第15条　草原承包经营权受法律保护，可以按照自愿、有偿的原则依法转让。

草原承包经营权转让的受让方必须具有从事畜牧业生产的能力，并应当履行保护、建设和按照承包合同约定的用途合理利用草原的义务。

草原承包经营权转让应当经发包方同意。承包方与受让方在转让合同中约定的转让期限，不得超过原承包合同剩余的期限。

《森林法》第3条　森林资源属于国家所有，由法律规定属于集体所有的除外。

国家所有的和集体所有的森林、林木和林地，个人所有的林木和使用的林地，由县级以上地方人民政府登记造册，发放证书，确认所有权或者使用权。国务院可以授权国务院林业主管部门，对国务院确定的国家所有的重点林区的森林、林木和林地登记造册，发放证书，并通知有关地方人民政府。

森林、林木、林地的所有者和使用者的合法权益，受法律保护，任何单位和个人不得侵犯。

《矿产资源法》第3条第1款　矿产资源属于国家所有，由国务院行使国家对矿产资源的所有权。地表或者地下的矿产资源的国家所有权，不因其所依附的土地的所有权或者使用权的不同而改变。

第3条第2款　国家保障矿产资源的合理开发利用。禁止任何组织或者个人用任何手段侵占或者破坏矿产资源。各级人民政府必须加强矿产资源的保护工作。

第3条第3款　勘查、开采矿产资源，必须依法分别申请、经批准取得探矿权、采矿权，并办理登记；但是，已经依法申请取得采矿权的矿山企业在划定的矿区范围内为本企业的生产而进行的勘查除外。国家保护探矿权和采矿权不受侵犯，保障矿区和勘查作业区的生产秩序、工作秩序不受影响和破坏。

第4条前段　国家保障依法设立的矿山企业开采矿产资源的合法权益。

《水法》第3条　水资源属于国家所有。水资源的所有权由国务院代表国家行使。农村集体经济组织的水塘和由农村集体经济组织修建管理的水库中的水，归各该农村集体经济组织使用。

第6条　国家鼓励单位和个人依法开发、利用水资源，并保护其合法权益。开发、利用水资源的单位和个人有依法保护水资源的义务。

第9条　国家保护水资源，采取有效措施，保护植被，植树种草，涵养水源，防治水土流失和水体污染，改善生态环境。

《野生动物保护法》第3条　野生动物资源属于国家所有。

国家保障依法从事野生动物科学研究、人工繁育等保护及相关活动的组织和个人的合法权益。

第 5 条第 1 款　国家保护野生动物及其栖息地。县级以上人民政府应当制定野生动物及其栖息地相关保护规划和措施，并将野生动物保护经费纳入预算。

《文物保护法》第 5 条　中华人民共和国境内地下、内水和领海中遗存的一切文物，属于国家所有。

古文化遗址、古墓葬、石窟寺属于国家所有。国家指定保护的纪念建筑物、古建筑、石刻、壁画、近代现代代表性建筑等不可移动文物，除国家另有规定的以外，属于国家所有。

国有不可移动文物的所有权不因其所依附的土地所有权或者使用权的改变而改变。

下列可移动文物，属于国家所有：

（一）中国境内出土的文物，国家另有规定的除外；

（二）国有文物收藏单位以及其他国家机关、部队和国有企业、事业组织等收藏、保管的文物；

（三）国家征集、购买的文物；

（四）公民、法人和其他组织捐赠给国家的文物；

（五）法律规定属于国家所有的其他文物。

属于国家所有的可移动文物的所有权不因其保管、收藏单位的终止或者变更而改变。

国有文物所有权受法律保护，不容侵犯。

第 6 条　属于集体所有和私人所有的纪念建筑物、古建筑和祖传文物以及依法取得的其他文物，其所有权受法律保护。文物的所有者必须遵守国家有关文物保护的法律、法规的规定。

《外商投资法》第 5 条　国家依法保护外国投资者在中国境内的投资、收益和其他合法权益。

第 20 条第 1 款　国家对外国投资者的投资不实行征收。

第 22 条　国家保护外国投资者和外商投资企业的知识产权，保护知识产权权利人和相关权利人的合法权益；对知识产权侵权行为，严格依法追究法律责任。

国家鼓励在外商投资过程中基于自愿原则和商业规则开展技术合作。技术合作的条件由投资各方遵循公平原则平等协商确定。行政机关及其工作人员不得利用行政手段强制转让技术。

《归侨侨眷权益保护法》第 3 条　归侨、侨眷享有宪法和法律规定的公民的权利，并履行宪法和法律规定的公民的义务，任何组织或者个人不得歧视。国家根据实际情况和归侨、侨眷的特点，给予适当照顾，具体办法由国务院或者国务院有关主管部门规定。

第 7 条 归侨、侨眷有权依法申请成立社会团体，进行适合归侨、侨眷需要的合法的社会活动。归侨、侨眷依法成立的社会团体的财产受法律保护，任何组织或者个人不得侵犯。

第 9 条 国家对安置归侨的农场、林场等企业给予扶持，任何组织或者个人不得侵占其合法使用的土地，不得侵犯其合法权益。在安置归侨的农场、林场等企业所在的地方，可以根据需要合理设置学校和医疗保健机构，国家在人员、设备、经费等方面给予扶助。

第 11 条 国家鼓励和引导归侨、侨眷依法投资兴办产业，特别是兴办高新技术企业，各级人民政府应当给予支持，其合法权益受法律保护。

第 12 条第 1 款 归侨、侨眷在国内兴办公益事业，各级人民政府应当给予支持，其合法权益受法律保护。

第 13 条第 1 款 国家依法保护归侨、侨眷在国内私有房屋的所有权。

第 15 条 国家保护归侨、侨眷的侨汇收入。

第 16 条 归侨、侨眷有权接受境外亲友的遗赠或者赠与。

《台湾同胞投资保护法》第 3 条第 1 款 国家依法保护台湾同胞投资者的投资、投资收益和其他合法权益。

第 4 条前段 国家对台湾同胞投资者的投资不实行国有化和征收。

《工会法》第 4 条第 3 款 国家保护工会的合法权益不受侵犯。

第 46 条 工会的财产、经费和国家拨给工会使用的不动产，任何组织和个人不得侵占、挪用和任意调拨。

《公益事业捐赠法》第 7 条 公益性社会团体受赠的财产及其增值为社会公共财产，受国家法律保护，任何单位和个人不得侵占、挪用和损毁。

理解与适用

一、法律平等保护的法律出处

《物权法》第 4 条规定：“国家、集体、私人的物权和其他权利人的物权受法律保护，任何单位和个人不得侵犯。”《民法典》在承继的基础上又向前发展了，于第 207 条明确：“国家、集体、私人的物权和其他权利人的物权受法律平等保护，任何组织或者个人不得侵犯。”其中更加突出了“法律平等保护”。这符合

《中共中央 国务院关于完善产权保护制度依法保护产权的意见》强调的“坚持平等保护。健全以公平为核心原则的产权保护制度，毫不动摇巩固和发展公有制经济，毫不动摇鼓励、支持、引导非公有制经济发展，公有制经济财产权不可侵犯，非公有制经济财产权同样不可侵犯”。

二、法律平等保护的内涵与外延

《民法典》第 207 条所谓法律平等保护的对象不是市场主体的法律地位及其平等性，因为市场主体的法律地位及其平等性已由第 206 条第 3 款赋权，从立法技术的层面着眼，同一事项不应由两个法律条文重复规定。特别是，第 206 条第 3 款已经明确“保障……平等法律地位”，自己担负起保护平等法律地位的重任，就法律地位及其平等性而言，无须第 207 条来保护，何况第 207 条仅仅言明保护“物权”，而非“法律地位”。换个表述方式，由《民法典》第 207 条的文义和规范意旨决定，该条保护的对象是物权，而且是已经存在的物权。没有物权的存在，就没有法律保护对象，没有保护的目标，就没有保护的价值。学说也认为：“对物权之保护，自然以证明物权之存在为前提条件。”① 此其一。从逻辑的角度考虑，一个市场主体，应该先有承认和确定的法律地位，而后有发展权，再有具体的物权等民事权利，此时此刻法律平等保护物权原则方有用武之地。此其二。

其实，《民法典》第 206 条第 3 款所谓法律地位，仅仅是享有物权等民事权利的资格，是特定民事主体取得物权等民事权利的前提和基础，并非民事权利本身。至少在有些情况下，某特定民事主体具有法律地位却无具体的民事权利。《民法典》第 206 条第 3 款所谓发展权利，也是法律地位之下的一种资格，是法律赋权市场主体进入市场的某个或某几个特定的领域，是从事市场活动的边界，取得和享有物权等民事权利的前提，也不是具体的物权等民事权利。就是说，《民法典》第 206 条规定的法律地位及其平等性，是《民法典》第 207 条规定的法律平等保护物权的前提和基础，后者是前者的落实和结果表现之一。没有法律地位平等，难有法律平等保护物权。

事实是，法律地位处于高位，其下为发展权，再其下是民事权利，有了民事权利才有保护的问题，保护分为平等保护和差别对待。可见，法律平等保护与法律地位中间隔着几道环节，且处于下下位阶。把法律地位平等纳入法律平等保护

① ［德］鲍尔/施蒂尔纳：《德国物权法》（上册），张双根译，北京，法律出版社 2004 年版，第 176 页。

原则之内，作为法律平等保护的一种表现形式①，是将法律地位与法律保护之间的关系本末倒置了，与《民法典》分设第 206 条第 3 款与第 207 条两个条款，先后规定法律地位和法律平等保护的文义和规范意旨不相一致。绝非法律平等保护包容法律地位平等，而是法律平等保护根源于法律地位平等。再者，《民法典》第 207 条所列主体不限于市场主体，如公益性基金会②、工会、妇联、共青团、法学会等也是该条所说的主体，而《民法典》第 206 条第 3 款所谓主体特指市场主体，这也表明硬把两个条款规定的内容“拉郎配”在一起，在逻辑上存在障碍。

法律平等保护物权，依其文义和逻辑推演，应当是法律对业已存在的物权予以认可、尊重和维护，而非轻视，更非否定，因为轻视、否定均非保护。并且这种认可、尊重和维护只认物权，不考虑物权人。物权人是国家时，法律如此对待；物权人是集体时，法律也是如此对待；物权人是私人或公益性基金会、工会、妇联、共青团、法学会等团体时，法律还是如此对待。所谓认“物”不认“人”是也，从而体现出法律保护的平等性。

所谓对业已存在的物权予以认可、尊重和维护，不仅仅对处于静态中的物权应持如此态度，而且对物权的行使甚至交换也应持这样的立场，采取这样的方法。例如，所有权人自己依法使用、收益和处分其物，法律对此予以认可、尊重和维护，且对任何人都是如此；所有权人为其他人创设他物权，法律对此也认可、尊重和维护，且对任何人都同样对待；所有权人把其所有权转让给他人，法律对此照样认可、尊重和维护，且对任何人都一视同仁，从而彰显法律平等保护。

所谓对业已存在的物权予以认可、尊重和维护，应当从宽理解，包括对占有动产之人首先推定占有人享有该动产的所有权，除非有相反的证据推翻该项推定；对不动产登记簿的记载首先推定为正确，登记名义人为物权人，除非有相反的证据推翻该项推定（《民法典》第 216 条第 1 款）。③ 这种物权推定对于任何种类的权利人都是一样的，从而体现出法律平等保护。

---

①　王利明：《物权法研究》（修订版）（上卷），北京，中国人民大学出版社 2007 年版，第 148～149 页；王兆国：《关于〈中华人民共和国物权法（草案）〉的说明》（在 2007 年 3 月 8 日第十届全国人民代表大会第五次会议上），载全国人民代表大会常务委员会法制工作委员会民法室编著：《物权法立法背景与观点全集》，北京，法律出版社 2007 年版，第 6～7 页。

②　胡康生主编：《中华人民共和国物权法释义》，北京，法律出版社 2007 年版，第 30 页。

③　参见［德］鲍尔/施蒂尔纳：《德国物权法》（上册），张双根译，北京，法律出版社 2004 年版，第 177、180～181 页；崔建远：《物权：规范与学说——以中国物权法的解释论为中心》（上册），北京，清华大学出版社 2011 年版，第 269～270 页。

各种市场主体的物权受法律平等保护，还含有法律对同一种类的物权课以相同或类似的负担/义务之意，不宜因物权的主体不同而加以的负担/义务不同。例如，所有的社会化，对任何所有权人都应该一样。毗邻的不动产物权之间都遵循相同的相邻关系规则。至于相同类型的物权交易是否施以相同的税率，取决于税法的规定，按照民法的思维应当是尽可能同一。

因物权的归属、内容发生争议的，利害关系人可以请求确认权利（《民法典》第 234 条）。解决这种争议应当适用平等的规则，即使是国家与其他主体之间发生争议，权利人可以通过和解、调解、仲裁、诉讼等途径解决（参见《民法典》第 233 条），“平等地享有确认请求权。在这方面任何一方都不应具有优越于他方的权利。根据过去有关规定，在国有资产与其他财产发生争议时，应由国有资产监督管理部门处理，此种做法显然是不妥当的，因为国有资产监督管理部门代表国家行使国有产权，其本身就是争议的一方当事人，在国有财产之上，发生产权纠纷时，其无法承担裁判的角色，而必须由争议的当事人平等地向有关司法机关请求确认”①。

法律保护物权，常在狭义上使用，即在物权受到侵害、妨害、有受到侵害的危险的情况下，法律赋权物权人可视情形而主张物的返还请求权、排除妨害请求权、恢复原状请求权或消除危险请求权（《民法典》第 235－236 条）。此类物权请求权的成立和行使不因物权人的种类不同而有差异，体现出法律保护的平等性。

物权的标的物被他人无权占有，物权人也可以借助占有返还请求权要求无权占有人返还该标的物（《民法典》第 462 条第 1 款）。该占有返还请求权的成立和行使不因物权人的种类不同而有差异，体现出法律保护的平等性。

物权受到侵害，物权人还享有债权的保护方法，如不当得利返还请求权（《民法典》第 985 条正文）、侵权损害赔偿请求权（《民法典》第 237 条、第 238 条、第 1165 条、第 1166 条、第 1184 条）。这些请求权的成立和行使不因物权人的种类不同而有差异，体现出法律保护的平等性。

三、法律平等保护的经济制度根据

市场经济的本性决定了市场主体之间所为商品交换遵循等价原则，它被法律反映便是市场主体之间的权利义务对等，关系遭到破坏时，法律对各方予以平等保护。

---

① 王利明：《物权法研究》（修订版）（上卷），北京，中国人民大学出版社 2007 年版，第 150 页。

四、法律平等保护的法律根据

法律地位平等影响甚至决定着若干规则：其一，它决定着市场主体平等地参与民事活动。其二，它是意思自治的前提和基础。如果法律关系不是法律地位平等的各方当事人形成的，而是以隶属、服从为特征的，那么，至少有些当事人只得唯唯诺诺，唯命是从，难以自主决定、自我发动地成立法律关系。其三，法律关系的内容，即一方的权利与另一方的权利，立于对价关系，以等值为原则。其四，法律关系遭到破坏时，施以救济的关系，或是原法律关系的替代，或是原法律关系的局部修复。前后关系具有质的同一性，原法律关系以平等为特色，救济关系亦然。

五、法律平等保护的法律制度建设

《中共中央 国务院关于完善产权保护制度依法保护产权的意见》要求："完善物权、合同、知识产权相关法律制度，清理有违公平的法律法规条款，将平等保护作为规范财产关系的基本原则。健全以企业组织形式和出资人承担责任方式为主的市场主体法律制度，统筹研究清理、废止按照所有制不同类型制定的市场主体法律和行政法规，开展部门规章和规范性文件专项清理，平等保护各类市场主体。加大对非公有财产的刑法保护力度。"

六、法律平等保护的意义

在社会主义市场经济条件下，各种所有制经济形成的市场主体都在统一的市场上运作并发生相互关系，各种市场主体都处于平等地位，享有相同的权利，遵守相同的规则，承担相同的责任。如果对各种市场主体不给予平等保护，解决纠纷的办法、承担的法律责任不一样，就不可能发展社会主义市场经济，也不可能坚持和完善社会主义基本经济制度。①《中共中央 国务院关于完善产权保护制度依法保护产权的意见》重申："坚持权利平等、机会平等、规则平等，废除对非公有制经济各种形式的不合理规定，消除各种隐性壁垒，保证各种所有制经济依法平等使用生产要素、公开公平公正参与市场竞争、同等受到法律保护、共同履行社会责任。"

---

① 王兆国：《关于〈中华人民共和国物权法（草案）〉的说明》（在2007年3月8日第十届全国人民代表大会第五次会议上），载全国人民代表大会常务委员会法制工作委员会民法室编著：《物权法立法背景与观点全集》，北京，法律出版社2007年版，第6页。

第二百零八条

不动产物权的设立、变更、转让和消灭，应当依照法律规定登记。动产物权的设立和转让，应当依照法律规定交付。

本条主旨

本条是关于物权变动以公示为原则的规定。

相关条文

《物权法》第 6 条　不动产物权的设立、变更、转让和消灭，应当依照法律规定登记。动产物权的设立和转让，应当依照法律规定交付。

理解与适用

一、术语解释

本条所谓不动产物权的设立，又叫不动产物权的设定，是指不动产物权因一定的法律事实从无到有，与特定主体相结合的现象。例如，开发商甲和国土资源管理部门乙签订了建设用地使用权出让合同，办理了登记，建设用地使用权即告设立（《民法典》第 209 条第 1 款、第 349 条）。

不动产物权的设立，有些属于原始取得。所谓不动产物权的原始取得，又称不动产物权的固有取得，或不动产物权的绝对发生，是指不依赖他人既存的权利而独立地取得不动产物权。

本条所谓不动产物权的变更，包括不动产物权的客体变更和不动产物权的内容变更。其中，不动产物权的客体变更，是指标的物在量上有所增减，如不动产抵押权的客体因部分毁损而减少。不动产物权的内容变更，是指不动产物权的内容有所改变，如建设用地使用权存续期限的延长或缩短，土地承包费的调整。

本条所谓不动产物权的转让，是指不动产物权从权利人之手转移给他人的现象。不动产物权转让属于不动产物权的继受取得。所谓不动产物权的继受取得，又称为传来取得，或不动产物权的相对发生，是指基于他人既存的权利而取得不动产物权。它包括移转继受取得和创设继受取得。所谓移转继受取得，是就原物权人既有的不动产物权，不变更其性质而予以取得的现象。基于买卖、赠与而受让不动产的所有权，或基于继承而取得被继承人的房屋所有权，均属此类。于此场合，取得人的不动产物权与前主的不动产物权，在分量上多为相同，也可能有所缩减（如前主转让其物权的一部），但两权的性质并无不同。所谓创设继受取得，是就他人的权利创设新的不动产物权而予以取得的现象。在他人的不动产所有权上设立定限物权为其例证。于此场合，取得人所取得的定限物权和前主的权利相比较，性质各异，如建设用地使用权不同于国家土地所有权、土地承包经营权不同于集体土地所有权，等等，但因取得人的不动产物权乃系基于前主的权利而取得的，故亦不失为继受取得。①

本条所谓不动产物权的消灭，是指不动产物权与其主体相分离的现象。这是就不动产物权本身所做的界定，若就物权主体而言，即不动产物权的丧失。不动产物权的消灭分为绝对消灭和相对消灭。不动产物权的绝对消灭，是指不动产物权本身不复存在的事实，不动产物权脱离于任何人，对于任何人来说都不存在的现象。例如，甲对 A 地享有的土地承包经营权因 A 地塌陷变成一片汪洋归于消灭。

严格地说，不动产物权的相对消灭只是物权主体的变更，不动产物权仍然存续，所以它并非不动产物权的真正消灭。在中国，在相当长的历史时期，曾忽视甚至否认物权概念和体系，基本上不存在物权变动理论，主要关注所有权及其变动。理论上区分所有权的相对消灭和绝对消灭。所有权的相对消灭，是指所有权转让的情形，当所有权由甲转让给乙时，该所有权相对于甲而言就是消灭。所有权的绝对消灭，是指所有权本身不复存在的事实，所有权脱离于任何人，对于任何人来说都不存在，就是所有权的绝对消灭。② 另一种观点不承认物权的相对消灭，在物权的绝对消灭的意义上使用物权消灭的概念，认为物权的消灭就是物权本身失去其存在。物权人将物权让与他人时，物权虽有移动，但并非物权的消灭。③ 对第一种观点，不能认其为错误，特别是在忽视甚至否认物权概念和体系、基本上不存在物权变动理论、主要关注所有权及其变动的背景下，把所有权的消灭区分为相对消灭和绝对消灭，相对消灭也在描述着所有权的变动，有其价值。但时至今日，中国民法学说已经比较深入地讨论了物权变动制度及其理论，

---

① 参见［德］卡尔·拉伦茨：《德国民法通论》（上册），王晓晔、邵建东、程建英、徐国建、谢怀栻译，谢怀栻校，北京，法律出版社 2003 年版，第 313～315 页；刘得宽：《民法总则》（增订 4 版），北京，中国政法大学出版社 2006 年版，第 158 页；王泽鉴：《民法总则》（增订版），台北，三民书局有限公司 2000 年，第 258 页。

② 参见佟柔主编：《民法原理》（修订本），北京，法律出版社 1986 年版，第 145 页；金平主编：《民法学教程》，呼和浩特，内蒙古大学出版社 1987 年版，第 182 页。

③ 参考［日］我妻荣：《日本物权法》，有泉亨修订，李宜芬校订，台北，五南图书出版公司 1999 年版，第 228 页；［日］田山辉明：《物权法》（增订本），陆庆胜译，北京，法律出版社 2001 年版，第 112 页。

《民法典》设有物权变动的规定，而物权的变动系物权的设立、物权的变更、物权的移转和物权的消灭的总称，其中物权的相对消灭，就属于物权的移转。为了不使物权的移转、物权的消灭及物权的相对消灭几个概念发生混淆，采用物权移转这个概念描述物权由甲转让给乙的现象，更清晰、醒目、传神，所以，笔者赞同不再把物权的移转（过去所谓物权的相对消灭）划归物权的消灭体系之中，而赞成上述第二种观点，即将物权消灭概念限定于物权本身失去其存在（绝对消灭）这个含义。实际上也是如此，若无特别指明，人们通常所说的物权消灭指的是物权的绝对消灭。不动产物权为物权的重要一类，也自然如此。

本条所谓不动产物权的设立、变更、转让和消灭，简称为不动产物权的变动。

本条所谓动产物权的设立，又称动产物权的设定，是指动产物权因一定的法律事实从无到有，与特定主体相结合的现象。例如，甲以其古画向乙银行设立抵押权，融资500万元人民币。

本条所谓动产物权的转让，是指动产物权从权利人之手转移给他人的现象。它也包括移转继受取得和创设继受取得。

本条所谓动产物权的设立和转让，简称为动产物权的变动；所谓登记，系不动产物权变动的公示方法；所谓交付，为动产物权变动的公示方法；所谓应当按照法律规定，结合物权的绝对性和物权法定主义的要求，可有三层意思：一是表明物权变动要求公示乃强制性规定，当事人不得置之不理；二是公示与否以及公示的法律效果以法律的规定为准，当事人在这方面的约定不发生物权法上的效力，不具有对抗第三人的效力；三是对于有些物权变动，法律未要求必须公示。

二、公示原则及其依据

一般来说，物权具有绝对排他的效力，其变动必须具有足以由外部可以辨认的表征，才可能透明其法律关系，减少交易成本，避免第三人遭受侵害，保护交易安全。这种可由外部辨认的表征，就是物权变动的公示方法。[①] 法律要求物权的存在及变动必须伴有这种表征的原则，即公示原则。《民法典》第208条的规定即为其体现。

其实，《民法典》第208条的规定，主要是针对基于法律行为的物权变动而言的，即基于法律行为的动产物权变动，以交付为生效要件，但是法律另有规定

① 王泽鉴：《民法物权·通则·所有权》（总第1册），台北，三民书局有限公司2003年8月增补版，第92页。

的除外（第 224 条等）。基于法律行为的不动产物权变动，以登记为生效要件，但是法律另有规定的除外（第 209 条等）。

《民法典》第 208 条所谓“应当依照法律规定”，其对面的意思就是法律未规定物权变动必须公示，这主要有两大方面的体现：其一，非基于法律行为的物权变动，不以公示为生效要件。如《民法典》第 229－231 条的规定。其二，基于法律行为的物权变动，本来以公示为生效要件，但有例外，如《民法典》第 335 条规定：“土地承包经营权互换、转让的，当事人可以向登记机构申请登记；未经登记，不得对抗善意第三人。”第 341 条规定：“流转期限为五年以上的土地经营权，自流转合同生效时设立。当事人可以向登记机构申请土地经营权登记；未经登记，不得对抗善意第三人。”第 374 条规定：“地役权自地役权合同生效时设立。当事人要求登记的，可以向登记机构申请地役权登记；未经登记，不得对抗善意第三人。”第 365 条规定：“已经登记的宅基地使用权转让或者消灭的，应当及时办理变更登记或者注销登记。”其反面推论是，没有办理登记的宅基地使用权转让或消灭的，不以登记为生效要件。

三、公示原则的适用范围

1. 公示原则固然重要，但也并非“法力”无边，不得将之绝对化，例如，公示所示物权人不得以公示为由对抗举证充分、确凿的真实的物权人；在某些领域，非公示的真实物权人也能对抗某些人，表现形式之一发生在强制执行领域，即非公示的真实物权人能够对抗第三人申请强制执行公示的财产，只要真实物权人举证充分、确凿，强制执行的标的物归属于他，而非被执行人，即使该财产未登记在其名下（不动产场合）或未被其占有（动产场合），也能阻止住对该财产的强制执行。其道理如下：强制执行，是执行被执行人的财产，而不是执行被执行人以外的第三人的财产，因为第三人的财产不是执行申请人的债权所指向的债务人（被执行人）的责任财产。既然是只能执行被执行人的责任财产，那么，问题成为确定出被执行人的责任财产。已经公示（登记、占有）的被执行人的责任财产固然是被执行人的责任财产，也随之是被执行的对象范围；未经公示的被执行人的责任财产同样是被执行人的责任财产，同样随之属于被执行的对象范围。当然，将未经公示的被执行人的责任财产确定为被强制执行的对象，需要执行申请人举出充分、确凿的证据予以证明，只要有充分、确凿的证据证明是被执行人的责任财产，就是强制执行的对象。同理，只要未经公示的真实物权人有充分、确凿的证据证明登记在被执行人名下的或由被执行人占有的某特定财产是被执行人以外的第三人的财产，就不应作为强制执行的对象。

上述原理适合于代持股权、隐名合伙、借名登记的场合，真实的股权人、隐名合伙人、真实物权人可以对抗强制执行公示的股权、物权。

2. 此外，侵权行为的对象其实不属于公示的物权人的物权，真实物权人有权请求侵权行为人向自己承担侵权责任，侵权行为人不得以公示的财产非属该真实物权人为由拒绝承担侵权责任。其道理不深奥，遭受侵害的物权人并非公示的物权人，而是未经公示的真实物权人。假如公示的物权人、非公示的真实物权人都请求侵权行为人向自己承担侵权责任，只要该真实物权人举证充分、确凿，侵权行为人就不得向公示的物权人承担侵权责任，只得满足真实物权人的请求。

四、《民法典》第 208 条的独立价值

本条确立物权变动的公示原则，这为物权制度所必需。但《民法典》第 209 条、第 224 条等条文含有物权变动的公示原则，显示出第 208 条单设似无必要。

第二章

物权的设立、变更、转让和消灭

本章规定了物权变动的规则以及不动产物权的登记原则、登记的主要种类、登记申请及相应的义务、登记机构及其职责、登记的查询、登记的效力、登记错误场合的赔偿责任等内容。

本章规定的物权变动规则，包括不动产物权变动的规则和动产物权变动的规则，同时包括基于法律行为而发生的物权变动的模式和非基于法律行为而发生的物权变动的模式。基于法律行为而发生的不动产物权变动以登记为生效要件，但法律另有规定的除外；非基于法律行为而发生的不动产物权变动，不以登记为生效要件。基于法律行为而发生的动产物权变动以交付为生效要件，但法律另有规定的除外；非基于法律行为而发生的动产物权的变动，不以交付为生效要件。

物权变动，作为法律关系变更的一种，必然由一定的法律事实引起。此种法律事实即为物权变动的原因，包括法律行为、事实行为和法律的直接规定。实务中多见的是法律行为引发物权变动，如电脑买卖合同及其履行引发电脑所有权的转移。诸如电脑买卖合同之类的法律行为，又叫物权变动的原因行为。中国法在一段历史时期对物权变动与其原因行为有所混淆，结果负面，自《物权法》开始明确区分物权变动与其原因行为（第 15 条），效果良好，《民法典》承继了这种区分原则（第 215 条），这有助于矫正较长时期混淆二者的不当。

基于物权与债权的二分，法律赋予物权以绝对性以及随之而来的排他效力、优先效力、追及效力，再加上物权请求权，这使得物权的存在与变动对第三人/交易安全影响很大。出于保护物权人以外的民事主体的合法权益的需要，法律必然确认物权存续和变动的一定的外在标识，以达人们知晓物权及其变动的情形，从而趋利避害地抉择为一定行为或不为一定行为。这种外在标识的方法就是物权及其变动的公示。法律可以就此止步，由认知物权及其变动之人自己去解决这种公示是否真实地反映着客观存在的物权关系，也可以尽力减轻人们尽职调查的负担，往前进一步，赋予物权的公示以公信的效力，即只要交易相对人信赖了法律认可的物权公示，法律就全力保护善意的交易相对人，使其取得交易标的物的物权（当然，法律大多再增加一些要件，设置善意取得制度）。这就是物权的公信原则。《民法典》确立不动产物权登记的公信力（第 216 条第 1 款），意义重大。

第一节　不动产登记

本节规定了基于法律行为而发生的不动产物权的变动以登记为生效要件；国家对于自然资源享有所有权直接源自法律的规定，而非基于法律行为，可以不予登记；国家对不动产登记实行统一的登记制度；当事人申请登记须提交必要的材料；登记机构享有不动产物权登记的权限，同时负有登记的职责；不动产物权变动依法应当登记的，变动生效的时间点为登记事项被记载于不动产登记簿之时；区分不动产物权变动与其原因行为；确立不动产物权登记的公信力；不动产物权登记的查询以及相应的义务；若干重要的登记类型及其法律效力；登记错误场合的赔偿责任；不动产物权登记的收费标准。

观察《民法典》第 209 条以下的规定，登记的是不动产物权及其变动信息，其中包括不动产的情形；考察不动产物权登记的实务，不动产登记簿记载的事项包括不动产本身、不动产物权及其主体以及变动信息。看来，《民法典》“第二编　物权”中“第二章　物权的设立、变更、转让和消灭”下设第一节的标题为“第一节　不动产登记”，名实不符，改称“第一节　不动产物权登记”为好。

第二百零九条

不动产物权的设立、变更、转让和消灭，经依法登记，发生效力；未经登记，不发生效力，但是法律另有规定的除外。

依法属于国家所有的自然资源，所有权可以不登记。

本条主旨

本条是关于不动产物权的变动以登记为生效要件以及国有自然资源的所有权

可以不予登记的规定。

相关条文

《物权法》第 9 条　不动产物权的设立、变更、转让和消灭，经依法登记，发生效力；未经登记，不发生效力，但法律另有规定的除外。

依法属于国家所有的自然资源，所有权可以不登记。

《土地管理法》第 12 条　土地的所有权和使用权的登记，依照有关不动产登记的法律、行政法规执行。

依法登记的土地的所有权和使用权受法律保护，任何单位和个人不得侵犯。

《城市房地产管理法》第 36 条　房地产转让、抵押，当事人应当依照本法第五章的规定办理权属登记。

第 60 条　国家实行土地使用权和房屋所有权登记发证制度。

第 61 条　以出让或者划拨方式取得土地使用权，应当向县级以上地方人民政府土地管理部门申请登记，经县级以上地方人民政府土地管理部门核实，由同级人民政府颁发土地使用权证书。

在依法取得的房地产开发用地上建成房屋的，应当凭土地使用权证书向县级以上地方人民政府房产管理部门申请登记，由县级以上地方人民政府房产管理部门核实并颁发房屋所有权证书。

房地产转让或者变更时，应当向县级以上地方人民政府房产管理部门申请房产变更登记，并凭变更后的房屋所有权证书向同级人民政府土地管理部门申请土地使用权变更登记，经同级人民政府土地管理部门核实，由同级人民政府更换或者更改土地使用权证书。

法律另有规定的，依照有关法律的规定办理。

第 62 条　房地产抵押时，应当向县级以上地方人民政府规定的部门办理抵押登记。

因处分抵押房地产而取得土地使用权和房屋所有权的，应当依照本章规定办理过户登记。

《草原法》第 11 条　依法确定给全民所有制单位、集体经济组织等使用的国家所有的草原，由县级以上人民政府登记，核发使用权证，确认草原使用权。

未确定使用权的国家所有的草原，由县级以上人民政府登记造册，并负责保护管理。

集体所有的草原，由县级人民政府登记，核发所有权证，确认草原所有权。

依法改变草原权属的，应当办理草原权属变更登记手续。

《森林法》第 3 条第 2 款　国家所有的和集体所有的森林、林木和林地，个人所有的林木和使用的林地，由县级以上地方人民政府登记造册，发放证书，确认所有权或者使用权。国务院可以授权国务院林业主管部门，对国务院确定的国家所有的重点林区的森林、林木和林地登记造册，发放证书，并通知有关地方人民政府。

《渔业法》第 11 条第 1 款　国家对水域利用进行统一规划，确定可以用于养殖业的水域和滩涂。单位和个人使用国家规划确定用于养殖业的全民所有的水域、滩涂的，使用者应当向县级以上地方人民政府渔业行政主管部门提出申请，由本级人民政府核发养殖证，许可其使用该水域、滩涂从事养殖生产。核发养殖证的具体办法由国务院规定。

《城镇国有土地使用权出让和转让暂行条例》第 7 条第 1 款　土地使用权出让、转让、出租、抵押、终止及有关的地上建筑物、其他附着物的登记，由政府土地管理部门、房产管理部门依照法律和国务院的有关规定办理。

第 16 条　土地使用者在支付全部土地使用权出让金后，应当依照规定办理登记，领取土地使用证，取得土地使用权。

第 18 条　土地使用者需要改变土地使用权出让合同规定的土地用途的，应当征得出让方同意并经土地管理部门和城市规划部门批准，依照本章的有关规定重新签订土地使用权出让合同，调整土地使用权出让金，并办理登记。

第 25 条　土地使用权和地上建筑物、其他附着物所有权转让，应当依照规定办理过户登记。

土地使用权和地上建筑物、其他附着物所有权分割转让的，应当经市、县人民政府土地管理部门和房产管理部门批准，并依照规定办理过户登记。

第 35 条　土地使用权和地上建筑物、其他附着物抵押，应当依照规定办理抵押登记。

第 36 条　抵押人到期未能履行债务或者在抵押合同期间宣告解散、破产的，抵押权人有权依照国家法律、法规和抵押合同的规定处分抵押财产。

因处分抵押财产而取得土地使用权和地上建筑物、其他附着物所有权的，应当依照规定办理过户登记。

第 38 条　抵押权因债务清偿或者其他原因而消灭的，应当依照规定办理注销抵押登记。

第 40 条　土地使用权期满，土地使用权及其地上建筑物、其他附着物所有权由国家无偿取得。土地使用者应当交还土地使用证，并依照规定办理注销登记。

第 41 条　土地使用权期满，土地使用者可以申请续期。需要续期的，应当依照本条例第二章的规定重新签订合同，支付土地使用权出让金，并办理登记。

《关于审理房地产管理法施行前房地产开发经营案件若干问题的解答》第 5 条　出让合同出让的土地使用权未依法办理审批、登记手续的，一般应当认定合同无效，但在一审诉讼期间，对于出让集体土地使用权依法补办了征用手续转为国有土地，并依法补办了出让手续的，或者出让未经依法批准的国有土地使用权依法补办了审批、登记手续的，可认定合同有效。

第 6 条　国有土地使用权的转让合同，转让的土地使用权未依法办理出让审批手续的，一般应当认定合同无效，但在一审诉讼期间，对于转让集体土地使用权，经有关主管部门批准补办了征用手续转为国有土地，并依法办理了出让手续的，或者转让未经依法批准的国有土地使用权依法补办了审批、登记手续的，可认定合同有效。

第 7 条　转让合同的转让方，应当是依法办理了土地使用权登记或变更登记手续，取得土地使用证的土地使用者。未取得土地使用证的土地使用者为转让方与他人签订的合同，一般应当认定无效，但转让方已按出让合同约定的期限和条件投资开发利用了土地，在一审诉讼期间，经有关主管部门批准，补办了土地使用权登记或变更登记手续的，可认定合同有效。

第 8 条　以出让方式取得土地使用权的土地使用者虽已取得土地使用证，但未按土地使用权出让合同约定的期限和条件对土地进行投资开发利用，与他人签订土地使用权转让合同的，一般应当认定合同无效；如土地使用者已投入一定资金，但尚未达到出让合同约定的期限和条件，与他人签订土地使用权转让合同，没有其他违法行为的，经有关主管部门认可，同意其转让的，可认定合同有效，责令当事人向有关主管部门补办土地使用权转让登记手续。

第 9 条　享有土地使用权的土地使用者未按照项目建设的要求对土地进行开发建设，也未办理审批手续和土地使用权转让手续，转让建设项目的，一般应当认定项目转让和土地使用权转让的合同无效；如符合土地使用权转让条件的，可认定项目转让合同有效，责令当事人补办土地使用权转让登记手续。

第 12 条　转让合同签订后，双方当事人应按合同约定和法律规定，到有关主管部门办理土地使用权变更登记手续，一方拖延不办，并以未办理土地使用权变更登记手续为由主张合同无效的，人民法院不予支持，应责令当事人依法办理土地使用权变更登记手续。

第 13 条　土地使用者与他人签订土地使用权转让合同后，未办理土地使用权变更登记手续之前，又另与他人就同一土地使用权签订转让合同，并依法办理了土地使用权变更登记手续的，土地使用权应由办理土地使用权变更登记手续的受让方取得。转让方给前一合同的受让方造成损失的，应当承担相应的民事责任。

第 14 条　土地使用者就同一土地使用权分别与几方签订土地使用权转让合同，均未办理土地使用权变更登记手续的，一般应当认定各合同无效；如其中某一合同的受让方已实际占有和使用土地，并对土地投资开发利用的，经有关主管部门同意，补办了土地使用权变更登记手续的，可认定该合同有效。转让方给其他合同的受让方造成损失的，应当承担相应的民事责任。

第 15 条　土地使用者未办理土地使用权抵押登记手续，将土地使用权进行抵押的，应当认定抵押合同无效。

第 16 条　土地使用者未办理土地使用权抵押登记手续将土地使用权抵押后，又与他人就同一土地使用权签订抵押合同，并办理了抵押登记手续的，应当认定后一个抵押合同有效。

第 17 条　以划拨方式取得的国有土地使用权为标的物签订的抵押合同，一般应当认定无效，但在一审诉讼期间，经有关主管部门批准，依法补办了出让手续的，可认定合同有效。

第 18 条　享有土地使用权的一方以土地使用权作为投资与他人合作建房，签订的合建合同是土地使用权有偿转让的一种特殊形式，除办理合建审批手续外，还应依法办理土地使用权变更登记手续。未办理土地使用权变更登记手续的，一般应当认定合建合同无效，但双方已实际履行了合同，或房屋已基本建成，又无其他违法行为的，可认定合建合同有效，并责令当事人补办土地使用权变更登记手续。

第 19 条　当事人签订合建合同，依法办理了合建审批手续和土地使用权变更登记手续的，不因合建一方没有房地产开发经营权而认定合同无效。

《不动产登记暂行条例》第 2 条第 1 款　本条例所称不动产登记，是指不动产登记机构依法将不动产权利归属和其他法定事项记载于不动产登记簿的行为。

理解与适用

一、基本含义

本条与《民法典》第 208 条不同，一是后者仅仅确立物权变动的公示原则，而前者不但含有公示原则，更进一步明确基于法律行为的不动产物权变动以登记为生效要件，这更为重要；二是本条只规定不动产物权变动与公示之间的关系，不含有动产物权变动与公示之间的关系，而第 208 条含有这两方面的内容。

本条第 1 款正文规定了不动产物权的变动以登记为生效要件，但书显示，法律另有规定不以登记为生效的，依其规定。

此处所谓登记，即关于不动产物权变动的登记，且为不动产物权变动的生效要件，属于设权登记，而非确权登记，亦非宣示登记。

法律规定不动产物权变动不以登记为生效要件的，第一种情形是本条第 2 款规定的“依法属于国家所有的自然资源，所有权可以不登记”；第二种情形是非基于法律行为而发生的不动产物权变动不以登记为生效要件，如《民法典》第 229—231 条规定的情形，以及第 322 条规定的不动产与动产的附合；第三种情形是当事人双方约定以 A 楼设立抵押权，抵押登记也是如此记载的，但 A 楼所在地的 B 国有建设用地使用权也是该抵押权的标的物（《民法典》第 397 条），尽管抵押登记无此记载；第四种情形是，虽然不动产物权的变动基于法律行为，但基于立法政策，法律例外地规定不以登记为生效要件，如《民法典》第 335 条、第 341 条、第 374 条规定的情形。

本条第 2 款规定“依法属于国家所有的自然资源，所有权可以不登记”，情有可原。其一，矿藏、水流、海域等自然资源，《宪法》及有关法律早已宣明其归属于国家所有，法律规定本身即为公示，基本上起到与登记近似的法律效果。其二，国家取得这些自然资源的所有权不遵循民事程序，不是基于民事法律行为，似可归入非基于法律行为而发生的不动产物权变动之列，不以登记为生效要件，不违反逻辑。

尽管如此，相比较而言，这些自然资源所有权适时登记利大于弊。其一，时至今日，遥感测绘十分普遍，全国已经完成地质普查，对自然资源的权属予以登记不再是难事。其二，虽然长江、黄河、泰山归属于国家妇孺皆知，但某些自然资源是归属于国家还是归属于集体，界限并不清晰。例如，根据《民法典》第 250 条的但书，有些森林、山岭、草原、荒地、滩涂等自然资源归属于集体。究竟哪些归属于国家，哪些归属于集体？并不清楚，若有登记，则一目了然。发生权属争议时，解决起来也有根据。其三，长江、黄河等河流的入海口存在着涨滩，土地面积在增加，土地所有权相应地在扩张；有些矿区以及有关区域，地面塌陷，土地所有权在减缩；海域的变化直接决定着国土与专属经济区的界限，升为国家主权的高度；森林面积也有增有减；等等。通过登记，摸清家底，胸中有数，益处不言自明。其四，国家享有自然资源的所有权，并予以登记，就会形成以国家所有权为基准的、采取物的编成主义的、顺序科学的不动产登记簿页，其他人分享国家所有权中的部分权能，形成探矿权、采矿权、海域使用权、捕捞权、养殖权、国有建设用地使用权等他物权，进行登记时便方便得多，准确得多。国有自然资源所有权不予登记，其实只是暂时的，待以国有自然资源所有权为母权，创设他物权时，恐怕还得登记。

二、影响本条确立不动产物权变动的模式的因素

（一）百姓大众的信赖

“私凭文书，官凭印”，这是中国历史的写照。不动产物权登记，登记机构向物权人颁发盖有鲜红国徽的不动产权属证书，这是百姓大众的期盼。他们信赖盖有国徽的不动产权属证书。办理不动产登记，才会有这样的证书。奉行基于法律行为而发生的不动产物权变动以登记为生效要件，与之契合。

（二）不动产物权变动时予以登记，已经形成传统。

1951年11月28日交海（51）字第360号命令公布的、1953年4月29日交参（53）字第247号命令修正的《船舶登记暂行章程》规定，船舶所有权全部或一部移转，或设定抵押权、租赁权或租赁权、抵押权移转时，均应订立书面契约（第4条前段）。船舶所有权、抵押权、租赁权之取得、设定、移转、变更或消灭，均应登记。非经登记，不生效力（第5条）。

1983年12月17日国务院发布的《城市私有房屋管理条例》规定，房屋所有权转移或房屋现状变更时，须到房屋所在地房管机关办理所有权转移或房屋现状变更登记手续（第6条第1款后段）。购买的私有房屋，须提交原房屋所有权证、买卖合同和契证，办理城市私有房屋所有权转移登记手续（第7条第1款第2项）；受赠的私有房屋，须提交原房屋所有权证、赠与书和契证，办理城市私有房屋所有权转移登记手续（第7条第1款第3项）；交换的私有房屋，须提交双方的房屋所有权证、双方签订的协议书和契证，办理城市私有房屋所有权转移登记手续（第7条第1款第4项）。

最高人民法院于1982年8月19日作出的《关于华侨买卖国内房屋问题的批复》中指出，华侨买卖国内房屋，必须向国内当地房管部门申请登记，经审查批准后，方可成交。

《关于民法通则的意见》规定，公民之间赠与关系的成立，以赠与物的交付为准。赠与房屋，如根据书面赠与合同办理了过户手续的，应当认定赠与关系成立；未办理过户手续，但赠与人根据书面赠与合同已将产权证书交与受赠人，受赠人根据赠与合同已占有、使用该房屋的，可以认定赠与有效，但应令其补办过户手续（第128条）。

国务院于1990年出台的《城镇国有土地使用权出让和转让暂行条例》多处

规定都体现了登记为国有土地使用权出让、转让、抵押的生效要件，如第 7 条第 1 款、第 16 条、第 18 条、第 25 条、第 35 条、第 36 条、第 38 条、第 40 条和第 41 条等。

《城市房地产管理法》同样有一系列规定奉行登记为房地产权属变动的生效要件，如第 36 条、第 60 条、第 61 条和第 62 条。

《关于审理房地产管理法施行前房地产开发经营案件若干问题的解答》第 5—9 条、第 12—19 条规定了以登记为房地产权属变动的生效要件。

这显现出以登记为不动产物权变动的生效要件已经形成传统。尊重传统，一脉相承，而非断崖式的突兀规定，便于百姓大众接受，有利于贯彻实施。《物权法》选取了这种模式（第 9 条第 1 款等），《民法典》予以承继（第 209 条第 1 款等）。

（三）比较法上的利弊分析

1. 概说

中国民法作为后发的法律部门，立法时学习、借鉴境外的立法例及其学说，吸收其经过实践证明是成功的经验，避免其教训，应为明智之举。《物权法》草拟和研讨阶段正是如此行事的。

专家、学者们发现，基于法律行为的不动产物权变动的模式大致有债权意思主义、债权形式主义、物权形式主义和多元混合模式。不同的模式直接影响着物权法的结构及物权法理论的态样，必须引起注意。

2. 债权意思主义

所谓债权意思主义，是指仅凭依当事人的意思而成立的买卖、赠与、互易、抵押等合同或单独行为生效，即发生不动产物权变动的效力，无须另外作成物权行为。其主要的规范模式有二：(1) 买卖合同等生效时，买卖物（如甲屋）的所有权即行移转。英国法采纳了这种模式。(2) 买卖合同等生效时，买卖物（如甲屋）的所有权即行移转，但非经登记不得对抗善意第三人。法国民法和日本民法奉行的是这种模式。①

3. 物权形式主义

所谓物权形式主义，是指不动产物权变动效力的发生，需要物权意思表示甚至物权合意，并践行法定方式。就买卖标的物所有权的移转而言，除登记外，尚需当事人就此标的物所有权的移转作成一个独立于买卖合同的意思合致，即物权行为。德国民法、中国台湾地区“民法”采纳了这种模式。标的物所有权的移

① ［日］鹰巢信孝：《物权变动论的法理的检讨》，九州大学出版会 1994 年版。转引自王泽鉴：《民法物权·通则·所有权》（总第 1 册），台北，三民书局有限公司 2003 年 8 月增补版，第 73 页。

转，除买卖等合同外，尚需有一个独立的物权行为，学说上称为分离原则（Trennungsprinzip），或曰物权行为的独立性。买卖等合同不成立、无效或被撤销时，物权行为的效力是否受其原因行为（买卖合同等）的影响，为物权行为有因、无因的问题。其受影响的，为物权行为有因性；其不受影响的，为物权行为无因性。德国民法、中国台湾地区“民法”奉行的是后者。①

4. 债权形式主义

所谓债权形式主义，是指不动产物权变动效力的发生，不仅需要依当事人的意思而成立的买卖、赠与、互易、抵押等合同或单独行为生效，而且需要登记，但无须另外作成物权行为。②

三、《民法典》的选择

债权意思主义最大的优点是有利于交易的便捷、迅速；最要害的问题是，登记对抗第三人的范围如何确定，才最为合理。见仁见智，莫衷一是。物权形式主义最大的优点是有利于交易安全，物权变动的节点和效力清晰；但缺点也不少，例如，（1）有时是非不分；（2）忽视了无过错的出卖人/转让方的正当权益；（3）对恶意的买受人给予优惠保护；（4）不存在标的物的买卖等合同照样有效，虚假债权的转让合同的效力不受影响，这会助推美国“次贷危机”那样的灾难形成，也会误导宏观经济决策；（5）需要借助不当得利制度医治物权行为无因性带来的“创伤”，可是不当得利规则及理论在中国很不发达。

权衡利弊，考虑到登记普遍化在操作上有一定难度，据说应照顾到农民不愿办理登记手续的习惯，《物权法》在物权变动上采取了多元混合模式，即区分不同情况而分别采取相应的物权变动模式，不动产物权的设立、变更、转让和消灭，应当登记；未经登记，不发生物权效力，同时设有若干例外（第 9 条第 1 款正文）；物权变动的效力发生的时间为记载于不动产登记簿之时（第 14 条）。这种多元混合模式被《民法典》完全承继（第 209 条第 1 款正文、第 209 条第 2 款、第 214 条、第 229—231 条、第 322 条、第 397 条等）。

但是，多元混合模式存有将规则复杂化的不足，且与如今的中国社会现实有些脱节。其实，自 1987 年开始，全国全面开展了土地登记发证工作，对属于国家所有、集体所有的土地、森林、山岭、草原、滩涂、矿藏等自然资源等以及国家

---

① 王泽鉴：《民法物权·通则·所有权》（总第 1 册），台北，三民书局有限公司 2003 年 8 月增补版，第 72～73 页。

② 关于债权形式主义的详细论述，请见王轶：《物权变动论》，北京，中国人民大学出版社 2001 年版，第 48 页以下。

所有但法律规定由集体使用的不动产，进行了登记发证。① 登记普遍化已无技术困难，自 2018 年 3 月起，我国正式开展农村房屋不动产登记发证试点工作，广大农民基本上接受了登记的实务。②

四、《民法典》第 209 条第 1 款正文适用时的刚性与柔化

基于法律行为的不动产物权变动，未予登记，不发生不动产物权变动的法律效力，受让人未取得不动产物权。这是本条款刚性的表现。

因此，受让人虽然有权基于不动产物权变动的原因行为请求转让人协助办理登记，但无权擅自占有标的物，也无权妨害转让人依标的物的性能和用途利用该物。

尽管如此，转让人负有将该不动产物权转移给受让人的债务，故受让人请求转让人协助办理登记手续时，转让人不得以自己系该标的物的物权人，未予办理不动产物权变动的登记手续为由，拒绝受让人的给付请求。

在转让人一物多卖的情况下，受让人只可以其债权人或利害关系人的身份向其他受让同一标的物之人主张权益，不得以物权人的地位向其他受让同一标的物之人主张权益。在有的受让人已经付清价款的情况下，应当适用或类推适用法释〔2005〕5 号第 10 条第 1 款第 3 项、法释〔2012〕8 号第 9 条第 2 项的规定，由付款的受让人取得标的物的物权，即转让人有义务协助办理登记手续，把标的物转移登记在该受让人的名下。在受让人均未付款的情况下，虽然法释〔2005〕5 号第 10 条第 1 款第 4 项规定“合同均未履行，依法成立在先的合同受让方请求履行合同的，应予支持”；法释〔2012〕8 号第 10 条第 3 项规定“均未受领交付，也未办理所有权转移登记手续，依法成立在先合同的买受人请求出卖人履行交付标的物和办理所有权转移登记手续等合同义务的，人民法院应予支持”，但笔者对此不予赞同，因为这破坏了债权平等原则。而破坏的唯一根据就是合同成立在先，其正当性显然严重不足。因为债权平等原则是由债权的本质属性所决定的，是立法者权衡方方面面的利益关系，基于民事权利体系的合理设置（尤其是物权与债权的区分）而确立的，轻易不许破坏。此其一。这些规定有损交易安全，因为第一份转让合同不具有公示性，第二受让人、第三受让人等不知标的物已经成为他人债权的对象，且无重大过失，时常是根本没有过失。在这种情况下，剥夺

---

① 《有关不动产登记的规定、实际情况和意见》，载全国人民代表大会常务委员会法制工作委员会民法室编著：《物权法立法背景与观点全集》，北京，法律出版社 2007 年版，第 201～202 页。

② https：//baike. baidu. com/item/%E4%B8%8D%E5%8A%A8%E4%BA%A7%E7%99%BB%E8%AE%B0/2666287?fr=aladdin. 2020 年 3 月 18 日最后访问。

第二受让人、第三人受让人取得标的物所有权的机会，不符合交易安全原则。此其二。为了避免出现无法取得标的物所有权的现象，第二受让人、第三受让人等需要花费人力、物力调查标的物是否亦为他人债权的对象，增加交易成本，也迟滞了交易的进程。此其三。在只有第二受让人或第三受让人提起诉讼的情况下，裁判机构误将第二受让人作为第一受让人，从而确定第二受让人将取得标的物的占有和所有权。但于该裁判文书生效后，实际上的第一受让人起诉到该裁判机构，并且援用法释〔2012〕8 号第 9 条第 3 项的规定，主张取得标的物的占有和所有权，该裁判机构该如何处理？此其四。有鉴于此，笔者采取刘凯湘教授、李凡法官的意见，这些司法解释只在审判程序中适用，非诉情况不予适用。

在受让人已经付清价款的情况下，如果转让人的债权人申请强制执行该标的物，只要该标的物不是转让人与其债权人之间债之关系的标的物，那么，受让人有权对抗该强制执行的申请。

第二百一十条

不动产登记，由不动产所在地的登记机构办理。

国家对不动产实行统一登记制度。统一登记的范围、登记机构和登记办法，由法律、行政法规规定。

本条主旨

本条是关于不动产登记机构和国家实行不动产统一登记制度的规定。

相关条文

《物权法》第 10 条　不动产登记，由不动产所在地的登记机构办理。

国家对不动产实行统一登记制度。统一登记的范围、登记机构和登记办法，由法律、行政法规规定。

《土地管理法》第 12 条　土地的所有权和使用权的登记，依照有关不动产登记的法律、行政法规执行。

依法登记的土地的所有权和使用权受法律保护，任何单位和个人不得侵犯。

《城市房地产管理法》第 61 条　以出让或者划拨方式取得土地使用权，应当向县级以上地方人民政府土地管理部门申请登记，经县级以上地方人民政府土地管理部门核实，由同级人民政府颁发土地使用权证书。

在依法取得的房地产开发用地上建成房屋的，应当凭土地使用权证书向县级以上地方人民政府房产管理部门申请登记，由县级以上地方人民政府房产管理部门核实并颁发房屋所有权证书。

房地产转让或者变更时，应当向县级以上地方人民政府房产管理部门申请房产变更登记，并凭变更后的房屋所有权证书向同级人民政府土地管理部门申请土地使用权变更登记，经同级人民政府土地管理部门核实，由同级人民政府更换或者更改土地使用权证书。

法律另有规定的，依照有关法律的规定办理。

第 62 条 房地产抵押时，应当向县级以上地方人民政府规定的部门办理抵押登记。

因处分抵押房地产而取得土地使用权和房屋所有权的，应当依照本章规定办理过户登记。

第 63 条 经省、自治区、直辖市人民政府确定，县级以上地方人民政府由一个部门统一负责房产管理和土地管理工作的，可以制作、颁发统一的房地产权证书，依照本法第六十一条的规定，将房屋的所有权和该房屋占用范围内的土地使用权的确认和变更，分别载入房地产权证书。

《担保法》第 42 条 办理抵押物登记的部门如下：

（一）以无地上定着物的土地使用权抵押的，为核发土地使用权证书的土地管理部门；

（二）以城市房地产或者乡（镇）、村企业的厂房等建筑物抵押的，为县级以上地方人民政府规定的部门；

（三）以林木抵押的，为县级以上林木主管部门；

（四）以航空器、船舶、车辆抵押的，为运输工具的登记部门；

（五）以企业的设备和其他动产抵押的，为财产所在地的工商行政管理部门。

第 43 条 当事人以其他财产抵押的，可以自愿办理抵押物登记，抵押合同自签订之日起生效。

当事人未办理抵押物登记的，不得对抗第三人。当事人办理抵押物登记的，登记部门为抵押人所在地的公证部门。

《海域使用管理法》第 32 条第 2 款 海域使用权人应当自填海项目竣工之日起三个月内，凭海域使用权证书，向县级以上人民政府土地行政主管部门提出土地登记申请，由县级以上人民政府登记造册，换发国有土地使用权证书，确认土地使用权。

《草原法》第 11 条 依法确定给全民所有制单位、集体经济组织等使用的国家所有的草原，由县级以上人民政府登记，核发使用权证，确认草原使用权。

未确定使用权的国家所有的草原，由县级以上人民政府登记造册，并负责保护管理。

集体所有的草原，由县级人民政府登记，核发所有权证，确认草原所有权。

依法改变草原权属的，应当办理草原权属变更登记手续。

《森林法》第 3 条第 2 款　国家所有的和集体所有的森林、林木和林地，个人所有的林木和使用的林地，由县级以上地方人民政府登记造册，发放证书，确认所有权或者使用权。国务院可以授权国务院林业主管部门，对国务院确定的国家所有的重点林区的森林、林木和林地登记造册，发放证书，并通知有关地方人民政府。

《不动产登记暂行条例》第 4 条第 1 款　国家实行不动产统一登记制度。

第 6 条　国务院国土资源主管部门负责指导、监督全国不动产登记工作。

县级以上地方人民政府应当确定一个部门为本行政区域的不动产登记机构，负责不动产登记工作，并接受上级人民政府不动产登记主管部门的指导、监督。

第 7 条　不动产登记由不动产所在地的县级人民政府不动产登记机构办理；直辖市、设区的市人民政府可以确定本级不动产登记机构统一办理所属各区的不动产登记。

跨县级行政区域的不动产登记，由所跨县级行政区域的不动产登记机构分别办理。不能分别办理的，由所跨县级行政区域的不动产登记机构协商办理；协商不成的，由共同的上一级人民政府不动产登记主管部门指定办理。

国务院确定的重点国有林区的森林、林木和林地，国务院批准项目用海、用岛，中央国家机关使用的国有土地等不动产登记，由国务院国土资源主管部门会同有关部门规定。

第 8 条第 2 款　不动产登记机构应当按照国务院国土资源主管部门的规定设立统一的不动产登记簿。

理解与适用

一、基本含义

本条第 1 款规定不动产所在地的登记机构负责本地区的不动产物权的登记。本条第 2 款明确国家对不动产实行统一登记制度，统一登记的范围、登记机构和登记办法由法律、法规另行规定。

本条所谓不动产登记，周延的表述应是不动产物权及其变动的登记，可简称为不动产物权登记。这是因为不动产登记簿记载的事项既有不动产本身的信息，也有不动产物权及其主体的内容，再就是有关不动产物权变动的事项。我们可将不动产物权登记界定为：经权利人或利害关系人申请，由国家专职部门将有关不动产物权及其变动事项记载于不动产登记簿的行为，是一种事实，也是一项法律制度。

不动产以不动产单元为基本单位进行登记。不动产单元具有唯一编码（《不动产登记暂行条例》第 8 条第 1 款）。

关于不动产物权登记的法律性质，大致有行政行为说、组合行为说、证明行为说和司法行为说。其中的行政行为说认为，在中国，不动产物权登记由行政部门或由其授权的事业单位实施，故不动产物权登记系行政行为。[①] 依据该说，此类案件由行政审判庭管辖，符合逻辑。当然，如此确定管辖，有其弱点，那就是从概率的角度看，行政审判庭的法官一般而言不如民事审判庭的法官熟悉民法及不动产物权变动制度及其理论。

组合行为说主张，登记行为不是一个一次性行为，而是一系列行为的组合。……一个完整的登记行为由两部分组成，其一为当事人独立完成的部分；其二为由登记机构完成的部分。前者是前提和基础，后者是一定的国家机关所进行的审查和批准行为。在这个意义上，笼统地说登记行为就是一个公法行为，显然是不妥当的。严格说来，登记行为作为一个整体，是当事人所实施的申请登记的私法行为和登记机构所实施的登记许可的公法行为的结合。其中成为构成物权行为要件障碍的，仅是登记机构所实施的登记许可的公法行为。……我们完全可以将登记行为认定为物权行为分而治之，即将其中当事人所实施的申请登记的私法行为认定为物权行为的特别成立要件；而将登记机构所实施的登记许可的公法行为与其他主管机关的审查和批准行为同等看待，认定为物权行为的生效要件。[②] 据此学说，不动产物权变动以及出现于登记申请环节的争议由民事审判庭审理，顺理成章。至于出现于登记许可领域的纠纷，是由行政审判庭管辖还是由民事审判庭处理，取决于"拍板者"的理念及其所遵循的逻辑。如果孤立地看待登记许可与不动产物权变动，机械地适用法律，就很可能遵循登记许可为行政行为→适用行政法→由行政审判庭管辖的结论。反之，如果侧重点和视角转换，看重登记

---

① 应松年：《行政法学新论》，北京，中国方正出版社 1998 年版，第 246 页；崔建远、孙佑海、王宛生：《中国房地产法研究》，北京，中国法制出版社 1995 年版，第 238 页；梁慧星主编：《中国物权法研究》（上），北京，法律出版社 1998 年版，第 199 页；王利明主编：《中国物权法草案建议稿及说明》，北京，中国法制出版社 2001 年版，第 187 页；王达：《物权法中的行政法问题：不动产登记制度》，载《人民法院报》2007 年 3 月 27 日；［德］Lent-Schwab，Sachenrecht，17Aufl. 1979，S. 43f. 转引自王泽鉴：《民法学说与判例研究》（第 5 册），北京，北京大学出版社 2009 年版，第 5 页。

② 王轶：《物权变动论》，北京，中国人民大学出版社 2001 年版，第 93 页。

机构所实施的登记许可的公法行为系不动产物权变动的生效要件这个性质和功能，坚持它应被纳入不动产物权变动制度之中、不可将之与不动产物权变动制度割裂开来的观点，那么，不动产登记错误由民事审判庭于审理不动产物权变动的纠纷时一并处理，这在逻辑上也是顺畅的。

司法行为说认为，不动产登记并非登记机构的行政管理行为，其本质应为产生司法效果的事实行为。

所谓统一登记，是指登记机构是统一的，是一个登记系统，而非分散为自然资源部系统、住房和城乡建设部系统。《不动产登记暂行条例》规定：国务院国土资源主管部门负责指导、监督全国不动产登记工作（第6条第1款）。县级以上地方人民政府应当确定一个部门为本行政区域的不动产登记机构，负责不动产登记工作，并接受上级人民政府不动产登记主管部门的指导、监督（第6条第2款）。不动产登记由不动产所在地的县级人民政府不动产登记机构办理；直辖市、设区的市人民政府可以确定本级不动产登记机构统一办理所属各区的不动产登记（第7条第1款）。跨县级行政区域的不动产登记，由所跨县级行政区域的不动产登记机构分别办理。不能分别办理的，由所跨县级行政区域的不动产登记机构协商办理；协商不成的，由共同的上一级人民政府不动产登记主管部门指定办理（第7条第2款）。

此外，国务院确定的重点国有林区的森林、林木和林地，国务院批准项目用海、用岛，中央国家机关使用的国有土地等不动产登记，由国务院国土资源主管部门会同有关部门规定（第7条第3款）。国务院确定的重点国有林区的森林、林木和林地，由国土资源部受理并会同有关部门办理，依法向权利人核发不动产权属证书（《不动产登记暂行条例实施细则》第4条第1款）。国务院批准项目用海、用岛的登记，由国土资源部受理，依法向权利人核发不动产权属证书（《不动产登记暂行条例实施细则》第4条第2款）。

所谓统一登记的范围，包括集体土地所有权；房屋等建筑物、构筑物所有权；森林、林木所有权；耕地、林地、草地等土地承包经营权；建设用地使用权；宅基地使用权；海域使用权；地役权；不动产抵押权；法律规定需要登记的其他不动产权利。

二、不动产统一登记制度的建立和运行

从中国不动产物权登记制度的形成与发展过程来说，中国在民国时期继受西方法制，已经正式建立了不动产物权登记制度，然而该制度却主要是为土地私有制服务的。中华人民共和国成立初期，我们也曾建立起了不动产物权的登记制

度，但随着社会主义改造的完成，中国在经济体制方面实行全面的公有制，登记制度失去了存在的基础，该制度在中国一度中断了三十多年。改革开放以后，特别是《土地管理法》颁布以后，不动产物权登记制度才逐渐恢复和发展。①

不动产物权登记制度在中国虽然历史悠久，但真正意义上的作为不动产物权的公示手段和变动的生效要件之一的不动产登记（制度）却起步较晚，且一开始就服务于不动产行政管理的目的，带有浓厚的行政色彩，使该制度未能在维护交易便捷与安全方面发挥其应有的作用。②

在较长的历史时期，登记机构因被登记的标的不同而有所差别。虽然《物权法》规定，不动产登记，由不动产所在地的登记机构办理。国家对不动产实行统一登记制度。统一登记的范围、登记机构和登记办法，由法律、行政法规规定（第 10 条）。但在若干年内，缺乏与之配套的制度设计和实务落实。土地登记机构是土地所在地的县级以上人民政府国土资源行政主管部门（《土地登记办法》第 3 条第 1 款），房屋登记机构是直辖市、市、县人民政府建设（房地产）主管部门或其设置的负责房屋登记工作的机构（《房屋登记办法》第 4 条）。

在大部制改革中，《第十二届全国人民代表大会第一次会议关于国务院机构改革和职能转变方案的决定》于 2013 年 3 月 14 日通过。《国务院机构改革和职能转变方案》规定："最大限度地整合分散在国务院不同部门相同或相似的职责，理顺部门职责关系。房屋登记、林地登记、草原登记、土地登记的职责，城镇职工基本医疗保险、城镇居民基本医疗保险、新型农村合作医疗的职责等，分别整合由一个部门承担。"据此方案，国务院第 31 次常务会议等有关要求，首先落实好统一登记机构和统一登记依据，尽快协调有关部门，建立部际联席会议制度，加快组建不动产登记局，机构人员要到位，加强工作支撑。2014 年 11 月 24 日，国务院公布《不动产登记暂行条例》，自 2015 年 3 月 1 日起施行。2015 年 6 月 29 日国土资源部第 3 次部务会议审议通过《不动产登记暂行条例实施细则》，自公布之日即 2016 年 1 月 1 日起实施。在实际操作层面，从 2014 年开始，通过基础制度建设、逐步衔接过渡、统一规范实施，用 3 年左右时间能够全面实施不动产统一登记制度，用 4 年左右时间能够运行统一的不动产登记信息管理基础平台，实现不动产审批、交易和登记信息实时互通共享以及依法查询，形成不动产统一登记体系。2014 年建立统一登记的基础性制度，2015 年推进统一登记制度的实施过渡，2016 年全面实施统一登记制度，2018 年前，不动产登记信息管理

①② 信息来源：https：//baike. baidu. com/item/%E4%B8%8D%E5%8A%A8%E4%BA%A7%E7%99%BB%E8%AE%B0/2666287?fr=aladdin. 2020 年 3 月 18 日最后访问。

基础平台投入运行，不动产统一登记体系基本形成。①

2018年3月5日，国土资源部办公厅印发通知要求，在全国不动产登记机构和登记窗口启用统一的不动产登记标识。不动产登记标识整体采用圆形设计，主色调为红、蓝两色。外圆为“不动产登记”中英文。内圆设计内容包含土地、房屋、林地、草原、海域等不动产要素，顶部和线条结合代表房屋、林地，蓝色代表海洋，底端图形和线条结合代表土地、草原，同时也构成了不动产登记簿造型，中间线条底端构成了笔尖效果，寓意不动产统一登记于不动产登记簿上。②

2018年3月17日第十三届全国人民代表大会第一次会议通过《国务院机构改革方案》，决定将国土资源部的职责，国家发展和改革委员会的组织编制主体功能区规划职责，住房和城乡建设部的城乡规划管理职责，水利部的水资源调查和确权登记管理职责，农业部的草原资源调查和确权登记管理职责，国家林业局的森林、湿地等资源调查和确权登记管理职责，国家海洋局的职责，国家测绘地理信息局的职责整合，组建自然资源部，作为国务院组成部门。这在组织上保障了不动产统一登记持续、扎实地进行。

三、不动产物权统一登记制度及其实务运行的优点

统一登记的优点较多，举其要者：(1) 将分散在多个部门的不动产登记职责整合由一个部门承担，理顺部门职责关系，减少办证环节，减轻群众负担。(2) 建立不动产物权登记信息管理基础平台，实现不动产审批、交易和登记信息在有关部门间依法依规互通共享。(3) 推动建立不动产物权登记信息依法公开查询系统，保证不动产交易的安全，可将不动产物权的公信原则落到实处。③

第二百一十一条

当事人申请登记，应当根据不同登记事项提供权属证明和不动产界址、面积等必要材料。

本条主旨

本条是关于当事人申请不动产物权登记应当提供必要材料的规定。

---

① 信息来源：http://finance.people.com.cn/n/2014/0422/c1004-24925747.html. 2020年3月18日最后访问。

②③ 信息来源：https://baike.baidu.com/item/%E4%B8%8D%E5%8A%A8%E4%BA%A7%E7%BB%9F%E4%B8%80%E7%99%BB%E8%AE%B0/2666287?fr=aladdin. 2020年3月18日最后访问。

相关条文

《物权法》第11条　当事人申请登记，应当根据不同登记事项提供权属证明和不动产界址、面积等必要材料。

《担保法》第44条　办理抵押物登记，应当向登记部门提供下列文件或者其复印件：

（一）主合同和抵押合同；

（二）抵押物的所有权或者使用权证书。

《海域使用管理法》第16条　单位和个人可以向县级以上人民政府海洋行政主管部门申请使用海域。

申请使用海域的，申请人应当提交下列书面材料：

（一）海域使用申请书；

（二）海域使用论证材料；

（三）相关的资信证明材料；

（四）法律、法规规定的其他书面材料。

《不动产登记暂行条例》第16条第1款　申请人应当提交下列材料，并对申请材料的真实性负责：

（一）登记申请书；

（二）申请人、代理人身份证明材料、授权委托书；

（三）相关的不动产权属来源证明材料、登记原因证明文件、不动产权属证书；

（四）不动产界址、空间界限、面积等材料；

（五）与他人利害关系的说明材料；

（六）法律、行政法规以及本条例实施细则规定的其他材料。

《不动产登记暂行条例实施细则》第9条　申请不动产登记的，申请人应当填写登记申请书，并提交身份证明以及相关申请材料。

申请材料应当提供原件。因特殊情况不能提供原件的，可以提供复印件，复印件应当与原件保持一致。

第11条　无民事行为能力人、限制民事行为能力人申请不动产登记的，应当由其监护人代为申请。

监护人代为申请登记的，应当提供监护人与被监护人的身份证或者户口簿、有关监护关系等材料；因处分不动产而申请登记的，还应当提供为被监护人利益的书面保证。

父母之外的监护人处分未成年人不动产的，有关监护关系材料可以是人民法院指定监护的法律文书、经过公证的对被监护人享有监护权的材料或者其他材料。

第12条　当事人可以委托他人代为申请不动产登记。

代理申请不动产登记的，代理人应当向不动产登记机构提供被代理人签字或者盖章的授权委托书。

自然人处分不动产，委托代理人申请登记的，应当与代理人共同到不动产登记机构现场签订授权委托书，但授权委托书经公证的除外。

境外申请人委托他人办理处分不动产登记的，其授权委托书应当按照国家有关规定办理认证或者公证。

理解与适用

一、当事人申请登记、有关机关请求登记与登记机构依职权登记

（一）当事人申请登记

本条所谓当事人申请登记，包括当事人共同申请和当事人单方申请。关于当事人共同申请的，例如《不动产登记暂行条例》第14条第1款规定："因买卖、设定抵押权等申请不动产登记的，应当由当事人双方共同申请。"这是关于当事人双方共同申请的规定。此外，当事人多方共同申请不动产登记的，应当遵循《不动产登记暂行条例实施细则》第10条的如下规定："处分共有不动产申请登记的，应当经占份额三分之二以上的按份共有人或者全体共同共有人共同申请，但共有人另有约定的除外"（第1款）。"按份共有人转让其享有的不动产份额，应当与受让人共同申请转移登记"（第2款）。"建筑区划内依法属于全体业主共有的不动产申请登记，依照本实施细则第三十六条的规定办理"（第3款）。

关于当事人单方申请的，例如，《不动产登记暂行条例》第14条第2款规定："属于下列情形之一的，可以由当事人单方申请：（一）尚未登记的不动产首次申请登记的；（二）继承、接受遗赠取得不动产权利的；（三）人民法院、仲裁委员会生效的法律文书或者人民政府生效的决定等设立、变更、转让、消灭不动产权利的；（四）权利人姓名、名称或者自然状况发生变化，申请变更登记的；（五）不动产灭失或者权利人放弃不动产权利，申请注销登记的；（六）申请更正登记或者异议登记的；（七）法律、行政法规规定可以由当事人单方申请的其他情形。"再如，《不动产登记暂行条例实施细则》第33条第1款规定："依法取得国有建设用地使用权，可以单独申请国有建设用地使用权登记。"第40条第1款规定：

“依法取得宅基地使用权，可以单独申请宅基地使用权登记。”第 44 条第 1 款规定：“依法取得集体建设用地使用权，可以单独申请集体建设用地使用权登记。”

申请不动产物权的登记，权利人不一定亲自到场，可由代理人代为进行。对此，《不动产登记暂行条例》第 15 条第 1 款规定：“当事人或者其代理人应当到不动产登记机构办公场所申请不动产登记。”

值得注意的是，在不动产登记机构将申请登记事项记载于不动产登记簿前，申请人可以撤回登记申请（《不动产登记暂行条例》第15 条第 2 款）。

（二）有关机关请求登记

除了当事人申请不动产物权的登记外，在有些情况下，现行法允许有关机关请求登记机构进行不动产物权登记。例如，《不动产登记暂行条例实施细则》第 2 条第 1 款关于“不动产登记应当依照当事人的申请进行，但法律、行政法规以及本实施细则另有规定的除外”的但书给出了这样的通道。其第 4 条规定：“国务院确定的重点国有林区的森林、林木和林地，由国土资源部受理并会同有关部门办理，依法向权利人核发不动产权属证书”（第 1 款）。“国务院批准的项目用海、用岛的登记，由国土资源部受理，依法向权利人核发不动产权属证书”（第 2 款）。“中央国家机关使用的国有土地等不动产登记，依照国土资源部《在京中央国家机关用地土地登记办法》等规定办理”（第 3 款）。第 19 条第 2 款规定：“有下列情形之一的，不动产登记机构直接办理不动产登记：（一）人民法院持生效法律文书和协助执行通知书要求不动产登记机构办理登记的；（二）人民检察院、公安机关依据法律规定持协助查封通知书要求办理查封登记的；（三）人民政府依法做出征收或者收回不动产权利决定生效后，要求不动产登记机构办理注销登记的；（四）法律、行政法规规定的其他情形。”第 90 条规定：“人民法院要求不动产登记机构办理查封登记的，应当提交下列材料：（一）人民法院工作人员的工作证；（二）协助执行通知书；（三）其他必要材料。”第 91 条规定：“两个以上人民法院查封同一不动产的，不动产登记机构应当为先送达协助执行通知书的人民法院办理查封登记，对后送达协助执行通知书的人民法院办理轮候查封登记”（第 1 款）。“轮候查封登记的顺序按照人民法院协助执行通知书送达不动产登记机构的时间先后进行排列”（第 2 款）。第 92 条第 1 款规定：“查封期间，人民法院解除查封的，不动产登记机构应当及时根据人民法院协助执行通知书注销查封登记。”第 93 条规定：“人民检察院等其他国家有权机关依法要求不动产登记机构办理查封登记的，参照本节规定办理。”

（三）登记机构依职权登记

当事人申请不动产物权的登记最为正常，有关机关在必要和必需的情况下请求若干种不动产物权变动的登记也符合实际需求，当事人不予申请、有关机关不予或怠于请求，但物权秩序内在地要求适时地办理不动产物权变动的登记时，登记机构依职权办理特殊情形的不动产物权变动的登记，同样正当。对于后者，《不动产登记暂行条例实施细则》已有反映，如其第 17 条规定，登记事项不涉及国家机密时，不动产登记机构拟依职权更正登记、依职权注销登记的，应当在登记事项记载于登记簿前进行公告。公告应当在不动产登记机构门户网站以及不动产所在地等指定场所进行，公告期不少于 15 个工作日。公告所需时间不计算在登记办理期限内。公告期满无异议或者异议不成立的，应当及时记载于不动产登记簿。再如其第 81 条规定："不动产登记机构发现不动产登记簿记载的事项错误，应当通知当事人在 30 个工作日内办理更正登记。当事人逾期不办理的，不动产登记机构应当在公告 15 个工作日后，依法予以更正；但在错误登记之后已经办理了涉及不动产权利处分的登记、预告登记和查封登记的除外。"

二、申请登记应当提供的必要材料

对于《民法典》第 211 条要求当事人应当根据不同登记事项提供必要材料，《不动产登记暂行条例》划定了大致的范围：(1) 登记申请书；(2) 申请人、代理人身份证明材料、授权委托书；(3) 相关的不动产权属来源证明材料、登记原因证明文件、不动产权属证书；(4) 不动产界址、空间界限、面积等材料；(5) 与他人利害关系的说明材料；(6) 法律、行政法规以及本条例实施细则规定的其他材料（第 16 条第 1 款）。

对于《民法典》第 211 条所谓根据不同登记事项提供必要材料，《不动产登记暂行条例实施细则》一一列举，兹汇总如下。

因继承、受遗赠取得不动产，当事人申请登记的，应当提交死亡证明材料、遗嘱或者全部法定继承人关于不动产分配的协议以及与被继承人的亲属关系材料等，也可以提交经公证的材料或者生效的法律文书（第 14 条）。

申请集体土地所有权首次登记的，应当提交下列材料：(1) 土地权属来源材料；(2) 权籍调查表、宗地图以及宗地界址点坐标；(3) 其他必要材料（第 30 条）。

农民集体因互换、土地调整等原因导致集体土地所有权转移，申请集体土地所有权转移登记的，应当提交下列材料：(1) 不动产权属证书；(2) 互换、调整协议等集体土地所有权转移的材料；(3) 本集体经济组织三分之二以上成员或者三分之二以上村民代表同意的材料；(4) 其他必要材料（第 31 条）。

申请集体土地所有权变更、注销登记的，应当提交下列材料：(1) 不动产权属证书；(2) 集体土地所有权变更、消灭的材料；(3) 其他必要材料（第 32 条）。

申请国有建设用地使用权首次登记，应当提交下列材料：（1）土地权属来源材料；（2）权籍调查表、宗地图以及宗地界址点坐标；（3）土地出让价款、土地租金、相关税费等缴纳凭证；（4）其他必要材料（第 34 条第 1 款）。前款规定的土地权属来源材料，根据权利取得方式的不同，包括国有建设用地划拨决定书、国有建设用地使用权出让合同、国有建设用地使用权租赁合同以及国有建设用地使用权作价出资（入股）、授权经营批准文件（第 34 条第 2 款）。申请在地上或者地下单独设立国有建设用地使用权登记的，按照本条规定办理（第 34 条第 3 款）。

申请国有建设用地使用权及房屋所有权首次登记的，应当提交下列材料：（1）不动产权属证书或者土地权属来源材料；（2）建设工程符合规划的材料；（3）房屋已经竣工的材料；（4）房地产调查或者测绘报告；（5）相关税费缴纳凭证；（6）其他必要材料（第 35 条）。

申请国有建设用地使用权及房屋所有权变更登记的，应当根据不同情况，提交下列材料：（1）不动产权属证书；（2）发生变更的材料；（3）有批准权的人民政府或者主管部门的批准文件；（4）国有建设用地使用权出让合同或者补充协议；（5）国有建设用地使用权出让价款、税费等缴纳凭证；（6）其他必要材料（第 37 条）。

申请国有建设用地使用权及房屋所有权转移登记的，应当根据不同情况，提交下列材料：（1）不动产权属证书；（2）买卖、互换、赠与合同；（3）继承或者受遗赠的材料；（4）分割、合并协议；（5）人民法院或者仲裁委员会生效的法律文书；（6）有批准权的人民政府或者主管部门的批准文件；（7）相关税费缴纳凭证；（8）其他必要材料（第 38 条第 1 款）。不动产买卖合同依法应当备案的，申请人申请登记时须提交经备案的买卖合同（第 38 条第 2 款）。

具有独立利用价值的特定空间以及码头、油库等其他建筑物、构筑物所有权的登记，按照本实施细则中房屋所有权登记有关规定办理（第 39 条）。

申请宅基地使用权及房屋所有权首次登记的，应当根据不同情况，提交下列材料：（1）申请人身份证和户口簿；（2）不动产权属证书或者有批准权的人民政府批准用地的文件等权属来源材料；（3）房屋符合规划或者建设的相关材料；（4）权籍调查表、宗地图、房屋平面图以及宗地界址点坐标等有关不动产界址、面积等材料；（5）其他必要材料（第 41 条）。

因依法继承、分家析产、集体经济组织内部互换房屋等导致宅基地使用权及房屋所有权发生转移申请登记的，申请人应当根据不同情况，提交下列材料：（1）不动产权属证书或者其他权属来源材料；（2）依法继承的材料；（3）分家析产的协议或者材料；（4）集体经济组织内部互换房屋的协议；（5）其他必要材料

（第 42 条）。

申请宅基地等集体土地上的建筑物区分所有权登记的，参照国有建设用地使用权及建筑物区分所有权的规定办理登记（第 43 条）。

申请集体建设用地使用权及建筑物、构筑物所有权首次登记的，申请人应当根据不同情况，提交下列材料：（1）有批准权的人民政府批准用地的文件等土地权属来源材料；（2）建设工程符合规划的材料；（3）权籍调查表、宗地图、房屋平面图以及宗地界址点坐标等有关不动产界址、面积等材料；（4）建设工程已竣工的材料；（5）其他必要材料（第 45 条第 1 款）。集体建设用地使用权首次登记完成后，申请人申请建筑物、构筑物所有权首次登记的，应当提交享有集体建设用地使用权的不动产权属证书（第 45 条第 2 款）。

申请集体建设用地使用权及建筑物、构筑物所有权变更登记、转移登记、注销登记的，申请人应当根据不同情况，提交下列材料：（1）不动产权属证书；（2）集体建设用地使用权及建筑物、构筑物所有权变更、转移、消灭的材料；（3）其他必要材料（第 46 条第 1 款）。因企业兼并、破产等原因致使集体建设用地使用权及建筑物、构筑物所有权发生转移的，申请人应当持相关协议及有关部门的批准文件等相关材料，申请不动产转移登记（第 46 条第 2 款）。

已经登记的土地承包经营权有下列情形之一的，承包方应当持原不动产权属证书以及其他证实发生变更事实的材料，申请土地承包经营权变更登记：（1）权利人的姓名或者名称等事项发生变化的；（2）承包土地的坐落、名称、面积发生变化的；（3）承包期限依法变更的；（4）承包期限届满，土地承包经营权人按照国家有关规定继续承包的；（5）退耕还林、退耕还湖、退耕还草导致土地用途改变的；（6）森林、林木的种类等发生变化的；（7）法律、行政法规规定的其他情形（第 49 条）。

已经登记的土地承包经营权发生下列情形之一的，当事人双方应当持互换协议、转让合同等材料，申请土地承包经营权的转移登记：（1）互换；（2）转让；（3）因家庭关系、婚姻关系变化等原因导致土地承包经营权分割或者合并的；（4）依法导致土地承包经营权转移的其他情形（第 50 条第 1 款）。以家庭承包方式取得的土地承包经营权，采取转让方式流转的，还应当提供发包方同意的材料（第 50 条第 2 款）。

已经登记的土地承包经营权发生下列情形之一的，承包方应当持不动产权属证书、证实灭失的材料等，申请注销登记：（1）承包经营的土地灭失的；（2）承包经营的土地被依法转为建设用地的；（3）承包经营权人丧失承包经营资格或者放弃承包经营权的；（4）法律、行政法规规定的其他情形（第 51 条）。

申请海域使用权首次登记的，应当提交下列材料：（1）项目用海批准文件或者海域使用权出让合同；（2）宗海图以及界址点坐标；（3）海域使用金缴纳或者减免凭证；（4）其他必要材料（第 55 条）。

有下列情形之一的，申请人应当持不动产权属证书、海域使用权变更的文件等材料，申请海域使用权变更登记：（1）海域使用权人姓名或者名称改变的；（2）海域坐落、名称发生变化的；（3）改变海域使用位置、面积或者期限的；（4）海域使用权续期的；（5）共有性质变更的；（6）法律、行政法规规定的其他情形（第 56 条）。

申请海域使用权转移登记的，申请人应当提交下列材料：（1）不动产权属证书；（2）海域使用权转让合同、继承材料、生效法律文书等材料；（3）转让批准取得的海域使用权，应当提交原批准用海的海洋行政主管部门批准转让的文件；（4）依法需要补交海域使用金的，应当提交海域使用金缴纳的凭证；（5）其他必要材料（第 58 条）。

申请海域使用权注销登记的，申请人应当提交下列材料：（1）原不动产权属证书；（2）海域使用权消灭的材料；（3）其他必要材料（第 59 条第 1 款）。

经依法登记的地役权发生下列情形之一的，当事人应当持地役权合同、不动产登记证明和证实变更的材料等必要材料，申请地役权变更登记：（1）地役权当事人的姓名或者名称等发生变化；（2）共有性质变更的；（3）需役地或者供役地自然状况发生变化；（4）地役权内容变更的；（5）法律、行政法规规定的其他情形（第 61 条第 1 款）。

已经登记的地役权因土地承包经营权、建设用地使用权转让发生转移的，当事人应当持不动产登记证明、地役权转移合同等必要材料，申请地役权转移登记（第 62 条第 1 款）。申请需役地转移登记的，或者需役地分割转让，转让部分涉及已登记的地役权的，当事人应当一并申请地役权转移登记，但当事人另有约定的除外。当事人拒绝一并申请地役权转移登记的，应当出具书面材料。不动产登记机构办理转移登记时，应当同时办理地役权注销登记（第 62 条第 2 款）。

已经登记的地役权，有下列情形之一的，当事人可以持不动产登记证明、证实地役权发生消灭的材料等必要材料，申请地役权注销登记：（1）地役权期限届满；（2）供役地、需役地归于同一人；（3）供役地或者需役地灭失；（4）人民法院、仲裁委员会的生效法律文书导致地役权消灭；（5）依法解除地役权合同；（6）其他导致地役权消灭的事由（第 63 条）。

自然人、法人或者其他组织为保障其债权的实现，依法以不动产设定抵押的，可以由当事人持不动产权属证书、抵押合同与主债权合同等必要材料，共同申请办理抵押登记（第 66 条第 1 款）。抵押合同可以是单独订立的书面合同，也可以是主债权合同中的抵押条款（第 66 条第 2 款）。

有下列情形之一的，当事人应当持不动产权属证书、不动产登记证明、抵押权变更等必要材料，申请抵押权变更登记：（1）抵押人、抵押权人的姓名或者名称变更的；（2）被担保的主债权数额变更的；（3）债务履行期限变更的；（4）抵押权顺位变更的；（5）法律、行政法规规定的其他情形（第 68 条第 1 款）。因被担保债权主债权的种类及数额、担保范围、债务履行期限、抵押权顺位发生变更申请抵押权变更登记时，如果该抵押权的变更将对其他抵押权人产生不利影响的，还应当提交其他抵押权人书面同意的材料与身份证或者户口簿等材料（第 68 条第 2 款）。

因主债权转让导致抵押权转让的，当事人可以持不动产权属证书、不动产登记证明、被担保主债权的转让协议、债权人已经通知债务人的材料等相关材料，申请抵押权的转移登记（第 69 条）。

有下列情形之一的，当事人可以持不动产登记证明、抵押权消灭的材料等必要材料，申请抵押权注销登记：（1）主债权消灭；（2）抵押权已经实现；（3）抵押权人放弃抵押权；（4）法律、行政法规规定抵押权消灭的其他情形（第 70 条）。

设立最高额抵押权的，当事人应当持不动产权属证书、最高额抵押合同与一定期间内将要连续发生的债权的合同或者其他登记原因材料等必要材料，申请最高额抵押权首次登记（第 71 条第 1 款）。当事人申请最高额抵押权首次登记时，同意将最高额抵押权设立前已经存在的债权转入最高额抵押担保的债权范围的，还应当提交已存在债权的合同以及当事人同意将该债权纳入最高额抵押权担保范围的书面材料（第 71 条第 2 款）。

有下列情形之一的，当事人应当持不动产登记证明、最高额抵押权发生变更的材料等必要材料，申请最高额抵押权变更登记：（1）抵押人、抵押权人的姓名或者名称变更的；（2）债权范围变更的；（3）最高债权额变更的；（4）债权确定的期间变更的；（5）抵押权顺位变更的；（6）法律、行政法规规定的其他情形（第 72 条第 1 款）。因最高债权额、债权范围、债务履行期限、债权确定的期间发生变更申请最高额抵押权变更登记时，如果该变更将对其他抵押权人产生不利影响的，当事人还应当提交其他抵押权人的书面同意文件与身份证或者户口簿等（第 72 条第 2 款）。

当发生导致最高额抵押权担保的债权被确定的事由，从而使最高额抵押权转变为一般抵押权时，当事人应当持不动产登记证明、最高额抵押权担保的债权已确定的材料等必要材料，申请办理确定最高额抵押权的登记（第 73 条）。

最高额抵押权发生转移的，应当持不动产登记证明、部分债权转移的材料、当事人约定最高额抵押权随同部分债权的转让而转移的材料等必要材料，申请办理最高额抵押权转移登记（第 74 条第 1 款）。

申请在建建筑物抵押权首次登记的，当事人应当提交下列材料：(1) 抵押合同与主债权合同；(2) 享有建设用地使用权的不动产权属证书；(3) 建设工程规划许可证；(4) 其他必要材料（第 76 条）。

在建建筑物抵押权变更、转移或者消灭的，当事人应当提交下列材料，申请变更登记、转移登记、注销登记：(1) 不动产登记证明；(2) 在建建筑物抵押权发生变更、转移或者消灭的材料；(3) 其他必要材料（第 77 条第 1 款）。

申请预购商品房抵押登记，应当提交下列材料：(1) 抵押合同与主债权合同；(2) 预购商品房预告登记材料；(3) 其他必要材料（第 78 条第 1 款）。

预购商品房办理房屋所有权登记后，当事人应当申请将预购商品房抵押预告登记转为商品房抵押权首次登记。

权利人、利害关系人认为不动产登记簿记载的事项有错误，可以申请更正登记（第 79 条第 1 款）。权利人申请更正登记的，应当提交下列材料：(1) 不动产权属证书；(2) 证实登记确有错误的材料；(3) 其他必要材料（第 79 条第 2 款）。利害关系人申请更正登记的，应当提交利害关系材料、证实不动产登记簿记载错误的材料以及其他必要材料（第 79 条第 3 款）。

利害关系人认为不动产登记簿记载的事项错误，权利人不同意更正的，利害关系人可以申请异议登记（第 82 条第 1 款）。利害关系人申请异议登记的，应当提交下列材料：(1) 证实对登记的不动产权利有利害关系的材料；(2) 证实不动产登记簿记载的事项错误的材料；(3) 其他必要材料（第 82 条第 2 款）。

申请预购商品房的预告登记，应当提交下列材料：(1) 已备案的商品房预售合同；(2) 当事人关于预告登记的约定；(3) 其他必要材料（第 86 条第 1 款）。预购人单方申请预购商品房预告登记，预售人与预购人在商品房预售合同中对预告登记附有条件和期限的，预购人应当提交相应材料（第 86 条第 3 款）。申请预告登记的商品房已经办理在建建筑物抵押权首次登记的，当事人应当一并申请在建建筑物抵押权注销登记，并提交不动产权属转移材料、不动产登记证明。不动产登记机构应当先办理在建建筑物抵押权注销登记，再办理预告登记（第 86 条第 4 款）。

申请不动产转移预告登记的，当事人应当提交下列材料：(1) 不动产转让合同；(2) 转让方的不动产权属证书；(3) 当事人关于预告登记的约定；(4) 其他必要材料（第 87 条）。

抵押不动产，申请预告登记的，当事人应当提交下列材料：（1）抵押合同与主债权合同；（2）不动产权属证书；（3）当事人关于预告登记的约定；（4）其他必要材料（第88条）。

预告登记未到期，有下列情形之一的，当事人可以持不动产登记证明、债权消灭或者权利人放弃预告登记的材料，以及法律、行政法规规定的其他必要材料申请注销预告登记：（1）预告登记的权利人放弃预告登记的；（2）债权消灭的；（3）法律、行政法规规定的其他情形（第89条）。

人民法院要求不动产登记机构办理查封登记的，应当提交下列材料：（1）人民法院工作人员的工作证；（2）协助执行通知书；（3）其他必要材料（第90条）。

第二百一十二条

登记机构应当履行下列职责：

（一）查验申请人提供的权属证明和其他必要材料；

（二）就有关登记事项询问申请人；

（三）如实、及时登记有关事项；

（四）法律、行政法规规定的其他职责。

申请登记的不动产的有关情况需要进一步证明的，登记机构可以要求申请人补充材料，必要时可以实地查看。

本条主旨

本条是关于登记机构应当履行的职责的规定。

相关条文

《物权法》第12条　登记机构应当履行下列职责：

（一）查验申请人提供的权属证明和其他必要材料；

（二）就有关登记事项询问申请人；

（三）如实、及时登记有关事项；

（四）法律、行政法规规定的其他职责。

申请登记的不动产的有关情况需要进一步证明的，登记机构可以要求申请人补充材料，必要时可以实地查看。

《不动产登记暂行条例》第10条　不动产登记机构应当依法将各类登记事项准确、完整、清晰地记载于不动产登记簿。任何人不得损毁不动产登记簿，除依法予以更正外不得修改登记事项。

第 11 条 不动产登记工作人员应当具备与不动产登记工作相适应的专业知识和业务能力。

不动产登记机构应当加强对不动产登记工作人员的管理和专业技术培训。

第 12 条 不动产登记机构应当指定专人负责不动产登记簿的保管，并建立健全相应的安全责任制度。

采用纸质介质不动产登记簿的，应当配备必要的防盗、防火、防渍、防有害生物等安全保护设施。

采用电子介质不动产登记簿的，应当配备专门的存储设施，并采取信息网络安全防护措施。

第 13 条 不动产登记簿由不动产登记机构永久保存。不动产登记簿损毁、灭失的，不动产登记机构应当依据原有登记资料予以重建。

行政区域变更或者不动产登记机构职能调整的，应当及时将不动产登记簿移交相应的不动产登记机构。

《不动产登记暂行条例实施细则》第 7 条 不动产登记机构应当配备专门的不动产登记电子存储设施，采取信息网络安全防护措施，保证电子数据安全。

任何单位和个人不得擅自复制或者篡改不动产登记簿信息。

第 8 条 承担不动产登记审核、登记簿的不动产登记工作人员应当熟悉相关法律法规，具备与其岗位相适应的不动产登记等方面的专业知识。

国土资源部会同有关部门组织开展对承担不动产登记审核、登记簿的不动产登记工作人员的考核培训。

第 15 条 不动产登记机构受理不动产登记申请后，还应当对下列内容进行查验：

（一）申请人、委托代理人身份证明材料以及授权委托书与申请主体是否一致；

（二）权属来源材料或者登记原因文件与申请登记的内容是否一致；

（三）不动产界址、空间界限、面积等权籍调查成果是否完备，权属是否清楚、界址是否清晰、面积是否准确；

（四）法律、行政法规规定的完税或者缴费凭证是否齐全。

第 16 条 不动产登记机构进行实地查看，重点查看下列情况：

（一）房屋等建筑物、构筑物所有权首次登记，查看房屋坐落及其建造完成等情况；

（二）在建建筑物抵押权登记，查看抵押的在建建筑物坐落及其建造等情况；

（三）因不动产灭失导致的注销登记，查看不动产灭失等情况。

第 17 条　有下列情形之一的，不动产登记机构应当在登记事项记载于登记簿前进行公告，但涉及国家秘密的除外：

（一）政府组织的集体土地所有权登记；

（二）宅基地使用权及房屋所有权，集体建设用地使用权及建筑物、构筑物所有权，土地承包经营权等不动产权利的首次登记；

（三）依职权更正登记；

（四）依职权注销登记；

（五）法律、行政法规规定的其他情形。

公告应当在不动产登记机构门户网站以及不动产所在地等指定场所进行，公告期不少于 15 个工作日。公告所需时间不计算在登记办理期限内。公告期满无异议或者异议不成立的，应当及时记载于不动产登记簿。

第 20 条　不动产登记机构应当根据不动产登记簿，填写并核发不动产权属证书或者不动产登记证明。

除办理抵押权登记、地役权登记和预告登记、异议登记，向申请人核发不动产登记证明外，不动产登记机构应当依法向权利人核发不动产权属证书。

不动产权属证书和不动产登记证明，应当加盖不动产登记机构登记专用章。

不动产权属证书和不动产登记证明样式，由国土资源部统一规定。

第 21 条　申请共有不动产登记的，不动产登记机构向全体共有人合并发放一本不动产权属证书；共有人申请分别持证的，可以为共有人分别发放不动产权属证书。

共有不动产权属证书应当注明共有情况，并列明全体共有人。

第 23 条　因不动产权利灭失等情形，不动产登记机构需要收回不动产权属证书或者不动产登记证明的，应当在不动产登记簿上将收回不动产权属证书或者不动产登记证明的事项予以注明；确实无法收回的，应当在不动产登记机构门户网站或者当地公开发行的报刊上公告作废。

……

理解与适用

一、文义解释、目的解释

本条是对《物权法》第 12 条的复制。

本条第 1 款第 1 项关于“查验申请人提供的权属证明和其他必要材料”的规

定中，所谓权属证明，即证明真实物权关系的文件或事实，诸如不动产权证、项目用海批准文件、行政主管机关的行政划拨的决定、异地安排建设用地的决定、宅基地使用权审批文件、乡镇企业的设立及有关批件等。[①] 究竟是哪种？不应一概而论，而应根据登记事项的本质要求加以确定。例如，申请集体土地所有权首次登记的，登记机构查验的权属证明为土地权属来源材料（《不动产登记暂行条例实施细则》第 30 条第 1 项），而申请海域使用权首次登记的，登记机构查验的权属证明则系项目用海批准文件（《不动产登记暂行条例实施细则》第55 条第 1 项）。

本条第 1 款第 1 项规定“查验申请人提供的……其他必要材料”，此处“必要材料”包括哪些？确定和判断的实质标准，应是最能使登记机构查清真实的物权关系，从而保障登记事项符合真实物权关系所需要的材料。此类材料的必要性因登记事项的不同而不同。例如，申请集体建设用地使用权及建筑物、构筑物所有权首次登记的，除去有批准权的人民政府批准用地的文件等土地权属来源材料，“必要材料”至少包括建设工程符合规划的材料，权籍调查表、宗地图、房屋平面图以及宗地界址点坐标等有关不动产界址、面积等材料，建设工程已竣工的材料（《不动产登记暂行条例实施细则》第 45 条第 1 款）。而申请海域使用权首次登记的，“必要材料”则应有海域使用权出让合同、宗海图以及界址点坐标、海域使用金缴纳或者减免凭证等（《不动产登记暂行条例实施细则》第 55 条第 1—4 项）。

本条第 1 款第 2 项所谓“就有关登记事项询问申请人”中的“有关登记事项”，应是不动产登记簿必须记载事项中的全部或一部，究竟是哪些？应是登记机构认为不完整、不清楚、有疑问之类的事项。登记机构在办理不动产物权变动的登记时，不宜仅仅阅读申请人提供的材料，而应就这些事项进一步问询申请人。

本条第 1 款第 3 项规定登记机构要“如实、及时登记有关事项”，这是实事求是原则、效率原则和公信原则所要求的。既然善意的交易相对人基于信赖不动产登记簿的记载而与登记名义人交易，法律就保护该相对人，那么，不动产登记簿的记载真实、可靠就十分必要。不然，不动产登记簿的记载错误百出，对此家喻户晓，法律还保护应知不动产登记簿的记载可能有误之人，就明显没有原则了。此其一。此处所谓“有关事项”，应视何种不动产物权的登记而定。例如，

---

① 崔建远：《实体法与程序法相辅相成——法释〔2016〕5 号之解读、评论与升华》，载《现代法学》2016 年第 6 期，第 178～179 页。

在异议登记中，登记机构应将异议事项记载于不动产登记簿，并向申请人出具异议登记证明（《不动产登记暂行条例实施细则》第 83 条第 1 款）。与此有别，同一不动产上设立多个抵押权的，不动产登记机构应当按照受理时间的先后顺序依次办理登记，并记载于不动产登记簿。当事人对抵押权顺位另有约定的，从其规定办理登记（《不动产登记暂行条例实施细则》第 67 条）。此其二。

本条第 1 款第 4 项所谓“法律、行政法规规定的其他职责”，例如，在监护人代无民事行为能力人、限制民事行为能力人申请不动产登记的，登记机构应当查验监护人与被监护人的身份证或者户口簿、有关监护关系等材料；因处分不动产而申请登记的，还应当提供为被监护人利益的书面保证（《不动产登记暂行条例实施细则》第 11 条第 1 款）。父母之外的监护人处分未成年人不动产的，登记机构有义务查验人民法院指定监护的法律文书、经过公证的对被监护人享有监护权的材料或者其他材料（《不动产登记暂行条例实施细则》第 11 条第 2 款）。不动产登记机构进行实地查看，重点查看下列情况：（1）房屋等建筑物、构筑物所有权首次登记，查看房屋坐落及其建造完成等情况；（2）在建建筑物抵押权登记，查看抵押的在建建筑物坐落及其建造等情况；（3）因不动产灭失导致的注销登记，查看不动产灭失等情况（《不动产登记暂行条例实施细则》第 16 条）。

本条第 2 款规定：“申请登记的不动产的有关情况需要进一步证明的，登记机构可以要求申请人补充材料，必要时可以实地查看。”这是应予坚持的经验之谈。登记机构的工作人员实地查看申请登记的不动产，具有不少优点。例如，这可有效防止本无不动产但有关人员为达不法目的（如骗取补偿款）而捏造某不动产如愿；避免或减少某特定房屋已经出卖、出租，但该房屋所有权人却将该房屋出卖、出租另外之人的案件；不动产量少、价值低却申请登记为量大、价值高的不动产；等等。在这方面，《不动产登记暂行条例实施细则》提出更加具体的要求，其第 16 条规定：“不动产登记机构进行实地查看，重点查看下列情况：（一）房屋等建筑物、构筑物所有权首次登记，查看房屋坐落及其建造完成等情况；（二）在建建筑物抵押权登记，查看抵押的在建建筑物坐落及其建造等情况；（三）因不动产灭失导致的注销登记，查看不动产灭失等情况。”

二、形式审查抑或实质审查

制定《物权法》时，有关专家、学者就争论：登记机构办理不动产物权登记时仅仅审查登记申请在登记手续、提供材料在形式上是否合法、齐备、无瑕疵即足矣，还是必须实质性地审查申请登记的不动产物权以及为此提供的材料是否符合真实的物权关系？前者是形式审查，后者为实质审查。另有专家、学者从另外的视角界定实质审查：登记机构接受登记申请之后，应当对登记内容进行问询和调查，以确保登记内容的真实性。还有专家、学者认为，登记机构的审查权限及于不动产物权变动的原因关系的，就是实质审查；反之，就是形式审查。[①] 此外，针对有的专家、学者认为登记机构的工作人员到不动产所在地实地查看的，就是实质审查的观点，时任全国人民代表大会常务委员会法制工作委员会副主任王胜明先生对此发表否定意见，理由是现场勘察只能保障部分场合的登记的物权关系与真实的物权关系相一致。[②]

的确，实质审查，保障登记的不动产物权关系与真实的不动产物权关系相一致，仅仅到不动产所在地实地查看，审查这一手交易的原因关系，是难以确保登记的不动产物权关系与真实的不动产物权关系相一致的，原因简单：前一手交易、前前一手交易，前溯及数手交易，其中任何一手交易有瑕疵，都有可能导致登记的不动产物权关系不同于真实的不动产物权关系。实地查看也难免被骗。这告诉我们，真正的实质审查，时常甚至全部都得追溯到不动产总登记、不动产初始（首次）登记。以中国目前的登记队伍恐怕无力胜任实质审查，只好选择形式审查，同时尽可能地多做一些尽职调查，如《不动产登记暂行条例实施细则》第16条等条文要求的那样。

在不动产登记的审查方面，《民法典》没有改变《物权法》的立场及态度，应该采取形式审查说为妥。

第二百一十三条

登记机构不得有下列行为：

（一）要求对不动产进行评估；

（二）以年检等名义进行重复登记；

（三）超出登记职责范围的其他行为。

本条主旨

本条是关于禁止登记机构实施有关行为的规定。

---

① 胡康生主编：《中华人民共和国物权法释义》，北京，法律出版社2007年版，第47页。

② 在《中华人民共和国物权法（草案）》的研讨会上，王胜明副主任发表了这种意见。

相关条文

《物权法》第 13 条　登记机构不得有下列行为：

（一）要求对不动产进行评估；

（二）以年检等名义进行重复登记；

（三）超出登记职责范围的其他行为。

《不动产登记暂行条例》第 30 条　不动产登记机构工作人员进行虚假登记，损毁、伪造不动产登记簿，擅自修改登记事项，或者有其他滥用职权、玩忽职守行为的，依法给予处分；给他人造成损害的，依法承担赔偿责任；构成犯罪的，依法追究刑事责任。

第 32 条　不动产登记机构、不动产登记信息共享单位及其工作人员，查询不动产登记资料的单位或者个人违反国家规定，泄露不动产登记资料、登记信息，或者利用不动产登记资料、登记信息进行不正当活动，给他人造成损害的，依法承担赔偿责任；对有关责任人员依法给予处分；有关责任人员构成犯罪的，依法追究刑事责任。

《不动产登记暂行条例实施细则》第 103 条　不动产登记机构工作人员违反本实施细则规定，有下列行为之一，依法给予处分；构成犯罪的，依法追究刑事责任：

（一）对符合登记条件的登记申请不予登记，对不符合登记条件的登记申请予以登记；

（二）擅自复制、篡改、毁损、伪造不动产登记簿；

（三）泄露不动产登记资料、登记信息；

（四）无正当理由拒绝申请人查询、复制登记资料；

（五）强制要求权利人更换新的权属证书。

理解与适用

本条系禁止性规定、强制性规定。登记机构实施其中任何一种被禁止的行为的，都要依法承担法律责任，包括赔偿责任、行政责任直至刑事责任（《不动产登记暂行条例》第 30 条、第 32 条）。

本条规定有的放矢，针对实务中确实出现的如下现象而特意表明态度：一些地方的一些不动产登记机构，履行职责的态度不端正，管理不严格，不考虑如何准确、及时地登记申请的事项，如何为当事人提供便利，而是挖空心思，利用手中职权给当事人设置重重障碍，在为单位和个人谋取私利上做足工夫，炮制出评估、年检等诸多名目，收取高额费用。这些现象在抵押登记领域尤为突出，群众意见很大。为杜绝、减少此类现象再次发生，本条作出上述禁止规定，不但明确列举“要求对不动产进行评估”和“以年检等名义进行重复登记”这两项反映强烈的问题；同时，又规定了“超出登记职责范围的其他行为”该项兜底内容，以防止这些低级机构改头换面，钻法律的空子；此外，也为当事人在权益受损时提供法律武器。①

之所以要禁止“要求对不动产进行评估”，这是因为作为标的物的不动产的价值高低，应属交易的对价合理与否的问题，基本上关涉交易双方的利益分配关系，而不属于社会公共利益的范畴。在作为标的物的不动产价值几何的判断采取主观等值原则的背景下，结论尤应如此。

所谓主观等值原则，是指以当事人的主观意愿来判断，纵使以市场标准或自理性之人的角度衡量并非等值，但只要当事人具有真实的合意，在主观上愿意以自己的给付换取对方的给付，那么对双方而言就是公正的②，也可以说对价合理。由于两种给付之间在客观上是否相当，例如对特定服务究竟应支付多少报酬，对特定商品究竟应支付多少价款，方为公平合理，涉及因素甚多，欠缺明确的判断标准，故在合同领域应采取主观等值原则，即当事人主观上愿以此给付换取对待给付，即为公平合理，至于客观上是否等值，在所不问。③ 采取主观等值原则的深层原因在于合同自由。合同成立过程若健全而无意思瑕疵，且其意思形成在私法自治容许的范围内，法律秩序原则上应尊重当事人所拟合同条款所彰显的合同正义，给付和对待给付之间存在的主观的等值性，不应被恣意否定，否则，当事人对将来合同的履行已无预测的可能性，法律安定性、交易安全受到严重破坏，私法自治原则不啻镜花水月。④ 康德说得直截了当：“当某人就他人事务作出决定时，可能存在某种不公正。但当他就自己的事务做决定时，则绝不可能存在任何不公正。”⑤ 这些观点虽然过于极端，但却表明了个人意志在合同的成立以及合同权利义务之确定上的重要性。

---

① 胡康生主编：《中华人民共和国物权法释义》，北京，法律出版社 2007 年版，第 48～49 页。

② 崔建远、戴孟勇：《合同自由与法治》（上），戴孟勇执笔，载高鸿钧等：《法治：理念与制度》，北京，中国政法大学出版社 2002 年版，第 312 页。

③ ［德］卡尔·拉伦茨：《德国民法通论》（上册），王晓晔、邵建东、程建英、徐国建、谢怀栻译，谢怀栻校，北京，法律出版社 2003 年版，第 63～64 页；［德］迪特尔·梅迪库斯：《德国民法总论》，邵建东译，北京，法律出版社 2000 年版，第 657 页；王泽鉴：《债法原理》，北京，法律出版社 2009 年版，第 58 页。

④ 陈自强：《民法讲义·I·契约之成立与生效》，北京，法律出版社 2002 年版，第 127 页。

⑤ ［德］康德：《法律理论》（Doctrine du droit）。转引自尹田：《法国现代合同法》（第 2 版），北京，法律出版社 2009 年版，第 26 页。

既然“对不动产进行评估”非为社会公共利益的问题，登记机构要求“对不动产进行评估”就缺乏正当性，被法律禁止理所应当。

之所以要禁止“以年检等名义进行重复登记”，是因为抵押权一经登记设立便一直从属于被担保债权，且具有持续性，该持续性不依赖于抵押登记的不断进行，除非抵押权的使命完成或被当事人双方免去或被其他法律手段取代，抵押权的效力不会夭亡。就是说，依抵押权的本性，不需要年检，不需要重复登记。既然如此，“以年检等名义进行重复登记”便缺乏正当性，被法律禁止理所应当。

不仅抵押权如此，诸如不动产所有权、土地承包经营权、土地经营权、建设用地使用权、宅基地使用权、居住权、地役权一旦设立，便依法或依约定存续下去，直至终了。不动产物权登记据此记载，即可了事，完全不需要年年检查、重复登记。

本条第3项所谓“超出登记职责范围的其他行为”，例如，《不动产登记暂行条例》第30条列举的不动产登记机构工作人员进行虚假登记、擅自修改登记事项；第32条列举的不动产登记机构泄露不动产登记资料、登记信息，或者利用不动产登记资料、登记信息进行不正当活动；《不动产登记暂行条例实施细则》第103条列举的对符合登记条件的登记申请不予登记，对不符合登记条件的登记申请予以登记；擅自复制、篡改、毁损、伪造不动产登记簿；泄露不动产登记资料、登记信息；无正当理由拒绝申请人查询、复制登记资料；强制要求权利人更换新的权属证书。

第二百一十四条

不动产物权的设立、变更、转让和消灭，依照法律规定应当登记的，自记载于不动产登记簿时发生效力。

本条主旨

本条是关于不动产物权变动依法应当登记的，自变动事项记载于不动产登记簿时发生法律效力。

相关条文

《物权法》第14条　不动产物权的设立、变更、转让和消灭，依照法律规定应当登记的，自记载于不动产登记簿时发生效力。

《不动产登记暂行条例》第21条　登记事项自记载于不动产登记簿时完成

登记。

不动产登记机构完成登记，应当依法向申请人核发不动产权属证书或者登记证明。

理解与适用

一、基本含义

观察本条的文义，依据《民法典》关于不动产物权变动的系列规定的体系解释，可以说本条是关于基于法律行为而发生的不动产物权变动生效的时间点的规定。

至于非基于法律行为而发生的不动产物权变动，因《民法典》未规定以登记作为生效要件，未强行要求及时办理登记（第 209 条第 2 款、第 229－231 条），故此类不动产物权变动的生效时间点不以登记事项记载于不动产登记簿时为准。土地承包经营权的设立、互换、转让，土地经营权的设立，虽属基于法律行为而发生的不动产物权变动，但《民法典》明文规定以合同生效时发生效力（第 333 条第 1 款、第 335 条、第 341 条），也不以登记事项记载于不动产登记簿时为准。地役权的设立，尽管属于基于法律行为而发生的不动产物权变动，但《民法典》仍例外地规定以地役权合同生效为要件（第 374 条），还不以地役权设立的事项记载于不动产登记簿时发生效力。

本条所谓不动产登记簿，是指采取物的编成主义，由不动产登记机构依法制作的，对其辖区内某一特定区域的不动产物权及其变动的状况予以记载的官方记录汇集。对于这种记载，《民法典》赋予其公示不动产物权及其变动的效力（第 209 条、第 214 条等），《民法典》进一步赋予此种公示具有公信力（第 216 条第 1 款）。

围绕不动产登记簿的法律问题，《不动产登记暂行条例》及《不动产登记暂行条例实施细则》予以进一步细化，增强明确性和可操作性。《不动产登记暂行条例》第 8 条第 1 款规定："不动产以不动产单元为基本单位进行登记。不动产单元具有唯一编码。"此处所谓不动产单元，是指权属界线封闭且具有独立使用价值的空间。没有房屋等建筑物、构筑物以及森林、林木定着物的，以土地、海域权属界线封闭的空间为不动产单元。有房屋等建筑物、构筑物以及森林、林木定着物的，以该房屋等建筑物、构筑物以及森林、林木定着物与土地、海域权属界线封闭的空间为不动产单元。以上所述房屋，包括独立成幢、权属界线封闭的空间，以及区分套、层、间等可以独立使用、权属界线封闭的空间（《不动产登记暂行条例实施细则》第5条)。不动产登记簿以宗地或者宗海为单位编成，一宗地或者一宗海范围内的全部不动产单元编入一个不动产登记簿(《不动产登记暂行条例实施细则》第6条)。《不动产登记暂行条例》第8条规定：“不动产登记机构应当按照国务院国土资源主管部门的规定设立统一的不动产登记簿”(第2款)。“不动产登记簿应当记载以下事项：(一)不动产的坐落、界址、空间界限、面积、用途等自然状况；(二)不动产权利的主体、类型、内容、来源、期限、权利变化等权属状况；(三)涉及不动产权利限制、提示的事项；(四)其他相关事项”(第3款)。第9条规定：“不动产登记簿应当采用电子介质，暂不具备条件的，可以采用纸质介质。不动产登记机构应当明确不动产登记簿唯一、合法的介质形式”(第1款)。“不动产登记簿采用电子介质的，应当定期进行异地备份，并具有唯一、确定的纸质转化形式”(第2款)。《不动产登记暂行条例实施细则》第7条第1款规定：“不动产登记机构应当配备专门的不动产登记电子存储设施，采取信息网络安全防护措施，保证电子数据安全。”《不动产登记暂行条例》第10条规定：“不动产登记机构应当依法将各类登记事项准确、完整、清晰地记载于不动产登记簿。任何人不得损毁不动产登记簿，除依法予以更正外不得修改登记事项。”《不动产登记暂行条例实施细则》第7条第2款强调：“任何单位和个人不得擅自复制或者篡改不动产登记簿信息。”

二、不动产物权变动发生效力的时间点的确定及其根据

实际上，关于《民法典》第214条所涉问题的立法模式，一直存有不同的意见。第一种意见是以当事人向登记机构递交登记申请时为发生不动产物权变动的效力之时，第二种观点是以将登记事项记载于不动产登记簿时为发生不动产物权变动的效力之时。

这两种观点各有优长，相比较而言，以将登记事项记载于不动产登记簿时为发生不动产物权变动的效力之时这种观点，有其优点：(1)这与基于法律行为而发生的不动产物权变动以登记为生效要件这个模式的文字表达相一致，而第一种意见以当事人向登记机构递交登记申请时发生不动产物权变动的效力，则不相符合。(2)公示，不是当事人的登记申请，而是不动产登记簿簿页上关于不动产物权及其变动的记载。公信力，也不是因当事人的登记申请而起，而是法律赋予公示的法律效力。就此说来，第二种观点与公示、公信力的精神实质相符，而第一种意见则否。

不过，转换视角，反倒是第一种意见更具长处，第二种观点处于下风。(1)当事人递交登记申请在先，登记机构将登记事项记载于不动产登记簿簿页之上在

后，就是说，按照第二种观点，不动产物权变动发生效力的时间滞后了，遇有征收补偿、第三人侵害不动产时谁有权请求侵权行为人承担责任、一物多卖时认定是有权处分还是无权处分等问题，直接影响各方当事人的利益，多数情况下不利于买受人。依据第一种意见，在多数情况下有利于买受人。(2) 在以同一个不动产为客体牵涉数个交易相对人的场合，例如甲将其A楼出卖于乙，又出卖给丙，乙先到登记机构申请转移登记，丙姗姗来迟，但登记机构的工作人员故意或过失地把A楼的所有权登记在丙的名下，这对乙非常不利，且不正当。如果按照第一种意见决定，就不会出现这种不适当的后果。

接下来，分别考察法律关系。

在不动产交易双方的关系中，按照第二种观点，买受人取得不动产物权迟延一些，但在出卖人拒不协助办理不动产物权的转移登记，甚至干脆把该不动产出卖给第三人的情况下，买受人虽无该不动产的物权，但享有债权，可以请求出卖人履行协助办理转移登记的义务，并承担支付违约金或赔偿违约损害，出卖人无利可图。根据第一种意见，买受人取得不动产物权的时间点早一些，只要买受人向登记机构递交登记申请，该不动产的物权就转移至买受人，自此，出卖人对买受人所负主给付义务已经履行完毕，只剩下附随义务，或是侵权法上的不得侵害买受人对该不动产所享有的物权以及其他权利的义务。在这个阶段、这些方面，两种观点带来的结果虽有不同，但在利益关系方面没有实质的差异。此其一。但是，登记申请递交后但尚未登记完毕之时恰遇征收，则结果差异巨大，按照第一种意见，此时被征收人是买受人而非出卖人，买受人有权获得征收补偿；但根据第二种观点，被征收人是出卖人，他有权获得征收补偿。此其二。登记申请递交后但尚未登记完毕之时恰逢不可抗力，该不动产灭失，按照第一种意见，由买受人承担风险，若已付款则不需索回，若尚未付款则有义务继续支付；根据第二种观点，若该不动产的占有尚未转移，则风险由出卖人承担，若已经收取价款则须不当得利返还，若尚未收取则无权再请求支付；不过，若该不动产的占有已经转移给买受人，则风险负担翻转过来。此其三。登记申请递交后但尚未登记完毕之时，第三人侵害该不动产，按照第一种意见，买受人是请求权人；根据第二种观点，出卖人是请求权人，至于买受人是否能以其债权受第三人不法侵害为由请求该第三人向自己承担侵权责任，《民法典》暧昧不明，学说上意见不一，笔者赞同债权也是侵权行为的对象这派观点。此其四。

在买受人与第三人的关系中，两种观点引发的后果存有明显的差异。在出卖人把同一个不动产也出卖给第三人但尚未办理转移登记的情况下，按照第一种观点，买受人只要先行递交登记申请，就取得了该不动产的物权，虽因尚未登记完毕、欠缺公示，这对抗不了第三人，但可造成出卖人与该第三人之间的关系成为无权处分关系，该第三人欲取得该不动产的物权，须适用善意取得规则。这增加了该第三人如愿以偿的难度，因其可能已经非善意。与之不同，按照第二种观点，虽然买受人递交了登记申请，但只要登记机构尚未办理转移登记，该不动产的物权就依然归属于出卖人，出卖人与该第三人之间的关系是有权处分的关系，该第三人取得该不动产物权的障碍就少得多。

最终的抉择是，《物权法》采纳了第二种观点（第 14 条），《民法典》完全复制（第 214 条）。

第二百一十五条

当事人之间订立有关设立、变更、转让和消灭不动产物权的合同，除法律另有规定或者当事人另有约定外，自合同成立时生效；未办理物权登记的，不影响合同效力。

本条主旨

本条是关于不动产物权变动与其原因行为相区分的规定。

相关条文

《物权法》第 15 条　当事人之间订立有关设立、变更、转让和消灭不动产物权的合同，除法律另有规定或者合同另有约定外，自合同成立时生效；未办理物权登记的，不影响合同效力。

理解与适用

一、基本含义

（一）不动产物权变动与其原因行为的区分

本条把不动产物权变动与其原因行为分成两个法律现象，不动产物权变动由物权法调整，原因行为由合同法规制。例如，张三作为出卖人和李四作为买受人订立 A 楼买卖合同，A 楼的所有权由张三转移给李四系不动产物权变动，归属于物权法，A 楼买卖合同系不动产物权变动的原因行为，归属于合同法。

（二）不动产物权变动与其原因行为的相互关联

在基于法律行为而发生的不动产物权变动的模式下，没有原因行为，不会有不动产物权的变动，后者是结果，前者是原因，这是二者在因果关系中的定位。正因为二者处于此种因果关系之中，所以，不动产物权变动与否，不应影响原因行为的效力。其中一个表现是：登记是基于法律行为而发生的不动产物权变动的生效要件，不登记，不动产物权就不发生变动；但是处于结果一端的登记，这个不动产物权变动的生效要件，不是处于原因一端的原因行为的生效要件，除非法律另有规定或当事人另有约定。《民法典》无此另外的规定，当事人可能有此类约定，那属于意思自治的范畴，笔者至今未见当事人在房屋买卖合同中约定转移登记是房屋买卖合同的生效要件。关于原因行为的成立和生效，《民法典》的立场和态度是：依法成立的合同自成立时生效（第 502 条第 1 款正文），这是常见的情形；法律、行政法规规定应当办理批准等手续生效的，依照其规定（第 502 条第 2 款前段），这为个别现象。即使个别现象里的“批准等手续”，也不包括作为不动产物权变动的生效要件之一的登记。

二、不动产物权变动与物权行为之间的关系

按照德国民法理论审视前两个自然段所述现象，A 楼买卖合同系债权行为，A 楼的所有权由张三转移至李四，站在法律行为的层面看待，它是物权行为；立于结果的角度看待，它是不动产物权的变动。与此不同，在法国、日本（通说）、中国的民法视野里，这里只有一个法律行为，即 A 楼买卖合同，至于 A 楼所有权的转移，那是 A 楼买卖合同履行的结果，是个事实，也可以说是事实行为。

德国民法如此对待生活关系，利弊相伴。其弊之一是，不动产物权变动/A 楼所有权的转移这同一个现象被分析为两个现象，并且分处两端：一个作为原因行为/物权行为，一个作为结果；一个作为法律事实，一个作为法律关系。一方面，物权行为这个法律事实引发物权变动这种法律关系，可另一方面，展现在人们眼前的是：该物权变动这个法律关系正好是物权行为这个法律事实本身。在普通大众眼里，疑惑不解。当然，为了维持法律事实与法律关系、原因行为与物权变动这样的理论格局，只好说：这里存在着逻辑上的一秒，即把物权行为/原因行为看成先于物权变动这个结果一秒钟出现。

个别专家、学者可能是完全沉醉于德国民法理论之中了，脑海里除了德国民法思维再无其他民法逻辑，表现在这里就是：只要一见到物权变动，就认定存在物权行为。于是，这些专家、学者把《民法典》第 215 条开头所谓“当事人之间订立有关设立、变更、转让和消灭不动产物权的合同”说成是物权行为，或将“设立、变更、转让和消灭不动产物权”理解为物权行为。这不能成立！首先，从《民法典》第 215 条的文义和规范意旨角度看，此处“当事人之间订立有关设

立、变更、转让和消灭不动产物权的合同”是原因行为，可能是不动产买卖合同、互易合同、赠与合同等，绝不是物权行为。即使按照德国民法理论审视，结论也是如此。其次，此处所谓“设立、变更、转让和消灭不动产物权”，是不动产物权变动，也不是物权行为。原来，不动产物权变动在任何法制上、任何国度或地区里都存在，可是在不同的学说体系和背景下，对物权变动的认识存在着分歧。在英美法系、法国法系、苏联民法上，物权变动就是物权运动的现象，或为物权从无到有，或为物权从甲移转至乙，或为物权自身发生了变化，或为物权归于消灭，其中不含有意思表示乃至物权合意，没有所谓物权行为存在的余地。与此不同，德国法系通过人为的抽象，认为物权变动的现象含有多种因素，从结果的侧面总结是物权发生、变更、消灭，从行为的层面剖析，认为其中含有物权意思表示或物权合意，从动因的角度观察为物权行为。日本的民法学说对此看法不一，如今的通说采取法国法系的解释，少数说仍固守德国法系的理论。

中国法呢？关键是立法计划和立法目的。如果《民法典》的立法计划和立法目的是按照物权行为理论来设计物权制度，那么，《民法典》第 215 条就含有物权行为的内容；反之，则否。之所以如此，是因为法律行为系因法律承认意思表示于法律世界中实现行为人欲然的法律判断①，法律概念是对生活的抽象而不是生活本身，意思表示以及法律行为制度也是法律对现实生活的一种抽象，属于规范层面。② 在交易过程中所存在的围绕物权变动的意思因素，并不一定能够在民法世界中找到自己的位置。立法者的选择是多样的：可能忽视这些意思因素；可能赋予这些意思因素以法律意义；也可能在实际没有意思因素的地方拟制当事人的意思，并赋予其法律意义。③ 物权行为是个人造的产物，是学者认识事物所形成的学术见解，是个法律创设的制度。学术上不抽象出物权行为，法律不设置物权行为制度，就没有物权行为这个东西。正因如此，立法者可以将抛弃物权等现象抽象设计为物权行为法律制度，也可以不作如此抽象，仅仅把此类现象设计为法律行为，不再区分是“物权行为”还是“债权行为”。在采取后一种方案的情况下，就不能说“抛弃物权系物权行为，乃客观存在”④。

法国民法、苏联民法没有抽象物权行为，没有设置物权行为制度，在它们那

---

① ［德］迪特尔·梅迪库斯（Dieter Medicus）：《德国民法总论》，邵建东译，北京，法律出版社 2000 年版，第 142～143 页。

② 田士永：《物权行为理论研究》，北京，中国政法大学出版社 2002 年版，第 325 页。

③ 王轶：《论我国物权变动模式的立法选择》，载崔建远主编：《民法 9 人行》第 1 卷，香港，金桥文化出版（香港）有限公司 2003 年版，第 124 页。

④ 崔建远：《从立法论看物权行为与中国民法》，载《政治与法律》2004 年第 2 期，第 43 页。

里就没有物权行为。有专家、学者称物权行为独立性属于事实判断，物权行为无因性属于价值判断，这种断言适合于德国民法及其理论，但不适合法国的、苏联的民法及其学说。原因正在于德国民法上存在着物权行为这个事实，而法国的、苏联的民法上不存在物权行为这个事实。

笔者多次参与全国人民代表大会常务委员会法制工作委员会及民法室组织的《民法总则》草案、《民法典（草案）》研讨会，从未闻知立法机关采纳物权行为理论。虽然在研讨会上曾有三两个学者力主《民法总则》《民法典》采取物权行为理论，但每次都有专家、学者予以反对，《民法总则》《民法典》没有采取物权行为理论。① 在这里，可以援引长期在全国人大从事《民法通则》《合同法》《物权法》《侵权责任法》草拟和研讨工作，先后担任民法室主任、法制工作委员会副主任的王胜明先生的说明：《民法通则》《物权法》《合同法》等民事法律没有采纳物权行为理论②，只能把物权变动定性为一种物权运动的客观现象，而非物权行为。《物权法》第 15 条的规定，区分的是物权变动与其原因行为，而非物权行为与其原因行为。这样解释的重要根据就在于《物权法》没有采取物权行为理论。③《民法典》第 215 条承继了《物权法》第 15 条，对其解释，应当接受上述分析和结论。

三、不动产物权变动与其原因行为之间的关系在法律层面的演变

在比较长的历史时期，中国法未注意区分不动产物权变动与其原因行为，甚至把两者紧紧地捆绑在一起，或者混淆它们。

最高人民法院于 1982 年 8 月 19 日作出的《关于华侨买卖国内房屋问题的批复》中指出，华侨买卖国内房屋，必须向国内当地房管部门申请登记，经审查批准后，方可成交；并按规定在国内支付款项交纳税金；否则不予承认。再如，最

---

①② 关于中国法没有采取物权行为理论，笔者在不同阶段、针对不同争点、解释和评论不同规定而先后发表了数篇论文，可供有兴趣于物权行为者阅读和评论。请见崔建远：《无权处分辨》，载《法学研究》2003 年第 1 期，第 3～24 页；崔建远：《从解释论看物权行为与中国民法》，载《比较法研究》2004 年第 2 期，第 6～76 页；崔建远：《从立法论看物权行为与中国民法》，载《政治与法律》2004 年第 2 期，第 43～50 页；崔建远：《物权：规范与学说——以中国物权法的解释论为中心》（上册），北京，清华大学出版社 2011 年版，第 79 页以下；崔建远：《无权处分合同的效力、不安抗辩、解除及债务承担》，载《法学研究》2013 年第 6 期，第 77～79 页；《处分行为理论真的那么美妙吗？——〈中华人民共和国民法总则〉不宜采取负担行为与处分行为相区分的设计》，载《中国政法大学学报》2016 年第 5 期，第 53～61 页。

③ 王胜明：《物权法制定过程中的几个重要问题》，载《法学杂志》2006 年第 1 期，第 37 页；王胜明：《关于物权法若干问题的思考》，中国人民大学逸夫会议中心二层报告厅，2005 年 10 月 25 日，载中国法学会民法学研究会、中国人民大学法学院、广东省律师协会编：《中国物权法疑难问题研讨会论文集》，2005 年 12 月 7 日，第 21 页。

高人民法院于1985年8月10日作出的《关于国营企业购买私房已使用多年经补办批准手续后可承认买卖关系有效的批复》，认定私房买卖合同关系经补办县人民政府的批准手续后有效。最高人民法院于1982年12月18日发出的《关于王正贵与林作信、江妙法房屋买卖关系如何确认的批复》指出，房屋买卖关系，既未经过国家的契税手续，也没有取得房管部门的认可，该买卖合同无效。这些批复似乎把登记作为买卖等合同的有效要件了。

模棱两可的有，《关于民法通则的意见》规定，公民之间赠与关系的成立，以赠与物的交付为准。赠与房屋，如根据书面赠与合同办理了过户手续的，应当认定赠与关系成立；未办理过户手续，但赠与人根据书面赠与合同已将产权证书交与受赠人，受赠人根据赠与合同已占有、使用该房屋的，可以认定赠与有效，但应令其补办过户手续（第128条）。其中，有的表述把过户登记作为所有权移转的生效要件，有的表述则有登记为赠与关系的有效要件之意，概念不清。

无论是20世纪50年代的民法学著作，还是20世纪80年代的民法学著述，都把登记、批准作为买卖等合同的生效要件甚至成立要件①，而不是把它们作为物权变动的生效要件。

《担保法》第41条关于“当事人以本法第四十二条规定的财产抵押的，应当办理抵押物登记，抵押合同自登记之日起生效”的规定，显然是把登记作为影响抵押合同效力的要件了。与此理念相仿，《担保法》第64条第2款关于“质押合同自质物移交于质权人占有时生效”的规定，也混淆了物权变动的生效要件与原因行为的生效要件。

《关于审理房地产管理法施行前房地产开发经营案件若干问题的解答》第5条关于“出让合同出让的土地使用权未依法办理审批、登记手续的，一般应当认定合同无效，但在一审诉讼期间，对于出让集体土地使用权依法补办了征用手续转为国有土地，并依法补办了出让手续的，或者出让未经依法批准的国有土地使用权依法补办了审批、登记手续的，可认定合同有效”的规定，第6条关于“……转让未经依法批准的国有土地使用权依法补办了审批、登记手续的，可认定合同有效”的规定，第7条关于“……在一审诉讼期间，经有关主管部门批

---

① 佟柔、赵中孚、郑立主编：《民法概论》，北京，中国人民大学出版社1982年版，第61页；佟柔主编：《民法原理》，北京，法律出版社1983年第1版，第82、270页；佟柔主编：《民法原理》（修订本），北京，法律出版社1986年第2版，第98、101页；金平主编：《民法学教程》，呼和浩特，内蒙古大学出版社1987年版，第103、107页；马原主编：《中国民法讲义》（上册），全国法院干部业余法律大学编，1986年12月，第104页；唐德华主编：《民法教程》，北京，法律出版社1987年版，第84页；李源植主编：《民法学》（上），长春，吉林人民出版社1989年版，第140页；王利明、郭明瑞、方流芳：《民法新论》（上册），北京，中国政法大学出版社1988年版，第371页。

准，补办了土地使用权登记或变更登记手续的，可认定合同有效”的规定，第14条关于“土地使用者就同一土地使用权分别与几方签订土地使用权转让合同，均未办理土地使用权变更登记手续的，一般应当认定各合同无效；如其中某一合同的受让方已实际占有和使用土地，并对土地投资开发利用的，经有关主管部门同意，补办了土地使用权变更登记手续的，可认定该合同有效。转让方给其他合同的受让方造成损失的，应当承担相应的民事责任”的规定，第15条关于“土地使用者未办理土地使用权抵押登记手续，将土地使用权进行抵押的，应当认定抵押合同无效”的规定，第16条关于“土地使用者未办理土地使用权抵押登记手续将土地使用权抵押后，又与他人就同一土地使用权签订抵押合同，并办理了抵押登记手续的，应当认定后一个抵押合同有效”的规定，以及第18条中段关于“未办理土地使用权变更登记手续的，一般应当认定合建合同无效”的规定，都是错将不动产物权变动的生效要件作为原因行为的生效要件。

《物权法》率先澄清这个问题，于第15条明确确立不动产物权变动与其原因行为相区分的原则。《民法典》完全承继之（第215条）。

四、不动产物权变动与其原因行为相区分的意义

1. 这种区分符合物权与债权二分、各自依其自身规律运动的基本原理。物权依其绝对性及强大效力有必要奉行公示原则，尤其在交易领域这还是交易安全的需要。所以，不动产物权以登记作为公示方法，其变动以登记作为生效要件，具有内在合理性。不动产物权变动的原因行为，诸如买卖合同、互易合同、赠与合同、以物抵债协议、抵押合同等，遵循合同的相对性，无公示的强烈需求，并且时常也无法公示。既然如此，把登记作为此类合同的生效要件不合合同的本质要求，画蛇添足。

2. 这种区分意味着买卖、抵押等合同的效力不因未办理登记手续而受影响，即使未办理登记手续，这些合同也是有效的，买受人、“抵押权”人等权利人可以基于这些有效的合同请求出卖人、抵押人等义务人继续履行合同项下协助办理登记的义务，达到不动产物权变动的结果。与此不同，把登记作为这些合同的生效要件，只要没有办理登记手续，这些合同便未生效，甚至无效，出卖人、抵押人等义务人协助办理登记手续的义务便不复存在，买受人、“抵押权”人等权利人无权请求出卖人、抵押人等义务人继续协助办理登记的义务，不动产物权变动成为泡影。这显然不利于买受人、“抵押权”人等权利人。

3. 这种区分使原因行为大多处于有效的状态，出卖人、抵押人等义务人负有协助办理登记的义务。他们不履行此类义务，便构成违约，买受人、“抵押权”

人等权利人可以追究其违约责任，如请求其支付违约金或赔偿履行利益（期待利益或曰预期利益）的损失。而把登记作为原因行为的生效要件，未登记则原因行为不发生效力甚至无效，买受人、“抵押权”人等权利人只可追究出卖人、抵押人等义务人的缔约过失责任。如此，违约金责任不复存在，损害赔偿，多数说认为限于直接损失（成本的支出），不得主张机会利益的损失赔偿。无机会利益的损失赔偿远远低于违约责任中的履行利益（期待利益或曰预期利益）的赔偿。这显然不利于买受人、“抵押权”人等权利人。

4. 这种区分使原因行为大多处于有效的状态，买受人等债权人占有作为标的物的不动产属于有权占有，出卖人等无权请求返还该种占有。与此不同，把登记作为原因行为的生效要件，未登记，买卖等合同不生效甚至无效，买受人等权利人尚无债权，其占有作为标的物的不动产构成无权占有，出卖人等义务人有权请求返还。这也不利于买受人等权利人。

五、不可从一个极端跳到另一个极端

笔者注意到，有些专家、学者持有下述认识甚至体现在判决里：既然物权变动与其原因行为相区分，那么，物权变动一经完成，就具有独立性，登记完毕的不动产物权依《物权法》第15条亦即《民法典》第215条的规定就具有绝对的效力，即使该物权变动的原因行为没有成立、无效，也要维持不动产物权的效力。因而，在有人认为不动产登记错误、提起确认之诉，请求人民法院把登记在甲名下的某不动产变更登记在自己名下的案件中，主审法院不予审理该不动产登记的原因行为是否有效，便径直以该不动产业已登记在甲的名下为由驳回该诉讼请求。这是不正确的，因为不动产登记受法律保护是以其有法律根据作为前提的，如果某项不动产登记欠缺法律根据，就是错误登记，应予更正（《物权法》第19条第1款，《民法典》第220条第1款）；在不动产物权变动是基于法律行为而发生的情况下，只有该法律行为有效，该不动产物权的登记才受法律保护，在该法律行为不成立、无效的情况下，该登记失去继续维持的法律根据，在真正的物权人请求确认该不动产物权归其享有的诉讼中，该不动产物权登记应被注销。

假如当事人仅仅诉请人民法院确认某不动产物权归属于他，不归登记名义人，但未同时诉请确认该不动产物权登记所基于的买卖等合同不成立或无效，那么，审判庭应予释明，以便一并解决该不动产物权登记与其原因行为的问题，把该不动产物权确认给真正的物权人。

第二百一十六条

不动产登记簿是物权归属和内容的根据。

不动产登记簿由登记机构管理。

本条主旨

本条是关于登记具有公信力以及不动产登记簿由登记机构管理的规定。

相关条文

《物权法》第 16 条　不动产登记簿是物权归属和内容的根据。

不动产登记簿由登记机构管理。

理解与适用

一、登记具有公信力

本条第 1 款前段赋予不动产物权登记具有公信力，其意义在于，不动产物权变动既以登记为公示方法，即使此类表征与真实的权利不符，对于信赖物权表征而为交易之人，法律仍然承认其具有与真实物权状态相同的法律效果，以为保护。① 该项原则即为公信原则，这种法律效力就是公信力。本条第 1 款前段即为其法律根据。

本条是对《物权法》第 16 条的复制。理解本条，有必要回顾专家、学者对《物权法》第 16 条的解读。清楚了《物权法》第 16 条及其解读与争论，也就明白了《民法典》第 216 条的意义。

《物权法》第 16 条第 1 款关于“不动产登记簿是物权归属和内容的根据”的规定，承认了权利正确性推定原则，结合《物权法》第 106 条第 1 款等条款的规定解释，也可以说它承认了不动产物权登记的公信原则、公信力。②

当然，存在相反的见解，理由恐怕是《物权法》没有规定权利正确性推定原

---

① 参见谢在全：《民法物权论》（上册），台北，三民书局有限公司 2003 年 7 月修订 2 版，第 85 页。

② 参阅全国人大常委会法制工作委员会民法室：《中华人民共和国物权法条文说明、立法理由及相关规定》，北京，北京大学出版社 2007 年版，第 24～25 页；胡康生主编：《中华人民共和国物权法释义》，北京，法律出版社 2007 年版，第 53～54 页；黄松有主编：《〈中华人民共和国物权法〉条文理解与适用》，北京，人民法院出版社 2007 年版，第 93 页。

则，换句话说，《物权法》第 16 条第 1 款并非权利正确性推定的规定。[①]

诚然，依《物权法》第 16 条第 1 款的文字表述，确实难见“视为”“推定”的意思，但若僵硬地遵循汉语语文的规则解释该条款，就此得出《物权法》尚未承认公信力的结论，就使得《物权法》第 106 条明确规定的善意取得制度失去存在的逻辑前提、技术前提。因为按照通说，善意取得制度必须以公示具有公信力为技术前提、逻辑前提。有鉴于此，不如宽松地解释《物权法》第 16 条第 1 款的意义，即所谓“不动产登记簿是物权归属和内容的根据”，固然是指不动产登记簿记载的权利状态符合真实的权利义务关系的场合，该记载当然是物权归属和内容的根据，任何人都无权无视，任何人均不得否认，否则，需承担法律责任；同时也包含这样的意思：不动产登记簿记载的权利状态不符合真实的权利义务关系时，只要没有举证推翻该项记载，没有注销该项记载，没有记载正确性的异议，对于信赖该项记载的善意相对人而言，“不动产登记簿关于权利状态的记载”，同样“是物权归属和内容的根据”。换句话说，把《物权法》第 16 条第 1 款的规定，解释为包含着权利正确性推定的意思。

如此解释，固然是为了正确地适用《物权法》，以妥当地解决无权处分问题，不得已而为之，但也不像表面看来的那样“不讲理”。这从历史解释中可以看出来。

作为中国物权立法重要参考资料的物权法草案建议稿，有梁慧星教授主持的《中国物权法草案建议稿：条文、说明、理由与参考立法例》和王利明教授主持的《中国物权法草案建议稿及说明》等。梁慧星教授主持的《中国物权法草案建议稿：条文、说明、理由与参考立法例》第 28 条规定：“在不动产登记簿上记载某人享有某项物权时，推定该人享有该项权利。”其条名和说明中都明确承认该条是关于权利正确性推定的规定，并将该条与《德国民法典》第 891 条、中国台湾地区“土地法”第 43 条相提并论。该建议稿第 29 条规定：“以不动产登记簿为根据取得的不动产物权，不受任何人追夺。但取得人于取得权利时知悉权利瑕疵或者登记有异议抗辩的除外。”其条名和说明中都明确该条系关于善意保护的规定，并将该条与《德国民法典》第 892 条第 1 项前段的规定、《瑞士民法典》第 973 条和第 974 条的规定相互对照。[②] 王利明教授主持的《中国物权法草案建议稿及说明》第 26 条规定：“在不动产登记簿上记载的权利人，依法享有该项物

---

① 参见王利明、尹飞、程啸：《中国物权法教程》，北京，人民法院出版社 2007 年版，第 444 页注 1。

② 梁慧星主编：《中国物权法草案建议稿：条文、说明、理由与参考立法例》，北京，社会科学文献出版社 2000 年版，第 9、154～156 页。

权”（第 1 款）。“权利人处分该项物权，受法律保护。但受让人明知权利人不应当取得该项权利，而仍然与之从事交易的，不在此限”（第 2 款）。“信赖登记所记载的权利而与权利人进行交易的人，推定其具有善意”（第 3 款）。其条名为登记的效力，其说明认为登记具有公信力，信赖该登记的善意受让人应当受到法律保护。用今天多数学者的语言描述就是，该第 26 条规定了登记的公信力和善意取得。第 27 条规定：“登记记载的权利人推定其为真正的权利人，其他人推定为不享有该项权利的人。”其条名为物权的推定，其说明认为该条规定了权利正确性推定。①

《德国民法典》第 891 条就是关于权利正确性推定的规定，与《德国民法典》第 892 条和第 893 条关于善意取得效力的规定，源于同一思想，只是在构成要件上存在着差异：第 891 条作为举证负担规范，也就是恰在真实法律关系无法查明时，该规范才发挥作用：受土地登记簿内容的支持者，不负举证责任；第 892 条和第 893 条作为实体法上的权利表象要件，其规范出发点，为不正确的，也就是与真实法律关系不相符的土地登记簿。在土地交易中，信赖土地登记簿的内容者，其信赖受法律保护，他获得在土地登记簿状态与真实法律关系不相吻合时，应能取得的权利地位。故而也可以说：权利表象取代权利本身。② 中国台湾地区“土地法”第 43 条就是关于公信力的规定。③

上述物权法草案建议稿对中国物权法草案产生了影响，只不过考虑到人民大众的接受能力，吸取地方人大、中央有关部门、单位和专家关于应将物权法草案第 9 条、第 23 条、第 27 条、第 111 条规定的物权变动的生效或对抗效力、物权公示的权利正确性推定的效力、物权公示的善意保护效力，予以整合、修改的意见④，后几稿物权法草案以至《物权法》在行文上有所变化。例如，2002 年 1 月 28 日的《中华人民共和国物权法（征求意见稿）》第 12 条规定：“不动产登记簿记载的事项，是权利人及其物权内容的根据”（第 1 款）。2002 年 12 月 17 日的《中华人民共和国民法（草案）》第 12 条第 1 款、2004 年 8 月 3 日的《中华人民共和国物权法（草案）》（修改稿）第 13 条第 1 款完全复述了上述规定。2004 年

① 王利明主编：《中国物权法草案建议稿及说明》，北京，中国法制出版社 2001 年版，第 8、184～185 页。

② ［德］鲍尔/施蒂尔纳：《德国物权法》（上册），张双根译，北京，法律出版社 2004 年版，第 489 页。

③ 王泽鉴：《民法物权・通则・所有权》（总第 1 册），台北，三民书局有限公司 2003 年 8 月增补版，第 93 页。

④ 地方人大、中央有关部门、单位和专家对《中华人民共和国物权法（草案）》(社会公开征求意见稿）的意见，载全国人民代表大会常务委员会法制工作委员会民法室编著：《物权法立法背景与观点全集》，北京，法律出版社 2007 年版，第 138 页。

10月15日的《中华人民共和国物权法（草案）》（委员长会议审议稿）第17条第1款规定："不动产登记簿记载的事项，是物权归属和内容的根据。"2005年7月8日的《中华人民共和国物权法（草案）》（全国人大常委会办公厅公布的社会公开征求意见稿）第16条第1款、2006年6月6日的《中华人民共和国物权法（草案）》（修改稿）第16条第1款完全复述了2004年10月15日草案第17条第1款的规定。2006年10月20日的《中华人民共和国物权法（草案）》（第六次审议稿）第16条第1款规定："不动产登记簿，是物权归属和内容的根据。"2006年12月15日的《中华人民共和国物权法（草案）》（第七次审议稿）第15条第1款只是去掉了逗号，内容未变："不动产登记簿是物权归属和内容的根据。"2007年3月5日的《中华人民共和国物权法（草案）》（第八次审议稿）第16条第1款复述了第七次审议稿的表述。第十届全国人民代表大会第五次会议于2007年3月16日通过的《中华人民共和国物权法》第16条第1款将第八次审议稿第16条第1款的规定正式法律化了。全国人民代表大会常务委员会法制工作委员会民法室编著的《物权法及其相关规定对照手册》①，认为《物权法》第16条第1款的规定，与《德国民法典》第891条、第892条，与《瑞士民法典》第973条第1款[对于善意的第三人]关于"出于善意而信赖不动产登记簿的登记，因而取得所有权或其他权利的人，均受保护"的规定，与中国台湾地区"土地法"第43条关于"依本法所为之登记，有绝对效力"的规定，属于相关规定。换个角度说，中国《物权法》第16条第1款的规定，是参考、借鉴了这些境外立法例的相关规定而制定的。全国人民代表大会常务委员会法制工作委员会民法室编著的《中华人民共和国物权法条文说明、立法理由及相关规定》也是这样认定的，并于其"说明"部分明确将《物权法》第16条第1款的规定作为权利正确性推定看待，在其"立法理由"部分认为它规定了公信力。② 时任全国人民代表大会常务委员会法制工作委员会主任胡康生主编的《中华人民共和国物权法释义》对《物权法》第16条第1款规定的解释，与上述文献所持观点一脉相承。③

考察至此，可以说《物权法》第16条第1款就是关于权利正确性推定、公信力的规定，只是法律条文的表述没有按照境外立法例的规程行文。顺理成章，《民法典》第216条也是如此。

① 全国人民代表大会常务委员会法制工作委员会民法室编著：《物权法及其相关规定对照手册》，北京，法律出版社2007年版，第25～27页。

② 全国人民代表大会常务委员会法制工作委员会民法室编著：《中华人民共和国物权法条文说明、立法理由及相关规定》，北京，北京大学出版社2007年版，第16～17页。

③ 胡康生主编：《中华人民共和国物权法释义》，北京，法律出版社2007年版，第53～54页。

权利正确性推定，是在推定不动产登记簿登记的不动产物权状态与真实的不动产物权关系相一致，法律对此认可和保护。它不仅就登记的不动产物权的存在及其归属具有推定的法律效力（推定不动产登记簿所登记的不动产物权属于登记名义人，或曰其享有该不动产物权），而且就该不动产物权变动的存在，也属于其推定的范围（不动产物权变动一经登记，就推定该不动产物权变动合法存在）。此其一。需要注意，具有权利正确性推定的登记，仅以关于不动产物权的登记为限，所以，关于不动产物权登记标示的记载，如土地的坐落、面积、地目、使用区分及建筑物的结构等与土地、建筑物的现状，都不为权利正确性推定的效力所及。交易相对人仅仅信赖这些内容不足以使其善意取得交易标的物。权利正确性推定的效力所及的，交易相对人应该信赖的，法律保护这种信赖的，应当是不动产登记簿所登记的不动产物权的存在及其现在的状态，诸如不动产物权的种类、内容、顺序及权利人。此其二。[①] 这种理念及观点也适合对《物权法》第 16 条第 1 款和《民法典》第 216 条第 1 款的理解和把握。

二、确立公信原则的机理

不动产物权以登记为其公示方法，法律可以就此止步，不赋予登记以绝对的效力。至于登记是否准确地反映了真实的不动产物权关系，法律不打包票。这或暗或明地告诉人们，不动产登记簿的记载不一定正确，不得/不宜完全信赖该记载，与登记名义人发生发关系时，欲保自己不因登记错误而受损失，需要做进一步的尽职调查，只在有充分、确凿的证据证明该登记为正确时，才与登记名义人交易，方可支付对价。日本民法就奉行此道。这虽然符合实事求是的原则，注重保护真实的物权人，但是，交易相对人势必投入相当的人力、物力尽职调查登记的不动产物权关系是否就是真实的不动产物权关系，以免因登记的物权人对不动产没有处分权而使交易相对人不能取得该不动产物权，从而遭受损失。

鉴于尽职调查耗时、费力，使交易成本大为增加；特别是，有些场合无法尽职调查。其结果是大大挫伤了人们进行交易的积极性，制约了财产的流转，降低了其社会价值。为改变这种局面，包括德国民法在内的一些立法例为了交易安全，及满足效率原则的要求，赋予不动产物权的登记以绝对的效力，保护信赖此类登记的善意相对人，在此类登记所彰显的不动产物权关系与真实的不动产物权关系不一致的情况下，固定了基于此类登记所为的不动产物权变动的关系，由善意取得制度配合，使善意的交易相对人取得该不动产物权。这就是公信原则/公

---

① 谢在全：《民法物权论》（修订二版），台北，三民书局有限公司 2003 年版，第 140～141 页。

信力得以确立的机理。

需要注意，公信原则所具有的保护交易安全（动的安全）的长处，是以牺牲真实的不动产物权人的利益（静的安全）作为代价的。真实的不动产物权人在不少情况下会失去其不动产物权，若专就真实的不动产物权人一侧看问题，特别是所有权绝对理念根深蒂固的话，则必定牢骚满腹。这无可厚非，可以理解。没有更好的对策，只得两害相权取其轻，对个体（individual）的所有权的尊重让位于交易安全的保障。当然，一部善法应当努力使动的安全和静的安全达到最佳的调和状态。为了合理地降低公信原则的负面影响，确实需要尽力实现不动产登记簿的记载正确。否则，静的安全就会因公信原则而受到极大威胁。换言之，在不动产登记簿的记载大体上尚未正确反映出真实的权利关系的情形，若对此种不动产登记簿的记载赋予公信力，真实权利人的利益就会受到不当损害，作为法律制度总体的均衡就会被打破，形成困难的局面。正是基于此种情事，对登记赋予公信力的德国和瑞士的法制，才花费心血整备土地登记簿，对登记手续采取极其慎重的态度。[①] 此其一。严格善意取得的构成要件，适当地减少一些善意取得的机会，也就是使真实的不动产物权人保有其不动产物权的可能增多一些。此其二。充分发挥债法的作用，不动产物权人可以请求无权处分人返还不当得利返还或承担侵权损害赔偿责任，有时甚至可以向不动产物权的买受人等第三人予以请求，填补损失。此其三。适当限缩公信原则的适用范围，只在基于法律行为而发生的不动产物权变动的领域适用该项原则，在非交易领域遵循实事求是的原则。此其四。

三、公信原则的适用范围

所谓适当限缩公信原则的适用范围，就是不按《民法典》第 216 条第 1 款关于“不动产登记簿是物权归属和内容的根据”的字面意思予以理解和适用，在以下场合，有关当事人不得以不动产登记簿的记载为依据，主张对该登记的不动产享有某种权利。

（一）登记名义人与真实的不动产物权人之间的关系

公信原则不适用于登记名义人与真实的不动产物权人之间、占有人与真实的不动产物权人之间的关系，他们之间的关系仍然按照实事求是的原则处理，即对

① ［日］我妻荣：《日本物权法》，有泉亨修订，李宜芬校订，台北，五南图书出版公司 1999 年版，第 42～43 页；［德］鲍尔/施蒂尔纳：《德国物权法》（上册），张双根译，北京，法律出版社 2004 年版，第 276 页。

于真实的不动产物权人而言，不认为登记名义人或占有人享有不动产物权。例如，甲系乙的丈夫，二人实行夫妻共有财产制，在夫妻关系存续期间购买了 A 楼，但仅仅登记在甲的名下。其后，夫妻反目，妻子乙主张 A 楼亦属其所有，甲抗辩道：A 楼登记在其名下，按照《民法典》第 214 条、第 216 条第 1 款的规定，A 楼仅归其所有，因该楼未登记在乙的名下，故乙对 A 楼不享有所有权。笔者反对甲的主张，认为甲和乙之间为真实所有权人和登记名义人之间的关系，应遵循实事求是的原则，或曰贯彻实质主义，而不适用《民法典》第 214 条、第 216 条第 1 款的规定。如果甲能对抗乙的主张，说服裁判者支持其关于 A 楼仅归其所有的主张，就必须举证证明甲和乙实行夫妻分别财产制、A 楼由甲自己的财产购得或换得，或者举证证明甲和乙于购得或换得 A 楼时已经离婚，或者举证证明离婚协议约定 A 楼归属于甲，……如果未能举证其中之一，就不得否认乙对 A 楼也享有所有权。此其一。公信原则适用于登记名义人、占有人与第三人之间的交易关系。公信原则适用于登记名义人与第三人之间的交易关系，适用于占有人与第三人之间的交易关系。[①] 此其二。

（二）登记的公信力之于不动产物权变动的直接当事人

登记的公信力之于不动产物权变动的直接当事人，需要区分情况而下结论。（1）此处所谓不动产物权变动的直接当事人，是指该不动产物权的登记名义人和交易相对人。假如登记原因无效或可撤销，在交易相对人未取得不动产权利前，真实的不动产物权人对于登记名义人仍可主张其权利。[②] 此时，该交易相对人不但无权以登记的公信力对抗真实的不动产物权人，也无权以登记具有公信力为由强制登记名义人必须将该不动产物权转移登记在自己名下。例如，甲将登记在其名下的 A 楼出卖与乙，但实际上 A 楼属于丙所有，只要 A 楼未过户登记至乙的名下，甲即可向乙说明 A 楼本属于丙，并出示证据，无法办理过户登记手续，乙便无权援用《民法典》第 216 条第 1 款的规定，以公信力为由，强求甲履行转移 A 楼所有权的义务，但可请求甲承担不能履行的违约责任。（2）登记名义人与交易相对人之间的买卖等合同有效，即使登记名义人同时是该不动产的真实物权人，也不得援用《民法典》第 214 条、第 216 条第 1 款的规定，不得以该不动产的物权人自居，以物权优先于债权为由，对抗该交易相对人所享有的请求转移该不动产物权的债权；恰恰相反，登记名义人必须满足交易相对人关于转移该不动产的占有和所有权转移给他的请求，将该不动产的占有转移给交易相对人，配

---

①② 参见谢在全：《民法物权论》（上），台北，新学林出版股份有限公司 2014 年修订 6 版，第 90 页。

合交易相对人到不动产登记机构办理该不动产物权的转移登记手续。同理，占有的公信力在动产物权变动的直接当事人之间也适用上述规则。(3) 登记名义人与交易相对人之间的买卖等合同有效，但登记名义人不是该不动产的真实物权人，于此场合，有无登记的公信力问题？若有，登记的公信力在哪个环节发挥作用？笔者认为登记的公信力于此发挥着作用，只不过作用领域在交易相对人与真实的不动产物权人之间的关系中，若已经满足了善意取得的构成要件，则交易相对人可以对抗真实的不动产物权人关于否定交易相对人取得该不动产物权的主张；若未满足善意取得的构成要件，那么，交易相对人无权对抗真实的不动产物权人关于其为该不动产物权人的主张。至于在登记名义人和交易相对人之间，从登记名义人一侧看，他都无法借助登记的公信力获取物权法和债法上的权益，从交易相对人一侧着眼，他在善意取得该不动产的物权之后，有权以登记的公信力和善意取得来对抗登记名义人否定该不动产物权变动的主张，保有住该不动产物权；但在善意取得之前，登记名义人披露其无权处分的信息，交易相对人则无权以登记的公信力来抗辩。(4) 至于处于交易关系之外的第三人，是否有权援用登记的公信力对登记名义人、占有人主张对特定不动产的权利，对抗真实的不动产物权人，十分复杂，需要根据具体情况加以确定。例如，善意的交易相对人去世，其继承人有权援用登记的公信力对抗真实的不动产物权人，当然，这以善意取得已成事实为前提。此其一。一般第三人毁损了登记在甲名下的房屋，难以对抗该房屋的真正所有权人请求其承担侵权责任的主张，即该第三人不得以我只信赖不动产物权的登记而仅仅对登记名义人承担侵权责任。此其二。

(三) 被执行的财产非为交易标的物的场合

公信原则适用于强制执行的对象正好是申请人与被执行人之间所为交易的标的物的领域。例如，甲购买乙的A楼，但乙拒不履行交付A楼的义务，甲申请人民法院强制执行A楼。即使A楼本为丙所有，但登记错误于乙的名下，只要甲为善意，就有权申请人民法院强制执行A楼，丙无权对抗。除此而外，公信原则在许多情况下不适用于强制执行制度中对于被执行人财产范围的认定，就此从四个角度予以阐释。

1. 拥有A楼的甲公司赊欠乙公司1亿元人民币，此债未清偿时被分立成丙公司和丁公司，依分立协议约定该1亿元人民币的债务由丁公司负担，A楼划归丙公司所有并办理了变更登记（过户登记）。乙公司申请强制执行，并意将A楼作为被执行财产，丙公司以所欠1亿元人民币的债务划归丁公司负责偿还而A楼已属自己所有为由来对抗乙公司的强制执行请求。

如果贯彻公信原则，则丙的抗辩便有依据，但却背离如下三方面的规则和原理：（1）强制执行不得破毁法人分立规则，应当遵循《民法典》第 67 条第 2 款关于“法人分立的，其权利和义务由分立后的法人享有连带债权，承担连带债务，但是债权人和债务人另有约定的除外”的规定。在债权人乙公司和债务人丁公司未约定丙公司和丁公司就甲公司对外债务不负连带责任的情况下，丙公司和丁公司之间关于“该 1 亿元人民币的债务由丁公司负担，A 楼划归丙公司所有”的约定，因违反《民法典》第 67 条第 2 款正文而对乙公司而言无效。（2）再者，所谓“该 1 亿元人民币的债务由丁公司负担，A 楼划归丙公司所有”，纯属丙公司和丁公司之间的约定，按照合同的相对性，它也不具有对抗乙公司关于强制执行的请求的效力。（3）乙公司申请强制执行登记在丙公司的名下的 A 楼，这不属于交易，因此在乙公司和丙公司之间的强制执行关系中不得适用《民法典》第 216 条第 1 款的规定，不得适用公信原则予以处理，而应适用另外的、相应的制度及规则。于此场合，应当适用《民法典》第 67 条第 2 款正文。

2.《最高人民法院关于人民法院民事执行中查封、扣押、冻结财产的规定》第 17 条限于第三人对于未办理过户登记手续没有过错、《最高人民法院关于人民法院办理执行异议和复议案件若干问题的规定确定》第 28 条限于非因买受人自身原因未办理过户登记，有其道理：被强制执行的财产，应是被执行人的财产，而非被执行人以外的人或曰第三人的财产。界分被执行人的财产与第三人的财产，有实质上的界分与外观上的界分之别。所谓外观上的界分，在不动产的场合注重登记，简言之，某不动产登记在被执行人名下的，属于被执行人的财产，登记在第三人名下的，就不属于被执行人的财产。所谓实质上的界分，就是依据事理、社会一般观念，注重某不动产在事实层面的归属。例如，某不动产系买卖的标的物，在买受人已经付清全款时，依据商品交换规则该不动产应归买受人所有，尽管在不动产登记簿上它仍然登记在出卖人的名下，依据《民法典》第 209 条、第 214 条等规定买受人尚未取得该不动产所有权。笔者主张，在基于法律行为而生的不动产物权变动的场合，应当采取外观上的界分，尤其是在对于第三人的关系上特别应当如此；但在执行领域，在执行申请人与被执行财产之间的关系方面，不属于基于法律行为而生的物权变动，第三人可否对抗执行申请，换言之，执行申请人指认的拟执行标的是归被执行人所有还是归属于第三人，不应适用《民法典》第 209 条、第 214 条和第 216 条第 1 款的规定，即不适用公信原则，而应遵循实事求是的原则，只要有充分、确凿的证据证明拟执行的财产不属于被执行人而属于第三人，该第三人就有权对抗强制执行。此处所谓属于第三人，不但包括形式要件齐全地属于第三人，也包括前述依实质上的界分拟申请执行的标的属于第三人。此其一。在与被执行人的法律关系上，执行申请人对其享有的债权为普通债权，指向被执行人的一般责任财产；买受人对于申请执行的标的所享有的债权，系买卖合同项下的债权，指向被执行人特定的标的物，并且该债权已经带有物权期待权的属性。暂时抛开物权期待权不论，执行申请人的债权和买受人的债权至少应受法律的平等保护。此处平等保护的应有表现是买受人就该特定不动产完全实现其债权，即被执行人及时办理不动产物权的转移登记；执行申请人就被执行人的其他责任财产实现其债权，达到“双赢”。但若强制执行买受人所购买的不动产，则意味着执行申请人实现了债权，而买受人于买卖合同项下的债权却无法实现。这没有做到平等保护，在被执行人的其他责任财产完全能够满足执行申请人的债权的情况下，更是如此。如果再把买受人的物权期待权考虑进来，支持执行申请人的请求，就更有失权衡。此其二。如果支持买受人请求被执行人履行完毕转移买卖物所有权的义务，即不支持执行申请人关于执行该买卖物的请求，用被执行人的其他责任财产满足执行申请人的债权，那么，三方之间的法律关系就都正常地结束，结果是法律关系简洁明了，社会秩序稳定。相反，如果支持执行申请人关于执行买卖物的请求，势必造成买受人请求被执行人承担违反不动产买卖合同的责任，形成新的诉讼，人为地使法律关系复杂化，这非上策。我们回想法律不允许连带债权不断地连带下去，而是在适当的环节使其变成按份之债，就不难明白上述道理。此其三。①

3. 与前述“2”之例的运动方向相反，但在不得将强制执行的对象指向外部表征为被执行人的所谓财产这一点上则相一致。例如，甲把A楼出卖给乙，乙付清全部房款，A楼过户登记在乙的名下。此时，该A楼买卖合同被认定为无效，于是甲将所收房款全部返还给乙，但乙尚未办理A楼的复原登记。乙的债权人丙申请强制执行乙的财产，包括A楼。笔者不赞同把A楼作为强制执行的对象，理由在于：(1) 按照《民法典》第155条关于“无效的或者被撤销的民事法律行为自始没有法律约束力”的规定，买卖合同无效，已经交付的买卖物，其所有权复归出卖人，对于买受人享有物权请求权，而非债权请求权；买卖物为不动产、尚未办理过户登记的场合，出卖人享有该不动产的返还请求权，买卖物为不动产且已办理完毕过户登记手续的场合，出卖人享有排除妨害请求权，即有权请求买受人注销过户登记，然后享有不动产返还请求权。具体到诉争案件，A楼买卖合同无效，意味着甲和乙的关系回复至签订该买卖合同之前的状态，A楼所有权自动复归甲，只不过在法律技术上它尚被登记在乙的名下而已，甲对于乙享

① 此处“此其二”“此其三”系北京大学法学院的潘剑锋教授、中国人民大学法学院的杨立新教授和笔者于2020年7月3日讨论疑难案件时形成的共识。特此致谢潘剑锋教授和杨立新教授！

有物权请求权，一方面有权请求乙注销A楼所有权的登记，一方面有权请求乙移转对A楼的占有。既然A楼的所有权已归甲享有，丙申请强制执行乙的财产，就不应包括A楼在内。（2）特别是，甲已将房款全部返还给乙了，故认定A楼归甲所有，这在甲和乙之间的利益关系方面也是衡平的。丙作为第三人，仅仅与乙存在债的关系，这种地位没有足够的理由破坏甲和乙之间的衡平关系。（3）强制执行并不处于交易领域，公信原则不适用于此，而应依据实事求是原则确定被执行的财产。如此，在丙申请强制的关系上，不宜把A楼作为乙的财产对待，而应将其作为甲的财产看待。

4. 乙基于《民法典》第229—231条的规定取得A楼的所有权，但此时A楼仍然登记在甲的名下。甲欠丙借贷本息8 000万元人民币，至今未还。于是债权人丙申请强制执行A楼。由于A楼并非甲和丙之间交易的标的物，单就强制执行的标的而言，对于A楼归属于谁的认定，不得适用公信原则，而应按照实事求是的原则处理。就是说，对于丙申请的强制执行来说，A楼属于乙的财产，而不属于甲的财产，乙有权对抗丙的强制执行的申请。

总而言之，强制执行处于非基于法律行为而发生的物权变动的领域，不应适用公信原则，在确定被执行人的财产时，应依实事求是原则，确定被执行人的可被执行财产。

（四）侵权行为的场合

对于侵权行为侵害财产的认定，也不应拘泥于公示原则、公信原则。无论是公示的物权名义人还是真实的不动产物权人均有权请求侵权行为人承担侵权责任。对此，通过下面的例子予以说明。A楼实为甲的财产却登记在乙的名下，丙为报复乙而擅自炸毁A楼，构成侵权行为，为打击甲而无理霸占A楼，同样成立侵权责任。其中，丙依据A楼的登记认其为乙的财产并进而毁坏之，表面上是按照A楼所有权的外观而实施侵权行为，这似乎在外观主义的射程之内，因而作为外观主义的例证。但是，于此场合，不存在两害相权取其轻、两利相权取其重的问题，不存在基于某种理念及规定保障A楼所有权人而基于另外的理念及规定保障侵权行为人的余地，只有侵权行为人承担侵权责任、A楼的所有权人享有侵权责任的请求权这种“一面倒”的局面。

四、不动产登记簿的管理

本条第2款规定的“不动产登记簿由登记机构管理”，经由《不动产登记暂行条例》及《不动产登记暂行条例实施细则》的细化，更具可操作性。

《不动产登记暂行条例》第12条规定：“不动产登记机构应当指定专人负责

不动产登记簿的保管，并建立健全相应的安全责任制度”（第 1 款）。“采用纸质介质不动产登记簿的，应当配备必要的防盗、防火、防渍、防有害生物等安全保护设施”（第 2 款）。“采用电子介质不动产登记簿的，应当配备专门的存储设施，并采取信息网络安全防护措施”（第 3 款）。第 13 条规定：“不动产登记簿由不动产登记机构永久保存。不动产登记簿损毁、灭失的，不动产登记机构应当依据原有登记资料予以重建”（第 1 款）。“行政区域变更或者不动产登记机构职能调整的，应当及时将不动产登记簿移交相应的不动产登记机构”（第 3 款）。《不动产登记暂行条例实施细则》第 7 条规定：“不动产登记机构应当配备专门的不动产登记电子存储设施，采取信息网络安全防护措施，保证电子数据安全”（第 1 款）。“任何单位和个人不得擅自复制或者篡改不动产登记簿信息”（第 2 款）。

第二百一十七条

不动产权属证书是权利人享有该不动产物权的证明。不动产权属证书记载的事项，应当与不动产登记簿一致；记载不一致的，除有证据证明不动产登记簿确有错误外，以不动产登记簿为准。

本条主旨

本条是关于不动产登记簿的记载与不动产权属证书关系的规定。

相关条文

《物权法》第 17 条　不动产权属证书是权利人享有该不动产物权的证明。不动产权属证书记载的事项，应当与不动产登记簿一致；记载不一致的，除有证据证明不动产登记簿确有错误外，以不动产登记簿为准。

理解与适用

一、本条含义概貌

本条是对《物权法》第 17 条的复制，前段赋权不动产权属证书具有证据效力，中段宣明此种权属证书记载的事项应当与不动产登记簿的记载相一致，后段确立不动产物权的状态以不动产登记簿的记载为准的原则，同时承认例外。

二、不动产权属证书的地位及效力

不动产登记簿的记载，系不动产物权及其变动的描述、记录。此类写照须有

外在的表现形式，以便众人了解，达到公示的效果。此处所谓外在的表现形式，不动产登记的簿页为其一种，不论该簿页采用电子介质的，还是采用纸质介质的，都是如此。不过，此类外在的表现形式难被权利人自我保管，更遑论随身携带了。因此，它满足不了在若干场合的需要，如在不动产租赁、向交易相对人初现经济实力、某些公证、初步举证证明等情况下，只需要简化地显示自己为该不动产的权利人即可，却难举手之劳，必须周折、费力地前往不动产登记机构查询不动产登记信息。于是，不动产权属证书这种外在表现形式应运而生，并且百姓大众对之几乎笃信不疑。

但由于个别人蓄意伪造等原因，不动产权属证书与不动产登记簿的记载不一致也确有其例。不动产登记簿的记载与不动产权属证书所展示的不动产物权状况相一致，自然无事；但不一致时，以谁为准确定不动产物权的归属？这必须回答。本条确立的规则是“除有证据证明不动产登记簿确有错误外，以不动产登记簿为准”。

以不动产登记簿的记载为准，这与《民法典》奉行的不动产物权以登记为公示方法（第 209 条、第 214 条等）、此类登记具有公信力（第 216 条第 1 款）及善意取得的构成（第 311 条第 1 款）相互衔接、呼应，在体系方面是自洽的。换个表述方式就是，既然《民法典》确立的不动产物权及其变动的公示方法是登记，而非不动产权属证书；既然是赋予不动产物权及其变动的登记具有公信力，而非不动产权属证书，那么，在不动产登记簿的记载与不动产权属证书所展示的不动产物权状况不一致时，就必须以不动产登记簿的记载为准。至于不动产权属证书，重在举证证明等方面发挥作用。

三、举证证明责任的分配

不得不注意，本条附有“除有证据证明不动产登记簿确有错误外”这个状语，它在限定着“以不动产登记簿为准”的断语。对此，可有如下理解：其一，不动产登记簿的记载确有错误，只是不依该记载确定不动产物权的状态，也不必然以不动产权属证书展示的不动产物权状态为依据，确定不动产权属。只有在不动产权属证书所展示的不动产物权状况属实、而不动产登记簿的记载有错误的情况下，才依该权属证书所展示的不动产物权状况为准。换句话说，该状语仍未赋予不动产权属证书绝对的效力，即使不动产登记簿的记载有错误，有关当事人也必须举证证明不动产权属证书展示的不动产物权关系与真实的不动产物权关系相一致。其二，在不动产权属证书所示权利人以不动产登记簿的记载错误为由，请求登记机构予以更正的情况下，该权利人负有举证证明该不动产登记簿的记载错误，该证书不是关键的证据，必须另有关键证据，才足以认定不动产登记簿的记载错误。此处所谓关键证据，例如，该登记所依据的原因行为是伪造的，真正的原因行为是足以推翻登记的法律行为；该登记所依据的原因行为是真实的、有效的，但登记机构的工作人员未按该原因行为进行登记；该登记所依据的原因行为是真实的、有效的，登记也是据此而为，但其后被无端涂改；该登记之后，该不动产的物权发生变动，不动产登记簿的记载没有变更登记；等等。其三，交易相对人发现不动产权属证书所展示的不动产物权状况与不动产登记簿的记载不一致，要求该登记名义人澄清，于此场合的举证证明的责任在登记名义人。

第二百一十八条

权利人、利害关系人可以申请查询、复制不动产登记资料，登记机构应当提供。

本条主旨

本条是关于不动产资料查询、复制的权利义务的规定。

相关条文

《物权法》第 18 条　权利人、利害关系人可以申请查询、复制登记资料，登记机构应当提供。

《担保法》第 45 条　登记部门登记的资料，应当允许查阅、抄录或者复印。

《海商法》第 13 条第 3 款　船舶抵押权的登记状况，允许公众查询。

《民用航空法》第 12 条第 2 款　民用航空器权利登记事项，可以供公众查询、复制或者摘录。

《土地管理法实施条例》第 3 条第 3 款　土地登记资料可以公开查询。

《不动产登记暂行条例》第 27 条　权利人、利害关系人可以依法查询、复制不动产登记资料，不动产登记机构应当提供。

有关国家机关可以依照法律、行政法规的规定查询、复制与调查处理事项有关的不动产登记资料。

《不动产登记暂行条例实施细则》第 94 条以下。

理解与适用

一、基本含义与制定根据

本条复制了《物权法》第 18 条的规定，前段赋权权利人、利害关系人查询、复制登记资料之权，后段加以不动产登记机构满足权利人、利害关系人查询、复制登记资料请求的义务。

权利人、利害关系人可以申请查询系物权法奉行公示原则、不动产物权以登记为公示方法的逻辑结论。所谓不动产物权的公示，绝非将不动产登记簿关于不动产物权及其变动的记载信息昭然于天下，毫无私密可言，而是赋权特定范围的人通过以法律程序查询的途径及方式，知晓某特定不动产的物权及其变动的状况，因此才有本条的出现。

复制不动产资料，既是备忘的需要，又是向交易相对人等有关当事人展示不动产物权的需要，还是举证证明的需要。

不动产登记簿的记载不得大白于天下，允许哪些人查询、复制不动产资料呢？确定该范围需要兼顾不动产物权人的包括商业秘密在的隐私、交易相对人的知情权、交易发动权及交易决定权，更为概括的、高境界的表达就是交易安全。据此，本条把查询、复制不动产资料者的范围划定在权利人、利害关系人。

本条所谓不动产资料，包括不动产登记簿等不动产登记结果和不动产登记原始资料。所谓不动产登记原始资料，包括不动产登记申请书、申请人身份材料、不动产权属来源、登记原因、不动产权籍调查成果等材料以及不动产登记机构审核材料（《不动产登记暂行条例实施细则》第 94 条第 1 款）。

二、查询、复制不动产资料的具体规则

关于查询、复制不动产资料，《不动产登记暂行条例实施细则》作了较为详细的规定，兹汇总如下。

权利人、利害关系人按照《不动产登记暂行条例》第 27 条关于“权利人、利害关系人可以依法查询、复制不动产登记资料，不动产登记机构应当提供”的规定依法查询、复制不动产登记资料的，应当到具体办理不动产登记的不动产登记机构申请（第 97 条第 2 款）。因不动产交易、继承、诉讼等涉及的利害关系人可以查询、复制不动产自然状况、权利人及其不动产查封、抵押、预告登记、异议登记等状况（第 97 条第 4 款）。人民法院、人民检察院、国家安全机关、监察机关等可以依法查询、复制与调查和处理事项有关的不动产登记资料（第 97 条第 5 款）。其他有关国家机关执行公务依法查询、复制不动产登记资料的，依照本条规定办理（第 97 条第 6 款）。涉及国家秘密的不动产登记资料的查询，按照保守国家秘密法的有关规定执行（第 97 条第 7 款）。

权利人、利害关系人申请查询、复制不动产登记资料应当提交下列材料：（1）查询申请书；（2）查询目的的说明；（3）申请人的身份材料；（4）利害关系

人查询的，提交证实存在利害关系的材料（第 98 条第 1 款）。权利人、利害关系人委托他人代为查询的，还应当提交代理人的身份证明材料、授权委托书。权利人查询其不动产登记资料无需提供查询目的的说明（第 98 条第 2 款）。有关国家机关查询的，应当提供本单位出具的协助查询材料、工作人员的工作证（第 98 条第 3 款）。

有下列情形之一的，不动产登记机构不予查询，并书面告知理由：（1）申请查询的不动产不属于不动产登记机构管辖范围的；（2）查询人提交的申请材料不符合规定的；（3）申请查询的主体或者查询事项不符合规定的；（4）申请查询的目的不合法的；（5）法律、行政法规规定的其他情形（第 99 条）。

对符合本实施细则规定的查询申请，不动产登记机构应当当场提供查询；因情况特殊，不能当场提供查询的，应当在 5 个工作日内提供查询（第 100 条）。

查询人查询不动产登记资料，应当在不动产登记机构设定的场所进行（第 101 条第 1 款）。不动产登记原始资料不得带离设定的场所（第 101 条第 2 款）。查询人在查询时应当保持不动产登记资料的完好，严禁遗失、拆散、调换、抽取、污损登记资料，也不得损坏查询设备（第 101 条第 3 款）。

查询人可以查阅、抄录不动产登记资料。查询人要求复制不动产登记资料的，不动产登记机构应当提供复制（第 102 条第 1 款）。查询人要求出具查询结果证明的，不动产登记机构应当出具查询结果证明。查询结果证明应注明查询目的及日期，并加盖不动产登记机构查询专用章（第 102 条第 2 款）。

第二百一十九条

利害关系人不得公开、非法使用权利人的不动产登记资料。

本条主旨

本条是关于利害关系人不得公开、非法使用不动产资料的规定。

相关条文

《保密法》第 48 条　违反本法规定，有下列行为之一的，依法给予处分；构成犯罪的，依法追究刑事责任：

……（五）非法复制、记录、存储国家秘密的；

（六）在私人交往和通信中涉及国家秘密的；

（七）在互联网及其他公共信息网络或者未采取保密措施的有线和无线通信

中传递国家秘密的；

（八）将涉密计算机、涉密存储设备接入互联网及其他公共信息网络的；

（九）在未采取防护措施的情况下，在涉密信息系统与互联网及其他公共信息网络之间进行信息交换的；

（十）使用非涉密计算机、非涉密存储设备存储、处理国家秘密信息的；

…………

《不动产登记暂行条例》第 28 条　查询不动产登记资料的单位、个人应当向不动产登记机构说明查询目的，不得将查询获得的不动产登记资料用于其他目的；未经权利人同意，不得泄露查询获得的不动产登记资料。

第 32 条　不动产登记机构、不动产登记信息共享单位及其工作人员，查询不动产登记资料的单位或者个人违反国家规定，泄露不动产登记资料、登记信息，或者利用不动产登记资料、登记信息进行不正当活动，给他人造成损害的，依法承担赔偿责任；对有关责任人员依法给予处分；有关责任人员构成犯罪的，依法追究刑事责任。

《不动产登记暂行条例实施细则》第 104 条　当事人违反本实施细则规定，有下列行为之一，构成违反治安管理行为的，依法给予治安管理处罚；给他人造成损失的，依法承担赔偿责任；构成犯罪的，依法追究刑事责任：

（一）采用提供虚假材料等欺骗手段申请登记；

（二）采用欺骗手段申请查询、复制登记资料；

（三）违反国家规定，泄露不动产登记资料、登记信息；

（四）查询人遗失、拆散、调换、抽取、污损登记资料的；

（五）擅自将不动产登记资料带离查询场所、损坏查询设备的。

理解与适用

不动产资料，属于不动产物权人的隐私及商业秘密，在物权法领域关乎处分权，在合同法领域显现履行能力，在侵权责任法领域为侵权行为的标的，应受法律保护。本条明确了查询、复制不动产资料的利害关系人的义务，这为其他法律部门规制违反这些义务者及其行为提供了前提和基础。利害关系人违反这些义务时，应当产生何种具体的法律后果，适用相应的法律部门的相关规定。

相对于《物权法》而言，本条属于增设，既是经过调研发现实务中确有违反这些义务的行为发生，有必要设置义务及责任，以儆效尤，从而保护不动产权利人乃至其利害关系人的权益。

第二百二十条

权利人、利害关系人认为不动产登记簿记载的事项错误的，可以申请更正登记。不动产登记簿记载的权利人书面同意更正或者有证据证明登记确有错误的，登记机构应当予以更正。

不动产登记簿记载的权利人不同意更正的，利害关系人可以申请异议登记。登记机构予以异议登记，申请人自异议登记之日起十五日内不提起诉讼的，异议登记失效。异议登记不当，造成权利人损害的，权利人可以向申请人请求损害赔偿。

本条主旨

本条是关于更正登记和异议登记的规定。

相关条文

《物权法》第19条 权利人、利害关系人认为不动产登记簿记载的事项错误的，可以申请更正登记。不动产登记簿记载的权利人书面同意更正或者有证据证明登记确有错误的，登记机构应当予以更正。

不动产登记簿记载的权利人不同意更正的，利害关系人可以申请异议登记。登记机构予以异议登记的，申请人在异议登记之日起十五日内不起诉，异议登记失效。异议登记不当，造成权利人损害的，权利人可以向申请人请求损害赔偿。

法释〔2016〕5号第3条 异议登记因物权法第十九条第二款规定的事由失效后，当事人提起民事诉讼，请求确认物权归属的，应当依法受理。异议登记失效不影响人民法院对案件的实体审理。

理解与适用

本条第1款规定了更正登记，第2款规定了异议登记，兹分别解释如下。

一、更正登记

（一）更正登记的概念

所谓更正登记，是指对不正确的不动产登记进行更正的登记。当事人有证据证明不动产登记簿的记载与真实权利状态不符、其为该不动产物权的真实权利人，请求确认其享有物权的，应予支持（法释〔2016〕5号第2条）。通过对登记簿上不正确登记的纠正，使登记所昭示的权利状态符合真实的权利状态，进而避免真实的权利人因登记公信力受到损害。这是更正登记制度的目的所在。

（二）举证证明不动产登记簿的记载与真实权利状态不符

法释〔2016〕5号第2条所谓证明不动产登记簿的记载与真实权利状态不符的证据，究竟包括哪些？

首先说明，法释〔2016〕5号系对《物权法》若干规定的司法解释，不过，其中许多解释也适合于《民法典》的相应规定。在司法解释未因《民法典》的实施而完成清理、重新解释的工作之前，法释〔2016〕5号仍然有效。

再次申明，《民法典》第216条第1款确立的不动产登记的公信力，并非作用于所有的物权法领域：在交易场合，交易相对人有权援用该条款的规定，有时需要同时援用《民法典》第311条第1款的规定，主张自己已经取得标的物的不动产物权，对抗真实的物权人关于该物权的主张；真实的不动产物权人与交易相对人之间的关系，也适用《民法典》第216条第1款的规定。但在登记名义人与真实的不动产物权人之间的关系方面，登记名义人不得援用该条款的规定来对抗真实的不动产物权人关于该物权的主张。换句话说，《民法典》第216条第1款的规定不适用于登记名义人与真实的不动产物权人之间的关系，也不适用于非交易领域中的强制执行之中。如此说来，法释〔2016〕5号第2条的规定是正确的。对其理解，可从证明土地权利与建筑物、构筑物及其附属设施的物权、担保物权以及错误登记四个方面把握。

1. 确认土地权利（地权）的真实物权人所需证据

确认土地权利（地权）所需证据，可区分各种不同的土地权利而寻觅和锁定所需证据。(1) 确认行政划拨的国有建设用地使用权的真实物权人，所需证据应当是有关行政主管机关的行政划拨的决定，或政府会议纪要；若无法举证出此类证据，“事实自证”应受重视，即占有人举证出其长期占有、使用和收益该行政划拨的土地，从而完成由占有到本权的证明，否定相对人关于其享有行政划拨的建用地使用权的主张。(2) 出让的国有土地使用权的场合，确认真实的物权人所需证据为国有建设用地使用权出让合同，异地安排建设用地的决定，征地制度中补偿由开发商提前垫付的事实。(3) 转让的国有建设用地使用权的场合，确认真实的物权人所需证据为国有建设用地使用权转让合同，或换合同（互易合同），或（拍卖场合的）成交确认书，或（强制执行场合的）民事裁定。(4) 宅基地使用权的场合，确认真实的物权人所需证据为宅基地使用权审批文件，或遗赠扶养协议，或住宅买卖合同。(5) 集体建设用地使用权的场合，确认真实的物权人所需证据为乡镇企业的设立及有关批件；历史上占有、使用建设用地的事实；集体组织与用地者之间的协议等。有必要指出的是，在广东省，集体建设用地使用权享有和行使的主体在范围方面明显扩大了。《广东省集体建设用地使用权流转管理办法》第 8 条第 1 项规定，兴办各类工商企业，包括国有、集体、私营企业、个体工商户、外资投资企业［包括中外合资、中外合作、外商独资企业、“三来一补”（来料加工、来样加工、来件加工、补偿贸易）企业］、股份制企业、联营企业，可以使用集体建设用地。确认这些主体是否享有集体建设用地使用权所需证据，是集体组织与用地者之间的协议、建设用地置换协议以及其他证据。（6）土地承包经营权的场合，确认真实的物权人所需证据为农村土地承包合同，或集体经济组织组织召开的社员大会或社员代表大会的决议。（7）地役权的场合，确认真实的物权人所需证据为地役权合同。

2. 确认建筑物、构筑物及其附属设施的真实物权人所需证据

确认建筑物、构筑物及其附属设施的真实物权人所需证据，同样需要区分各种不同的不动产物权类型而寻觅和锁定所需证据。（1）在新建建筑物、构筑物及其附属设施的情况下，最重要的“证据”是主张自己须有不动产物权者享有土地权利的证据，这由《民法典》第 352 条正文所决定。其道理在于，建筑物、构筑物及其附属物的所有权，不能凭空而立，必须依赖土地的权利（地权），即必须具有权源或曰正当根据。至于土地权利是物权还是债权，要看具体情形。大产权房的所有权以国有建设用地使用权为正当根据（权源），农民住宅所有权以宅基地使用权为权源，农村集体组织的房屋所有权以集体土地所有权为权源，农林牧渔经营所必需的构筑物及其附属设施的所有权以土地承包经营权为权源。但有些建筑物、构筑物及其附属设施的所有权，是以债权（如土地租赁权、土地借用权）为权源的。（2）通过交易的形式，确定真实物权人所需“证据”：交易文书所载明的身份为买受人或互易的一方或受赠人或抵押权人，完税人，至于交易对价（款项）的来源不处于重要地位，赠与人的口头承诺也不可靠，何时作出的家庭会议决议不确定的场合，即使该决议明确谁是真实的不动产物权人，这也难以起到作用。（3）在家庭共有的场合，确定真实的不动产物权人所需证据，包括亲属关系、对共有财产形成的贡献、无分别财产制的协议。（4）借名登记建设用地使用权、房屋所有权的场合，确定真实的不动产物权人所需证据，可有如下表现形式：借名协议；建设用地使用权出让或转让合同中的受让人是谁或商品房买卖合同中的买受人是谁；按揭贷款中的抵押人是谁，完税人是谁；至于出让金、房款项由谁出，这不关键。（5）在开发商与小业主之间确认房屋或停车库、停车位的所有权人所需证据，包括 A. 买卖合同的约定（若尚未过户登记，属于债法上的继续履行，不是物权法的问题）；B. 公摊的项目及面积；C. 面积测绘及其记载；D. 国有建设用地使用权租赁的场合，确认建筑物、构筑物及其附属设施的

真实所有权人所需“证据”，最为关键的是国有建设用地使用权租赁合同。

3. 确认不动产担保物权的真实权利人所需证据

主张自己拥有不动产担保物权者，可举证不动产登记簿簿页记载的他项权利登记；反对此种主张，而坚持自己方位真实的不动产担保物权人的，需要举证抵押合同等文件显示自己为不动产担保物权人/债权人。

4. 注销错误登记所需证据

登记错误的场合，只要举证成功登记错误，就可推翻登记的不动产物权关系，注销错误登记，将真实的不动产物权人登记于相应的簿页。

(三) 更正登记的主体与程序

更正登记的请求权，简称为更正请求权，其权利人，为真实的权利人及其利害关系人（《民法典》第220条第1款前段）。这里的利害关系人，包括真实权利人的债权人、继承人、配偶等。在这方面，《不动产登记暂行条例实施细则》规定，权利人、利害关系人认为不动产登记簿记载的事项有错误，可以申请更正登记（第79条第1款）。权利人申请更正登记的，应当提交下列材料：（1）不动产权属证书；（2）证实登记确有错误的材料；（3）其他必要材料（第79条第2款）。利害关系人申请更正登记的，应当提交利害关系材料、证实不动产登记簿记载错误的材料以及其他必要材料（第79条第3款）。不动产权利人或者利害关系人申请更正登记，不动产登记机构认为不动产登记簿记载确有错误的，应当予以更正；但在错误登记之后已经办理了涉及不动产权利处分的登记、预告登记和查封登记的除外（第80条第1款）。不动产权属证书或者不动产登记证明填制错误以及不动产登记机构在办理更正登记中，需要更正不动产权属证书或者不动产登记证明内容的，应当书面通知权利人换发，并把换发不动产权属证书或者不动产登记证明的事项记载于登记簿（第80条第2款）。不动产登记簿记载无误的，不动产登记机构不予更正，并书面通知申请人（第80条第3款）。

如果真实的权利人及其利害关系人没有申请更正登记，登记机构发现不动产登记簿的记载有错误的，可依职权径直为更正登记。[①]《不动产登记暂行条例实施细则》第81条规定，不动产登记机构发现不动产登记簿记载的事项错误，应当通知当事人在30个工作日内办理更正登记。当事人逾期不办理的，不动产登记机构应当在公告15个工作日后，依法予以更正；但在错误登记之后已经办理了涉及不动产权利处分的登记、预告登记和查封登记的除外。

---

① 胡康生主编：《中华人民共和国物权法释义》，北京，法律出版社2007年版，第58页；李昊、常鹏翱、叶金强、高润恒：《不动产登记程序的制度建构》，北京，北京大学出版社2005年版，第390～391页。

应当指出，《不动产登记暂行条例实施细则》第81条的规定，较之德国法的规定走得远了些。孰优孰劣，值得思考。在德国，在土地登记簿的不正确——以《土地登记条例》第29条所规定的法院的假处分命令等形式——被证明时，则不需要有更正的同意表示（《土地登记条例》第22条，亦参考该条例第25条）。其道理比较明显：若权利被涉及者已经掌握证明土地登记簿为不正确的公文书形式的材料，则更正同意的要求就纯属多余。① 这确实是积极和稳妥的，值得重视。《不动产登记暂行条例实施细则》第81条的规定，不易避免土地登记机构对登记认识错误时依职权更正登记所造成的损害，需要反思。

更正登记的前提是，不动产登记簿所记载的权利关系与真实的权利关系不一致，且源自登记簿记载的事项错误（《民法典》第220条第1款前段）。这里的错误包括记载的事项有遗漏。

仅有更正登记的申请，登记机构尚不得直接对不动产登记簿的记载进行更正，只有不动产登记簿记载的权利人书面同意更正或有证据证明登记确有错误时，登记机构才有义务予以更正（《民法典》第220条第1款）。不过，在登记机构依职权径直为更正登记时则不受登记簿记载的权利人是否同意的限制。在这里，需要指出，在德国，如果土地登记簿记载的权利人拒不签署同意更正的书面文件，则须强制其作出。法律赋予因登记簿不正确而在权利上被涉及者一项实体法上的请求为更正同意表示的请求权。法律规定这一救济手段的原因在于，不正确的登记状态体现为对真实权利人的妨害。而这一妨害必须能以实体法手段加以排除。所以，该请求权具有保全的特征。这为保护真实权利人所必需，值得中国物权法借鉴。②

（四）更正登记的相关效果

在德国的更正登记制度中，被请求为更正同意表示的登记权利人，即更正登记请求权的相对人，拥有防御的权利。他可以驳斥更正登记请求权构成要件的欠缺，可以主张原告的请求违反诚实信用原则，也可主张土地登记簿虽不正确，但原告负有引起产生目前存在的登记状态的债法上的义务，该相对人享有抗辩权。③ 这确有道理，值得重视。

以诉讼方式所主张的更正请求权，并不能阻却请求权相对人就其登记权利为转让，但该诉讼程序的判决，可以对权利的继受人发生法律效力，除非该继受人为善

① 李昊、常鹏翱、叶金强、高润恒：《不动产登记程序的制度建构》，北京，北京大学出版社2005年版，第373页。

②③ ［德］鲍尔/施蒂尔纳：《德国物权法》（上册），张双根译，北京，法律出版社2004年版，第372～373、376～377页。

意。依此而言，在这种情况下，异议也有其意义。[①]《民法典》及其理论也应如此。

更正请求权为其赖以成立的不动产物权的派生物。在让与该不动产物权时，更正请求权随之转移给受让人。所以，更正请求权不得与该物权相分离而单独让与。与此相应，更正请求权也不适用诉讼时效的规定。[②] 在这方面，中国和德国的规则及其理论不存在差异。

二、异议登记

（一）异议登记的概念分析

所谓异议登记，是指在不动产登记簿记载的事项有错误的情况下，把真实的权利人及其利害关系人对不动产登记簿记载的权利所提出的异议记入登记簿，使登记簿记载的权利失去正确性推定的效力，第三人也不得主张依据登记的公信力受到保护。

异议登记之所以必要，是因为受不正确的不动产登记影响巨大的真实权利人，自然是希望尽快对登记簿予以更正，但实际权利关系常常并非清晰明确，以至于不能使他马上达到这一目的。于是，在不动产登记簿更正前的这段时间里，他就需要有一种保护措施，以避免第三人基于交易行为而善意取得该不动产物权，而使自己免遭权利上的不利益。这种保护措施就是异议及其登记。[③]

异议制度并非是简单粗暴的救济手段，就是说，它不导致矫枉过正。准此而言，异议并不导致对不动产登记簿的“封锁”，亦即不导致不动产登记簿的冻结。登记权利人虽有可能仅仅是登记上的权利人，而非真实的权利人，但对权利仍然可以处分；而异议所阻却和排除的，只是基于该项处分（交易）的善意取得。[④]

论其法律性质，异议既非“登记权利”的一项负担，也不是对登记权利人处分该项权利的绝对的或相对的限制，而是对一项在不动产登记簿中可能是不正确体现的，或者根本就未体现的物权的临时性保护。若嗣后证实不动产登记簿一直是正确的，则异议自始就丧失意义。故而，也就“不存在针对异议的异议”[⑤]。按照《民法典》第 220 条第 2 款、《不动产登记暂行条例实施细则》第 81 条的规定，利害关系人认为不动产登记簿记载的事项错误，权利人不同意更正的，利害关系人可以申请异议登记。利害关系人申请异议登记的，应当提交下列材料：（1）证实对登记的不动产权利有利害关系的材料；（2）证实不动产登记簿记载的事项错误的材料；（3）其他必要材料。《不动产登记暂行条例实施细则》还规定，

①②③④⑤ ［德］鲍尔/施蒂尔纳：《德国物权法》（上册），张双根译，北京，法律出版社 2004 年版，第 378、379～380、366 页。

不动产登记机构受理异议登记申请的，应当将异议事项记载于不动产登记簿，并向申请人出具异议登记证明（第 83 条第 1 款）。

（二）异议登记与预告登记的运用领域

需要指出，异议登记制度也适用于预告登记的领域。其道理在于，异议的目的，旨在对真实的不动产物权予以保护。在对预告登记有善意取得的可能时，预告登记得视同为一项物权。例如，甲在不动产登记簿中被不正确地登记为所有权人。甲将该不动产出卖给乙，并同意为乙做一项预告登记。乙为恶意，明知真实权利人丙对该不动产享有所有权。在乙将该不动产让与丁时，若依通说，则丁可善意取得该不动产物权。按照通说的逻辑，此时就必须允许登记一项为丙的利益而针对该预告登记的异议。①

（三）对异议登记的限制

如同上述，异议登记对真实的权利人的保护应当是临时性的，因为它同时也给不动产交易造成了一种不稳定的状态。为使因异议登记所带来的不稳定状态早日恢复正常，法律必须对异议登记的有效期间作出限制。于是，《民法典》第 220 条第 2 款规定，登记机构予以异议登记的，申请人在异议登记之日起 15 日内不起诉的，异议登记失效。《不动产登记暂行条例实施细则》规定，异议登记申请人应当在异议登记之日起 15 日内，提交人民法院受理通知书、仲裁委员会受理通知书等提起诉讼、申请仲裁的材料；逾期不提交的，异议登记失效（第 83 条第 2 款）。异议登记失效后，申请人就同一事项以同一理由再次申请异议登记的，不动产登记机构不予受理（第 83 条第 3 款）。

之所以作此限制，是因为申请人在异议登记之日起 15 日内不起诉，表明他不积极行使其权利，法律没有特别加以保护的必要，也避免进一步影响登记簿记载的权利人的利益和正常的交易秩序。② 尽管如此，异议登记因《民法典》第 220 条第 2 款规定的事由失效后，当事人提起民事诉讼，请求确认物权归属的，应当依法受理。异议登记失效不影响人民法院对案件的实体审理（法释〔2016〕5 号第 3 条）。

（四）异议登记的法律效果

异议登记的法律效果之一是，不动产登记簿的公信力被击破，在不动产登记簿记载有异议的情况下，交易相对人不能善意取得异议指向的不动产物权。当

① 转引自［德］鲍尔/施蒂尔纳：《德国物权法》（上册），张双根译，北京，法律出版社 2004 年版，第 368～369 页。

② 胡康生主编：《中华人民共和国物权法释义》，北京，法律出版社 2007 年版，第 60 页。

然，若证实不动产登记簿的内容正确，则交易相对人仍取得该项权利，该异议自始失去其意义。异议登记的法律效果之二是，中止不动产登记簿的权利正确性推定的效力。①

异议登记期间，不动产登记簿上记载的权利人以及第三人因处分权利申请登记的，不动产登记机构应当书面告知申请人该权利已经存在异议登记的有关事项。申请人申请继续办理的，应当予以办理，但申请人应当提供知悉异议登记存在并自担风险的书面承诺（《不动产登记暂行条例实施细则》第 84 条）。

异议登记不当（异议登记不成立），造成权利人损害的，权利人可以向申请人请求损害赔偿（《民法典》第 220 条第 2 款）。

（五）更正登记是否为异议登记的前置程序?

就《民法典》第 220 条第 2 款前段关于"不动产登记簿记载的权利人不同意更正的，利害关系人可以申请异议登记"的文义观察，容易得出更正登记是异议登记的前置程序的结论，但如此解释弊多利少，如有时无法满足利害关系人径直申请异议登记的要求，有时迂回曲折，增加成本，等等，不如将《民法典》第 220 条第 2 款的规定理解为仅仅是列举了异议登记启动的一种情况，而非涵盖了全部的先决条件。全面总结利害关系人的申请与更正登记和异议登记之间的关系，应当有如下类型：（1）利害关系人径直申请异议登记，无须更正登记，如利害关系人的认识错误，登记的权利状态与真实的权利关系相符；（2）利害关系人申请更正登记，无须异议登记，如登记名义人书面同意利害关系人关于更正登记的申请，登记机构办理完毕更正登记；（3）利害关系人径直申请异议登记，异议成立，需要办理更正登记；（4）利害关系人申请更正登记，不动产登记簿记载的权利人不同意更正的，利害关系人可以申请异议登记；异议成立，办理更正登记。

第二百二十一条

当事人签订买卖房屋的协议或者签订其他不动产物权的协议，为保障将来实现物权，按照约定可以向登记机构申请预告登记。预告登记后，未经预告登记的权利人同意，处分该不动产的，不发生物权效力。

预告登记后，债权消灭或者自能够进行不动产登记之日起九十日内未申请登记的，预告登记失效。

---

① ［德］鲍尔/施蒂尔纳：《德国物权法》（上册），张双根译，北京，法律出版社 2004 年版，第 369～370 页。

本条主旨

本条是关于预告登记的规定。

相关条文

《物权法》第 20 条　当事人签订买卖房屋或者其他不动产物权的协议，为保障将来实现物权，按照约定可以向登记机构申请预告登记。预告登记后，未经预告登记的权利人同意，处分该不动产的，不发生物权效力。

预告登记后，债权消灭或者自能够进行不动产登记之日起三个月内未申请登记的，预告登记失效。

法释〔2016〕5 号第 4 条　未经预告登记的权利人同意，转移不动产所有权，或者设定建设用地使用权、地役权、抵押权等其他物权的，应当依照物权法第二十条第一款的规定，认定其不发生物权效力。

第 5 条　买卖不动产物权的协议被认定无效、被撤销、被解除，或者预告登记的权利人放弃债权的，应当认定为物权法第二十条第二款所称的“债权消灭”。

理解与适用

一、预告登记的概念

预告登记，是指为保全旨在使物权于未来发生变动的债权所为的登记，以及个别情况下保全尚未本登记的物权所为的预备登记。

在临时性担保手段这点上，预告登记与异议具有相似性，但它们在原则上还是有区别的：异议所指向的，为不动产登记簿的正确性，保护真正权利人免受登记权利人处分该不动产的侵害；相反，预告登记并不反对不动产登记簿的正确性，而是包含着对一项将来物权变动的预告，并保护债权请求权人免受真正权利人处分该标的物的妨害，或强化某些物权的效力。因此可以说，“预告登记旨在预告”（Die Vormerkung prophezeit），即在不动产登记簿上预告一项将来的物权变动，或一种将要效力齐备的物权；而“异议乃进行抗议”（Der Widerspruch protestert），即针对不动产登记簿的正确性。不过，在个案中，预告登记与异议，何者为合适的法律救济手段，颇难抉择。故而，应当允许这两种救济手段并用，或者二者可以互相转换。①

不过，预告登记和异议登记在功能和制度设计上毕竟存在很多的不同：（1）预告登记在于保全引发不动产物权得丧、变更、消灭的债权，而异议登记在于保全登记订正请求权；（2）二者的效力有所不同，预告登记后所为的登记若与之抵触则归于无效，而异议登记则在有理由时其后的登记才归于无效，反之则属有效；（3）预告登记本身有公信力，第三人得善意受让，而异议登记无公信力可言，无法善意取得。但由于二者同出一源，故而也存在较多的相同点：（1）二者均属于预备登记，均具暂时性；（2）二者均属保全登记，目的都在于确保登记权利人的权利得以实现，并均具有阻止登记公信力的作用；（3）二者均属限制登记，都是通过对登记名义人处分权之限制而达到保全登记权利人权利的目的。②

预告登记的意义巨大，为债权向物权的转化提供了顺畅的通道，德国学说认为，预告登记具有担保以物权变动为内容的债法上的请求权的功能，它是一种临时性担保手段，同时，其本身的效力具有物权性质③；在中国，它还为强化某些效力不够强大的物权的效力提供了一种途径，是本登记得以展开的准备阶段。

二、预告登记所保全的权利

预告登记所保全的，大多数为引起物权变动的债权，少数情况下有物权。兹示例如下：（1）买受人甲和出卖人开发商乙签订了 A 商品房预售合同，甲请求开发商乙移转 A 商品房的占有和所有权的债权（《民法典》第 221 条第 1 款、《不动产登记暂行条例实施细则》第 85 条第 1 款第 1、2 项）。（2）开发商甲和国土资源管理部门乙签订了 A 宗建设用地使用权出让合同，甲请求国土资源管理部门乙移转 A 宗建设用地使用权的债权（《民法典》第 221 条第 1 款）。（3）房屋买卖、互易、赠与等引发所有权转让场合，受让人请求转让人移转房屋所有权的债权（《不动产登记暂行条例实施细则》第 85 条第 1 款第 1、2 项）。（4）以预购商品房设立抵押权的场合，债权人固然可以径直请求办理抵押登记，一般说来，其法律效果也最为理想，但若因种种原因不便、不易或不宜办理抵押登记的，允许债权人请求办理预告登记，不失为一种较好的选择。于是，以预购商品房设立抵押权的场合，《不动产登记暂行条例实施细则》允许当事人申请办理预告登记

①③　［德］鲍尔/施蒂尔纳：《德国物权法》（上册），张双根译，北京，法律出版社 2004 年版，第 420、419 页。

②　参见卢佳香：《预告登记之研究》，台湾辅仁大学硕士学位论文（1995），第 212～214 页；张龙文：《民法物权实务研究》，台北，汉林出版社 1977 年版，第 170～171 页；李昊、常鹏翱、叶金强、高润恒：《不动产登记程序的制度建构》，北京，北京大学出版社 2005 年版，第 430 页。

(第 85 条第 1 款第 3 项)。(5) 以房屋设立抵押权的场合，债权人请求抵押人办理抵押登记的债权（《不动产登记暂行条例实施细则》第 85 条第 1 款第 3 项）。在具备办理抵押登记的情况下，债权人固然可以径直请求办理抵押登记，法律效果也最为理想。但如果尚不具备办理抵押登记的条件，允许债权人请求办理预告登记，显然是最佳的方案。(6) 土地承包经营权、土地经营权、地役权等物权设立的场合，设立合同附有停止条件或始期，设立合同生效，土地承包经营权等物权尚不能即时产生。在这种情况下，允许当事人申请办理预告登记，应为上策（《民法典》第 221 条第 1 款）。(7) 土地承包经营权、土地经营权、地役权等物权设立的场合，即使设立合同生效即产生了物权，但由于办理本登记的条件尚不具备等原因，物权人愿意办理预告登记，法律没有必要予以反对，况且依据《民法典》第 221 条第 1 款关于“其他不动产物权的协议”的文义进行解释，也不能排除此类预告登记。

[引申]

在预告登记的客体为债权请求权的情况下，预告登记重在保全债权，反过来，它在成立和存续上，也要依附于债权而存在，如同抵押权与被担保债权的相互关系一样，预告登记也随债权请求权的转让而让与新的权利人。这告诉我们，适当的债权是预告登记存续的前提条件。此处所谓“适当的债权”，必须是能够引发具有登记能力的不动产物权变动的债权，如不动产所有权移转请求权、设立抵押权的请求权、变更不动产物权内容的请求权等。① 同时，我们也应看到，就债权请求权与物“权”的联系（附随性）而言，预告登记与抵押权在目的上不同：抵押权赋予债权人——在基于被担保的金钱债权而产生的请求权之外——一项变价权；而预告登记的功能在于，在第三人于预告登记之后取得权利，并因此妨害通过预告登记所保护的物权变动请求权时，预告登记可针对该第三人，使该请求权实现其物权变动的内容。②

三、预告登记的程序

有权申请办理预告登记的人，即预告登记权利人，是上述法律关系中的权利人，除为强化某些物权效力的预告登记之外，所谓权利人即为被担保债权的债权人。所谓被担保债权的相对人，除为强化某些物权效力的预告登记之外，须为因

① 李昊、常鹏翱、叶金强、高润恒：《不动产登记程序的制度建构》，北京，北京大学出版社 2005 年版，第 431 页。

② [德] 鲍尔/施蒂尔纳：《德国物权法》（上册），张双根译，北京，法律出版社 2004 年版，第 419 页。

预告登记而被涉及的权利人或其继承人。也就是说，实体法律关系中的权利人地位与预告登记上的权利人地位必须一致，而债务人与因预告登记而受有负担的权利的权利人必须同一。但这并不排除为第三人利益合同的受益人可通过预告登记获得保护，因为该受益人有“请求给付”的权利。[①] 例如，买受人甲和出卖人开发商乙签订了A商品房预售合同，甲是预告登记权利人，乙是被担保债权的相对人，也是实体法律关系中的债务人。再如，开发商甲和自然资源管理部门签订了A宗建设用地使用权出让合同，甲为预告登记权利人，自然资源管理部门是被担保债权的相对人，也是实体法律关系中的债务人。

《不动产登记暂行条例实施细则》规定，申请预购商品房的预告登记，应当提交下列材料：(1) 已备案的商品房预售合同；(2) 当事人关于预告登记的约定；(3) 其他必要材料（第86条第1款）。预售人和预购人订立商品房买卖合同后，预售人未按照约定与预购人申请预告登记，预购人可以单方申请预告登记（第86条第2款）。预购人单方申请预购商品房预告登记，预售人与预购人在商品房预售合同中对预告登记附有条件和期限的，预购人应当提交相应材料（第86条第3款）。申请预告登记的商品房已经办理在建建筑物抵押权首次登记的，当事人应当一并申请在建建筑物抵押权注销登记，并提交不动产权属转移材料、不动产登记证明。不动产登记机构应当先办理在建建筑物抵押权注销登记，再办理预告登记（第86条第4款）。申请不动产转移预告登记的，当事人应当提交下列材料：(1) 不动产转让合同；(2) 转让方的不动产权属证书；(3) 当事人关于预告登记的约定；(4) 其他必要材料（第87条）。抵押不动产，申请预告登记的，当事人应当提交下列材料：(1) 抵押合同与主债权合同；(2) 不动产权属证书；(3) 当事人关于预告登记的约定；(4) 其他必要材料（第88条）。

《不动产登记暂行条例实施细则》规定，预告登记未到期，有下列情形之一的，当事人可以持不动产登记证明、债权消灭或权利人放弃预告登记的材料，以及法律、行政法规规定的其他必要材料申请注销预告登记：(1) 预告登记的权利人放弃预告登记的；(2) 债权消灭的；(3) 法律、行政法规规定的其他情形（第89条）。

［探讨］

若就《民法典》第221条第1款的规定作反面推论，商品房买卖、建设用地使用权转让等合同未约定预告登记的事项，登记机构可以拒绝债权人关于办理预告登记的申请。但如此解释，在开发商、国土资源行政管理部门拒绝在合同中约

① ［德］鲍尔/施蒂尔纳：《德国物权法》（上册），张双根译，北京，法律出版社2004年版，第422～423页。

定预告登记的事项场合，买受人、受让人就无法利用预告登记制度使自己免遭损害。有鉴于此，为了更好地保护买受人、受让人的合法权益，笔者提出如下救济路径：(1) 有关部门在审查商品房预售、销售、建设用地使用权出让等合同时，发现欠缺允许买受人、受让人请求预告登记的条款的，有权也有义务加以补充；(2) 在商品房预售等合同为格式合同且载有限制预告登记的条款场合，当事人可以援用《民法典》第 497 条后段的规定，主张限制请求预告登记的条款无效；(3) 在商品房预售等合同欠缺预告登记的约定场合，当事人就有无预告登记的请求权发生纠纷时，主审法官有权认定合同存在着漏洞，将预告登记的条款补充入合同当中。

四、预告登记的效力

1. 债权一经预告登记就具有否定其后于债权标的物上成立的物权的效力，未经预告登记的权利人同意，出卖人或转让人处分该不动产的，不发生物权效力（《民法典》第 221 条第 1 款），准确地说，是不发生物权变动的效力。例如，买受人甲就其请求开发商乙移转 A 商品房所有权的债权办理了预告登记之后，开发商乙把 A 商品房出卖与丙或抵押于丁银行，即使办理了过户登记手续或抵押登记手续[①]，也不发生 A 商品房所有权的转移，A 商品房抵押权亦不设立。在这方面，法释〔2016〕5 号第 4 条已经明确：未经预告登记的权利人同意，转移不动产所有权，或者设定建设用地使用权、地役权、抵押权等其他物权的，应当依照《民法典》第 221 条第 1 款的规定，认定其不发生物权变动的效力。

预告登记具有限制出卖人或转让人继续处分所保全债权的标的物的效力，已如上述。在预告登记之后，出卖人或转让人将保全债权的标的物出租与他人，能否对抗租赁权？连所有权、抵押权、建设用地使用权都能对抗，举重以明轻，租赁权也能对抗。

［探讨］

就文义看，《民法典》第 221 条第 1 款的规定，只是言及出卖人、转让人或抵押人处分该不动产并“不发生物权效力”，没有明确商品房买卖合同、转让合同或抵押合同等合同无效。鉴于《民法典》已经将物权变动与其原因行为（买卖等合同）加以区分，两者的有效要件有所不同（第 215 条等），我们应当采取商品房买卖、建设用地使用权转让、抵押合同等合同不因未经预告登记的权利人同

---

① 按照中国现行的抵押登记规则，就某不动产办理了预告后，登记机构不应再为他人办理所有权、建设用地使用权、抵押权的本登记。但不排除预告登记没有记载于不动产登记簿之上的可能，以及个别工作人员违法地为他人办理本登记的情况。

意而无效的态度，只要商品房买卖、建设用地使用权转让、抵押等合同不存在《民法典》第 146 条第 1 款、第 153 条和第 154 条规定的无效原因，不存在第 147 条、第 148 条、第 149 条、第 150 条和第 151 条规定的效力待定的原因，或虽然存在着第 54 条规定的可撤销的原因，但撤销权人不予撤销，此类合同就应当有效，不受预告登记的权利人是否同意其后发生的物权设立或转让的影响。当然，此类合同会因预告登记的权利人不同意其后发生的物权设立或转让而成为不能履行，出卖人、转让人或抵押人向买受人、受让人或抵押权人承担违约责任。

不同的思路则是，买卖合同、转让合同或抵押合同的效力属于相对无效的范畴，已经办理预告登记的权利人认可出卖人、转让人或抵押人的处分行为的，买卖合同、转让合同或抵押合同有效；反之，则无效。①

笔者认为，这不失为一种路径，只是欠缺现行法上的依据。在解决某个民法问题或处理某件民法案件，可有两种以上的方案时，有的方案具有现行法上的依据，有的方案欠缺现行法上的依据，宜采取拥有现行法依据的方案。

2. 物权一经预告登记就强化了自身的法律效力，能够对抗第三人。第三人很难以不知也不应知某特定标的物上存在着物权为由予以抗辩。

对《民法典》第 221 条第 1 款作反面推论，可以得出结论：在出卖人或转让人处分已经预告登记的债权的标的物场合，预告登记的权利人同意的，发生物权变动的效力。

3. 在不动产预告登记生效期间，未经预告登记的权利人书面同意，处分该不动产权利申请登记的，不动产登记机构应当不予办理（《不动产登记暂行条例实施细则》第 85 条第 2 款）。预告登记后，债权未消灭且自能够进行相应的不动产登记之日起 3 个月内，当事人申请不动产登记的，不动产登记机构应当按照预告登记事项办理相应的登记（《不动产登记暂行条例实施细则》第 85 条第 3 款）。

4. 在预告登记和本登记均已办理且日期不同的情况下，物权变动的时间点以何者为准？有观点认为，预告登记保全的债权因履行而转化为物权时，该物权的顺位依据登记时间予以确定，而不依其产生时在登记簿中记载的时间为准。② 在利益衡量的层面审视，这种观点具有一定的优势：（1）在尚未完成本登记的场合，遇有征收补偿，已经申请预告登记的买受人/受让人有权取得补偿款；（2）在尚未

① 中国人民大学法学院教授王轶博士于 2007 年 11 月 3 日在由中国人民大学法学院、中国国际经济贸易仲裁委员会联合举办的“第二期仲裁员高级研修班”的讲座中持此观点。

② 李昊、常鹏翱、叶金强、高润恒：《不动产登记程序的制度建构》，北京，北京大学出版社 2005 年版，第 432 页。

完成本登记的场合，作为交易标的物的不动产受到不法侵害，已经申请预告登记的买受人/受让人有权请求侵权行为人承担侵权责任；（3）在出卖人/转让人进入破产程序，公告申报破产债权，此时尚未完成本登记的预告登记申请人借助本登记完成时将不动产物权取得的时间点推进到预告登记之时之利，可将该不动产剥离出破产财产的名录。

当然，这种观点也有不利于预告登记申请人之处：在尚未完成本登记的场合，不可抗力摧毁了作为交易标的物的不动产，该风险由已经申请预告登记的买受人/受让人承担。

从体系解释的角度出发，下述观点更符合逻辑：由于《民法典》第 221 条未就此点明确规定，第 214 条却明定“不动产物权的设立、变更、转让和消灭，依照法律规定应当登记的，自记载于不动产登记簿时发生效力”，未设但书，我们应当采取物权变动的时间点以本登记为准的立场。就是说，在《民法典》上，预告登记不具有顺位效力。

五、预告登记的失效

预告登记对其保全的债权具有依附性，随着债权状态的改变而变动。当债权转让或消灭时，预告登记随之转让或消灭。债权消灭或自能够进行不动产登记之日起 90 日内未申请登记的，预告登记失效（《民法典》第 221 条第 2 款）。

如果上述债权或物权自始即不存在，则即使已为登记，预告登记也不成立。如果上述权利嗣后消灭，则预告登记也随之消灭。在这两种情况中，不动产登记簿为不正确。[①]《民法典》第 221 条第 2 款前段使用的术语是，预告登记后债权消灭的，预告登记失效。笔者认为，如此规定确有道理：因为债权不复存在，《民法典》第 221 条第 1 款规定的预告登记，其本意就是要强化债权的效力，预告登记便失去了目的及意义，所以，预告登记失效合乎逻辑。对于此处所谓债权消灭，法释〔2016〕5 号第 5 条解释谓：包括买卖不动产物权的协议被认定无效、被撤销、被解除，或者预告登记的权利人放弃债权诸种情形。笔者认为，如此解释亦有道理：基于法律行为而发生的物权变动，须有法律行为并生效，才会有物权变动。而且，该法律行为项下的债权是物权存续的根据。该债权存在，物权变动及其结果就巩固；该债权消灭了，物权变动的结果便无法保持，要发生不当得利返还（《民法典》第 985 条）或物的返还（《民法典》第 235 条）的结果。由此可见，债权的重要性，法释〔2016〕5 号第 5 条的重要性。

---

① ［德］鲍尔/施蒂尔纳：《德国物权法》（上册），张双根译，北京，法律出版社 2004 年版，第 426 页。

六、实务中的问题与对策方案

1. 预告登记有效期内，尚未办理本登记时，预告登记的权利人就预告登记的对象享有优先于其他权利人的权利吗？笔者认为，预告登记的效力在于阻止他人取得预告登记对象的所有权、抵押权等物权，并无使预告登记的权利人自预告登记时起取得物权的效力，除非办理完毕本登记。就此说来，只要就预告登记的对象没有办理完毕本登记，预告登记的权利人就预告登记的对象不享有优先于其他权利人的权利。

2. 预告登记有效期内没有办理本登记，预告登记失去效力后，预告登记的权利人就预告登记的对象能够优先于其他权利人办理本登记，取得该对象的物权吗？回答是否定的，因为预告登记失效后，预告登记的权利人就预告登记的对象享有的权利至多与他人享有的处于平等地位，不会享有优先权。

3. 预告登记能否对抗人民法院查封预告登记的债权的标的物 A 楼？能否对抗人民法院的强制执行？

这是个迂回曲折的思维课题。一方面，《民法典》第 221 第 1 款并未赋予预告登记对抗公权力查封 A 楼的法律效力，加之公权力的优势效力以及 A 楼出卖人甲的债权人丙应受保护，因此，预告登记无力对抗人民法院对于 A 楼的查封；另一方面，人民法院查封 A 楼的目的是什么？应该是通过司法拍卖，以 A 楼的变价履行甲所欠丙的债务，或迫使该甲以包括以 A 楼抵偿丙的债权等方式向申请查封 A 楼的丙清偿债权。于是，问题来了，假如以 A 楼抵偿丙的债权，便是处分 A 楼，使得 A 楼的所有权归属于丙，这就违背了《民法典》第 221 条第 1 款的规范意旨及法律效力，不应被承认；假如通过司法拍卖，以 A 楼的变价履行甲所欠丙的债务，拍定人丁同样不应取得 A 楼的所有权，不然，依然违背《民法典》第 221 条第 1 款的规范意旨及法律效力。既然丙也好，他人也罢均不可取得 A 楼的所有权，还允许人民法院查封 A 楼，进而允许人民法院拍卖 A 楼，不就都是没有实效的浪费吗？甚至阻碍经济流转。与其如此，莫不如不允许人民法院查封预告登记的债权的标的物 A 楼（当然，亦不宜绝对禁止人民法院查封 A 楼）。再者，不承认丙以 A 楼抵偿债权，不承认拍定人丁取得 A 楼的所有权，也就意味着不承认对 A 楼的强制执行，换言之，预告登记具有对抗强制执行预告登记的债权的标的物的效力。

如此说来，丙的债权就完全不受法律保护了吗？答案是：也不可如此认识问题，而应承认如下方案：其一，在预告登记的申请人乙尚未付清价款时，丙有权就该笔价款主张其债权。由于 A 楼已被查封，依照民事诉讼法关于“先下手为强”

的理念及程序，丙优先于未对甲主张债权的其他债权人的债权受偿。其二，在预告登记的申请人乙已经付清 A 楼的价款的场合，丙不得请求人民法院查封 A 楼。

既然连人民法院的查封预告登记都能对抗，举轻以明重，预告登记也能对抗人民法院的强制执行。对此，有理论曰："对预告登记之被保护者来说，强制执行行为亦不生效力。"①

但须注意，按照《民法典》第 221 条第 2 款的规定，预告登记效力的存续为 90 日，该期限届满，预告登记失去效力；再就是保护的债权消灭时，预告登记也失去效力。在预告登记失去效力的情况下，申请查封债权的标的物 A 楼就没有法律障碍了。

4. 甲公司把登记在其名下的 A 楼出卖于乙，乙申请办理了预告登记，只是尚未前进到本登记。此时，丙举证成功 A 楼应为其所有（如 A 楼所在地的国有建设用地使用权归丙享有、以丙的名义申请领取的建筑规划许可证和建设工程施工许可证等），援用《民法典》第 220 条第 1 款的规定，向不动产登记机构申请更正登记，以消除登记错误。观察《民法典》第 221 条第 1 款的文义，预告登记没有阻止真实的物权人丙申请更正登记的效力，在甲公司书面同意更正登记的情况下，不动产登记机构有义务予以更正登记。于此场合，丙有无权利否定预告登记的效力，拒绝将 A 楼实际出卖于乙？第一种思路是：乙对 A 楼享有的债权已经甲公司的同意办理完毕预告登记，即使 A 楼的所有权尚未登记在乙的名下，现已知悉 A 楼归属于丙，甚至 A 楼已被更正登记在丙的名下，乙仍然有权请求丙同意将 A 楼过户登记在乙的名下，丙无权拒绝。② 其理论依据是预告登记的担保效力："对被保护者来说，其请求权之债务人仍为权利人；被保护者得向该债务人，请求为实现其权利所必需的物权意思表示（比如《民法典》第 873 条第 1 款之物权合意、《民法典》第 925 条之土地所有权让与合意）。但由于取得人已登记于登记簿之中，故取得人须同意为实现被保护之请求权所必要之登记（《民法典》第 888 条）。"③ 第二种思路是：该问题的解决涉及两个法律制度：一是预告登记的效力，二是善意取得制度。在中国现行法上，《民法典》第 221 条第 1 款规定的预告登记的效力有二：其一，否定其后于债权标的物上成立的物权的效力，未经预告登记的权利人同意，出卖人或转让人处分该不动产的，不发生物权效力；其二，物权一经预告登记就强化了自身的法律效力，能够对抗第三人。不难发现，预告登记无强制 A 楼的所有权人必须将 A 楼的所有权移转给乙的效力，

①②③ ［德］鲍尔/施蒂尔纳：《德国物权法》（上册），张双根译，北京，法律出版社 2004 年版，第 434、445～446、432 页。

尤其是无强制丙必须将A楼的所有权移转给乙的效力，因为甲公司把A楼出卖与乙是违背真正的所有权人丙的意思的，在丙特别需要A楼自用或A楼的售价偏低的情况下还损害了丙的合法权益。再从善意取得制度方面分析：尽管乙对A楼享有的债权已经办理完毕预告登记，但A楼业经更正登记程序已被登记在丙的名下，这意味着甲公司当初将A楼出卖与乙属于无权处分，乙若想取得A楼的所有权，把预告登记前进到本登记，必须适用善意取得制度，即满足《民法典》第311条第1款的要求。因为此时A楼尚未移转登记在乙的名下，预告登记无强制丙必须将A楼的所有权移转给乙的效力，所以，只要丙不同意办理该移转登记，不提交办理移转登记所需要的材料，就欠缺《民法典》第311条第1款第3项所要求的移转登记这项善意取得的要件。如果A楼的售价偏低，也欠缺《民法典》第311条第1款第2项所要求的价格合理这项善意取得的要件。既然欠缺成立要件，乙也就不能善意取得A楼的所有权。笔者认为这后一种思路更符合中国现行法的规定。

其实，按照德国民法的物权行为规则及理论衡量第一种思路，也并非没有疑问，因为甲公司和乙签订A楼买卖合同之时可能有物权合意，也可能没有物权合意，而且此类情形绝非鲜见。在后者的背景下，事情演进至A楼的所有权已被更正登记在丙的名下这个阶段，丙坚决不同意和乙形成A楼所有权移转的物权合意，也随之不同意协助乙办理A楼所有权的移转登记。如此，没有A楼所有权移转的物权行为，何谈A楼所有权被乙取得?！就是说，即使在德国民法上，第一种思路存在着逻辑、理论上的障碍。

在乙不能善意取得A楼的所有权的前提下，乙因此遭受的损失如何偿付?由于A楼买卖合同非丙所签，有权基于所有权神圣捍卫其A楼的所有权，又无因此获取不当利益，因而丙对乙不承担损害赔偿责任。由于这种局面全因甲公司的原因所致，甲公司有义务赔偿乙的损失。在这里，乙的请求权基础是什么？如果适用《民法典》第597条第1款及法释〔2009〕5号第15条、法释〔2012〕8号第3条的规定，那么，A楼买卖合同不因甲公司无权处分而归于无效，若无《民法典》第146条第1款、第153条、第154条规定的无效原因，那么，A楼买卖合同有效。如此，加上丙拒绝移转A楼的所有权，乙可基于《民法典》第577条的规定请求甲公司承担违约损失赔偿。

上述案型中的情形，改变其中一种，即甲公司拒绝同意乙更正登记的请求。于此场合，乙可以援用《民法典》第220条第2款前段的规定，申请异议登记。登记机构予以异议登记的，申请人在异议登记之日起15日内又起诉。操作的结果是，不动产登记机构注销甲公司对A楼的所有权，将A楼的所有权登记在丙的名下。在这样的背景下，甲公司、乙和丙之间的相互关系，与上文所述更正登记下的结论相同，不再重述。

第二百二十二条

当事人提供虚假材料申请登记，造成他人损害的，应当承担赔偿责任。

因登记错误，造成他人损害的，登记机构应当承担赔偿责任。登记机构赔偿后，可以向造成登记错误的人追偿。

本条主旨

本条是关于登记错误所生赔偿责任以及登记机构的追偿权的规定。

相关条文

《物权法》第 21 条　当事人提供虚假材料申请登记，给他人造成损害的，应当承担赔偿责任。

因登记错误，给他人造成损害的，登记机构应当承担赔偿责任。登记机构赔偿后，可以向造成登记错误的人追偿。

《不动产登记暂行条例》第 29 条　不动产登记机构登记错误给他人造成损害，或者当事人提供虚假材料申请登记给他人造成损害的，依照《中华人民共和国物权法》的规定承担赔偿责任。

第 30 条　不动产登记机构工作人员进行虚假登记，损毁、伪造不动产登记簿，擅自修改登记事项，或者有其他滥用职权、玩忽职守行为的，依法给予处分；给他人造成损害的，依法承担赔偿责任；构成犯罪的，依法追究刑事责任。

第 31 条　伪造、变造不动产权属证书、不动产登记证明，或者买卖、使用伪造、变造的不动产权属证书、不动产登记证明的，由不动产登记机构或者公安机关依法予以收缴；有违法所得的，没收违法所得；给他人造成损害的，依法承担赔偿责任；构成违反治安管理行为的，依法给予治安管理处罚；构成犯罪的，依法追究刑事责任。

第 32 条　不动产登记机构、不动产登记信息共享单位及其工作人员，查询不动产登记资料的单位或者个人违反国家规定，泄露不动产登记资料、登记信息，或者利用不动产登记资料、登记信息进行不正当活动，给他人造成损害的，依法承担赔偿责任；对有关责任人员依法给予处分；有关责任人员构成犯罪的，依法追究刑事责任。

《不动产登记暂行条例实施细则》第 103 条　不动产登记机构工作人员违反本实施细则规定，有下列行为之一，依法给予处分；构成犯罪的，依法追究刑事责任：

（一）对符合登记条件的登记申请不予登记，对不符合登记条件的登记申请予以登记；

（二）擅自复制、篡改、毁损、伪造不动产登记簿；

（三）泄露不动产登记资料、登记信息；

（四）无正当理由拒绝申请人查询、复制登记资料；

（五）强制要求权利人更换新的权属证书。

第 104 条　当事人违反本实施细则规定，有下列行为之一，构成违反治安管理行为的，依法给予治安管理处罚；给他人造成损失的，依法承担赔偿责任；构成犯罪的，依法追究刑事责任：

（一）采用提供虚假材料等欺骗手段申请登记；

（二）采用欺骗手段申请查询、复制登记资料；

（三）违反国家规定，泄露不动产登记资料、登记信息；

（四）查询人遗失、拆散、调换、抽取、污损登记资料的；

（五）擅自将不动产登记资料带离查询场所、损坏查询设备的。

理解与适用

本条是对《物权法》第 21 条的复制。此处所谓登记错误系中性概念，不含道德评价，即该概念本身不意味着登记错误可归责于登记机构。

本条第 1 款规定的是，登记错误可归责于当事人的，由该当事人承担赔偿责任。这里奉行的是过错责任原则。

本条第 2 款规定的是，不论登记错误是否可归责于登记机构，只要受害人请求该登记机构承担赔偿责任，该登记机构就有义务承担该责任；如果该登记错误实际上归责于当事人，登记机构并无过错的，登记机构承担赔偿责任之后，有权向造成登记错误之人追偿。由此看来，登记机构在为当事人的过错行为承担赔偿责任的情况下，若着眼于过错行为人与承担责任人之间的牵连，那么，登记机构所负之责属于为代负责任，或曰转成责任；若聚焦于登记机构不是为自己的过错，而是为他人的过错行为负责的视角，那么，登记机构所负之责属于无过错责任。

关于登记机构对登记错误应否承担无过错责任，意见不一。登记机构系统一直呼吁应确立过错责任原则，但不为立法机关所采纳，主要理由是登记错误的受害人处于相对弱势的地位，无过错责任原则于其有利。①

即使坚持此种观点，在代负责任的领域，也务请注意：在判断登记机构的赔偿责任成立时，必须以错误登记可归责于登记申请人为要件。如果错误登记不可归责于登记申请人，也不可归责于登记机构（如超级骇客攻破不动产登记簿的网络系统，篡改了不动产登记簿簿页上的有关信息），那么，登记机构不承担赔偿责任。

再者，登记机构的赔偿责任究竟属于民事赔偿还是国家赔偿？《不动产登记暂行条例》第29条规定："不动产登记机构登记错误给他人造成损害，或者当事人提供虚假材料申请登记给他人造成损害的，依照《中华人民共和国物权法》的规定承担赔偿责任。"其实，物权法管辖物权关系，不调整损害赔偿责任。此处所谓赔偿责任或者属于侵权责任法的领域，或者适用国家赔偿法。

对于登记机构的赔偿责任采取普通的民事侵权之说，因赔偿基金、保险体系尚未形成而显现出如下问题：登记机构的责任财产中无赔偿金的储备，"挪用"办公经费支付赔偿金，使登记机构难以正常办公，可能导致连锁反应，后果很严重。在错误登记所涉不动产处于巨额交易时，错误登记导致的当事人的损失可能数额巨大，登记机构不堪重负。此外，在理论自洽性方面，登记错误在中国现行法上更具行政侵权的色彩。

国家赔偿责任之说与下述情形契合：（1）多数说认为，登记机构隶属行政机关，至少是行政机关的"代理人"，登记行为系行政行为，其侵权行为属于行政侵权，由公法调整，国家赔偿为最佳选择。（2）国家赔偿设有专项资金，用于具体的赔偿处理，不影响登记机构的正常运转。（3）国家赔偿设有上限，不至于使国家负担过重。

第二百二十三条

不动产登记费按件收取，不得按照不动产的面积、体积或者价款的比例收取。

本条主旨

本条是关于不动产登记收费的确定标准的规定。

相关条文

《物权法》第22条　不动产登记费按件收取，不得按照不动产的面积、体积

① 胡康生主编：《中华人民共和国物权法释义》，北京，法律出版社2007年版，第64～65页。

或者价款的比例收取。具体收费标准由国务院有关部门会同价格主管部门规定。

理解与适用

本条源自《物权法》第22条前段的规定，有的放矢。实务中曾经风行过按照不动产的面积、体积或者价款的比例收取，这有几点不妥：(1) 登记工作的量和强度因登记事项的不同而有变化，不因被登记的不动产的面积、体积或者价款的差异而呈现明显的不同。打个比方，不动产登记，接近于承揽，而远离买卖，承揽的计费标准是劳动（技能、劳力等）的付出，而非货物的价款。(2) 登记机构不是商人，不是营利性组织，而按照不动产的面积、体积或者价款的比例收费，实际上属于商业运作，这与登记机构的性质、功能不相符合。(3) 按照不动产的面积、体积或者价款的比例收费，给当事人带来沉重的负担，大大增加了交易成本，这不合市场经济的内在要求。(4) 在不动产抵押等领域，当事人为逃避高额收费而不申请办理抵押登记，而不登记则抵押权未设立，这明显降低了债权人的债权实现的概率。

在《物权法》（草案）的草拟和研讨过程中，多数意见认为，登记机构不是营利性组织，目前中国各地的不动产登记机构，尤其是房产登记机构，从事的登记工作一般也只是对登记申请人提供的有关材料是否符合规定的条件进行审核，在此基础上进行收费，不宜与不动产的面积、体积或者价款等因素挂钩，不宜把这些作为计费的标准。此外，有的部门提出，物权法不宜对登记收费问题作规定。有的专家也认为，登记收费的问题属于具体的程序性问题，可以由将来的不动产登记法去作规定，物权法作为民事基本法，对此可以不作规定。立法机关经研究认为，物权法关系人民群众的切身利益，为社会各方面普遍关注，对于社会生活中反映较多，与人民群众利益较为密切的问题，应当在物权法中作出适当的规定。① 立法机关的这种立场及观点由《物权法》固定（第22条），《民法典》承继（第223条）。

不过，《民法典》删除了《物权法》第22条后段所谓“具体收费标准由国务院有关部门会同价格主管部门规定”。这为具体收费标准究由狭义的“法律”予以明确还是可由法规、规章作出规定留下了空间。

① 胡康生主编：《中华人民共和国物权法释义》，北京，法律出版社2007年版，第66～67页。

第二节　动产交付

本节规定了基于法律行为而发生的动产物权变动以交付为生效要件的模式，把交付/占有作为动产物权变动的公示方法，并列明了交付的各种形态及其相应的法律效果。

本节也原则性地承认动产物权的变动不以交付为生效要件，以及在特殊动产的物权变动时，登记具有对抗善意第三人的效力。

第二百二十四条

动产物权的设立和转让，自交付时发生效力，但是法律另有规定的除外。

本条主旨

本条是关于基于法律行为而发生的动产物权的变动以交付为生效要件及其例外的规定。

相关条文

《民法通则》第 72 条第 2 款　按照合同或者其他合法方式取得财产的，财产所有权从财产交付时起转移，法律另有规定或者当事人另有约定的除外。

《合同法》第 133 条　标的物的所有权自标的物交付时起转移，但法律另有规定或者当事人另有约定的除外。

第 134 条　当事人可以在买卖合同中约定买受人未履行支付价款或者其他义务的，标的物的所有权属于出卖人。

第 135 条　出卖人应当履行向买受人交付标的物或者交付提取标的物的单证，并转移标的物所有权的义务。

《物权法》第 23 条　动产物权的设立和转让，自交付时发生效力，但法律另有规定的除外。

理解与适用

一、基本含义

本条所谓动产物权的设立和转让，就是动产物权的变动。所谓“动产物权的设立和转让，自交付时发生效力”，就是动产物权的变动以交付为生效要件。就本条正文的字面意思观察，似乎它普遍适用于一切类型的动产物权变动，但联系本条但书以及其他有关规定，按照体系解释和目的解释的方法，应该说本条正文之意是基于法律行为而生的动产物权变动以交付为生效要件。

不动产物权变动包括不动产物权的设立、变更、转让和消灭，《民法典》规定它们依法经由登记才发生效力（第 209 条第 1 款）。但在动产物权的变动上，《民法典》规定动产物权的设立和转让自交付时发生效力（第 224 条正文），缺少“变更”和“消灭”两种表现形式。之所以如此，是因为动产物权的消灭（如面包被吃掉、一本释评书被烧毁）、动产物权因标的物的变化（如一棵白菜只剩下芯，一辆自行车丢失了铃铛）而导致的物权内容的变化以及不动产物权内容的径直变化（如汽车因限号规定而暂时不得上路）均不涉及交付。

交付是动产物权变动的公示方法，但不是动产物权一切变动形式的公示方法，只能作为基于法律行为而发生的动产物权变动的公示方法。非基于法律行为而发生的动产物权变动不以交付为公示方法，因为以这些方式取得动产物权，或者根本不发生交付（如先占、添附），或者交付在其中不具有法律意义（如以继承方式取得动产所有权）。除交付以外，占有也是动产物权的公示方法，是享有动产物权的公示方法，是动产物权存在的外衣。一般来说，占有公示的动产物权究竟属于何种类型，宜视占有人的意思而定，以所有的意思占有动产的，其公示的物权为所有权；以行使质权的意思而占有标的物的，其公示的物权为质权；以扣留返还债务人的动产以保障债权实现的意思而占有的，其公示的物权为留置权。①

如果说不动产物权及其变动的公示方法为登记，且登记显示的不动产物权关系与真实的不动产物权关系大多相符合，登记错误的所占比重很少；那么，动产物权及其变动的公示方法为交付/占有，而占有所显示的动产物权关系与真实的动产物权关系不一致的比重多些。例如，甲的电脑交由乙仓库保管，或出借给丙使用，或出租给丁使用，或让与担保给戊，或遗失后被已拾到，等等。乙、丙、丁、戊、已对于该电脑的占有均非所有权的表象，但依公示规则，对于交易相对人庚来说，却推定上述诸人对该电脑享有所有权。正因如此，在进行动产交易时不得完全信赖对动产的占有，除了拍卖、超市、农贸市场等特殊场合外，交易相对人进行尽职调查是必要的。与此相关，动产的善意取得在构成要件方面相对严格些。

本条所谓法律另有规定的除外，有两层意思：一是指非基于法律行为而生的

① 梁慧星、陈华彬：《物权法》（第 2 版），北京，法律出版社 2003 年版，第 84～85 页。

动产物权变动不以交付为生效要件，二是指某些基于法律行为而生的动产物权变动，如海上运输的指示单证，是以记名背书或空白背书为生效要件的（《海商法》第79条第2项），而不以交付为生效要件。还有，动产抵押权的设立也不需要交付抵押物（《民法典》第403条等）。

［延伸］

有必要指出，《民法典》未再沿袭《合同法》第133条后段关于“当事人另有约定的除外”的债权意思主义的思想，仅仅保留了“法律另有规定……除外”的但书，明文规定动产物权的变动以交付为生效要件（第224条正文），动产质权以交付留置财产为生效要件（第429条），只有动产抵押权除外（第403条等）。这引发一个问题：在特定物买卖场合，当事人双方没有遵循《民法典》第224条等规定实施交易，而是约定该买卖物的所有权自买卖合同生效时移转。该项约定能否发生法律效力？回答这个问题，离不开确定《民法典》第224条正文、第116条等有关规定是否为强制性规定，以及物权法定主义是否含有物权公示的内容。

笔者认为，《民法典》第224条正文等关于“动产物权的设立和转让，自交付时发生效力”规定，并非强制性规定。其理由如下。

首先，《民法典》之所以没有复制《合同法》第133条后段关于“当事人另有约定的除外”的但书，重在维护《民法典》第209条第1款、第214条正文关于不动产所有权甚至不动产他物权的移转须以登记为生效要件的强制性规定，以及第216条第1款关于公信力的强制性规定，防止当事人通过约定建筑物、构筑物及其附属设施的所有权自买卖、互易、赠与等合同生效时转移，来规避《民法典》的上述规定，并无坚决否认特定动产的所有权可以自买卖、互易、赠与等合同生效时移转之意。

其次，也是更为重要的是，虽然物权及其变动的公示关乎众人的利益，但因善意取得等制度的存在，当事人双方约定特定物买卖的所有权移转时间点，也不会损及善意的交易相对人的合法权益，所以，不把《民法典》的224条正文等关于动产物权变动的公示要求划入强制性规定的范围，就并非强词夺理。

最后，联系现行法关于基于法律行为的动产物权变动的下述规定，在整体上把握，《民法典》第224条正文等关于“动产物权的设立和转让，自交付时发生效力”的规定并非强制性规定的结论，就更加显现出道理：(1)《民法典》第641条允许买卖物的所有权保留，变更了《民法典》第224条正文的规定；(2)《民法典》第227条承认了指示交付、第228条承认了占有改定，都变通了典型的交付形态。我们可以将之理解为在实质上修正了交付为动产物权变动的生效要件的模式。此外，《民法典》第 333 条第 1 款和第 334 条关于土地承包经营权的变动不以公示为生效要件的规定、第 341 条关于土地经营权设立的规定以及第 374 条前段关于地役权的设立不以公示为生效要件的规定，也在一定意义上加强了前述结论的可信度。

既然动产物权变动在公示方面的要求可由当事人通过约定加以改变，就表明此类法律规定并非强制性规定。而法律关于物权法定主义的规定被认为是强制性规定，为了避免法律及其理论内容存在矛盾，不宜认定《民法典》第 116 条的规定包含公示强制的内容。由此可见，德国民法理论将物权法定主义限于类型强制和类型固定，确有道理。

总之，当事人双方若约定特定物的所有权自买卖合同生效时移转，法律就不宜否定。当事人双方若无此约定，就要完全按照《民法典》第 224 条正文等规定确定动产物权变动的时间点。其道理在于，相对于《合同法》第 133 条关于“当事人另有约定的除外”的但书，《民法典》第 224 条正文及第 429 条等规定更为理想，因为按照动产的占有或交付确定动产物权的状态，更加符合物权及其变动的公示原则及其规范意旨；尽量使真实的物权关系与外观所表征的物权关系相一致，也与公信原则的创设前提之一相契合；在法律部门的分工方面，物权变动应由《民法典》“第二编　物权”而非《民法典》“第三编　合同”予以规范，在物权变动方面，《民法典》“第二编　物权”为“特别法”。

[探讨]

有人认为，《民法典》第 224 条关于“但法律另有规定的除外”的但书，包括《民法典》第 320 条规定的“主物转让的，从物随主物转让，但是当事人另有约定的除外”。其意在说，从物为动产场合，在主物的所有权已经移转的情况下，从物无须交付便移转所有权。对此，笔者不敢苟同，因为基于一物一权主义，主物和从物系两个物，每个物上各存在着一个所有权，其物权变动的法律行为仍应个别为之，始能生物权变动的效力，亦即从物为不动产或动产时，应分别为登记或交付，并非因主物（无论是不动产或动产）物权已经变动，其效力即可及之。① 此其一。假如不遵循上述规则，而认为从物无须交付便移转所有权，就意味着主物所有权的变动按照基于法律行为的物权规则变动处理，而从物所有权的变动则遵循非基于法律行为的物权变动规则处理，不够协调，缺乏美感。此其

① 谢在全：《民法物权论》（上册），台北，三民书局有限公司 2003 年修订 2 版，第 156 页；王泽鉴《民法物权·通则·所有权》（总第 1 册），台北，三民书局有限公司 2003 年 8 月增补版，第 57 页。

二。更为重要的是，从物所有权的变动一律不以公示为生效要件，不利于交易安全。此其三。

二、交付的概念和形态

交付，即移转占有，包括现实交付、观念交付，以及仓单等证券的交付或背书。观念交付包括简易交付、指示交付和占有改定诸形态。

此处只介绍现实交付，简易交付、指示交付和占有改定这三种交付形式在《民法典》相应的条文之处解释。

现实交付，系指对动产的事实管领力的移转，使受让人取得直接占有（《民法典》第224条等）。取得直接占有，必须基于出卖人的意思，买受人自行占有不构成交付。

随着交易形态的丰富，观念的变化，以及科学技术的发展，交付的形态继续在演变过程中，实务中出现了一些新的现象，值得注意和研讨。

其一，转让人依约将作为标的物的动产交由某特定仓库占有，应构成《民法典》第224条正文所规定的交付。例如，在灌装油、钢材、水泥等动产上设立质权，采取古典的现实交付的方式满足动产质权的设立对于交付的需要，可能会增大成本，不符合债权人的业务运营的实际，或者违拗债权人的心态。而采取债权人、出质人与第三人签订监管动产质权标的物的协议并实际履行的方式，由该第三人监控该标的物，标志着该标的物已经完成了交付，就兼顾了债权人和债务人的利益，也满足了动产质权设立的要件，值得肯定。

在实务运作中，有的是仅仅签订监管协议并实际履行，从而构成交付并进而设立动产质权；有的则复杂些，如先由第三人与出质人签订该动产的租赁合同并实际履行，实现该动产的移转占有；再由该第三人与债权人甚至加上出质人签订监管该动产的合同并实际履行，从而构成交付并进而设立动产质权。

需要指出的是，仅仅签订监管合同或者签订租赁等合同与监管合同组合，并无实际履行的事实，标的物并未移转占有，没有满足动产质权的设立要件，不应认定动产质权已经设立。

其二，作为标的物的动产原由债务人单独占有（如在债务人的仓库），现在变为由债务人和债权人共同管控（如债务人和债权人合作方可打开仓库之锁）。

其三，作为标的物的动产存放于第三人之处，现在变为第三人和债权人乃至债务人共同管控。

其四，如果共管者没有打款者，则认定该笔款项进入几家共管账户构成交付，理由较为充分。假如共管者中包括打款者，该笔款项进入几家共管账户，还构成交付吗？看法不一。否定论者认为，既然打款者也是共管者之一，就表明该笔款项仍未脱离打款者的管控，也就不好说移转了占有，因而算不上交付。肯定论者则反对这样固守形式逻辑的思维方式，主张须顺应交易形式的发展和需要，兼顾方方面面，聚焦实质，适当忽略枝节。尽管把打款者作为共管者之一，这与古典的现实交付的表现形态有点差异，致使债权人无法自由地利用该笔资金，但毕竟也隔绝了打款者与该笔资金的直接利用关系，具有保护债权人权益的一面，一俟条件具备便完全管控、自由利用该笔资金；同时这也大大降低了打款者遭遇不测的风险，符合其心理状态；为共管账户内的资金在附加有关因素后成为保证金、债权质权的标的物等法律手段提供前提和可能。

其五，动产物权业已证券化为仓单、提单等证券的，此类证券的交付或背书代替了动产的交付，从而发生动产物权的变动（参见《海商法》第 79 条等）。

交付不仅为动产所有权移转的生效要件，而且应是绝大部分动产物权变动的生效要件。例如，按照《民法典》的规定，交付质押财产是动产质权的设立要件（第 429 条），交付权利凭证是以不记名仓单等为标的物的质权设立的要件（第 441 条）。提单的交付等同于货物的交付，实现货物所有权的移转。提单的转让不仅转让单证本身，同时转让提单所代表的权利。[①]

三、假他人之手为交付

在市场经济条件下，动产的交付时常假他人之手进行，主要有三种情形：(1) 经由占有辅助人为交付。例如，甲售一车给乙，由甲的司机将该车交付给乙的司机。(2) 经由占有媒介关系为交付。例如，甲将一匹马寄存于乙处，出售给丙，约定由甲将该马交给驯马人丁，代为训练。乙依甲的指示将该马交付给丁时，在丁与丙之间成立占有媒介关系，丁为直接占有人，丙为间接占有人。(3) 经由被指令人为交付。例如，甲售 A 画给乙，乙转售给丙，乙请甲径直将该画交付于丙，甲同意并照办。于此场合，不能认为丙直接从甲处取得 A 画的所有权，因为丙可能不知道甲与乙之间的合同关系的性质和类型，即使为买卖合同，甲也可能保留 A 画的所有权。衡量当事人之间的利益状态，应认为移转所有权的让与合意在甲与乙、乙与丙之间分别成立。至于甲将 A 画交付给丙，应认为同时完成甲对乙的交付和乙对丙的交付。为解释这种合同关系，德国学说提出了被指令人的概念，即关于甲与乙之间的让与所有权，指令丙为交付受领人；关于乙与丙

---

① 司玉琢主编：《海商法专题研究》，大连，大连海事大学出版社 2002 年版，第 68、94 页。

之间的让与，也指令丙为交付受领人。因而，在甲将A画交付给丙时，在一个“法律的瞬间时点”由乙取得所有权，再移转于丙。换言之，丙取得A画所有权，并非直接来自甲，而是经由乙。①

第二百二十五条

船舶、航空器和机动车等的物权的设立、变更、转让和消灭，未经登记，不得对抗善意第三人。

本条主旨

本条是关于船舶等特殊动产的物权变动以登记为对抗要件的规定。

相关条文

《物权法》第24条　船舶、航空器和机动车等物权的设立、变更、转让和消灭，未经登记，不得对抗善意第三人。

《海商法》第9条第1款　船舶所有权的取得、转让和消灭，应当向船舶登记机关登记；未经登记的，不得对抗第三人。

第10条　船舶由两个以上的法人或者个人共有的，应当向船舶登记机关登记；未经登记的，不得对抗第三人。

第13条第1款　设定船舶抵押权，由抵押权人和抵押人共同向船舶登记机关办理抵押权登记；未经登记的，不得对抗第三人。

第14条第2款　建造中的船舶办理抵押权登记，还应当向船舶登记机关提交船舶建造合同。

《民用航空法》第11条　民用航空器权利人应当就下列权利分别向国务院民用航空主管部门办理权利登记：

（一）民用航空器所有权；

（二）通过购买行为取得并占有民用航空器的权利；

（三）根据租赁期限为六个月以上的租赁合同占有民用航空器的权利；

（四）民用航空器抵押权。

法释〔2016〕5号第6条　转让人转移船舶、航空器和机动车等所有权，受让人已经支付对价并取得占有，虽未经登记，但转让人的债权人主张其为物权法

① 王泽鉴：《民法物权·通则·所有权》（总第1册），台北，三民书局有限公司2003年8月增补版，第134～136页。

第二十四条所称的“善意第三人”的，不予支持，法律另有规定的除外。

理解与适用

一、基本含义

本条系对《物权法》第 24 条的复制，明确了船舶、航空器和机动车等动产物权的变动以登记作为对抗第三人的要件。

虽然本条的字面意思没有言明其适用范围是限于基于法律行为而发生的船舶等特殊动产的物权变动情形，但基于体系解释和目的解释可以作肯定的结论。

通说认为，作为对抗要件的登记不具有公信力，交易相对人不可完全迷信于它，除了查询此类登记所记载的信息外，尚有从其他角度、方面进行尽职调查的注意义务，特别是占有状况；不然，就容易成为重大过失地不知，构成非善意。如此，在登记名义人不是真实的船舶等特殊动产的物权人的场合，不为较为全面的尽职调查的交易相对人因其重大过失地不知而不能善意取得。在这方面，法释〔2016〕5 号第 6 条规定：“转让人转移船舶、航空器和机动车等所有权，受让人已经支付对价并取得占有，虽未经登记，但转让人的债权人主张其为物权法第二十四条所称的‘善意第三人’的，不予支持，法律另有规定的除外。”

二、船舶等特殊动产的物权变动以交付为生效要件

应当指出，交付本非完全的公示方法，再加上有观念交付的存在，更使其无法完全公示物权状况的缺点加深，故法律就某些动产的物权变动的公示，兼采登记的方法或将动产证券化，把交付作为动产物权变动的生效要件，将登记作为对抗（善意）第三人的要件。[①] 《民法典》第 225 条关于“船舶、航空器和机动车等物权的设立、变更、转让和消灭，未经登记，不得对抗善意第三人”的规定，显然采取了这种模式。

将《民法典》第 225 条的规定解释为“把交付作为船舶、航空器和机动车等动产物权变动的生效要件，将登记作为对抗（善意）第三人的要件”，而非合同生效时发生物权变动；同时承认生产设备，原材料，半成品，产品，正在建造的建筑物、船舶、航空器，交通运输工具设立抵押权时，抵押权自合同生效时设立，登记为对抗善意第三人的要件，有如下理由支持：(1) 文义解释：该条没有

---

① 谢在全：《民法物权论》（上册），台北，三民书局有限公司 2003 年修订 2 版，第 150 页。

正面规定船舶、航空器和机动车等动产物权变动的要件，既没有说自变动合同生效时发生物权变动，也没有说自登记完毕时发生物权变动，属于不完全法条，需要结合有关条文加以解释，于是有（2）体系解释和目的解释：该条处于《民法典》“第二编　物权”之下“第二章　物权的设立、变更、转让和消灭”中的“第二节　动产交付”之下。该章共有三节，其中，第一节“不动产登记”，贯彻基于法律行为而发生的不动产物权变动以登记为生效要件的精神（《民法典》第209条第1款等），只承认法律另有规定不以登记为生效要件的例外（《民法典》第209条第1款但书、第209条第2款、第333条第1款、第335条、第341条、第374等）；第二节“动产交付”，贯彻基于法律行为而发生的动产物权变动以交付为生效要件的原则（《民法典》第224条正文，第429条），同样只承认法律另有规定不以交付为生效要件的例外（《物权法》第224条但书）；第三节“其他规定”，贯彻非基于法律行为而发生的物权变动不以公示为生效要件的理念，只有遗赠导致的物权变动属于基于法律行为而发生的物权变动，也不要求公示作为物权变动的生效要件（《民法典》第229－231条）。现在的问题是，法律对船舶、航空器和机动车的物权变动是否例外地规定了不以交付为生效要件。查《海商法》，没有正面规定船舶所有权变动、船舶抵押权设立的生效要件，只是明确地将登记作为对抗要件（第9条、第13条第1款）；《民用航空法》同样未正面规定民用航空器所有权变动、民用航空器抵押权设立的生效要件，只是明确地将登记作为对抗要件（第14条第1款、第16条）；《机动车登记规定》也没有正面规定机动车物权变动的生效要件。既然法律对于船舶、航空器和机动车的物权变动未作另外规定，那么，就应当按照动产物权变动的原则（《民法典》第224条正文）解释《民法典》第225条的规定，只有在设立抵押权时例外。（3）《民法典》第225条的规定原则上总揽船舶、航空器和机动车的所有权产生、转让，设立质权，设立抵押权，消灭等类型的物权变动，且未设例外。而《民法典》第429条明确规定：“质权自出质人交付质押财产时设立。”在这种情况下，只有将《民法典》第225条的规定解释为其贯彻的是“把交付作为船舶、航空器和机动车等动产物权变动的生效要件，将登记作为对抗（善意）第三人的要件”模式，才能自圆其说。当然，在设立抵押权时例外。假如将其解释为登记为船舶、航空器和机动车等动产物权变动的生效要件，则会造成《民法典》第225条和第429条之间的矛盾。（4）与“（3）”的道理类似的还有，《民法典》第403条规定，以包括交通运输工具在内的动产设立抵押权的，抵押权自抵押合同生效时设立，未经登记，不得对抗善意第三人。这表明以船舶、航空器和机动车设立抵押权，仍然不以登记为生效要件。（5）在理论上，通说坚持中国的物权变动采取债权形式主义，《民法典》“第二编　物权”之下“第二章　物权的设立、变更、转让和消灭”中的前两节以及其他有关规定予以落实，只有土地承包经营权和地役权的设立采取了债权意思主义（第 333 条第 1 款、第 335 条、第 341 条、第 374 等），至于船舶、航空器和机动车的物权变动则未见有明确的条文采取债权意思主义。就此而言，也应当认为《民法典》对船舶、航空器和机动车的物权变动采取了以交付为生效要件的模式，而非合同生效时发生物权变动，只有在设立抵押权时例外。(6) 假如将登记作为船舶、航空器、机动车诸物权的变动的生效要件，则会产生负面的结果。其道理如下：《民法典》第 225 条明文规定登记为这些物权变动的对抗要件，而作为对抗要件的登记，难以时时、事事地表征着真实的物权关系。换句话说，登记所昭示的物权关系与真实的物权关系有时不一致。因此，假如把登记作为船舶、航空器、机动车诸物权的变动的生效要件，就可能误将已经变动的船舶、航空器、机动车的物权关系当作尚未变动的物权关系，或者误将尚未变动的物权关系作为已经变动的物权关系看待。属于前者的例证有若干，例如，甲已经将作为买卖物的船舶现实地交付给了买受人乙，但尚未办理过户登记手续，若依据登记为船舶物权变动的生效要件说，则会仍然认为该船舶归甲所有，即使第三人明知该船舶所有权已经移转给乙的事实，乙也无权对抗该第三人。这显然违背了《民法典》第 225 条的规范意旨。属于后者的例证同样存在，例如，甲已经将作为买卖物的船舶现实地交付给了买受人乙，随后又将该船舶登记在第二个买受人丙的名下。于此场合，丙本来没有取得该船舶的所有权，但按照登记为船舶物权变动的生效要件说，则得出丙已经取得该船舶所有权的结论。这显然是不符合客观实际的，不适当地侵害了乙的合法权益。避免此类弊端的有效办法，就是坚持这样的观点：交付为船舶、航空器、机动车诸物权的变动的生效要件，登记仅为对抗善意第三人的要件。法释〔2012〕8 号第 10 条第 1 项、法释〔2016〕5 号第 6 条及第 20 条已经承认了这种观点。

当然，反对笔者上述思路及观点的论者或许这样诘问：交付/占有，不也难以时时、事事地反映真实的机动车物权关系吗？在这方面交付、占有可能还不如登记呢！为什么以登记难以时时、事事地反映真实的机动车物权关系为由来反对登记为机动车物权变动的生效要件主义呢？对此，笔者回应如下：(1)《民法典》第 225 条明文把登记作为机动车物权变动的对抗要件，而非生效要件，却未将交付/占有作为机动车物权变动的对抗要件。所以，在这里，首先应当关注的自然应是《民法典》第 225 条的文义及规范意旨，自然应当辨明该条后段所谓“未经登记，不得对抗善意第三人”与登记所昭示的物权关系、真实的物权关系之间的关系，而不应远离法律条文、“舍近求远”地首先探索“交付/占有与占有所昭示的机动车物权关系、真实的机动车物权关系之间的关系”。如此，通过考察得出结论：对抗要件主义下的登记难以时时、事事地反映真实的机动车物权关系，故不宜将《民法典》第 225 条的规定解读为它承认了登记为机动车物权变动的生效要件。这个道理，从另一面阐释就是，假如《民法典》第 225 条明文规定登记为机动车物权变动的生效要件，那么，法律人首先聚焦的同样是法律条文的文义及规范意旨，直奔主题地观察和解读登记与登记所昭示的机动车物权关系、真实的机动车物权关系之间的关系，从而得出登记（基本上）反映着真实的机动车物权关系、登记为机动车物权变动的生效要件这样的结论，而不宜远离法律条文、“舍近求远”地首先探索“交付/占有与占有所昭示的机动车物权关系、真实的机动车物权关系之间的关系”。(2) 至于交付/占有同样难以时时、事事地反映真实的机动车物权关系这一点，毋庸回避，更不容否认，但要积极地采取措施予以救济。《民法典》第 225 条后段明确“未经登记，不得对抗善意第三人”，就是救济措施之一。通过这样的制度设计，鼓励乃至促使当事人积极地到交通管理部门办理机动车登记，以便使公示的机动车物权关系尽可能地反映着真实的机动车物权关系，从而达到目的。(3) 在实务操作上，如果依法办事，就令交易双方在办理机动车登记的过程中，将机动车本身、有关单证一起交给登记机构查验，核实无误后才予办理机动车登记，以最大限度地使交付/占有、登记反映着真实的机动车物权关系。这也正是《民法典》第 224 条和第 225 条相互衔接、配合的良苦用心之所在。

[探讨]

《民法典》第 225 条与第 224 条的规定，在个案中的适用，宜区分情况而作回答：(1) 甲将其 A 船卖与乙，且已交付并办理了过户登记手续，后又卖与丙，无法交付和登记。于此场合，乙取得 A 船的所有权，并能对抗包括丙在内的一切人，应无疑问。甲和丙之间构成出卖他人之物的关系，按照《民法典》第 597 条第 1 款以及法释〔2009〕5 号第 15 条关于“出卖人就同一标的物订立多重买卖合同，合同均不具有合同法第五十二条规定的无效情形，买受人因不能按照合同约定取得标的物所有权，请求追究出卖人违约责任的，人民法院应予支持”的规定，买卖 A 船的合同有效，但不影响 A 船所有权的归属，只是因甲无法将 A 船交付并登记给丙，成立违约责任。(2) 甲将其 A 船卖与乙，尚未交付和登记，又将该船卖与丙，同样没有交付和登记。于此场合，两个买卖 A 船的合同都有效，按照债权平等和债务人任意履行的原则，谁先请求甲履行合同，甲也满足此项请求，则该买受人取得 A 船的所有权；当然，虽然后请求甲履行合同，但甲先满足该项请求，后请求者同样取得该船的所有权。需要说明，司法实务中，有些判决没有遵循债权平等和债务人任意履行的原则，在有证据证明后签订合同者明知一物多卖时，就不支持他（它）取得买卖物。对此，笔者持折中的立场，如果有证据证明一物多卖符合《民法典》第154条关于恶意串通损害第三人合法权益的规定的，可确认合同无效，恶意的买受人不得取得买卖物，否则，还是应当坚持债权平等和债务人任意履行的原则。(3) 甲将其A船卖与乙，尚未交付和登记，后又卖与丙，已经交付且办理了过户登记手续。于此场合，丙应当取得该船的所有权，并可对抗包括乙在内的所有的人。乙没有取得该船的所有权。(4) 甲将其A船卖与乙，已经交付，但未办理过户登记手续，后又卖与丙，没有交付和登记。于此场合，乙取得该船的所有权，但不能对抗包括丙在内的善意第三人。丙没有取得该船的所有权。(5) 甲将其A船卖与乙，且已交付，但未办理过户登记手续；后又卖与丙，没有交付但办理了过户登记。于此场合，乙取得了A船的所有权，但因尚未办理过户登记，不能对抗善意第三人；丙若不知甲已经将A船卖与乙的事实且无重大过失时，则构成善意，乙也不能对抗丙。不过，丙和甲之间没有交付A船的行为，按照《民法典》第224条的规定，丙并未取得A船的所有权。如何解开此扣？笔者认为，应当准用《民法典》第220条第1款的规定，乙有权凭A船买卖合同和基于合法占有该船的事实，请求登记机构更正登记。丙若书面同意更正，则问题迎刃而解；若不同意，则因证据确凿，登记机构也应予以更正。更正后，乙及时办理登记手续，对抗他人。同时，甲也有义务和权利请求登记机构注销登记，因丙为A船所有权人不符合事实。(6) 甲将其A船卖与乙，尚未交付，但已办理过户登记手续；后又卖与丙，已经交付但尚未办理过户登记手续。于此场合，丙取得了A船的所有权，但因尚未办理过户登记手续，不能对抗善意第三人；乙若不知甲已经将A船卖与丙的事实且无重大过失，则构成善意，丙也不能对抗乙。不过，乙和甲之间没有交付A船的行为，按照《民法典》第224条的规定，乙并未取得A船的所有权。在这种情况下，仍应准用《民法典》第220条第1款的规定，丙有权凭A船买卖合同和基于合法占有该船的事实，请求登记机构更正登记。乙若书面同意更正，登记机构注销乙的登记，将A船的所有权登记在丙的名下；乙若不同意，因证据确凿，登记机构也应予以更正。更正后，丙及时办理登记，对抗他人。同时，甲也有义务和权利请求登记机构注销登记，因乙为A船所有权人不符合事实。(7) 甲将其A船卖与乙，交付采取了占有改定的方式，也办理了过户登记手续。此后，甲又与丙签订了A船的买卖合同，并将A船现实交付于丙。于此场合，谁取得A船的所有权？首先，乙取得了A船的所有权应无疑问。甲与丙之间的买卖关系为出卖他人之物的合同关系，虽然按照《民法典》第597条第1款以及法释〔2009〕5号第15条的规定，甲和丙之间的买卖合同有效，不受乙追认与否的左右，也不受丙善意、恶意的影响，但A船所有权的归属不因此而受影响。特别需要指出的是，最高人民法院于2012年5月出台的法释〔2012〕8号，于第10条规定："出卖人就同一船舶、航空器、机动车等特殊动产订立多重买卖合同，在买卖合同均有效的情况下，买受人均要求实际履行合同的，应当按照以下情形分别处理：（一）先行受领交付的买受人请求出卖人履行办理所有权转移登记手续等合同义务的，人民法院应予支持；（二）均未受领交付，先行办理所有权转移登记手续的买受人请求出卖人履行交付标的物等合同义务的，人民法院应予支持；（三）均未受领交付，也未办理所有权转移登记手续，依法成立在先合同的买受人请求出卖人履行交付标的物和办理所有权转移登记手续等合同义务的，人民法院应予支持；（四）出卖人将标的物交付给买受人之一，又为其他买受人办理所有权转移登记，已受领交付的买受人请求将标的物所有权登记在自己名下的，人民法院应予支持。"最高人民法院于2015年12月通过的法释〔2016〕5号第6条规定："转让人转移船舶、航空器和机动车等所有权，受让人已经支付对价并取得占有，虽未经登记，但转让人的债权人主张其为物权法第二十四条所称的'善意第三人'的，不予支持，法律另有规定的除外。"尽管笔者不赞同其中"均未受领交付，也未办理所有权转移登记手续，依法成立在先合同的买受人请求出卖人履行交付标的物和办理所有权转移登记手续等合同义务的，人民法院应予支持"的规定，但它毕竟已经发生了法律效力，在审判实务中恐怕会得到遵循。

三、《物权法》《民法典》都未规定交付和登记均为特殊动产的物权变动的生效要件

（一）公示方法与机动车物权变动的生效要件并不一定对应

笔者认为，所谓交付和登记均为特殊动产物权变动的公示方法，在物权变动的生效要件与公示方法完全统一的法制上，该学说不会引发不当的后果，但在物权变动的生效要件与公示方法不统一的模式下，该学说则模糊了作为物权变动的生效要件的公示方法与不作为物权变动的生效要件的公示方法之间的区别，以及模糊了作为物权变动的生效要件的公示方法与作为物权变动和存续的对抗要件的公示方法之间的不同，甚至会导致错误的认识和结论。在这里，基本的法理是：在公示作为物权变动的生效要件的法制下，公示，既发生物权变动的效力，也产生了对抗第三人的效力。但在公示作为物权变动的对抗要件的模式下，公示，不

具有发生物权变动的效力，在不少的情况下，某物权虽然有公示的标志，但很可能并不符合真实的物权状况。例如，甲借用乙的电脑，甲虽然占有该电脑，却不是电脑的所有权人。再如，A房本为乙所有，但却错误地登记在甲的名下。对于电脑一案，由于甲对电脑是有权占有，乙无权请求甲返还该电脑，除非借用合同已经终止。对于A房一案，乙马上即可援用《民法典》第220条等规定，请求注销A房的所有权人的登记，将A房登记在自己的名下。如果把上例中A房替换成A车，则处理的路径及方法也是一样的，不再赘言。

其实，公示，不作为物权变动的生效要件的现象，并非鲜见。例如，在房屋所有权的领域，登记这种公示方法是房屋所有权移转的生效要件，占有/交付虽然也起公示的作用，但绝非房屋所有权移转的生效要件。再如，在普通动产物权的变动场合，登记这种公示方法却不是生效要件，交付在一般情况下都是生效要件。

在现行法上，物权变动的对抗要件不同于物权变动的生效要件。如果说《民法典》第225条的规定尚不足以明确无疑地表明这一点，那么，如下法律规定则毫无疑问地证明了该项结论：(1)《民法典》第374条关于“地役权自地役权合同生效时设立。当事人要求登记的，可以向登记机构申请地役权登记；未经登记，不得对抗善意第三人”的规定，明确地告诉我们：地役权设立的生效要件是地役权合同生效，地役权（设立、存续、效力）的对抗要件是地役权登记。这十分清楚地区分了物权变动的生效要件与物权变动的对抗要件。(2)《民法典》第403条关于“以动产抵押的，抵押权自抵押合同生效时设立；未经登记，不得对抗善意第三人”的规定，明白无疑地宣示：动产抵押权及正在建造的船舶、航空器的抵押权设立的生效要件是抵押合同生效，动产抵押权及正在建造的船舶、航空器的抵押权（设立、存续、效力）的对抗要件是抵押登记。这是区分物权变动的生效要件与物权变动的对抗要件的又一例证。(3)《民法典》第333条第1款规定：“土地承包经营权自土地承包经营权合同生效时设立。”该条第2款规定：“登记机构应当向土地承包经营权人发放土地承包经营权证、林权证等证书，并登记造册，确认土地承包经营权。”这清楚地显示土地承包经营权设立的生效要件是土地承包经营合同生效，而非登记。至于其后办理的登记，虽然也是土地承包经营权的公示方法，但只是“确认”业已存在的土地承包经营权。于此场合，公示方法不是物权变动的生效要件，它与物权变动的生效要件不一致。(4)《民法典》第335条关于“土地承包经营权互换、转让的，当事人可以向登记机构申请登记；未经登记，不得对抗善意第三人”的规定，反映了什么意思和精神？基于同样的事物同样处理的原则，由于土地承包经营权自土地承包合同生效时设立，土地承包经营权的互换、转让，也应当自互换合同、转让合同生效时土地承包经营权移转至对方当事人。如此可知，《民法典》第335条贯彻的是：土地承包经营权的互换、转让，自互换合同、转让合同生效时土地承包经营权移转至对方当事人，登记只是对抗善意第三人的要件。于此场合，公示方法，仅仅是物权变动的对抗要件，而非物权变动的生效要件，即物权变动的对抗要件与物权变动的生效要件不一致。

《民法典》第225条的规定，在表述上与《民法典》第374条、第403条的规定基本相同，差别仅在于《民法典》第374条等条文同时包含物权变动的生效要件与对抗要件，而《民法典》第225条只有物权（变动）的对抗要件，却欠缺生效要件，属于不完全法条。这样的差异不足以、也不应当将《民法典》第225条作不同于《物权法》第374条等条文的解释。

既然《民法典》明确地把物权公示方法区分为对抗要件和生效要件，并分别赋予了不同的法律效果；既然《民法典》第225条规定的登记这种公示方法只是对抗要件，不是机动车物权变动的生效要件，那么，笼而统之地说交付和登记都是机动车物权变动的公示方法，进而得出登记是机动车物权变动的生效要件的结论，就是不能成立的。

（二）《物权法》第24条但书、《民法典》第224条的但书没有承认登记是机动车物权变动的生效要件

有学者为了证成登记也是机动车物权变动的生效要件，采取文义解释和体系解释的方法，认为《物权法》第23条（相当于《民法典》第224条）的正文是将交付作为一切动产物权变动的生效要件，但书引向登记为动产物权变动的生效要件的法律规定。《物权法》第24条（相当于《民法典》第225条）就是第23条“法律另有规定的除外”这一但书所指的法律，并且第24条就确立了登记为机动车等特殊动产物权变动的生效要件。①

这是难以成立的，道理在于：从《物权法》第23条（相当于《民法典》第224条）的整个文义观察，不难发现，该第23条但书所谓法律，应当是“动产物权的设立和转让，自交付时发生效力”之相反内容的法律，也就是“动产物权的设立和转让”不以“交付时发生效力”的法律，或者说，“动产物权的设立和转让，自登记时发生效力”的法律，以及“动产物权的设立和转让，自合同生效时发生效力”的法律。② 因为通过上文的分析可知，在中国现行法上对抗要件不

① 王利明：《特殊动产物权变动的公示方法》，载《法学研究》2013年第4期，第127页。

② 假如《物权法》第23条所谓“转让”包括设立抵押权、质权，那么《物权法》第181条、第188条、第189条第1款关于动产抵押权、浮动抵押权的设立无需交付的规定，也是《物权法》第23条但书所指的法律。当然，严格地说，抵押权设立、质权设立属于处分，但不属于转让；物权的转让虽属处分，但只是处分的一种。抵押权设立、质权设立和物权转让，均属处分。此种分析和结论也适合于《民法典》的相应规定。

同于生效要件，因为《物权法》第24条（相当于《民法典》第225条）的文义是“船舶、航空器和机动车等物权的设立、变更、转让和消灭，未经登记，不得对抗善意第三人”，换言之，《物权法》第24条（相当于《民法典》第225条）的文义没有表明“船舶、航空器和机动车等物权的设立、变更、转让和消灭”，“自登记时发生效力”，亦未显示“船舶、航空器和机动车等物权的设立、变更、转让和消灭”，“自合同生效时发生效力”，所以，《物权法》第24条（相当于《民法典》第225条）不是该法第23条（相当于《民法典》第224条）“法律另有规定的除外”这一但书所指的法律。如此，从《物权法》第24条（相当于《民法典》第225条）与第23条（相当于《民法典》第224条）之间的体系关系的路径，论证出登记作为机动车物权的设立、变更、转让和消灭的生效要件，并进而否认交付为生效要件，路径有误。

既然如此，据此认为《物权法》承认了登记是机动车等特殊动产的物权变动的生效要件，是站不住脚的。同理，认为《民法典》承认了登记是机动车等特殊动产的物权变动的生效要件，同样是站不住脚的。

（三）机动车过户登记的实际操作程序否定不了交付是机动车物权变动的生效要件

有学者认为，按照相关的行政法规，机动车办理过户登记要交验车辆，所以一般会先取得交付，这就意味着法释〔2012〕8号第10条关于交付与登记冲突时以交付为准的规定，是不正确的。①

其实，不正确的恰恰是这种批评法释〔2012〕8号第10条第1项和第4项规定的路径及观点。之所以说这种断言法释〔2012〕8号第10条第1项和第4项不正确的批评意见反倒是它自己不正确，是因为有如下几点理由的支撑。

首先，在方法论上，只有举证证明交付为机动车物权的变动的生效要件会发生极不适当的后果时，才有一定的说服力，才有必要修正法释〔2012〕8号第10条的规定；否则，就应当坚持该条规定。因为该条规定符合《物权法》第24条（相相当于《民法典》第225条）等规定的文义、体系和目的。

其次，交验车辆再予登记的事实，也颠覆不了法释〔2012〕8号第10条的规定。其道理在于，如果交付、登记这两者在个案中一致，即出卖人甲将A车出卖于乙，不但交付了，而且将A车过户登记在乙的名下，那么，无论是坚持以交付为机动车物权变动的生效要件的模式，还是采取登记为机动车物权变动的

① 这是有些专家、学者在中国民法学研究会于2013年9月29—30日在西南政法大学召开的年会上提出来的观点。

生效要件的方案，都不会出现不适当的结果。如果交付、登记在个案中不统一，即出卖人甲将A车出卖并交付于乙，但又与丙签订A车买卖合同，没有交付，但将A车过户登记在丙的名下，那么，究竟是采取交付为机动车物权变动的生效要件的模式，还是奉行登记为机动车物权变动的生效要件的方案，结果是不一样的，并且在不同的案件类型中对当事人各方的利益分配是不同的，甚至反映着公正与否。就此仍以上述例证加以说明：如果采取交付为机动车物权变动的生效要件的模式，则乙取得A车的所有权，丙未取得A车的所有权。至于乙能否对抗丙，取决于丙是否为善意，若丙为恶意，则乙可直接对抗丙；但丙若为善意，则在未注销丙对A车的所有权登记时，乙对抗不了丙，只有注销丙对A车的所有权登记之后，乙才能对抗丙。与此不同，如果奉行登记为机动车物权变动的生效要件的方案，那么，乙未取得A车的所有权，丙取得A车的所有权，且能够对抗乙。

行文至此的小结是：在丙为恶意时，交付为机动车物权变动的生效要件的模式符合公平正义，登记为机动车物权变动的生效要件的方案则帮了恶意之人的忙，与公平正义不完全吻合；在丙为善意时，交付为机动车物权变动的生效要件的模式对公平正义也有所体现，但不如登记为机动车物权变动的生效要件的方案体现得充分和彻底。

面对此情此景，选取谁，舍去谁，囿于交付的公示方法，或者局限于登记的公示方法，来思考和抉择，是难有正确的结论的，只有"跳到圈外"，依赖、参照其他事物，综合考量，整体审视，才会有正确的答案。所谓"其他事物"，在所论问题上应当是中国现行法，首先是《民法典》第224条、第225条及第429条等规定。如果这样思考的路径是正确的，那么，只有坚持交付为机动车物权变动的生效要件的模式才是可取的态度，因为这种模式符合《民法典》第225条的文义、体系和目的，符合《民法典》第224条及第429条等规定的文义、体系和目的，而登记为机动车物权变动的生效要件的方案则不符合《民法典》第224条和第225条及第429条等规定的文义、体系和目的。

再次，如果交付、登记这两者不一致，且属于出卖人基于机动车买卖合同而将该机动车交付给第一买受人，却将该车登记在第二买受人的名下，则表明登记机构违反了操作规程，至少属于登记错误，甚或是出卖人与第二买受人恶意串通，损害第一买受人的合法权益，或是出卖人或买受人与登记工作人员之间合谋，予以恶意登记。在这种情况下，改采以登记为机动车的物权变动的生效要件，意味着默认了登记机构的违规操作，保护了恶意之人，颠倒了是非，也违反了《民法典》第154条的规定，违背了有关行政法律、法规的规定及其精神；坚持以交付为机动车物权的变动的生效要件，才会避免这些缺点。

最后，从第二买受人的角度看，出卖人与第二买受人签订机动车买卖合同，属于无权处分，第二买受人要善意取得，很难，因为按照《民法典》第225条的规定，登记只是对抗要件，不是物权变动的生效要件，在不符合《民法典》第224条的规定的情况下，难谓其无重大过失。有重大过失，就是恶意，而非善意。

假如将登记作为机动车物权变动的生效要件，则会产生负面的结果。其道理如下：《民法典》第225条明文规定登记为这些物权变动的对抗要件，而作为对抗要件的登记，难以时时、事事地表征着真实的物权关系。换句话说，登记所昭示的物权关系与真实的物权关系有时不一致。因此，假如把登记作为机动车物权变动的生效要件，就可能误将已经变动的机动车的物权关系当作尚未变动的物权关系，或者误将尚未变动的物权关系作为已经变动的物权关系看待。属于前者的例证有若干，例如，甲已经将作为买卖物的机动车现实地交付给了买受人乙，但尚未办理过户登记手续，若依据登记为机动车物权变动的生效要件说，则会仍然认为该机动车归甲所有，即使第三人明知该机动车所有权已经移转给乙的事实，乙也无权对抗该第三人。这显然违背了《民法典》第225条的规范意旨。属于后者的例证同样存在，例如，甲已经将作为买卖物的机动车现实地交付给了买受人乙，随后又将该机动车登记在第二个买受人丙的名下。于此场合，丙本来没有取得该机动车的所有权，但按照登记为机动车物权变动的生效要件说，则得出丙已经取得该机动车所有权的结论。这显然是不符合客观实际的，不适当地侵害了乙的合法权益。避免此类弊端的有效办法，就是坚持这样的观点：交付为机动车物权变动的生效要件，登记仅为对抗善意第三人的要件。

船舶、航空器的物权的变动也是如此，不再赘言。

(四) 交付、登记均为机动车物权变动的生效要件之说会酿成混乱

有学者认为，特殊动产是有体物，……除了交付取得物权的人之外，其他取得物权的人只能是登记权利人。而在一个当事人受领交付，而另一个当事人已经办理移转登记的情况下，已经取得物的占有的权利人不能对抗经过登记取得物权的善意的权利人。① 在特殊动产一物数卖的情况下，登记应当优先于交付。②

其实，这种观点及其阐释，是违反《物权法》《民法典》的设计及物权变动的法理的。既然在《物权法》《民法典》上对抗要件不同于生效要件，只有生效要件具备时才引发物权变动，那么，对抗要件具备与否就不决定物权变动了没

---

①② 王利明：《特殊动产物权变动的公示方法》，载《法学研究》2013年第4期，第131、133页。

有，仅仅发生对抗第三人与否的效力。既然登记不是特殊动产物权变动的生效要件，只是对抗要件，那么，仅有登记而无特殊动产的交付，就不会发生特殊动产物权移转的效力。因此，在出卖人甲将A车交付给买受人乙，之后却将A车登记在第二个买受人丙的名下的场合，只有第一个买受人乙取得了A车的所有权，第二个买受人丙没有取得A车的所有权。所谓乙和丙都取得A车所有权的观点，不符合《物权法》第24条和第23条、《民法典》第224条和第225条的规定，难获赞同。

须知，此处所论问题，不同于A车先抵押给乙，后又抵押于丙并业已办理完毕抵押登记手续的情形。其道理在于，《物权法》《民法典》对于动产抵押采取了意思主义，即动产抵押权自抵押合同生效时设立；抵押登记只是对抗善意第三人的要件（《民法典》第403条）。如此，无论是乙还是丙都对A车享有抵押权，但因乙的抵押权未办理抵押登记手续，故丙的抵押权优先，乙的抵押权位列其后。在这样的案型——乙、丙都享有抵押权——中才有登记优先的问题。而在机动车所有权移转的案型中，只有一个主体——受领给付的买受人——享有机动车所有权，另一个主体——拥有登记却未受领给付的买受人——不享有机动车所有权，就不存在登记优先于交付的问题。打个可能不恰当的比喻，甲考取了A大学，这有案可稽，但录取通知书却发给了乙。于此场合，绝不可以说在上A大学一事上，乙优先于甲，因为乙根本就没考取A大学。

如此，下述观点也值得商榷："针对物权法第24条规定的'未经登记，不得对抗善意第三人'，仍然存在不同看法。按照交付优先于登记的观点，在特殊动产物权的变动中，一旦交付，物权变动已经完成，再进行登记就没有实际意义。所以，交付完成后，即可以对抗任何登记权利人。在笔者看来，就登记对抗的本意而言，其就包括了交付不得对抗登记权利人的含义。从这个意义上说，交付不具有优先于登记的效力。"①

对所谓"在特殊动产物权的变动中，一旦交付，物权变动已经完成，再进行登记就没有实际意义。所以，交付完成后，即可以对抗任何登记权利人"的议论，首先需要澄清的是，法释〔2012〕8号第10条第4项的文义和规范意旨，均无什么"交付完成后，即可以对抗任何登记权利人"之意，亦未否定《物权法》第24条（相当于《民法典》第225条）但书关于"未经登记，不得对抗善意第三人"的规定，还没有否定《物权法》第19条（相当于《民法典》第220条）等规定，法释〔2012〕8号第10条第4项只是略去了具体的操作环节（如已受领

---

① 王利明：《特殊动产物权变动的公示方法》，载《法学研究》2013年第4期，第130页。

交付的买受人援用《物权法》第19条（相当于《民法典》第220条）的规定，请求注销登记名义人对于机动车的所有权人登记；请求将该机动车登记在自己名下；等等），径直明确了最终结果——主审法院支持已受领交付的买受人关于将标的物所有权登记在自己名下的诉讼请求。

这样处理有什么错吗？本来，法律体系自身的存在和发展规律，内含着法律设置某个具体规则时无须面面俱到，可以甚至有必要采取不完全法条的形式，以便简洁。至于法律人在解释和适用法律时，就必须整体地、全面地理解法律规定，包括以其他的法律条文补充不完全法条。具体到此处所论，《物权法》已经设有第23条、第24条、第19条等条文（相当于《民法典》第224条、第225条、第220条），法律人处理法释〔2012〕8号第10条第4项所涉案件时，应当将这些法律规定统筹考量和适用。因此，法释〔2012〕8号第10条第4项没有排斥和否定《物权法》第23条、第24条、第19条等条文（相当于《民法典》第224条、第225条、第220条），只是略去了中间操作环节，这无可厚非。

对于所谓"就登记对抗的本意而言，其就包括了交付不得对抗登记权利人的含义。从这个意义上说，交付不具有优先于登记的效力"之说，法律人必须区分情况而分别考察，不宜笼而统之地下结论。（1）如果机动车登记在第一买受人甲的名下，甲也通过受领交付取得了该机动车的所有权，那么，第二买受人乙即便在此前或其后受领了该机动车的交付，也不得说（机动车交付给乙的）交付优先于（机动车登记在甲的名下的）登记。（2）如果机动车虽然登记在了第一买受人甲的名下，但甲从未受领过该机动车，第二买受人乙反倒是受领过该机动车，那么，将机动车登记在甲的名下属于错误登记，甲从未取得过该机动车的所有权，乙却自交付时起取得了该机动车的所有权。因为登记不是机动车所有权移转的生效要件，所以，在该机动车所有权取得的问题上，对甲的登记绝对不会优先于对乙的交付。于此场合称"交付不具有优先于登记的效力"，是不正确的。

至于所谓"在特殊动产物权的变动中，一旦交付，物权变动已经完成，再进行登记就没有实际意义"，也是没有看到事物的全貌的表现。实际上，机动车的登记具有不小的实际意义。这个问题将在下文专门讨论。

（五）登记在机动车物权变动中的价值/意义

法释〔2012〕8号第10条第1项和第4项关于交付是机动车物权变动的生效要件，登记是对抗善意第三人的要件的解释，并未否定、亦未贬低登记在机动车物权变动中的价值/意义。登记在机动车等特殊动产场合的价值/意义，主要表现在以下几个方面：（1）从行政管理的角度讲，对特殊动产设置登记制度，便于管理，便于掌握信息，便于处理问题，便于众人查询。（2）一般地说，登记较之占有能更为准确/真实地反映物权关系，对于特殊动产设置登记制度，能降低物权关系在外观与真实方面的不一致情况。(3) 由于交付/登记均为特殊动产物权的公示方法，判断特殊动产物权的真实状态，不得单纯地信赖交付（占有），而应同时关注交付（占有）和登记。在交付（占有）和登记一致的情况下自无问题，在两者不一致的场合，就应当进一步核实，确定哪一种公示反映真实的物权关系。这对于判断买受人是否为善意特别重要。

如果以上认识是正确的，那么，便有如下结论。

登记名义人享有机动车的所有权，占有人却主张该机动车归自己享有，于此场合如何认定机动车的所有权归属？对此，区分若干情况加以分析，从中观察将交付作为机动车所有权移转的生效要件是否不当。

1. 登记名义人甲享有机动车的所有权，但将之出卖并交付于乙，于此场合，甲负有协助办理过户登记手续的义务，占有人乙诉请该机动车归自己所有，属于给付之诉，应当得到支持。

2. 登记名义人甲享有机动车的所有权，但将之出借或出租于乙，于此场合，乙若主张该机动车的所有权，欠缺原因行为，自然不应获得支持。但这不是否定交付为机动车所有权移转的生效要件、支持登记为机动车所有权移转的生效要件的理由，因为借车合同（使用借贷合同）和租赁合同均非引发物权变动的法律行为。

3. 登记名义人甲享有机动车的所有权，乙拾到该车，不予归还，反倒主张该车归自己所有。于此场合，按照《物权法》第107条（相当于《民法典》第312条）的规定，该车肯定归甲所有，乙负返还原物的义务；乙拒不返还，符合《民法通则》第117条第1款（相当于《民法典》第235条、第258条）的规定，构成侵权，按照《侵权责任法》第15条（相当于《民法典》第179条）的规定，乙应负返还财产的责任。但这同样不是否定交付为机动车所有权移转的生效要件、支持登记为机动车所有权移转的生效要件的理由，因为乙拾到机动车的事实行为不是引发物权变动的原因，这里不存在基于法律行为而发生物权变动的现象，也就不涉及交付抑或登记作为物权变动的生效要件的问题。

4. 登记名义人甲享有机动车的所有权，乙偷盗该车，不予归还，反倒主张该车归自己所有。于此场合，更应将该车确权于甲。这同样不是否定交付为机动车所有权移转的生效要件、支持登记为机动车所有权移转的生效要件的理由，因为乙偷盗该车的事实行为完全不属于基于法律行为而发生物权变动的范畴，也就不涉及交付抑或登记作为物权变动的生效要件的问题。

5. 登记名义人甲享有机动车的所有权，不知谁将该车放置于乙的庭院之内，乙据此主张该车的所有权。这与上文“(3)”的情形类似，结论应当一样，不再赘述。

6. 机动车所有权人甲将该机动车出卖于乙，并办理了过户登记手续。其后，甲不当地取回该车，又将之出卖并交付给丙，构成无权处分。由于丙负有注意义务，在占有、登记均为机动车权属的公示方法的模式下，不得单纯地凭借占有的事实来推定机动车所有权的归属，而应既看该车的占有事实又须查询该车的登记信息，综合情况，全面分析，而后判断。于此场合，不宜认定丙为善意，从而不成立善意取得。就是说，在这种情况下，以交付作为机动车所有权移转的生效要件，也不会导致不当的后果。

第二百二十六条

动产物权设立和转让前，权利人已经占有该动产的，物权自民事法律行为生效时发生效力。

本条主旨

本条是关于简易交付及其法律效果的规定。

相关条文

《物权法》第 25 条　动产物权设立和转让前，权利人已经依法占有该动产的，物权自法律行为生效时发生效力。

《合同法》第 140 条　标的物在订立合同之前已为买受人占有的，合同生效的时间为交付时间。

理解与适用

本条承继的是《物权法》第 25 条的内容，规定了简易交付及其法律效果，即简易交付系基于法律行为而发生的动产物权变动的生效要件。从体系解释和目的解释可以得出该项结论。

所谓简易交付，是指受让人已经占有动产，买卖等合同生效时移转动产所有权（《民法典》第 226 条）。之所以允许这种无形的交付，是因其交易便捷和符合效益原则。至于受让人占有动产的原因，是租赁、寄存还是借用或拾得遗失物，均在所不问。

简易交付引发动产物权的变动，换言之，动产物权的变动可以简易交付为生效要件。在这种模式下，动产物权发生变动的时间点是作为原因行为的民事法律行为生效之时。

这种模式同时符合公示原则和效率原则。作为交易标的物的动产已经被买受人、受赠人等受让人占有，按照占有的权利正确性推定，占有动产之人即被推定为该动产的所有权人。这对第三人而言已经达到了动产所有权公示的效果，不会害及善意的第三人。此其一。假如因循守旧地，坚持唯有现实交付才可发生动产物权的变动的观念，在动产物权变动之前，买受人等受让人已经占有作为标的物的动产，就得把该动产返还给出卖人等转让人，此等转让人再履行法律行为项下的债务，将该动产交付给买受人等受让人，至此，才发生动产物权的变动。这种迂回曲折、少慢差费的程序及方法，显然缺乏效率。简易交付规则正好能克服这些缺点，《民法典》设置它值得赞同。

第二百二十七条

动产物权设立和转让前，第三人占有该动产的，负有交付义务的人可以通过转让请求第三人返还原物的权利代替交付。

本条主旨

本条是关于指示交付及其法律效果的规定。

相关条文

《物权法》第 26 条　动产物权设立和转让前，第三人依法占有该动产的，负有交付义务的人可以通过转让请求第三人返还原物的权利代替交付。

理解与适用

一、基本含义

本条系稍微修订《物权法》第 26 条而来，它规定了指示交付及其法律效果。虽然从本条的字面意思尚难看出其适用范围限于基于法律行为而发生的动产物权变动以指示交付为生效要件，但从体系解释和目的解释应该得出该项结论。

所谓指示交付，又称返还请求权让与，是指在动产由第三人依法占有的情况下，转让人将其对该第三人的返还请求权让与受让人，以代替现实交付（《民法典》第 227 条）。学说称之为让与返还请求权，或返还请求权代位。所让与的对第三人的返还请求权，兼指债权的返还请求权和物权的返还请求权。这是为了解决标的物仍由第三人占有时的问题，法律特别设计的规则。例如，甲出租 A 车于乙，后甲与丙又订立该车的买卖合同，甲可以将其对乙的返还 A 车的请求权让与给丙，以代交付，使丙取得对 A 车的所有权。指示交付可有三种情况：（1）转让人系间接占有人（如出租人、出借人、寄托人）时，可将他基于占有媒介关系（租赁、借用、寄存）所产生的债权返还请求权让与受让人，以代交付。这种返还请求权的让与同时为间接占有的移转。应注意的是，这种情形并非所有物返还请求权的让与，而是受让人因取得动产所有权，发生所有物返还请求权。（2）转让人既非间接占有人，亦无其他可让与的返还请求权，仅有所有物返还请求权。例如遗失 A 表并不知在何人之手。于此场合，通常认为转让人得让与其所有物返还请求权，以代交付。其理由有二：一是所让与的返还请求权不以对特定第三人为限；二是对于第三人的返还请求权包括所有物返还请求权。（3）动产所有权证券化时，其所有权的移转必须交付该证券，以代该动产之交付。①

就由第三人占有的某特定动产及其物权在公示方面的效果而言，难以使交易相对人知晓出卖人等转让人对该动产拥有物权，故以出卖人等转让人为基准来说，该动产及其物权的公示效能很低、很差。不过，为达标准的公示及其效果，令出卖人等转让人先从第三人之处取回该动产，再将该动产交付给买受人等受让人，迂回曲折，效率不高，而承认指示交付规则，就能克服这个缺点。特别是，在有些场合，该第三人对于该动产的占有具有正当权源（如该第三人对该动产享有租赁权、借用权），出卖人无权取回该动产，这就更难以采取出卖人先取回、再现实交付给买受人的操作规程了。至于该动产的公示之于买受人等受让人保护的问题，可交由买受人等受让人实施尽职调查、出卖人等转让人举证证明其为该动产的物权人之类的途径及方法来解决。如果这样，勤勉的买受人等受让人也不会遭受不测之损害。因此，对于《民法典》第 227 条的规定，可资赞同。

尽管如此，指示交付规则仍有其弱点，那就是，交易相对人信赖占有该动产的第三人系该动产的真正物权人，并与之交易，则可能遭受损害，除非构成善意取得。不过，话说回来，难有十全十美的民法制度及理论。

［辨析］

笔者注意到，专家学者对于指示交付的内涵和外延把握得不尽一致，存在着将物权法视野下的指示交付与债法上的依指令而履行相混淆的现象，如某民事判决书认为："经债权人指示债务人直接向第三人履行义务的方式，在法律上称之

① 王泽鉴：《民法物权·通则·所有权》（总第 1 册），台北，三民书局有限公司 2003 年 8 月增补版，第 137～139 页；谢在全：《民法物权论》（上册），台北，三民书局有限公司 2003 年修订 2 版，第 152 页。

为指示交付。”①

其实，物权法视野下的指示交付与债法上的依指令而履行二者既有相交的情形，也有不搭界的领域，特别是二者的视角不同，在构成要件和法律效果方面存在差异，需要辨析。

（1）债法上的依指令而履行所涉标的，可能是有体物的交付，也可能是行为的实施，不涉及有体物。而物权法视野下的指示交付只在动产交付的场合才有价值，行为的实施和不动产的交付均不导致物权的变动，不在《民法典》第227条的适用范围之内。

（2）债法上的依指令而履行所涉法律关系，分为债权人和债务人之间的法律关系，笔者称之为内部法律关系，以及发出指令者（债权人或债务人）和接受指令者（第三人）之间的法律关系，笔者称之为外部法律关系。相似的，物权法视野下的指示交付所涉法律关系，分为转让人和受让人之间的法律关系，笔者同样称之为内部法律关系，以及转让人和占有动产的第三人之间的法律关系，包括占有媒介关系，笔者同样称之为外部法律关系。比较两个内部法律关系，不难发现债法上的依指令而履行制度中的内部法律关系，可能多种多样，如买卖合同关系、互易合同关系、赠与合同关系、保管合同关系、仓储合同关系、承揽合同关系，等等；而物权法视野下的指示交付制度中的内部法律关系，在类型方面则少得多，限于导致动产物权变动的法律关系，如买卖合同关系、互易合同关系、赠与合同关系，不引起动产物权变动的法律关系不在《民法典》第227条的管辖范围之内，如保管合同关系、仓储合同关系、承揽合同关系等不在《民法典》第227条的调整范围之中，除非这些合同关系属于外部法律关系。比较两个外部法律关系，不难看出物权法视野下的指示交付制度所涉第三人，必须是占有作为交易标的物的动产之人，而债法上的依指令而履行制度所涉第三人则未必是占有作为交易标的物的动产之人。

（3）债法上的依指令而履行制度中所谓指令，可由债务人向第三人发出，也可由债权人向第三人发出，呈现双向度，换句话说，依据债权人的指令，债务人向第三人为给付，属于债法上的依指令而履行；按照债务人的指令，第三人向债权人为给付，同样属于债法上的依指令而履行。与此有别，物权法视野下的指示交付仅仅是单向度的，即转让人将其对占有动产的第三人享有的返还请求权，让与受让人。专就基于法律行为而发生的物权变动而论，债法上的依指令而履行中，“依据债权人的指令，债务人向第三人为给付”，基本上不与物权法视野下的指示交付重合，因为此处所谓债权人若被移位到物权法视野下的指示交付中是受

---

① 上海市徐汇区人民法院徐民三（民）初字第2350号民事判决书，北大法宝引证码CLI.C.941924。

让人，此处所谓债务人若被移位到物权法视野下的指示交付中则是转让人，“转让人向第三人为给付”显然不符合《民法典》第227条所要求的法律结构；“按照债务人的指令，第三人向债权人为给付”，可能与物权法视野下的指示交付相交，因为此处所谓债权人若被移位到指示交付中是受让人，“第三人向债权人为给付”符合《民法典》第227条所要求的法律构造。

（4）物权法视野下的指示交付在本质上是让与返还请求权，《德国民法典》第931条所用文句就是“返还请求权的让与”，而非指示交付。中国《民法典》第227条的措辞也是“转让请求第三人返还原物的权利”，所谓指示交付一词，只不过是中国物权法学说借用日本民法理论和中国台湾民法学说常用的术语的结果。与此有别，债法上的依指令而履行在表现形态方面多种多样，时常不存在返还请求权的让与，只是债权人指示第三人向债务人为给付，或者债务人指示第三人向债权人履行。

（5）在债法上的依指令而履行场合，交付动产之人未必是物权变动的当事人，而是既非占有辅助人、也非占有媒介人的享有独立占有地位的第三人。[①] 这与《民法典》第227条规定的观念交付——无须交付动产标的物，只要移转返还原物请求权——存在显著差别，因为依指令而履行中并未发生间接占有移转，只是直接占有发生了移转。在债法上的依指令而履行场合，直接占有的移转可能发生转让人与受让人一侧的指令人，也可能发生于转让人一侧的指令人与受让人，也可能在转让人与受让人两侧都有指令人，直接占有的移转根本没有发生于转让人与受让人之间。第三种情形在链式交易中最为典型，例如，生产商甲出卖某动产于中间商乙，乙又将该动产转卖给中间商丙，丙又与消费者丁就该动产订立买卖合同。在实际履行的过程中，该动产被直接从生产商甲运到消费者丁处，中间商乙和丙均未取得过该动产的直接占有。[②]

（6）在债法上的依指令而履行场合，有关抗辩或抗辩权较为普遍地存在，并且存在于内部法律关系中的抗辩或抗辩权与存在于外部法律关系中的抗辩或抗辩权可能相互关联。与此有所不同，在物权法视野下的指示交付规则中，有些抗辩或抗辩权存在且应允许运用，有些抗辩或抗辩权则可能受到限制甚至被排斥。

既然物权法视野下的指示交付与债法上的依指令而履行二者在类型、构成要件和法律效果方面存在着差异，那么，只有认清这些差异而非将二者混为一谈，

① 有关指令交付的理论介绍，参见庄加园：《德国法上三角关系的指令取得（Geheißerwerb）》，载崔建远主编：《学理与判例：民法原理与案例分析》，北京，法律出版社2010年版，第98页以下；［德］鲍尔/施蒂尔纳：《德国物权法》（下册），申卫星、王洪亮译，北京，法律出版社2006年版，第360页；王泽鉴：《民法物权》，北京，北京大学出版社2009年版，第98页。该信息来源于庄加园：《基于指示交付的动产所有权移转》注8，载《法学研究》2014年第4期，第169页。

② 庄加园：《基于指示交付的动产所有权移转》注9，载《法学研究》2014年第4期，第169页。

才会避免某些法律适用不当。

二、《民法典》第 227 条对《物权法》第 26 条的微调

《物权法》第 26 条将指示交付限定于动产由“第三人依法占有”的场合，作茧自缚，使一些本应通过指示交付来解决动产物权变动的问题却无法如愿，只得先由转让人从占有动产的第三人之处收回，再交给受让人，徒增周折和成本。如果删除“依法”占有的限定，就会使局面改观，使如下的问题可通过指示交付得到解决：转让人非间接占有人时，可让与其基于侵权行为或不当得利而生的返还请求权。这种返还请求权的让与，与占有的移转无关。于此场合，所让与的也不是所有物返还请求权，而是受让人因取得所有权，而得主张的所有物返还请求权。

《物权法》第 26 条将指示交付限定于动产由“第三人依法占有”的不足之二表现在：第三人对标的物的占有原有本权，但其后本权不复存在，导致第三人无权占有标的物，例如，第三人作为借用人占有借用物，其后借用合同终止，变为无权占有。在这些情况下，物权人将此类标的物出卖与他人，因不符合《物权法》第 26 条关于指示交付必须发生在动产由“第三人依法占有”的要求，故只得先由转让人从占有动产的第三人之处收回，再交给受让人，徒增周折和成本。如果删除“依法占有”的限定，允许采取指示交付的方式，就会使局面改观。

《物权法》第 26 条将指示交付限定于动产由“第三人依法占有”的不足之三表现在：无法使受让人于让与合同生效不久就可取得标的物的直接占有，因为此时第三人对该标的物仍处于有权占有的状态。

正是认识到了这一点，《民法典》第 227 条中不见了“依法”二字。这值得赞同。

三、关于指示交付下让与的返还请求权的定性与定位

让与的返还请求权若为债权的返还请求权，如交易标的物被第三人基于租赁、借用等合同有权占有的场合，出卖人对此类第三人享有的返还请求权，既可以是物的返还请求权，也可以是合同法上的债权的返还请求权，即保管、租赁、借用或其他合同终止时，保管人、承租人、借用人等占有人负有合同法上的返还标的物的债务。若以债权的返还请求权论，出卖人把该债权的返还请求权让与买受人时，自让与合同生效时买受人取得该返还请求权；但在与债务人的关系上，则按照《民法典》第 546 条第 1 款的规定，需要通知债务人，否则，让与对债务

人不发生效力。就是说，出卖人或买受人未将让与债权的返还请求权这一事实通知债务人时，债务人有权拒绝买受人关于返还占有物的请求，只对出卖人负有返还占有物的债务。不过，这只是合同法上的效力表现。实际上，受让人与债务人之间的关系，还有物权法层面的表现，即受让人取得标的物所有权或其他物权之后，他可以向债务人主张标的物的所有权或其他物权，以此来对抗债务人。

让与的若为物权的返还请求权，如交易标的物被第三人无权占有的场合，出卖人对该第三人享有物的返还请求权，属于此类。于此场合，让与返还请求权是否需要通知第三人（占有动产之人），法律未作规定，从物权为对世权的角度看，只要物权的返还请求权移转并同时完成了物权的公示的，则无须通知债务人，就可以对抗债务人；如果尚未完成物权的公示，则宜类推适用《民法典》第 546 条第 1 款的规定。[①]

有学说不赞同指示交付下让与的返还请求权为所有物返还请求权，而主张所让与的只能是债权的返还请求权，大概有四点理由。对这四点理由笔者均持有异议，兹分析、评论如下：其理由之一是，物权与物权请求权不可分离，所有物返还请求权并非独立的请求权，它只是为了实现所有权的圆满状态而发生的，不能与所有权分离而转让。[②] 转让人移转所有权于受让人，也就导致转让人强制性地失去了所有物返还请求权，受让人随着取得所有权也就得到了该返还请求权。[③] 因此，所有物返还请求权只是所有权的附属品[④]，基于所有物而生的请求权移转不是所有权移转的前提，而是所有权移转的结果。为此，所有人如果不放弃所有权，就不能同时转让基于所有权所生的请求权。[⑤] 所以，要通过转让所有物返还请求权，来实现移转所有权的目的，无疑是倒果为因，混淆目的和手段的关系。转让人转让所有权的动产究竟是处于间接占有之下，还是已经失去占有，原则上

---

① 参考谢在全：《民法物权论》（上册），台北，三民书局有限公司 2003 年修订 2 版，第 153 页。

② 王利明：《物权法研究》（上册），北京，中国人民大学出版社 2007 年版，第 210 页；崔建远：《物权法》，北京，中国人民大学出版社 2011 年版，第 87 页；申卫星：《物权法》，北京，中国人民大学出版社 2008 年版，第 126 页；朱岩、高圣平、陈鑫：《中国物权法评注》，北京，北京大学出版社 2007 年版，第 170 页。

③ Hans Josef Wieling, Sachenrecht, 2. Auflage, Berlin und Herdelberg 2006, S. 322. 转引自庄加园：《基于指示交付的动产所有权移转》注 36，载《法学研究》2014 年第 4 期，第 174 页。

④ Felicitas Einsele-Wili, Die Vindikationszession, Zürich 1975, S. 52. 转引自庄加园：《基于指示交付的动产所有权移转》注 36，载《法学研究》2014 年第 4 期，第 174 页。

⑤ Staudinger/Wiegand, 2004, § 931 Rn. 11; Karl H. Neumayer, Die sogenannte Vindikationszession (§ 931 BGB) im dogmatischen Spannungsfeld zwischen Übereignung und procuratio in rem, in Festschrift für Heinrich Lange zum 70. Geburtstag, 25. März 1970, Hrsg. von Kurt Kuchinke, München 1970, S. 308. 转引自庄加园：《基于指示交付的动产所有权移转》注 36，载《法学研究》2014 年第 4 期，第 174 页。

都不能通过让与所有物返还请求权的方式，这一请求权的让与只是所有权移转的结果而已。①

笔者认为，上述认识不能说无理，但有些机械和僵硬。所有权与其请求权结为一体，所有权移转，所有物返还请求权也随之移转；作为物权效力的所有物返还请求权移转了，物权本体也得移转。如同转让抵押权时被担保债权也随之让与一样。此其一。所有权与其请求权结为一体，正好表明转让任何一个实质上都是全部转让。这类似于房地权属虽为两个，但转让时一体移转。之所以不径称移转标的物所有权，而谓之曰转让所有物返还请求权，是为了体现形式主义的物权变动，而非意思主义的物权变动，凑足“交付”这个要件，使物权变动有个原因。转让所有物返还请求权是“交付”的变形。在这里，说穿了，指示交付制度的设置，纯粹是为了满足动产物权变动以交付为生效要件这个原则，为了形式的统一，为了前后一致。否则，完全可以采取意思主义的物权变动，径直称转让人和受让人达成了移转转让物的合意，就发生了转让物所有权的移转。因为于此场合实行意思主义的物权变动，不会害及交易安全及占有媒介人：从保护交易相对人（第三人）的角度观察，转让物此时被占有媒介人实际控制，交易相对人作为一个理性人，不得盲目相信转让人享有转让物的所有权，需要请求转让人举证证明他对转让物享有所有权等处分权，甚至更进一步地调查、核实，然后再做交易。通过这个过程，保障交易相对人不会遭受不测之损害。就是说，交易安全方面不会出现问题；从占有媒介人角度考虑，也不会出现问题，因为他明知转让物非他所有，谁有权请求返还，他应当清楚，因为物权法及合同法规定了所有权人的返还请求权及其实现条件和程序，合同法设计了第三人请求移转占有的要件和程序。此其二。至于“果”与“因”、“目的”与“手段”的界定及其关系，未必如此。从所有权本体与其请求权之间的关系来看，它们就是一个整体的组成部分。既然是一个整体的组成部分，就是部分与部分之间的关系，这样，就可能不好说谁是“因”，谁是“果”；谁是“目的”，谁是“手段”。如同心脏与肺叶均为人体的组成部分一样，不好说谁是“因”，谁是“果”；谁是“目的”，谁是“手段”。退一步说，即使按照“果”与“因”、“目的”与“手段”的思路思考，也要看基点放在哪里。如果从没有物权请求权就不会有真正的物权这个角度观察，所有物返还请求权倒是“因”，动产所有权却是“果”。如果从所有权人必须拥有所有物返还请求权，以便能够请求无权占有人返还动产的角度看，“目的”就是所有物返还请求权。为达此目的，需要拥有所有权。这样一来，所有权反倒成了“手

① 参考庄加园：《基于指示交付的动产所有权移转》，载《法学研究》2014年第4期，第174页。

段”。在奉行所有物返还请求权适用消灭时效制度的背景下，在个案中，某所有物返还请求权已经罹于时效，而所有权人特别想拥有所有物返还请求权，于此场合，所有物返还请求权为“目的”，动产所有权却为“手段”，至为明显。此其三。

其理由之二：处于间接占有地位的所有人并不享有对其占有媒介人的所有物返还请求权。①按照主流学说，物权请求权只是在所有权的圆满状态受到妨害时才发生。②也就是说，当他人无权占有所有物时，所有权的圆满状态便会受到妨害。占有媒介关系的当事人若就占有发生争议，应该诉诸他们的债法约定，行使占有媒介关系所生的返还请求权。③当事人存有占有媒介关系的情况下，通常并不发生所有物返还请求权。④

在笔者看来，准确地说，所有权人对于直接占有人享有物的返还请求权，只是此时尚不具备行使物的返还请求权的条件，只有等待直接占有人对于动产占有的权源消失（如保管、租赁、借用等合同终止）时，所有权人才可以行使物的返还请求权。此其一。在直接占有人和间接占有人（所有权人）之间存在债法上的约定时，所有权人对于直接占有人享有债权的返还请求权。但是，即使如此，于此场合行使债权的返还请求权的条件也不具备，仍须等待直接占有人对于动产占有的权源消失（如保管、租赁、借用等合同终止），方可实际请求直接占有人返还该动产。既然所有物返还请求权和债权的返还请求权均不具备行使的条件，实际行使返还请求权都是以后才可以的事情，那么，以“当事人存有占有媒介关系的情况下，通常并不发生所有物返还请求权”这样的路径来证明指示交付下让与的不会是所有物返还请求权，欠缺逻辑的力量。此其二。

其三，对于“当事人存有占有媒介关系的情况下，通常并不发生所有物返还请求权”，却承认让与的标的可以是所有物返还请求权，可有若干解决之道。第一种是区分抽象意义上的物权请求权和具体意义上的物权请求权，有无妨害物权的具体行为的发生，或妨害物权的危险是否真实地存在，这种抽象的物权请求权都会存在。⑤第二种是仍然遵从物权请求权于物权受到侵害或妨害时发生，但适用《物权

① Karl H. Neumayer, Die sogenannte Vindikationszession (§ 931 BGB) im dogmatischen Spannungsfeld zwischen Übereignung und procuratio in rem, in: Festschrift für Heinrich Lange zum 70. Geburtstag, 25. März 1970, Hrsg. von Kurt Kuchinke, München 1970, S. 310. 转引自庄加园：《基于指示交付的动产所有权移转》注 36，载《法学研究》2014 年第 4 期，第 175 页。

② 梁慧星主编，侯利宏执笔：《中国物权法研究》（上），北京，法律出版社 1998 年版，第 109 页；王利明：《物权法研究》（上册），北京，中国人民大学出版社 2007 年版，第 223 页；朱岩、高圣平、陈鑫：《中国物权法评注》，北京，北京大学出版社 2007 年版，第 172 页。

③④ 参考庄加园：《基于指示交付的动产所有权移转》，载《法学研究》2014 年第 4 期，第 175、174～175 页。

⑤ 崔建远：《准物权研究》，北京，法律出版社 2003 年版，第 162～163 页。

法》第 26 条、《民法典》第 227 条的规定时，所有物返还请求权是未来发生的。

其四，诚然，论者为了证成其观点，提出了这样的理由："倘若所有权的取得依赖于将来请求权的发生，而这一请求权的发生又有很大的不确定性，此时即使出让人转让这一请求权，受让人也没有得到现实存在的请求权，而是只享有了一个法律地位远弱于请求权的可能性，这样的解释路径显然无法满足指示交付的构成要件。因此，只要这一请求权让与无法发生即刻的所有权移转，就不能满足受让人在指示交付中的利益。"

笔者认为，这种论证路径也欠缺说服力。须知，在直接占有人基于保管、借用等合同占有标的物、且合同继续存在时，转让人、受让人于此时并不享有原物返还请求权，所谓债权的返还原物请求权也是未来发生的。在这点上，物权的返还请求权和债权的返还请求权所面临的困难是同样的。看来，以未来发生的、有不确定性为由否定转让的是所有物返还请求权，理由并不充分。

必须看到，所谓让与的标的是债权的返还请求权之说，存在着先天的弱点，因为债务与动产占有并不在同一个层次上，二者分处于不同的法律领域，所以，只有受让人这个债权人请求占有动产的第三人履行债务，才会发生占有移转的法律效果，才会发生动产物权变动的结果。这一点，在债务履行期尚未届至的情况下，更为明显。既然如此，在让与的标的是债权的返还请求权场合，称指示交付导致动产物权变动，拟制的色彩十分浓厚，它至少是不确切的。与此相反，承认指示交付制度中让与的返还请求权，可以是所有物返还请求权，也可以是债权的返还请求权，具有明显的优势，道理在于，承认让与的标的是所有物返还请求权，在确定动产物权变动的时间点方面特别清晰，并且，转让人和受让人之间的物权关系，与他们和第三人之间的物权关系，在实质上都是一致的。就是说，让与所有物返还请求权之时就是动产所有权变动之时，因为所有物返还请求权与动产所有权自身连为一体，二者同时移转。

其理由之三：单纯让与所有物返还请求权，未能使转让人丧失对转让物干预的事实可能性，受让人也没有获得转让物的间接占有。当转让物由占有媒介人占有时，转让人通过转让基于占有媒介关系的原物返还请求权，使得受让人获得间接占有，由此才发生观念交付下的指示交付。因为指示交付的要害并非让与返还请求权，而是使得受让人取得转让物的间接占有，转让人丧失对物干预的可能性。在此体现了与交付原则（《物权法》第 23 条、《民法典》第 224 条）相同的思想：受让人必须基于转让人的意思获得全部的占有。两者不同之处在于，《物权法》第 23 条、《民法典》第 224 条必须移转全部的直接占有，而《民法典》第 227 条则要求间接占有的全部移转。由此可见，通过转让所有物返还请求权的方式来移转所有权，并不符合转让人在观念交付中至少取得间接占有的要求。①

对此，笔者评论如下：(1) 所谓“单纯让与所有物返还请求权，未能使转让人丧失对转让物干预的事实可能性”，这不符合指示交付制度的意旨，因为指示交付制度设计的目的及效果，就是发生这样的效力：所有物返还请求权一经移转给受让人，转让人就丧失了转让物所有权，同时，受让人就取得了转让物所有权。既然转让人已经丧失了转让物所有权，他还有什么权利对转让物进行合法的干预呢？(2) 所谓“单纯让与所有物返还请求权，……受让人也没有获得转让物的间接占有”，也只是一家之言，是这一家的逻辑。其实，只要我们将“取得所有物返还请求权”作为受让人取得间接占有的原因，受让人基于所有物返还请求权而享有对动产的间接占有，就完全解决了受让人对转让物取得间接占有的问题。这并非强词夺理，因为受让人拥有债权的返还请求权时，对于转让物构成间接占有；享有所有物返还请求权时，对于转让物也构成间接占有。实际上，受让人取得所有物返还请求权与取得间接占有可以视为同时，从而满足了论者关于“指示交付的要害并非让与返还请求权，而是使得受让人取得转让物的间接占有，转让人丧失对物干预的可能性”的逻辑。(3) 所谓“受让人必须基于转让人的意思获得全部的占有”，在让与的是所有物返还请求权的场合，也不成问题。因为受让人的确是基于转让人的意思在受让转让物。至于此处所谓“全部的占有”，其确切意思尚需明确，从论者的上下文来看，应当是指间接占有，而非直接占有和间接占有。如果这样认定是正确的，则受让人已经间接占有了转让物，满足了指示交付的要求。

其理由之四：“在指示交付的善意取得中，转让人将因不享有所有物返还请求权而无法完成善意取得。”②

对此，笔者评论如下：该项理由若针对指示交付下所转让的请求权在任何场合都可以是所有物返还请求权之说，能够成立，但若针对所转让的可以是所有物返还请求权，也可以是债权的返还请求权之说，则欠缺说服力。因为按照后一学说，则并不强求所转让的永远是所有物返还请求权，而应区分情况而定：存在所有物返还请求权时，所转让的可以是所有物返还请求权；不存在所有物返还请求权时，所转让的则是债权的返还请求权。它不让所有物返还请求权包打天下。在指示交付的善意取得中，所转让的是债权的返还请求权，而非所有物返还请求权，就破解了论者所出难题，就符合了逻辑。此其一。

其二，完全贯彻动产善意取得制度的本质要求，转让人对于转让物要占有，

---

①② 庄加园：《基于指示交付的动产所有权移转》，载《法学研究》2014年第4期，第175页。

受让人对转让物也得占有，才会发生转让物的善意取得。既然论者所说的案型中转让人对于转让物没有占有，受让人也无法基于买卖等合同取得对转让物的占有，则指示交付场合不发生善意取得的后果。由于受让人明知转让人对转让物没有占有，没有理由推定转让人对于转让物享有所有权等处分权，为了自身的利益，他应当请求转让人举证证明对转让物享有所有权，双方按照有权处分的模式进行交易，否则，受让人就有重大过失，于是不符合善意取得的构成要件，不发生善意取得的结果。既然如此，论者称"不直接占有转让物的出让人如适用指示交付，他将因不享有所有物返还请求权而无法满足指示交付的构成要件，以致这一观念交付方式实际上被排除于善意取得之外，不利于交易安全的保护"，就不成立。

笔者不赞同让与的返还请求权仅限于债权的返还请求权，还有如下理由：在有些情况下，占有媒介关系并不存在债权的返还请求权，仅有所有物返还请求权。例如，第三人占有动产原本是基于征收或征用，其后，该征收或征用被取消，于此场合，应当适用行政法关于征收、征用及其法律后果的有关规定和《物权法》第 34 条、《民法典》第 235 条关于物的返还请求权的规定，转让人作为该动产的所有权人对于征收、征用的机关并不享有债权的返还请求权，如此，称让与的是债权的返还请求权，是不成立的。当然，对于此种情况下的动产返还，如果坚持排除行政法的适用，而适用占有的不当得利制度，则另当别论。

[论争]

在物权法视野下的指示交付制度中，是否存在着有关抗辩或抗辩权，意见不一。例如，有学者主张，指示交付所让与的返还请求权不能含有抗辩，倘若行使的返还请求权负有障碍，则不能适用指示交付。① 相反的观点则为，指示交付制度能使占有媒介人得以向受让人主张基于原占有媒介关系所产生的抗辩。② 此外，针对物权法视野下的指示交付规则也适用于海商法的提单纠纷③，从而指示交付所让与的返还请求权不能含有抗辩或抗辩权的观点，庄加园博士评论道：由于海运提单作为典型的文义证券，提单人根据证券上的记载事项即可行使权利义

① 王利明：《物权法研究》（上册），北京，中国人民大学出版社 2007 年版，第 380 页。

② Wolfgang Ernst, Eigenbesitz und Mobiliarerwerb, Tübingen 1992, S. 278; Werner Schubert, Die Entstehung der Vorschriften des BGB über Besitz und Eigentumsübertragung, Berlin 1966, S. 164. 转引自庄加园：《基于指示交付的动产所有权移转》，载《法学研究》2014 年第 4 期，第 171 页。

③ 王泽鉴：《民法物权》，北京，北京大学出版社 2009 年版，第 98 页；朱岩、高圣平、陈鑫：《中国物权法评注》，北京，北京大学出版社 2007 年版，第 156 页；杨代雄：《拟制交付在物权公示中的效力——兼谈我国〈物权法〉第 26 条的修订》，载《重庆工学院学报》（社会科学版），2008 年第 6 期，第 89 页。

务，由此切断原合同当事人（承运人和托运人）之间的抗辩，使得海运提单的便捷性和流转性远超民法（物权法）意义上的指示交付。就这点而言，所谓海运提单转让，便构成指示交付，至少从承运人不得主张提单记载之外的抗辩权而言，表现出明显不同于指示交付的特征。① 谢在全先生早就指出，仓单、提单、载货证券所载物品的交付，于交付该项证券于有受领权人时，与交付物品有同一的效力。因为此类证券为物权证券，动产的权利通过证券予以表彰，持有证券者即与占有动产相同；对动产权利的行使也要依证券而为之。所以，此类动产物权的变动不是需要交付证券，就是进行背书，而无指示交付规则的适用余地。②

笔者赞同指示交付制度不排斥有关抗辩或抗辩权的观点，理由在于：(1)《物权法》第 26 条、《民法典》第 227 条关于指示交付的设计并未排斥有关抗辩或抗辩权的存在和运用，其他法律、法规、规章也无关于《物权法》第 26 条、《民法典》第 227 条适用时不得抗辩的明文规定。(2) 作为动产物权变动原因的常态的现实交付场合，允许有关抗辩或抗辩权的存在和运用，笔者未见有反对的意见。按照相似的事物相同处理的原则，作为替代现实交付规则的指示交付规则也不宜一律排斥抗辩或抗辩权。诚然，现实交付的公示性强，指示交付的公示性弱，在受让人善意与否的判断、对于第三人合法权益保护等方面，它们二者所含抗辩或抗辩权可能存在些许差异，但不至于指示交付场合的抗辩或抗辩权全被排斥。(3)《民法典》第 548 条规定："债务人接到债权转让通知后，债务人对让与人的抗辩，可以向受让人主张。"尽管债权转让与债权的返还请求权不完全相同，但在许多情况下可以忽视其差异点；尽管抵销与抗辩分属不同的法律制度，在相互抵销的两项债务分属于不同的法律关系中场合，本该抵销的主张若不提起反诉或反请求，难获裁判者的支持，但在属于同一非典型法律关系中的两项债务抵销时，则应允许通过抗辩来对抗原告或申请人的请求，不必苛求反诉或反请求的形式。如果这些看法立得住脚，那么，《民法典》第 548 条的精神可用于指示交付制度是否含有抗辩或抗辩权的问题，结论是：指示交付制度不宜一律排斥抗辩或抗辩权。

第二百二十八条

动产物权转让时，当事人又约定由出让人继续占有该动产的，物权自该约定生效时发生效力。

---

① 庄加园：《指示交付下的动产所有权移转》，载《法学研究》2014 年第 4 期，第 169 页。

② 谢在全：《民法物权论》（上），台北，新学林出版股份有限公司 2010 年修订 5 版，第 133 页。

本条主旨

本条是关于占有改定及其法律效果的规定。

相关条文

《物权法》第 27 条　动产物权转让时，双方又约定由出让人继续占有该动产的，物权自该约定生效时发生效力。

理解与适用

本条是对《物权法》第 27 条的复制，规定了占有改定引发动产物权的变动。虽然从该条的字面意思看不出其适用范围限于基于法律行为而发生的动产物权变动以占有改定为生效要件，但从体系解释和目的解释，应该得出该项结论。

所谓占有改定，是指出让人继续占有动产，出让人与受让人订立合同，使受让人取得对动产的间接占有，并取得动产所有权（《民法典》第 228 条）。买卖、互易、赠与、以物抵债等合同关系中可有此种现象。允许这种交付的原因，也在于简化动产所有权的移转流程。例如，甲出卖 A 钢琴给乙，如果甲尚需使用该琴参加比赛，那么可以与乙订立合同（移转 A 钢琴的所有权、借用 A 钢琴或租赁 A 钢琴），由乙取得间接占有，以替代现实交付，进而完成 A 钢琴所有权的移转。于此场合，出卖人对钢琴是直接占有还是间接占有，在所不问。[①]

占有改定的成立，需要具备如下要件：(1) 出让人和受让人之间存在实质交易行为，诸如买卖合同、赠与合同、以物抵债协议等，其合意中含有转移该动产所有权的意思表示，订立由出让人继续占有该动产、受让人间接占有该动产的合同。据此，出让人成为占有媒介人。(2) 存在使受让人取得间接占有的合意，明示的、默示的，在所不问，只要能够产生间接占有的法律关系即可；单纯的“今后为受让人而占有”的表示，即抽象的改定，不能使受让人取得间接占有，故不能取得该动产的所有权。还有，间接占有的法律关系，不必基于有效的租赁、质押、借贷等合同，盖间接占有所由产生的合同纵为无效，受让人不妨取得返还请求权。只是物权变动的合意，通常与租赁或借贷等约定，包含在同一个法律行为之中，因此，租赁、借贷等合同无效，也足以引起物权变动的合意无效。如代替间接占有关系而约定一种仅使出让人成为受让人的占有辅助人，则为现实交付。(3) 唯有物的占有者，始得依占有改定为转移。其为直接或间接占有人，则非所

---

① 谢在全：《民法物权论》（上册），台北，三民书局有限公司 2003 年修订 2 版，第 137 页。

问。出让人以为间接占有人为已足，盖间接占有的出让人，得使受让人取得上级间接占有。因占有改定取得所有权者得依占有改定再转让之。出让人须于转让时为占有人，如于此时丧失占有，则不得依占有改定为转移的合意。出让人尚未取得占有者，得依预期的占有改定为转移的合意。受让人于出让人取得占有（因此成为所有权人）时，无须订立一个新合同，即取得动产物权。然而，于此时，出让人和受让人之间仍须有意思一致的事实。①

若以受让人对于该动产的关系为审视的基点，则可以说占有改定的公示效果最差，受让人的下手难见其对该动产享有物权。该下手只好通过尽职调查和令该受让人举证证明其为该动产的物权人，来避免遭受不测之损害。

出让人继续占有标的物，为其无权处分该动产敞开了方便之门。这只好由善意取得制度担负其责。

其实，若自受让人可否善意取得某动产的角度观察，在转让人无权处分、该受让人与转让人之间又采取了占有改定的交付方式的情况下，通说认为该受让人不能善意取得该动产，除非在善意取得的构成要件没有丧失的前提下，该受让人嗣后取得了对该动产的现实占有。

第三节　其他规定

本节规定了非基于法律行为而发生的物权变动不以公示为生效要件以及宣示登记及其法律效果。

本节规定了五大类非基于法律行为而发生的物权变动不以公示为生效要件的情形，一是人民法院、仲裁机构的法律文书生效，这些法律文书指向的财产立即发生物权变动；二是人民政府的征收决定生效，被征收的财产立即归属于国家；三是继承开始，遗产的物权立即依法转移给继承人；四是因合法建造房屋等建筑物、构筑物等事实行为（建造完成，在房屋的场合是封顶）而设立不动产所有权；五是因拆除等事实行为而消灭房屋等建筑物、构筑物的不动产所有权。

本节还规定了非基于法律行为而取得的不动产物权须经宣示登记方可发生处分（如转让不动产物权、将不动产设立抵押权）的法律效果。

需要注意，这些情形只是《民法典》的示例，除此而外，尚有添附等原因而生的物权变动的情况，仍然适用《民法典》的上述相关规定，不以登记或交付为

---

① 史尚宽：《物权法论》，台北，荣泰印书馆股份有限公司1979年版，第35～36页。

生效要件。

这些类型的物权变动不经登记即发生效力，可以克服公示生效要件主义过于严苛的弱点。因为非基于法律行为而生的物权变动，若仍然贯彻须经公示才发生效力，不仅与社会实际不符，而且将难以有效地保护此类物权人。何况此类物权变动，或有法律依据，如继承；或有国家机关的公权力的介入，如征收。于此场合，不动产物权的变动业已发生，存在的状态也十分明确，没有违反物权公示的要求，其后再为公示，也无碍交易安全。当然，对此类原因事实是否存在有疑义时，物权的取得人负有举证责任。①

公示毕竟是原则，中国现行法对此是尽力贯彻的，《不动产登记暂行条例》规定，因继承、接受遗赠取得不动产权利的，因人民法院、仲裁机构生效的法律文书或人民政府生效的决定等设立、变更、转让、消灭不动产权利的，当事人单方可以申请登记（第 14 条第 2 款第 2、3 项）。《不动产登记暂行条例实施细则》规定："因继承、受遗赠取得不动产，当事人申请登记的，应当提交死亡证明材料、遗嘱或者全部法定继承人关于不动产分配的协议以及与被继承人的亲属关系材料等，也可以提交经公证的材料或者生效的法律文书"（第 14 条）。登记的类型为转移登记（第 27 条第 5、7 项）。特别是《物权法》第 31 条关于"依照本法第二十八条至第三十条规定享有不动产物权的，处分该物权时，依照法律规定需要办理登记的，未经登记，不发生物权效力"的规定，迫使不动产物权的取得人必须先行登记，而后才可以处分不动产，回归公示原则。②

第二百二十九条

因人民法院、仲裁机构的法律文书或者人民政府的征收决定等，导致物权设立、变更、转让或者消灭的，自法律文书或者征收决定等生效时发生效力。

本条主旨

本条是关于人民法院、仲裁委员会的法律文书或者人民政府的征收决定等生效时，它们指涉的物权发生变动的效力的规定。

相关条文

《物权法》第 28 条　因人民法院、仲裁委员会的法律文书或者人民政府的征

① 参考谢在全：《民法物权论》（上册），台北，三民书局有限公司 2003 年 7 月修订 2 版，第 126 页。

② 这种思路，见谢在全：《民法物权论》（上册），台北，三民书局有限公司 2003 年 7 月修订 2 版，第 126 页。

收决定等，导致物权设立、变更、转让或者消灭的，自法律文书或者人民政府的征收决定等生效时发生效力。

《国有土地上房屋征收与补偿条例》（第590号）第4条 市、县级人民政府负责本行政区域的房屋征收与补偿工作。

市、县级人民政府确定的房屋征收部门（以下称房屋征收部门）组织实施本行政区域的房屋征收与补偿工作。

市、县级人民政府有关部门应当依照本条例的规定和本级人民政府规定的职责分工，互相配合，保障房屋征收与补偿工作的顺利进行。

第8条 为了保障国家安全、促进国民经济和社会发展等公共利益的需要，有下列情形之一，确需征收房屋的，由市、县级人民政府作出房屋征收决定：

（一）国防和外交的需要；

（二）由政府组织实施的能源、交通、水利等基础设施建设的需要；

（三）由政府组织实施的科技、教育、文化、卫生、体育、环境和资源保护、防灾减灾、文物保护、社会福利、市政公用等公共事业的需要；

（四）由政府组织实施的保障性安居工程建设的需要；

（五）由政府依照城乡规划法有关规定组织实施的对危房集中、基础设施落后等地段进行旧城区改建的需要；

（六）法律、行政法规规定的其他公共利益的需要。

法释〔2016〕5号第7条 人民法院、仲裁委员会在分割共有不动产或者动产等案件中作出并依法生效的改变原有物权关系的判决书、裁决书、调解书，以及人民法院在执行程序中作出的拍卖成交裁定书、以物抵债裁定书，应当认定为物权法第二十八条所称导致物权设立、变更、转让或者消灭的人民法院、仲裁委员会的法律文书。

第8条 依照物权法第二十八条至第三十条规定享有物权，但尚未完成动产交付或者不动产登记的物权人，根据物权法第三十四条至第三十七条的规定，请求保护其物权的，应予支持。

理解与适用

本条包括三大类型的非基于法律行为而发生的物权变动，一是人民法院、仲裁委员会的法律文书生效时，该法律文书所指向的物权发生变动的效力；二是人民政府的征收决定生效时，被征收财产的物权归于消灭；三是征收以外的行政命令生效时，该命令所指向的物权归于消灭。其中任何一种物权变动都不以登记或交付作为生效要件。

一、人民法院、仲裁委员会的法律文书生效时，该法律文书所指向的物权发生变动的效力

本条所谓“因人民法院、仲裁委员会的法律文书……，导致物权设立、变更、转让或者消灭的，自法律文书……生效时发生效力”，是指只要人民法院、仲裁委员会的法律文书一经生效，该法律文书所指向的物权就发生变动，不以登记或交付为生效要件。例如，甲、乙兄弟二人继承其父母遗留的A楼等遗产，对A楼如何分享发生争执，诉讼到人民法院。经审理，人民法院判决A楼归属于甲，乙继承其他遗产。该判决送达甲和乙之时，A楼的所有权便归属于甲，尽管不动产登记簿簿页上的所有权人一栏记载的仍是甲、乙的父母之名。

本条所言人民法院、仲裁委员会的法律文书，就立法本意而言是泛指人民法院的给付判决及裁定、确权判决及裁定和形成判决及裁定，以及仲裁机构的给付裁决、确权裁决与形成裁决，并未限于人民法院的形成判决及裁定和仲裁机构的形成裁决。

之所以如此断言，是因为本条系对《物权法》第28条的复制。而《物权法》第28条所指法律文书就是广义上的。这不但是笔者一直参与《中华人民共和国物权法（草案）》研讨时的切身感受，而且可从全国人民代表大会常务委员会法制工作委员会民法室编写的《中华人民共和国物权法释义》对《物权法》第28条所作的如下解释（以下简称为“民法室解释”）得到佐证：这里的法律文书，是指依其宣告就足以发生物权变动的效果的判决书、裁决书、调解书等。例如，离婚诉讼中确定当事人一方享有某项不动产的判决、分割不动产的判决、使原所有权人回复所有权的判决，属于《物权法》第28条所规定的设权判决、确权判决。此类设权或确权判决、裁决书、调解书本身，具有与登记、交付等公示方法相同的效力。因而依据此类判决、裁决书、调解书而进行的物权变动，无须再进行一般的物权公示而直接发生效力。鉴于上述类型的判决书、裁决书、调解书所针对的只是具体的当事人，而非一般人，其公示方法采取的是当庭宣判或送达当事人，以送达当事人为生效的条件，对当事人以外的第三人来说公示力和公信力较弱，《物权法》特别规定，物权取得人处分不动产时，不经登记不发生物权效力，除非法律不要求登记（第31条）。①

其中所谓设权判决，应属给付判决，最高人民法院民事审判第一庭于其解读法释〔2016〕5号的《物权法司法解释（一）理解与适用》（以下简称为“民一

---

① 胡康生主编：《中华人民共和国物权法释义》，北京，法律出版社2007年版，第78～79页。

庭解读”）称之为给付性裁判，并且连同仲裁机构的给付裁决一并称作给付性法律文书，简称为给付性文书。[①]“民一庭解读”认为，给付裁判是法院在认定当事人享有请求权的基础上，判令对方当事人履行原已存在的义务。它未使既存的法律关系发生变化，具有执行力而无变更权利义务关系的形成力。给付裁判不能直接导致物权变动。[②]对此，笔者表示赞同，认为对《民法典》第229条所言法律文书也应作这样的限缩解释。

“民法室解释”所说的确权判决，“民一庭解读”叫作确认性裁判，它不仅包括人民法院就确认之诉作出的裁判，还包括人民法院驳回原告诉讼（包括给付之诉、形成之诉和确认之诉）的裁判。所谓确认之诉，是指原告请求法院确认其与被告存在或不存在某种法律关系的诉。[③]在确认之诉中，当事人只请求法院确认其与对方当事人之间是否存在某种民事法律关系，并不要求判令对方履行某一民事义务，当事人之间没有行使权利与履行义务之争，法院的裁判不存在执行问题。[④]虽有意见认为确认性裁判直接引起物权变动，但最高人民法院于法释〔2016〕5号第7条没有采纳这种看法，而是赞同全国人民代表大会常务委员会法制工作办公室、国务院法制办公室等机关的如下观点：确认物权的法律文书是对业已存在的物权进行确认，而不是导致物权设立、变更、转让或者消灭，不应纳入《物权法》第28条规定的法律文书范围。[⑤]赞同的理由是：确认之诉并不以权利的实现为目的，仅就某种权利或法律关系以及事实的存在与否予以宣告，根本不能导致任何权利的变动。而《物权法》第28条所指法律文书应具备变动权利的功能，因此，该条所指法律文书不包括确认性法律文书。[⑥]对此，笔者表示赞同，认为对《民法典》第229条所言法律文书也应如此解释。

鉴于人民法院涉及物权变动的法律文书有判决、裁定以及调解书，仲裁机构涉及物权变动的法律文书有裁决及调解书，这样全面列举较为啰唆，“民一庭解读”采取给付性文书、确权性文书和形成性文书的称谓，本书原则上也如此措辞，除非这样表述在特定场合不合适。

不难发现，与《物权法》第28条及“民法室解释”有所不同的是，境外的有关立法例及其学说，将无须公示便依判决、裁定使其指向的标的物发生物权变动的法律文书，仅仅限于形成判决、形成裁决，如关于共有物分割的判决，至于下列各种判决、裁决、调解书则不包含在内：（1）命被告履行不动产登记的判

①②③⑤⑥ 最高人民法院民事审判第一庭：《物权法司法解释（一）：理解与适用》，北京，人民法院出版社2016年版，第212、213、214、214页注4、214～215页。

④ 常怡：《民事诉讼法学》，北京，中国政法大学出版社1999年版，第137页。

决，性质上为给付判决，原告于取得该确定判决后，尚须持该判决书向不动产登记机构申请办理变更登记。登记完毕，原告才取得该项不动产的产权。（2）相邻不动产物权人之间对其界限发生争执，起诉到法院，请求确认不动产的界限或设置界标。主审法院据此所为的判决，不是创设物权的判决。（3）确认某建筑物为其所有或请求确定一定界限内的建设用地使用权归其享有的诉讼，属于确认不动产权属之诉，主审法院据此所为的判决为确认判决，并非无须公示便依判决、裁定使其指向的标的物发生物权变动的法律文书。（4）按照民事诉讼法或仲裁法就某不动产变动事项所作成的和解或调解，尚无与形成判决、裁决同一的形成力，需要当事人持和解书或调解书到登记机构办理变更登记，否则，不发生物权变动的效力。①

面对这种背景，何去何从？这取决于法律人的法律理念。如果立法及解释法律之人看重交易的快捷，那么，给付性文书、确权性文书、形成性文书一经送达，就使法律文书指向的标的物发生物权变动，就是合乎逻辑的。反之，如果立法及解释法律之人更加关注物权的本性，重视物权的公示性及其对第三人的影响，那么，就会尽量压缩不经公示就发生物权变动的领域和物权变动的法律文书的类型。可取的态度及方案是后者，笔者认为，对《民法典》第 229 条所言法律文书应作如此解释，理由如下：第一，物权具有排他性、对世效力，对第三人的利益影响很大，从保护交易安全入手，物权，应当尽量公示，或者说物权以公示为原则，仅有极少数情况例外。从这个意义上说，对《民法典》第 229 条所言的法律文书应当进行限缩解释，把人民法院的给付判决、裁定及调解书排除在外，将仲裁机构的给付裁决及调解书排除在外，就是合理限缩解释的一种表现。第二，从比较法的层面看，《民法典》第 229 条的规定，系借鉴中国台湾地区“民法”第 759 条的结果，而中国台湾地区“民法”第 759 条所称的法院判决，不包括给付判决。与此类似的立法例还有，《瑞士民法典》第 656 条第 2 款第 2 项规定：取得人在先占、继承、征收、强制执行或法院判决等情形下，得在登记前，取得所有权。但是，非在不动产登记簿上登记，不得处分土地。《韩国民法典》第 187 条规定：因继承、征用、判决、拍卖及其他法律规定取得不动产物权的，不需要登记。但是，不登记时不得进行处分。第三，人民法院的给付判决、裁定及调解书和仲裁机构的裁决及调解书所认定的给付基本上是基于法律行为而形成的，关于以物抵债判决所基于的以物抵债属于法律行为。而基于法律行为而引起的物权变动，需要公示。鉴于《民法典》第 229 条的规定不适用于基于法律行为而引起的物权变动，我们解释其所言法律文书，应当认为它限于人民法院的形成判决、裁定和仲裁机构的裁决，不包括人民法院的给

① 谢在全：《法物权论》（上册），台北，三民书局有限公司 2003 年版，第 128～129 页。

付判决、裁定及调解书和仲裁机构的给付裁决及调解书。[①] 第四，确权性文书只是裁判机关对既有的物权关系进行权威性确定的判决、裁定、裁决，没有改变既有的物权关系，换言之，没有发生物权变动。既然没有发生物权变动，此类法律文书就不在《民法典》第 229 条所言法律文书之内。

法释〔2016〕5 号即持这种见解，于第 7 条规定："人民法院、仲裁委员会在分割共有不动产或者动产等案件中作出并依法生效的改变原有物权关系的判决书、裁决书、调解书，以及人民法院在执行程序中作出的拍卖成交裁定书、以物抵债裁定书，应当认定为物权法第二十八条所称导致物权设立、变更、转让或者消灭的人民法院、仲裁委员会的法律文书。""民一庭解读"称，能够直接导致物权变动的法律文书限于形成性文书，不包括给付性文书和确权性文书。[②]

最高人民法院通过法释〔2016〕5 号第 7 条限缩《物权法》第 28 条（相当于《民法典》第 229 条）的适用范围，是僭越立法权还是具有立法法及法理上的依据？回答应为这非僭越立法权，而是正当的法律解释，属于最高人民法院的权限范围。因为《物权法》贯彻物权公示原则（第 6 条、第 9 条第 1 款、第 14、23 条等）（相当于《民法典》第 208 条、第 209 条第 1 款、第 214 条、第 224 条）乃至公信原则（第 16 条第 1 款）（相当于《民法典》第 216 条第 1 款），尽量缩小无须公示就发生物权变动的情形。这是整部《物权法》的立法计划和立法目的，并且应该覆盖《物权法》第 28 条（相当于《民法典》第 229 条）。如此，依立法目的及规范意旨，《物权法》第 28 条（相当于《民法典》第 229 条）的适用范围过宽，应予限缩，即其所谓法律文书不包含给付性文书、确权性文书，仅仅指形成性文书，如人民法院的形成判决、形成裁定和仲裁机构的形成裁决。

同时，还要注意，我们不可从一个极端走到另一个极端，《物权法》第 28 条（相当于《民法典》第 229 条）关于因人民法院、仲裁委员会的法律文书导致物权设立、变更、转让或消灭的，自法律文书生效时发生效力的规定，只是为了在特殊情况下加速物权变动的进程，并不否定物权公示的大原则、大方向，并不抵触物权宜尽可能地公示这种理念。因此，《不动产登记暂行条例实施细则》规定：因人民法院、仲裁委员会的生效法律文书导致不动产权利发生转移的，当事人可以向不动产登记机构申请转移登记（第 27 条第 7 项）；人民法院、仲裁委员会的生效法律文书导致不动产权利消灭的，当事人可以申请办理注销登记（第 28 条第 1 款第 4 项）。

---

① 崔建远：《物权法》（第 3 版），北京，中国人民大学出版社 2014 年版，第 66 页。

② 最高人民法院民事审判第一庭：《物权法司法解释（一）：理解与适用》，北京，人民法院出版社 2016 年版，第 212～218 页。

适用法律，处理案件，是遵循《物权法》第28条（相当于《民法典》第229条）的本意及“民法室解释”的观点，还是根据法释〔2016〕5号第7条的规定及“民一庭解读”，在个案中的结果差异巨大，甚至天壤之别。对此，以一个以物抵债的案例加以展示。

甲房地产开发有限责任公司欠乙开发区银行的本息2 000万元人民币，一直无力偿付。乙开发区银行发现甲房地产开发有限责任公司拥有一宗国有建设用地使用权，请求以该使用权抵偿本息债权。主审法院支持了乙开发区银行的该项诉讼请求，判决以该宗国有建设用地使用权抵偿2 000万元人民币的本息，并送达到双方当事人。乙开发区银行怠于持该判决书到不动产登记机构办理过户登记手续，直到行政主管机关执法检查时发现甲房地产开发有限责任公司在长达5年的时间内都未开发建设该宗建设用地，采取了收回的行政措施。

遵循《物权法》第28条（相当于《民法典》第229条）的本意及“民法室解释”，该“以物抵债”的判决已经生效，其指向的国有建设用地使用权因而移转归乙开发区银行，尽管尚未办理过户登记手续。如此，行政主管机关收回该宗国有建设用地使用权，是收回乙开发区银行的财产，而非甲房地产开发有限责任公司的财产。从甲房地产开发有限责任公司与乙开发区银行之间的法律关系来说，甲房地产开发有限责任公司欠乙开发区银行的2 000万元人民币的本息已因“以物抵债”而不复存在了。与此相反，按照法释〔2016〕5号第7条及“民一庭解读”来审视该案，会发现不同的结果：由于“以物抵债”判决不属于形成判决，而是给付判决，受此影响，判决指向的国有建设用地使用权因尚未办理过户登记手续而没有移转至乙开发区银行，因而，在这种情况下行政主管机关收回该宗国有建设用地使用权，不是收回乙开发区银行的财产，而是收回甲房地产开发有限责任公司的财产。这样，甲房地产开发有限责任公司欠乙开发区银行的2 000万元人民币的本息债务继续存在。

正因如此，法律人必须弄懂和把握《物权法》第28条（相当于《民法典》第229条）及法释〔2016〕5号第7条赋予它的意义。

以上所论基本上属于肯定法释〔2016〕5号第7条的范畴，现在商榷它的某些方面。

法释〔2016〕5号第7条将“在分割共有不动产或者动产等案件中作出并依法生效的改变原有物权关系的……调解书”纳入《物权法》第28条（相当于《民法典》第229条）所称法律文书之中，这是将法律文书“滋蔓”，依据不足。诚然，“民一庭解读”较为详细地反驳了调解书不能直接引起物权变动的否定说，为法释〔2016〕5号第7条辩护，并且区分给付性调解书、确权性调解书和形成性调解书，主张形成性调解书经过人民法院的最终认可，体现出国家公权力，具有引起物权变动的形成力，故应属于《物权法》第 28 条（相当于《民法典》第 229 条）所言的法律文书。至于给付性调解书、确权性调解书因其不具有引起物权变动的形成力，故不属于《物权法》第 28 条（相当于《民法典》第 229 条）所言的法律文书。[①] 尽管如此辩解和阐释具有一定道理，但仍然存在如下值得商榷之点。

第一，法释〔2016〕5 号第 7 条所言调解书并未将给付性调解书、确权性调解书排除在外，而是笼而统之地规定调解书直接引发（其指向的不动产或动产的）物权变动。所以，“民一庭解读”无法证成法释〔2016〕5 号第 7 条关于（所有的）调解书直接引发（其指向的不动产或动产的）物权变动的规定是正确的。

第二，一般而言，诉讼两造于诉讼程序中和解，是成立了一个协议，或曰合同，在中国现行法上，该和解协议产生债权债务。既然产生债权债务，那么只有履行债务、实现债权时才会发生不动产或动产的物权变动，而不是德国民法上的物权行为，不是和解协议直接引发不动产或动产的物权变动。进而，这种产生债权债务的和解协议即使采取调解书的形式，得到了国家公权力的保障，但因其“基因”和“功效”的缘故，不会因披上了调解书的“外衣”，“罩上”了国家的公权力，或者说经过了诉讼程序，就“蜕变为”直接引发物权变动的物权行为；同样由于和解协议的“基因”和“功效”的缘故，调解书也不会质变为形成性文书。

第三，按照《物权法》的立法计划和法律体系，《物权法》第 28 条（相当于《民法典》第 229 条）所规制的物权变动属于非基于法律行为所产生的物权变动，该条所列调解书径直引发物权变动应属非基于法律行为所产生的物权变动。可是，和解协议系法律行为，同样依《物权法》的立法计划和法律体系，由其引发的物权变动应属基于法律行为的物权变动，应适用《物权法》第 9 条第 1 款、第 14 条（不动产物权变动的场合）（相当于《民法典》第 209 条第 1 款、第 214 条）或第 23 条（动产物权变动的场合）（相当于《民法典》第 224 条）等规定，以公示为生效要件。还是根据《物权法》的立法计划和法律体系，遵循物权应当尽可能地公示这个大原则、大方向、大理念，在由法律行为引发物权变动的领域，首先应适用《物权法》第 9 条第 1 款、第 14 条、第 16 条第 1 款等规定（不动产物权场合）（相当于《民法典》第 209 条第 1 款、第 214 条、第 216 条第 1 款），或者首先适用《物权法》第 23 条等规定（动产物权场合）（相当于《民法典》第 224 条），不宜适用本来用于调整非基于法律行为所产生的物权变动之一种类型

① 最高人民法院民事审判第一庭：《物权法司法解释（一）：理解与适用》，北京，人民法院出版社 2016 年版，第 218～226 页。

的《物权法》第28条（相当于《民法典》第229条）的规定。可是，按照“民法室解释”、法释〔2016〕5号第7条及“民一庭解读”，根植于和解协议这个法律行为所产生的物权变动却错位地适用《物权法》第28条（相当于《民法典》第229条）及法释〔2016〕5号第7条的规定，还“滋蔓”地由调解书制度管辖，按照非基于法律行为所产生的物权变动的规则发生法律效力。这是颠倒了实体法与程序法之间关系的理论，是偏离《物权法》关于物权应当尽可能地公示这个大原则、大方向、大理念的观点，是违反《物权法》体系、非逻辑的解释和解读。依此逻辑和操作，甲和乙签订A房买卖合同，双方发生争执，诉讼到法院，最终通过和解和制作调解书了事。于此场合，适用《物权法》第28条（相当于《民法典》第229条）及法释〔2016〕5号第7条的规定，《物权法》第9条第1款、第14条、第16条第1款（相当于《民法典》第209条第1款、第214条、第216条第1款）等统统派不上用场。以此类推，租赁合同纠纷、运输合同纠纷等等，只要最终通过和解和制作调解书的，就都适用《物权法》第28条及法释〔2016〕5号第7条的规定，而非适用《物权法》第9条第1款、第14条、第16条第1款（相当于《民法典》第209条第1款、第214条、第216条第1款）等。这就变相地取消了基于法律行为而发生的物权变动制度及规则，实质性地废除了公示原则乃至公信原则，有害于交易安全。

第四，“民一庭解读”为了证成其观点，举例合同变更，当事人经法院调解达成合同变更的调解书，则该调解书因变更了合同关系而具有形成力。① 这存在着缺陷：《物权法》第28条（相当于《民法典》第229条）及法释〔2016〕5号第7条都是调整（非基于法律行为所产生的）物权变动的，由此决定，此处所谓和解协议必须是引发物权变动的合同，否则，和解协议不属于此处所论的对象。可是，按照中国现行法的立法计划和立法目的，中国现行法上的合同没有物权合同，在物权法和债法领域运用的合同都是产生债权债务的合同（相当于德国法所说的债权行为），即使涉及物权变动的，也是通过履行合同项下的债务而达到目的。尽管有学说认为国有建设用地使用权出让合同、质押合同、抵押合同等合同为物权合同，但这是混淆了“约定”与“设定”物权的结果，更不要说这是采取德国民法区分债权行为与物权行为的分析结构，而无视中国现行法没有承认物权行为理论的现实了，这种观点不足取。② 在这种背景下，中国现行法上的此类合

① 最高人民法院民事审判第一庭：《物权法司法解释（一）：理解与适用》，北京，人民法院出版社2016年版，第219页。

② 崔建远：《物权：规范与学说——以中国物权法的解释论为中心》（上册），北京，清华大学出版社2011年版，第95～113页；崔建远：《物权法》（第3版），北京，中国人民大学出版社2014年版，第451页。

同变更，所能变更的法律关系也只能是变更债权、债务或标的物，标的物的变更也是导致债权、债务的变更，不可能直接变更物权关系。因此，即使如“民一庭解读”所说“调解书因变更了合同关系而具有形成力”，也是变更了债权债务关系，而非变更了物权关系。就是说，在中国现行法上，不会有径直导致物权变动的调解书。此其一。即使是当事人之间分割其共有物的合意，包括和解协议在内，在中国现行法上也不是径直引发所有权变化这种物权变动，而是此类和解协议等合意产生债权债务，即共有人负有分割共有物/共有权的债务，适当履行该债务导致物权变动。以此为内容的调解书怎么能直接引发共有权分解的物权变动呢？此其二。诚然，关于共有人请求分割共有物的权利，即共有物分割请求权，有专家、学者采形成权说：共有物分割请求权是各个共有人得随时以一方的意思表示，请求其他共有人终止共有关系，而不是请求其他共有人同为分割的权利。因为该项权利的行使足以使其他共有人负有与之协议分割的义务，在协议不成时，得诉请法院裁判共有物分割的方法。[①] 其实，由此并不能得出共有物分割请求权的行使就即刻发生物权变动的结论。原来，形成权的类型不同，其法律属性和法律效力不尽一致。与撤销权、解除权之类的形成权一经行使便确定地发生一定的法律效果（如合同立即消灭）不同，共有物分割请求权的形成权性质和效力表现在：共有人（形成权人）行使共有物分割请求权时，其他共有人负有与之协议分割的义务，该义务属于债法上债务，而非物权法上的义务；其他共有人履行该债务表现为全体共有人之间成立协议分割共有物合同，该合同在德国民法、中国台湾地区的“民法”上属于债权行为；嗣后依该协议分割共有物，使共有人按约定取得一定的所有权，在德国民法、中国台湾地区的“民法”上，这个阶段涉及物权行为，发生物权变动的结果。[②] 其演变路线图为：共有物分割请求权行使→成立协议分割共有物合同→履行债权行为项下的债务→出现使共有人按约定取得一定的所有权的物权合意（物权行为）→共有人按约定实际取得一定的共有物的所有权（物权变动结果）。这是共有物协议分割方法与共有物上的物权变动的情形，我们不难看出，共有物分割请求权行使距离物权变动相差几个因果链条，绝非共有人（形成权人）一经请求分割共有物，就确定地形成新的物权关系。中国现行法虽未采纳物权行为理论，但在共有物分割请求权行使与物权变动之间的因果链条方面，也大体如此。共有物协议分割方法采取调解书的形式，如同上文“第二”所分析

---

① 王泽鉴：《民法物权》，北京，北京大学出版社 2009 年版，第 242 页；谢在全：《民法物权论》（上），台北，新学林出版股份有限公司 2010 年修订 5 版，第 546 页。

② 谢在全：《民法物权论》（上），台北，新学林出版股份有限公司 2010 年修订 5 版，第 551 页。

的那样，不会改变基本的格局。接下来再看共有物裁判分割方法下的物权变动情形：全体共有人就共有物分割达不成协议，或于协议分割共有物合同成立后因时效完成经共有人拒绝履行的，任何一个共有人均可诉请法院，裁判分割共有物。在这种裁判分割的方法中，诉讼结构为，同意共有物的共有人为原告，不同意的为被告，持其他态度的也列为被告，全体共有人均须参加。只要原告享有共有物分割请求权，且共有物无不得分割的限制的，主审法院即应予分割。判决的结果足以使各个共有人之间的共有关系变成单独所有权关系或共有关系的其他变更，创设共有人之间的权利义务关系，判决为形成判决。[①] 简言之，共有物分割采取裁判分割方法时，形成判决直接导致共有权的变动。但须注意，是形成判决直接引发物权变动，而非共有物分割请求权的行使直接引发物权变动。此其三。即使按照德国民法及其理论，由物权行为引发物权变动，和解协议就是物权合同，也难谓和解协议及其调解书直接引发物权变动。因为按照物权行为系由物权意思表示加上公示构成的学说，仅有和解协议，尚无登记（不动产场合）或交付（动产场合）的，物权行为尚不存在，这显然无法引发物权变动。以这样的和解协议为内容作成的调解书怎么能直接引起物权变动呢？否则，巧妇难为无米之炊就不成立了！依据物权行为纯由物权意思表示构成的理论，仅有和解协议，尚无登记（不动产场合）或交付（动产场合）的，物权行为虽然存在，但仍无引发物权变动的法律效力。以这样的和解协议为内容作成的调解书照样无法直接引起物权变动。此其四。

第五，解除权、撤销权、选择权、追认权及有关形成权的行使，采取协商的形式，达成和解协议，最终采取调解书的形式，能否支持"民一庭解读"的观点呢？若非泛泛而论，而是紧扣《物权法》第 28 条（相当于《民法典》第 229 条）及法释〔2016〕5 号第 7 条的规范意旨和适用范围，那么，回答是否定的，因为在中国现行法上，行使解除权、撤销权、选择权、追认权及有关形成权，都不径直引发物权变动，而是先发生债法上的效果，有关债务的履行才可能引起物权变动。针对它们作成的调解书，如同上文"第二"分析的那样，也难直接引发物权变动，除非论者不遵循逻辑而是随心所欲。

一种意见认为，上述设权或确权的判决书、裁决书、调解书本身，具有与登记、交付等公示方法相同的法律效力，因而依据此类法律文书而进行的物权变动，无须再进行一般的物权公示而直接发生效力。[②] 笔者认为，在物权变动的双方当事人之间，称设权、确权或变动物权的判决书、裁决书、调解书本身具有与登

① 谢在全：《民法物权论》（上），台北，新学林出版股份有限公司 2010 年修订 5 版，第 555～558 页。
② 胡康生主编：《中华人民共和国物权法释义》，北京，法律出版社 2007 年版，第 79 页。

记、交付等公示方法相同的法律效力，问题不大，但就物权取得人与第三人之间的关系而言，则不尽如此。例如，某主审法院应甲和乙的请求将其共有的A楼及其相应的建设用地使用权作价分割，由乙取得产权，判决准许。该判决书于2005年2月7日送达，依据《物权法》第28条（相当于《民法典》第229条）的规定，A楼的所有权及基地的建设用地使用权于2005年2月7日全部归乙享有。在A楼及其相应的建设用地使用权一直没有办理过户手续、登记机构没有收到该判决书的情况下，甲于2006年1月20日向丙出示房地产产权证书、乙放弃优先购买权的声明（伪造得常人无法辨别真伪），将其原就A楼及其相应的建设用地使用权所享有的份额转让与丙，价格合理，并于2007年5月25日办理了过户手续。待乙知晓此情主张A楼及其相应的建设用地使用权的权属时，丙援引《物权法》第106条第1款（相当于《民法典》第311条第1款）的规定，对抗乙的主张，认为自己已经善意取得了A楼的所有权及基地的建设用地使用权。丙的主张应当得到支持。如果乙就A楼及其相应的建设用地使用权及时地办理了变更登记，丙就无权主张善意取得A楼及其相应的建设用地使用权。可见，设权、确权的判决书、裁决书、调解书本身与登记、交付的公示方法相比，在法律效力方面存在不同。

这个案例也告诉我们，因人民法院、仲裁委员会的法律文书导致物权设立、变更、转让或者消灭的场合，人民法院、仲裁委员会应当把引起不动产物权变动的法律文书的副本抄送有关登记机构一份，以免无权处分的情况发生。如果人民法院、仲裁委员会没有抄送，物权取得人最好把法律文书的复印件送交有关登记机关，以免自己的合法权益遭受不必要的损失。

法释〔2004〕16号第29条规定："动产拍卖成交或者抵债后，其所有权自该动产交付时起转移给买受人或者承受人"（第1款）。"不动产、有登记的特定动产或者其他财产权拍卖成交或者抵债后，该不动产、特定动产的所有权、其他财产权自拍卖成交或者抵债裁定送达买受人或者承受人时起转移"（第2款）。此处所谓拍卖或抵债，是指在民事执行中的拍卖或抵债，是以民事裁定的方式以物抵债或启动拍卖程序。以民事裁定的方式以物抵债，该物若为动产，其所有权自该动产交付时起转移给买受人或者承受人，符合《物权法》第23条（相当于《民法典》第224条）的规定，应予赞同；该物若为不动产，其所有权自抵债裁定送达买受人或者承受人时起转移，不符合《物权法》第9条第1款、第14条、第16条第1款（相当于《民法典》第209条第1款、第214条、第216条第1款）等规定，却与《物权法》第28条（相当于《民法典》第229条）规定的文义相一致，赞同还是反对，颇费思量。若持肯定的态度，符合《物权法》第28条（相当于《民法典》第229条）规定的文义，加速了不动产物权变动的进程。法释〔2004〕

16 号至今未被废止，而是继续有效，但不符合物权变动应尽可能地以公示为原则的理念，是将《物权法》第 28 条（相当于《民法典》第 229 条）规定所谓法律文书限缩为形成判决（裁定）的反动，因为以物抵债的民事裁定不属于形成裁定，而属于给付裁定。笔者认为，法释〔2004〕16 号第 29 条的规定应予修正。

《物权法》第 28 条（相当于《民法典》第 229 条）关于因人民法院、仲裁委员会的法律文书导致物权设立、变更、转让或消灭的，自法律文书生效时发生效力的规定，只是为了在特殊情况下加速物权变动的进程，并不否定物权公示的大原则、大方向，并不抵触物权宜尽可能地公示这种理念。因此，《不动产登记暂行条例实施细则》规定：因人民法院、仲裁委员会的生效法律文书导致不动产权利发生转移的，当事人可以向不动产登记机构申请转移登记（第 27 条第 7 项）；人民法院、仲裁委员会的生效法律文书导致不动产权利消灭的，当事人可以申请办理注销登记（第 28 条第 1 款第 4 项）。

二、人民政府的征收决定生效时被征收财产的物权归于消灭

（一）基本含义

本条所谓“人民政府的征收决定等，导致物权……消灭的，自……征收决定……生效时发生效力”，是指人民政府的征收决定生效时，被征收财产的物权归于消灭，不以登记或交付为生效要件。例如，张三是 A 房的所有权人，其后，A 房被人民政府征收，自该征收决定生效之时，张三对 A 房的所有权消灭，国家取得 A 房的所有权。此处所谓国家取得 A 房的所有权，不是继受取得，而是原始取得。

所谓征收，是指国家依照法律规定的权限和程序强制地将集体所有或私人所有的财产征归国有的制度。它属于行政法律关系，而非民事法律关系。但它导致被征收人丧失被征收财产的所有权及有关物权，国家取得被征收财产的所有权。

（二）反思

《民法典》第 229 条以征收决定生效之时作为被征收财产归属于国家的时点，原物权消灭。实务中出现的下述问题，迫使反思，呼吁选定更优的方案。

应当注意到，在因商业利益所为征收的场合，强制性并非初始即有的，征收决定宜在被征收人同意征收及其补偿之后作出，此前宜为征收意向。由此决定，只要被征收人未同意补偿数额，就不应产生征收决定，也就谈不上征收决定生效，作为征收对象的物权就不终止。

实务中出现的问题之一是，征收决定虽然已经公告，但征收主管机关和被征收人之间尚未就补偿款的数额达成一致。于此场合，机械地按照《民法典》第

229 条关于征收决定生效导致物权变动的规定处理问题，是在鼓励个别行政主管机关的违法行为，侵害了被征收人的合法权益。比较可取的方案是，可以将被征收财产的所有权终止的时间点确定在征收补偿款付清之时。中国台湾地区“土地征收条例”采取了这种方案。该条例第 21 条第 1 项规定：“被征收土地或土地改良物之所有权人，对于其土地或土地改良物之权利义务，于应受之补偿费发给完竣时终止。”该方案比较有利于被征收人，祖国大陆可以借鉴。但是，在被征收的财产为住宅、厂房、办公用房的领域，如果集体建设用地使用权的登记已经办理完毕、补偿款尚未付清，住宅、厂房、办公用房的所有权是否仍然在补偿款付清时终止呢？笔者倾向于否定说，而赞同将办理完毕住宅、厂房、办公用房的所有权移转登记手续之时作为集体、私人的所有权终止的时刻，这样，可以保持对内关系和对外关系的一致性，简洁明快。至于对被征收人的保护，可以通过明文规定办理住宅、厂房、办公用房的所有权移转登记以付清征收补偿款为前提条件、赋与被征收人抗辩权的路径来解决。①

三、征收以外的行政命令生效时，该命令所指向的物权发生变动的效力

征收以外的行政命令，有的也能导致物权变动。例如，党政机关与其举办的公司脱钩时，依据行政命令，特定的办公楼及建设用地使用权归特定的主体拥有。

道理相同，《民法典》第 229 条关于因人民政府的征收决定导致物权消灭的，自人民政府的征收决定生效时发生效力的规定，只是为了在特殊情况下加速物权变动的进程，并不否定物权公示的大原则、大方向，并不抵触物权宜尽可能地公示这种理念。因此，《不动产登记暂行条例实施细则》规定：因人民政府的征收导致不动产权利消灭的，当事人可以申请办理注销登记（第 28 条第 1 款第 3 项）。

第二百三十条

因继承取得物权的，自继承开始时发生效力。

本条主旨

本条是关于遗产的物权自继承开始时发生转移的效力的规定。

---

① 崔建远：《征收制度的调整及体系效应》，载《法学研究》2014 年第 4 期，第 72～73 页。

相关条文

《物权法》第 29 条　因继承或者受遗赠取得物权的，自继承或者受遗赠开始时发生效力。

《继承法》第 2 条　继承从被继承人死亡时开始。

法释〔2016〕5 号第 8 条　依照物权法第二十八条至第三十条规定享有物权，但尚未完成动产交付或者不动产登记的物权人，根据物权法第三十四条至第三十七条的规定，请求保护其物权的，应予支持。

理解与适用

本条所谓因继承或者受遗赠取得物权的，自继承开始时发生效力，是指遗产的物权自继承开始时转移给继承人。这与《民法典》第 1121 条关于“继承从被继承人死亡时开始”的规定相互衔接起来。

继承，不是交易，故本条不是关于基于法律行为而发生的物权变动的规定，而是关于非基于法律行为而发生的遗产物权转移的规定，不以登记或交付为生效要件。

《物权法》第 29 条的原文是“因继承或者受遗赠取得物权的，自继承或者受遗赠开始时发生效力”，《民法典》第 230 条删除了“因……受遗赠取得物权的”，在体系和逻辑上更为合理，因为因受遗赠取得物权属于基于法律行为而发生的物权变动。不过，被继承人死亡，遗产物权何去何从宜尽快确定，久拖不决有弊无利，采取“被继承人死亡之时，遗产的物权即移转给继承人”的方案，不必坐等登记完毕或交付结束，也无可厚非。就是说，《物权法》第 29 条的模式和《民法典》第 230 条的模式各有其道理。

《民法典》第 230 条关于因继承取得物权的，自继承开始时发生效力的规定，只是为了在特殊情况下加速物权变动的进程，并不否定物权公示的大原则、大方向，并不抵触物权宜尽可能地公示这种理念。因此，《不动产登记暂行条例实施细则》规定：继承导致权利发生转移的，当事人可以向不动产登记机构申请转移登记（第 27 条第 5 项）；因依法继承导致宅基地使用权及房屋所有权发生转移申请登记的，申请人应当提交下列材料：依法继承的材料；其他必要材料（第 42 条）。

第二百三十一条

因合法建造、拆除房屋等事实行为设立或者消灭物权的，自事实行为成就时发生效力。

本条主旨

本条是关于因事实行为而设立或消灭物权自事实行为成就时发生效力的规定。

相关条文

《物权法》第 30 条　因合法建造、拆除房屋等事实行为设立或者消灭物权的，自事实行为成就时发生效力。

法释〔2016〕5 号第 8 条　依照物权法第二十八条至第三十条规定享有物权，但尚未完成动产交付或者不动产登记的物权人，根据物权法第三十四条至第三十七条的规定，请求保护其物权的，应予支持。

理解与适用

一、因合法建造房屋的事实行为设立房屋所有权的，自事实行为成就时产生房屋所有权

合法建造房屋为事实行为，而非法律行为，不要求建造行为有意思表示，不适用《民法典》关于法律行为效力的规定。就房屋所有权的取得而言，因合法建造房屋而取得房屋的所有权系原始取得，不同于基于法律行为而取得物权，不涉及交易安全的问题，故不以登记为要件，只要建造建筑物的事实行为成就，建造人即取得房屋的所有权。

本条所谓房屋，应作扩大解释，泛指建筑物、构筑物，甚至还可包括附属设施。不过，临时性的展棚、修车棚、警务室等不作为不动产，不宜被包括在内。

需要讨论的是，尚未封顶的建筑物，也可以叫作在建房屋，是否属于本条所言房屋？在满足如下条件的情况下，可以视为此处所谓房屋：(1) 具备了构造上的独立性。所谓构造上的独立性，又叫物理上的独立性，是指建筑物已经以墙壁、楼板等建筑构造物与建筑物的其他部分相隔离，达到适合作为物的支配的程度，客观上足以明确区划其范围。(2) 具备了利用上的独立性。所谓利用上的独立性，又称功能上的独立性，是指尚未封顶的建筑物，可以作为一建筑物单独使用，如同一般的建筑物，具有独立的经济效用，能够满足社会经济生活目的。中国台湾地区“最高法院”1986 年台上字第 2027 号判决认为：“已足避风雨，可达经济上使用目的之建物，固属‘民法’第六十六条第一项所指土地之定着物，但所为可达经济上使用之目的，系指该建物，得独立为交易及使用之客体而言。”就是说，已经能够避风雨、可以达到经济上使用目的的尚未封顶的建筑物，视为房屋。(3) 在法律上可将之作为一个独立的不动产，能够登记为一个不动产。

本条所说的事实行为成就，指的是房屋建成之时。[①] 在实务操作中，建筑物封顶视为建成。

本条所谓的合法，范围较为广泛，包括符合如下要求：(1) 建造人依法取得基地的建设用地使用权（如商品房开发经营场合），或宅基地使用权（农户建造住房场合），或集体建设用地使用权（如兴办乡镇企业场合），或集体土地所有权（如村委会建造办公楼场合）；(2) 建造人依法取得建设用地规划许可证、建设工程规划许可证、开工许可证、建设用地批准通知书等。

建造房屋之人拥有基地的建设用地使用权等地权是必要的，专就物权法内部而言，由房地权属变动原则上应当一体所决定，此类地权是房屋所有权取得和保有的正当根据（权源），无此地权作为基础的房屋的所有权不易甚至不能立足（当然，有理论认为对土地的债权也可以成为房屋的权源）（《民法典》第 352 条正文）。把视野延伸出物权法的领域，建造房屋之人拥有相应的地权应是如下各种因素、要求综合考虑、决定的结果：(1) 就人与自然的关系而言，此类地权的确定和出让宜满足绿化、河流、湖泊、野生动植物等自然因素与建筑之间的配比。(2) 就人居与生产、生活的关系来讲，此类地权的确定和出让宜符合建筑与厂矿建设、商贸、蔬菜及副食品供应基地的比例关系。还应当考虑居住区服务设施，环卫设施（垃圾转运站、公共厕所），电力设施（配电站、配电所），电信设施（电话局、邮政局），燃气设施（煤气调压站）等。对一些特殊的地区，还宜考虑烟雾、噪声、粉尘、异味等因素。(3) 从人居与交通、消防的关系看，此类地权的确定和出让应尽量满足顺畅无阻的要求，便于防灾、抗灾。(4) 从人居与教育的关系着眼，此类地权的确定和出让应当与幼儿园、大中小学的布局相协调。(5) 从人居与管理的角度入手，此类地权的确定和出让不得忽视党政机关及事业单位的布局。(6) 从现在与历史的角度考虑，此类地权的确定和出让不得忽视古建筑、历史文化等因素。这些且不限于这些，决定了建造房屋不得欠缺基地的地权，把无地权的建筑物、构筑物甚至附属设施作为违法建筑，有其根据和必要。

建设工程规划，如果不被合并入建设用地使用权的确定和出让环节之内，那么，上述地权与建筑之间关系的道理大多也适合于此。此外，它还牵涉如下内容：建筑控制高度、建筑密度、容积率、建筑间距、建筑后退红线距离、机动车出入口方位、停车泊位及其他需要配置的公用设施，甚至关涉建筑形式、体量、风格要求，建筑色彩要求，以及其他环境要求。既然如此重要，不符合建设工程规划的建筑为不合法，也有道理。

---

① 胡康生主编：《中华人民共和国物权法释义》，北京，法律出版社 2007 年版，第 82 页。

与上所述不同，开工许可，不涉及以上所述，即使在无开工许可的情况下施工，也是行为违法，与建筑物、构筑物本身无关，这就没有道理令其影响建筑物、构筑物的所有权。

总而言之，《民法典》第 231 条要求“合法建造”，有利于实现上述各种要求，杜绝、减少“私搭乱建”，有其必要性，但同时应当限缩解释此处的“合法”，把欠缺开工许可等要求排除在外。

根据《民法典》第 231 条规定的反面推论，违法建筑物不得归建造人所有。这与中国台湾地区的规定及其理论不同。①

［探讨］

在这里，需要探讨的有，甲擅自用 A 宗行政划拨地和乙合作建造 A 酒店，违反了有关部门关于划拨地用途和划拨地不得用于商业经营项目的规定。在这种背景下，建成的 A 酒店可否根据《民法典》第 231 条的规定确定所有权？否定说认为，《民法典》第 231 条规定的是合法建造的房屋自事实行为成就时产生所有权，甲违反划拨地的用途和划拨地不得用于商业经营的规定，显然违法，所以不得根据《民法典》第 231 条的规定确定 A 酒店的所有权。本释评书认为，甲享有 A 宗地的建设用地使用权，便阻止了建成的 A 酒店归国家所有。在这种背景下，假如不适用《民法典》第 231 条的规定确定 A 酒店的所有权，A 酒店就会成为无主物。无主物在利用、对抗侵权行为、流转等许多方面都显现出弱点，这种方案显然不是合适的选择。莫不如把《民法典》第 231 条关于“合法建造”的合法限缩解释，不包括甲违反划拨地的用途和划拨地不得用于商业经营的规定，使得 A 酒店产生所有权，效果更佳。

更有观点认为，违法建筑物也由建设用地使用权人或宅基地使用权人取得建筑物所有权。至于建造建筑物违反了公法的规定，发生公法上的效果，如责令拆毁、罚款等，就足够了，不宜自始就不发生所有权产生的效果。

确定合法建筑物所有权的归属，关键的依据是基地的权属，而非出资人。在集体土地上建成的住房，其所有权归属于宅基地使用权人。在集体土地上建成的乡镇企业的厂房，其所有权归属于集体土地使用权人。在国有土地上建成的建筑物，其所有权归属于建设用地使用权人（《民法典》第 352 条正文及其类推适用）。在出租的国有土地上建造的建筑物，其所有权归属于承租人（《民法典》第 352 条后段、《规范国有土地租赁若干意见》第 4 条）。

---

① 参考王泽鉴：《民法物权·通则·所有权》（总第 1 册），台北，三民书局有限公司 2003 年 8 月增补版，第 117～118 页。

［提示］

在不享有上述土地权属的情况下，在他人的土地上投资建造建筑物，最好的前景是，按照合同的约定适当地履行义务获得与投资额相当的房屋所有权；最坏的结果是，非但不能获得房屋所有权，反而构成了侵权行为，承担侵权责任；通常的处理方式是，投资人请求土地权利人返还不当得利，但得不到房屋所有权。

二、合法拆除房屋等事实行为成就时，该房屋物权消灭

本条所谓“合法……拆除房屋等事实行为”，意味着房屋灭失进而消灭房屋物权的事实行为，不限于拆除，还有地震、炮火等不可抗力的事实毁坏房屋，房屋物权因标的物不复存在而归于消灭。

三、房屋物权的设立、消灭与登记的关系

《民法典》第 231 条关于因合法建造、拆除房屋等事实行为设立或者消灭物权的，自事实行为成就时发生效力的规定，只是为了在特殊情况下尽快承认业已存在的物权，并不否定物权公示的大原则、大方向，并不抵触物权宜尽可能地公示这种理念。因此，《不动产登记暂行条例实施细则》规定：依法利用国有建设用地建造房屋的，可以申请国有建设用地使用权及房屋所有权登记，当事人可以向不动产登记机构申请转移登记（第 33 条第 2 款）。依法利用宅基地建造住房及其附属设施的，可以申请宅基地使用权及房屋所有权登记（第 40 条）。依法利用集体建设用地兴办企业，建设公共设施，从事公益事业等的，可以申请集体建设用地使用权及地上建筑物、构筑物所有权登记（第 44 条第 2 款）。

第二百三十二条

处分依照本节规定享有的不动产物权，依照法律规定需要办理登记的，未经登记，不发生物权效力。

本条主旨

本条是关于宣示登记及其效能的规定。

相关条文

《物权法》第 31 条　依照本法第二十八条至第三十条规定享有不动产物权的，处分该物权时，依照法律规定需要办理登记的，未经登记，不发生物权效力。

《不动产登记暂行条例实施细则》第24条 不动产首次登记，是指不动产权利第一次登记。

未办理不动产首次登记的，不得办理不动产其他类型登记，但法律、行政法规另有规定的除外。

理解与适用

一、基本含义

本条一方面认可《民法典》第229—231条规定的非基于法律行为而发生的物权变动不以公示为生效要件，另一方面又告知：此类物权再被处分时，必须先行办理登记，如形成判决生效后的再办理转移登记或变更登记，征收生效后的注销登记，房屋所有权的首次登记，继承场合的转移登记，房屋灭失后的注销登记等；不然，此类物权不得处分，即使物权人处分，也不发生物权变动的效力，即买受人等受让人取得不了此类物权。

本条所谓“未经登记，不发生物权效力”中的登记，学说认为在性质上属于“宣示登记”，不同于《民法典》第209条第款中的“设权登记”。换句话说，此项登记并未创设物权的效力，不过在于宣示已经发生的物权变动而已。①

本条所谓“未经登记，不发生物权效力”，准确地说，是不发生物权变动的效力，例如，甲继承了A楼，在尚未办理宣示登记的情况下，把A楼出卖于乙，登记机构不会给乙办理A楼的过户登记，乙不能取得A楼的所有权。只有先办理了宣示登记，登记机构才会给乙办理A楼的过户登记，乙才能取得A楼的所有权。再如，甲依法建造A楼，建成时即取得所有权。但在尚未办理宣示登记的情况下，甲把A楼出卖于乙，登记机构不会给乙办理A楼的过户登记，乙不能取得A楼的所有权。只有先办理宣示登记，才会有过户登记，乙才会取得A楼的所有权。

二、宣示登记的意义

公示毕竟是原则，中国现行法对此是尽力贯彻的，《不动产登记暂行条例》规定，因继承、接受遗赠取得不动产权利的，因人民法院、仲裁机构生效的法律文书或人民政府生效的决定等设立、变更、转让、消灭不动产权利的，当事人单

① 参考王泽鉴：《民法物权·通则·所有权》（总第1册），台北，三民书局有限公司2003年8月增补版，第114页。

方可以申请登记（第14条第2款第2、3项）。《不动产登记暂行条例实施细则》规定："因继承、受遗赠取得不动产，当事人申请登记的，应当提交死亡证明材料、遗嘱或者全部法定继承人关于不动产分配的协议以及与被继承人的亲属关系材料等，也可以提交经公证的材料或者生效的法律文书"（第14条）。登记的类型为转移登记（第27条第5、7项）。特别是《民法典》第232条关于"处分依照本节规定享有的不动产物权，依照法律规定需要办理登记的，未经登记，不发生物权效力"的规定，迫使不动产物权的取得人必须先行登记，而后才可以处分不动产，回归公示原则。①

三、示例说明

甲公司拥有A宗地的国有建设用地使用权，与乙房地产开发有限公司签订《A宗地合作开发合同》，约定甲公司提供开发土地，乙房地产开发有限公司提供全部开发资金。其后，丙公司与乙房地产开发有限公司签订《A宗地建设内部承包协议》及其《补充协议》，约定A宗地被区分为a和b两部分，b部分由丙公司承包建设，但均以乙房地产开发有限公司的名义进行经营，不得另立名义和对外宣传；双方共同执行乙房地产开发有限公司与甲公司签订的《A宗地合作开发合同》的内容条款，共同享受和承担乙房地产开发有限公司在该合同中应承担的相应权利、义务和责任；b部分的具体开发、施工、建设资金的筹措均为丙公司之事，经营亏损和风险亦由丙公司承受。再其后，甲、乙和丙三家共同签署《A宗地合作开发三方协议书》，约定于b部分建设用地上建成的房屋归丙公司所有，销售该房屋的款项归属于丙公司。在A宗地上所建房屋尚未登记、亦未销售的情况下，甲公司的债权人丁诉请甲公司清偿债务并请求人民法院强制执行A宗地上建成的房屋。丙公司对该执行提出执行异议之诉，对抗丁公司的执行请求，理由是A宗地的b部分建设用地上建成的房屋系其出资及组织施工而成，特别是《A宗地合作开发三方协议书》已经约定这些房屋归其所有。

两审法院均以丙公司对于A宗地的b部分建设用地上建成的房屋不享有物权，在系争案件中仅仅享有合同债权为由驳回了丙公司关于执行异议的诉讼请求。对此，笔者予以赞同，理由如下。

在《A宗地建设内部承包协议》及其《补充协议》成立和履行的阶段，丙公司在其与乙房地产开发有限公司之间的关系上，为独立的民事主体，但相对于甲

---

① 这种思路，见谢在全：《民法物权论》（上册），台北，三民书局有限公司2003年7月修订2版，第126页。

公司、乙房地产开发有限公司的债权人和债务人、不动产登记机构而言，丙公司并非《A宗地建设内部承包协议》及其《补充协议》项下债权债务的当事人，在无受让这些债权或买受案涉房屋的情况下，自然不会是这些债权债务转化而成的物权的主体。既然丙公司不是权利主体，就谈不上它就《A宗地建设内部承包协议》及其《补充协议》项下的权利转化为物权。

诚然，自《A宗地合作开发三方协议书》成立开始，因甲公司对于丙公司法律地位及所享权利的承认，故丙公司在其与甲公司的关系上已经成为独立的民事主体。不过，即使如此，即使认可丙公司所谓《A宗地建设内部承包协议》及其《补充协议》构成丙公司与乙房地产开发有限公司合作开发案涉项目，丙公司在《A宗地合作开发三方协议书》项下的权利也依然是合同债权，而非物权。

反对这样认定的理由之一是，丙公司基于《A宗地建设内部承包协议》及其《补充协议》和《A宗地合作开发三方协议书》的约定投入案涉项目中相当数额的资金，由此形成一定数量的案涉房屋。按照“谁投资谁受益”原则，丙公司对这些案涉房屋应当享有所有权。这在笔者看来是错用了“谁投资谁受益”的理念和原则。原来，“谁投资谁受益”原则出台的背景是：在实行人民公社制度的年代，一方面，宪法及法律规定江河湖海归国家所有，另一方面国家的财力有限，难以担负起兴建水利工程的全部费用，于是倡导、鼓励农村集体经济组织兴修水利或参与其他类型工程的建设，其措施之一是农村集体经济组织对其投资兴建的工程及其发挥的效益享有权益。此处所谓权益，用今天的话语描述它至少包含物权，以此来保护农村集体经济组织投资的积极性和由此而产生的财产权益。其后的实践，即使在某些事项的处理上搬用了“谁投资谁受益”，但也极其有限。一句话，“谁投资谁受益”原则不具有普遍适用性。特别是，《民法通则》及《物权法》等法律、法规的颁行，《民法典》对其精神的延续，关于物的归属和利用大多有自己独特的规则，物权制度及规则拥有其独特的运作规律；对于物权关系的规制和处理必须优先适用物权规范，至多援用物权法乃至民法的基本原则，绝对不可动辄运用“谁投资谁受益”的原则确定和处理物权关系。即使“谁投资谁受益”原则被当作法律原则，那么，它相对于物权制度及规则而言也是“普通法”，应当后于具体的物权制度及规则而适用。具体到系争案件，案涉房屋的归属已有《民法典》第231条、第232条、第352条正文等条文来规制，必须优先适用这些规则，而不可动辄“谁投资谁受益”。

主张丙公司对于案涉房屋享有所有权的另一个理由是，系争《A宗地合作开发三方协议书》约定案涉房屋归属于丙公司。按照意思自治原则，该种约定应该得到法律的承认和支持。笔者对此理由持反对态度，因为不动产所有权的归属不直接取决于当事人之间的约定，而须遵循法律的规定。当事人之间的此类约定只有得到适当履行之后，再配合特定程序的完成，才会发生物权变动。其实，对于案涉房屋归属，《物权法》设有完备的规范体系。首先，适用《民法典》第231条关于"因合法建造……房屋……的，自事实行为成就时发生效力"的规定，案涉房屋自其封顶时产生房屋所有权，即使未办宣示登记也是如此。其次，该房屋所有权归属于谁？适用《民法典》第352条正文关于"建设用地使用权人建造的建筑物、构筑物及其附属设施的所有权属于建设用地使用权人"的规定，最为适当。案涉房屋位于甲公司名下的国有建设用地之上，甲公司对于该宗建设用地享有国有建设用地使用权，加上《建设规划用地许可证》《建设工程规划许可证》《建筑工程施工许可证》等"五证"均以甲公司的名义取得，案涉房屋应归甲公司所有。最后，假如丙公司拟取得案涉房屋的所有权，必须先由甲公司和乙房地产开发有限公司协作，到不动产登记机构办理案涉房屋的宣示登记。办理完毕该宣示登记后，再由作为出卖人/转让人的甲公司或乙房地产开发有限公司与作为买受人/受让人的丙公司协作，到不动产登记机构办理案涉房屋所有权的转移登记（过户登记）。《不动产登记暂行条例实施细则》第24条第2款正文明确规定："未办理不动产首次登记的，不得办理不动产其他类型登记。"办理完毕转移登记后，丙公司才取得案涉房屋的所有权。只有到了这个阶段，丙公司才有权对抗丁公司的执行申请。从系争案件的卷宗证据看，没有发现案涉房屋已经办理宣示登记和转移登记（过户登记），可以肯定地说，丙公司对于案涉房屋不享有所有权，也不享有他物权。

有必要指出的还有，假如承认丙公司对于案涉房屋享有所有权，还可能害及承包人的权益。按照《民法典》第807条及法释〔2018〕20号的规定，承包人对其承包施工的工程享有优先权，但未明确该工程的物权已经转归他人时该优先权是否存续于该工程之上。思路是援用《民法典》第406条关于抵押权的追及效力的规定，无论该工程流转至何人之手，《民法典》第807条及法释〔2018〕20号规定的优先权都追及所至而继续存在。

四、延伸

在这里，疑问最大的是，在尚未办理宣示登记的情况下，甲和乙签订了A楼的买卖合同，或赠与合同，或互易合同，此类合同是否有效。笔者认为，甲尚未办理宣示登记，不构成《民法典》第146、153、154条等规定的无效原因，不宜因此而认定A楼的买卖合同（或赠与合同或互易合同）无效。

第三章

物权的保护

本章依次规定了物权保护的程序性路径、物权确认请求权、物的返还请求权、排除妨害请求权、消除危险请求权、恢复原状请求权及损害赔偿请求权，以及这些物权的保护方式，可以单独运用，也可以在构成要件具备时合并运用。

其实，物权的保护，所含有和所涉及的内容不限于本章条文所定规则，《民法典》第 207 条规定的法律平等保护各种主体的物权，甚至第 206 条第 3 款规定的法律保障一切市场主体的平等法律地位和发展权，均为物权保护的范畴。

扩展视野，物权的保护，包括私法上的保护和公法上的保护。公法对物权的保护方式，首先是宪法上的所有权保障制度。

公法对物权的保护方式，中外法制上存在一些差别。在德国法上，宪法上的所有权保障、权利保护的诉讼程序都属于公法上的保护制度。德国《基本法》第 14 条宣布，“所有权受保障”。该条包含着对（作为一项法律制度的）所有权的制度保障，以及对作为针对国家主观公法的所有权自由的保障。所谓制度保障，表示立法者虽可“规定”所有权的“内容与范围”，但不得“侵犯”该法律制度，也就是不得“侵犯”所有权以私益和对所有权客体原则上的处分权能为其“本质内容”（《基本法》第 19 条第 2 项）。假如对所有权予以干涉，则“干涉必须具有合法性”。在这种“干涉必须具有合法性”中，体现了主观公法权利意义上的所有权自由的内涵：若无符合基本法的法律授权，国家不得实施任何干涉所有权的行为。由此也产生出一项所有权具有不可侵害性的推定。《基本法》对于征收严格限制：其一，征收仅在为公众福祉时才被允许；其二，对征收实行更为严格的“干涉必须具有合法性”原则，就是说，仅有一项现有的立法基础，以及明确规定所有权受限制的立法为依据，尚不能实行征收（第19条第1项），而必须在征收法本身，还要对因征收而予以“补偿的方式与范围”作出规定。① 诸如军事演习致使原告的树木着火等“具有征收性质的干预”，行政机关违法地直接干预私人所有权并造成损害的“具有征收效果的干预”，虽不符合征收的概念，却产生如同征收的效果。② 不过，由于在运用德国联邦宪法法院的司法判例时，“具有征收性质的干预”和“具有征收效果的干预”，并非《基本法》第14条意义上的征收，故而该条所规定的征收补偿，不能适用于这两种情形。③ 受害人享有何种救济途径及手段？德国联邦最高法院原来认为，受害人可以在寻求行政诉讼和在普通民事法院立即提起补偿请求两者中选择④，但近来受德国联邦宪法法院“采挖湿砾石判决”⑤ 的推动，而采取如下看法：（1）如果所涉及的行政行为虽然违法，但符合形式的征收概念，则只能选择行政法上的（行政诉讼的）法律救济手段，以废止该行政行为。⑥（2）在“具有征收效果的干预”的其他情形，受害人不采取一项合法的且为可期待的法律救济手段，可构成受害人的与有过失。但该法律救济的双重前提条件（合法性和可期待性），在国家事实行为已经实施完毕，以及因国家颁发许可迟延而产生损害等情形，均不成立。⑦

在中国台湾地区，公法对物权的保护接近于德国法上的方式，其“宪法”第15条规定，人民的财产权应予保障。第23条规定，此项受“宪法”保障的财产权“除为防止妨碍他人自由，避免紧急危难，维持社会秩序或增进公共利益所必要者外，不得以法律限制之”。“司法院”的大法官依“法律保留”和“比例原则”审查限制财产权法令的合宪性，作成许多解释。⑧ 对所有权征收，必须有法律依据，符合法定要件，依一定程序，并为相当的补偿。⑨ 对所有权的限制，构成个人特别牺牲的，亦应予合理补偿。⑩

在中国大陆，鉴于1982年《宪法》以及历次修正案都只规定了可以征用土地却未规定予以合理补偿，未规定对公民的私有财产实行征收或征用时给予合理

①②③④⑦ ［德］鲍尔/施蒂尔纳：《德国物权法》（上册），张双根译，北京，法律出版社2004年版，第253～254、255、258、259、260页。

⑤ 《联邦宪法法院判例集》，第58卷，第300页。转引自［德］鲍尔/施蒂尔纳：《德国物权法》（上册），张双根译，北京，法律出版社2004年版，第260页。

⑥ 《联邦宪法法院判例集》，第56卷，第249页。转引自［德］鲍尔/施蒂尔纳：《德国物权法》（上册），张双根译，北京，法律出版社2004年版，第260页。

⑧ 王泽鉴：《民法物权·通则·所有权》（总第1册），台北，三民书局有限公司2003年8月增补版，第13页。

⑨ “土地法”第208条以下、“土地征收条例”和“司法院”大法官相关解释。转引自王泽鉴：《民法物权·通则·所有权》（总第1册），台北，三民书局有限公司2003年8月增补版，第70页。

⑩ 吴庚：《行政法之理论与实务》，台北，三民书局有限公司2000年增订第6版，第652页以下；王泽鉴：《民法物权·通则·所有权》（总第1册），台北，三民书局有限公司2003年8月增补版，第70页。

补偿，未凸现私有财产不可侵犯，实务中发生了相当的征收土地补偿不合理或不到位的情况，出现了违法侵害公民的私有财产权的案件，使农民丧失了生活来源及谋生手段，影响了社会稳定，第十届全国人民代表大会第二次会议于 2004 年 3 月 14 日通过了《中华人民共和国宪法修正案》，修正后的《宪法》规定："国家为了公共利益的需要，可以依照法律规定对土地实行征收或者征用并给予补偿"（第 10 条第 3 款）。"公民的合法的私有财产不受侵犯"（第 13 条第 1 款）。"国家依照法律规定保护公民的私有财产权和继承权"（第 13 条第 2 款）。"国家为了公共利益的需要，可以依照法律规定对公民的私有财产实行征收或者征用并给予补偿"（第 13 条第 3 款）。所有这些，都是公法对物权保护的宪法制度，并成为公法和私法保护物权的最高效力的法律基础。

由于房屋拆迁在目前成为备受关注的社会问题，作为一项独立于征收的制度存在诸多不顺，而应作为征收制度的一个环节，以理顺各项关系；又由于征收补偿问题尚有完善的空间，《民法典》特设第 117 条、第 229 条、第 243 条、第 244 条、第 327 条、第 338 条和第 390 条，加强了对集体土地所有权人、土地承包经营权人、建设用地使用权人、房屋所有权人和担保物权人的合法权益的保护，完善了征收制度。

公法对物权的保护，还包括刑法保护和行政法保护。刑法保护是通过刑事诉讼程序，用刑事制裁的方法，惩罚犯罪，追回财产，威慑和教育他人不要侵害所有权及其他物权，从而保护所有权及其他物权。行政法的保护是通过行政诉讼程序，用行政措施的方法，同侵害所有权及其他物权的不法行为做斗争，从而保护所有权及其他物权。①

实体法上的物权保护，若无完整的诉讼程序上的权利保护制度与之相配套，则犹如无刃之剑。在德国，存在通过行政法院的诉讼途径、宪法法院上诉的方式和民事法院的管辖三种诉讼上的物权保护制度。（1）所有权以及他物权遭受公权力干预时，对其所赋予的基本保护，通过行政诉讼管辖来实现。只要受害人能够证明其权利因一项行政行为而受到侵害，则依据一般条件（Generalklausel），均可通过行政法院而获得法律救济。② 对物权保护来说，主要适用撤销之诉和义务

---

① 佟柔主编：《民法原理》（修订本），北京，法律出版社 1986 年第 2 版，第 146 页；陈国柱主编：《民法学》，长春，吉林大学出版社 1987 年第 2 版，第 141 页；李由义主编：《民法学》，北京，北京大学出版社 1988 年版，第 184 页；王利明：《物权法论》（修订本），北京，中国政法大学出版社 2003 年修订版，第 96 页。

② ［德］巴杜拉（Badura）：《法学工作报》，1984 年，第 83 页。转引自［德］鲍尔/施蒂尔纳：《德国物权法》（上册），张双根译，北京，法律出版社 2004 年版，第 262 页。

之诉。[①]（2）依据《基本法》第 93 条第 1 项第 4a 款和《联邦宪法法院法》第 90 条以下的规定，通过在联邦宪法法院提起宪法上诉的方式，也可以对所有权以及他物权提供保护。该上诉的条件是，必须主张基本权利受到侵害，并且在通常情况下，在上诉至联邦宪法法院之前，其他诉讼途径均已尝试，但无果（《联邦宪法法院法》第 90 条第 2 项）。（3）如果在征收中，就补偿数额发生争议，则由民事法院对此予以判决（《基本法》第 14 条第 3 项第 4 款）。同样，在具有征收性质的干预和具有征收效果的干预中，就其补偿数额所发生的纠纷，也属于民事法院管辖（《行政法院法》第 40 条第 2 款第 2 句以及《行政诉讼法》第 48 条）。[②]

对于物权的刑法保护适用刑事诉讼程序，行政法的保护适用行政诉讼程序，中国现行法未设宪法法院及其相应的程序。

私法对物权的保护，可分为物权法上的救济和债法上的救济。前者指物权确认请求权和物上请求权，物上请求权又包括物权的请求权和占有人的物上请求权。后者包括侵权责任法上的损害赔偿请求权和不当得利返还请求权。[③]

所谓物权请求权，即物权所具有的请求权，是指物权人于其物权受到侵害或妨害或有被侵害的危险时，基于物权而请求侵害人为一定行为或不为一定行为，使物权恢复到原有状态或侵害危险产生之前的状态的权利。它包括物的返还请求权、排除妨害请求权、消除危险请求权[④]，某些场合的恢复原状请求权。它们具有如下法律性质。

1. *物权请求权是物权所具有的请求权*

物权请求权是物权所具有的请求权，没有物权就不会有物权请求权，或是占有自力救济权，或是占有保护请求权，或是债法上的请求权。

物权请求权应被承认的根本理由在于，物权为对标的物的直接的支配权，即享有物权的人欲实现物权的内容，无须他人行为的存在。但当物权内容的实现，因属他人支配的范围内而受到妨害时，虽是享有物权的人，也不允许以侵害他人的支配来实现其物权的内容，因此，物权必须具有对处于支配该妨害情由地位的人请求除去其侵害或妨害乃至有妨害之虞的力量。否则，物权就会有名无实。[⑤]

---

①② ［德］鲍尔/施蒂尔纳：《德国物权法》（上册），张双根译，北京，法律出版社 2004 年版，第 263、264 页。

③ 王泽鉴：《民法物权·通则·所有权》（总第 1 册），台北，三民书局有限公司 2003 年 8 月增补版，第 67 页；王利明：《物权法论》（修订本），北京，中国政法大学出版社 2003 年 7 月修订版，第 96～97 页。

④ 传统民法理论把停止侵害请求权和排除妨碍请求权合并为一种物权请求权，取名为妨害除去请求权；将消除危险请求权叫作妨害防止请求权。

⑤ ［日］我妻荣：《日本物权法》，有泉亨修订，李宜芬校订，台北，五南图书出版公司 1999 年版，第 20 页。

这种法律赋予的力量，就是物权请求权。

［引申与探讨］

物上请求权和物权请求权两个概念之间的关系，学说上存在着分歧。含义相同说认为，物上请求权就是物权请求权。对此，有的学者直截了当地断言，有的学者则通过对物上请求权的界定表达出这个观点，有的学者则兼而有之。不同概念说则认为，物上请求权系物权请求权的上位概念，不但包括物权请求权，还含有基于占有而产生的请求权。

持含义相同说者，不乏其人。例如，我妻荣教授不仅在标题上将物上请求权和物权的请求权等同，而且在叙述上也把两者作为含义相同的范畴运用：就占有权，《日本民法典》认可了占有回收之诉（第 200 条）、占有保持之诉（第 198 条）和占有保全之诉（第 199 条）三种请求权。在学说上，就所有权一般都认可了与其对应的所有物返还请求权（rei vindicatio）、所有物妨害除去请求权（actio negatoria）和所有物妨害防止请求权。不仅如此，对其他的物权——对应于物权各自的内容虽多少有差异——也认可了与其对应的请求权。并作为物权的一般效力，而称其为物上请求权或物权的请求权。① 田山辉明教授同意把物上请求权和物权的请求权这两个概念等同使用，将物上请求权界定为“物权人在其权利遭到侵害或有被侵害的危险时，基于物权而要求特定侵害人恢复其物权的原有状态或侵害危险产生之前的状态的权利”②。史尚宽先生认为排除妨害，回复物权圆满支配状态的请求权，谓之物权的请求权，亦称物上请求权（dingliche Anspruch），有返还请求权、妨害除去请求权及妨害防止请求权三种。③ 郑玉波教授界定到：当物权内容的完全实现上，遭有某种事由的妨害时，则物权人有对使该项事由发生的人，请求除去其妨害的权利，是谓之物上请求权，亦称物权的请求权。④ 寇志新教授和韩松教授认为，物上请求权，也称物权请求权，是指物权人为恢复对物的圆满支配状态而对妨害其物权行使的人发出的请求权，包括原物返还请求权、妨害排除请求权、妨害防止请求权。⑤ 梁慧星教授和侯利宏女士把物上请求权等同于物权请求权：物上请求权，也称物权的请求权，是指当物权

① ［日］我妻荣：《日本物权法》，有泉亨修订，李宜芬校订，台北，五南图书出版公司 1999 年版，第 19～20 页。

② ［日］田山辉明：《物权法》（增订本），陆庆胜译，齐乃宽、李康民审校，北京，法律出版社 2001 年版，第 17 页。

③ 史尚宽：《物权法论》，台北，荣泰印书馆股份有限公司 1979 年第 5 次印刷，第 10 页。

④ 郑玉波：《民法物权》，台北，三民书局有限公司 1988 年 2 月修订第 12 版，第 24 页。

⑤ 寇志新总编：《民法学》，西安，陕西人民出版社 1998 年版，第 314～315 页。

的圆满状态受到妨害或有被妨害之虞时，物权人为了排除或预防妨害，请求对方为一定行为或不为一定行为的权利。① 陈华彬教授持相同观点②，魏振瀛教授和钱明星教授亦然，直接说物上请求权，有时也称为物权的请求权。③

持不同概念说者，也有相当的人数。例如，沃尔夫教授在使用物上请求权的概念时，涵盖基于所有权而产生的请求权和占有人的物上请求权。④ 王泽鉴教授认为，物上请求权（物的请求权，dingliche Anspruche），包括两种请求权，一为基于所有权及其他物权而生的请求权，即物权人于其物权被侵害或有被侵害之虞时，得请求回复圆满状态的权利（物权请求权）。一为占有人的物上请求权。⑤ 谢在全先生阐明，物上请求权（物的请求权、对物诉权、物上诉权）包括基于所有权或其他物权所生的物上请求权及占有人的物上请求权，前者是指物权人对于其物权被妨害或有被妨害之虞时，得请求回复物权圆满状态或防止妨害的权利（物权之请求权、物权请求权），后者是指占有人于其占有被侵夺或受其他妨害，或有被妨害之虞的，得请求回复原占有的状态或予以防止的权利。⑥ 王利明教授认为，物上请求权和物权请求权两个概念存在区别，一方面，物权请求权是基于物权产生的请求权，在物权受到侵害或者有遭受侵害的可能时才能行使；而物上请求权，则是基于物产生的请求权，是在物受到侵害或者有遭受侵害的可能时行使的。物权请求权源于物权的绝对性、支配力，是物权权能实现的保障和效力的体现，物上请求权的概念没有抽象出这种法律特性。另一方面，物权请求权表明它是与债权请求权相对应的，而物上请求权则没有表明此种区别。因此用物权请求权代替物上请求权更科学。⑦

笔者认为，日本学者把物上请求权等同于物权请求权，可能与日本民法把占有当作物权有关。由于占有系一种物权，基于占有而产生的请求权自然为基于物权而产生的请求权，即属于物权的请求权，属于物上请求权。这样，物上请求权和物权请求权的外延完全相同，其实，其内涵也一致。郑玉波教授等曾经留学日本，可能受日本民法学的影响，把物上请求权和物权请求权视为同一个概念。

---

① 梁慧星主编：《中国物权法研究》（上），北京，法律出版社 1998 年版，第 89 页。

② 陈华彬：《物权法原理》，北京，国家行政学院出版社 1998 年版，第 97 页。

③ 魏振瀛主编：《民法》，北京，北京大学出版社、高等教育出版社 2000 年版，第 208 页。

④ ［德］曼弗雷德·沃尔夫：《物权法》，吴越、李大雪译，北京，法律出版社 2002 年版，第 143 页。

⑤ 王泽鉴：《民法物权·通则·所有权》（总第 1 册），台北，三民书局有限公司 2003 年 8 月增补版，第 65 页。

⑥ 谢在全：《民法物权论》（上册），台北，三民书局有限公司 2003 年 7 月修订第 2 版，第 48 页。

⑦ 王利明：《物权法论》（修订本），北京，中国政法大学出版社 2003 年版，第 96 页。

与此不同，德国民法把占有作为一种事实，不看作一种物权，若把物权请求权只作为基于物权产生的请求权，则显然不会包括基于占有而生的请求权，即不包含占有人的物上请求权。如果把物上请求权作为统辖物权请求权和基于占有而生的请求权，则物上请求权便成为物权请求权的上位概念。中国民法同样把占有作为一种事实，而非一种物权，因而，从逻辑严谨的要求着眼，区别物上请求权和物权请求权，把它们作为两个不同的概念使用，更为适当。当然，在行文上，称物的返还请求权、妨害除去请求权、妨害防止请求权为物上请求权，也无错误。只要不把占有人的物上请求权称为物权请求权即符合逻辑。

2. 物权请求权是物权的消极权能

物权请求权属于物权的消极权能。物权，既含有积极权能，也包括消极权能，温德沙伊德甚至将对物权的内容仅仅理解为对他人的禁止，仅仅理解为某种消极的东西。[①] 这种思想至今都在影响着不少学者，例如克尼佩尔教授指出："完全的所有权自由的社会意义不在于所有权人的积极能力，而在于其'消极'一面，即禁令，排除所有其他'法律主体'对于所有权客体的侵犯是该权利的本质时刻。"[②]

这种禁令，排除他人对物权的侵害或妨害或妨害之虞的法律之力，首先来自法律的概括规定，如《民法典》第 225 条和第 226 条乃至第 227 条的规定，形成了法律规范层面上的物权请求权。有无妨害物权的具体行为的发生，或妨害物权的危险是否真实地存在，这种抽象的物权请求权都会存在。这是不能实际行使的，不能诉求的。其次，当妨害物权的具体行为发生，或妨害物权的危险现实地存在，符合了《民法典》第 225 条或第 226 条乃至第 227 条规定的构成要件时，具体的物的返还请求权、排除妨害请求权、消除危险请求权或恢复原状请求权就会成立。物权人可以实际地行使它们，更可以通过诉讼的方式行使。这是具体意义上的物权请求权，也就是人们通常所说的物权请求权。

该消极权能运动的结果或曰其达到的目标是使物权保持或回复圆满状态[③]，如标的物被他人无权占有时，物权人请求其返还之，结果是物权人对该物享有占有、使用、收益和处分的全面支配力。

---

① Bernhard Windscheid, Lehrbuch des Pandektenrechts, Erster Band, Literarische Anstalt, Frankfurt a. M., 1990. achte Auflage, S. 140, 141 Anm. 3. 转引自金可可：《温德沙伊德论债权与物权的区分》，载王洪亮、张双根、田士永主编：《中德私法研究》（第 1 卷），北京，北京大学出版社 2006 年版，第 165 页。

② ［德］罗尔夫·克尼佩尔：《法律与历史——论〈德国民法典〉的形成与变迁》，朱岩译，杜景林、卢谌校，北京，法律出版社 2003 年版，第 251 页。

③ 刘凯湘：《论基于所有权的物权请求权》，载《法学研究》2003 年第 1 期，第 26 页。

[引申与探讨]

区分抽象意义上的物权请求权和具体意义上的物权请求权，具有意义：(1) 可以用来说明它们各自同物权本体的关系有别。抽象意义上的物权请求权完全蕴藏于物权本体，并非一种独立存在的有形权利，我们只能把它作为物权的有机组成部分看待，不得视为债权、准债权或一种独立的请求权，等等。具体意义上的物权请求权则具有相对的独立性。(2) 抽象意义上的物权请求权为具体意义上的物权请求权的源泉，没有前者就不会有后者的不断滋生。(3) 抽象意义上的物权请求权不同具体的侵害行为相联系，不适用诉讼时效。具体意义上的物权请求权一经产生，就存在着是否适用诉讼时效（消灭时效）、在多大程度上准用债法的规范等问题。[①] 对此，拉伦茨教授举例说明如下：如果所有人 E 的所有物被偷，后来发现这个物 30 年来一直由 X 占有，由于 X 不是善意占有人，那么，X 就不能根据取得时效来取得这个物的所有权，但同时，由于《德国民法典》第 195 条所规定的消灭时效期间已过，E 对 X 的返还请求权也随之消灭。X 可以以时效抗辩权反对 E 的请求权，并使 E 的请求权不能实现。但是依据《德国民法典》第 985 条，由于所有权人的返还请求权是针对当时的占有人的，所以，针对 X 的返还请求权在 X 因某种理由失去占有的同时也就消失了，从而针对新的占有人取得占有时，发生一个新的返还请求权。如果 Y 取得了这个物的占有，而他又不是 X 的权利继承人，那么，他不能以原来的返还请求权已过时效或以前的时效期间已经届满等理由来对抗 E 在 Y 取得占有时发生的新的返还请求权。[②]

3. 物权请求权与物权密不可分

物权请求权既为物权的消极权能、物权的作用、物权的内容，也就是物权的效力。由此决定，物权请求权与物权密不可分。假如物权请求权可以脱离物权本体而消失或归属于他人，那么，当他人无权占有标的物，妨害物权的行使，或有妨害物权的危险时，物权人因无物权请求权可以行使，其物权就会有名无实。

[引申与探讨]

物权请求权在因特定的侵害行为或妨害行为而产生时，确实是特定主体之间的关系，且以请求相对人为一定行为或不为一定行为为内容。所有这些，都显现出物权请求权具有债权的属性。即使如此，也不宜将其定性为债权，理由如下：(1) 物权请求权存在着抽象的物权请求权与具体的物权请求权，前者在特定的侵

---

① 崔建远：《准物权研究》，北京，法律出版社 2003 年版，第 162～163 页。

② [德] 卡尔·拉伦茨：《德国民法通论》（上册），王晓晔、邵建东、程建英、徐国建、谢怀栻译，谢怀栻校，北京，法律出版社 2003 年版，第 327 页。

害行为或妨害行为出现之前即已存在，除非物权本体消失。显然，抽象的物权请求权的义务主体是不特定的任何人，不符合债权的特征。（2）这种观点人为地肢解物权本体，因为物权本来是由积极权能与消极权能构成的一个完整的民事权利。其中的消极权能就是物权请求权，把它们作为债权处理，因债权与物权乃并立的两类民事权利，物权本体中不能含有债权，于是只有将物权请求权从物权中分离出去，只剩下积极权能，使之残疾。假如残疾更有利于物权人乃至社会秩序，也可以忍痛割爱，不追求自身的完美，牺牲形式逻辑，但事实恰恰相反。“所有权法的‘积极’作用，即把一种全面对物的支配赋予给所有人，必然就有与此相对应的‘消极’作用，即排除一切他人对此物的任何干涉。”① （3）债权，除保证债权等为数不多的债权具有从属性，有些不具有让与性之外，大多是独立的权利，可以不依附于其他权利而存在，而单独让与，并且如今有强化债权自由让与的发展趋势。与此不同，物权请求权“自”物权中产生，并与物权紧密联系在一起，就是说，比如所有物返还请求权是不能脱离所有权而单独予以转让的。② 不能将所有权的两个方面——积极作用和消极作用——割裂开来，而必须结合起来看。③ （4）法律适用方面的考虑。若将物权请求权定性为债权，就得适用债法的规则，除非特别排除并有令人信服的理由。而如适用债法规则会带来一系列的麻烦，必须设置不少的例外，如不得单独转让、不适用或大部不适用诉讼时效制度等。显然有自寻烦恼之虞，无形中增添许多工作量。

4. 物权请求权在类型和内容方面有别于其他请求权

物权请求权的类型和内容，表现为物的返还请求权、排除妨害请求权、消除危险请求权和个别场合的恢复原状请求权。

5. 物权请求权在效力顺序方面具有优先性

物权请求权的效力，优先于普通债权的请求权的效力。

关于债法上的救济方式，在中国现行法上，首推侵权责任的方式。例如，《民法典》规定：国家所有的财产受法律保护，禁止任何组织或者个人侵占、哄抢、私分、截留、破坏（第 258 条）；违反国有财产管理规定，在企业改制、合并分立、关联交易等过程中，低价转让、合谋私分、擅自担保或者以其他方式造成国有财产损失的，应当依法承担法律责任（第 259 条第 2 款）；集体所有的财产受法律保护，禁止任何组织或者个人侵占、哄抢、私分、破坏（第 265 条第 1

---

①③　［德］卡尔·拉伦茨：《德国民法通论》（上册），王晓晔、邵建东、程建英、徐国建、谢怀栻译，谢怀栻校，北京，法律出版社 2003 年版，第 257 页。

②　［德］鲍尔/施蒂尔纳：《德国物权法》（上册），张双根译，北京，法律出版社 2004 年版，第 13 页。

款）；私人的合法财产受法律保护，禁止任何组织或者个人侵占、哄抢、破坏（第 267 条）。《民法典》规定：承担民事责任的方式主要有停止侵害、排除妨碍、消除危险、返还财产、恢复原状、赔偿损失、消除影响、恢复名誉、赔礼道歉（第 179 条第 1 款）等；造成不动产或者动产毁损的，权利人可以依法请求修理、重作、更换或者恢复原状（第 237 条）；侵害物权，造成权利人损害的，权利人可以依法请求损害赔偿，也可以依法请求承担其他民事责任（第 238 条前段）。

不当得利返还也是保护物权的一种债权的救济方式（《民法典》第 985 条）。

第二百三十三条

物权受到侵害的，权利人可以通过和解、调解、仲裁、诉讼等途径解决。

本条主旨

本条是关于物权保护的程序性路径及方式的规定。

相关条文

《农村土地承包法》第 55 条　因土地承包经营发生纠纷的，双方当事人可以通过协商解决，也可以请求村民委员会、乡（镇）人民政府等调解解决。

当事人不愿协商、调解或者协商、调解不成的，可以向农村土地承包仲裁机构申请仲裁，也可以直接向人民法院起诉。

《民事诉讼法》第 50 条　双方当事人可以自行和解。

法释〔2016〕5 号第 1 条　因不动产物权的归属，以及作为不动产物权登记基础的买卖、赠与、抵押等产生争议，当事人提起民事诉讼的，应当依法受理。当事人已经在行政诉讼中申请一并解决上述民事争议，且人民法院一并审理的除外。

理解与适用

一、定性与定位

本条规定不含有构成要件和法律效果，故其非为裁判规范，仅为行为规范。就是作为行为规范，也因其系不完全法条，尚需与其他有关条文结合才会真正起到引导人们向前的作用。

本条属于引致性（管道性）的规定，犹如路标，告知处于争议中的当事人可寻求何种救济途径。因其指示的仅为和解、调解、仲裁、诉讼等途径，未指引解决争议所必需的请求权基础，如没有告诉《民法典》第 235 条关于物的返还请求权的规定，故该引致性的规定大多属于程序规则，但也有一些实体法上的规则，如民法上的和解。

诚然，程序是实体之母[①]，“救济先于权利”(Remedy Precedes Rights)[②]，并且，程序规范并非民事诉讼法的专利，实际上民事诉讼法与民法都肩负着设置某些程序规范的重任。程序为实体法的运行开辟通道，提供平台，使得物权的争议得到解决。所以，法律人万不可轻视程序。

二、术语解释

1. 和解

所谓和解，是指当事人约定，互相让步，以终止争执或防止争执发生的合同(中国台湾地区“民法”第 736 条)。看来，和解以当事人各方存在争执为前提，没有争执，无所谓和解。至于所谓争执，乃当事人对于法律关系的存否、内容、范围、效力等，为相反或不一致的主张；或者关于法律关系存有不确定感、关于权利的实现存有不安全感，从而提出来，请求消除。此其一。和解，当为当事人互相让步的合同，这是和解的“互让性”。所谓让步，是指权利或利益之抛弃、义务或负担之承认、损失之承受，而在权益方面有所牺牲的现象。假如仅有一方让步，相对人不让步，则仅为权利的抛弃，或仅为义务的承认或承担，即使因而息止争执，且以合同为之，也不是和解。[③] 此其二。当事人在诉讼进行中，自愿协商，重新确定其民事权益的享有或民事责任的承担，以解决纠纷，结束诉讼的活动，此为民事诉讼进行中的和解。在初审程序、上诉审程序和再审程序中，自程序开始后至判决作出前，双方当事人均可进行和解，达成和解协议。[④] 此外，《民事诉讼法》第 230 条第 1 款规定：“在执行中，双方当事人自行和解达成协议的，执行员应当将协议内容记入笔录，由双方当事人签名或者盖章。”这规定了执行和解协议：在执行过程中，权利人与义务人通过协议变更执行根据中所确定

---

① [日] 谷口安平：《程序的正义与诉讼》(增补本)，王亚新译，北京，中国政法大学出版社 2002 年版，第 7 页。

② [美] 格伦顿、戈登、奥萨魁：《比较法律传统》，米建、贺卫方、高鸿钧译，北京，中国政法大学出版社 1993 年版，第 139 页；沈达明、冯大同、赵宏勋：《国际商法》(上册)，北京，对外贸易出版社 1982 年版，第 23 页。

③ 刘春堂：《民法债编各论》(下)，台北，三民书局有限公司 2008 年版，第 309～310 页。

④ 张卫平：《民事诉讼法》，北京，法律出版社 2004 年版，第 281 页；邵明：《民事诉讼法学》，北京，中国人民大学出版社 2007 年版，第 418～419 页。

的类型义务、履行期限以及履行方式。[①] 其构成要件包括：（1）执行当事人应有诉讼行为能力；（2）遵循基本合法、基本自由和公平原则，否则，执行和解协议无效或可被撤销；（3）一般应采用书面形式。执行和解协议具备这些要件的，能够产生实体法上的效力。它是双方当事人之间的一种合同，以协议的方式变更了原执行名义的内容，即重新约定了执行权利人和执行义务人之间的实体权利义务关系，具有合同效力，双方应受其约束，自觉履行。同时，它还产生程序法上的效力：（1）执行和解协议生效后，法院应当中止执行原执行名义；（2）对于当事人按照执行和解协议已经履行的债务，法院不得再执行；（3）若当事人对执行和解协议已经全部履行的，法院则裁定执结，不许当事人再次申请执行原执行名义。[②] 务请注意，执行和解协议与一般程序外的实体协议不同，它是为了实现权利义务所达成的协议，而不是为了其他目的所设立权利义务的协议，在性质上属于程序上的协议，因此不具有可诉性。于其不履行时，适用《民事诉讼法》第230条第2款关于"申请执行人因受欺诈、胁迫与被执行人达成和解协议，或者当事人不履行和解协议的，人民法院可以根据当事人的申请，恢复对原生效法律文书的执行"的规定，而不得针对执行和解协议提起诉讼，以免提高纠纷解决的成本、浪费司法资源。[③] 此其三。

看来，民法与民事诉讼法在和解的内容和法律效力方面不完全一致。《民法典》第233条未明确其所谓和解的内涵与外延，不妨作灵活的解释，因为哪种类型的和解都不抵触物权的保护。由于和解出于当事人双方的自愿，并且是在明知执行难等客观现实的背景下所为，因而利于实现包括物权在内的权利。

2. 调解

调解，在最广义上是通过第三人居中调停解决纠纷[④]，但法律人常在程序法的层面认识及界定它。法院调解，是指在人民法院审判人员的主持下，双方当事人通过自愿协商，达成协议，解决民事争议的活动和结案方式（《民事诉讼法》第9条、第93条以下）。[⑤] 仲裁调解则是在仲裁庭的主持下，申请人和被申请人自愿协商，达成协议，了结商事纠纷的活动和结案方式（《仲裁法》第51、52条）。由于调解也是在当事人双方自愿的基础上成功结案的，与和解具有共性，因而便于执行，有利于实现包括物权在内的权利。

---

① 张卫平：《民事诉讼法》，北京，法律出版社2004年版，第417～418页。

② 邵明：《民事诉讼法学》，北京，中国人民大学出版社2007年版，第563页。

③⑤ 张卫平：《民事诉讼法》，北京，法律出版社2004年版，第418、281页。

④ 胡康生主编：《中华人民共和国物权法释义》，北京，法律出版社2007年版，第84页。

3. 民事诉讼

民事诉讼，是指民事争议的当事人向人民法院提出诉讼请求，人民法院在双方当事人和其他诉讼参与人的参加下，依法审理和裁判民事争议的程序和制度。由法院代表国家作为裁判者以中立的立场来审理和裁判的当事人的物权争议，并通过执行制度来保证裁判的实现，应是最强有力的解决物权争议的途径及方式。①

4. 仲裁

仲裁，是在有仲裁协议或仲裁条款的前提下，双方当事人协议将争议提交仲裁机构，由仲裁机构居中对争议的是非曲直进行评判并作出裁决的一种解决争议的方法。仲裁异于诉讼和审判，仲裁需要双方自愿，也异于强制调解，是一种特殊调解，是自愿型公断，区别于诉讼等强制型公断。仲裁活动和法院的审判活动一样，关乎当事人的实体权益，是解决包括物权争议在内的民事争议的方式之一。②

第二百三十四条

因物权的归属、内容发生争议的，利害关系人可以请求确认权利。

本条主旨

本条是关于物权确认请求权的规定。

相关条文

《物权法》第 33 条　因物权的归属、内容发生争议的，利害关系人可以请求确认权利。

法释〔2016〕5 号第 1 条　因不动产物权的归属，以及作为不动产物权登记基础的买卖、赠与、抵押等产生争议，当事人提起民事诉讼的，应当依法受理。当事人已经在行政诉讼中申请一并解决上述民事争议，且人民法院一并审理的除外。

第 2 条　当事人有证据证明不动产登记簿的记载与真实权利状态不符、其为该不动产物权的真实权利人，请求确认其享有物权的，应予支持。

---

① 张卫平：《民事诉讼法》，北京，法律出版社 2004 年版，第 5 页。

② https：//baike. baidu. com/item/%E4%BB%B2%E8%A3%81/515081?fr=aladdin. 2020 年 3 月 25 日最后访问。

理解与适用

一、物权确认请求权的定性与定位

本条关于“因物权的归属、内容发生争议的，利害关系人可以请求确认权利”的规定中，在物权的内容发生争议的情况下，利害关系人请求确认的权利，包括请求确认物权的边界、物权的顺序、物权得对抗人的范围等。在财团抵押权、浮动抵押权等场合，确认物权的内容，还包括于抵押权行使之际确认抵押物的范围。分析这些内容，可知有的属于妨害排除请求权，有的属于物的返还请求权。就是说，请求确认物权内容的权利，应当属于物权请求权的范畴。其内容将在《民法典》第235条、第236条乃至第237条规定的“物权请求权”中讨论，此处不赘。

与此不同，在物权的归属发生争议的情况下，利害关系人请求确认的权利，叫作物权确认请求权，或称确认物权的请求权。其性质和地位如何，学界一直存在不同的认识。有学者认为物权确认请求权属于物上请求权①，有的学者主张物权确认请求权属于物权请求权②，有的学者则主张，物权确认请求权虽然是保护物权的方法，但不属于物权请求权的范畴。③

笔者赞同后一观点，理由有三：(1) 从物权请求权系基于物权而生的权利这点思考，物权的必定存在应当是物权请求权产生的前提，没有物权便没有物权请求权。④ 物权确认请求权发生于物权是否存在或物权归属于谁有疑问的场合，不好断言物权一定存在。没有物权的人也享有物权确认请求权，这与物权请求权乃物权效力的表现明显不同。(2) 物权请求权的行使，既可以采取自力救济的方式，更可以甚至必须依赖公权力。而物权确认请求权的行使，必须求助于公权力。如果是通过诉讼的方式行使，《民法典》规定的物权确认请求权与《民事诉讼法》设置的确认之诉，就呼应配合，相得益彰。(3) 物权请求权的行使，发生使物权恢复到圆满状态的结果，确定地产生实体法上的效果。物权确认请求权的行使则不然，不要说行使者没有物权时不产生实体法上的效力，就是真实的物权

① 郭明瑞、唐广良、房绍坤：《民商法原理·物权法·知识产权法》(总第2册)，北京，中国人民大学出版社1999年版，第60页。

② 王利明主编：《中国物权法草案建议稿及说明》，北京，中国法制出版社2001年版，第206～210页；梁慧星：《物权法草案（第二次审议稿）若干条文的解释与批判》，载易继明主编：《私法》(第5辑·第1卷)，北京，北京大学出版社2005年版，第20页。

③ 崔建远：《土地上的权利群研究》，北京，法律出版社2004年版，第376页。

④ 刘凯湘：《论基于所有权的物权请求权》，载《法学研究》2003年第1期，第27页。

人行使物权确认请求权，仅仅凭借此权是无法使物权恢复到圆满状态的，必须再借助物权请求权，甚至于必须同时依据《民法典》第 220 条、第 229 条、第 230 条、第 231 条、第 352 条正文等条款，才会产生实体法上的效果。换句话说，物权确认请求权只是一条通道，在对物权的归属有争议的场合，欠缺它，行使者即使果真享有物权，也难以使其物权恢复到圆满状态；只有沿着它前进，再结合有关权利或制度，才会使物权恢复到圆满状态。从这个意义上说，物权确认请求权不是基于物权本身而产生，而是基于程序制度而享有，它属于程序上的权利。① 就此看来，也不宜把物权确认请求权归属于物权请求权。

有人说，物权编/物权制度/物权法为实体法，所含规范应当规定实体权利，把物权确认请求权划归程序上的权利，于此不合。其实，各个法律部门规定何种规范只是个大致的分工，出于顺势而为使某具体制度相对集中、醒目的考量，在刑法中“掺杂”个别民事规范，在民法中设条文引致刑法上，民事诉讼法中伴有民法规范、民法尤其是物权法中带有若干程序规定，并非鲜见。

物权确认请求权是物权保护请求权的一种。② 在物权确认请求权的行使者就是物权人的情况下，物权确认请求权的行使确实保护了物权，因而《民法典》把它作为物权的保护方法，是可取的。

二、权利人和确认人

按照本条的规定，物权确认请求权的主体为与物权有利害关系的人。这里的利害关系人，包括物权人本人，物权人的监护人及其他近亲属，委托代理人，指定代理人。在合建房屋合同不成立、被确认无效或被撤销的情况下，主张对建成的房屋享有所有权的出资人，属于本条所指的利害关系人。在亲朋好友出资，帮助宅基地使用权人建造住房，主张对建成的住房拥有所有权的情况下，这些亲朋好友也属于本条所指的利害关系人。在登记错误的情况下，登记名义人和真实的物权人都是本条所指的利害关系人。

有权确认物权的归属的人，包括行政机关、人民法院和仲裁机构。之所以如此，是因为普通民事主体既不拥有行政裁决权，也不拥有司法裁判权或仲裁裁决

---

① 梁慧星教授认为，物权确认请求权是一种诉权（见梁慧星：《物权法草案（第二次审议稿）若干条文的解释与批判》，载《民商法学》2005 年第 8 期，第 13 页）。季秀平博士认为，物权确认请求权具有裁判请求权的属性（见季秀平：《物权之民法保护制度研究》，北京，中国法制出版社 2006 年版，第 115 页）。

② 胡康生主编：《中华人民共和国物权法释义》，北京，法律出版社 2007 年版，第 85 页。

权，无权对物权的归属作出权威性判定，私力的救济和判断终不能从根本上解决争议。①

三、物权确认请求权的内容

物权确认请求权的内容，是请求确认物权的归属。所谓确认物权的归属，就是确认物权的权利主体，即确认对特定的物权享有直接支配和排他权利的权利人，如所有权人、用益物权人、担保物权人。② 至于请求确认物权的内容，则非物权确认请求权的内容，而属于物权请求权的范畴。

四、物权确认请求权与诉讼时效

物权确认请求权不应适用诉讼时效制度③，因其不是实体法上的权利。

第二百三十五条

无权占有不动产或者动产的，权利人可以请求返还原物。

本条主旨

本条是关于物的返还请求权的规定。

相关条文

《物权法》第 34 条　无权占有不动产或者动产的，权利人可以请求返还原物。

《民法通则》第 117 条第 1 款　侵占国家的、集体的财产或者他人财产的，应当返还财产，不能返还财产的，应当折价赔偿。

法释〔2016〕5 号第 8 条　依照物权法第二十八条至第三十条规定享有物权，但尚未完成动产交付或者不动产登记的物权人，根据物权法第三十四条至第三十七条的规定，请求保护其物权的，应予支持。

---

①②　黄松有主编：《〈中华人民共和国物权法〉条文理解与适用》，北京，人民法院出版社 2007 年版，第 135～136、136 页。

③　梁慧星主编：《中国物权法草案建议稿·条文、说明、理由与参考立法例》，北京，社会科学文献出版社 2000 年版，第 211 页；王利明主编：《中国物权法草案建议稿及说明》，北京，中国法制出版社 2001 年版，第 208 页。

理解与适用

一、物的返还请求权的概念和构成

本条所谓权利人可以请求他人返还其无权占有之物，这种权利就是物的返还请求权。当然，本条所谓“无权占有不动产或者动产的，权利人可以请求返还原物”，省略了状语中的主语，其完整的表述就是“权利人无权占有不动产或者动产的，权利人可以请求返还原物”。这显然是词不达意，不合立法本意，原因在于状语“无权占有不动产或者动产的”中的主语肯定不是“权利人”，而是他人，是无权占有人。在这里，避免错误的操作十分简单，要么采取被动式的表达，即“不动产或者动产被无权占有的，权利人可以请求返还原物”；要么给状语加上主语，即“他人无权占有不动产或者动产的，权利人可以请求返还原物”。对诸如此类的问题，专家、学者们不止一次地提出修改建议，遗憾的是错误依旧。

本条所言之物，包括动产和不动产，不含有权利。权利的回归由相应的制度解决。物的返还请求权旨在使物权人获得对标的物的占有，构成要件如下。

1. 请求权的主体必须是物权人，虽然不是物权人，但依法律规定得行使物的返还请求权的人，如破产管理人、遗嘱执行人、失踪人的财产代管人、国有财产的管理人（国资委等），也可行使物的返还请求权。

在共有物被他人无权占有的情况下，若为按份共有，各个共有人有权就共有物的全部行使物的返还请求权，但回复共有物原状的请求，只在为共有人的全体利益的情况下才可实施；若为共同共有，共有人中的一人或数人行使所有物返还请求权时，除法律另有规定或当事人另有约定之外，应当征得其他共有人的同意。①

2. 相对人必须是无权占有人

（1）无权占有的概念

物权人请求返还标的物，必须是占有人为无权占有。所谓无权占有，是指无正当权源而占有他人之物的状态。至于无权占有的发生原因如何，期间长短，占有人善意或恶意，有无过失，均在所不问。②

（2）无权占有人

无权占有人，包括直接占有人、间接占有人。③ 占有辅助人系受他人指示而

---

①②　王泽鉴：《民法物权·通则·所有权》（总第1册），台北，三民书局有限公司2003年8月增补版，第167、169页。

③　北京大学法学院教授刘凯湘教授主张区分间接占有的情形而定，详见刘凯湘：《论基于所有权的物权请求权》，载《法学研究》2003年第1期，第29页。

占有，非属占有人，不得为请求的对象。例如，甲有A画被乙盗走，乙将之出卖给丙，丙把它寄存于丁处，丁交给其雇员戊保管。在这种情况下，甲行使物的返还请求权的相对人为丙（间接占有人）、丁（直接占有人）。乙不是现在的占有人，戊为丁的占有辅助人，他们二位均不是物的返还请求权行使的对象。①

无权占有人为法人场合，例如，甲的A停车场被乙公司的董事长丙擅自占用，其中，丙系法人机关，对停车场的事实支配归属于乙公司，故乙公司为占有人。于此场合，丙也不是辅助占有人。②

（3）无权占有与占有本权

占有人对占有拥有正当权源的，为有权占有，物权人不得对其行使物的返还请求权。有权占有，可以是基于物权（如建设用地使用权、宅基地使用权、土地承包经营权等）而占有他人之物；也可以是基于债权而占有，如承租人基于租赁合同关系而占有租赁物，借用人基于借用合同关系而占有借用物等，均属此类。③

二、举证责任

请求人向相对人主张物的返还请求权，应举证证明自己是物权人，占有人属于无权占有人。在登记物权场合，请求人只要举证自己为登记名义人即可，因为不动产登记簿的记载具有物权的推定力（《民法典》第216条第1款、第311条等）。占有人若对抗请求人，须举证证明请求人欠缺物权。④

占有人对请求人享有物权无争议，仅以有权占有为对抗的，得举证证明自己对物的占有存在着正当权源；请求人不负证明占有人无权占有的举证责任。⑤

三、法律效果

1. 占有物的返还：无权占有人有义务返还占有物，物权人有权请求返还。所谓返还占有物，是指将物复归于物权人在事实上的支配。无权占有他人土地建造建筑物、构筑物及其附属设施的，应拆房还地。⑥

2. 费用负担：返还的费用原则上应由无权占有人负担，但在无权占有的形成，不可归责于双方当事人场合，例如，狂风吹落树枝于邻居的地上，化学污染物被窃贼放置于甲的土地上等，完全由无权占有人负担，有失权衡，在中国现行法尚无明文的背景下，不妨依据公平原则处理，双方合理负担。

---

①②③④⑤⑥　王泽鉴：《民法物权·通则·所有权》（总第1册），台北，三民书局有限公司2003年8月增补版，第168、167、169、176～177、177、177页。

［引申］

1. 对直接占有人、间接占有人为物的返还请求权

甲出借一屋于乙，乙未经甲同意将该屋借给丙使用，丙对甲构成无权占有。在甲和乙的借用合同终止前，甲只能请求丙（直接占有人）将该屋返还给乙（间接占有人）。如果乙不愿或不能受领时，甲可请求丙把该屋返还给自己。①

甲有一车，被乙盗窃，乙随即将该车出借给丙。乙为间接占有人，丙为直接占有人，对甲均构成无权占有。在这种情况下，甲有权请求丙返还该车，也有权请求乙将其对丙的返还请求权转让给自己。直接占有人和间接占有人均为占有人，应负共同返还义务。②

2. 金钱的返还

无权占有的标的物为金钱时，应返还原物，而非偿还价值额。金钱存入银行或其他事由，难以辨别时，适用混合的规定。金钱已经被使用的，只能依据不当得利返还请求权请求返还。③

四、物的返还请求权的让与性

物的返还请求权为物权效力之一，不得脱离物权而单独让与。

［引申］

1. 实际上，就物的返还请求权可否单独转让，尚有争论，通说采取否定的见解，认为若可单独转让物的返还请求权，会使得物权丧失返还请求权，失去保护，失去其占有和利用的基本功能。

2. 物的返还请求权在结构上与债的请求权相同，可以类推适用《民法典》关于履行的规定。具体些说，A. 关于不能履行的规定：在占有物因灭失、毁损或其他事由致使不能返还时，可类推适用《民法典》第 563 条第 1 项或第 4 项的规定，不再返还原物。B. 关于逾期履行的规定：物的返还请求权，可视情况而决定是否类推适用《民法典》第 577 条等规定。C. 关于不完全履行的规定：物的返还请求权，可视情况而决定是否类推适用《民法典》第 577 条等规定。

五、物的返还请求权与诉讼时效

对于物的返还请求权与适用诉讼时效制度之间的关系，《民法典》区分情况，

①②③　王泽鉴：《民法物权·通则·所有权》（总第 1 册），台北，三民书局有限公司 2003 年 8 月增补版，第 167、178 页。

于第 196 条第 2 项规定：“不动产物权和登记的动产物权的权利人请求返还财产”“不适用诉讼时效的规定”，言外之意是在不动产物权和未登记的动产物权场合，物的返还请求权，不适用诉讼时效的规定。

第二百三十六条

妨害物权或者可能妨害物权的，权利人可以请求排除妨害或者消除危险。

本条主旨

本条是关于排除妨害请求权和消除危险请求权的规定。

相关条文

《民法通则》第 134 条第 1 款　承担民事责任的方式主要有：

（一）停止侵害；

（二）排除妨碍；

（三）消除危险；

…………

《物权法》第 35 条　妨害物权或者可能妨害物权的，权利人可以请求排除妨害或者消除危险。

理解与适用

一、语义澄清

本条所谓“妨害物权或者可能妨害物权的，权利人可以请求排除妨害或者消除危险”，省略了状语中的主语，其完整的表述就是“权利人妨害物权或者可能妨害物权的，权利人可以请求排除妨害或者消除危险”。这显然是词不达意，未合规范意旨，原因在于状语“妨害物权或者可能妨害物权的”中的主语肯定不是“权利人”，而是他人，是侵权行为人。在这里，避免错误的操作十分简单，要么采取被动式的表达，即“物权被妨害或者可能被妨害的，权利人可以请求排除妨害或者消除危险”；要么给状语加上主语，即“他人妨害物权或者可能妨害物权的，权利人可以请求排除妨害或者消除危险”。对诸如此类的问题，专家、学者们不止一次地提出修改建议，遗憾的是错误依旧。

本条所述内容被分解开来就形成两个亚条款：(1)“他人妨害物权或者可能

妨害物权的，权利人可以请求排除妨害”，这承认了物权人的排除妨害请求权；（2）“他人妨害物权或者可能妨害物权的，权利人可以请求消除危险”，这设置了物权人的消除危险请求权。

二、排除妨害请求权

（一）概念和构成

所谓排除妨害请求权，是指物权人于其物权的支配状态被占有以外的方法妨害时，请求妨害物权之人除去该妨害的权利。此处所谓占有以外的方法妨害，最为典型的案型是物权的客体丝毫未被他人染指，但物权的行使无法达到圆满的状态，如甲所有的A楼完全在甲的掌控之中，但A楼通往四周的路径在外围被不法切断。有些情形是，物权的客体似乎被他人无权占有，但实则不然，可是物权的行使受限甚至不能，于此场合不成立物的返还请求权，必须构成排除妨害请求权。例如，甲的停车位被乙的汽车占据，使得甲无法停放自己的车辆，由于占有在时间方面有其独特的要求，乙占据甲的停车位的时间过短，达不到构成占有的要求，故甲于此场合无物的返还请求权，只有排除妨害请求权。诸如丙临时无权占据甲的客厅、一群人临时无权占据甲的教室之类，甲均无物的返还请求权，只得依赖排除妨害请求权。其实，依笔者的理念，即便妨害物权保有和行使的状态构成无权占有，也不妨承认物的返还请求权与排除妨害请求权并存，或是竞合，或是聚合。例如，本属甲的A楼被错误登记在乙的名下，也被乙占有，解决此案，甲行使排除妨害请求权，请求注销乙享有A楼所有权的登记；达成目标后，行使物的返还请求权，请求乙把A楼的占有转移给甲。

《民法典》第236条规定了排除妨害请求权，旨在赋权物权人排除已经存在的妨害，使物权恢复至应有的状态。排除妨害请求权的构成要件如下。

1. 对于物权有妨害

所谓妨害，是指以占有以外的方法，客观上不法阻碍物权支配状态的现象。之所以强调不包括以占有的方法妨害物权支配状态，是因为以占有的方法妨害物权的支配可能性，由物的返还请求权解决。因此，构成排除妨害请求权所需要的妨害，是物权人仍然占有标的物情况下他人不法妨害物权的支配状态的情形。

在这里，物权人仍然占有标的物，构成他人不法妨害物权，成立排除妨害请求权，并不排斥无权占有人也实际占有标的物。例如，甲擅自停车于乙的停车位A，甲和乙都在占有停车位A。于此场合，乙有权请求甲排除对停车位A的妨害。

此处的妨害，可有如下表现形态：（1）可量物的侵入，如丢弃废物于他人庭院；（2）否认他人对特定物的物权，即使经过确认之诉，裁判该否认于法无据，仍然否认；（3）不动产登记的错误、遗漏或不实[①]；（4）堵塞他人的进出停车位的通道；（5）甲机关所用大功率发射台使得乙公司的发射装置的工作效果时弱时断；（6）地铁的开通致使某实验室的实验数据失准；（7）处于高地改种水稻，导致洼地的地下水位上涨，原本种植玉米的习惯难以为继。

从这些例证中可以发现，妨害物权包含侵害物权与妨害物权行使两种状态。例如，甲擅自在乙的外墙上悬挂广告牌，无疑在侵害乙的房屋所有权，同时，此举妨害了乙拟利用外墙绘画，构成妨害乙对其房屋的支配状态。此其一。妨害物权的支配状态和无权占有有时也重合，因而排除妨害请求权与物的返还请求权有时发生竞合。甲擅自在乙的外墙上悬挂广告牌，也属此例。再如，甲装载玉米秸秆的马车倾翻于乙的承包地，使乙无法播种大白菜菜籽。此其二。请求排除妨害，不要求举证行为人有过错，而请求损害赔偿，大多需要行为人有过错，因而，区分妨害和损害在法律适用上较为重要。在个案中，究竟是援用《民法典》第 236 条请求行为人排除妨害，还是援用第 179 条第 1 款第 8 项请求行为人承担赔偿责任，宜视证据情况而选择。当然，如果两个请求权的构成要件都具备，可以一并主张，于此场合不是竞合，而是聚合。此其三。

2. 妨害具有不法性

妨害须为不法，物权人才可以请求排除妨害。物权人有容忍义务的，无排除妨害请求权。至于妨害人对其妨害有无过错，则在所不问。[②]

容忍义务包括私法上的和公法上的。私法上的容忍义务，如 A 停车位的所有权人甲向 B 车的所有权人乙表示，B 车可以停放于 A 停车位前面的私家通道上 2 日；也可以产生于用益物权，如物权人对地役权人存放于其住宅门前的鲜鱼 1 日，负有容忍义务；还可以直接基于法律的规定而生，主要情形体现为相邻关系上的容忍义务：来自邻地干涉而生的对物权的妨害，若该干涉是轻微的或为当地通行的，则物权人对该妨害不得提起排除妨害之诉。[③] 公法上的容忍义务，可产生于公法的规定，也可以产生于具体的行政行为。[④]

3. 请求权的当事人

请求权的主体为物权人。请求权的相对人，为任何妨害物权的支配状态之

---

① 参考王泽鉴：《民法物权·通则·所有权》（总第 1 册），台北，三民书局有限公司 2003 年 8 月增补版，第 181～182 页。

②④ ［德］鲍尔/施蒂尔纳：《德国物权法》（上册），张双根译，北京，法律出版社 2004 年版，第 227、231～232 页。

③ ［德］鲍尔/施蒂尔纳：《德国物权法》（上册），张双根译，北京，法律出版社 2004 年版，第 230～231 页；王泽鉴：《民法物权·通则·所有权》（总第 1 册），台北，三民书局有限公司 2003 年 8 月增补版，第 183 页。

人，包括行为妨害人、状态妨害人。所谓行为妨害人，是指依自己行为对他人的物权的支配状态为妨害之人，如前述B车可以停放于A停车位前面的私家通道上2日，地役权人将其鲜鱼存放于作为供役地的住宅的门前1日。妨害人有无过失，在所不问。所谓状态妨害人，是指持有或经营某种妨害他人物权支配状态的物或设施之人。例如，甲于其房屋后院植树，被强风吹落于邻居院里，甲为妨碍人。[①] 状态妨害人对妨害的“状态”在某种程度上须负责任（Verantwortlichkeit)；但此处所谓负责任，并不必然地包含有过错谴责成分。[②]

妨害人可能是数人，例如，某建设工程施工合同关系中的总承包人和分承包人把石料擅自堆放于甲的承包地上。

（二）法律效果

物权人有权请求妨害人除去妨害，如拆除违法建筑物，清理丢弃的垃圾。值得注意的是，注销登记也属于排除妨害。

排除妨害请求权行使场合，物权人只能请求除去妨害的因素，至于能否恢复原状，则不宜强求。

（三）排除妨害请求权的让与性

排除妨害请求权，不得脱离物权单独让与。

（四）排除妨害请求权与诉讼时效

妨害请求权不宜适用诉讼时效制度，否则，与现代社会伦理相悖，因为怎么能因时间的经过，就任凭行为人妨害物权及其行使，而无权令其停止?！听任不法的行为或状态妨害物权及其行使，无法做到物尽其用，显然不符合效率原则。再说，侵害行为正在进行中，属于一个侵权行为尚未结束，侵权损害赔偿请求权因量的因素尚未确定而未完全成立，相应的，损害赔偿债务亦尚未完全形成，作为管辖债权（债务）的诉讼时效制度不得立即发挥作用，在这里表现为诉讼时效期间不开始起算；该侵权行为停止时，针对排除妨害的诉讼时效的起算又失去其意义。故《民法典》第196条第1项规定，排除妨害请求权不适用诉讼时效制度。不过，如果时过境迁，妨害物权的现象已经秩序化，再请求排除妨害会损害公共利益，可以运用权利失效等制度解决。

---

① 王泽鉴：《民法物权·通则·所有权》（总第1册），台北，三民书局有限公司2003年8月增补版，第183页。

② ［德］鲍尔/施蒂尔纳：《德国物权法》（上册），张双根译，北京，法律出版社2004年版，第227页。

三、消除危险请求权

（一）概念与构成

消除危险请求权，在大陆法系的学说上，又称妨害防止请求权，或妨害预防请求权，或物权保全请求权，按照《民法典》第236条的规定，是指对极有可能妨害物权的危险，或者说对妨害物权之虞，物权人请求有关责任者予以消除的权利。它旨在阻却将来发生的妨害。其构成要件如下。

1. 存在着妨害物权的支配状态的危险

妨害物权的支配状态的危险，学说称作有不法妨害之虞。所谓不法妨害之虞，需要在个案中结合具体情况，依社会的一般观念决定。

2. 请求权的主体

消除危险请求权的请求权人，为物权人；请求的相对人，是就可能发生的妨害（危险），具有将之除去的支配力者。

3. 危险具有不法性

妨害物权的支配状态的危险，须具有不法性，反之，则不得主张消除危险请求权。

（二）法律效果

就可能发生的妨害（危险）具有将之除去的支配力者，负有消除危险的义务，物权人有权请求其消除。由此发生的费用，由具有除去支配力者负担。

（三）消除危险请求权的让与性

消除危险请求权不得单独让与，其道理如同排除妨害请求权不得单独让与。

（四）消除危险请求权与诉讼时效

消除危险请求权不适用诉讼时效制度（《民法典》第196条第1项），其道理如同排除妨害请求权不宜适用诉讼时效制度中的阐释。

第二百三十七条

造成不动产或者动产毁损的，权利人可以依法请求修理、重作、更换或者恢复原状。

本条主旨

本条是关于物权的客体被毁损时成立修理、重作、更换的请求权或者恢复原状请求权的规定。

相关条文

《民法通则》第 117 条第 2 款 损坏国家的、集体的财产或者他人财产的，应当恢复原状或者折价赔偿。

第 134 条第 1 款 承担民事责任的方式主要有：

…………

（五）恢复原状；

（六）修理、重作、更换；

…………

《物权法》第 36 条 造成不动产或者动产毁损的，权利人可以请求修理、重作、更换或者恢复原状。

理解与适用

一、语义澄清

本条所谓“造成不动产或者动产毁损的，权利人可以依法请求修理、重作、更换或者恢复原状”，省略了状语中的主语，其完整的表述就是“权利人造成不动产或者动产毁损的，权利人可以依法请求修理、重作、更换或者恢复原状”。这显然是错误的，词不达意，不合立法本意，原因在于状语“妨害物权或者可能妨害物权的”中的主语肯定不是“权利人”，而是他人，是侵权行为人。在这里，避免错误的操作十分简单，要么采取被动式的表达，即“不动产或者动产被毁损的，权利人可以依法请求修理、重作、更换或者恢复原状”；要么给状语加上主语，即“他人毁损不动产或者动产的，权利人可以依法请求修理、重作、更换或者恢复原状”。对诸如此类的问题，专家、学者们不止一次地提出修改建议，遗憾的是错误依旧。

本条所谓修理，是指物权的标的物被他人毁损，有修复可能并为物权人所需要时，行为人应物权人的请求将标的物修复如初的救济措施；更换，是指物权的标的物被他人毁损，无修理可能，或修理所需要的费用过高，或修理所需要的时间过长，为物权人所不需要的场合，行为人应物权人的请求而以同种类同质量同数量之物予以替代的救济措施；重作，是指物权的标的物被他人毁损，不能修理或修理所需要的费用过高，行为人应物权人的请求而制作同种类同质量同数量之物予以替代的救济措施。恢复原状，是指物权的标的物被他人毁损，行为人应债权人的请求将标的物修复如初的救济措施。

十分明显，重作和更换，在物权被侵权的场合很难被运用，也难怪，它们本是合同法领域瑕疵给付场合的救济方式。至于修理，虽然可用于侵权行为损坏了物件的场合，但此情此景中的修理属于恢复原状，同一个法律条文并列规定修理和恢复原状两种救济方式显然浪费，也不合逻辑。连立法机关的专家都解释道："修理、重作、更换属于恢复原状。"①

再进一步剖析，会发现：在物权的一面，（1）如果物权继续存在于被毁损之物上，那么重作之物、更换之物上存在的物权实属新设立的物权，该物权与原物权并列，只不过物权人是同一个主体罢了。既然两权并存，"你是你，我是我"，原物权存续于被毁损之物上，"伤痕累累"依旧，新设物权没有"医治"原物权的"创伤"，而是另立门户，即不是对受侵害的原物权的救济，因此，这种场合的重作、更换不是原物权的救济方式，不是原物权的保护方法。（2）如果被毁损之物上已无物权存续，那么，重作之物、更换之物上存在的物权同样属于新创设的物权，完全异于原物权。既然原物权已经不复存在，那么重作之物、更换之物上存在的物权就不是在救济受侵害的原物权，而是相同的当事人双方新为的交易。

在意思表示的一面，无论当事人双方是否意识到，重作、更换之所以能够成为现实，没有物权人的同意是不可想象的。就是说，重作、更换实质上是行为人和物权人之间成立了新的合同，即重作合同、更换合同。这些合同为解决不动产、动产毁损的救济问题应运而生。由于上个自然段已有结论，它们不是在救济原物权，因而，它们只能是在解决行为人毁损物权人的标的物所产生的赔偿或补偿问题，重作合同、更换合同的成立并落到实处，就了断了双方的赔偿或补偿的关系。就此说来，重作合同、更换合同类似于以物抵债协议，或曰以物抵债的特殊类型；在行为人已将重作之物、更换之物交付给物权人时，重作合同、更换合同类似于代物清偿，或曰代物清偿的特殊表现形式。

二、恢复原状请求权的定性与定位

简要考察《民法典》所涉恢复原状，大致被用于如下场合并具有相应的含义：（1）《民法典》第 237 条关于恢复原状的规定，其适用的前提是不动产或动产之类的有体物被他人不法毁损，这符合侵权责任的规格，产生恢复原状的救济方式，故可说该条系《民法典》第 179 条第 1 款第 5 项的一种具体体现，就此说来，应将其解释为"将毁损的有体物修复如初，属于侵权损害赔偿的一种形态"。

① 胡康生主编：《中华人民共和国物权法释义》，北京，法律出版社 2007 年版，第 88 页。

此其一。有体物遭受损坏，物权人即受到损失；该有体物修复如初，物权人的损失就得到填补或者部分得到补偿。此种恢复原状只能是相当于对毁损之物修复的损害赔偿类型。从这个意义上说，恢复原状属于损害赔偿的范畴。尤其按照德国民法和中国台湾地区“民法”，损害赔偿以回复原状为原则，以金钱赔偿为例外，如此，将受到损坏的有体物修复如初的恢复原状，属于损害赔偿的一种方式，就更无疑问。[①] 此其二。一旦该损害赔偿构成，受害人就有权请求责任人予以赔偿，责任人就有义务满足受害人的该项请求，从而在双方之间形成债权债务关系。在这个层面上观察，此类损害赔偿关系属于债的范畴，其请求权属于债权请求权。此其三。(2)《民法典》第 566 条第 1 款关于“已经履行的，根据履行情况和合同性质，当事人可以请求恢复原状或者采取其他补救措施，并有权请求赔偿损失”的规定中的恢复原状与不当得利返还、赔偿损失相并列，或者说它是不当得利返还、赔偿损失以外的恢复原状，实际上是原物返还。因该返还系合同解除的效力表现，并非违反义务的结果，故它为一种义务，并非侵权责任。如果合同解除有溯及既往的效力，则合同已经解除，原物若为动产，则其所有权重新复归于给付人，于是，从权利的方面观察返还原物，就是物的返还请求权；原物若为不动产，在已经办理了不动产物权移转登记的情况下，受领人负有办理注销登记的义务，给付人享有请求办理变更登记的权利，即排除妨害请求权。(3)《民法典》第 286 条第 2 款关于“业主大会或者业主委员会，对任意弃置垃圾、排放污染物或者噪声、违反规定饲养动物、违章搭建、侵占通道、拒付物业费等损害他人合法权益的行为，有权依照法律、法规以及管理规约，请求行为人停止侵害、排除妨碍、消除危险、恢复原状、赔偿损失”的规定中的恢复原状，具有清除垃圾等污染物、消除噪声、放弃违反规定的饲养、拆除违章建筑物、清理通道之意，属于“回复生活”的类型，彰显以环境再生为中心的回复人的生活的意义。[②] (4)《民法典》第 715 条第 2 款关于“承租人未经出租人同意，对租赁物进行改善或者增设他物的，出租人可以请求承租人恢复原状或者赔偿损失”的规定中的恢复原状，是指恢复租赁物原貌，从物权的角度审视它属于对物权客体的复原，进而在占有和使用方面还原物权的支配状态。

看来恢复原状在《民法典》设计的不同制度中的含义不尽相同，需要在具体情况下予以甄别和确定。“(2)(3)(4)”所论不属于此处研讨的对象，暂且不

---

① 参见梁慧星主编：《中国物权法研究》(上)，北京，法律出版社 1998 年版，第 93～94 页。

② 相关文献，请参阅［日］淡路刚久：《公害裁判与环境再生》，载《环境与公害》第 31 卷第 1 号，第 8 页。转引自罗丽：《中日环境侵权民事责任比较研究》，清华大学法学院民商法学博士学位论文(2004)，第 211 页。

论，“（1）”的分析结论是《民法典》第237条规定的恢复原状属于一种特殊形态的侵权损害赔偿。不过，到此不算彻底完成任务，因为该条处于“物权的保护”一章，被物权请求权的条文包围，疑问随之而来：它是否同时为物权请求权的一种表现形式？

如果把物权请求权的规格定位在使物权保持或回复到圆满状态，而且该圆满状态指的仅仅是物权支配力这种状态，那么，无论已被毁损的标的物修复与否，物权人都对标的物享有支配力，恢复原状并未改变这种局面，因此，称恢复原状请求权属于物权请求权欠缺逻辑的力量。再者，标的物毁损，行为人不施以修复，而是径直金钱赔偿，无论赔偿兑现与否，物权人支配标的物的法律上之力都在，就是说，单就物权人对于标的物的支配力而言，恢复原状请求权和金钱赔偿请求权所起作用似无差别，法律对它们得同样对待，要么二者都是物权请求权，要么都不是物权请求权。笔者尚未见到把金钱赔偿请求权划归物权请求权的学说，那么，恢复原状请求权也就不宜被作为物权请求权之一种。一句话，恢复原状请求权和金钱赔偿请求权都仅为债权请求权。

与此有别，如果将物权请求权的规格定位在不但使物权人对标的物保持或回复支配力，而且使物权人对标的物的占有、使用、收益、处分各个方面都保持或回复到圆满状态，即全方位的圆满状态，那么，毁损之物尚未恢复原状时，“占有”的覆盖面可能减缩了，“使用”或许不能了或打了折扣，“收益”不见了或减少了，“处分”，尤其是事实上的处分，在量的方面不可同日而语了。毁损之物被恢复原状之后，物权人对于标的物的支配全方位地理想化了，即占有、使用、收益和处分的状态如初。一句话，恢复原状所起的作用如同物的返还请求权、排除妨害请求权所起的作用。就此说来，恢复原状请求权具有物权请求权的一面。这种恢复原状请求权兼有债权请求权和物权请求权的双重属性。

不过，实际情形原非如此单纯，而是呈现多样化。（1）有时，被毁损之物即使未被恢复原状，物权人支配标的物的圆满状态也基本上未受影响。例如，和氏璧破损一角，在用黄金补角之前，没有影响皇帝对其使用、收益；占有嘛，虽无以往那样圆满，但也无关大局，可忽略不计；果真要处分，也是可以的。用黄金补角之后，皇帝对和氏璧的占有、使用、收益还是如此。就是说，此类场合的恢复原状不具有物权请求权的性质和效能。（2）有时，被毁损之物的天然孳息与恢复原状之物的天然收益相差无几；仅仅是在法定孳息的取得方面后者更高，但这已经远离物权人对于标的物的支配力的领域，属于交换对价的范畴，由债法调整。可以说，于此场合的恢复原状请求权不宜作为物权请求权看待。（3）有时，被毁损之物与恢复原状之物在使用方面差异显著，恢复原状明显地使物权人支配标的物的状态圆满了，此种恢复原状请求权应被作为物权请求权。当然，它同时也有侵权损害赔偿请求权的属性，为债权请求权之一种。

恢复原状请求权纯粹为侵权损害赔偿请求权时，应当适用诉讼时效制度。恢复原状请求权兼有物权请求权和债权请求权的双重属性时，如何适用诉讼时效的规定便成为问题。笔者主张，恢复原状请求权兼有物权请求权的属性的，不应适用诉讼时效制度，理由在于，毁损之物被修复，为物尽其用、物的效能最大化提供了物理前提，且该效能不仅属于物权人，而且就整个社会财富的总量而言有所增加。假如因 3 年的期间经过而不得请求行为人修复被毁损之物，就意味着使物的效能最大化、可增加的社会财富总量只在毁损不动产或动产之时起的 3 年之内才具有确定的可能性，3 年期满便不再确定，除非行为人突然良心发现。为了使物的效能最大化、增加社会财富总量得以确保，恢复原状请求权不适用诉讼时效的规定是有力措施之一。与此不同，损害赔偿，只是一定数量的金额在物权人和行为人之间“流动”，社会财富的总量并未增加，故无必要过于“宽容”物权人，相反，得督促其及时向行为人请求赔偿损失。为达此目的，诉讼时效制度适用于此是必要的。

诚然，物权人对其物被毁损熟视无睹，对请求恢复原状漫不经心，迟迟不请求行为人将毁损之物恢复原状，也是有负面结果的，所谓社会财富的总量增加，可能仅为纸上谈兵。为防止此种负面结果的出现，也有必要督促物权人及时向行为人请求恢复原状，可用诚信原则，最好是创设权利失效制度，来达到目的。

第二百三十八条

侵害物权，造成权利人损害的，权利人可以依法请求损害赔偿，也可以依法请求承担其他民事责任。

本条主旨

本条是关于侵害物权使物权人遭受损害时依法成立损害赔偿和其他民事责任的规定。

相关条文

《民法通则》第 117 条第 2 款　损坏国家的、集体的财产或者他人财产的，应当恢复原状或者折价赔偿。

第 134 条第 1 款　承担民事责任的方式主要有：

…………

（五）恢复原状；

…………

《民法总则》179条第1款　承担民事责任的方式主要有：

…………

（五）恢复原状；

…………

《物权法》第37条　侵害物权，造成权利人损害的，权利人可以请求损害赔偿，也可以请求承担其他民事责任。

理解与适用

一、基本含义

本条基本上承继的是《物权法》第37条的规定，只是增加“依法”一词作为“请求承担其他民事责任”的状语，其作用在于表明，本条并非权利人请求行为人承担其他民事责任的请求权基础，权利人必须另觅请求权基础才能实现令行为人实际承担其他民事责任的目标。

本条规定的侵害物权使物权人遭受损害的，依法成立损害赔偿。它属于侵权损害赔偿。其中“依法”一词，表明本条并非请求权基础，只是引致性规定，仅凭本条规定尚难在个案中判断和确定侵权损害赔偿可否成立，必须寻觅侵权损害赔偿的请求权基础，方可解决问题。此类请求权基础，应是《民法典》第1165条奉行的过错责任原则，若为该条第2款规定的过错推定，尚需结合另外的法条；如果是援用《民法典》第1166条确立的无过错责任原则，则必须再觅具体的相应法条即真正的请求权基础，第1166条本身不是请求权基础。

本条所谓“也可以依法请求承担其他民事责任”，所要解决的，是无权占有人向物权人返还就占有物所获取的收益问题，如果一定寻觅《德国民法典》的对应规定，可有《德国民法典》的第988条、第993条、第990条、第987条等规定，较为复杂，有的适用这些特别规定，有的适用不当得利返还的一般规定。鉴于《民法典》已就不当得利返还的构成要件和法律效果作出规定（第985条以下），加之在总体上《民法典》不采纳德国民法的“所有权人——占有人关系”规则及其理论，笔者主张把《民法典》第238条规定的“也可以依法请求承担其他民事责任”，作为引致性的规定，引向《民法典》第985条以下所设不当得利返还的规则。

不当得利返还请求权作为债权，且与物权请求权各为独立的制度，应当适用诉讼时效制度。

二、本条所规定的损害赔偿请求权属于债权请求权

尽管有意见认为本条所规定的损害赔偿请求权属于物权请求权，但这难以成立，因为它不符合物权请求权的规格。(1) 物权请求权旨在使物权保持或回复到圆满状态，欠缺它，物权人就难以圆满地支配标的物。例如，欠缺物的返还请求权，但标的物被他人无权占有时，物权人就无法占有、使用、收益和处分该物。而本条规定的损害赔偿请求权行使与否、实现与否，都对物权人支配标的物的状态没有影响，起作用的是物权人因其物权被侵害而遭受的损害得到全部或部分地填补。(2) 物权请求权与物权本体不可分离，而该损害赔偿请求权可以脱离物权本体而转由他人取得，或由物权人的债权人代位行使。(3) 与此相关，除去不登记物权的物的返还请求权，物权请求权都不适用诉讼时效制度，而本条所规定的损害赔偿请求权没有理由不适用诉讼时效的规定。

其实，本条所规定的损害赔偿请求权，符合债权请求权的规格，如其为相对权，遵循平等性，可单独转让，适用诉讼时效的规定。

上述结论的妥当性，可从下文"回顾争点：多视角的分析和证立"中获得助力，得到印证。

(一) 回顾争点：多视角的分析和证立

《民法典》第 238 规定的侵害物权所产生的损害赔偿请求权，与物权请求权、债权请求权之间的关系如何，存在着不同的理解。由于本条系承继《物权法》第 37 条而来，因而对《物权法》第 37 条的理解存在分歧，实际上意味着对本条的理解也见仁见智。有鉴于此，先介绍专家、学者对《物权法》第 37 条的理解与论争，最后的结论也就自然而然地得出来了。

多数意见认为，《物权法》第 37 条规定的损害赔偿请求权属于侵权的损害赔偿请求权，应适用侵权责任法的规则。与此见解不同，有学者在其中国物权法草案中设计物权保护制度时，有一条文："第六十条［损害赔偿的请求权］在第五十八、五十九条的情形，物权人受有损害时可以继续向侵害人请求损害赔偿。"对该条的说明为：侵害物权所产生的"损害赔偿在物权保护中的应用，目的还是为了达到恢复物权的完满状态，是在物权人的物权利益受到侵害而依据上述的物权保护方式无法完全达成保护的目的时，而以金钱补偿为手段，使其整体的利益能够得到公平的补偿。因此，本条规定的损害赔偿请求权，是物权保护的一种法律手段，性质上属于物权请求权。物权人依据本条向侵害人请求损害赔偿，只须

符合第 58 条或者第 59 条的要件，及本条规定的‘受有损害’要件，即应成立损害赔偿责任。此与侵权行为责任的构成要件是有区别的”[①]。据此理解《物权法》第 37 条的规定，可得出它规定的是物权请求权，而非侵权的损害赔偿请求权。对此，笔者不予赞同，兹分析如下。

上述学者的意见，是借鉴《德国民法典》设计的“所有权人—占有人关系”规则（第 990 条、第 989 条、第 992 条等）及其学说，稍加改造而形成的。而德国民法上的“所有权人—占有人关系”规则仅适用于无权占有领域，在《德国民法典》第 990 条以下规定中，区分了善意占有人与非善意占有人；而占有之分为善意或非善意，永远只能就无权占有而言；就有权占有人，既不能称其为善意，也不能称其为非善意。[②] 与此不同，中国《民法典》第 238 条关于侵害物权所生损害赔偿的规定，至少从文义上看，包括无权占有人和有权占有人对物权的侵害所生的损害赔偿责任。[③] 这从该条处于《物权法》总则的地位，适用于各种物权在各种情况下的保护，即可看出。

假如不同意上述解释，就只能得出这样的结论：有权占有人侵害物权的损害赔偿，在《物权法》中就欠缺相应的规定，只好到《民法通则》和《侵权责任法》中去寻觅请求权基础。《民法通则》有第 106 条第 2 款、第 117 条的规定可用作追究侵权行为人的损害赔偿责任，《侵权责任法》则有第 6 条、第 7 条等规定。而这样解释酿成了割裂适用法律的局面：对无权占有场合的侵害物权适用《物权法》分则第 242 条、第 244 条的规定，对有权占有场合的侵害物权适用《民法通则》第 106 条第 2 款、第 117 条的规定，及《侵权责任法》第 6 条或第 7 条等规定。这种解释无疑在宣告《物权法》关于侵害物权所生损害赔偿的设计存在着立法技术上的缺陷。这在事实上冤枉了《物权法》。这种解释也有违文义解释和目的解释的规则，因为《物权法》第 37 条的规定并无仅仅适用于无权占有场合侵害物权的文义和立法目的。

所以，还得承认《物权法》第 37 条的规定一体适用于无权占有人和有权占有人侵害物权所产生的损害赔偿责任的场合。如此，由于物的返还请求权只能成立于无权占有的场合，把《物权法》第 37 条规定的损害赔偿请求权作为物权请求权，就难以说得通。此其一。

---

① 梁慧星主编：《中国物权法草案建议稿：条文、说明、理由与参考立法例》，北京，社会科学文献出版社 2000 年版，第 210 页。

② ［德］鲍尔/施蒂尔纳：《德国物权法》（上册），张双根译，北京，法律出版社 2004 年版，第 196～197 页。

③ 胡康生主编：《中华人民共和国物权法释义》，北京，法律出版社 2007 年版，第 513、519 页。

尽管《物权法》第 37 条的规定，没有出现过错的字样，与《民法通则》第 106 条第 2 款和《侵权责任法》第 6 条第 1 款明确要求过错有所不同，乃因《物权法》第 37 条的规定既适用于侵害物权的行为系一般侵权行为领域，也适用于侵害物权的行为系特殊侵权行为的场合。例如，甲饲养的动物撕破乙的西装场合，甲对乙的损害赔偿，不要求甲有过错。与此不同，甲亲自将乙的西装撕成碎片场合，赔偿乙的损失，则必须具有过错。《民法通则》第 117 条未使用过错的字样也有这种用意。就是说，以《物权法》第 37 条没有使用过错的字样为由，将它规定的损害赔偿请求权排除在侵权损害赔偿请求权之外，理由不足。由于物权请求权不以过错为成立要件，而该损害赔偿请求权的成立有时需要过错这个主观要件，将之作为物权请求权，显然不适当。此其二。

《物权法》第 37 条规定的侵害物权所生损害赔偿的请求权，被物权人行使，无法使被侵害的物权回复如初，只能使物权人因其物权被侵害所遭受的损失得到填补。这与物权请求权可使被侵害的物权回复到圆满状态在目的及功能方面是不同的，仅与侵权损害赔偿的目的及功能一致。就是说，《物权法》第 37 条规定的侵害物权所产生的损害赔偿请求权，不是物权请求权，而是侵权损害赔偿请求权。此其三。

既然《物权法》第 37 条规定的损害赔偿请求权，有时发生在有权占有场合，有时需要过错的构成要件，无法使受侵害的物权本体回复到圆满状态，就可以肯定地说，它不会是物权请求权。由于它符合侵权损害赔偿请求权的全部要求，我们只能把它作为侵权损害赔偿请求权。

诚然，《物权法》第 37 条规定的侵害物权所生损害赔偿的请求权，毕竟包括无权占有产生的损害赔偿请求权。而对无权占有产生的损害赔偿请求权，《物权法》于第 242 条、第 244 条作了特别规定。所以，欲全面而准确地把握《物权法》第 37 条的规定，不可不联系该法第 242 条、第 244 条的规定进行解读。

第 242 条规定的责任构成，其客观要件包括无权占有人实施了侵权行为、物权人遭受了损失、两者之间有因果关系，其主观要件为无权占有人必须具有恶意，善意的占有人即使侵害了所占有的不动产、动产，也不承担损害赔偿责任。无权占有人的恶意，从另一层面观察就是故意和重大过失。这告诉我们，《物权法》第 242 条规定的损害赔偿，只有在无权占有人具有故意或重大过失的情况下，遭受损害的物权人才有权向无权占有人请求损害赔偿；在无权占有人就其侵害物权仅具有一般过失或没有过失的情况下，不成立损害赔偿责任。它属于《物权法》第 37 条规定的侵权损害赔偿的范围。

这与有权占有、占有以外场合物权遭受侵害所产生的损害赔偿在构成要件方面不同。有权占有、占有以外场合，行为人侵害物权，大多属于一般侵权行为，构成损害赔偿的客观要件包括侵权行为、损害事实和因果关系，与无权占有场合的客观要件没有差异；但主观要件却不同，即除了故意、重大过失，还有一般过失。有权占有、占有以外场合，物权遭受侵害，若因国家机关或其工作人员履行职责的行为所致，或因高度危险作业所致，或因饲养的动物所致等，构成损害赔偿的客观要件相同，但不需要过错这个主观要件。

至于侵权责任的方式，《物权法》第 242 条与《物权法》第 37 条的相同，即均为侵权损害赔偿。在损害赔偿的范围方面，符合《物权法》第 242 条规定的，该规定优先于《物权法》第 37 条而适用；符合《民法通则》第 106 条第 2 款与《侵权责任法》第 6 条规定的，贯彻完全赔偿原则；符合《民法通则》第 106 条第 3 款及有关特殊侵权的具体规定与《侵权责任法》第 7 条及具体的特殊侵权的规定的，为限制赔偿。

无权占有场合，物权遭受无权占有人的侵害，有时要适用《物权法》第 244 条关于“占有的不动产或者动产毁损、灭失，该不动产或者动产的权利人请求赔偿的，占有人应当将因毁损、灭失取得的保险金、赔偿金或者补偿金等返还给权利人；权利人的损害未得到足够弥补的，恶意占有人还应当赔偿损失”的规定。

分析该项规定，可发现在赔偿责任的客观要件方面，它增加了善意占有人就受害物权而取得保险金、赔偿金或补偿金这个消极要件；由此决定了，《物权法》第 244 条的适用范围较第 242 条的广泛，即善意占有人仍须于其受益的范围内承担损害赔偿责任；在主观要件是否包括占有人的过错这个方面，不易决断，需要做如下分析。

与《物权法》第 244 条相当的《日本民法典》第 191 条，以及中国台湾地区“民法”第 953 条，都明确规定，占有人就占有物灭失或毁损承担赔偿责任，需要可归责于占有人的事由。其学说也如此解释。① 与此不同，中国大陆有学说认为，善意占有人的责任既然限定在以其所受利益为限，则造成毁损、灭失的原因可以不必追究，无论是否可归责于占有人，只要其对占有物的毁损、灭失受有利

① ［日］我妻荣：《日本物权法》，有泉亨修订，李宜芬校订，台北，五南图书出版公司 1999 年版，第 454 页；［日］田山辉明：《物权法》（增订本），陆庆胜译，齐乃宽、李康民审校，北京，法律出版社 2001 年版，第 136 页；史尚宽：《物权法论》，台北，荣泰印书馆股份有限公司 1979 年版，第 526 页；郑玉波：《民法物权》，台北，三民书局有限公司 1988 年修订 12 版，第 402 页；谢在全：《民法物权论》（下册），台北，三民书局有限公司 2003 年 12 月修订 2 版，第 623～624 页；王泽鉴：《民法物权·用益物权·占有》（总第 2 册），北京，中国政法大学出版社 2001 年版，第 326 页。

益，就应在所受利益的范围内对权利人（回复请求人）承担责任。① 这有其合理性。笔者认为，在中国《物权法》尚未完全沿袭德国法“所有权人—占有人关系”规则的背景下，尽管《物权法》第 244 条的规定优先于《物权法》第 37 条、《民法通则》第 106 条第 2 款和第 117 条及《侵权责任法》第 6 条等规定而适用，但总的讲，它规定的损害赔偿责任仍属于侵权损害赔偿责任，并非物权请求权，不宜一律无须占有人的过错，也不宜一律必需占有人的过错。该损害赔偿责任大多属于一般侵权损害赔偿，需要过错这个主观要件；在国家机关或其工作人员履行职责时致无权占有的物及其物权以损害、高度危险作业致无权占有的物及其物权以损害、饲养的动物致无权占有的物及其物权以损害等场合，产生特殊侵权的损害赔偿，无须过错这个主观要件。

总之，《物权法》第 242 条和第 244 条的存在且有效，使得无权占有人侵害物权所产生的损害赔偿，在构成要件、赔偿范围方面，不同于有权占有、占有以外场合产生的损害赔偿，进而，不同于人格权、(实际上还有某些身份权)、知识产权遭受侵害所产生的赔偿责任。

《物权法》第 37 条规定的损害赔偿，在构成要件方面，若个案符合《物权法》第 244 条的规定，首先适用该规定；若符合《民法通则》第 106 条第 2 款和《侵权责任法》第 6 条等规定，则适用该规定；若符合《民法通则》第 106 条第 3 款及有关特殊侵权的规定，与《侵权责任法》第 7 条及具体的特殊侵权的规定，则适用它们。在赔偿范围方面，需要根据个案和《民法通则》第 106 条第 2 款或第 3 款等规定，依据《侵权责任法》第 6 条或第 7 条等规定、《物权法》的其他规定才能最后确定。所谓《物权法》的其他规定，包括其第 244 条。

既然如此，把《物权法》第 242 条、第 244 条规定的损害赔偿责任，作为该法第 37 条的特别规定，其实也是《民法通则》第 106 条第 2 款、第 117 条与《侵权责任法》第 6 条的特别规定，就能妥当地解决问题。

断言《物权法》第 244 条规定的侵权损害赔偿责任，有时完全相同于《民法通则》第 106 条第 2 款、第 117 条与《侵权责任法》第 6 条等规定的一般的侵权损害赔偿责任，还可从比较法的角度加以说明。德国民法及其通说认为，在他主占有人臆想其享有占有权，但实际上超越了臆想的占有权的界限，有过错地使占有物毁损的情况下，应适用侵权责任法的规则。故意以违背善良风俗的方法侵害他人的规则（《德国民法典》第 826 条)，适用于所有人类型的无权占有人的情

① 胡康生主编：《中华人民共和国物权法释义》，北京，法律出版社 2007 年版，第 518 页。

况，即适用侵权损害赔偿规则处理无权占有人毁损占有物的赔偿案件。① 借鉴此说，解释中国《物权法》第 244 条的规定，可知该条规定的损害赔偿责任至少在若干情况下属于一般的侵权损害赔偿责任。

至于《物权法》第 37 条可否作为请求权基础，有观点认为，该条主要起宣示和指引的作用，表明物权遭受侵害的要产生损害赔偿请求权，沟通《民法通则》第 106 条第 2 款或第 3 款和侵害物权所生损害赔偿请求权的具体规定。② 因而它不是完全法条，不能单独作为请求权基础，需要与其他条文一起作为请求权基础。③ 这有其道理，值得重视。其道理在于，在《国家赔偿法》第 3、4 条等条款具体列举了行政赔偿的类型与构成，《侵权责任法》第 69—76 条类型化地规定了高度危险责任，第 78—83 条清晰地规定了饲养动物损害责任的背景下，在侵害物权属于国家机关及其工作人员履行职务时损害了物权、高度危险作业损害了物权、饲养的动物损害了物权等场合确定侵权责任，完全可以依据《国家赔偿法》或《侵权责任法》的具体规定。

需要回答的问题还有，《物权法》第 37 条、第 242 条和第 244 条规定的无权占有场合侵害物权所产生的损害赔偿请求权，是物权请求权的从请求权吗?

有学者采取德国民法关于“所有权人—占有人关系”规则的模式解释中国《物权法》第 37 条、第 242 条和第 244 条的规定，认为在无权的自主占有人、无权的他主占有人不法损坏物权客体的情况下，这种类型的损害赔偿请求权为附属于物权请求权的从请求权，不再单独地适用侵权责任的规定。对此，笔者回应如下。

必须注意，德国民法及其学说承认存在着例外，如善意的无权他主占有人，在超越其——假想的——占有权界限时，也可适用《德国民法典》第 823 条关于侵权损害赔偿的规定。④ 在创设“所有权人—占有人关系”规则的德国尚且承认无权占有场合侵害物权所生损害赔偿有些属于一般的侵权损害赔偿，把中国《物权法》第 37 条、第 242 条和第 244 条规定的损害赔偿请求权一律作为物权请求

① ［德］鲍尔/施蒂尔纳：《德国物权法》（上册），张双根译，北京，法律出版社 2004 年版，第 204 页；王洪亮：《论所有权人与占有人关系——论所有物返还请求权及其从请求权》，载王洪亮、张双根、田士永主编：《中德私法研究》（第 1 卷），北京，北京大学出版社 2006 年版，第 79～80 页。

② 在“2008 年第六届东吴大学法学院主持的海峡两岸民法典暨吕光院长百岁冥诞纪念研讨会”上，东吴大学法学院的黄阳寿教授评论笔者所做报告时，阐发了这种观点，谨表谢意!

③ 在 2008 年 11 月中国人民大学民商事法律研究中心举办的侵权行为法前沿系列讲座上，中国人民大学法学院的王轶教授在评论笔者关于“制定侵权责任法应当注意与物权法的衔接”的报告时，阐发了这种观点。谨表谢意!

④ ［德］鲍尔/施蒂尔纳：《德国物权法》（上册），张双根译，北京，法律出版社 2004 年版，第 204 页。

权的从请求权，显然缺乏充分的理由。

更为关键的是，把《物权法》第 37 条、第 242 条和第 244 条规定的损害赔偿请求权一律作为物权请求权的从请求权，且一律不要求过错这个构成要件，即从请求权说，是不适当的，还表现在如下方面：其一，它不符合《物权法》第 242 条、第 244 条关于因无权占有人善意、恶意的不同而承受不同后果的设计思路，此处所谓恶意，从另一个层面观察就是故意、重大过失，表明这两条的规定考虑了侵权人（无权占有人）的主观状态。其二，从请求权且不要求过错的观点，不符合这样的事实：无权占有人侵害其占有的物权常常属于一般侵权行为，而一般侵权行为以过错为构成要件。其三，从请求权说增大了《物权法》第 37 条、第 242 条和第 244 条规定的损害赔偿请求权是否适用诉讼时效制度的困惑度，因为物权请求权大多不适用诉讼时效制度，按照主权利和从权利相互关系的规则及理论，很容易得出《物权法》第 37 条、第 242 条和第 244 条规定的损害赔偿请求权也随之不适用诉讼时效制度的结论。可是，该结论是不适当的，因为该损害赔偿请求权宜适用诉讼时效制度。其四，基于主权利和从权利相互关系的规则及理论，采用从请求权说，容易得出物权及其请求权转让，《物权法》第 37 条、第 242 条和第 244 条规定的损害赔偿请求权也随之转让的结论。可是，这种模式僵硬，不利于物权人（受侵害人）审时度势地决定哪种财产权流转，哪种财产权不转让，人为地限制了物权人（受侵害人）单独地将该损害赔偿请求权转让或单独地转让物权及其请求权的自由度，在一定程度上降低了物权人（受侵害人）保有的财产权的价值。这也反映出从请求权说的不足。其五，从请求权说不利于物权人之点还表现在：物权人将受侵害的物权质押（动产场合）或抵押（动产、不动产场合）给他人的场合，物权请求权作为物权的从权利，应为质权或抵押权的效力所及，除非另有规定或约定；同理，《物权法》第 37 条、第 242 条和第 244 条规定的损害赔偿请求权作为物权请求权的从权利，亦为质权或抵押权的效力所及，除非另有规定或约定。显然，这限制了物权人处分该损害赔偿请求权的权利，不利于物权人依实际情况而将该损害赔偿请求权自己实现或转让与他人，以获取最佳的经济效益。

还有，无权占有场合适用“所有权人—占有人关系”规则，有权占有场合适用侵权责任法规则，这种分裂地适用法律的思路，在中国现行法的规定下，难以发现有何积极价值；德国民法的“所有权人—占有人关系”规则，是仅仅适用于无权的自主占有人，还是也适用于无权的他主占有人，存在疑问，在中国现行法上就更加疑惑不解；中国现行法亦未像《德国民法典》那样设计“所有权人—占有人关系”规则，民法人对该规则及其理论是陌生的；侵害物权所生损害赔偿请求权何时作为附属于物权请求权的从请求权，适用“所有权人—占有人关系”的规则，何时作为独立的侵权损害赔偿请求权，适用侵权责任法的规定，较为复杂，不宜把握，很少有立法例及其理论沿袭；按照侵权责任法处理个案，尚未发现或想象到有何不妥。

有鉴于此，笔者坚持通说，把中国《物权法》第 37 条、第 242 条和第 244 条规定的损害赔偿请求权解释为侵权的损害赔偿请求权，属于侵权责任法的范畴；而不一律将之作为物权请求权的从请求权。对于《民法典》第 238 条、第 459 条和第 461 条规定的损害赔偿请求权也作此解释。

就该损害赔偿请求权与诉讼时效之间的关系而言，它适用诉讼时效制度。

（二）恢复原状请求权与物权请求权、债权请求权之间的关系

《物权法》第 36 条规定的“修理、重作、更换”本属于合同法上的救济方式，不属于物权的保护方式，《物权法》把它们作为物权保护方式规定并不适当，此处不讨论它。

《物权法》第 36 条规定的“恢复原状”，与《民法通则》第 134 条第 1 款第 5 项及《侵权责任法》第 15 条第 1 款第 5 项规定的恢复原状同义，是指在物权人的有体物被他人不法损坏的情况下，请求侵害人将该物修复如初。这里的恢复原状为损害赔偿的一种表现形式，属于侵权责任的一种方式。一旦该损害赔偿构成，受害人就有权请求责任人予以赔偿，责任人就有义务满足受害人的该项请求，从而在双方之间形成债权债务关系。在这个层面上观察，此类损害赔偿关系属于债的范畴。债权一般适用诉讼时效制度。

既然恢复原状请求权属于损害赔偿请求权的范畴，那么，它与《物权法》第 37 条规定的损害赔偿请求权应当同样对待，即不宜按照德国民法“所有权人—占有人关系”规则及其学说处理，而应将之作为独立的侵权损害赔偿请求权对待。如此，它应当适用诉讼时效制度。

既然《物权法》第 37 条规定的损害赔偿请求权不是物权请求权，而是债权请求权；既然《民法典》第 238 条基本上是《物权法》第 37 条的复制，那么，《民法典》第 238 条规定的损害赔偿请求权就不是物权请求权，而是债权请求权。

第二百三十九条

本章规定的物权保护方式，可以单独适用，也可以根据权利被侵害的情形合并适用。

本条主旨

本条是关于物权保护方式可以单独运用也可以聚合的规定。

相关条文

《民法通则》第 134 条第 2 款 以上承担民事责任的方式，可以单独适用，也可以合并适用。

《民法总则》第 179 条第 3 款 本条规定的承担民事责任的方式，可以单独适用，也可以合并适用。

《物权法》第 38 条 本章规定的物权保护方式，可以单独适用，也可以根据权利被侵害的情形合并适用。

侵害物权，除承担民事责任外，违反行政管理规定的，依法承担行政责任；构成犯罪的，依法追究刑事责任。

理解与适用

本条所谓物权保护方式，包括物权确认请求权、物权请求权、损害赔偿请求权及不当得利返还请求权等债权请求权。

这些物权保护方式，可以单独运用，也可以根据权利被侵害的情形合并运用。所谓合并运用，就是在符合构成要件的前提下，物权人可以向行为人请求若干种保护方式。须注意，合并运用必须符合如下条件：一是拟主张的每种保护方式都必须具备了成立要件；二是必须是物权人向行为人主张，二者缺一不可。若不具备成立要件，即使物权人主张了，也不可得到支持。虽然已经具备成立要件，物权人不主张，裁判者不可依职权裁判行为人实施救济措施。

所谓具备成立要件，暗含着这样的意思和精神：物权人同时向行为人主张多重保护方法时，不得双重获利，以免对行为人不公。例如，物权人行使物的返还请求权之后，其物权可依其意思行使，不再有障碍，也无财产损失，那么，该物权人不得向该行为人请求排除妨害，也不得请求赔偿损失。

在解释本条时，笔者之所以未用本条所使用的“适用”一词，而使用“运用”的概念，是因为在笔者经过研习法学而形成的先见中，适用是指国家机关、公职人员以及被授权的单位依其职权范围，通过法定程序实施法律规范的一种方式。它是国家机关、公职人员以及被授权的单位的专有活动，具有公务的性质；是按照法定程序把法律规范的一般规定应用于具体情况，导致一定的法律后果，并表现为一定法律文件的活动方式来实现法律规范，如司法机关依照诉讼程序将法律规范应用于具体案件，作出判决，并以判决书的法律文件形式宣告一定法律关系的产生、改变或废止。[①] 据此判断，《民法典》第 239 条所定内容，是诸如物的返还请求权等权利在个案中可以一并主张，而非法律适用层面的活动。

① 《法学词典》（增订版），上海，上海辞书出版社 1984 年版，第 620 页。

第二分编　所有权

本分编共辖六章，依次为“第四章　一般规定”、“第五章　国家所有权和集体所有权、私人所有权”、“第六章 业主的建筑物区分所有权”、“第七章 相邻关系”、“第八章 共有”和“第九章 所有权取得的特别规定”。

所有权，不但民法上有（《民法典》第 240 条等），哲学、经济学、宪法学等学科中也有，如经济学上的财产权（property right）概念、宪法上的所有权概念等。宪法上的所有权，是指应能受宪法对所有权所提供的保障的所有财产利益，其客体也不仅仅是物，无形财产权、在不可把握的客体上所成立的著作权、集合物、财团以及企业等，它们均受宪法保护。所有权在宪法及其学说上，是所有权应作为什么样的地位而受到保护，而国家又是在何种程度上享有对这种地位的内容，予以规定和限制的权限。①

民事主体创作产生的作品、从事科研而发明的技术以及商标等，也被赋予法律上之力，受到法律的保障，但在部门法分工明确的现代法律体系中，这些权利不被归入所有权之类，而是被设计为著作权（版权）、专利权、商标权等知识产权。它们与所有权相似，起着所有权能起的作用，还发挥着所有权所不能发挥的功能。有鉴于此，在知识产权法领域，所有权只存在于作品、专利技术等客体的载体上，如印刷着文字的书本、雕刻有人物造型的石版等，作品、专利技术等客体上存在的权利就只是著作权、专利权等知识产权，没有必要说还存在着所有权。称作品、专利技术等客体上同时竖立着知识产权和所有权，非但没有积极的价值，反而会导致混乱。

---

① ［德］鲍尔/施蒂尔纳：《德国物权法》（上册），张双根译，北京，法律出版社 2004 年版，第 513 页以下。

即使是民法上的所有权，也并非占有、使用、收益和处分四项权能的算术和，而是内涵丰富、效力全面、衍生力强的基本权利。这不仅表现在所有权还拥有所有物返还请求权、排除妨害请求权、消除危险请求权和个别场合的恢复原状请求权这些消极权能，而且表现在近现代法上的所有权蕴涵着的义务，更表现在占有等四项权能均被他人分享场合，所有权依然存续，仍旧是所有权人支配所有物的体现，而非所有权的消灭。在这个意义上，学说将所有权界定为所有权人一般地概括地支配其所有物并排除他人干涉的权利，更准确地揭示了所有权的本质属性。这就是所有权的整体性。

从另一个方向看，在特定的情况下，某具体的所有权未必总能呈现出所有权人占有、使用、收益和处分其物的状态。例如，集体土地所有权，在实际上欠缺按照民法程序和方法所进行的流转，只有依照征收制度被归为国有这样一种法律上的处分形式。

所有权不但具有整体性，而且具有弹力性。弹力性所描述的是这样的状态和性质：占有、使用、收益乃至处分诸项所有权的权能，可以因法律的规定或当事人的约定被非所有权人分享，形成他物权。所有权因其标的物上设有用益物权或担保物权而受限制，但此类限制一旦除去，所有权即回复其完全的、圆满的状态。

所有权的弹力性在国家所有权中更为常见。国家所有权在许多情况下，其权能依法律规定而与所有权相分割，依情况而由国家机关、国家举办的事业单位分享（《民法典》第255条、第256条、第257条）。

［引申］

虽然准确的表述是所有权在内容或时间上不得加以分割，但为了方便和形象，人们时常把他人分享所有权的权能而形成他物权的现象，从所有权自身发生形变的角度描述，叫作所有权与其权能的分离。本释评书有时也如此行文。

在中国，除宅基地使用权可以永续存在之外，建设用地使用权、土地承包经营权等他物权具有期限性，存续期限届满，或导致他物权终止的其他事由出现，他物权就归于消灭。他物权消灭场合，构成其内容的占有、使用、收益诸项权能不是跟随它走进坟墓，而是回归入所有权之中。此时的所有权含有全部的权能，回复到圆满状态。所有权所具有的这种权能可以分离出去，自己出现“虚化”状态，权能又可以回归，使自己回复到圆满状态的属性，被称作所有权的弹力性。

所有权的弹力性，早在罗马法时就得到了承认，只不过表述有所不同。“所有权所一般保障的权利，甚至最基本的权利（如对物的处分权，转让权和请求返还权）都可能在不同程度上甚至在这个外延上，因某些关系或竞合的权利（如对转让或索还的禁止，地役权，用益权，永佃权，等等）而被从所有主那里剥夺；但是，即便在这些最一般的情况中，所有权仍潜在地保留着其完整性，因为上述关系或竞合权利的终止将使它当然地（ipso iure）重新取得它通常所固有的那些权利。这种主宰权的潜力在因权利竞合降低到最低限度之后，可能重新得到扩张和充实，现代学者称这为'所有权的弹性'。"① 罗马法的这种思想被后世所继受。"近代的所有权的全面支配权，并不是各种权能的综合，它的内容是混而为一的东西。……所有权中即使设定了他人的用益物权或担保物权，当这些权利消灭时，所有权能自然地复活全面的支配权能，即恢复到原先的完整的所有权。"②"所有权人在自己没有能力或不必亲自行使所有权时，所有权人可以根据自己的意志和利益，将所有权的各项权能全部或部分地授与非所有人行使，以实现对其所有物的收益。这种所有权与其权能的分离是以所有权人与非所有人之间的主体的相互独立为基础，并形成所有权与用益物权、担保物权及债权（如租赁使用权）的对立。其分离和对立的基础就是所有权的弹力性。"③ 也即"所有人为他人设定地上权及抵押权等各种他物权，虽其事实的内容几成一个空虚的权利，然所有人于保有处分力之限度内，其所有权尚不失其统一支配力。日后他物权消灭，所有权之负担被除去时，仍得恢复其原来之圆满的状态，而实现一般的支配权，此谓之所有权之弹力性或归一力"④。

在这里，不应回避梅因的下述意见：在罗马法上，佃农具有一种有限的所有权，这在后来就成为"永佃权"⑤。永佃权是一个显著的双重所有权的例子，这种双重所有权是封建财产权的特点。⑥ 这似乎是在否定所有权与其权能分离，否定所有权的弹力性，但是，他下面的描述又表明所有权具有弹力性：在同时，我们不能以为租借人的所有权已经消灭或是停止了。他的所有权仍旧存在，因为他在（永佃权人）不付租金时有权收回租地，对于耕种的方式有一定的控制权。⑦ 这又表现出所有权与其权能分离的属性，以及所有权的弹力性。

---

① ［意］彼德罗·彭梵得：《罗马法教科书》，黄风译，北京，中国政法大学出版社 1992 年版，第 194 页。

② ［日］田山辉明：《物权法》（增订本），陆庆胜译，齐乃宽、李康民审校，北京，法律出版社 2001 年版，第 155～156 页。

③ 钱明星：《我国用益物权制度存在的依据》，载《浙江社会科学》2002 年第 2 期（总第 102 期），第 95 页。

④ 史尚宽：《物权法论》，台北，荣泰印书馆股份有限公司 1979 年 6 月第 5 次印刷，第 56 页。

⑤⑥⑦ ［英］梅因：《古代法》，沈景一译，北京，商务印书馆 1959 年版，1995 年第 4 次印刷，第 169、170、170 页。

究竟孰是孰非？罗马法的直接规定可能更能说明问题。查士丁尼在《法学总论——法学阶梯》第二卷第四篇中说："用益权可以从所有权中分离出来的，这种分离可采取各种不同方式。例如某人把用益权遗赠他人，则继承人只享有所有权，而受遗赠人则享有用益权；反之，如以遗产除去用益权遗赠他人，受遗赠人只享有所有权，而继承人则享有用益权。又可以把用益权遗赠一人，而以土地除去用益权遗赠另一人。如果不用遗嘱设定用益权，则应以约定和要式口约的方式为之。但是为了不使所有权由于用益权永远分开而完全陷于无用，经规定一定方式使用益权消灭，而重新纳入所有权之内。""用益权因用益权人将其权利移转于所有人（用益权移转于第三人的并不产生这一效果），或相反的情形，因用益权人取得物的所有权——这种情形称合并——而消灭。""用益权终止时，它重新归属所有权，从此，原先只有所有权的人对物享有全部充分的权力。"① 用现代意识解释这些规定，就是它们含有所有权与其权能分离、所有权具有弹力性的思想。在笔者看来，它们已经承认了用益权自所有权派生，所有权是用益权的母权；同时反映了所有权的弹力性。

查士丁尼在《法学总论——法学阶梯》第二卷第五篇曰："单纯使用权的设定方式与用益权相同，也依用益权终止的各种方式而消灭。"② 这同样承认了所有权与其权能分离、所有权具有弹力性的思想。在笔者看来，它们已经承认了用益权自所有权派生，所有权是用益权的母权。

在所有权与其权能分离形成用益物权的情况下，被他人所分享的权能仅仅包括占有、使用和收益三项，不含有处分。换言之，用益物权欠缺处分标的物的效力，只拥有处分用益物权自身的效力。在所有权与其权能分离形成担保物权的情况下，自担保物权行使之时起，处分权从所有权中分离出去，归担保物权人享有，担保物权人可以处分担保物。不仅如此，在抵押权场合，自抵押权设立时起，抵押人对抵押物的处分权即受到限制（《民法典》第406条第2款、第408条）。

所有权的弹力性，在一个侧面的表现是所有权与其权能可以分离。

1. 概念

所谓所有权与其权能分离的属性，指所有权的占有、使用、收益、处分诸项权能，可以基于一定的法律事实暂时由他人享有，大多形成他物权，有时形成租赁权、借用权等债权。这种状态的所有权自所有权人的角度观察，是其缺少若干权能，呈现"虚化"或曰"裸体化"；但就所有权这个物权而言，并未变成残缺

①② ［罗马］查士丁尼：《法学总论——法学阶梯》，张企泰译，北京，商务印书馆1989年版，第61、62页。

不全的权利，只不过其权能由谁享有和行使有所不同罢了。打个可能不恰当的比喻，所有权的权能统归所有权人自我享有和行使时犹如一个健全之人，其部分权能由他人分享时仍未变成残障之人，依旧是健全之人，差别在于仅为自己服务还是也为他人服务。看来，分析和描述这个现象的理论，被命名为所有权与其权能分离原理，只是个较为形象的说法。

在所有权与其权能的分离场合，自所有权中分离出去的权能，并未消失殆尽，也没有自由游走，而是聚集在一起，形成了他物权，或者构成了租赁权、借用权等债权。限于论题的需要，此处主要研讨所有权与其权能分离而形成他物权的现象。

在所有权与其权能分离场合，从这些权能“所归”的角度观察，是它们聚集一处，形成了他物权。在这个意义上可以说“这些权能”就是他物权。如此，从这些权能“所出”的角度观察，也可以说从他物权“所出”的角度观察，可知他物权是自所有权中派生出来的。他物权“所出”的权利为所有权，所有权的权能分离出去“所归”的权利是他物权。所有权就像母亲，他物权如同子女，用“母权”和“子权”的概念及其相互关系表达，就是所有权是产生他物权的“母权”，他物权为所有权生出的“子权”。这就是“他物权必然产生于自物权，自物权是他物权的母权；无母权则无他物权”的由来。

2. 所有权乃他物权的母权：在罗马法时代的理论和实践

所有权与其权能分离，“他物权必然产生于自物权，自物权是他物权的母权；无母权则无他物权”，这是客观存在，并非法律人的随意杜撰。例如，“罗马法把物权分为自物权（jus in re propria）和他物权（jus in re aliena）。自物权是指物权的标的物属于权利人本人的物权，即所有权。他物权是指物权的标的物属于他人所有的物权。由于他物权是派生和依附于自物权的，因此自物权与他物权的关系是一种完全权与不完全权的关系。”① “他物权是所有权派生的，并受设立时规定的特定目的所限制，因而又称为派生物权或限定物权。”② “所有人鉴于社会的需要，也常常要自觉或不自觉地，自愿或被迫地出让自己的部分权能。而且，所有人同样可以出于本身需要，在一定范围和一定期间内舍弃、出让其部分权能，同时又可对自己的权利自行限制以取得实现权利的保障。”③ “罗马人所承认的物权形式或种类有：所有权，役权，永佃权，地上权，根据一般的观点还包括质权

---

① 周枏：《罗马法原论》（上册），北京，商务印书馆 1994 年第 1 版，第 321 页。

② 同上书，第 389 页。

③ 江平、米健：《罗马法基础》（第 3 版），北京，中国政法大学出版社 2004 年版，第 221 页。

和抵押权。所有权是最显要和最广泛的权利，而且它同物本身融合在一起，因为物品以最绝对的方式归某人所有，其他物权尤其是役权是从属的权利，它们只能对已属某人所有的物而产生。罗马人称它们为 iura（权利）或 iura in re（对物的权利），现代人称其为‘他物权（iura in re aliena）’。”① 这些阐述十分清楚地表明：所有权的部分权能可以分离出去，他物权设立在他人所有的物上，他物权派生和依附于所有权。我们把这些话联系起来考虑，就不难得出结论：它们表达了所有权与其权能分离、所有权是产生他物权的母权的思想。

乌尔比安在《论萨宾》第 17 卷中说：“使用权（usus）属于一个人，无使用权的收益权（fructus sine usu）属于一个人，而所有权（proprietas）属于另一个人，这是可能的。”② 这表达了他物权和所有权分属于不同的人享有的意思，虽然没有直接言及他物权是否系分享所有权的部分权能，由所有权派生而出，但只要我们联系其他法学家的相应论述，结合罗马法的有关规定，可以得出所有权可以与其权能分离的结论来。如果说这样的分析存在太多的笔者的联想，那么，下文则是直截了当地道出了所有权与其权能分离的理论。

3. 所有权乃他物权的母权：在法国的实践和理论

在法国，传统观点认为，用益权是所有权的派生权利，表现为所有权中的使用权和收益权被赋予用益权人，而所有权的其他权利则属于虚有权人。……所有权的权能在所有权人和用益权人之间重新分配。用益权人享有使用权、收益权，虚有权人享有处分权，但其仅有处分虚有权的权利，而无消灭物的权利，使物具有不可转让性。这导致了用益权人和虚有权人的权利相互孤立。③

毋庸讳言，法国的卡尔波尼埃等学者为了相对容易地确定虚有权人和用益权人之间的关系，使用益权的运用更为灵活，提出了“用益权不是所有权的派生权利，而是一种所有权在性质和期间上的限制，即一项‘临时所有权’对收益的限制”④ 的观点。这颇有点用益权与所有权为同种权利的意味，并在实质上否定所有权与其权能分离的原理。对此应当如何认识？其一，卡尔波尼埃等学者的上述观点，试图将虚有权人和用益权人视为同等类别。可是事实上，只存在一个所有人，即虚有权人。他的地位才具有永久性。物的真正主人是虚有权人。虚有权才

---

① ［意］彼德罗·彭梵得：《罗马法教科书》，黄风译，北京，中国政法大学出版社 1992 年版，第 183 页。

② ［意］桑德罗·斯契巴尼：《物与物权》，范怀俊译，北京，中国政法大学出版社 1999 年版，第 147 页。

③ 尹田：《法国物权法》，北京，法律出版社 1998 年版，第 340 页。

④ J. Carbonnier，no104，*Theorie juridique rapporte de l'usufruit avec la chose*. 转引自尹田：《法国物权法》，北京，法律出版社 1998 年版，第 340 页。

可以长期行使。[①] 而用益权的存续总是暂时的。因为假如它具有永久性，会导致所有权与其权能永久分离，也就是所有权权能与所有人永久分离，就令人想起身份权（le domaine eminent）和使用产权（le domaine utile）的封建分类。反言之，永久性权利不能成为用益权。[②] 其二，将用益权视为一项"临时所有权"，不符合大陆法系近现代关于一个有体物上不得并存两个所有权的理念，违反一物一权主义。其三，如果只是为了说明用益权属于"一种所有权在性质和期间上的限制"，为了相对容易地确定虚有权人和用益权人之间的关系，使用益权的运用更为灵活，依据用益权派生于所有权的理论，即所有权与其权能分离的原理，完全能够做到，大可不必另起炉灶。

4. 所有权乃他物权的母权：在德国、日本的实践和理论

在德国，拉伦茨教授指出，权能如果没有从权利中分离出来，还不能独立地被转让时，它们本身就还不能被作为"权利"。比如，所有权人有权占有、使用、消费其所有物，将之改变形状，或将之毁灭，但他并不因此就用尽其权利。他可以将某种权能在一定的时间内从所有权中单分出来，并转让给他人，从而使他人享有所谓限制物权，比如，用益权。[③] 限制物权只赋予权利人在内容上、常常也在时间上对物以一定方式施加有限制的影响的权能，或赋予权利人一种对该项权利的处分权能。所有权人的权利受到上述限制时，这种权能就优先于所有权人的对物的支配权。[④] 鲍尔和施蒂尔纳教授认为，可分离性为所有权的一项特点。[⑤] 所有权人有可能为了他人的利益，自其完全权利中"分离"出去一部分权能，并且这种分离可以采取使该他人取得一项物权性权利的方式。当然，这种分离并不是任意性的，而只能选择为立法所许可的权利类型；这些权利类型，就是所谓的一系列的限制物权。[⑥]

上述观点在德国、日本均有学者主张。例如，德国、日本的学者在研讨权利质权的性质的过程中，出现了设定性让渡主义，认为权利质权设定人以出质的标的所必需为准，在既存权利的各项权能中分离出部分权能来，允许质权人行使，从而由这些权能形成一个新的权利，即质权。这就像物权设定场合，将既存的权利视为母权，将分割出的权能所形成的权利视为子权。子权和母权虽然形式一

---

① Malaurie et Aynes, *Les biens*, p. 235. 转引自尹田：《法国物权法》，北京，法律出版社 1998 年版，第 340 页。

② 尹田：《法国物权法》，北京，法律出版社 1998 年版，第 339 页。

③④ ［德］卡尔·拉伦茨：《德国民法通论》（上册），王晓晔、邵建东、程建英、徐国建、谢怀栻译，谢怀栻校，北京，法律出版社 2003 年版，第 263～264、286 页。

⑤⑥ ［德］鲍尔/施蒂尔纳：《德国物权法》（上册），张双根译，北京，法律出版社 2004 年版，第 6、32 页。

样，但内容不同。子权只是行使母权的一部分权能。子权在开始设定时，虽然与母权有着密切的关系甚至有着共同的命运，但是自其设定行为完成之后，就与母权完全分离，成为一种独立的、新的、不同种类的权利。拥有子权的质权人，不是作为代理人在行使他人的权能，而是在行使自己的权能。另一方面，母权依然留在设定人之处，本体没有受到损害，仅仅是部分权能被分割出去而作为了子权内容的权能，母权人在行使母权的各项权能时，遇到构成子权内容的特定权能时，将暂时地受到限制。①

这是关于所有权乃他物权的母权的直接阐释。其实，所有权与其权能分离的属性和原理、所有权的弹力性，都与所有权乃他物权的母权一脉相承，都是所有权乃他物权的母权的理论依据。只要我们的视野广阔，融会贯通了民法理论，就不难得出这个结论。

5. 所有权与其权能的分离：在中国的实践

在中国，建设用地使用权人在建设用地上建造建筑物，确实使土地所有权人在建设用地使用权存续期间不能占有、使用该宗建设土地，收益体现为建设用地使用权出让金上。这些占有、使用和部分收益的权能哪里去了？没有消失无踪，而是凝聚成了建设用地使用权。与此相像，宅基地使用权人在集体所有的土地上建造住房，使得土地所有权人在宅基地使用权存续期间丧失了占有、使用该宗土地，收益大多没有体现，作为社区成员的福利的一部分留给了宅基地使用权人。在这个制度中，集体土地所有权中的占有权、使用权分离出去，形成了宅基地使用权。再如，土地承包经营权人在发包人所有的土地上从事农林牧渔，的确使土地所有权人在土地承包经营权存续期间不能占有、使用该宗土地，收益体现为收取承包费上。这些占有、使用和部分收益的权能哪里去了？形成了土地承包经营权。……

所有权与其权能分离的属性和原理，早在中国实行改革开放政策，讨论中国的国家所有权与国有企业的经营权的过程中，就被经济学界和法律界普遍接受了。② 当然，这种所有权与其权能分离的现象早在古代法上就已经存在，所有权与其权能分离的理论形成于西方的民法学。

6. 所有权与其权能分离的属性、所有权的弹力性、所有权乃他物权的母权三者间的关系

行文至此，追问自然产生：所有权与其权能分离的属性、所有权的弹力性、

① ［日］神户寅次郎：《权利质的性质》，载《法学协会》第28卷第10号，第2124页。转引自刘银春：《债权质权的理论与实践》，清华大学法学博士学位论文（2005），第13页。

② 见吴文翰主编：《国家所有权与企业经营权适度分离研究》，兰州，兰州大学出版社1991年版，第1～250页。

所有权乃他物权的母权三者是什么关系?

通过上文的陈述可知，所有权与其权能分离的属性及其原理，关注点在于所有权自身及其包含的权能，以及这些权能具有分离的性质和能力，至于权能分离后的去向，是否形成权利，形成何种类型的权利，则在所不问。所有权乃他物权的母权，既关注权能的出处，又重视权能的去向，更强调所有权与他物权之间的派生关系。所有权的弹力性没有关心权能分离形成他物权，在这方面与所有权与其权能分离属性相同，但它概括了权能可以自所有权中分离出去又可以回归的现象，描述了所有权有时“虚化”有时“圆满”状态，这比所有权与其权能分离原理的直接含义完整，因为所有权与其权能分离原理的直接含义不包含权能可以回归，使所有权回复到圆满状态的内容。

三者的上述差别，是其字面含义与关注点所昭示出来的，并不一定表明这三者的本质果真不同。我们知道，在社会生活中，对事物属性的概括、一项理论的命名，出于更醒目、一针见血或者便于人们理解和记忆等原因，只侧重于一个方面或者某些方面属性的概括，没有揭示其全部意义，并不罕见；并且，选择哪个或者哪些侧重点而命名，最好为点睛之笔，取决于命名者主观好恶的情形也难以避免。所有权与其权能分离的属性、所有权的弹力性、所有权乃他物权的母权三者是否属于这种情形?需要探寻。就使用场合与频率而言，所有权的弹力性常用于描述所有权的法律性质的领域，所有权与其权能分离常用于阐明他物权的来源场合，众人早就如此概括和表达，民法人已经耳熟能详。所有权乃他物权的母权的命题亦非笔者的杜撰，只不过在探讨矿业权、取水权和渔业权的设定时，为了区别行政许可与(矿产资源、水资源的)所有权在创设这些准物权时所发挥的不同作用，为了表达得更为直接、更为顺畅，特意使用了这个命题，确实是事实。

所有权乃他物权的母权，完整的表述为“他物权必然产生于自物权，自物权是他物权的母权；无母权则无他物权”。这不过是所有权与其权能分离、所有权的弹力性在他物权创设方面的变形表述，其暗含意义的彰显，乃其题中应有之义。可以这样说，只要所有权与其权能分离、所有权的弹力性是客观存在，以至于形成了法理，所有权乃他物权的母权就能屹立不倒。

除了整体性和弹力性以外，所有权还有永久性。所有权以永久存续为本质，当事人不得依合同预定其存续期间。这与建设用地使用权、土地承包经营权、抵押权等可以约定存续期间不同。不过，所有权的移转可以附加解除条件或终期，在解除条件成就或终期届满时发生所有权人的变更。但这不是对所有权的永续性的否定。①

需要注意，中国现行法设计的以出让方式取得的建设用地使用权是有期限的，地上房屋的所有权也随之表现出了有期性（《民法典》第348条、第352条、第358条、第359条），与一般的所有权不同。

最后，所有权受到私法、公法的诸多限制，承载着义务，以维护社会公共利益。这就是所有权的社会性。在所有权中，自由与限制相伴，统为其内容。② 例如，《民法典》规定，业主行使权利不得危及建筑物的安全，不得损害其他业主的合法权益（第71条后段）；业主不得以放弃权利为由不履行义务（第272条后段）；业主不得违反法律、法规以及管理规约，将住宅改变为经营性用房（第279条前段）。

所有权在民法上乃至整个社会都十分重要，表现之一，所有权是物权制度的"基石"。所有权不但其自身即为物权制度的构成部分，而且因其权能分离而形成用益物权和担保物权，从而构成物权制度的"大厦"。没有所有权，就没有他物权。在这个意义上，可以说没有所有权就没有物权。由此可见所有权的基石地位。如果把物权制度比作黄河，那么，所有权就是其水源地。如果把物权制度看成一台发动机，那么，所有权就是其轴心。

表现之二，所有权是社会生活的法律前提。动产、不动产的所有权是生产和生活的法律前提。没有所有权，不得消费生活必需品、原材料，难以保障持久且稳定地利用生产资料，也就谈不上健康发展的社会生活。

表现之三，所有权制度是社会秩序的基础。社会秩序的核心之一是法律秩序，法律秩序的基础是财产法律制度的定型化。土地、房屋、水流、矿藏、森林及企业等财产的所有权一经确定，一个社会的基本结构即告形成。由此彰显了所有权制度是社会秩序的基础。

表现之四，所有权是人格独立与伦理发展的重要前提。个人的自我实现及人格发展，必须有其可以支配的财产。无所有权便无人格。个人只有拥有财产才会经济自主，生存获得基本保障，这有助于人格的形成。废除私有财产会使个人沦为奴隶。私有财产通常由劳动获得，因此具有伦理性。所有权制度固然使人自私，但也会唤醒所有权人对家庭、后代的关怀，对社会的回馈，具有伦理价值。③

---

① 崔建远：《论争中的渔业权》，北京，北京大学出版社2006年版，第152页。

② 郑玉波：《民法物权》，台北，三民书局有限公司1988年修订12版，第52～53页；谢在全：《民法物权论》（上册），台北，三民书局有限公司2003年7月修订2版，第174～176页；王泽鉴：《民法物权·通则·所有权》（总第1册），台北，三民书局有限公司2003年8月增补版，第153页。

③ 王泽鉴：《民法物权·通则·所有权》（总第1册），台北，三民书局有限公司2003年8月增补版，第155页；梁慧星、陈华彬：《物权法》（第4版），北京，法律出版社2007年版，第115～116页。

表现之五，所有权是维护社会公共利益的法律手段。所有权受法律限制，附有义务，目的在于维护社会公共利益。例如，所有权人及使用权人可以自由支配其物，但须受相邻关系的限制，受环境保护法律的约束。就中国前个阶段的情况来看，建设用地使用权市场化以后，地价、房价日益攀升，居民取得建设用地使用权和房屋所有权更加困难，长此以往会影响社会安定，难以建成和谐社会。有鉴于此，政府颁布若干政策，试图限制房价增长过快的趋势：对房地产开发商的建设用地使用权加以约束，要求楼盘封顶后方可出售、所建房屋中必须有相当数量的 90 平方米以下的户型等；政府还在计划征收房地产保有税，力图通过这些措施满足不同阶层的居民对住房的不同需求，减少矛盾，构建和谐社会。

其实，所有权还是许多债赖于产生的前提，诸如买卖、互易、代物清偿、租赁等；也是债欲通过履行而达到的目标。

所有权本身应内在着一定的约束，是一种蕴涵着义务的权利。这种约束的产生，既基于对以国家形式所组成的社会公众需求的考虑，也源于对其他所有权人合法利益的尊重。[①] 就是说，所有权存在着限制，包括私法上的和公法上的限制。

私法规范对所有权的限制，其一表现在以私法规范限制所有权的行使，如禁止权利滥用原则、诚信原则等；其二表现在通过相邻关系限制相邻另一方行使其所有权的绝对自由。[②] 也可通过地役权制度达此目的。

所谓禁止权利滥用原则，是指民事主体行使民事权利，不得超越正当的范围，不得损害他人的合法权益，否则，即承担民事责任的原则。所有权的行使亦应受禁止权利滥用原则的限制。《民法典》第 132 条承认了这项原则。

［难点与争点］

对于权利滥用的判断标准如何，观点不一。(1) 故意损害他人，如为遮挡邻居的采光而建高墙。法国早期的判例及理论，及属法国法系的比利时、荷兰的法官持有这个标准。墨西哥、埃及、叙利亚和利比亚的民法典采纳了这个标准。黎巴嫩、委内瑞拉和葡萄牙的法律采取了灵活的标准，但其中包括这个标准。其不足表现在，故意的有无不易举证，遗漏了重大过失场合的权利滥用。(2) 缺乏正当利益，如在自己土地上打了一眼无利于自己的水井，目的在于减少邻居水井中的水源。法国第二阶段的判例及理论，德国、瑞士等国的判例及理论持有这种标准。其不足表现在，与故意损害的标准很难区别，举证证明困难。(3) 选择有害的方式行使权利，如不顾邻居关于"用薄材砌墙，镶嵌毛玻璃，既遮挡灰尘，又

---

① ［德］鲍尔/施蒂尔纳：《德国物权法》（上册），张双根译，北京，法律出版社 2004 年版，第 3～4 页。

② 梁慧星、陈华彬：《物权法》（第 4 版），北京，法律出版社 2007 年版，第 131 页。

使光线透过阴暗之处”的要求，固执地砌起一堵共用的墙，其方式损害了邻居的利益。法国、瑞士、德国等国的某些法官、学者坚持这种观点。其不足表现在，损害应达到何种程度，主观状态如何，均不确定。(4) 损害大于获利，如无意地将一小段墙砌在了邻居的土地上，23 年后，邻居起诉恢复原状，而非损害赔偿。埃及、利比亚、叙利亚的法律坚持此说。其不足表现在，获益和损害的比例多大，以及主观状态如何，均不好把握。(5) 不顾权利存在的目的，如船主拒绝邻居使用其船舶，而不管邻人妻子病情严重。苏联、黎巴嫩、委内瑞拉、葡萄牙的法律采纳这种标准。其不足表现在，该标准含糊不清，社会目的、经济目的难以实现，容易形成任意裁判。(6) 违反侵权行为法的一般原则。法国法院目前采取这种标准。其不足表现在，权利滥用原则与侵权行为法如何分工？界限模糊；过失场合构成侵权责任，也构成权利滥用？值得怀疑。[①]

这告诉我们，确立权利滥用的判断标准，区分权利滥用的类型，细化权利滥用的法律后果，是我们面临的艰巨而又必须完成的任务。

诚信原则系民法的基本原则，其统治领域不仅限于债法，而且涉及物权法，所有权的行使亦应遵循它。例如，甲租赁乙的房屋，租期届满后继续居住，系因甲妻即将生产婴儿。在这种背景下，乙要求甲搬出房屋，行使所有权，有违诚实信用，不应得到支持。

[辨析]

诚实信用（Treu und Glauben），在词源上可以追溯到拉丁语 *bona fides*，意思是忠实的行为（ein loyales Verhalten）。[②] 在德国民法上，就字面而言，“诚实（Treu）”是指建立在值得信赖、真诚和为他人着想基础上的对他人的外部行为和内心活动。“信用（Glauben）”是指对这种行为的信赖。[③] 所以，德语用词的字面意思可以理解成：(你) 诚实，(我) 信赖。两个字加在一起的意思是指，要把社会中普遍的社会道德观念融入权利中去。一方当事人有义务公平地考虑对方需要保护的利益，要正直和诚实地行事。[④] 总之，诚实信用，就是当事人相互之间基于

---

① Torts Liability for One's Act，*International Encyclopedia of Comparative Law*，105－119. 王利明译，载中国人民大学法律系编：《外国民法论文选》(第 2 辑)，内部印刷 1985 年，第 433～450 页。

② Kaser，M.，Das roemische Privatrecht，Ⅰ. Abschnitt，Müenchen，1955，S. 181. 转引自耿林：《强制规范与合同效力》，北京，中国民主法制出版社 2009 年版，第 116 页。

③ Palandt/Heinrichs，Kommentar，§242，Rn 3，S. 244 u. 245. 转引自耿林：《强制规范与合同效力》，北京，中国民主法制出版社 2009 年版，第 117 页。

④ Palandt/Heinrichs，Kommentar，§242，Rn 3，S. 245. 转引自耿林：《强制规范与合同效力》，北京，中国民主法制出版社 2009 年版，第 117 页。

对方对自己的考虑而产生的相互信任关系。至于“考虑”的性质和程度的确定，则原则上必须考虑当事人行为的目的，或者如果是涉及法定的权利和义务，则须考虑规范的目的。[①] 从另一个角度来看，诚实信用实际上也是权利滥用的禁止。

权利失效期间限制所有权的行使，表现在他人不法侵害了所有权的场合，该所有权人在相当期间内不行使其物权请求权，依特别情事足以使该不法侵害者相信该所有权人不再行使其物权请求权的，则基于诚实信用原则不允许其再为主张物权请求权。不过，该所有权人可以主张损害赔偿请求权。

《民法典》规定的正当防卫、紧急避险、自助行为（第 181 条、第 182 条、第 1177 条），也限制了所有权的行使。

建筑物区分所有中还有特殊限制，如《民法典》规定，业主行使权利不得危及建筑物的安全，不得损害其他业主的合法权益（第 272 条后段）；业主不得以放弃权利为由不履行义务（第 273 条第 1 款后段）；业主不得违反法律、法规以及管理规约，将住宅改变为经营性用房（第 77 条前段）。所有这些，都限制了建筑物区分所有权的行使。

所有物上设立了他物权，所有权的行使显然受到了限制。

租赁、借用等合同生效，租赁物、借用物的占有、使用和收益都受到了限制。对租赁物的处分也受到优先购买权等因素的制约。

《民法典》设置的预告登记制度限制了开发商对商品房所有权的行使（第 212 条）。

公法上对所有权的限制，多出于保护公共利益，种类繁多，范围甚广。诸如《土地管理法》中的耕地保护规则，《大气污染防治法》等环境法规中的环境保护规则，《野生动物保护法》中的动物保护规则，文物法律法规中的文物保护规则等，都限制了所有权的行使。征收、征用也属于公法行为，它们更是限制了所有权。

依潘德克顿模式，人格抽象，且平等，于是对男女、贫富、贵贱等都视而不见，见而不管。这表现在所有权上同样是抽象的所有权，聚焦于不动产所有权、动产所有权之类，而不设张三所有权、李四所有权等规则。《物权法》制定过程中就有专家、学者如此主张。立法机关坚持“制定物权法是坚持社会主义基本经济制度的需要。坚持公有制为主体、多种所有制经济共同发展是国家在社会主义初级阶段的基本经济制度。通过制定物权法，明确国有财产和集体财产的范围、国家所有权和集体所有权的行使、加强对国有财产和集体财产的保护，有利于巩

① Deschenaux, in: Gutzwiller, Max (Hrsg), a. a. O. S. 145 u. 146. 转引自耿林：《强制规范与合同效力》，北京，中国民主法制出版社 2009 年版，第 117 页。

固和发展公有制经济；明确私有财产的范围、依法对私有财产给予保护，有利于鼓励、支持和引导非公有制经济的发展”①。加上潘德克顿模式即使在其发祥地的德国也被突破，如其承认消费者作为主体（《德国民法典》第312条以下），颁行《住宅所有权法》，承认住宅所有权②，对所有权也从主体的角度加以区分和规定，不再墨守潘德克顿模式。这就是《物权法》着眼于所有权的主体，专设“国家所有权和集体所有权、私人所有权”一章（第五章，第45条以下）的根本原因。《民法典》予以承继，于“第二编 物权”所辖“第二分编 所有权”中设“第五章 国家所有权和集体所有权、私人所有权”。

《民法典》对潘德克顿模式的突破还表现在“第二编 物权”所辖“第二分编 所有权”中设“第六章 业主的建筑物区分所有权”。这是典型的为满足社会实际生活的需求而设置对策方案的表现。在中国这样人口众多、土地资源有限的国度里，建筑物区分所有普遍存在，且擅自改变住宅用途、打掉承重墙、停车库、停车位等纠纷不断，亟待解决。

不动产物权，特别是不动产所有权的行使，难免与其他不动产所有权及其他物权发生“你进我退”的权利的效力扩张和另外的物权效力萎缩的现象，解决远距离的不动产物权之间的此类问题由地役权制度担当，而解决相互毗邻的不动产物权之间的此类问题则交由相邻关系规则负责。所以，本分编安排相邻关系一章毫不奇怪。

单独所有权最有效率，但因交易的需要、家庭关系的连接等原因，由若干人共享一个所有权，也不鲜见。加上这些人相互承受何种、多少权利义务，相对复杂，法律设置专门的规则予以调整，十分必要。鉴于其为所有权的表现形式之一，故于“第二分编 所有权”中设置“第八章 共有”系逻辑的必然。

既然所有权如此重要，更加不得无缘无故地取得或丧失，必须存在“说得过去”的原因，才符合公平正义。因此，“第二分编 所有权”中设有“第九章 所有权取得的特别规定”，符合体系自洽的要求。

---

① 王兆国：《关于〈中华人民共和国物权法（草案）〉的说明》（在2007年3月8日第十届全国人民代表大会第五次会议上），载全国人民代表大会常务委员会法制工作委员会民法室编著：《物权法立法背景与观点全集》，北京，法律出版社2007年版，第4页。

② ［德］鲍尔/施蒂尔纳：《德国物权法》（上册），张双根译，北京，法律出版社2004年版，第634页以下。

第四章

一般规定

《民法典》在多处突破潘德克顿模式，在所有权事项的“一般规定”中也是如此，它没有于界定所有权之后，规定所有权的种类、所有权的效力、所有权的行使、所有权的消灭等所有权“自身”的内容，而是特别强调国家所有权及其优越地位，如赋权国家对于某些不动产、动产享有专属权（第 242 条）；强化对耕地的特殊保护（第 244 条），以保国家战略安全和全社会的福祉；明确征收、征用这些国家独有的特权，其对面就是消灭被征收财产的原所有权（第 243 条），在特定时期剥夺被征用财产的原物权人的占有、使用之权（第 245 条）。

看来，本章的六个条文中只有前两个条文属于民事法律规范，第 240 条属于所有权的概念，第 245 条则在宣明所有权的权能可被他人分享形成他物权。本章的后四个条文均非民事法律规范，而是宪法规范及行政法律规范。当然，国家对耕地实行特殊保护，在物权法内部也属于所有权等物权的社会性问题。这至少引出两个问题：其一，本章的标题用“一般规定”，名实不符；其二，欲全面、整体地把握所有权的规则，目光不得局限于本章的条文，必须放眼于整个《民法典》乃至全部中国法。例如，《民法典》第 234 条规定的物权确认请求权、第 235 条以下规定的物权请求权、第 238 条规定的损害赔偿请求权，都适用于所有权。

第二百四十条

所有权人对自己的不动产或者动产，依法享有占有、使用、收益和处分的权利。

本条主旨

本条是关于所有权的积极权能的规定。

相关条文

《民法通则》第 71 条　财产所有权是指所有人依法对自己的财产享有占有、使用、收益和处分的权利。

《海商法》第 7 条　船舶所有权，是指船舶所有人依法对其船舶享有占有、使用、收益和处分的权利。

《物权法》第 39 条　所有权人对自己的不动产或者动产，依法享有占有、使用、收益和处分的权利。

理解与适用

本条规定了所有权的积极权能，包括占有、使用、收益和处分。所谓占有，是指对物的事实支配状态。所谓使用，是指按照物的性能，不毁损其物或变更其性质地加以利用，以满足其生产或生活上的需要。这是使用的典型形态。除此之外，所有权人对其所有物的利用即使未能完全依其性能，一般也应视为使用，除非其行为违反了公序良俗。所谓收益，是指收取物的孳息，包括天然孳息（如果树结的果实、母畜生的幼畜等）和法定孳息（租金、利息等）。

［论争］

有学者将收益扩展到运用原物进行生产活动所产生的利润等。[①] 如此，孳息只是收益的一部分。另有学者则认为，如果将收益概念扩展到利润等情况，会导致使用与收益难以分开，不如将二者合而为一，统称其为“用益”（Nutzungen），包括孳息（Früchte）和使用利益（Gebrauchsvorteile）。[②] 德国法上，用益还被区分为正常用益与过度用益，在实体法上，过度用益并不是经济上用益，而是对物的实体进行侵害的结果。所有权以外的第三人，即使是基于合同取得用益权利的第三人也不得过度用益。在存有过度用益的情况下，得将其返还给所有权人。[③]

---

① 马俊驹，余延满：《民法原论》（第 2 版），北京，法律出版社 2005 年版，第 327 页。

② ［德］鲍尔/施蒂尔纳：《德国物权法》（上册），张双根译，北京，法律出版社 2004 年版，第 31 页以下。

③ 崔建远、申卫星、王洪亮、程啸：《物权法》，王洪亮执笔，北京，清华大学出版社 2008 年版，第 103 页。

所谓处分，是指决定物在法律上或事实上的命运。决定物在法律上的命运，叫作法律上的处分，是指处分所有物（也是所有权）及所有权的某些权能。例如，出售所有物、出租所有物、抛弃所有权，以及在所有物上设立抵押权、质权等负担等。决定物在事实上的命运，称为事实上的处分，是指在事实上改变所有物的性状。例如，把作为所有物的食物吃掉、把作为所有物的煤炭焚烧掉等。

为法律上的处分，处分人应有处分权，所有权是拥有处分权的一种法律根据。

占有、使用、收益和处分是所有权在正常状态下的内容及表现，所有权人依据自己之力，无须借助他人的行为，即可进行，被称作所有权的积极权能。

本条未规定所有权的消极权能，并不意味着《民法典》否认所有权具有消极权能，而是为了避免重复，不再把第 235 条以下关于物权请求权的规定照搬于此，而是根据解释论（法教义学），所有权作为物权的一种，当然具有物权请求权。

务请注意，所有权具有整体性，即上文所述的所有权“并非占有、使用、收益和处分四项权能的算术和，而是内涵丰富、效力全面、衍生力强的基本权利”。唯有如此，才可以解释诸如此类的现象：国家把动产交给国家机关，后者不但占有、使用这些动产，取得收益，而且还将其出卖，但仍曰国家对这样的财产拥有所有权。

［引申］

从实质上观察所有权的内容，可以看出它包括两方面的权能：一是对标的物管理的权能，二是从标的物收益的权能。所谓对标的物管理的权能，是指决定如何维持和改善标的物，以及用何种方法进行收益和如何处分等权能。所谓从标的物收益的权能，是指以接受标的物产生的现实利益作为自己的得利的权能。这两种权能在单独所有权场合也许未被人们明显地意识到，但在共有场合却表现得十分明显。①

第二百四十一条

所有权人有权在自己的不动产或者动产上设立用益物权和担保物权。用益物权人、担保物权人行使权利，不得损害所有权人的权益。

① ［日］我妻荣：《日本物权法》，有泉亨修订，李宜芬校订，台北，五南图书出版公司 1999 年版，第 290 页。

本条主旨

本条是关于所有权人可以就其所有物设立他物权的规定。

相关条文

《民法通则》第 80 条第 1 款　国家所有的土地，可以依法由全民所有制单位使用，也可以依法确定由集体所有制单位使用，国家保护它的使用、收益的权利；使用单位有管理、保护、合理利用的义务。

第 81 条　国家所有的森林、山岭、草原、荒地、滩涂、水面等自然资源，可以依法由全民所有制单位使用，也可以依法确定由集体所有制单位使用，国家保护它的使用、收益的权利；使用单位有管理、保护、合理利用的义务。

国家所有的矿藏，可以依法由全民所有制单位和集体所有制单位开采，也可以依法由公民采挖。国家保护合法的采矿权。

公民、集体依法对集体所有的或者国家所有由集体使用的森林、山岭、草原、荒地、滩涂、水面的承包经营权，受法律保护。承包双方的权利和义务，依照法律由承包合同规定。

国家所有的矿藏、水流，国家所有的和法律规定属于集体所有的林地、山岭、草原、荒地、滩涂不得买卖、出租、抵押或者以其他形式非法转让。

《物权法》第 40 条　所有权人有权在自己的不动产或者动产上设立用益物权和担保物权。用益物权人、担保物权人行使权利，不得损害所有权人的权益。

《土地管理法》第 10 条　国有土地和农民集体所有的土地，可以依法确定给单位或者个人使用。使用土地的单位和个人，有保护、管理和合理利用土地的义务。

第 13 条　农民集体所有和国家所有依法由农民集体使用的耕地、林地、草地，以及其他依法用于农业的土地，采取农村集体经济组织内部的家庭承包方式承包，不宜采取家庭承包方式的荒山、荒沟、荒丘、荒滩等，可以采取招标、拍卖、公开协商等方式承包，从事种植业、林业、畜牧业、渔业生产。家庭承包的耕地的承包期为三十年，草地的承包期为三十年至五十年，林地的承包期为三十年至七十年；耕地承包期届满后再延长三十年，草地、林地承包期届满后依法相应延长。

国家所有依法用于农业的土地可以由单位或者个人承包经营，从事种植业、林业、畜牧业、渔业生产。

发包方和承包方应当依法订立承包合同，约定双方的权利和义务。承包经营土地的单位和个人，有保护和按照承包合同约定的用途合理利用土地的义务。

《海域使用管理法》第 3 条　海域属于国家所有，国务院代表国家行使海域所有权。任何单位或者个人不得侵占、买卖或者以其他形式非法转让海域。

单位和个人使用海域，必须依法取得海域使用权。

《城市房地产管理法》第 3 条　国家依法实行国有土地有偿、有限期使用制度。但是，国家在本法规定的范围内划拨国有土地使用权的除外。

第 8 条　土地使用权出让，是指国家将国有土地使用权（以下简称土地使用权）在一定年限内出让给土地使用者，由土地使用者向国家支付土地使用权出让金的行为。

第 23 条　土地使用权划拨，是指县级以上人民政府依法批准，在土地使用者缴纳补偿、安置等费用后将该幅土地交付其使用，或者将土地使用权无偿交付给土地使用者使用的行为。

依照本法规定以划拨方式取得土地使用权的，除法律、行政法规另有规定外，没有使用期限的限制。

第 28 条　依法取得的土地使用权，可以依照本法和有关法律、行政法规的规定，作价入股，合资、合作开发经营房地产。

《草原法》第 10 条　国家所有的草原，可以依法确定给全民所有制单位、集体经济组织等使用。

使用草原的单位，应当履行保护、建设和合理利用草原的义务。

《矿产资源法》第 3 条　矿产资源属于国家所有，由国务院行使国家对矿产资源的所有权。地表或者地下的矿产资源的国家所有权，不因其所依附的土地的所有权或者使用权的不同而改变。

国家保障矿产资源的合理开发利用。禁止任何组织或者个人用任何手段侵占或者破坏矿产资源。各级人民政府必须加强矿产资源的保护工作。

勘查、开采矿产资源，必须依法分别申请、经批准取得探矿权、采矿权，并办理登记；但是，已经依法申请取得采矿权的矿山企业在划定的矿区范围内为本企业的生产而进行的勘查除外。国家保护探矿权和采矿权不受侵犯，保障矿区和勘查作业区的生产秩序、工作秩序不受影响和破坏。

从事矿产资源勘查和开采的，必须符合规定的资质条件。

《水法》第 7 条　国家对水资源依法实行取水许可制度和有偿使用制度。但是，农村集体经济组织及其成员使用本集体经济组织的水塘、水库中的水的除外。国务院水行政主管部门负责全国取水许可制度和水资源有偿使用制度的组织实施。

第 48 条　直接从江河、湖泊或者地下取用水资源的单位和个人，应当按照国家取水许可制度和水资源有偿使用制度的规定，向水行政主管部门或者流域管理机构申请领取取水许可证，并缴纳水资源费，取得取水权。但是，家庭生活和零星散养、圈养畜禽饮用等少量取水的除外。

实施取水许可制度和征收管理水资源费的具体办法，由国务院规定。

《渔业法》第 11 条　国家对水域利用进行统一规划，确定可以用于养殖业的水域和滩涂。单位和个人使用国家规划确定用于养殖业的全民所有的水域、滩涂的，使用者应当向县级以上地方人民政府渔业行政主管部门提出申请，由本级人民政府核发养殖证，许可其使用该水域、滩涂从事养殖生产。核发养殖证的具体办法由国务院规定。

集体所有的或者全民所有由农业集体经济组织使用的水域、滩涂，可以由个人或者集体承包，从事养殖生产。

理解与适用

本条是对《物权法》第 40 条的复制。

本条承认和允许所有权人可以就其所有物为他人设立用益物权和担保物权诸种他物权，这是利用所有权的弹力性，运用所有权与其权能可以分离的原理的具体体现。

所有物上一经设立用益物权或担保物权，所有权的效力就受到他物权的压制，换言之，他物权的效力优先得到发挥，所有权的效力不得影响他物权的效力，更不得取而代之。但是，这不意味着他物权的效力没有界限，其界限之一就是他物权的存续和行使不得损害所有权人的权益。例如，A 地发包给农户之后，该农户不得掠夺性地耕种。

本条无他物权设立所需要的成立要件，亦无设立后的法律效果，故其非为请求权基础，仅具宣示意义。当事人实际设立某种他物权时必须依据含有成立要件和法律效果的其他具体规范。例如，甲将其电脑出质给乙，适用《民法典》第 427 条的规定。

第二百四十二条

法律规定专属于国家所有的不动产和动产，任何组织或者个人不能取得所有权。

本条主旨

本条是关于国家专有的规定。

相关条文

《宪法》第 9 条第 1 款　矿藏、水流、森林、山岭、草原、荒地、滩涂等自然资源，都属于国家所有，即全民所有；由法律规定属于集体所有的森林和山岭、草原、荒地、滩涂除外。

第 10 条第 1 款　城市的土地属于国家所有。

《民法通则》第 72 条第 1 款　财产所有权的取得，不得违反法律规定。

《土地管理法》第 2 条第 1 款、第 2 款　中华人民共和国实行土地的社会主义公有制，即全民所有制和劳动群众集体所有制。

全民所有，即国家所有土地的所有权由国务院代表国家行使。

第 9 条第 1 款　城市市区的土地属于国家所有。

《物权法》第 41 条　法律规定专属于国家所有的不动产和动产，任何单位和个人不能取得所有权。

《矿产资源法》第 3 条第 1 款　矿产资源属于国家所有，由国务院行使国家对矿产资源的所有权。地表或者地下的矿产资源的国家所有权，不因其所依附的土地的所有权或者使用权的不同而改变。

《水法》第 3 条　水资源属于国家所有。水资源的所有权由国务院代表国家行使。农村集体经济组织的水塘和由农村集体经济组织修建管理的水库中的水，归各该农村集体经济组织使用。

《煤炭法》第 3 条　煤炭资源属于国家所有。地表或者地下的煤炭资源的国家所有权，不因其依附的土地的所有权或者使用权的不同而改变。

理解与适用

本条系对《物权法》第 41 条的承继，是对《宪法》关于国家对特定种类的不动产和动产的专有权的落实并转化为民法上的物权，以便由民事诉讼法等程序法和刑事法以及行政法进行配套保障。

本条重在宣明国家对特定种类的不动产和动产的专有权，不含有成立要件和法律效果，故非请求权基础，而是引致性（管道性）的条文。究竟哪些不动产和动产专属于国家，必须另觅其他法律规定。例如，《民法典》第 247 条关于“矿藏、水流、海域属于国家所有”的规定，第 248 条关于“无居民海岛属于国家所有，国务院代表国家行使无居民海岛所有权”的规定，第 249 条关于“城市的土地，属于国家所有。法律规定属于国家所有的农村和城市郊区的土地，属于国家所有”的规定，等等，以及《水法》第 3 条前段关于“水资源属于国家所有”的规定，《矿产资源法》第3条第1款关于“矿产资源属于国家所有，由国务院行使国家对矿产资源的所有权。地表或者地下的矿产资源的国家所有权，不因其所依附的土地的所有权或者使用权的不同而改变”的规定，等等。

国家对特定种类的不动产和动产专有，完全基于《宪法》及《民法典》等法律的强制规定，不依赖民事程序和不要求具备民事条件而取得。

《宪法》及《民法典》等法律规定特定种类的不动产和动产专属于国家，这是发展权层面的问题，而非法律地位的问题，不是对法律地位平等的否定。此种模式有其合理性：物尽其用，实现效益最大化，合理地分配自然资源于各个主体之间，满足社会公共利益、国家战略利益的需要。① 例如，引黄河之水入黑河流域，使干涸的荒漠重现绿洲，极大地改善了生态环境。长江流域的特大洪水被分流，化险为夷，求得人民生命财产的安全。所有这些，只有使黄河、长江专属于国家而非自然人、公司所有，才可成为事实。

其实，就某些特定种类的财产特别规定专属于国家，不独中国法如此，资本主义国家的法律也有其例。例如，施行于英格兰与威尔士的《水资源法》《水法》一反普通法的原则，改采水资源归国家所有的制度。美国的一些州法规定水资源属于公有。澳大利亚作为英联邦成员，原继受普通法水资源属于土地的组成部分的原则，直到20世纪初期，根据其水资源不丰裕的实际，通过立法将水资源与土地权属分离，河道内的水和地下水归州政府所有，用水者基于水权而用水。该水权需要用水者提出申请，经过水资源行政管理部门审批才能取得。② 日本制定于1892年修改于1957年的《河川法》，规定河川水资源属于公共财产（第2条）。至于矿物，早在古代就实行矿物所有权与土地所有权相区别的制度，矿物归君主所有，至幕府时代，金银由幕府专有，其他矿物属于封建诸侯所有。明治维新之际，将土地所有权赋予了国民，矿物则由政府专有，实行了矿业独占主义。明治二十三年（1890年）3月27日公布了旧《日本民法》，其中的“财产编”第1章第35条明文规定：“矿物的所有权及其试掘或者开坑以特别法规定之。”奉行了同一宗旨。其后，明治二十三年的《矿业条例》便明确规定：“矿物，未采掘者，为国家所有”（第2条第1项）。旧矿业法承继了这一原则，规定“未采掘矿物（含废物及矿渣）为国家所有”（第3条）。据此沿革，不得把未采掘矿物上的国家“所有”理解为以自由使用、收益、处分为内容的民法意义上的

① 崔建远：《准物权研究》（第2版），北京，法律出版社2012年版，第78页。

② 赵卫：《完善我国水权制度》，载水利部政策法规司编：《水权与水市场》（资料选编之一），2001年3月，第45页。

所有，而应解释为矿物的支配权能从土地所有权中排除出来，归属于国家，是只能依国家独占赋予矿业权才能采掘的制度，即特许制度的前提。因为有学说和判例把旧矿业法规定的矿物归国家所有视为民法上的所有，导致了无益的麻烦，所以，现行《矿业法》规定：“国家就未采掘的矿物，有赋予其采掘及取得矿物的权利的权能”（第2条）①。法国对土地实行私有制，但《法国民法典》同时承认法国的矿山法规关于矿产资源归国家所有的规定（第552条第3款）。与此相像，1992年的《法国水法》规定，水是国家共同资产的一部分。法国水管理组织法律明确宣示，地表水和地下水属于国有财产（A1）。②

第二百四十三条

为了公共利益的需要，依照法律规定的权限和程序可以征收集体所有的土地和组织、个人的房屋以及其他不动产。

征收集体所有的土地，应当依法及时足额支付土地补偿费、安置补助费以及农村村民住宅、其他地上附着物和青苗等的补偿费用，并安排被征地农民的社会保障费用，保障被征地农民的生活，维护被征地农民的合法权益。

征收组织、个人的房屋以及其他不动产，应当依法给予征收补偿，维护被征收人的合法权益；征收个人住宅的，还应当保障被征收人的居住条件。

任何组织或者个人不得贪污、挪用、私分、截留、拖欠征收补偿费等费用。

本条主旨

本条是关于征收的规定。

相关条文

《宪法》第10条第3款　国家为了公共利益的需要，可以依照法律规定对土地实行征收或者征用并给予补偿。

《民法总则》第117条　为了公共利益的需要，依照法律规定的权限和程序征收、征用不动产或者动产的，应当给予公平、合理的补偿。

《物权法》第42条　为了公共利益的需要，依照法律规定的权限和程序可以征收集体所有的土地和单位、个人的房屋及其他不动产。

征收集体所有的土地，应当依法足额支付土地补偿费、安置补助费、地上附

---

① ［日］我妻荣、丰岛升：《矿业法》，东京，有斐阁1958年版，第65～66页。

② 王名扬：《法国行政法》，北京，中国政法大学出版社1988年版，第309～310页。

着物和青苗的补偿费等费用，安排被征地农民的社会保障费用，保障被征地农民的生活，维护被征地农民的合法权益。

征收单位、个人的房屋及其他不动产，应当依法给予拆迁补偿，维护被征收人的合法权益；征收个人住宅的，还应当保障被征收人的居住条件。

任何单位和个人不得贪污、挪用、私分、截留、拖欠征收补偿费等费用。

《土地管理法》第2条第4款　国家为了公共利益的需要，可以依法对土地实行征收或者征用并给予补偿。

第45条　为了公共利益的需要，有下列情形之一，确需征收农民集体所有的土地的，可以依法实施征收：

（一）军事和外交需要用地的；

（二）由政府组织实施的能源、交通、水利、通信、邮政等基础设施建设需要用地的；

（三）由政府组织实施的科技、教育、文化、卫生、体育、生态环境和资源保护、防灾减灾、文物保护、社区综合服务、社会福利、市政公用、优抚安置、英烈保护等公共事业需要用地的；

（四）由政府组织实施的扶贫搬迁、保障性安居工程建设需要用地的；

（五）在土地利用总体规划确定的城镇建设用地范围内，经省级以上人民政府批准由县级以上地方人民政府组织实施的成片开发建设需要用地的；

（六）法律规定为公共利益需要可以征收农民集体所有的土地的其他情形。

前款规定的建设活动，应当符合国民经济和社会发展规划、土地利用总体规划、城乡规划和专项规划；第（四）项、第（五）项规定的建设活动，还应当纳入国民经济和社会发展年度计划；第（五）项规定的成片开发并应当符合国务院自然资源主管部门规定的标准。

第46条　征收下列土地的，由国务院批准：

（一）永久基本农田；

（二）永久基本农田以外的耕地超过三十五公顷的；

（三）其他土地超过七十公顷的。

征收前款规定以外的土地的，由省、自治区、直辖市人民政府批准。

征收农用地的，应当依照本法第四十四条的规定先行办理农用地转用审批。其中，经国务院批准农用地转用的，同时办理征地审批手续，不再另行办理征地审批；经省、自治区、直辖市人民政府在征地批准权限内批准农用地转用的，同时办理征地审批手续，不再另行办理征地审批，超过征地批准权限的，应当依照本条第一款的规定另行办理征地审批。

第 47 条　国家征收土地的，依照法定程序批准后，由县级以上地方人民政府予以公告并组织实施。

县级以上地方人民政府拟申请征收土地的，应当开展拟征收土地现状调查和社会稳定风险评估，并将征收范围、土地现状、征收目的、补偿标准、安置方式和社会保障等在拟征收土地所在的乡（镇）和村、村民小组范围内公告至少三十日，听取被征地的农村集体经济组织及其成员、村民委员会和其他利害关系人的意见。

多数被征地的农村集体经济组织成员认为征地补偿安置方案不符合法律、法规规定的，县级以上地方人民政府应当组织召开听证会，并根据法律、法规的规定和听证会情况修改方案。

拟征收土地的所有权人、使用权人应当在公告规定期限内，持不动产权属证明材料办理补偿登记。县级以上地方人民政府应当组织有关部门测算并落实有关费用，保证足额到位，与拟征收土地的所有权人、使用权人就补偿、安置等签订协议；个别确实难以达成协议的，应当在申请征收土地时如实说明。

相关前期工作完成后，县级以上地方人民政府方可申请征收土地。

第 48 条　征收土地应当给予公平、合理的补偿，保障被征地农民原有生活水平不降低、长远生计有保障。

征收土地应当依法及时足额支付土地补偿费、安置补助费以及农村村民住宅、其他地上附着物和青苗等的补偿费用，并安排被征地农民的社会保障费用。

征收农用地的土地补偿费、安置补助费标准由省、自治区、直辖市通过制定公布区片综合地价确定。制定区片综合地价应当综合考虑土地原用途、土地资源条件、土地产值、土地区位、土地供求关系、人口以及经济社会发展水平等因素，并至少每三年调整或者重新公布一次。

征收农用地以外的其他土地、地上附着物和青苗等的补偿标准，由省、自治区、直辖市制定。对其中的农村村民住宅，应当按照先补偿后搬迁、居住条件有改善的原则，尊重农村村民意愿，采取重新安排宅基地建房、提供安置房或者货币补偿等方式给予公平、合理的补偿，并对因征收造成的搬迁、临时安置等费用予以补偿，保障农村村民居住的权利和合法的住房财产权益。

县级以上地方人民政府应当将被征地农民纳入相应的养老等社会保障体系。被征地农民的社会保障费用主要用于符合条件的被征地农民的养老保险等社会保险缴费补贴。被征地农民社会保障费用的筹集、管理和使用办法，由省、自治区、直辖市制定。

第 49 条　被征地的农村集体经济组织应当将征收土地的补偿费用的收支状

况向本集体经济组织的成员公布，接受监督。

禁止侵占、挪用被征收土地单位的征地补偿费用和其他有关费用。

《城市房地产管理法》第 9 条　城市规划区内的集体所有的土地，经依法征收转为国有土地后，该幅国有土地的使用权方可有偿出让，但法律另有规定的除外。

《农业法》第 71 条　国家依法征收农民集体所有的土地，应当保护农民和农村集体经济组织的合法权益，依法给予农民和农村集体经济组织征地补偿，任何单位和个人不得截留、挪用征地补偿费用。

《草原法》第 38 条　进行矿藏开采和工程建设，应当不占或者少占草原；确需征收、征用或者使用草原的，必须经省级以上人民政府草原行政主管部门审核同意后，依照有关土地管理的法律、行政法规办理建设用地审批手续。

第 39 条　因建设征收、征用集体所有的草原的，应当依照《中华人民共和国土地管理法》的规定给予补偿；因建设使用国家所有的草原的，应当依照国务院有关规定对草原承包经营者给予补偿。

因建设征收、征用或者使用草原的，应当交纳草原植被恢复费。草原植被恢复费专款专用，由草原行政主管部门按照规定用于恢复草原植被，任何单位和个人不得截留、挪用。草原植被恢复费的征收、使用和管理办法，由国务院价格主管部门和国务院财政部门会同国务院草原行政主管部门制定。

《煤炭法》第 18 条第 1 款　煤矿建设使用土地，应当依照有关法律、行政法规的规定办理。征收土地的，应当依法支付土地补偿费和安置补偿费，做好迁移居民的安置工作。

《电力法》第 16 条第 1 款　电力建设项目使用土地，应当依照有关法律、行政法规的规定办理；依法征收土地的，应当依法支付土地补偿费和安置补偿费，做好迁移居民的安置工作。

《渔业法》第 14 条　国家建设征收集体所有的水域、滩涂，按照《中华人民共和国土地管理法》有关征地的规定办理。

《铁路法》第 36 条第 2 款　有关地方人民政府应当支持铁路建设，协助铁路运输企业做好铁路建设征收土地工作和拆迁安置工作。

《外商投资法》第 20 条　国家对外国投资者的投资不实行征收。

在特殊情况下，国家为了公共利益的需要，可以依照法律规定对外国投资者的投资实行征收或者征用。征收、征用应当依照法定程序进行，并及时给予公平、合理的补偿。

《归侨侨眷权益保护法》第 13 条第 2 款　依法征收、征用、拆迁归侨、侨眷私有房屋的，建设单位应当按照国家有关规定给予合理补偿和妥善安置。

《台湾同胞投资保护法》第 4 条　国家对台湾同胞投资者的投资不实行国有化和征收；在特殊情况下，根据社会公共利益的需要，对台湾同胞投资者的投资可以依照法律程序实行征收，并给予相应的补偿。

《军事设施保护法》第 13 条　军事禁区、军事管理区范围的划定或者扩大，需要征收、征用土地、林地、草原、水面、滩涂的，依照有关法律、法规的规定办理。

《国有土地上房屋征收与补偿条例》（第 590 号）第 2 条　为了公共利益的需要，征收国有土地上单位、个人的房屋，应当对被征收房屋所有权人（以下称被征收人）给予公平补偿。

第 3 条　房屋征收与补偿应当遵循决策民主、程序正当、结果公开的原则。

第 4 条　市、县级人民政府负责本行政区域的房屋征收与补偿工作。

市、县级人民政府确定的房屋征收部门（以下称房屋征收部门）组织实施本行政区域的房屋征收与补偿工作。

市、县级人民政府有关部门应当依照本条例的规定和本级人民政府规定的职责分工，互相配合，保障房屋征收与补偿工作的顺利进行。

第 8 条　为了保障国家安全、促进国民经济和社会发展等公共利益的需要，有下列情形之一，确需征收房屋的，由市、县级人民政府作出房屋征收决定：

（一）国防和外交的需要；

（二）由政府组织实施的能源、交通、水利等基础设施建设的需要；

（三）由政府组织实施的科技、教育、文化、卫生、体育、环境和资源保护、防灾减灾、文物保护、社会福利、市政公用等公共事业的需要；

（四）由政府组织实施的保障性安居工程建设的需要；

（五）由政府依照城乡规划法有关规定组织实施的对危房集中、基础设施落后等地段进行旧城区改建的需要；

（六）法律、行政法规规定的其他公共利益的需要。

第 9 条　依照本条例第八条规定，确需征收房屋的各项建设活动，应当符合国民经济和社会发展规划、土地利用总体规划、城乡规划和专项规划。保障性安居工程建设、旧城区改建，应当纳入市、县级国民经济和社会发展年度计划。

制定国民经济和社会发展规划、土地利用总体规划、城乡规划和专项规划，应当广泛征求社会公众意见，经过科学论证。

第 10 条　房屋征收部门拟定征收补偿方案，报市、县级人民政府。

市、县级人民政府应当组织有关部门对征收补偿方案进行论证并予以公布，征求公众意见。征求意见期限不得少于30日。

第11条　市、县级人民政府应当将征求意见情况和根据公众意见修改的情况及时公布。

因旧城区改建需要征收房屋，多数被征收人认为征收补偿方案不符合本条例规定的，市、县级人民政府应当组织由被征收人和公众代表参加的听证会，并根据听证会情况修改方案。

第12条　市、县级人民政府作出房屋征收决定前，应当按照有关规定进行社会稳定风险评估；房屋征收决定涉及被征收人数量较多的，应当经政府常务会议讨论决定。

作出房屋征收决定前，征收补偿费用应当足额到位、专户存储、专款专用。

第13条　市、县级人民政府作出房屋征收决定后应当及时公告。公告应当载明征收补偿方案和行政复议、行政诉讼权利等事项。

市、县级人民政府及房屋征收部门应当做好房屋征收与补偿的宣传、解释工作。

理解与适用

一、基本内容和解释的依据

本条就征收的核心条件、征收机关、征收的对象（被征收财产）、征收补偿的原则和补偿款的落到实处作了规定。

所谓征收，是指国家依照法律规定的权限和程序强制地将集体所有或私人所有的财产征归国有、消灭既有物权的制度。它属于行政法律关系，而非民事法律关系。但它导致被征收人丧失被征收财产的所有权及有关物权，国家取得被征收财产的所有权。

征收，最为重要的环节至少有四：一是准确地界定和确定作为征收前提和要件的公共利益；二是严格、合理的法定程序；三是谁是在个案中确定公共利益的决定者；四是及时到位的足额补偿款。

公共利益，作为不特定多数人的利益，无疑具有质的规定性，不得随心所欲地“指鹿为马”；同时也具有一定的模糊性和相对性。所谓一定的模糊性和相对性，例如，多少人算作不特定多数人？否定北京市天通苑建筑区划内的利益为公共利益的论据是该建筑区划内的人数是固定的，而非不特定的。但笔者反驳之点在于，整个中国，人口数不也是固定的吗？至少截至一定的时间点是固定的。为何把事关全体中国人的利益认定为公共利益？所以，此处所谓不特定、多数人，只是个相对的概念。再如，在市区建设大型商业中心，从项目所有人即经营者的角度看，显然具有商业目的及商业利益，但它确实在满足众人的衣食玩乐等方面的需求，符合公共利益的规格。

正因公共利益具有模糊性和相对性，在个案中可能存在认定偏差，导致不适当的结果，所以将哪个或哪类主体确定为公共利益的“拍板人”就显得特别关键。不仅在公共利益的认定方面见仁见智，而且在谁为“拍板人”的问题上也是众说纷纭。不过，至少多数说主张征收机关不宜作为在个案中认定公共利益的“拍板人”。《中共中央 国务院关于完善产权保护制度依法保护产权的意见》要求：“完善土地、房屋等财产征收征用法律制度，合理界定征收征用适用的公共利益范围，不将公共利益扩大化，细化规范征收征用法定权限和程序。遵循及时合理补偿原则，完善国家补偿制度，进一步明确补偿的范围、形式和标准，给予被征收征用者公平合理补偿。”

严格、合理的法定程序，有待于法律作出规定。《国有土地上房屋征收与补偿条例》（第 590 号）规定的国有土地上房屋征收的程序，可作为参考。

第 10 条　房屋征收部门拟定征收补偿方案，报市、县级人民政府。

市、县级人民政府应当组织有关部门对征收补偿方案进行论证并予以公布，征求公众意见。征求意见期限不得少于 30 日。

第 11 条　市、县级人民政府应当将征求意见情况和根据公众意见修改的情况及时公布。

因旧城区改建需要征收房屋，多数被征收人认为征收补偿方案不符合本条例规定的，市、县级人民政府应当组织由被征收人和公众代表参加的听证会，并根据听证会情况修改方案。

第 12 条　市、县级人民政府作出房屋征收决定前，应当按照有关规定进行社会稳定风险评估；房屋征收决定涉及被征收人数量较多的，应当经政府常务会议讨论决定。

作出房屋征收决定前，征收补偿费用应当足额到位、专户存储、专款专用。

第 13 条　市、县级人民政府作出房屋征收决定后应当及时公告。公告应当载明征收补偿方案和行政复议、行政诉讼权利等事项。

市、县级人民政府及房屋征收部门应当做好房屋征收与补偿的宣传、解释工作。

房屋被依法征收的，国有土地使用权同时收回。

第 14 条　被征收人对市、县级人民政府作出的房屋征收决定不服的，可以依法申请行政复议，也可以依法提起行政诉讼。

第 15 条　房屋征收部门应当对房屋征收范围内房屋的权属、区位、用途、建筑面积等情况组织调查登记，被征收人应当予以配合。调查结果应当在房屋征收范围内向被征收人公布。

第 16 条　房屋征收范围确定后，不得在房屋征收范围内实施新建、扩建、改建房屋和改变房屋用途等不当增加补偿费用的行为；违反规定实施的，不予补偿。

房屋征收部门应当将前款所列事项书面通知有关部门暂停办理相关手续。暂停办理相关手续的书面通知应当载明暂停期限。暂停期限最长不得超过 1 年。

二、征收的对象

征收的对象，应为集体土地所有权、房屋所有权，个别场合的动产所有权，而不包括国有建设用地使用权、集体建设用地使用权、土地承包经营权、宅基地使用权、居住权、地役权。

诚然，笔者注意到有关学说持有相反的意见，主张征收的标的包括他物权、知识产权、债权、非财产权益。① 这有其理论背景：尽管法律归属关系存在，但与财产联系在一起的所有典型使用权和处分权利都被割除，财产权只剩下空洞的外壳，也应认为属于征收。② 在德国，宪法法院认定的可以作为征收客体的财产，除了实物财产（不动产和动产）外，还包括私权利中具有财产价值的所有权利，以及公权利中的具有财产价值的权利，但不包括对财产内容和范围的限制。③ 在日本，征收的概念也出现扩大化现象，征收的对象从土地扩大到一般财产权。④ 在法国，严格区分公用征收和公用征调，其中的公用征收是指，政府强制取得不动产的所有权和他物权。⑤

即使如此，笔者仍然主张征收的标的不包括他物权，理由在于，中国现行法上的征收概念为消灭被征收对象的所有权，国家原始取得所有权。以此区别于仅仅移转标的物使用权的征用。这与美国等国家不特意区分征收和征用的模式有别。此其一。中国法的有关规定未将国家行政主管机关依国家权力消灭建设用地使用权、宅基地使用权、土地承包经营权、居住权、地役权作为征收的对象。例

---

① 房绍坤、王洪平：《公益征收法研究》，北京，中国人民大学出版社 2011 年版，第 239 页以下。

② 参见［德］哈特穆特·毛雷尔：《行政法学总论》，高家伟译，北京，法律出版社 2000 年版，第 683～684 页。

③ ［德］哈特穆特·毛雷尔：《行政法学总论》，高家伟译，北京，法律出版社 2000 年版，第 680～688 页。

④ 参见［日］盐野宏：《行政法》，杨建顺译，北京，法律出版社 1999 年版，第 499 页。

⑤ 参见王名扬：《法国行政法》，北京，中国政法大学出版社 1998 年版，第 365～410 页。

如，《民法典》第 243 条第 1 款的表述为“为了公共利益的需要，依照法律规定的权限和程序可以征收集体所有的土地和组织、个人的房屋以及其他不动产”。它强调的是，“集体所有的土地”，而非主体使用的房屋。所谓“组织、个人的房屋”，房屋与房屋所有权在实质具有同一性，房屋与房屋使用权不具有同一性。可见，该条款是将征收所消灭的权利限定于所有权。再如，《民法典》第 243 条第 2 款关于“征收集体所有的土地，应当依法及时足额支付土地补偿费、安置补助费以及农村村民住宅、其他地上附着物和青苗等的补偿费用，并安排被征地农民的社会保障费用，保障被征地农民的生活，维护被征地农民的合法权益”的表述，第 327 条关于“因不动产或者动产被征收、征用致使用益物权消灭或者影响用益物权行使的，用益物权人有权依据本法第二百四十三条、第二百四十五条的规定获得相应补偿”的表述，都折射出农民/农户的土地承包经营权、经营权、宅基地使用权、其他用益物权都是随着被征收不动产的所有权消灭时才消灭，而非直接为征收的对象。此其二。《民法典》第 358 条关于“建设用地使用权期限届满前，因公共利益需要提前收回该土地的，应当依据本法第二百四十三条的规定对该土地上的房屋以及其他不动产给予补偿，并退还相应的出让金”的表述，是“因公共利益需要提前收回该土地的”，而没有使用“因公共利益需要征收该土地使用权”，也表明建设用地使用权不是征收的对象。之所以如此设计，是因为征收乃国家把集体所有的土地和单位、个人的财产变为国有的财产，是一种改变所有权的法律行为，中国城镇的土地属于国家所有，建设用地使用权人取得的是对土地使用的权利，国家收回本来就属于自己的建设用地，运用所有权与其权能之间关系的原理即可，不适用有关征收的规定。① 一方面扩张征收的标的，将建设用地使用权作为征收的对象②，另一方面又特意区分征收与土地收回③，这在逻辑上似乎存有障碍，因为既然是收回，且收回不同于征收，怎么又将应予收回的建设用地使用权作为征收对象处理呢？此其三。在被征收的集体土地所有权消灭时，以该所有权为母权的土地承包经营权、宅基地使用权等子权消灭，完全可以按照母权消灭子权随之消灭的原理解释，无须向征收制度求援。在宅基地使用权消灭时，宅基地上的住宅所有权消灭；商品房所有权消灭时，基地的建设用地使用权消灭，完全可以按照《民法典》第 352 条正文关于房地权属一体的规定及相应的理论加以说明，无须由征收制度解决。此其四。被征收的房屋存在抵押

① 胡康生主编：《中华人民共和国物权法释义》，北京，法律出版社 2007 年版，第 331 页。

②③ 房绍坤、王洪平：《公益征收法研究》，北京，中国人民大学出版社 2011 年版，第 241～244、96～99 页。

权时，该抵押权并不因为该房屋被征收而归于消灭，而是继续存在于征收补偿款请求权之上。假如于征收集体土地所有权时也把土地承包经营权等用益物权作为征收的对象，那么，同是他物权，抵押权为什么不作为征收的标的呢？就此说来，把他物权作为征收对象存在着逻辑障碍。此其五。

征收制度涉及许多内容，特别是中国共产党第十八届中央委员会第三次全体会议于 2013 年 11 月 12 日通过的《中共中央关于全面深化改革若干重大问题的决定》引发征收制度调整，由此带来体系效应。

《中共中央关于全面深化改革若干重大问题的决定》规定："国家保护各种所有制经济产权和合法利益，保证各种所有制经济依法平等使用生产要素、公开公平公正参与市场竞争、同等受到法律保护，依法监管各种所有制经济"（第 5 条第 2 款）。"在符合规划和用途管制前提下，允许农村集体经营性建设用地出让、租赁、入股，实行与国有土地同等入市、同权同价。缩小征地范围，规范征地程序，完善对被征地农民合理、规范、多元保障机制"（第 11 条前段）。"建立农村产权流转交易市场，推动农村产权流转交易公开、公正、规范运行"（第 21 条后段）。"维护农民生产要素权益，……保障农民公平分享土地增值收益"（第 22 条前段）。习近平总书记在《关于〈中共中央关于全面深化改革若干重大问题的决定〉的说明》中强调："推进城乡要素平等交换和公共资源均衡配置。主要是……保障农民公平分享土地增值收益。"贯彻落实这些决定和要求，必然会使农村土地制度发生不小的变革，相应的，征收制度也须作出调整。这种调整及体系效应会直接影响法律人对于《民法典》第 243 条规定的解释走向，务必注意。

三、征收制度在中国的演变

欲效果最佳地调整征收制度，离不开明了征收制度在中国的演变，清楚在什么环节、部位"动手术"，否则，就会无的放矢，反倒添乱。

在较长的历史时期，特别是 2019 年修订《土地管理法》之前，中国法上的征收有两种类型。第一种是，基于社会公共利益的需要，国家行政主管机关依国家权力将财产权消灭，由国家取得财产权的现象。《宪法》第 10 条第 3 款关于"国家为了公共利益的需要，可以依照法律规定对土地实行征收或者征用并给予补偿"，第 13 条第 3 款关于"国家为了公共利益的需要，可以依照法律规定对公民的私有财产实行征收或者征用并给予补偿"的规定，为其直接且系最高法律效力的依据。《物权法》予以承继并具体落实，特设第 42 条和第 43 条两个条文。为此，第十届全国人民代表大会常务委员会第十一次会议于 2004 年 8 月 28 日通过《全国人民代表大会常务委员会关于修改〈中华人民共和国土地管理法〉的决定》，“对《中华人民共和国土地管理法》作如下修改：一、第二条第四款修改为：‘国家为了公共利益的需要，可以依法对土地实行征收或者征用并给予补偿。’二、将第四十三条第二款、第四十五条、第四十六条、第四十七条、第四十九条、第五十一条、第七十八条、第七十九条中的‘征用’修改为‘征收’。”第十届全国人民代表大会常务委员会第二十九次会议于 2007 年 8 月 30 日通过《全国人民代表大会常务委员会关于修改〈中华人民共和国城市房地产管理法〉的决定》，“在第一章‘总则’中增加一条，作为第六条：‘为了公共利益的需要，国家可以征收国有土地上单位和个人的房屋，并依法给予拆迁补偿，维护被征收人的合法权益；征收个人住宅的，还应当保障被征收人的居住条件。具体办法由国务院规定。’”第二种征收是，并非基于社会公共利益的需要，如为了商业利益的需要，国家行政主管机关依国家权力将财产权消灭，由国家取得财产权的现象。之所以出现第二种类型的征收，是因为用地者（基本上是开发商，下同）利用集体所有的建设土地从事商业开发建设的场合，当时实施的《土地管理法》和《城市房地产管理法》等法律、法规不允许用地者直接与集体土地所有权人洽商，径直取得集体建设使用权，而后开发建设①；而是必须先将集体所有的土地征收为国有，然后从国家土地所有权中“分离”出占有、使用、收益乃至处分权利自身的权能，由国土资源主管机关出让国有建设用地使用权给用地者，用地者才可在该国有建设用地上从事商业的开发建设。例如，2004 年的《土地管理法》第 43 条第 1 款规定：“任何单位和个人进行建设，需要使用土地的，必须依法申请使用国有土地；但是，兴办乡镇企业和村民建设住宅经依法批准使用本集体经济组织农民集体所有的土地的，或者乡（镇）村公共设施和公益事业建设经依法批准使用农民集体所有的土地的除外。”《城市房地产管理法》第 9 条规定：“城市规划区内的集体所有的土地，经依法征收转为国有土地后，该幅国有土地的使用权方可有偿出让。”这种模式可被简称为“先征收、再出让”模式。

至于滥觞于美国判例法上的管制性征收（regulatory takings），即管制行为对土地使用的限制，即使达不到完全排除其经济效益的程度，仍然可能构成征收②，在中国现行法上尚付阙如，但在立法论的层面呼吁填补法律漏洞，主要理

---

① 王太高：《论农村集体土地所有权制度中的利益冲突与协调》，载房绍坤、王洪平主编：《不动产征收法律制度纵论》，北京，中国法制出版社 2009 年版，第 25 页。

② 谢哲胜：《准征收之研究——以美国法之研究为中心》，载《财产法专题研究（二）》，台北，元照出版公司 1999 年版，第 250 页；房绍坤、王洪平：《公益征收法研究》，北京，中国人民大学出版社 2011 年版，第 31、51 页。

由是，为周全地保障被征收人的财产权益，法律应例外地突破比例原则的限制，赋予被征收人扩张请求权，请求征收人征收超出必要范围的标的。[①] 这从征收的标的角度着眼是征收标的的扩张，从被征收人的权利方面观察是“全部征收请求权”和“完全征收请求权”[②]，从征收的类型视角描述，由于上述两种类型的征收难以涵盖它，可以称其为第三种类型的征收。不过，它毕竟与上述两种类型的征收不在同一个层次，限于此处解释《民法典》第 243 条的主旨及任务，暂且不讨论它。

第一种类型的征收和第二种类型的征收之间，存在着如下差异：（1）第一种类型的征收以社会公共利益的需要为其正当性依据，而第二种类型的征收则无此内在基础，其诞生和存续主要是为了破解法律、法规不允许集体土地所有权依照民事程序流转，用地者又确实需要利用集体所有的建设土地进行开发建设这种矛盾，“先征收、再出让”的制度及措施应运而生。由此可见其正当性先天不足。这也是对它应予调整的内在要求。当然，调整必须适中，例如，设立集体建设用地使用权兼有社会公共利益和商业利益的，还得坚持“先征收、再出让”的制度及措施。第一种类型的征收为西方发达国家所承认[③]，因其宪法规定征收的目的是公共利益、公共福利或公共福祉[④]，故有学者将其简称为公益征收[⑤]，也有命名为公用征收的。[⑥]（2）在第一种类型的征收场合，被征收人无权拒绝国家行政主管机关依国家权力将其不动产物权消灭的行为，必须服从征收的决定，但有权就征收的补偿是否足额而讨价还价。从理论上讲，此类征收决定可以在被征收人拒不同意征收的情况下作出并公告。当然，为了和谐，也为了便于顺利拆迁，减少纷争，在实际操作上最好是先与被征收人就足额补偿、补偿方式等有关问题协商一致，然后再颁发征收决定。在第二种类型的征收场合，被征收人享有两种权利：一是可以拒绝国家行政主管机关依国家权力将其不动产物权消灭的行为，或

---

①② 房绍坤、王洪平：《公益征收法研究》，北京，中国人民大学出版社 2011 年版，第 257 页。

③ 全国人民代表大会常务委员会法制工作委员会民法室：《物权法及其相关规定对照手册》，北京，法律出版社 2007 年版，第 61 页；胡康生主编：《中华人民共和国物权法释义》，北京，法律出版社 2007 年版，第 101 页；房绍坤、王洪平：《公益征收法研究》，北京，中国人民大学出版社 2011 年版，第 77 页以下。

④ 例如，法国《人权宣言》第 17 条规定：“当公共需要所必需时，可以剥夺财产”。德国《基本法》第 14 条第 3 款规定：“只有为了公共利益才能允许征用。”《日本国宪法》第 29 条第 3 款规定：“私有财产在正当补偿下得收为公用。”

⑤ 张玉东：《公益征收若干法律问题研究》，载房绍坤、王洪平主编：《不动产征收法律制度纵论》，北京，中国法制出版社 2009 年版，第 160 页以下；房绍坤、王洪平：《公益征收法研究》，北京，中国人民大学出版社 2011 年版，第 72 页以下。

⑥ 张鹏：《论因财产权的国度限制而引起的公用征收》，载房绍坤、王洪平主编：《不动产征收法律制度纵论》，北京，中国法制出版社 2009 年版，第 92 页。

曰有权保有其不动产物权；二是在同意征收的前提下，有权就征收的补偿是否足额而讨价还价。如此，在实际操作层面上，最好是征收主管机关先向被征收人（准确地说是未来的被征收人，或意向被征收人，下同）表达征收意向，待就征收补偿等必要事项达成一致后再颁发征收决定，效果最佳。反之，在被征收人拒不同意其财产被征收或不同意征收补偿数额或不同意补偿方式的情况下，贸然发布征收公告，一是给漫天要价者创造了可乘之机，二是陷入征收僵局时有损政府的权威性。（3）在第一种类型的征收制度中，补偿款源自财政拨款或专项基金，用地者与此没有关联。与此有所不同，在第二种类型的征收制度中，虽然专就征收法律关系而言，一方是征收人——国家行政主管机关，另一方是被征收人——不动产物权人，补偿款应由征收人支付，但是，在实际操作的层面，由于征收人握有的补偿款严重不足，时常是利用建设用地使用权出让合同关系，让未来取得建设用地使用权的开发商先行支付土地使用权出让金的一部，付给被征收人，往往是该开发商将该笔款项直接打入被征收人的账户。这也是某些人误以为未来取得建设用地使用权的开发商与被征收人直接发生征收法律关系、误将征收法律关系与建设用地使用权出让关系混为一谈的原因。这是应予纠正的，以免错误地适用法律。（4）尽管《物权法》第 42 条第 2 款规定“征收集体所有的土地，应当依法足额支付土地补偿费、安置补助费、地上附着物和青苗的补偿费等费用，安排被征地农民的社会保障费用，保障被征地农民的生活，维护被征地农民的合法权益”，第 121 条予以重申和强调，但补偿款相较于土地使用权出让金还是要低许多，所以，第二种类型的征收在客观上是国家获取了“剪刀差”，“没收”了集体土地所有权人乃至有关的土地承包经营权人、集体建设用地使用权人的部分收益。这是因为集体土地所有权人径直与用地者签订集体建设用地使用权出让合同，直接收取用地者支付的土地使用权出让金，该出让金的数额原则上就是集体建设用地使用权的“价值”本身，而通过征收制度补偿给集体土地所有权人的款额却低于甚至明显低于该数额，国家通过出让国有建设用地使用权自用地者处收取的土地使用权出让金又明显高于该数额。简单地说就是，征收补偿款的数额低，土地使用权出让金的数额高。面对此情此景，人们不禁要问：同一宗土地的所有权怎么不如使用权的价值高？有学者力主征收补偿一定要实行“同地同价”，即“同样位置的土地无论做公益用途或者是商业用途，应在市场价指导下，给予相同标准的费用”①。至于第一种类型的征收，虽然补偿款的数额也不太高，但

① 石凤友：《我国土地征收法律制度研究》，载房绍坤、王洪平主编：《不动产征收法律制度纵论》，北京，中国法制出版社 2009 年版，第 156 页。

这是为了社会公共利益而必须承受的代价，这是不动产权利人应尽的社会责任，具有正当性。在这个意义上说，第一种类型的征收即公益征收，在补偿标准方面不宜完全相同于第二种类型的征收即商业性征收，所以，绝对的“同地同价”似乎也不可取。从上述简要的分析中不难发现，第二种类型的征收必须缩小其适用范围，甚至被取消。

率先有条件地突破第二种类型的征收即“先征收、再出让”模式的，发生在广东省。《广东省集体建设用地使用权流转管理办法》第 8 条第 1 项规定：兴办各类工商企业，包括国有、集体、私营企业、个体工商户、外资投资企业［包括中外合资、中外合作、外商独资企业、“三来一补”（来料加工、来样加工、来件加工、补偿贸易）企业］、股份制企业、联营企业，可以使用集体建设用地。这就无须先将集体所有的土地征收为国有，而后由国土资源管理部门将国有建设用地使用权出让给用地者。

一省的试验毕竟在区域效果上有限，《中共中央关于全面深化改革若干重大问题的决定》宣布：“在符合规划和用途管制前提下，允许农村集体经营性建设用地出让、租赁、入股，实行与国有土地同等入市、同权同价。缩小征地范围，规范征地程序，完善对被征地农民合理、规范、多元保障机制。扩大国有土地有偿使用范围，减少非公益性用地划拨。建立兼顾国家、集体、个人的土地增值收益分配机制，合理提高个人收益。完善土地租赁、转让、抵押二级市场”（第 11 条）。《中共中央 国务院关于完善产权保护制度依法保护产权的意见》重申“深化农村土地制度改革，坚持土地公有制性质不改变、耕地红线不突破、粮食生产能力不减弱、农民利益不受损的底线，从实际出发，因地制宜，落实承包地、宅基地、集体经营性建设用地的用益物权，赋予农民更多财产权利，增加农民财产收益。”

如今，这些政策已经变成了法律。《土地管理法》于 2019 年经修订，删除了 2004 年修订的《土地管理法》第 43 条关于“任何单位和个人进行建设，需要使用土地的，必须依法申请使用国有土地；但是，兴办乡镇企业和村民建设住宅经依法批准使用本集体经济组织农民集体所有的土地的，或者乡（镇）村公共设施和公益事业建设经依法批准使用农民集体所有的土地的除外”（第 1 款）；“前款所称依法申请使用的国有土地包括国家所有的土地和国家征收的原属于农民集体所有的土地”（第 2 款）的规定，于其第 63 条规定：“土地利用总体规划、城乡规划确定为工业、商业等经营性用途，并经依法登记的集体经营性建设用地，土地所有权人可以通过出让、出租等方式交由单位或者个人使用，并应当签订书面合同，载明土地界址、面积、动工期限、使用期限、土地用途、规划条件和双方其他权利义务”（第 1 款）。“前款规定的集体经营性建设用地出让、出租等，应当经本集体经济组织成员的村民会议三分之二以上成员或者三分之二以上村民代表的同意”（第 2 款）。“集体经营性建设用地的出租，集体建设用地使用权的出让及其最高年限、转让、互换、出资、赠与、抵押等，参照同类用途的国有建设用地执行。具体办法由国务院制定”（第 4 款）。

四、《民法典》固定改革成果

（一）强调征收系为公共利益的需要

《民法典》一方面强调以为了公共利益的需要才可以征收，且须依照法律规定的权限和程序（第 243 条第 1 款），另一方面大力改革集体建设用地使用权制度（第 361 条），其第 361 条与《物权法》第 151 条在表达语句方面类似，但其精神实质却大不相同。其原因在于，《物权法》第 151 条指向的土地管理法是 2004 年修订的《土地管理法》，而《民法典》第 361 条指向的土地管理法却是 2019 年修订的《土地管理法》，两者在集体经营性建设用地使用权的流转性方面发生了实质上的变化，2004 年修订的《土地管理法》突出“先征收，再出让”的模式，而 2019 年修订的《土地管理法》第 63 条等规定则确立了集体经营性建设用地使用权的转让、互换、出资、赠与或者抵押的规则。这就意味着将征收限于为了公共利益的目的，非公共利益用地不采用“先征收，再出让”的模式，集体组织据此可以径直向实际用地者出让集体经营性建设用地使用权。

《土地管理法》第 63 条的立法计划和立法目的，同时就是《民法典》的立法计划和立法目的，能达到吗？有专家、学者担心有人假道《土地管理法》第 45 条第 1 款第 5 项关于“在土地利用总体规划确定的城镇建设用地范围内，经省级以上人民政府批准由县级以上地方人民政府组织实施的成片开发建设需要用地的”的规定偏离前述立法计划和立法目的，具体些说就是，所谓“成片开发建设需要用地”并非为了公共利益，但却因此征收集体土地。

防止此种偏离，方法和措施之一是，应当坚持对《土地管理法》第 45 条的规定予以整体解释。其实，无论是就该条的文义和体系还是就其规范意旨而言，“成片开发建设需要用地”的征收都必须“为了公共利益的需要”，而非为了商业的需要。理论和期待如此，实际上能否如此彻底，有待观察。

在实践操作的层面，需要甄别“成片开发建设需要用地”在何种情况下是“为了公共利益的需要”。对成片开发建设需要用地是否为公共利益，在各阶段均须以一定的事实审查作为基础。其审查步骤依次包括征收目的本身的正当性、征收目的实现的有效性、征收目的实现的必要性、公益目的与私益损失之间合乎比例，其方法兼具“问题思考”与“体系思考”的特性，是促进国家权力结构平衡、调和公益与私利，达到实质正义的一种理性法则。这一法则借鉴价值较高，当然对法官的要求也很高，应该尝试，也借以避免社会不稳定因素的发酵。①

（二）2019年《土地管理法》和《民法典》实施下征收消灭的权利

必须注意的是，为贯彻落实《中共中央关于全面深化改革若干重大问题的决定》，《土地管理法》已被相应地修订、《民法典》予以承继之后，用地者自集体所有土地创设取得集体建设用地使用权，可不再适用征收制度。于此场合，集体土地所有权并未消灭，自该集体土地所有权派生出来的土地承包经营权、宅基地使用权、地役权的命运如何呢？母权消灭子权随之消灭的原理恐怕不得再用，于是疑问随之产生：这些用益物权是消灭呢，还是继续存在？若消灭，原理是什么？

如果是这些类型的他物权不再适用征收制度，集体土地所有权人与用地者径直签订集体建设用地使用权出让合同，那么，由于集体土地所有权并不因此而归于消灭，既存于该集体土地上的土地承包经营权、宅基地使用权、住宅所有权、居住权、地役权不会自动地归于消灭，而是呈现较为复杂的局面，几种法律制度及其理论都要派上用场。

集体土地所有权人与用地者径直签订集体建设用地使用权出让合同，设立集体建设用地使用权，应当类推适用《民法典》第349条关于“设立建设用地使用权的，应当向登记机构申请建设用地使用权登记。建设用地使用权自登记时设立。登记机构应当向建设用地使用权人发放权属证书”的规定。这就是说，此类集体建设用地使用权的设立，不但要有出让合同，而且须经土地资源管理机关的登记，未经登记便不产生集体建设用地使用权。

在集体建设用地使用权的登记已经办理完毕的情况下，因为土地承包经营权、宅基地使用权都要占有、使用土地，所以，在同一宗集体土地之上无法并存土地承包经营权、土地经营权、宅基地使用权，后三种权利必须消灭。负责消灭的义务人是集体土地所有权人，而非用地者。至于消灭的途径及方法，可视情况的不同而灵活确定：如果是土地承包经营权的存续期满，则不再延长土地承包经营权的存续期限即可达到目的；如果是土地承包经营权尚未期满，则可以由集体土地所有权人与土地承包经营权人协商，将土地承包经营权终止；如果是土地经

① 陈小君：《〈土地管理法〉修法与新一轮土地改革》，载《中国法律评论》2019年第5期，第60页。

营权尚未届期，则可以由土地承包经营权人与土地经营权人协商，将土地经营权终止；如果是宅基地使用权人不复存在，或因前往异地而主动放弃权利，则宅基地使用权就归于消灭；如果是宅基地使用权人仍然需要保有其权利，则可以通过替换宅基地的方式加以解决。

值得注意的是，由集体土地所有权人与用地者径直签订集体土地使用权出让合同，用地者取得集体建设用地使用权，消灭土地承包经营权，并非普遍现象，仅仅在极少数情况下才会发生，而且须经严格的审批程序。这是因为，多年来，中国一直强调确保耕地红线，即中国耕地保有量到2010年和2020年分别保持在18.18亿亩和18.05亿亩，确保15.60亿亩基本农田数量不减少，质量有提高。此次《中共中央关于全面深化改革若干重大问题的决定》再次重申："坚持和完善最严格的耕地保护制度"（第20条）。就是说，依据法律规定及操作程序，"先征收、再出让"时由国土资源主管机关与其他有关机关多重把关，确保耕地红线；如果未来不再采取征收措施，由集体土地所有权人径直与用地者签订集体土地使用权出让合同，就更加需要由有关行政主管机关把关，绝不允许放任自流，以确保耕地红线。这样，原则上不允许在耕地上创设集体建设用地使用权，而基本上是在宅基地、乡镇企业建设用地、乡镇政府办公用地以及"四荒"土地上创设集体建设用地使用权。既然不在耕地上创设集体建设用地使用权，就不会出现集体建设用地使用权产生、土地承包经营权消灭的现象。只有在耕地上创设集体建设用地使用权的场合，才会产生土地承包经营权终止的问题。

在集体建设用地使用权的登记已经办理完毕的情况下，地役权与集体建设用地使用权的功能不相抵触的，二权可以并存，地役权已经登记的，可以对抗集体建设用地使用权人；地役权尚未登记的，则不能对抗善意的集体建设用地使用权人。

在集体建设用地使用权的登记已经办理完毕的情况下，地役权与集体建设用地使用权的功能相冲突的，则地役权必须终止，集体土地所有权人有义务了断此事。其具体路径及方法，可以由双方协商一致，也可以由集体土地所有权人单方面撕毁地役权设立合同，强行终止地役权，当然，其同时向地役权人承担违约责任。需要注意，如果地役权业已登记，则集体土地所有权人仅仅依靠撕毁地役权设立合同，恐怕还不能终止地役权。

在集体建设用地使用权的登记尚未办理的情况下，既存于该集体土地上的宅基地使用权或地役权，个别情况下是土地承包经营权，并无与之相冲突的集体建设用地使用权存在，因而，在理论上，宅基地使用权、地役权、土地承包经营权不会因此而消灭。但在实际上，由于集体建设用地使用权的登记只是时间问题，只要该项登记完毕，既存于该集体土地上的宅基地使用权、土地承包经营权就必须终止，既存于该集体土地上的地役权若与即将设立的集体建设用地使用权在功能方面相同，也必须终止。有鉴于此，即使集体建设用地使用权的登记尚未办理，先行终止既存于该集体土地上的土地承包经营权、宅基地使用权以及在功能上相冲突的地役权，也不失为未雨绸缪的明智之举。

(三) 住宅、厂房、办公用房的所有权消灭的模式

宅基地上的住宅、乡镇企业的厂房、乡镇政府的办公用房（以下简称为住宅、厂房、办公用房），是作为征收的对象，适用征收规则①；还是不作为征收的对象，按照“宅基地上的房屋所有权因宅基地使用权的终止而失去权源，乡镇企业的厂房、乡镇政府的办公用房因集体建设用地使用权的终止而欠缺正当根据，于是消灭”的解释路径？这两种解释都说得通，笔者更愿意将住宅、厂房、办公用房作为征收的对象，理由之一在于，中国现行法将土地和房屋作为两种各自独立的物，而不是如同德国民法典那样将房屋视为土地的添附，成为一个不动产，这为采取土地征收和房屋征收的二元模式提供了前提；理由之二在于，便于将土地征收的补偿款和房屋征收的补偿款分别支付，利于房屋所有权人实际获得补偿款。因为仅仅将集体土地作为征收的对象，不把住宅、厂房、办公用房纳入征收的范围，则住宅、厂房、办公用房的所有权并非因征收而归于消灭，只是因其缺乏地权而无继续存在的基础而不复存在。这样，住宅、厂房、办公用房的所有权的消灭及其补偿关系，属于集体土地所有权人与用地者之间的关系，能否算作征收法律关系的范畴，尚有争论。如此，征收法律关系中的补偿款直接付给集体土地所有权人，而不是直接付给住宅、厂房、办公用房的所有权人，也说得过去。可是，如此操作容易发生集体土地所有权人截留补偿款，有偿取得宅基地使用权的住宅所有权人、集体建设用地使用权人未获或少获补偿款的问题，从而侵害住宅、厂房、办公用房的所有权人的合法权益。权衡利弊，还是把住宅、厂房、办公用房作为征收的对象优点更多。

将住宅、厂房、办公用房作为征收的对象，住宅、厂房、办公用房的私人所有权何时终止，或者说私人房屋所有权何时转变为国家所有权或开发商的所有权？《民法典》第 229 条规定，因人民政府的征收决定导致物权设立、变更、转让或消灭的，自征收决定生效时发生效力。其文义明白确定，似无疑问。但实务中出现的下述问题，迫使我们不得不选定解决的方案。

---

① 房绍坤、王洪平：《公益征收法研究》，北京，中国人民大学出版社 2011 年版，第 230 页以下。

应当注意到，在因商业利益所为住宅、厂房、办公用房的征收场合，强制性并非初始即有的，征收决定宜在被征收人同意征收及其补偿之后作出，此前宜为征收意向。由此决定，只要被征收人未同意补偿数额，就不应产生征收决定，也就谈不上征收决定生效，作为征收对象的物权就不终止。

实务中出现的问题之一是，征收住宅、厂房、办公用房的决定虽然已经公告，但征收主管机关和被征收人之间尚未就补偿款的数额达成一致。于此场合，机械地按照《民法典》第 229 条关于征收决定生效导致物权变动的规定处理问题，是在鼓励个别行政主管机关的违法行为，侵害了被征收人的合法权益。比较可取的方案是，可以将被征收住宅、厂房、办公用房的所有权终止的时间点确定在征收住宅、厂房、办公用房的补偿款付清之时。中国台湾地区“土地征收条例”采取了这种方案。该条例第 21 条第 1 项规定：“被征收土地或土地改良物之所有权人，对于其土地或土地改良物之权利义务，于应受之补偿费发给完竣时终止。”该方案比较有利于被征收人，中国大陆可以借鉴。但是，在集体建设用地使用权的登记已经办理完毕、补偿款尚未付清的情况下，住宅、厂房、办公用房的所有权是否仍然在补偿款付清时终止呢？笔者倾向于否定说，而赞同将办理完毕住宅、厂房、办公用房的所有权移转登记手续之时作为私人所有权终止的时刻，这样，可以保持对内关系和对外关系的一致性，简洁明快。至于对被征收人的保护，可以通过明文规定办理住宅、厂房、办公用房的所有权移转登记以付清征收补偿款为前提条件、赋与被征收人抗辩权的路径来解决。①

在不采取“先征收、再出让”模式，而由集体土地所有权人径直出让集体建设用地使用权给用地者的情况下，住宅、厂房、办公用房的所有权的消灭，无法按照征收消灭被征收财产所有权的规则解决，只能依据母权消灭子权随之消灭的原理处理。分解开来说，住宅所有权因宅基地使用权的终止而失去权源，因而归于消灭；乡镇企业的厂房的所有权、乡镇政府的办公用房的所有权因（原）集体土地使用权的终止而欠缺正当根据，因而归于消灭。

有必要提示的是，无论是否采取“先征收、再出让”的模式，住宅、厂房、办公用房的所有权的消灭，都得按照《民法典》的规定及精神，办理所有权的注销登记（第 214 条、第 360 条、第 365 条、第 370 条、第 385 条）。

---

① 参见崔建远：《不动产征收视野下的房屋拆迁》，载房绍坤、王洪平主编：《不动产征收法律制度纵论》，北京，中国法制出版社 2009 年版，第 314 页。

（四）补偿款规则的变革及其走向

征收补偿，是征收制度不可分割的组成部分和重要特征。[①] 德国法甚至把征收规则和补偿规则联系在同一个法律里的要求，通常叫作一揽子条款。[②] 完全补偿、公平补偿、合理补偿，是我们高唱的征收制度的愿景之一。[③]《民法典》在这方面也有不小的进步，第243条第2款关于“征收集体所有的土地，应当依法及时足额支付土地补偿费、安置补助费以及农村村民住宅、其他地上附着物和青苗等的补偿费用，并安排被征地农民的社会保障费用，保障被征地农民的生活，维护被征地农民的合法权益”的规定，相较于《物权法》第42条第2款的规定，增加了“及时”作为“足额支付土地补偿款”的状语，增加了“以及农村村民住宅”以凸显住宅所有权作为征收对象和“及时足额”地予以补偿，在“其他地上附着物和青苗”之后增加“等”以明确“土地补偿费、安置补助费以及农村村民住宅、其他地上附着物和青苗”仅仅是列举，并未穷尽应予补偿的科目，提醒补偿不应遗漏。

在采取“先征收、再出让”模式的背景下，在征收人（国土资源主管机关，下同）与被征收人（集体土地所有权人，住宅、厂房、办公用房的所有权人，下同）之间，发生被征收的土地归国家所有、集体土地所有权终止的法律效果，这比较清楚。疑问在于，是征收人向被征收人给与足额补偿，还是由用地者支付补偿款？中国台湾地区的“土地征收条例”采取的是用地者支付补偿款的模式（第11条、第19条以下）。在中国大陆，有的采取用地者（大多为开发商，下同）直接与被征收人签订合同，约定补偿款及其计算标准、支付时间和数额的模式；

---

① 翁岳生主编：《行政法》（下），北京，中国法制出版社2002年版，第1724页；应松年：《当代中国行政法》，北京，中国方正出版社2005年版，第1882页；申卫星：《构建公权与私权平衡下的中国物权法》，载房绍坤、王洪平主编：《不动产征收法律制度纵论》，北京，中国法制出版社2009年版，第9～10页；石凤友：《我国土地征收法律制度研究》，载房绍坤、王洪平主编：《不动产征收法律制度纵论》，北京，中国法制出版社2009年版，第129、146页；张玉东：《公益征收若干法律问题研究》，载房绍坤、王洪平主编：《不动产征收法律制度纵论》，北京，中国法制出版社2009年版，第193页以下；陈伯礼、徐信贵：《不动产征收制度之构建逻辑与运作机理》，载房绍坤、王洪平主编：《不动产征收法律制度纵论》，北京，中国法制出版社2009年版，第224页以下。

② ［德］哈特穆特·毛雷尔：《行政法学总论》，高家伟译，北京，法律出版社2000年版，第692页。

③ 在全国人大常委会法制工作委员会组织的《中华人民共和国物权法草案》的系列研讨会上，江平教授一直主张征收补偿应当是完全补偿，或曰公平补偿，不得采取“补偿标准由国务院另行规定”的立法模式。

德国《基本法》第14条第3项奉行“公平补偿”原则，在一般情况下也就是完全补偿原则；《日本国宪法》第29条第3项规定“正当的补偿”，实际上意味着完全补偿；《法国公用征收法》确定完全补偿原则，但补偿的对象必须是直接的、物质的和确定的损失，而不包括与公用征收无直接因果关系的损失，精神上、感情上的损失和将来可能发生的不确定的损失也不包括在内。

有的则是征收人直接与被征收人签订合同，约定土地补偿款及其计算标准、支付时间和数额，被征收住宅、厂房、办公用房的补偿由用地者与住宅、厂房、办公用房的所有权人签订合同，约定住宅、厂房、办公用房的补偿款及其计算标准、支付时间和数额。如果严格按照法律关系分析，应当是征收人向被征收人及住宅、厂房、办公用房的所有权人补偿，用地者（建设用地使用权的受让人）向国土资源主管机关缴纳土地使用权出让金。但不妨碍在实际操作上，建设用地使用权的受让人直接向被征收人及住宅、厂房、办公用房的所有权人支付补偿款，相当于建设用地使用权的受让人按照国土资源管理机关的指令向债权人付款。

在采取“先征收、再出让”模式的背景下，集体土地所有权因征收而不复存在，设立在该宗土地上的土地承包经营权、土地经营权、集体建设用地使用权随着母权的消灭而终止。在征收人与征收利害关系人（土地承包经营权人、集体建设用地使用权人，下同）之间，发生补偿关系，其内容包括承包地的青苗补偿、农用设施的补偿等。是否补偿土地承包经营权提前终止致使承包人的预期利益的损失？尽管许多法律及其学说都反对征收场合补偿预期利益，例如，德国法上的征收补偿不包括可得利益的损失，甚至在具有理由的例外情况下，如为了防止洪水、保护公共财产通过法律直接征收几乎没有价值的水坝，还可以减少补偿①，但是，笔者仍然持赞同态度，理由如下：其一，土地承包经营权、土地经营权为财产权，具有财产价值，承包人本有可靠的预期，兹因征收导致土地承包经营权提前终止，使其遭受了损失，应当获得补偿。当然，对于预期利益的补偿肯定要有限制，侵权损害赔偿在大多的情况下都不赔偿预期利益，何况并非民事侵权的公益征收制度之中的补偿呢！同时，需要注意，在法国，征收补偿的对象必须是直接的、物质的和确定的损失，不包括与公用征收无直接因果关系的损失，精神上、感情上的损失和将来可能发生的不确定的损失也不包括在内。② 在中国，也大体如此。其二，将集体土地所有权的征收补偿款和土地承包经营权、土地经营权的征收补偿款分开，向农村集体经济组织、承包人、土地经营权人分别支付，更能保障承包人获得补偿，避免将补偿款一并发给农村集体经济组织却被截留，失地农民实际上没有获得补偿款，酿成社会问题。

集体所有的土地被征收之后，国土资源主管机关将建设用地使用权出让给用地者，该用地者应当按照出让合同向国土资源主管机关支付土地使用权出让金，

---

① ［德］哈特穆特·毛雷尔：《行政法学总论》，高家伟译，北京，法律出版社 2000 年版，第 695～697 页。

② 王名扬：《法国行政法》，北京，中国政法大学出版社 1998 年版，第 392～393 页。

没有疑问。有疑问的是，用地者是否向被征收人及利害关系人支付补偿款？中国实务中普遍存在用地者补偿被征收人的现象，不论被征收的是土地还是房屋，都是如此。这符合权利义务相一致的原则，取得土地权利、房屋所有权，应当支付相应的代价。至于利害关系人的补偿，则模式不同，有的是直接支付，有的是先付给集体所有权人，再由它转交给利害关系人。为了防止集体土地所有权人截留，笔者赞同将补偿款直接付给利害关系人的做法。

在不采取“先征收、再出让”模式，而由集体土地所有权人径直与用地者签订集体建设用地使用权出让合同的背景下，用地者须向集体土地所有权人支付对价，至于该对价是命名为土地使用权出让金，还是补偿款，倒并不关键。一般说来，该对价在数额上要明显高于采取“先征收、再出让”模式时国土资源主管机关支付的土地使用权出让金，从而提高集体土地所有权人的获益，实现《中共中央关于全面深化改革若干重大问题的决定》的目的之一。

上述集体建设用地使用权的设立，使得既存的土地承包经营权、土地经营权、有偿取得的宅基地使用权、集体建设用地使用权归于消灭的，土地承包经营权人、土地经营权人、有偿取得的宅基地使用权人、原集体建设用地使用权人也应获得相应的补偿。由于于此场合的土地承包经营权、土地经营权、有偿取得的宅基地使用权、集体建设用地使用权的消灭，是依据母权消灭子权随之消灭的原理运作的，符合事物本质的补偿款支付的流程应当是，由集体土地所有权人向土地承包经营权人、土地经营权人、有偿取得的宅基地使用权人、原集体建设用地使用权人支付。从另一个角度说，是用地者向集体土地所有权人所负对价中含有土地承包经营权、有偿取得的宅基地使用权、集体建设用地使用权的消灭的代价。

诚然，实务操作时，向土地承包经营权人、土地经营权人、有偿取得的宅基地使用权人、原集体建设用地使用权人支付补偿款，也可以由用地者径直向土地承包经营权人、土地经营权人、有偿取得的宅基地使用权人、原集体建设用地使用权人支付。只不过如此操作时，用地者向集体土地所有权人支付的对价中不含有土地承包经营权、有偿取得的宅基地使用权、集体建设用地使用权的消灭的代价。

考虑到实务操作中某些村干部掌握土地补偿费时，往往将土地补偿费挪用为村干部工资或其他行政费用，产生村干部贪污腐化现象①，补偿款由用地者径直

① 陈小君等：《农村土地法律制度研究——田野调查解读》，北京，中国政法大学出版社2004年版，第266页。

向土地承包经营权人、有偿取得的宅基地使用权人、原集体建设用地使用权人支付，更有利于农民，笔者更赞同这种补偿款的流向图。

需要多说几句的是，对于宅基地使用权人是否补偿？宅基地使用权若为有偿取得的，应予补偿，只是必须考虑另行择地的因素；若为无偿取得的，则不予补偿，但应另行提供一宗宅基地。

第二百四十四条

国家对耕地实行特殊保护，严格限制农用地转为建设用地，控制建设用地总量。不得违反法律规定的权限和程序征收集体所有的土地。

本条主旨

本条是关于特殊保护耕地、禁止非法征地的规定。

相关条文

《物权法》第 43 条　国家对耕地实行特殊保护，严格限制农用地转为建设用地，控制建设用地总量。不得违反法律规定的权限和程序征收集体所有的土地。

《土地管理法》第 3 条　十分珍惜、合理利用土地和切实保护耕地是我国的基本国策。各级人民政府应当采取措施，全面规划，严格管理，保护、开发土地资源，制止非法占用土地的行为。

第 4 条　国家实行土地用途管制制度。

国家编制土地利用总体规划，规定土地用途，将土地分为农用地、建设用地和未利用地。严格限制农用地转为建设用地，控制建设用地总量，对耕地实行特殊保护。

前款所称农用地是指直接用于农业生产的土地，包括耕地、林地、草地、农田水利用地、养殖水面等；建设用地是指建造建筑物、构筑物的土地，包括城乡住宅和公共设施用地、工矿用地、交通水利设施用地、旅游用地、军事设施用地等；未利用地是指农用地和建设用地以外的土地。

使用土地的单位和个人必须严格按照土地利用总体规划确定的用途使用土地。

第 30 条　国家保护耕地，严格控制耕地转为非耕地。

国家实行占用耕地补偿制度。非农业建设经批准占用耕地的，按照“占多少，垦多少”的原则，由占用耕地的单位负责开垦与所占用耕地的数量和质量相当的耕地；没有条件开垦或者开垦的耕地不符合要求的，应当按照省、自治区、直辖市的规定缴纳耕地开垦费，专款用于开垦新的耕地。

省、自治区、直辖市人民政府应当制定开垦耕地计划，监督占用耕地的单位按照计划开垦耕地或者按照计划组织开垦耕地，并进行验收。

第 31 条　县级以上地方人民政府可以要求占用耕地的单位将所占用耕地耕作层的土壤用于新开垦耕地、劣质地或者其他耕地的土壤改良。

第 32 条　省、自治区、直辖市人民政府应当严格执行土地利用总体规划和土地利用年度计划，采取措施，确保本行政区域内耕地总量不减少、质量不降低。耕地总量减少的，由国务院责令在规定期限内组织开垦与所减少耕地的数量与质量相当的耕地；耕地质量降低的，由国务院责令在规定期限内组织整治。新开垦和整治的耕地由国务院自然资源主管部门会同农业农村主管部门验收。

个别省、直辖市确因土地后备资源匮乏，新增建设用地后，新开垦耕地的数量不足以补偿所占用耕地的数量的，必须报经国务院批准减免本行政区域内开垦耕地的数量，易地开垦数量和质量相当的耕地。

第 33 条　国家实行永久基本农田保护制度。下列耕地应当根据土地利用总体规划划为永久基本农田，实行严格保护：

（一）经国务院农业农村主管部门或者县级以上地方人民政府批准确定的粮、棉、油、糖等重要农产品生产基地内的耕地；

（二）有良好的水利与水土保持设施的耕地，正在实施改造计划以及可以改造的中、低产田和已建成的高标准农田；

（三）蔬菜生产基地；

（四）农业科研、教学试验田；

（五）国务院规定应当划为永久基本农田的其他耕地。

各省、自治区、直辖市划定的永久基本农田一般应当占本行政区域内耕地的百分之八十以上，具体比例由国务院根据各省、自治区、直辖市耕地实际情况规定。

第 34 条　永久基本农田划定以乡（镇）为单位进行，由县级人民政府自然资源主管部门会同同级农业农村主管部门组织实施。永久基本农田应当落实到地块，纳入国家永久基本农田数据库严格管理。

乡（镇）人民政府应当将永久基本农田的位置、范围向社会公告，并设立保护标志。

第 35 条　永久基本农田经依法划定后，任何单位和个人不得擅自占用或者改变其用途。国家能源、交通、水利、军事设施等重点建设项目选址确实难以避让永久基本农田，涉及农用地转用或者土地征收的，必须经国务院批准。

禁止通过擅自调整县级土地利用总体规划、乡（镇）土地利用总体规划等方式规避永久基本农田农用地转用或者土地征收的审批。

《煤炭法》第 18 条　煤矿建设使用土地，应当依照有关法律、行政法规的规定办理。征收土地的，应当依法支付土地补偿费和安置补偿费，做好迁移居民的安置工作。

煤矿建设应当贯彻保护耕地、合理利用土地的原则。

地方人民政府对煤矿建设依法使用土地和迁移居民，应当给予支持和协助。

理解与适用

本条是对《物权法》第 43 条的复制。它既是宪法问题、基本国策问题，在物权法内部也是所有权等物权的社会性问题。

土地是人类赖以生存和发展的物质条件，一切生产和生存的源泉。实现社会经济的可持续发展，最基础、最根本的保证是实现对资源的可持续利用。我国人均耕地面积不到世界水平的 1/3，国土资源紧缺稀薄。粮食（及棉油）问题事关国家战略安全，假如依赖粮食进口以解决中国人的吃饭问题，那实在是太危险了。有鉴于此，多年来，中国一直强调确保耕地红线，即中国耕地保有量到 2010 年和 2020 年分别保持在 18.18 亿亩和 18.05 亿亩，确保 15.60 亿亩基本农田数量不减少，质量有提高。此次《中共中央关于全面深化改革若干重大问题的决定》再次重申："坚持和完善最严格的耕地保护制度"（第 20 条）。《土地管理法》就国家对耕地实行特殊保护作了较为细致的规定（第 30—43 条），《民法典》予以肯定，设置本条，是十分必要的。

本条的核心是以法律的形式固定、保护国家对耕地实行特殊保护的基本国策，明确通过严格限制农用地转为建设用地、控制建设用地总量和禁止违法征收具体措施来保障基本国策的落实。

在具体落实《土地管理法》《民法典》的规定方面，行政主管机关已有具体的方针、步骤和措施。国务院原则同意《全国土地整治规划（2016—2020 年）》，由国土资源部、国家发展改革委发布实施。

国务院要求，《全国土地整治规划（2016—2020 年）》的实施，要按照党中央、国务院决策部署，坚持最严格的耕地保护制度和最严格的节约用地制度，实施藏粮于地和节约优先战略，以提升粮食产能为目标，大力推进农用地整理和高标准农田建设，夯实农业现代化基础；以促进城乡统筹发展为导向，大力推进城乡散乱、闲置、低效建设用地整理，推动美丽宜居乡村建设和新型城镇化发展；

以精准扶贫、精准脱贫为要求，大力推进贫困地区土地综合整治，加大政策、项目、资金支持，助力脱贫攻坚；以保护生态环境为前提，大力推进废弃、退化、污染、损毁土地的治理、改良和修复，促进土地资源永续利用。

通过《全国土地整治规划（2016—2020年）》实施，“十三五”期间，确保建成4亿亩、力争建成6亿亩高标准农田，使经整治的基本农田质量平均提高1个等级；通过土地整治补充耕地2 000万亩，通过农用地整理改造中低等耕地2亿亩左右，耕地数量质量保护水平全面提升；整理农村建设用地600万亩，改造开发城镇低效用地600万亩，促进单位国内生产总值的建设用地使用面积降低20%，节约集约用地水平进一步提高；全面推进土地复垦，复垦率达到45%以上，开展土地生态整治，使土地资源得到合理利用，生态环境明显改善。

国务院提出，地方各级人民政府要加强组织领导，切实落实主体责任，完善各项政策措施，依据上一级土地整治规划确定的目标和任务，做好本行政区域土地整治规划的编制实施，统筹安排高标准农田建设、农用地整理、城乡建设用地整理、土地复垦等各项工作，全面落实《全国土地整治规划（2016—2020年）》确定的土地整治目标任务。国务院有关部门和单位要根据职责分工，密切协调配合，在规划编制、政策实施、项目安排、资金保障和体制机制创新等方面给予积极支持。国土资源部、国家发展改革委要牵头做好《全国土地整治规划（2016—2020年）》的组织实施工作，加强跟踪分析、督促检查和考核评估，认真研究解决《全国土地整治规划（2016—2020年）》实施中出现的问题，推动《全国土地整治规划（2016—2020年）》各项目标任务落实，重大问题及时向国务院报告。①

关于耕地实行特殊保护，《土地管理法》设有专章“第四章”，共计13个条文，足见重视程度。有些规定斩钉截铁，例如，第33条规定：“国家实行永久基本农田保护制度。下列耕地应当根据土地利用总体规划划为永久基本农田，实行严格保护：（一）经国务院农业农村主管部门或者县级以上地方人民政府批准确定的粮、棉、油、糖等重要农产品生产基地内的耕地；（二）有良好的水利与水土保持设施的耕地，正在实施改造计划以及可以改造的中、低产田和已建成的高标准农田；（三）蔬菜生产基地；（四）农业科研、教学试验田；（五）国务院规定应当划为永久基本农田的其他耕地”（第1款）；“各省、自治区、直辖市划定的永久基本农田一般应当占本行政区域内耕地的百分之八十以上，具体比例由国务院根据各省、自治区、直辖市耕地实际情况规定”（第2款）。

① 信息来源：《中国政府网》，http：//www.gov.cn/wszb/zhibo597/content_2557019.htm，https：//www.sohu.com/a/123106115_159202.2020年3月30日最后访问。

第二百四十五条

因抢险救灾、疫情防控等紧急需要，依照法律规定的权限和程序可以征用组织、个人的不动产或者动产。被征用的不动产或者动产使用后，应当返还被征用人。组织、个人的不动产或者动产被征用或者征用后毁损、灭失的，应当给予补偿。

本条主旨

本条是关于征用的规定。

相关条文

《物权法》第 44 条　因抢险、救灾等紧急需要，依照法律规定的权限和程序可以征用单位、个人的不动产或者动产。被征用的不动产或者动产使用后，应当返还被征用人。单位、个人的不动产或者动产被征用或者征用后毁损、灭失的，应当给予补偿。

《国防法》第 48 条　国家根据动员需要，可以依法征收、征用组织和个人的设备设施、交通工具和其他物资。

县级以上人民政府对被征收、征用者因征收、征用所造成的直接经济损失，按照国家有关规定给予适当补偿。

理解与适用

在较长的历史时期内，中国法不区分征收和征用，统用征用的术语。2004 年 3 月 14 日，第十届全国人民代表大会第二次会议通过《中华人民共和国宪法修正案》，其中第 20 条决定将《宪法》第 10 条第 3 款关于“国家为了公共利益的需要，可以依照法律规定对土地实行征用”的规定，修改为“国家为了公共利益的需要，可以依照法律规定对土地实行征收或者征用并给予补偿”。2004 年 3 月 14 日该修正案由全国人民代表大会公告公布施行。为贯彻、落实该修正案，第十届全国人民代表大会常务委员会第十一次会议于 2004 年 8 月 28 日通过《全国人民代表大会常务委员会关于修改〈中华人民共和国土地管理法〉的决定》，“对《中华人民共和国土地管理法》作如下修改：一、第二条第四款修改为：‘国家为了公共利益的需要，可以依法对土地实行征收或者征用并给予补偿。’二、将第四十三条第二款、第四十五条、第四十六条、第四十七条、第四十九条、第五十一条、第七十八条、第七十九条中的‘征用’修改为‘征收’”。

在区分征收和征用的前提下，所谓征用，是指因抢险救灾、疫情防控等紧急需要，国家依照法律规定的权限和程序强制利用他人的不动产、动产。它与征收具有共性：（1）都是行政命令；（2）都是动用国家权力；（3）相对人都必须服从；（4）被征用财产的物权人永久地或暂时地失去占有、使用该财产的权能；（5）补偿非讨价还价形成。两者也有明显的差异：（1）征收，是消灭征收标的的所有权；征用，至少在初衷方面不是消灭被征用财产的所有权，是暂时剥夺物权人的占有、使用之权，至于被征用之物灭失了，那属于另外的问题，并非征用必然含有的因素。（2）征收适用的前提和要件是公共利益的需要，不限于抢险救灾、疫情防控等紧急需要；而征用适用的前提和要件是抢险、救灾等紧急需要。（3）征收的场合仅有补偿被征收人的问题，征用的场合，首先是于抢险救灾、疫情防控等紧急情形结束后，国家要把被征用的财产返还给被征用之人，并予以一定的补偿，只有被征用之物灭失时才发生折价补偿。（4）征收，多用于不动产的场合，征用，多用于动产的情形。

第五章

国家所有权和集体所有权、私人所有权

本章从所有权主体的类型角度分别规定了国家所有权、集体所有权和私人所有权，集中体现了中国社会主义基本经济制度的要求。这是经济基础决定上层建筑的典型表现。

国家所有权在本质上是社会主义全民所有制在法律上的表现，是国家对国有财产的占有、使用、收益和处分的权利。它包括国家土地所有权、海域所有权、矿产资源所有权、水资源所有权，以及建筑物、构筑物及其附属设施的所有权等，还有各种动产的所有权。它具有如下特征。

1. 主体的特殊性。国家所有权的主体为国家，而非其他任何人。国家虽然同时是主权的享有者、政权的承担者和财产的所有人，但在以所有权人的身份为民事活动时，主权享有者、政权承担者的身份隐而不露。由于国家所有权是全民所有制的法律表现，国家是代表全体人民行使所有权的，它本身没有特殊的利益，国家所有权的享有及行使所获得的利益，最终是为了满足广大人民的物质和文化生活的需要。国家在行使国家所有权的过程中，也应当充分反映全体人民的意志和利益。[①] 国有财产由国务院代表国家行使所有权；法律另有规定的除外（《民法典》第 246 条第 2 款）。

2. 客体范围的广泛性。《宪法》及《民法通则》等法律将国家所有的财产规定得十分广泛，《物权法》予以承继并更加具体和明确，《民法典》亦然（第 247 条以下）。

3. 某些客体的专属性。矿藏、水流、海域、城市的土地等财产专属于国家，

① 王利明、尹飞、程啸：《中国物权法教程》，北京，人民法院出版社 2007 年版，第 172 页。

任何单位和个人不能取得其所有权（《民法典》第 247 条等）。当事人取得专属于国家的财产的合同，根据《民法典》第 153 条第 2 款的规定，因为违反法律的禁止性规定而无效，不能发生取得国家专属财产权的效果。对于专属于国家的财产，不适用《民法典》关于善意取得的规定（第 311 条）。

4. 取得方式的多样性。国家可以凭借其公权力通过征收、国有化、没收等方式强制性地将普通民事主体的财产收归国有；依其行政权强制性地征收税金而取得所有权。当然，国家采取这些方式取得所有权时必须严格依照法定条件、遵循法定程序，以保障公民、法人等主体的合法权益，维护正常的社会秩序，显现出正当性。显现正当性的另一方面的表现是，国家借助国家强执行力征收、国有化、没收，不是国家“私吞”他人的财产，而是用于公共利益方面。此外，《民法典》规定，遗失物自发布招领公告之日起 1 年内无人认领的，归国家所有（第 318 条）；拾得漂流物、发现埋藏物或者隐蔽物的，参照拾得遗失物的规定，除非文物保护法等法律另有规定（第 319 条）；无人继承又无人受遗赠的遗产，归国家所有，用于公益事业；死者生前是集体所有制组织成员的，归所在集体所有制组织所有（第 1160 条）。

5. 行使方式的多层性。国家作为非常抽象的实体，大多无法直接占有、使用其财产，得交由国家机关、国家举办的事业单位代行所有权（《民法典》第 255 条、第 256 条）；至于国家出资的企业，由国务院、地方人民政府依照法律、行政法规的规定分别代表国家履行出资人的职责，享有出资人的权益（《民法典》第 257 条），于此情形，国家所有权已经转化成股权。

6. 法律保护的优越性。国家所有权受到侵害或妨碍，不但有物权请求权、不当得利返还请求权、侵权损害赔偿请求权等这些普通民事主体能够行使的保护方式，而且拥有普通民事主体所没有的保护手段，如提前收回建设用地使用权（《民法典》第 358 条）。例如，《城市房地产管理法》第 26 条中段规定，土地使用权人满 2 年未动工开发建设用地的，可以无偿收回土地使用权。

集体所有权，是指集体组织及其全体成员对集体财产享有的占有、使用、收益和处分的权利。它具有如下特点。

1. 所有权人的复合结构。集体所有权的主体，首先包括一些集体组织。这里的集体组织，是指劳动群众集体，包括农村劳动群众集体和城镇劳动群众集体（《民法典》第 262 条、第 263 条）。但应注意到，城镇劳动群众集体企业逐渐被改制为有限责任公司、股份有限公司等法人形式，以及合伙企业形式。这些组织所享有的所有权已经不是集体所有权了。

集体所有权的主体还包括集体组织的全体成员（《物权法》第 261 条）。集体成员，应该根据集体成立时的原始成员进行判断。原始成员死亡的，其相应的成员资格应该由其继承人继承。户口是判断成员的重要但非唯一证据。在村这种农村集体组织中，集体组织成员所生的未成年人当然成为集体组织成员，无须继承集体成员的资格。

集体组织与其全体成员同为集体财产的所有权人，出现了集体所有权主体的复合结构。

［讨论］

《宪法》把集体所有权的主体限定在集体组织，《物权法》对此在承继的基础上又有所发展，其第59条第1款明确了集体组织成员亦为集体所有权的主体，目的在于解决集体所有权的主体虚化，某些地区的集体所有的财产被少数村干部作为谋取私利的工具，全体成员却难以真正行使对集体财产的权利，本应取得的利益被限制乃至被剥夺等问题。可见，立法本意是正面的、积极的，因此，《民法典》予以承继（第261条）。

不过，仅就法律技术而言，集体组织毕竟不同于集体组织成员，二者是各自不同的民事主体。集体组织作为所有权的主体，该所有权的主体是单一的，该所有权为单一的所有权，即单独所有权或曰个体所有权。集体组织成员作为所有权的主体，该所有权的主体是复数的，该所有权为共有权，而非单独所有权。在通说将集体所有权作为单独所有权看待的背景下，称集体组织和全体集体组织成员一起作为集体所有权的主体，在逻辑上存在着障碍。

2. 客体的范围受到限制。相对于国家所有权的客体的广泛性，集体所有权的客体在范围上明显地受到了限制，如不得享有河流、矿藏的所有权（《民法典》第260条等）。

3. 所有权运行的民主性。集体所有权的运行，必须充分反映集体组织成员的共同意志，实现集体组织成员的权益。集体组织成员的权益主要是通过成员权来体现的。成员权分为自益权和共益权，集体成员通过自益权实现其收益，通过共益权来行使集体所有权。①

4. 特殊的保护手段。对于集体所有权的法律保护，自然离不开物权请求权、侵权损害赔偿请求权、不当得利返还请求权等方式，此外还有集体成员的撤销权（《民法典》第265条第2款）。

---

① 黄松有主编：《〈中华人民共和国物权法〉条文理解与适用》，北京，人民法院出版社2007年版，第197页以下。

[引申与讨论]

集体经济组织、村民委员会或其负责人作出的侵害集体成员合法权益的决定，是指违反法律、法规及集体组织章程的处分集体财产的行为。① 它首先应为行政行为，也不排除向其他民事主体作出的要约或承诺，甚至是单方允诺。行政行为可能直接构成侵权行为，也可能导致侵权行为的发生。

这里所说的决定，应当是有关集体所有权及其行使的决定。此处所言的集体成员的合法权益，不是集体成员作为一个独立于集体组织的民事主体的个人的权益，而是作为集体组织成员在集体组织中所应享有的合法权益。

在“决定”为要约或承诺或单方允诺的情况下，或者“决定”引发了与交易相对人间的法律行为的场合，如集体经济组织、村民委员会或其负责人同意了某房地产开发公司利用集体土地从事房地产开发的条件，或将集体土地出租给了第三人，存在着保护善意第三人的问题，不得损害交易安全。于此场合，宜参照《民法典》第538—542条关于债权人撤销权的规定处理。

集体所有权的行使，具有代表行使、民主决策和设立他物权的色彩（《民法典》第261条、第262条等）。

集体所有权，归根结底应当服务于全体集体组织成员。为了减少乃至避免个别村干部利用集体所有权谋取私利，为了集体组织成员切实地就集体所有权而享受到利益，由集体组织成员（准确地说是农户）分享集体土地所有权中的占有、使用、收益的权能，取得宅基地使用权、土地承包经营权。这是集体所有权行使的一种表现，并且因他物权的效力优先于所有权而使集体组织成员（准确地说是农户）直接享受到集体土地所有权所产生的利益。

集体所有权的效力：集体所有权具有占有、使用、收益和处分的积极权能，也有物权请求权的消极权能。

《民法典》规定了私人所有权（第266条以下），其含义如何，需要界定。首先，私人所有权不同于私所有权，因为私所有权是相对于公所有权而言的，它不仅包括自然人的单独所有权，也包括企业法人所有权，还包括国家机关从事民事活动时呈现的法人所有权。

其次，《民法典》在私人所有权制度中使用的“私人”（第266条以下），宜被理解为自然人、个体工商户、个人独资企业、合伙、中外合资经营企业、中外合作经营企业、股份有限公司、有限责任公司，以及学校、医院、寺庙等主体。

---

① 黄松有主编：《〈中华人民共和国物权法〉条文理解与适用》，北京，人民法院出版社2007年版，第206页。

私人财产应当包括自然人、个体工商户、个人独资企业、合伙、中外合资经营企业、中外合作经营企业、股份有限公司、有限责任公司所拥有的财产，以及学校、医院、寺庙等主体所拥有的财产。但由于中外合资经营企业、股份有限公司、有限责任公司、学校、医院等均为法人，其财产权为法人所有权，系独立于自然人的单独所有权、国家所有权、集体所有权的一种所有权类型，而《民法典》第 60 条专门规定了法人所有权，与第 266 条以下规定的私人所有权并列，故可说私人所有权不包括中外合资经营企业、股份有限公司、有限责任公司的法人所有权。由于个体工商户、个人独资企业、合伙、不具备法人资格的中外合作经营企业的财产权形式为共有权，不是单独的所有权，最终落实为自然人的单独所有权。在这个层面上，《民法典》第 266 条以下规定的私人所有权只能是自然人的单独所有权。不过，问题还有另一面，当私人所有权作为与国家所有权、集体所有权相并列的概念而使用时，法人所有权也应属于私人所有权。

［论争与评论］

实际上，《民法典》第 266 条以下规定的私人所有权中的“私人”及“私人所有权”，其内涵和外延如何，其说不一。第一种观点将这里的私人等同于公民。① 第二种观点认为，这里的私人应被限缩解释为自然人。② 第三种观点主张，这里的私人是对国家、集体相对应的物权主体，不但包括中国的公民，也包括在中国合法取得财产的外国人和无国籍人。不仅包括自然人，还包括个人独资企业、个人合伙等非公有制企业。③ 第四种观点强调，私人所有权的主体主要是自然人，但不限于自然人。私人所有权指称的范围更广，包括了个体工商户、合伙、各类企业法人、三资企业中投资者的权益等。④ 对此，本释评书分析和评论如下。

第一种观点人为地缩小了私人的范围，不符合一定数量的外国人、无国籍人已经在合法购置房屋并享有所有权，法律对此予以保护的实际；也有违《民法典》力图保护自然人、个体工商户、个人独资企业、合伙企业、中外合资经营企业、中外合作经营企业等非公有制企业的合法财产权的立法本意，难被赞同。

---

① 见黄松有主编：《〈中华人民共和国物权法〉条文理解与适用》，北京，人民法院出版社 2007 年版，第 209～214 页。

② 崔建远、申卫星、王洪亮、程啸：《物权法》，王洪亮执笔，北京，清华大学出版社 2008 年版，第 114 页。

③ 全国人大常委会法制工作委员会民法室：《中华人民共和国物权法条文说明、立法理由及相关规定》，北京，北京大学出版社 2007 年版，第 99 页；胡康生主编：《中华人民共和国物权法释义》，北京，法律出版社 2007 年版，第 153 页。

④ 王利明、尹飞、程啸：《中国物权法教程》，北京，人民法院出版社 2007 年版，第 199 页。

第二种观点在将私人所有权限缩为自然人的单独所有权这点上，值得赞同，但毅然决然地把个体工商户、个人独资企业、个人合伙、中外合资经营企业、中外合作经营企业等非公有制企业排除在私人的范围之外，在暂不考虑所有权的类型的前提下，有些狭小了，不符合《民法典》的立法本意。故本释评书只能部分地吸收其合理成分。

第三种观点注意到了现行法上的民事主体的多样性，若不联系所有权的种类，仅仅从所有制的层面观察民事主体的类型，将自然人、个人独资企业、个人合伙等非公有制企业作为私的主体，值得赞同（不仅如此，笔者还认为，个体工商户、学校、医院、寺庙等也是私的主体）。但是，如果结合所有权来理解私人，即界定私人所有权时，就不宜断言私人所有权包括自然人的单独所有权、个体工商户的单独所有权、个人独资企业的单独所有权、个人合伙的单独所有权。其道理在于，共有权不是所有权的一种独立类型，仅仅是所有权人为复数而已，而个体工商户、个人独资企业、个人合伙的财产权形式仍然是共有权（个体工商户场合是家庭成员的共有权，个人独资企业场合是作为出资人的自然人的共有权，个人合伙场合是合伙人的共有权），最终落实为自然人的单独所有权。就是说，私人所有权就是自然人的单独所有权，不应含有个人独资企业的单独所有权、个人合伙的单独所有权。不过，私人与国家、集体相对称使用时，则应包括个体工商户、个人独资企业、法人、非法人型的学校、医院及寺庙等。

第四种观点认为，私人所有权的范围不限于自然人，还包括私人对企业出资的财产所享有的权利。这混淆了所有权和股权，因为私人出资到有限责任公司、股份有限公司中的财产已经变成了法人所有权的客体，不再是个人所有权的标的，私人只是享有股权了。此其一。第四种观点主张，私人所有权包括个体工商户、合伙中投资者的权益，混淆了单独所有权和共有权，因为个体工商户经营管理的财产归家庭成员共有，合伙财产归全体合伙人共有。此其二。鉴于笔者赞同所有权、共有权、股权为不同的概念和制度的通说，本释评书无法赞同第四种观点。

私人所有权具有下效力：私人所有权具有占有、使用、收益和处分的积极权能，也有物权请求权的消极权能。

为了社会公共利益的需要，国家依照法律规定的权限和程序可以征收私人的不动产或动产（《民法典》第 243 条）；因抢险、救灾等紧急需要，依照法律规定的权限和程序可以征用私人的不动产或动产（《物权法》第 245 条），私人无法依其所有权予以对抗。但另一方面，在国家机关不能证明其征收系为了社会公共利益的需要，不能证明其征用系因抢险、救灾等紧急需要的情况下，私人可以依其所有权对抗征收、征用。这也是私人所有权的效力的表现。

私人所有权与法人所有权之间的关系如何？界定法人所有权，可有两条思路。遵循《民法典》界定所有权的思路（第240条），法人所有权是指法人对其财产享有占有、使用、收益和处分的权利；按照学说界定所有权的思路，法人所有权为法人对其财产全面支配并排除他人干涉的权利。至于出资人将其财产出资到法人的权利，不再表现为所有权，而是转化成了股权，《民法典》称之为出资者的权益（第76条等）。鉴于后者更准确地解释了法人所有权的本质属性，本释评书更愿意采纳这种界定路径。

据此可知，《民法典》承认了法人所有权，体现在第57条关于“法人是具有民事权利能力和民事行为能力，依法独立享有民事权利和承担民事义务的组织”的规定和第60条关于“法人以其全部财产独立承担民事责任”的规定，以及第268条等规定之中①，特别是《公司法》第3条关于“公司是企业法人，有独立的法人财产，享有法人财产权。公司以其全部财产对公司的债务承担责任”（第1款）；“有限责任公司的股东以其认缴的出资额为限对公司承担责任；股份有限公司的股东以其认购的股份为限对公司承担责任”（第2款）的规定。

第二百四十六条

法律规定属于国家所有的财产，属于国家所有即全民所有。

国有财产由国务院代表国家行使所有权。法律另有规定的，依照其规定。

本条主旨

本条是关于国有财产的范围、国家所有即全民所有和国务院代行国家所有权的规定。

相关条文

《宪法》第9条第1款　矿藏、水流、森林、山岭、草原、荒地、滩涂等自然资源，都属于国家所有，即全民所有；由法律规定属于集体所有的森林和山岭、草原、荒地、滩涂除外。

---

① 参见全国人民代表大会常务委员会法制工作委员会民法室编著：《物权法立法背景与观点全集》，北京，法律出版社2007年版，第59页。

《民法通则》第 73 条第 1 款　国家财产属于全民所有。

《物权法》第 45 条　法律规定属于国家所有的财产，属于国家所有即全民所有。

国有财产由国务院代表国家行使所有权；法律另有规定的，依照其规定。

《土地管理法》第 2 条第 1 款、第 2 款　中华人民共和国实行土地的社会主义公有制，即全民所有制和劳动群众集体所有制。

全民所有，即国家所有土地的所有权由国务院代表国家行使。

第 5 条　国务院自然资源主管部门统一负责全国土地的管理和监督工作。

县级以上地方人民政府自然资源主管部门的设置及其职责，由省、自治区、直辖市人民政府根据国务院有关规定确定。

第 6 条　国务院授权的机构对省、自治区、直辖市人民政府以及国务院确定的城市人民政府土地利用和土地管理情况进行督察。

《草原法》第 9 条第 1 款　草原属于国家所有，由法律规定属于集体所有的除外。国家所有的草原，由国务院代表国家行使所有权。

《森林法》第 10 条　国务院林业主管部门主管全国林业工作。县级以上地方人民政府林业主管部门，主管本地区的林业工作。乡级人民政府设专职或者兼职人员负责林业工作。

《水法》第 3 条　水资源属于国家所有。水资源的所有权由国务院代表国家行使。农村集体经济组织的水塘和由农村集体经济组织修建管理的水库中的水，归各该农村集体经济组织使用。

《矿产资源法》第 3 条第 1 款　矿产资源属于国家所有，由国务院行使国家对矿产资源的所有权。地表或者地下的矿产资源的国家所有权，不因其所依附的土地的所有权或者使用权的不同而改变。

第 11 条　国务院地质矿产主管部门主管全国矿产资源勘查、开采的监督管理工作。国务院有关主管部门协助国务院地质矿产主管部门进行矿产资源勘查、开采的监督管理工作。省、自治区、直辖市人民政府地质矿产主管部门主管本行政区域内矿产资源勘查、开采的监督管理工作。省、自治区、直辖市人民政府有关主管部门协助同级地质矿产主管部门进行矿产资源勘查、开采的监督管理工作。

《海域使用管理法》第 3 条第 1 款前段　海域属于国家所有，国务院代表国家行使海域所有权。

《煤炭法》第 12 条　国务院煤炭管理部门依法负责全国煤炭行业的监督管理。国务院有关部门在各自的职责范围内负责煤炭行业的监督管理。

县级以上地方人民政府煤炭管理部门和有关部门依法负责本行政区域内煤炭行业的监督管理。

《渔业法》第 6 条　国务院渔业行政主管部门主管全国的渔业工作。县级以上地方人民政府渔业行政主管部门主管本行政区域内的渔业工作。县级以上人民政府渔业行政主管部门可以在重要渔业水域、渔港设渔政监督管理机构。

县级以上人民政府渔业行政主管部门及其所属的渔政监督管理机构可以设渔政检查人员。渔政检查人员执行渔业行政主管部门及其所属的渔政监督管理机构交付的任务。

第 7 条　国家对渔业的监督管理，实行统一领导、分级管理。

海洋渔业，除国务院划定由国务院渔业行政主管部门及其所属的渔政监督管理机构监督管理的海域和特定渔业资源渔场外，由毗邻海域的省、自治区、直辖市人民政府渔业行政主管部门监督管理。

江河、湖泊等水域的渔业，按照行政区划由有关县级以上人民政府渔业行政主管部门监督管理；跨行政区域的，由有关县级以上地方人民政府协商制定管理办法，或者由上一级人民政府渔业行政主管部门及其所属的渔政监督管理机构监督管理。

《野生动物保护法》第 3 条第 1 款　野生动物资源属于国家所有。

理解与适用

本条复制了《物权法》第 45 条的规定，含有国家所有财产的确定原则、国家所有与全民所有之间的关系、国务院代表国家行使所有权以及例外情形。本条重在宣明，法律适用时需要结合其他法律条文。

本条第 1 款前段所谓法律规定属于国家所有的财产，首先是指《宪法》规定的属于国家所有的财产（第 9 条等），其次是《民法典》规定的属于国家所有的财产（第 247 条等），再次是《土地管理法》等许多法律、法规规定的属于国家所有的财产。

本条第 1 款后段所谓国家所有即全民所有，并非定义，而是全民所有由国家所有来体现。之所以如此认识，是因为全民所有的主体是全体人民，而国家所有的主体是国家，全体人民和国家显然不是一个层面的概念。

国家是个抽象的政治实体，作为民事权利主体，其本身的虚拟性、抽象性以及模糊性，导致其活动能力受到局限，实际上，国家不可能真正去占有、使用国有财产，因而，国家所有权必须有人代其运作，因而本条第 2 款规定，国有财产由国务院代表国家行使所有权。在这方面，有若干部法律、法规予以具体化。例如，《企业国有资产法》规定："国务院和地方人民政府依照法律、行政法规的规定，分别代表国家对国家出资企业履行出资人职责，享有出资人权益"（第4条第1款）；"国务院确定的关系国民经济命脉和国家安全的大型国家出资企业，重要基础设施和重要自然资源等领域的国家出资企业，由国务院代表国家履行出资人职责。其他的国家出资企业，由地方人民政府代表国家履行出资人职责"（第4条第2款）。《企业国有资产监督管理暂行条例》落实这些规定（第4条、第5条）。

其实，国有资产的规模庞大、分布广泛，国务院对此事必躬亲是不现实的，需要分级管理。因而，《企业国有资产法》规定："国家建立健全与社会主义市场经济发展要求相适应的国有资产管理与监督体制，建立健全国有资产保值增值考核和责任追究制度，落实国有资产保值增值责任"（第8条）；"国家建立健全国有资产基础管理制度。具体办法按照国务院的规定制定"（第9条）。"国务院国有资产监督管理机构和地方人民政府按照国务院的规定设立的国有资产监督管理机构，根据本级人民政府的授权，代表本级人民政府对国家出资企业履行出资人职责"（第11条第1款）；"国务院和地方人民政府根据需要，可以授权其他部门、机构代表本级人民政府对国家出资企业履行出资人职责"（第11条第2款）；"代表本级人民政府履行出资人职责的机构、部门，以下统称履行出资人职责的机构"（第11条第3款）；"履行出资人职责的机构代表本级人民政府对国家出资企业依法享有资产收益、参与重大决策和选择管理者等出资人权利"（第12条第1款）；"履行出资人职责的机构依照法律、行政法规的规定，制定或者参与制定国家出资企业的章程"（第12条第2款）；"履行出资人职责的机构对法律、行政法规和本级人民政府规定须经本级人民政府批准的履行出资人职责的重大事项，应当报请本级人民政府批准"（第12条第3款）。

《企业国有资产监督管理暂行条例》规定："省、自治区、直辖市人民政府和设区的市、自治州级人民政府分别代表国家对由国务院履行出资人职责以外的国有及国有控股、国有参股企业，履行出资人职责。其中，省、自治区、直辖市人民政府履行出资人职责的国有及国有控股、国有参股企业，由省、自治区、直辖市人民政府确定、公布，并报国务院国有资产监督管理机构备案；其他由设区的市、自治州级人民政府履行出资人职责的国有及国有控股、国有参股企业，由设区的市、自治州级人民政府确定、公布，并报省、自治区、直辖市人民政府国有资产监督管理机构备案"（第5条第2款）；"国务院，省、自治区、直辖市人民政府，设区的市、自治州级人民政府，分别设立国有资产监督管理机构。国有资产监督管理机构根据授权，依法履行出资人职责，依法对企业国有资产进行监督管理”（第 6 条第 1 款）。

在按照国有财产的种类分工管理方面，《自然资源部职能配置、内设机构和人员编制规定》明确：自然资源部落实中央关于统一行使全民所有自然资源资产所有者职责，统一行使所有国土空间用途管制和生态保护修复职责的要求，强化顶层设计，发挥国土空间规划的管控作用，为保护和合理开发利用自然资源提供科学指引。进一步加强自然资源的保护和合理开发利用，建立健全源头保护和全过程修复治理相结合的工作机制，实现整体保护、系统修复、综合治理。创新激励约束并举的制度措施，推进自然资源节约集约利用。进一步精简下放有关行政审批事项、强化监管力度，充分发挥市场对资源配置的决定性作用，更好发挥政府作用，强化自然资源管理规则、标准、制度的约束性作用，推进自然资源确权登记和评估的便民高效（第 3 条第 21 款）。根据中央授权，对地方政府落实党中央、国务院关于自然资源和国土空间规划的重大方针政策、决策部署及法律法规执行情况进行督察。查处自然资源开发利用和国土空间规划及测绘重大违法案件。指导地方有关行政执法工作（第 3 条第 17 款）。自然资源部负责全民所有土地、矿产、森林、草原、湿地、水、海洋等自然资源资产所有者职责和所有国土空间用途管制职责。拟订自然资源和国土空间规划及测绘、极地、深海等法律法规草案，制定部门规章并监督检查执行情况（第 3 条第 1 款）。负责自然资源调查监测评价。制定自然资源调查监测评价的指标体系和统计标准，建立统一规范的自然资源调查监测评价制度。实施自然资源基础调查、专项调查和监测。负责自然资源调查监测评价成果的监督管理和信息发布。指导地方自然资源调查监测评价工作（第 3 条第 2 款）。负责自然资源统一确权登记工作。制定各类自然资源和不动产统一确权登记、权籍调查、不动产测绘、争议调处、成果应用的制度、标准、规范。建立健全全国自然资源和不动产登记信息管理基础平台。负责自然资源和不动产登记资料收集、整理、共享、汇交管理等。指导监督全国自然资源和不动产确权登记工作（第 3 条第 3 款）。负责自然资源资产有偿使用工作。建立全民所有自然资源资产统计制度，负责全民所有自然资源资产核算。编制全民所有自然资源资产负债表，拟订考核标准。制定全民所有自然资源资产划拨、出让、租赁、作价出资和土地储备政策，合理配置全民所有自然资源资产。负责自然资源资产价值评估管理，依法收缴相关资产收益（第 3 条第 4 款）。负责自然资源的合理开发利用。组织拟订自然资源发展规划和战略，制定自然资源开发利用标准并组织实施，建立政府公示自然资源价格体系，组织开展自然资源分等定级价格评估，开展自然资源利用评价考核，指导节约集约利用。负责自然资源市场监管。组织研究自然资源管理涉及宏观调控、区域协调和城乡统筹的政策措施（第 3 条第 5 款）。负责建立空间规划体系并监督实施。推进主体功能区战略和制度，组织编制并监督实施国土空间规划和相关专项规划。开展国土空间开发适宜性评价，建立国土空间规划实施监测、评估和预警体系。组织划定生态保护红线、永久基本农田、城镇开发边界等控制线，构建节约资源和保护环境的生产、生活、生态空间布局。建立健全国土空间用途管制制度，研究拟订城乡规划政策并监督实施。组织拟订并实施土地、海洋等自然资源年度利用计划。负责土地、海域、海岛等国土空间用途转用工作。负责土地征收征用管理（第 3 条第 6 款）。负责统筹国土空间生态修复。牵头组织编制国土空间生态修复规划并实施有关生态修复重大工程。负责国土空间综合整治、土地整理复垦、矿山地质环境恢复治理、海洋生态、海域海岸线和海岛修复等工作。牵头建立和实施生态保护补偿制度，制定合理利用社会资金进行生态修复的政策措施，提出重大备选项目（第 3 条第 7 款）。负责组织实施最严格的耕地保护制度。牵头拟订并实施耕地保护政策，负责耕地数量、质量、生态保护。组织实施耕地保护责任目标考核和永久基本农田特殊保护。完善耕地占补平衡制度，监督占用耕地补偿制度执行情况（第 3 条第 8 款）。负责管理地质勘查行业和全国地质工作。编制地质勘查规划并监督检查执行情况。管理中央级地质勘查项目。组织实施国家重大地质矿产勘查专项。负责地质灾害预防和治理，监督管理地下水过量开采及引发的地面沉降等地质问题。负责古生物化石的监督管理（第 3 条第 9 款）。负责矿产资源管理工作。负责矿产资源储量管理及压覆矿产资源审批。负责矿业权管理。会同有关部门承担保护性开采的特定矿种、优势矿产的调控及相关管理工作。监督指导矿产资源合理利用和保护（第 3 条第 11 款）。负责监督实施海洋战略规划和发展海洋经济。研究提出海洋强国建设重大战略建议。组织制定海洋发展、深海、极地等战略并监督实施。会同有关部门拟订海洋经济发展、海岸带综合保护利用等规划和政策并监督实施。负责海洋经济运行监测评估工作（第 3 条第 12 款）。负责海洋开发利用和保护的监督管理工作。负责海域使用和海岛保护利用管理。制定海域海岛保护利用规划并监督实施。负责无居民海岛、海域、海底地形地名管理工作，制定领海基点等特殊用途海岛保护管理办法并监督实施。负责海洋观测预报、预警监测和减灾工作，参与重大海洋灾害应急处置（第 3 条第 13 款）。负责测绘地理信息管理工作。负责基础测绘和测绘行业管理。负责测绘资质资格与信用管理，监督管理国家地理信息安全和市场秩序。负责地理信息公共服务管理。负责测量标志保护（第 3 条第 14 款）。

其他方面，如《森林法》第 10 条规定："国务院林业主管部门主管全国林业工作。县级以上地方人民政府林业主管部门，主管本地区的林业工作。乡级人民政府设专职或者兼职人员负责林业工作。”《水法》第 3 条规定：“水资源属于国家所有。水资源的所有权由国务院代表国家行使。农村集体经济组织的水塘和由农村集体经济组织修建管理的水库中的水，归各该农村集体经济组织使用。”

第二百四十七条

矿藏、水流、海域属于国家所有。

本条主旨

本条是关于国家对矿藏、水流、海域享有所有权的规定。

相关条文

《宪法》第 9 条第 1 款　矿藏、水流、森林、山岭、草原、荒地、滩涂等自然资源，都属于国家所有，即全民所有；由法律规定属于集体所有的森林和山岭、草原、荒地、滩涂除外。

《物权法》第 46 条　矿藏、水流、海域属于国家所有。

《矿产资源法》第 3 条第 1 款　矿产资源属于国家所有，由国务院行使国家对矿产资源的所有权。地表或者地下的矿产资源的国家所有权，不因其所依附的土地的所有权或者使用权的不同而改变。

《水法》第 3 条　水资源属于国家所有。水资源的所有权由国务院代表国家行使。农村集体经济组织的水塘和由农村集体经济组织修建管理的水库中的水，归各该农村集体经济组织使用。

《煤炭法》第 3 条　煤炭资源属于国家所有。地表或者地下的煤炭资源的国家所有权，不因其依附的土地的所有权或者使用权的不同而改变。

《海域使用管理法》第 3 条第 1 款前段　海域属于国家所有，国务院代表国家行使海域所有权。

《领海及毗连区法》第 2 条　中华人民共和国领海为邻接中华人民共和国陆地领土和内水的一带海域。

中华人民共和国的陆地领土包括中华人民共和国大陆及其沿海岛屿、台湾及其包括钓鱼岛在内的附属各岛、澎湖列岛、东沙群岛、西沙群岛、中沙群岛、南沙群岛以及其它一切属于中华人民共和国的岛屿。

中华人民共和国领海基线向陆地一侧的水域为中华人民共和国的内水。

理解与适用

本条是对《物权法》第46条的复制，规定了三类专属于国家所有的自然资源。本条同样重在宣明矿藏、水流和海域由国家所有，至于具体的可操作性规定则由单行法完成。矿藏方面的是《矿产资源法》，水流方面的有《水法》等法律、法规，海域方面的是《海域使用管理法》。

矿藏，是指地下埋藏的各种矿物的总称，在《矿产资源法》及其实施细则上叫作矿产资源。《矿产资源分类细目》把矿产资源分为四大类，即能源矿产、金属矿产、非金属矿产和水气矿产。属于能源矿产的有：煤、煤成气、石煤、油页岩、石油、天然气、油砂、天然沥青、铀、钍、地热。属于金属矿产的有：铁、锰、铬、钒、钛；铜、铅、锌、铝土矿、镍、钴、钨、锡、铋、钼、汞、锑、镁；铂、钯、钌、锇、铱、铑；金、银；铌、钽、铍、锂、锆、锶、铷、铯；镧、铈、镨、钕、钐、铕、钇、钆、铽、镝、钬、铒、铥、镱、镥；钪、锗、镓、铟、铊、铪、铼、镉、硒、碲。属于非金属矿产的有：金刚石、石墨、磷、自然硫、硫铁矿、钾盐、硼、水晶（压电水晶、熔炼水晶、光学水晶、工艺水晶）、刚玉、蓝晶石、硅线石、红柱石、硅灰石、钠硝石、滑石、石棉、蓝石棉、云母、长石、石榴子石、叶蜡石、透辉石、透闪石、蛭石、沸石、明矾石、芒硝（含钙芒硝）、石膏、（含硬石膏）、重晶石、毒重石、天然碱、方解石、冰洲石、菱镁矿、萤石（普通萤石、光学萤石）、宝石、黄玉、玉石、电气石、玛瑙、颜料矿物（赭石、颜料黄土）、石灰岩（电石用灰岩、制碱用灰岩、化肥用灰岩、熔剂用灰岩、玻璃用灰岩、水泥用灰岩、建筑石料用灰岩、制灰用灰岩、饰面用灰岩）、泥灰岩、白垩、含钾岩石、白云岩（冶金用白云岩、化肥用白云岩、玻璃用白云岩、建筑用白云岩）、石英岩（冶金用石英岩、玻璃用石英岩、化肥用石英岩）、砂岩（冶金用砂岩、玻璃用砂岩、水泥配料用砂岩、砖瓦用砂岩、化肥用砂岩、铸型用砂岩、陶瓷用砂岩）、天然石英砂（玻璃用砂、铸型用砂、建筑用砂、水泥配料用砂、水泥标准砂、砖瓦用砂）、脉石英（冶金用脉石英、玻璃用脉石英）、粉石英、天然油石、含钾砂页岩、硅藻土、页岩（陶粒页岩、砖瓦用页岩、水泥配料用页岩）、高岭土、陶瓷土、耐火粘土、凹凸棒石粘土、海泡石粘土、伊利石粘土、累托石粘土、膨润土、铁矾土、其他粘土（铸型用粘土、砖瓦用粘土、陶粒用粘土、水泥配料用粘土、水泥配料用红土、水泥配料用黄土、水泥配料用泥岩、保温材料用粘土）、橄榄岩（化肥用橄榄岩、建筑用橄榄岩）、蛇纹岩（化肥用蛇纹岩、熔剂用蛇纹岩、饰面用蛇纹岩）、玄武岩（铸石用玄武岩、岩棉用玄武岩）、辉绿岩（水泥用辉绿岩、铸石用辉绿岩、饰面用辉绿岩、建筑用辉绿岩）、安山岩（饰面用安山岩、建筑用安山岩、水泥混合材用安山玢岩）、闪长岩（水泥混合材用闪长玢岩、建筑用闪长岩）、花岗岩（建筑用花岗岩、饰面用花岗岩）、麦饭石、珍珠岩、黑曜岩、松脂岩、浮石、粗面岩（水泥用粗面岩、铸石用粗面岩）、霞石正长岩、凝灰岩（玻璃用凝灰岩、水泥用凝灰岩、建筑用凝灰岩）、火山灰、火山渣、大理岩（饰面用大理岩、建筑用大理岩、水泥用大理岩、玻璃用大理岩）、板岩（饰面用板岩、水泥配料用板岩）、片麻岩、角闪岩、泥炭、矿盐（湖盐、岩盐、天然卤水）、镁盐、碘、溴、砷。属于水气矿产的有：地下水、矿泉水、二氧化碳气、硫化氢气、氦气、氡气。

应当指出，虽然地球的总自然禀赋本质上是固定的，但资源却是动态的，没有已知的或固定的极限。迄今的资源利用史一直是不断发现的历史，对资源基础的定义在不断拓展。历史上的技术革新，可从原先无价值或未利用的自然物质中突然创造出各种资源。例如，由于 1886 年霍尔——埃鲁电解精炼过程的发现，使得铝的商业性萃取成为可能，于是铝矾土取得其资源地位。更近的事情是核动力的发展，无论是用于军事目的或用于发电，都创造出铀矿的资源价值。法律规定矿产资源范围的增加还取决于人类价值、渴望和生活方式的变化。[①] 这表明，法律规定成为矿业权作用对象的矿产资源，随着科学技术的进步、经济社会需要的变迁而逐渐增加。[②]

关于矿渣是否属于矿产资源，在日本，自旧矿业法以来，就废矿及矿渣也特别设置了规定，法定矿物的废矿或矿渣而与土地附合者，视为矿物（《矿业法》第 3 条第 2 项），其采掘，必须依据矿业法。[③] 在中国，原地质矿产部于 1995 年 2 月 15 日作出了《关于矿渣是否属于矿产资源的复函》（地函 42 号），体现出承认废石（矸石）、尾矿为矿产资源的立场，但其矿产资源补偿费实行免、减优惠。

水流，泛指江、河，在《水法》上称作水资源。根据世界气象组织（WMO）和联合国教科文组织（UNESCO）的《INTERNATIONAL GLOSSARY OF HYDROLOGY》（国际水文学名词术语，第三版，2012 年）中有关水资源的定义，水资源是指可资利用或有可能被利用的水源，这个水源应具有足够的数量和合适的质量，并满足某一地方在一段时间内具体利用的需求。根据全国科学技术名词审定委员会公布的水利科技名词（科学出版社，1997）中有关水资源的定义，水资源是指地球上具有一定数量和可用质量、能从自然界获得补充并可资利

---

① ［英］朱迪・丽丝：《自然资源：分配、经济学与政策》，蔡运龙、杨友孝、秦建新等译，蔡运龙校，北京，商务印书馆 2002 年版，第 21～23 页。

②③ ［日］我妻荣、丰岛升：《矿业法》，东京，有斐阁 1958 年版，第 58、62 页。

用的水。①

海域，从地理意义上讲，是指海洋中区域性的立体空间；从法律意义上讲，海域的概念可以分为《海域使用管理法》层面上的海域、国家主张管辖范围层面上的海域：既包括《海域使用管理法》所调整的内水、领海海域，同时也包括专属经济区和大陆架。《海域使用管理法》规定海域指的是中华人民共和国内水、领海的水面、水体、海床和底土；海域中的内水，是指中华人民共和国领海基线向陆地一侧至海岸线的海域。② 在很长的历史时期，在众多的国家，海域的术语鲜被使用，大多用领海的概念来表达国家主权所及。《海域使用管理法》首次把海域作为民法上的概念，作为不动产的一种类型，既可设立海域所有权，又可产生海域使用权，这具有划时代的意义，也引起了国际社会的广泛关注。《物权法》和《民法典》先后把它规定为国家所有权的客体。

关于这些所有权的效力、行使、保护等方面的内容，则适用《民法典》第241条、第242条、第233条至第239条、第177条以下、第1165条以下的规定。

第二百四十八条

无居民海岛属于国家所有，国务院代表国家行使无居民海岛所有权。

本条主旨

本条是关于无居民海岛专属于国家、由国务院代行所有权的规定。

相关条文

《海岛保护法》第4条　无居民海岛属于国家所有，国务院代表国家行使无居民海岛所有权。

理解与适用

本条是对《海岛保护法》第4条的复制，重在宣明国家对无居民海岛享有所有权。

海岛，是指被海水环绕的小片陆地。在地质学上，按照中国国家标准《海洋学术语 海洋地质学 GB/T18190—2000》的界定，海岛指散布于海洋中面积不小

①② https：//baike. baidu. com/item/%E6%B0%B4%E8%B5%84%E6%BA%90/326690? fr＝aladdin. 2020年3月31日最后访问。

于500平方米的小块陆地。但是，海岛的法学定义一直以来在国际上存在争议，历经多次修改，通常是引用1982年《联合国海洋法公约》第121条的明确规定："岛屿是四面环水并在高潮时高于水面的自然形成的陆地区域。"根据不同属性，海岛有多种分类方法，可分为大陆岛、列岛、群岛、陆连岛、特大岛等。中国有500平方米以上的海岛6 500个以上，总面积6 600多平方千米，其中455个海岛人口470多万。中国海岛有94%属于无居民海岛，它们大多面积狭小，地域结构简单，环境相对封闭，生态系统构成也较为单一，而且生物多样性指数小，稳定性差。①

关于无居民海岛所有权的另外的规则，适用《海岛保护法》的具体规定；关于无居民海岛所有权的效力、行使、保护等方面的内容，则适用《民法典》第241条、第242条、第233条至第239条、第177条以下、第1165条以下的规定。

第二百四十九条

城市的土地，属于国家所有。法律规定属于国家所有的农村和城市郊区的土地，属于国家所有。

本条主旨

本条是关于国家对土地享有所有权的规定。

相关条文

《宪法》第10条第1款、第2款　城市的土地属于国家所有。

农村和城市郊区的土地，除由法律规定属于国家所有的以外，属于集体所有；宅基地和自留地、自留山，也属于集体所有。

《物权法》第47条　城市的土地，属于国家所有。法律规定属于国家所有的农村和城市郊区的土地，属于国家所有。

《土地管理法》第9条　城市市区的土地属于国家所有。

农村和城市郊区的土地，除由法律规定属于国家所有的以外，属于农民集体所有；宅基地和自留地、自留山，属于农民集体所有。

---

① https：//baike. baidu. com/item/%E6%B5%B7%E5%B2%9B/5698755?fr=aladdin. 2020年3月31日最后访问。

理解与适用

本条是对《物权法》第 47 条的复制，重在宣明国家对城市土地的专属权，以及对农村和城市郊区的某些土地享有所有权。

土地（Land）是由地球陆地部分一定高度和深度范围内的岩石、矿藏、土壤、水文、大气和植被等要素构成的自然综合体。中国地理学家普遍赞成土地是一个综合的自然地理概念。土地“是地表某一地段包括地质、地貌、气候、水文、土壤、植被等多种自然要素在内的自然综合体”。作为自然物的土地是逐渐由人类生存和发展的最基本生态环境要素转化为人的劳动对象和劳动资料，日益作为人类生活和生产活动的自然资源宝库，而成为一切生产资源和生产资料的源泉和依托；并使自然资源和生态环境要素的土地转化为人工自然资源和人工生态环境要素而成为自然资源综合体，使土地不仅具有使用价值，而且有了价值（劳动价值）。其自然特性有：（1）不可替代性。地表上绝对找不出两块完全相同的土地。任何一块土地都是独一无二的，故又称土地性能的独特性或差异性。其原因在于土地位置的固定性及自然、人文环境条件的差异性。即使是位于同一位置相互毗邻的两块土地，由于地形、植被及风景等因素的影响，也不可能完全相互替代。（2）土地面积的有限性。土地不能像其他物品一样可以从工厂里不断制造出来。由于受到地球表面陆地部分的空间限制，土地的面积是有限的。正像马克思所说的那样，它不能像工业生产中那样随意增加效率相同的生产工具的数量，即肥沃程度相同的土地数量。列宁曾指出：“土地有限是一个普遍现象。”人类可以围湖或填海造地，但这只是对地球表层土地形态的改变。从总体看，人类只能改变土地的形态，改善或改良土地的生产性能，但不能增加土地的总量。所以，人类必须充分、合理地利用全部土地，不断提高集约化经营程度，在不合理利用的情况下，土地将出现退化，甚至无法利用，从而使可利用的土地面积减少。（3）土地位置的固定性。土地位置的固定性，亦称不可移动性，是土地区别于其他各种资源或商品的重要标志。我们可以把可移动的商品如汽车、食品、服装以及可移动的资源如人力、矿产等，由产地或过剩地区运送到供给相对稀缺或需求相对旺盛因而售价较高的地区。但我们还无法把土地如此移动。（4）土地质量的差异性。土地的特性和质量特征，是土地各构成要素（地质、地貌、气候、水文、土壤、植被等）相互联系、相互作用、相互制约的总体效应和综合反映。地理位置不同，地表的气候、水热对比条件不一样，地质、地貌对其具有再分配的功能，使得地表的土壤、植被类型也随之发生变化，因而造成土地的巨大自然差异性。这种差异性不仅存在于一个国家或一个地区的范围之内，即使在一个基层生产单位内也同样存在着。随着生产力水平的提高和人类对土地利用范围的扩大，这种差异性会逐步扩大，而不是趋于缩小。土地的空间差异性，要求人们因地制宜地合理利用各类土地资源，确定土地利用的合理结构与方式，以取得土地利用的最佳综合效益。（5）土地永续利用的相对性。土地利用永续性有两层含义：作为自然的产物，它与地球共存亡，具有永不消失性；作为人类的活动场所和生产资料，可以永续利用。但土地的这种永续利用是相对的，只有在利用中维持了土地的功能，才能实现永续利用。①

土地有其经济特性，即人们在利用土地的过程中，在生产力和生产关系方面表现出来的特性，包括：（1）土地经济供给的稀缺性。两层含义：其一，给人们从事各种活动的土地面积是有限的；其二，特定地区，不同用途的土地面积也是有限的，往往不能完全满足人们对各类用地需求。（2）土地用途的多样性。对一种土地的利用，常常产生两个以上用途的竞争，并可能从一种用途转换到另一种用途。这种竞争常使土地趋于最佳用途和最大经济效益，并使地价达到最高。这就要求人们在利用土地时，考虑土地的最有效利用原则，使土地的用途和规模等均为最佳。（3）土地用途变更的困难性。土地用途的变更一般要经过国土资源管理部门和城市规划部门的同意，经过一定的审查程序才能完成。（4）土地增值性。一般商品的使用随着时间的推移总是不断地折旧直至报废，而土地则不同，在土地上追加投资的效益具有持续性，而且随着人口增加和社会经济的发展，对土地的投资具有显著的增值性。（5）土地报酬递减的可能性。在技术不变的条件下对土地的投入超过一定限度，就会产生报酬递减的后果，这就要求人们在利用土地、增加投入时，必须寻找在一定技术、经济条件投入下投资的适合度，确定适当的投资结构，并不断改进技术，以便提高土地利用的经济效益，防止出现土地报酬递减的现象。土地报酬递减规律是房地产开发商确定商品房开发层数的重要因素。（6）土地的产权特性。不同的权利附加意味着土地价值巨大的差异，土地的价值更多地取决于土地上附加的权益。（7）土地的不动产特性。与土地位置的固定性关联，且需求一般为刚性需求，价值量也较大。②

具体到民法上，所谓土地，受权利作用客体的观念限制，不是就整个地球表面而言的范畴，而是专就其中某个特定部分的称谓。这就与物理上的广阔无垠的土地不太一致。独立之物，是就整个地球的地表来说的，还是就具体物权支配的地表的特定部分而言的？后者符合物权制度的本质要求，但是否符合独立之物的

①② https：//baike. baidu. com/item/%E5%9C%9F%E5%9C%B0/12005092?fr=aladdin. 2020 年 3 月 31 日最后访问。

规格？还有，在地学、生态学、经济学诸学科看来，地表水和地下水均为土地的组成部分。[1]

至于如何划分农村和城市郊区的土地的归属，由单行法负担。例如，《福建省林木林地权属争议处理办法》（已失效）规定："解放后营造的林木发生权属争议的，按谁造林管护，林权归谁所有的原则处理。但明知林地权属有争议抢造林木的除外"（第 8 条）。"处理县内权属争议，以县级以上人民政府依法发给的山林权证为处理依据，但山林权证错发的除外；无山林权证的，参考合作化时期或土地改革时期的有效权属凭证"（第 9 条第 1 款）。"处理市（地）际、县际权属争议，以县级以上人民政府依法发给的土地证为处理依据；无土地证的，参考合作化时期或土地改革时期的有效权属凭证；乡有林、村有林以土改或林改清册为处理依据"（第 9 条第 2 款）。"土地改革时收归国有的林木、林地，以国有林清册或林改清册为处理依据"（第 9 条第 3 款）。"土地改革时期，县级人民政府在本行政区域内确未发放土地证的，由争议双方协商解决。协商不成的，由争议双方共同的上一级人民政府确定权属"（第 10 条）。"国有林业单位与乡（镇）、村之间的权属争议，以双方原签订的协议书、赠送书或者县级以上人民政府印发的文件、证照为依据，参考国有林业单位建场时总体设计书载明的经营范围，确定权属"（第 11 条）。"权属争议双方均无有效权属凭证的，其权属归国家所有，由争议双方共同的上一级人民政府确定委托管理者"（第 12 条）。"同一权属争议双方都能出具合法权属、权源证明文件，经协商不成的，由其共同的上一级人民政府兼顾双方利益，结合自然地形确定权属"（第 13 条）。"土地改革前的所有权属凭证，不能作为权属争议的依据。森林资源调查界线和各类地图上省、县、乡、村界线，均不作为确定权属划界的依据"（第 14 条）。"毗邻行政区域之间林木、林地互相插花的权属争议，应当协商解决。协商不成的，由争议双方共同的上一级人民政府进行调整，并确定权属界线"（第 15 条）。再如，《黑龙江省土地管理条例》第 4 条第 1 款规定："除国家法律、行政法规规定外，下列土地属于国家所有：（一）国家拨给机关、企业、事业等单位及部队使用的土地；（二）国家拨给农民集体经济组织和个人使用的土地；（三）未经确权的荒山、荒地、岛屿等土地。"

---

① 毕宝德等：《土地经济学》，北京，中国人民大学出版社 1995 年版，第 1 页；孙鸿烈等：《中国自然资源丛书·综合卷》，北京，中国环境科学出版社 1995 年版，第 175 页；［英］马歇尔（A. Marshal）：《经济学原理》（上卷）（中译本），北京，商务印书馆 1964 年版，第 157 页；［美］理查德·T. 伊利、爱德华·W. 莫尔豪斯（Richard T. Ely and Edward W. Morehouse）：《土地经济学原理》（中译本），北京，商务印书馆 1982 年版，第 19 页。转引自肖国兴、肖乾刚：《自然资源法》，北京，法律出版社 1999 年版，第 172～173 页。

关于国家土地所有权和集体土地所有权的效力、行使、保护等方面的内容，则适用《民法典》第 241 条、第 242 条、第 233 条至第 239 条、第 177 条以下、第 1165 条以下的规定。

第二百五十条

森林、山岭、草原、荒地、滩涂等自然资源，属于国家所有，但是法律规定属于集体所有的除外。

本条主旨

本条是关于森林、山岭、草原、荒地、滩涂等自然资源属于国家所有以及例外地属于集体所有的规定。

相关条文

《宪法》第 9 条第 1 款　矿藏、水流、森林、山岭、草原、荒地、滩涂等自然资源，都属于国家所有，即全民所有；由法律规定属于集体所有的森林和山岭、草原、荒地、滩涂除外。

《民法通则》第 74 条第 1 款　劳动群众集体组织的财产属于劳动群众集体所有，包括：

（一）法律规定为集体所有的土地和森林、山岭、草原、荒地、滩涂等；

（二）集体经济组织的财产；

（三）集体所有的建筑物、水库、农田水利设施和教育、科学、文化、卫生、体育等设施；

（四）集体所有的其他财产。

《物权法》第 48 条　森林、山岭、草原、荒地、滩涂等自然资源，属于国家所有，但法律规定属于集体所有的除外。

《森林法》第 3 条第 1 款、第 2 款　森林资源属于国家所有，由法律规定属于集体所有的除外。

国家所有的和集体所有的森林、林木和林地，个人所有的林木和使用的林地，由县级以上地方人民政府登记造册，发放证书，确认所有权或者使用权。国务院可以授权国务院林业主管部门，对国务院确定的国家所有的重点林区的森林、林木和林地登记造册，发放证书，并通知有关地方人民政府。

《草原法》第 9 条第 1 款　草原属于国家所有，由法律规定属于集体所有的除外。国家所有的草原，由国务院代表国家行使所有权。

《民族区域自治法》第 27 条第 1 款　民族自治地方的自治机关根据法律规定，确定本地方内草场和森林的所有权和使用权。

理解与适用

本条是对《物权法》第 48 条的复制，重在宣明这些自然资源归属的基本精神，作为个案中确定某宗自然资源的具体归属的指导原则。

森林，指的是由乔木、直径 1.5cm 以上的竹子组成且郁闭度 0.20 以上，以及符合森林经营目的的灌木组成且覆盖度 30%以上的植物群落，包括郁闭度 0.20 以上的乔木林、竹林和红树林，国家特别规定的灌木林、农田林网以及村旁、路旁、水旁、宅旁的林木等。联合国粮食及农业组织（FAO）将森林定义为："面积在 0.5 公顷以上、树木高于 5 米、林冠覆盖率超过 10%，或树木在原生境能够达到这一阈值的土地。不包括主要为农业和城市用途的土地。"①

山岭指连绵的高山，亦泛指山岳。山岭地貌具有山顶、山坡、山脚等明显的形态要素。山顶呈长条状延伸时称山脊。由脊标高较低的鞍部，即相连的两山顶之间较低的山腰部分称为垭口。一般来说，山体岩性坚硬、岩层倾斜或因受冰川的刨蚀时，多呈尖顶或很狭窄的山脊；在气候湿热，风化作用强烈的花岗岩或其他松软岩石分布地区，山顶多呈圆顶；在水平岩层或古夷平面分布地区，山顶则多呈平顶。山坡是山岭地貌的重要组成部分。在山岭地区，山坡分布的地面最广，山坡的形状取决于新构造运动、岩性、岩体结构及坡面剥蚀和堆积的演化过程等因素。山脚是山坡与周围平地的交接处。由于坡面剥蚀和坡脚堆积，使山脚在地貌上一般并不明显，通常存在有缓坡作用的过渡地带，它主要由一些坡积裙、冲积锥、洪积扇及岩堆、滑坡堆积体等流水堆积地貌和重力堆积地貌组成。②

草原是地球生态系统的一种，分为热带草原、温带草原等多种类型，是地球上分布最广的植被类型。草原的形成原因是土壤层薄或降水量少，草本植物受影响小，使植物无法广泛生长。中国是世界上草原资源最丰富的国家之一，草原总面积将近 4 亿公顷，占全国土地总面积的 40%，为现有耕地面积的 3 倍。如果从中国的东北到西南画一条斜线，也就是从东北的完达山开始，越过长城，沿吕梁

---

① https：//baike. baidu. com/item/%E6%A3%AE%E6%9E%97/1370?fr=aladdin. 2020 年 4 月 1 日最后访问。

② https：//baike. baidu. com/item/%E5%B1%B1%E5%B2%AD%E5%9C%B0%E8%B2%8C/22232045. 2020 年 4 月 1 日最后访问。

山，经延安，一直向西南到青藏高原的东麓为止，可以把中国分为两大地理区：东南部分是丘陵平原区，离海洋较近，气候温湿，大部分为农业区；西北部分多为高山峻岭，离海洋远，气候干旱，风沙较多，是主要的草原区。①

广义的荒地指可供开发利用和建设而尚未开发利用和建设的一切土地，主要包括宜农、宜林和宜牧荒地等。狭义的荒地通常指宜农荒地，即宜于耕种而尚未开垦种植的土地和虽经耕垦利用，但荒废而停止耕种不久的土地。前者为生荒地，后者为熟荒地，两者均是农业用地中的一项重要后备土地资源。据统计，中国尚有宜农荒地资源 3 500 多万公顷，其中可垦为农田的为 1 300 多万公顷，主要集中分布于北纬 35°以北地区，以东北最多，开发利用潜力较大，次为内蒙古和西北地区。在南方广大红黄壤丘陵山地和滨海地区，分别拥有相当数量的宜农荒山荒地和滩涂资源，有利于开荒和围垦利用。②

滩涂，是海滩、河滩和湖滩的总称，指沿海大潮高潮位与低潮位之间的潮浸地带，河流湖泊常水位至洪水位间的滩地，时令湖、河洪水位以下的滩地，水库、坑塘的正常蓄水位与最大洪水位间的滩地面积。在地貌学上称谓“潮间带”。由于潮汐的作用，滩涂有时被水淹没，有时又露出水面，其上部经常露出水面，其下部则经常被水淹没。现在滩涂一般多指沿海滩涂。海洋行政主管部门将滩涂界定为平均高潮线以下低潮线以上的海域，国土资源管理部门将沿海滩涂界定为沿海大潮高潮位与低潮位之间的潮浸地带。两部门对滩涂的表述虽然有所不同，但可以看出滩涂既属于土地，又是海域的组成部分。中国的海涂主要分布在辽宁、山东、江苏、浙江、福建、台湾、广东、广西和海南的海滨地带，是海岸带的一个重要组成部分。中国海洋滩涂总面积 217.04 万公顷。③

在《民法典》上，其第 250 条将森林单独规定为属于国家所有或者集体所有，《不动产登记暂行条例》第 2 条第 2 款、第 5 条第 2 项、第 19 条第 1 款第 1 项以及《不动产登记暂行条例实施细则》第 2 条第 2 款、第 5 条第 2 款、第 16 条第 1 项、第 36 条、第 65 条第 1 款第 1 项的规定，也显示出把森林、林木作为独立于土地、土地承包经营权的不动产。就此看来，所谓林木是独立于、区别于

① https：//baike. baidu. com/item/%E8%8D%89%E5%8E%9F/225520?fr=aladdin. 2020 年 4 月 1 日最后访问。

② https：//baike. baidu. com/item/%E8%8D%92%E5%9C%B0/672572?fr=aladdin. 2020 年 4 月 1 日访问。

③ https：//baike. baidu. com/item/%E6%BB%A9%E6%B6%82/5993025?fr=aladdin. 2020 年 4 月 1 日最后访问。

土地的不动产的观点①，有其依据。森林、林木不属于土地的重要成分，也就是不适用附合规则，在林地已经发包给林业职工或农民时，由土地承包经营权人、林权人享有育林、护林、依法采伐、出卖、抵押林木的权利，有利于调动土地承包经营权人、林权人经营林业的积极性，保护他们的权益，也反射地有利于森林、林木的繁茂、养护，有利于生态平衡。这符合农地、林地“三权分置”改革的方向，应予坚持。

山岭、草原、荒地和滩涂，在中国法上从未视为土地的组成部分，而是独立于土地的不动产，它们单独地成为所有权的客体，在归属于国家时，成为国家所有权的客体。

在个案中适用法律不得仅凭本条的规定，需要结合具体的法规、规章及行政行为。所谓具体的法规、规章，例如，《内蒙古自治区草原管理条例》第 5 条规定：“（一）旗县及以上人民政府批准拨给国营企业、事业单位使用的草原，没有开发利用的草原和其他不属于集体所有的草原，都属于全民所有。（二）牧区、农村集体经济组织使用的草原，都属于劳动群众集体所有。（三）草原上的小片林木、灌木、芦苇、药材等野生植物，除经旗县及以上人民政府批准划拨给国营企业、事业单位单独经营的，属于全民所有以外，均属拥有草原所有权的单位所有。”又如，《福建省森林条例》规定：“林农对其所有的森林、林木依法享有所有权，对其使用的林地依法享有经营自主权和其他合法权益”（第 32 条第 1 款）。“森林、林木划为公益林的，除林权单位或者个人依法转让所有权外，森林、林木所有权不变”（第 5 条第 2 款）。再如，国家林业局 2011 年 1 月 25 日修正的《林木和林地权属登记管理办法》第 3 条规定：“林权权利人是指森林、林木和林地的所有权或者使用权的拥有者。”

第二百五十一条

法律规定属于国家所有的野生动植物资源，属于国家所有。

本条主旨

本条是关于国家依法对野生动植物资源享有所有权的规定。

相关条文

《物权法》第 49 条　法律规定属于国家所有的野生动植物资源，属于国家

① 参见［日］我妻荣：《日本物权法》，有泉亨修订，李宜芬校订，台北，五南图书出版公司 1999 年版，第 14 页；陈华彬：《物权法原理》，北京，国家行政学院出版社 1998 年版，第 62 页。

所有。

《野生动物保护法》第 3 条 野生动物资源属于国家所有。

国家保障依法从事野生动物科学研究、人工繁育等保护及相关活动的组织和个人的合法权益。

理解与适用

本条是对《物权法》第 49 条的复制，旨在宣明国家对某些野生动植物享有所有权，至于哪些野生动植物归属于国家，需要具体的法律、法规予以确定。这决定了本条属于引致性条文的性质和功能。①

本条规定的是野生动植物资源的归属，而未规定野生动植物的归属。野生动物资源与野生动物的内涵和外延是不相同的。野生动物资源是一个广义的法律概念，是所有野生动物群体和个体的总称。野生动物则是一个狭义的概念，是野生动物资源的组成部分。② 那么，野生动物资源属于国家所有，野生动物是野生动物资源的组成部分，是否可以得出所有野生动物就一定属于国家所有的结论呢？回答是否定的。根据《宪法》和相关法律的规定，野生动物资源所有权的主体只能是国家，不允许任何自然人和法人享有野生动物资源所有权。但是，事实上，自然人和法人均可享有野生动物所有权。驯养繁殖国家重点保护野生动物的单位和个人的这种“出售”行为，实际上是对野生动物或其产品的一种处分，无疑应以其拥有野生动物所有权为前提。由此可以推知，驯养繁殖国家重点保护野生动物的单位和个人对其驯养繁殖的野生动物已取得所有权，进而可以得出单位和个人可以享有野生动物所有权的结论。③ 另外，依据依法享有的狩猎权，私人亦可取得野生动物的所有权。狩猎权人在成功地实施狩猎行为之后，由其依法取得猎获物的所有权，也是狩猎权的重要内容，是狩猎权所具有的收益权能的具体表现。④

具体而言，野生动物资源所有权与野生动物所有权的区别主要体现在以下三个方面：首先，客体不同。前者的客体是抽象的野生动物资源；后者的客体则是具体的野生动物。其次，主体不同。野生动物资源是重要的自然资源，其所有权主体只能是国家；而野生动物所有权的主体不限于国家，自然人、法人和其他组织在符合法律规定的条件下，均可能成为野生动物所有权的主体。最后，产生原

---

① 本条解释中有关野生动植物资源所有权与野生动物所有权的阐释，引自崔建远主编：《自然资源物权法律制度研究》，彭诚信、单平基执笔，北京，法律出版社 2012 年版，第 51 页以下。

②③ 刘宏明：《浅议野生动物所有权》，载《绿色中国》2005 年第 10 期，第 42、42～43 页。

④ 戴孟勇：《狩猎权的法律构造》，载《清华法学》2010 年第 6 期，第 121 页。

因不同。野生动物资源所有权的产生原因是国家拥有主权，这也是野生动物资源所有权产生的唯一原因；而野生动物所有权的产生原因则多种多样，常见的就是基于合法的驯养繁殖活动取得野生动物的所有权。①

本条所谓法律规定属于国家所有的野生动植物资源，例如，《野生动物保护法》保护的野生动物，即珍贵、濒危的陆生、水生野生动物和有益的或者有重要经济、科学研究价值的陆生野生动物。未被列入《野生动物保护法》的保护范围之中的那些野生动物，有些可能具有一定的经济价值或利用价值，例如老鼠、蚱蜢、蝉等；有些则没有什么经济价值，例如蚊子、苍蝇等。由于这些野生动物既不属于《野生动物保护法》的保护范围，通常也没有或者只有很少的利用价值，故没有必要将其划入国家所有权的客体之中。在野生动物资源所有权与野生动物所有权相区分的情况下，可以将其作为无主物来对待，以解决此类野生动物的开发利用问题。

按字义理解，野生动物是一个与家养动物相对的概念，即“处于野外的非家养动物”。但是“野生动物”并不是“野生”和“动物”简单的字词叠加。野生动物是指非人工驯养，在自然状态下生存的各种野生动物，包括哺乳动物、鸟类、爬行动物、两栖动物、鱼类、软体动物、昆虫、腔肠动物及其他动物。② 依据《野生动物保护法》第 2 条第 2 款的规定，该法保护的野生动物是指“珍贵、濒危的陆生、水生野生动物和有益的或者有重要经济、科学研究价值的陆生野生动物”。

在《野生动物保护法》等法律、行政法规中，明确规定可以对野生动物进行驯养繁殖，对野生植物进行培育等问题，以致形成了在实践中单位和个人可以占有、处分，甚至使用和收益由其驯养繁殖和培育的物种的现象，并较为普遍。这就引出了对这些经驯养繁殖和培育的物种享有私人所有权是否违反宪法原则的问题。

驯养繁殖和培育机构除了由国家或地方政府建立的以外，有很多是领取了合法的许可证和营业执照的单位或个人所投资兴建的。因此，依法投资、驯养繁殖和培育的野生动物理应属于其所有。如果按照现行宪法的原则，根本否定私人对自然资源，包括上述经驯养繁殖和培育的物种的所有权，那么就不能认定驯养繁殖者和培育者有权占有、使用、收益和处分经其驯养繁殖和培育的物种。这样就会影响私人驯养繁殖和培育物种的积极性，同时对于社会现实问题也难以说明、

① 刘宏明：《浅议野生动物所有权》，载《绿色中国》2005 年第 10 期，第 42～43 页。

② 肖国兴、肖乾刚：《自然资源法》，北京，法律出版社 1999 年版，第 282～283 页。

解释与化解。① 例如，在实践中，驯养繁殖者通过履行一定的手续，可以处分自己所驯养的但在法律上非为自己所有的野生动物或者其产品，如将其出售、加工、销毁等。这样便会产生没有民法上的所有权但却可以行使处分权的矛盾，因为从法理上来说，处分权一般以享有所有权为前提。

总而言之，野生动植物资源的所有权归属于国家，而非其他主体，但某些个体的野生动植物则可以由法人、自然人所有。

第二百五十二条

无线电频谱资源属于国家所有。

本条主旨

本条是关于无线电频谱资源属于国家所有的规定。

相关条文

《物权法》第 50 条　无线电频谱资源属于国家所有。

《无线电管理条例》第 3 条　无线电频谱资源属于国家所有。国家对无线电频谱资源实行统一规划、合理开发、有偿使用的原则。

理解与适用

本条是对《物权法》第 50 条的复制。②

根据物理学的知识，无线电频谱是电磁波的一种，一般是指 9KHz～3 000GHz 频率范围内发射无线电波的无线电频率的总称。③ 无线电频谱资源可用来进行声音和图像广播、气象预报、导航、无线通信、灾害报警、报时等业务。④ 就像车辆必须行驶在道路上一样，所有的无线电业务都离不开无线电频率。无线电频率是自然界存在的一种电磁波，是一种物质，是一种各国可均等获得的看不见、摸不着的自然资源。⑤ 对于无线电频谱资源所具有的价值性，法学

---

① 蒋承菘、翟勇：《自然资源法律规范的宪法原则》，见中国民商法律网，http://www.civillaw.com.cn/article/default.asp?id=16828.2009 年 10 月 8 日最后访问。

② 本条解释中有关无线电频谱资源及其所有权的阐释，引自崔建远主编：《自然资源物权法律制度研究》，彭诚信、单平基执笔，北京，法律出版社 2012 年版，第 61 页以下。

③ 胡康生主编：《中华人民共和国物权法释义》，北京，法律出版社 2007 年版，第 121 页。

④ 希玉久：《频谱定义及频谱资源的特性》，载《电子世界》2000 年第 4 期。

⑤ 胡康生主编：《中华人民共和国物权法释义》，北京，法律出版社 2007 年版，第 121 页。

界也早有认识。盐野宏教授就曾指出，电波是贵重的资源，在这一点上类似于流水。①

在当今社会中，不仅通信领域需要大量用到无线电频谱资源，其他学科也需要扩展利用无线电频谱资源的范围。无线电通信广泛应用于公众通信、广播、电视、铁路、交通（包括水上）、航空、水上、石油、化工、地故、农村、气象、渔业、旅游、建筑、卫生、教育、国防、公安、安全等部门，并大量用于外贸、金融、证券、工商、体育等社会的各行各业，对于促进信息交流、保障国家安全、维护社会稳定、搞好生产调度、丰富人民物质、文化生活都发挥着重要的作用，具有明显的社会效益和经济效益。② 目前，无线电频谱资源的利用已非常紧张，其价值性也日益凸显。

根据物理学知识，无线电频谱资源是有限的。包括红外线、可见光、X 射线在内的电磁波的频谱相当之宽，而无线电通信使用的频谱资源只限于 3kHz 至 3 000GHz 之间。更高的电磁频谱当然不以 3 000GHz 为限，使用 3 000GHz 以上电磁频谱的电信系统也在研究探索之中，但它最大不能超过可见光的范围。另外，尽管人们可以通过频率、时间、空间这三维相互关联的要素进行频率的多次复用指配来提高频率利用率，但就某一频率或频段而言，在一定的区域、一定的时间、一定的条件之下，它又是有限的。③

从频谱资源利用的角度来看，无线电频谱资源具有自然资源所具有的地域性特征。任何使用者在一定的时间、空间条件下对某一频段的占用，都排斥了他人在同一时间、空间内对该频段的使用。

由于无线电频谱资源利用中物理设备的特殊性，无线电频谱资源的干扰是该资源使用的主要矛盾。据希永久先生介绍，对无线电频谱的滥用，如使用非许可频率、自行加大发射功率、使用不合格电气性能设备等，可导致电磁环境恶化，可利用的频谱资源减少等严重威胁无线电通信的结果。无线电频谱资源有其固有的传播特性，“它最容易受到人为噪声和自然噪声的干扰如反射、折射、散射和波导等，使之无法正常操作和准确而有效地传送各类信息”④。因此，任何一个国家、一个地区、一个部门甚至个人都不得随意地使用，否则会造成相互干扰，不能确保正常通信。

---

① ［日］盐野宏：《广播事业和行政介入》《广播的特殊性质和广播事业》，载盐野宏：《广播法制的课题》，第 77、81、139、143 页。转引自［日］盐野宏：《行政法》，杨建顺译，北京，法律出版社 1999 年版，第 751 页，注释①。

② 希玉久：《无线电频谱资源》，载《全球定位系统》2002 年第 5 期。

③④ 希永久：《频谱定义及频谱资源的特性》，载《电子世界》2000 年第 4 期。

无线电频谱资源作为一种特殊的自然资源，具有易受干扰又易污染电磁环境的特点。对电磁环境的影响也反映了其作为自然资源的整体性特征。如王毅先生所言，电磁辐射即是一个很好的例证。电磁辐射是指能量以电磁波形式由磁源发射到空间的现象。恶化的电磁辐射环境不仅对人类生活日益依赖的通信、计算机与各种电子系统造成严重的危害，而且会对人类身体健康带来威胁。① 如果无线电频率使用不当，就会受到其他无线电台、自然噪声和人为噪声的干扰而无法正常工作，或者干扰其他无线电台站，使其不能正常工作，使之无法准确、有效和迅速地传送信息。②

实现无线电频谱资源的合理化配置，首先必须明确无线电频谱资源的所有权主体。因为只有无线电频谱资源的所有权人明确了，无线电频谱资源才可能在所有权人的意愿下加入市场交易中去。另一方面，只有所有权主体明确了，所有权的排他性才会构成滥用稀缺资源的坚固屏障，阻拦一切人的滥用和搭便车行为。有限的法律资源与人们对其不断增长的无线电频谱资源需求之间的矛盾已经在一定程度上影响了我国信息产业的法治化。无线电频谱资源的所有权归属和行使问题受到了越来越多的关注。③

就无线电频谱资源本身的属性来说，无线电频谱资源不属于一般的物，其私有化与否不仅仅是权利本身的问题，而且对国民经济的健康发展及国家的稳定和安全具有重大影响。在此意义上来讲，无线电频谱资源关乎一国的国防及国家安全，必须由国家所有。

国家对无线电频谱资源进行控制和管理是发挥无线电频谱资源效益的有效路径。在日本，据盐野宏教授介绍，与道路及河川水资源不同，“电波却并不包括在公物之中。本来，将公物法中的观点类推适用于规定电波管理的《电波法》的解释，也是可能的，但是，电波不属于传统的公物法的范畴。存在概括性公物概念的德国、法国也是一样，没有一个国家将电波作为公物从正面展开论述的。这主要是基于历史性理由，即创建公物法的时候，电波尚未成为人类支配管理的对象”④。实际上，“电波是贵重的资源，在这一点上类似于流水。从电波公物的构思出发，即从电波为国民共有的财产这一角度出发，试图将对电波利用的公共规

① 王毅、徐辉：《城市电磁环境的新问题》，载《城市管理与科技》2001 年第 3 期。

② 胡康生主编：《中华人民共和国物权法释义》，北京，法律出版社 2007 年版，第 121 页。

③ 倪旭佳、王峰：《法律视野中无线电频谱资源——我国无线电频谱所有权制度的完善方向》，载《北京理工大学学报》（哲学社会科学版）2009 年第 3 期，第 85 页。

④ ［日］盐野宏：《行政法》，杨建顺译，北京，法律出版社 1999 年版，第 751 页。

制正当化的尝试，有时也得以进行”①。根据日本2005年颁布的《电波法》第4条的规定，任何人如想设置电台必须取得部长的许可。② 由此可见，虽然日本对无线电频谱资源的所有权没有明确条文，但其通过对电台执照的行政许可表明了国家对无线电频谱资源事实上的所有权。

在中国，无线电频谱资源所有权的主体是国家。《无线电管理条例》第4条规定：“无线电频谱资源属国家所有。国家对无线电频谱资源实行统一规划、合理开发、有偿使用的原则。”《物权法》第50条也规定：“无线电频谱资源属于国家所有。”该条将无线电频谱资源归属于国家所有的立法意旨在于：“无线电频谱资源是有限的自然资源。为了充分、合理、有效地利用无线电频谱，保证各种无线电业务的正常运行，防止各种无线电业务、无线电台站和系统之间的相互干扰，本条规定无线电频谱资源属于国家所有。”③ 《民法典》对此完全承继（第252条）。

第二百五十三条

法律规定属于国家所有的文物，属于国家所有。

本条主旨

本条是关于国家依法享有文物的所有权的规定。

相关条文

《物权法》第51条　法律规定属于国家所有的文物，属于国家所有。

《文物保护法》第2条　在中华人民共和国境内，下列文物受国家保护：

（一）具有历史、艺术、科学价值的古文化遗址、古墓葬、古建筑、石窟寺和石刻、壁画；

（二）与重大历史事件、革命运动或者著名人物有关的以及具有重要纪念意义、教育意义或者史料价值的近代现代重要史迹、实物、代表性建筑；

（三）历史上各时代珍贵的艺术品、工艺美术品；

---

① ［日］盐野宏：《广播事业和行政介入》《广播的特殊性质和广播事业》，载盐野宏：《广播法制的课题》，第77、81、139、143页。转引自［日］盐野宏：《行政法》，杨建顺译，北京，法律出版社1999年版，第751页，注释①。

② 参见《日本电波法》第4条。转引自倪旭佳、王峰：《法律视野中无线电频谱资源——我国无线电频谱所有权制度的完善方向》，载《北京理工大学学报》（哲学社会科学版）2009年第3期。

③ 胡康生主编：《中华人民共和国物权法释义》，北京，法律出版社2007年版，第121～122页。

（四）历史上各时代重要的文献资料以及具有历史、艺术、科学价值的手稿和图书资料等；

（五）反映历史上各时代、各民族社会制度、社会生产、社会生活的代表性实物。

文物认定的标准和办法由国务院文物行政部门制定，并报国务院批准。

具有科学价值的古脊椎动物化石和古人类化石同文物一样受国家保护。

第 5 条　中华人民共和国境内地下、内水和领海中遗存的一切文物，属于国家所有。

古文化遗址、古墓葬、石窟寺属于国家所有。国家指定保护的纪念建筑物、古建筑、石刻、壁画、近代现代代表性建筑等不可移动文物，除国家另有规定的以外，属于国家所有。

国有不可移动文物的所有权不因其所依附的土地所有权或者使用权的改变而改变。

下列可移动文物，属于国家所有：

（一）中国境内出土的文物，国家另有规定的除外；

（二）国有文物收藏单位以及其他国家机关、部队和国有企业、事业组织等收藏、保管的文物；

（三）国家征集、购买的文物；

（四）公民、法人和其他组织捐赠给国家的文物；

（五）法律规定属于国家所有的其他文物。

属于国家所有的可移动文物的所有权不因其保管、收藏单位的终止或者变更而改变。

国有文物所有权受法律保护，不容侵犯。

理解与适用

本条是对《物权法》第 51 条的复制。

本条所谓法律规定属于国家所有的文物，主要是指《文物保护法》第 5 条等规定的文物。

文物包含或反映了当时的科学技术水平，从某个侧面反映了当时的社会政治、经济、军事、文化状况。所以，从整体来看，文物是具有历史、艺术和科学价值的历史遗存。[①] 祖国文物是文化遗产的重要组成部分，是中华民族历史发展的见证。它真实地反映了中国历史各个发展阶段的政治、经济、军事、文化、科学和社会生活的状况，蕴藏着各族人民的创造、智慧和崇高的爱国主义精神，蕴含着中华民族特有的精神价值、思维方式、想象力，体现着中华民族的生命力和创造力，对世世代代的中华儿女都有着强大的凝聚力和激励作用。[②] 这对法律提出了权利保护的必要性，而文物由国家保管和保护最安全、可靠。《物权法》反映这种需求，规定“法律规定属于国家所有的文物，属于国家所有”（第 51 条）。《民法典》予以承继（第 253 条）。

关于文物所有权的效力、行使、保护等方面的内容，则适用《民法典》第 241 条、第 242 条、第 233 条至第 239 条、第 177 条以下、第 1165 条以下的规定。

第二百五十四条

国防资产属于国家所有。

铁路、公路、电力设施、电信设施和油气管道等基础设施，依照法律规定为国家所有的，属于国家所有。

本条主旨

本条是关于国防资产归属于国家以及属于国家所有的基础设施的规定。

相关条文

《物权法》第 52 条　国防资产属于国家所有。

铁路、公路、电力设施、电信设施和油气管道等基础设施，依照法律规定为国家所有的，属于国家所有。

《电力法》第 4 条　电力设施受国家保护。

禁止任何单位和个人危害电力设施安全或者非法侵占、使用电能。

第 52 条　任何单位和个人不得危害发电设施、变电设施和电力线路设施及其有关辅助设施。

在电力设施周围进行爆破及其他可能危及电力设施安全的作业的，应当按照

---

① https://baike.baidu.com/item/%E6%96%87%E7%89%A9%E4%BB%B7%E5%80%BC/3448616?fr=aladdin. 2020 年 3 月 31 日最后访问。

② 胡康生主编：《中华人民共和国物权法释义》，北京，法律出版社 2007 年版，第 122 页。

国务院有关电力设施保护的规定，经批准并采取确保电力设施安全的措施后，方可进行作业。

《建筑法》第 42 条 有下列情形之一的，建设单位应当按照国家有关规定办理申请批准手续：

（一）需要临时占用规划批准范围以外场地的；

（二）可能损坏道路、管线、电力、邮电通讯等公共设施的；

（三）需要临时停水、停电、中断道路交通的；

（四）需要进行爆破作业的；

（五）法律、法规规定需要办理报批手续的其他情形。

《国防法》第 37 条 国家为武装力量建设、国防科研生产和其他国防建设直接投入的资金、划拨使用的土地等资源，以及由此形成的用于国防目的的武器装备和设备设施、物资器材、技术成果等属于国防资产。

国防资产归国家所有。

理解与适用

国防资产是国家用于国防目的的不动产、动产及有关权利的总和，是国有资产的重要组成部分。国防资产在国防活动中具有重大作用，如军队资产是军队训练、作战、生活的物质依托，尤其是军事基地、军事设施、武器装备、军事工程、仓库、营房等，在军事活动中起着物质支撑作用；国防科技工业资产，是研究、试制、生产武器装备及其他军用物资的物质保证，同时对于国民经济的发展也具有重要意义。

国防资产是国防活动的物质基础，如何以法治化为归依，实现其安全、完整与有效是当前国防建设的当务之急。国防资产具有社会性、公共性、专用性、封闭性特点，产权多级委托代理及内部人控制等问题的现实存在，决定了国防资产具有易致流失的天然缺陷。在对国防资产法治保护必然性及现行法制安排检讨的基础上，应当构建完善的国防资产法律保护体系，通过良法之治把国防资产流失的风险降低到最低限度。① 1988 年 1 月，国务院成立国有资产管理局，行使对包括国防资产在内的全部国有资产的管理职能；1990 年 7 月，国务院发出《关于加强国有资产管理工作的通知》；1994 年 7 月，中国人民解放军总参谋部、总政治部和总后勤部联合颁发《中国人民解放军国有资产管理

① https：//baike. baidu. com/item/%E5%9B%BD%E9%98%B2%E8%B5%84%E4%BA%A7/4856878?fr=aladdin. 2020 年 3 月 31 日最后访问。

暂行规定》。这些法规和措施，使中国在社会主义市场经济条件下的国防资产管理工作进一步走上正确的轨道。《国防法》明确“国家为武装力量建设、国防科研生产和其他国防建设直接投入的资金、划拨使用的土地等资源，以及由此形成的用于国防目的的武器装备和设备设施、物资器材、技术成果等属于国防资产”（第37条第1款）；“国防资产归国家所有”（第37条第2款）。第十届全国人民代表大会第五次会议于2007年3月16日通过《物权法》，规定“国防资产属于国家所有”（第52条第1款）。《民法典》予以承继（第254条第1款）。

如此设计的原因至少有：(1) 国防资产是由国家投资形成的，按照“谁投资，谁受益”的原理和政策，国家对国防资产享有所有权最具正当性；(2) 国家以所有权人的地位和名义利用国防资产更为可靠、便利和有效率；(3) 国防，尤其是战时急需，国家对国防资产享有所有权更具理由。

本条第2款关于“铁路、公路、电力设施、电信设施和油气管道等基础设施，依照法律规定为国家所有的，属于国家所有”的规定，也是必要的，有其理由：(1) 铁路、公路、电力设施、电信设施和油气管道等基础设施，多数由国家投资建设，按照“谁投资，谁受益”的原理和政策，国家对由其投资形成的国防资产享有所有权最具正当性；(2) 这些基础设施对于国家战略安全、国计民生起着巨大的、不可替代的作用，由国家对之享有所有权，保障性强劲。

本条所谓依照法律规定为国家所有的，主要指有关投资及其所享有的权利方面的规定，以及征收、国有化方面的规定。

第二百五十五条

国家机关对其直接支配的不动产和动产，享有占有、使用以及依照法律和国务院的有关规定处分的权利。

本条主旨

本条是关于国家机关所享物权的规定。

相关条文

《物权法》第53条　国家机关对其直接支配的不动产和动产，享有占有、使用以及依照法律和国务院的有关规定处分的权利。

《森林法》第 27 条第 1 款 国有企业事业单位、机关、团体、部队营造的林木，由营造单位经营并按照国家规定支配林木收益。

《国防法》第 38 条第 2 款 国防资产的管理机构和占有、使用单位，应当依法管理国防资产，充分发挥国防资产的效能。

第 39 条 国家保护国防资产不受侵害，保障国防资产的安全、完整和有效。

禁止任何组织或者个人破坏、损害和侵占国防资产。未经国务院、中央军事委员会或者国务院、中央军事委员会授权的机构批准，国防资产的占有、使用单位不得改变国防资产用于国防的目的。国防资产经批准不再用于国防目的的，依照有关法律、法规的规定管理。

《监狱法》第 9 条 监狱依法使用的土地、矿产资源和其他自然资源以及监狱的财产，受法律保护，任何组织或者个人不得侵占、破坏。

理解与适用

本条是对《物权法》第 53 条的复制。

本条所谓"国家机关对其直接支配的不动产和动产，享有占有、使用以及依照法律和国务院的有关规定处分的权利"，若依照所有权为占有、使用、收益和处分标的物的权利这种界定，可以说该规定承认了国家机关对其支配的财产享有所有权。不过，依据《民法典》的立法本意，国家机关所直接支配的财产仍归国家所有，本条只不过规定了国家所有权的行使方式，国家机关依法代国家行使国家所有权。[①] 再者，按照《民法典》规定的所有权类型的体系，其第 255 条处于有关国家所有权的规范之中。[②] 国家机关依其性质和权限而执行公务，无营利的功能，所需经费由财政拨款解决；其占有、使用国有财产，只是为了完成国家赋予其使命的需要，而非商业经营；法律、法规和政策也再三强调党政机关不得经商办企业，即使在占有、使用或处分国有财产的过程中确有收益，也归国家享有，所谓"收支两条线"为其表现之一，所以，《民法典》没有授予其收益的权能。

---

① 参见全国人民代表大会常务委员会法制工作委员会民法室编著：《物权法立法背景与观点全集》，北京，法律出版社 2007 年版，第 59 页。

② 持国家所有权的观点的文献包括胡康生主编：《中华人民共和国物权法释义》，北京，法律出版社 2007 年版，第 126 页；黄松有主编：《〈中华人民共和国物权法〉条文理解与适用》，北京，人民法院出版社 2007 年版，第 184～186 页；王利明、尹飞、程啸：《中国物权法教程》，北京，人民法院出版社 2007 年版，第 182 页。

第二百五十六条

国家举办的事业单位对其直接支配的不动产和动产，享有占有、使用以及依照法律和国务院的有关规定收益、处分的权利。

本条主旨

本条是关于国家举办的事业单位享有物权的规定。

相关条文

《物权法》第 54 条　国家举办的事业单位对其直接支配的不动产和动产，享有占有、使用以及依照法律和国务院的有关规定收益、处分的权利。

《森林法》第 27 条第 1 款　国有企业事业单位、机关、团体、部队营造的林木，由营造单位经营并按照国家规定支配林木收益。

《教育法》第 29 条　学校及其他教育机构行使下列权利：

…………

（七）管理、使用本单位的设施和经费；

…………

第 32 条　学校及其他教育机构具备法人条件的，自批准设立或者登记注册之日起取得法人资格。

学校及其他教育机构在民事活动中依法享有民事权利，承担民事责任。

学校及其他教育机构中的国有资产属于国家所有。

学校及其他教育机构兴办的校办产业独立承担民事责任。

《高等教育法》第 38 条　高等学校对举办者提供的财产、国家财政性资助、受捐赠财产依法自主管理和使用。

高等学校不得将用于教学和科学研究活动的财产挪作他用。

第 61 条　高等学校的举办者应当保证稳定的办学经费来源，不得抽回其投入的办学资金。

第 64 条　高等学校收取的学费应当按照国家有关规定管理和使用，其他任何组织和个人不得挪用。

理解与适用

本条是对《物权法》第 54 条的复制。

本条所谓“国家举办的事业单位对其直接支配的不动产和动产，享有占有、使用以及依照法律和国务院的有关规定收益、处分的权利”，若依照所有权为占有、使用、收益和处分标的物的权利这种界定，可以说该规定承认了国家举办的事业单位对其支配的财产享有所有权。不过，依据《民法典》的立法本意，国家举办的事业单位所直接支配的财产仍归国家所有，本条只不过规定了国家所有权的行使方式，国家举办的事业单位依法代国家行使国家所有权。[①] 再者，按照《物权法》规定的所有权类型的体系，其第 54 条处于有关国家所有权的规范之中。[②] 但应注意，事业单位，如许多房屋登记机构、测绘机构、培训单位，在占有、使用国有财产的过程中可能获得了利益，完全归属于国家，未必效果最佳，在事业单位和国家之间合理分配，可能更利于调动事业单位的积极性。就此看来，本条关于事业单位依照法律和国务院的有关规定享有收益权、处分权的规定，确有道理。

第二百五十七条

国家出资的企业，由国务院、地方人民政府依照法律、行政法规规定分别代表国家履行出资人职责，享有出资人权益。

本条主旨

本条是关于国家在其出资企业享有出资人权益的规定。

相关条文

《宪法》第 16 条　国有企业在法律规定的范围内有权自主经营。

国有企业依照法律规定，通过职工代表大会和其他形式，实行民主管理。

《民法通则》第 82 条　全民所有制企业对国家授予它经营管理的财产依法享有经营权，受法律保护。

《物权法》第 55 条　国家出资的企业，由国务院、地方人民政府依照法律、行政法规规定分别代表国家履行出资人职责，享有出资人权益。

《煤炭法》第 13 条　煤炭矿务局是国有煤矿企业，具有独立法人资格。

---

① 参见全国人民代表大会常务委员会法制工作委员会民法室编著：《物权法立法背景与观点全集》，北京，法律出版社 2007 年版，第 59 页。

② 持国家所有权的观点的文献包括胡康生主编：《中华人民共和国物权法释义》，北京，法律出版社 2007 年版，第 127～129 页；黄松有主编：《〈中华人民共和国物权法〉条文理解与适用》，北京，人民法院出版社 2007 年版，第 186～188 页；王利明、尹飞、程啸：《中国物权法教程》，北京，人民法院出版社 2007 年版，第 182～183 页。

矿务局和其他具有独立法人资格的煤矿企业、煤炭经营企业依法实行自主经营、自负盈亏、自我约束、自我发展。

《电力法》第 7 条　电力建设企业、电力生产企业、电网经营企业依法实行自主经营、自负盈亏，并接受电力管理部门的监督。

《全民所有制工业企业法》第 2 条　全民所有制工业企业（以下简称企业）是依法自主经营、自负盈亏、独立核算的社会主义商品生产和经营单位。

企业的财产属于全民所有，国家依照所有权和经营权分离的原则授予企业经营管理。企业对国家授予其经营管理的财产享有占有、使用和依法处分的权利。企业依法取得法人资格，以国家授予其经营管理的财产承担民事责任。

《公司法》第 3 条　公司是企业法人，有独立的法人财产，享有法人财产权。公司以其全部财产对公司的债务承担责任。

有限责任公司的股东以其认缴的出资额为限对公司承担责任；股份有限公司的股东以其认购的股份为限对公司承担责任。

第 4 条　公司股东依法享有资产收益、参与重大决策和选择管理者等权利。

第 65 条　国有独资公司章程由国有资产监督管理机构制定，或者由董事会制订报国有资产监督管理机构批准。

第 66 条　国有独资公司不设股东会，由国有资产监督管理机构行使股东会职权。国有资产监督管理机构可以授权公司董事会行使股东会的部分职权，决定公司的重大事项，但公司的合并、分立、解散、增加或者减少注册资本和发行公司债券，必须由国有资产监督管理机构决定；其中，重要的国有独资公司合并、分立、解散、申请破产的，应当由国有资产监督管理机构审核后，报本级人民政府批准。

前款所称重要的国有独资公司，按照国务院的规定确定。

第 67 条　国有独资公司设董事会，依照本法第四十六条、第六十六条的规定行使职权。董事每届任期不得超过三年。董事会成员中应当有公司职工代表。

董事会成员由国有资产监督管理机构委派；但是，董事会成员中的职工代表由公司职工代表大会选举产生。

董事会设董事长一人，可以设副董事长。董事长、副董事长由国有资产监督管理机构从董事会成员中指定。

第 68 条　国有独资公司设经理，由董事会聘任或者解聘。经理依照本法第四十九条规定行使职权。

经国有资产监督管理机构同意，董事会成员可以兼任经理。

第 69 条　国有独资公司的董事长、副董事长、董事、高级管理人员，未经国有资产监督管理机构同意，不得在其他有限责任公司、股份有限公司或者其他经济组织兼职。

第 70 条 国有独资公司监事会成员不得少于五人，其中职工代表的比例不得低于三分之一，具体比例由公司章程规定。

监事会成员由国有资产监督管理机构委派；但是，监事会成员中的职工代表由公司职工代表大会选举产生。监事会主席由国有资产监督管理机构从监事会成员中指定。

监事会行使本法第五十三条第（一）项至第（三）项规定的职权和国务院规定的其他职权。

《商业银行法》第 4 条 商业银行以安全性、流动性、效益性为经营原则，实行自主经营，自担风险，自负盈亏，自我约束。

商业银行依法开展业务，不受任何单位和个人的干涉。

商业银行以其全部法人财产独立承担民事责任。

理解与适用

本条是对《物权法》第 55 条的复制。

本条所谓国家出资的企业，不限于独资国有企业，国家控股的公司、国家参股的有限责任公司和股份有限公司，均属此类。

本条所谓“国家出资的企业，由国务院、地方人民政府依照法律、行政法规规定分别代表国家履行出资人职责，享有出资人权益”的规定，若结合《民法典》第 268 条关于“国家、集体和私人依法可以出资设立有限责任公司、股份有限公司或者其他企业。国家、集体和私人所有的不动产或者动产投到企业的，由出资人按照约定或者出资比例享有资产收益、重大决策以及选择经营管理者等权利并履行义务”的规定，以及《公司法》第 4 条关于“公司股东依法享有资产收益、参与重大决策和选择管理者等权利”的规定，进行解释，可以说它承认了法人所有权，国家作为出资人享有该企业中的股权。因为本条明确区分了所有权与股权，清晰地规定了国务院、地方人民政府依照法律、行政法规规定分别代表国家履行出资人职责，享有出资人权益，可以肯定地说，国家出资的企业享有法人所有权。

但是，如果结合《全民所有制工业企业法》第 2 条第 2 款关于“企业的财产属于全民所有，国家依照所有权和经营权分离的原则授予企业经营管理。企业对国家授予其经营管理的财产享有占有、使用和依法处分的权利”的规定，予以解释，似乎又可得出国家出资的企业对其经营管理的财产仅仅享有经营权，而非法人所有权的结论。

笔者认为，因为《公司法》于《全民所有制工业企业法》修订（2009 年）之后又有修订（2013 年、2018 年），而《公司法》第 3 条、第 4 条、第 65 条以下的规定，都体现的是企业对其经营管理的财产享有所有权、国家对其出资的财产享有出资人权益的意思和精神，而出资人可被称作股东，出资人权益可被叫作股权/股份，所以，根据新法优先于旧法的规则，对《民法典》第 257 条的规定依据《公司法》树立的原则、精神进行解释，具有法律依据。此其一。假如采取国家对其出资的财产享有所有权、所设企业无法人所有权的解释，则对国家参股有限责任公司、股份有限公司的案型无法说得通，只有采取“企业对其经营管理的财产享有所有权、国家对其出资的财产享有出资人权益的”的法律结构予以解释，才可立得住脚。此其二，对于独资国有企业按照“企业对其经营管理的财产享有所有权、国家对其出资的财产享有出资人权益的”的法律结构予以解释，也更合解释论的逻辑。此其三。

国家作为抽象的政治实体，无法以自己的行为亲力亲为，只得委托授权国务院、地方人民政府依照法律、行政法规规定分别代表国家履行出资人职责，享有出资人权益。对于其分工，《企业国有资产监督管理暂行条例》规定：国务院代表国家对关系国民经济命脉和国家安全的大型国有及国有控股、国有参股企业，重要基础设施和重要自然资源等领域的国有及国有控股、国有参股企业，履行出资人职责。国务院履行出资人职责的企业，由国务院确定、公布（第 5 条第 1 款）。省、自治区、直辖市人民政府和设区的市、自治州级人民政府分别代表国家对由国务院履行出资人职责以外的国有及国有控股、国有参股企业，履行出资人职责。其中，省、自治区、直辖市人民政府履行出资人职责的国有及国有控股、国有参股企业，由省、自治区、直辖市人民政府确定、公布，并报国务院国有资产监督管理机构备案；其他由设区的市、自治州级人民政府履行出资人职责的国有及国有控股、国有参股企业，由设区的市、自治州级人民政府确定、公布，并报省、自治区、直辖市人民政府国有资产监督管理机构备案（第 5 条第 2 款）。国务院，省、自治区、直辖市人民政府，设区的市、自治州级人民政府履行出资人职责的企业，以下统称所出资企业（第 5 条第 3 款）。国务院，省、自治区、直辖市人民政府，设区的市、自治州级人民政府，分别设立国有资产监督管理机构。国有资产监督管理机构根据授权，依法履行出资人职责，依法对企业国有资产进行监督管理（第 6 条第 1 款）。企业国有资产较少的设区的市、自治州，经省、自治区、直辖市人民政府批准，可以不单独设立国有资产监督管理机构（第 6 条第 2 款）。

按照《企业国有资产监督管理暂行条例》的规定，国有资产监督管理机构的主要职责是：依照《中华人民共和国公司法》等法律、法规，对所出资企业履行出资人职责，维护所有者权益；指导推进国有及国有控股企业的改革和重组；依照规定向所出资企业派出监事会；依照法定程序对所出资企业的企业负责人进行任免、考核，并根据考核结果对其进行奖惩；通过统计、稽核等方式对企业国有资产的保值增值情况进行监管；履行出资人的其他职责和承办本级政府交办的其他事项（第13条第1款）。国有资产监督管理机构的主要义务是：推进国有资产合理流动和优化配置，推动国有经济布局和结构的调整；保持和提高关系国民经济命脉和国家安全领域国有经济的控制力和竞争力，提高国有经济的整体素质；探索有效的企业国有资产经营体制和方式，加强企业国有资产监督管理工作，促进企业国有资产保值增值，防止企业国有资产流失；指导和促进国有及国有控股企业建立现代企业制度，完善法人治理结构，推进管理现代化；尊重、维护国有及国有控股企业经营自主权，依法维护企业合法权益，促进企业依法经营管理，增强企业竞争力；指导和协调解决国有及国有控股企业改革与发展中的困难和问题（第14条）。国有资产监督管理机构应当向本级政府报告企业国有资产监督管理工作、国有资产保值增值状况和其他重大事项（第15条）。

第二百五十八条

国家所有的财产受法律保护，禁止任何组织或者个人侵占、哄抢、私分、截留、破坏。

本条主旨

本条是关于国有财产保护的规定。

相关条文

《民法通则》第73条　国家财产属于全民所有。

国家财产神圣不可侵犯，禁止任何组织或者个人侵占、哄抢、私分、截留、破坏。

《物权法》第56条　国家所有的财产受法律保护，禁止任何单位和个人侵占、哄抢、私分、截留、破坏。

《草原法》第9条第1款　草原属于国家所有，由法律规定属于集体所有的除外。国家所有的草原，由国务院代表国家行使所有权。

理解与适用

本条所谓国家所有的财产范围广泛：（1）《民法典》第 247 条至第 254 条规定的矿藏、水流等诸多的不动产、动产；（2）《民法典》第 255 条规定的国家交由国家机关占有、使用的财产；（3）《民法典》第 256 条规定的国家交由事业单位占有、使用的财产；（4）国家的股权及其股息红利；（5）国家的财政收入、税收、外汇储备等。

本条所谓“侵占”是指以非法占有为目的，将其经营、管理的国有财产非法占为己有。“哄抢”是指以非法占有为目的，组织、参与多人一起强行抢夺国有财产的行为。“私分”是指违反国家关于国有财产分配管理规定，以单位名义将国有财产按人头分配给单位内全部或者部分职工的行为。“截留”是指违反国家关于国有资金等国有财产拨付、流转的决定，擅自将经手的有关国有财产据为己有或挪作他用的行为。“破坏”是指故意毁坏国有财产，影响其发挥正常功效的行为。①

对于侵占、哄抢、私分、截留、破坏国有财产的不法行为，可有公法上的制裁措施和私法上的法律后果，前者包括追究侵害人行政责任、刑事责任；后者包括物权确认请求权、物权请求权以及不当得利返还请求权、侵权损害赔偿请求权。

第二百五十九条

履行国有财产管理、监督职责的机构及其工作人员，应当依法加强对国有财产的管理、监督，促进国有财产保值增值，防止国有财产损失；滥用职权，玩忽职守，造成国有财产损失的，应当依法承担法律责任。

违反国有财产管理规定，在企业改制、合并分立、关联交易等过程中，低价转让、合谋私分、擅自担保或者以其他方式造成国有财产损失的，应当依法承担法律责任。

本条主旨

本条是关于国有财产管理的义务和责任的规定。

---

① 胡康生主编：《中华人民共和国物权法释义》，北京，法律出版社 2007 年版，第 133 页。

相关条文

《物权法》第57条　履行国有财产管理、监督职责的机构及其工作人员，应当依法加强对国有财产的管理、监督，促进国有财产保值增值，防止国有财产损失；滥用职权，玩忽职守，造成国有财产损失的，应当依法承担法律责任。

违反国有财产管理规定，在企业改制、合并分立、关联交易等过程中，低价转让、合谋私分、擅自担保或者以其他方式造成国有财产损失的，应当依法承担法律责任。

理解与适用

本条是对《物权法》第57条的复制，第1款规定国有资产管理部门及其工作人员的职责和过错责任，第2款规定在企业改制等过程中恶意造成国有资产流失的，应当依法承担法律责任。

加大对国有财产的保护力度，切实防止国有财产流失，是巩固和发展公有制经济的重要内容。从国有财产流失的主要情形看，加大对国有财产的保护力度，切实防止国有财产流失，一方面要加强对国有财产的管理、监督。根据党的十六大和十六届二中全会关于深化国有资产管理体制改革和设立专门国有资产管理监督机构的精神，经十届人大一次会议批准，设立了国务院国有资产监督管理委员会。地方各级政府也组建了相应的国有资产监督管理机构。十六届三中全会的决定指出："国有资产管理机构对授权监管的国有资本依法履行出资人职责，维护所有者权益，维护企业作为市场主体依法享有的各项权利，督促企业实现国有资本保值增值，防止国有资产流失。"另一方面要明确规定造成国有资产流失的应承担的法律责任。《中共中央 国务院关于完善产权保护制度依法保护产权的意见》要求："深化国有企业和国有资产监督管理体制改革，进一步明晰国有产权所有者和代理人关系，推动实现国有企业股权多元化和公司治理现代化，健全涉及财务、采购、营销、投资等方面的内部监督制度和内控机制，强化董事会规范运作和对经理层的监督，完善国有资产交易方式，严格规范国有资产登记、转让、清算、退出等程序和交易行为，以制度化保障促进国有产权保护，防止内部人任意支配国有资产，切实防止国有资产流失。建立健全归属清晰、权责明确、监管有效的自然资源资产产权制度"。《中国共产党第十九届中央委员会第四次全体会议公报》载明："全会提出，坚持和完善党和国家监督体系，强化对权力运行的制约和监督。党和国家监督体系是党在长期执政条件下实现自我净化、自我完善、自我革新、自我提高的重要制度保障。必须健全党统一领导、全面覆盖、权威高效的监督体系，增强监督严肃性、协同性、有效性，形成决策科学、执行坚决、监督有力的权力运行机制，构建一体推进不敢腐、不能腐、不想腐体制机制，确保党和人民赋予的权力始终用来为人民谋幸福。”

本条从法律的角度，对加大国有资产的保护力度，切实防止国有资产流失作出规定，与有关国有资产监管的法律相衔接。第 1 款对履行国有财产管理、监督职责的机构及其工作人员切实履行职责作了规定；同时，第 2 款针对现实中存在的国有财产流失的突出问题作了规定。

关于国务院国有资产监督管理委员会的职责，根据《企业国有资产监督管理暂行条例》等法律、规章的规定，大体表现在如下几个方面：(1) 根据国务院授权，依照《公司法》等法律和行政法规履行出资人职责。(2) 指导推进国有企业改革和重组；对所监管企业国有资产的保值增值进行监督，加强国有资产的管理工作；推进国有企业的现代企业制度建设，完善公司治理结构；推动国有经济结构和布局的战略性调整。(3) 代表国家向部分大型企业派出监事会；负责监事会的日常管理工作。(4) 通过法定程序对企业负责人进行任免、考核并根据其经营业绩进行奖惩；建立符合社会主义市场经济体制和现代企业制度要求的选人、用人机制，完善经营者激励和约束制度。(5) 通过统计、稽核对所监管国有资产的保值增值情况进行监管；建立和完善国有资产保值增值指标体系，拟订考核标准；维护国有资产出资人的权益。(6) 起草国有资产管理的法律、行政法规，制定有关规章制度；依法对地方国有资产管理进行指导和监督。还有三点需要注意：一是，履行国有财产管理、监督职责的机构不仅仅是中央政府和地方政府设立的国有资产监督管理委员会（局），而且包括其他机构，比如，财政部门、审计部门、水利部门、外汇管理部门、银行业监督委员会等，还有国家机关和国家举办事业单位内部设立的国有财产管理部门等，都负有一定的国有财产管理、监督职责。二是，国有财产监督管理机构应当支持企业依法自主经营，除履行出资人职责以外，不得干预企业的生产经营活动。三是，本条强调了国有财产管理、监督职责的机构的工作人员的责任。如果滥用职权，玩忽职守，造成国有资产损失的，还要依法承担行政责任、刑事责任等。①

据了解，造成国有财产流失的，主要发生在国有企业改制、合并分立、关联交易的过程中。造成国有财产损失的常见有以下的情形：(1) 低价转让。有的不按规定进行国有财产评估或者压低评估价格。有的不把国家划拨的土地计入国有股；有的对专利、商标等无形资产不作评估；有的将国有财产无偿转让或者低价

① 胡康生主编：《中华人民共和国物权法释义》，北京，法律出版社 2007 年版，第 135～136 页。

折股、低价出售给非国有单位或者个人；有的在经营活动中高价进、低价出。(2) 违反财务制度，合谋私分侵占国有财产。有的将应收账款做成呆账、坏账，有的私设“小金库”或者设立“寄生公司”，以后再侵占私分。(3) 擅自担保。有的根本不认真调查被担保人的资信情况，未经法定程序和公司章程规定，擅自向非国有单位或者个人担保，造成国有财产损失。(4) 通过管理层持股非法牟利。(5) 有的低估企业财产，虚构企业债务，以降低持股所需资金；有的不实际出资，以拟收购的企业财产作为融资担保。(6) 贪污、挪用国有财产；虚假破产，逃避债务。(7) 利用分立重组方式，把优良资产装入新企业之中，自己充任其中的股东；把债务留在原企业，使原企业空壳化，侵害银行的国有财产。(8) 直接负责的主管人员玩忽职守，导致企业破产或严重亏损等。①

上述行为引起法律责任，包括民事责任、行政责任和刑事责任。《企业国有资产监督管理暂行条例》规定：国有资产监督管理机构不按规定任免或者建议任免所出资企业的企业负责人，或者违法干预所出资企业的生产经营活动，侵犯其合法权益，造成企业国有资产损失或者其他严重后果的，对直接负责的主管人员和其他直接责任人员依法给予行政处分；构成犯罪的，依法追究刑事责任（第38条）。所出资企业中的国有独资企业、国有独资公司未按照规定向国有资产监督管理机构报告财务状况、生产经营状况和国有资产保值增值状况的，予以警告；情节严重的，对直接负责的主管人员和其他直接责任人员依法给予纪律处分（第39条）。国有及国有控股企业的企业负责人滥用职权、玩忽职守，造成企业国有资产损失的，应负赔偿责任，并对其依法给予纪律处分；构成犯罪的，依法追究刑事责任（第40条）。对企业国有资产损失负有责任受到撤职以上纪律处分的国有及国有控股企业的企业负责人，5年内不得担任任何国有及国有控股企业的企业负责人；造成企业国有资产重大损失或者被判处刑罚的，终身不得担任任何国有及国有控股企业的企业负责人（第41条）。

第二百六十条

集体所有的不动产和动产包括：

（一）法律规定属于集体所有的土地和森林、山岭、草原、荒地、滩涂；

（二）集体所有的建筑物、生产设施、农田水利设施；

（三）集体所有的教育、科学、文化、卫生、体育等设施；

① 胡康生主编：《中华人民共和国物权法释义》，北京，法律出版社2007年版，第137～138页。

（四）集体所有的其他不动产和动产。

本条主旨

本条是关于集体财产范围的规定。

相关条文

《宪法》第 9 条第 1 款　矿藏、水流、森林、山岭、草原、荒地、滩涂等自然资源，都属于国家所有，即全民所有；由法律规定属于集体所有的森林和山岭、草原、荒地、滩涂除外。

第 10 条第 2 款　农村和城市郊区的土地，除由法律规定属于国家所有的以外，属于集体所有；宅基地和自留地、自留山，也属于集体所有。

《民法通则》第 74 条第 1 款、第 2 款　劳动群众集体组织的财产属于劳动群众集体所有，包括：

（一）法律规定为集体所有的土地和森林、山岭、草原、荒地、滩涂等；

（二）集体经济组织的财产；

（三）集体所有的建筑物、水库、农田水利设施和教育、科学、文化、卫生、体育等设施；

（四）集体所有的其他财产。

集体所有的土地依照法律属于村农民集体所有，由村农业生产合作社等农业集体经济组织或者村民委员会经营、管理。已经属于乡（镇）农民集体经济组织所有的，可以属于乡（镇）农民集体所有。

《物权法》第 58 条　集体所有的不动产和动产包括：

（一）法律规定属于集体所有的土地和森林、山岭、草原、荒地、滩涂；

（二）集体所有的建筑物、生产设施、农田水利设施；

（三）集体所有的教育、科学、文化、卫生、体育等设施；

（四）集体所有的其他不动产和动产。

《土地管理法》第 9 条第 2 款　农村和城市郊区的土地，除由法律规定属于国家所有的以外，属于农民集体所有；宅基地和自留地、自留山，属于农民集体所有。

《森林法》第 3 条第 1 款　森林资源属于国家所有，由法律规定属于集体所有的除外。

《草原法》第 9 条第 1 款　草原属于国家所有，由法律规定属于集体所有的除外。国家所有的草原，由国务院代表国家行使所有权。

理解与适用

本条是对《物权法》第 58 条的复制，是对集体所有权的客体的范围的原则性规定，即除去国家专有的不动产和动产以外的不动产、动产。这是在落实《宪法》赋予集体组织在国家经济甚至社会中的地位，更是赋予集体组织的发展权。正因为表达的是发展权，也就不奇怪可由集体所有的不动产在范围、品质等方面远远弱于国家所有的不动产了。

例如，本条所谓土地，肯定不含城市的土地，即使是城市郊区甚至农村的土地也不全归集体所有。再如，海洋滩涂，只有位于浙江省的小面积的海洋滩涂属于集体所有，除此以外的海洋滩涂均归国家所有。

本条第 4 项所谓集体所有的其他不动产和动产，如集体企业所有的生产资料、半成品和成品，村建道路，村建敬老院等，均属此列。①

第二百六十一条

农民集体所有的不动产和动产，属于本集体成员集体所有。

下列事项应当依照法定程序经本集体成员决定：

（一）土地承包方案以及将土地发包给本集体以外的组织或者个人承包；

（二）个别土地承包经营权人之间承包地的调整；

（三）土地补偿费等费用的使用、分配办法；

（四）集体出资的企业的所有权变动等事项；

（五）法律规定的其他事项。

本条主旨

本条是关于农民集体所有权以及重大事项经由民主决策的规定。

相关条文

《物权法》第 59 条　农民集体所有的不动产和动产，属于本集体成员集体所有。

下列事项应当依照法定程序经本集体成员决定：

（一）土地承包方案以及将土地发包给本集体以外的单位或者个人承包；

---

① 胡康生主编：《中华人民共和国物权法释义》，北京，法律出版社 2007 年版，第 140 页。

（二）个别土地承包经营权人之间承包地的调整；

（三）土地补偿费等费用的使用、分配办法；

（四）集体出资的企业的所有权变动等事项；

（五）法律规定的其他事项。

《土地管理法》第 11 条　农民集体所有的土地依法属于村农民集体所有的，由村集体经济组织或者村民委员会经营、管理；已经分别属于村内两个以上农村集体经济组织的农民集体所有的，由村内各该农村集体经济组织或者村民小组经营、管理；已经属于乡（镇）农民集体所有的，由乡（镇）农村集体经济组织经营、管理。

第 13 条　农民集体所有和国家所有依法由农民集体使用的耕地、林地、草地，以及其他依法用于农业的土地，采取农村集体经济组织内部的家庭承包方式承包，不宜采取家庭承包方式的荒山、荒沟、荒丘、荒滩等，可以采取招标、拍卖、公开协商等方式承包，从事种植业、林业、畜牧业、渔业生产。家庭承包的耕地的承包期为三十年，草地的承包期为三十年至五十年，林地的承包期为三十年至七十年；耕地承包期届满后再延长三十年，草地、林地承包期届满后依法相应延长。

国家所有依法用于农业的土地可以由单位或者个人承包经营，从事种植业、林业、畜牧业、渔业生产。

发包方和承包方应当依法订立承包合同，约定双方的权利和义务。承包经营土地的单位和个人，有保护和按照承包合同约定的用途合理利用土地的义务。

《农村土地承包法》第 19 条　土地承包应当遵循以下原则：

（一）按照规定统一组织承包时，本集体经济组织成员依法平等地行使承包土地的权利，也可以自愿放弃承包土地的权利；

（二）民主协商，公平合理；

（三）承包方案应当按照本法第十三条的规定，依法经本集体经济组织成员的村民会议三分之二以上成员或者三分之二以上村民代表的同意；

（四）承包程序合法。

第 20 条　土地承包应当按照以下程序进行：

（一）本集体经济组织成员的村民会议选举产生承包工作小组；

（二）承包工作小组依照法律、法规的规定拟订并公布承包方案；

（三）依法召开本集体经济组织成员的村民会议，讨论通过承包方案；

（四）公开组织实施承包方案；

（五）签订承包合同。

《村民委员会组织法》第 24 条 涉及村民利益的下列事项，经村民会议讨论决定方可办理：

（一）本村享受误工补贴的人员及补贴标准；

（二）从村集体经济所得收益的使用；

（三）本村公益事业的兴办和筹资筹劳方案及建设承包方案；

（四）土地承包经营方案；

（五）村集体经济项目的立项、承包方案；

（六）宅基地的使用方案；

（七）征地补偿费的使用、分配方案；

（八）以借贷、租赁或者其他方式处分村集体财产；

（九）村民会议认为应当由村民会议讨论决定的涉及村民利益的其他事项。

村民会议可以授权村民代表会议讨论决定前款规定的事项。

法律对讨论决定村集体经济组织财产和成员权益的事项另有规定的，依照其规定。

理解与适用

本条是对《物权法》第 59 条的复制：第 1 款是关于农民集体所有权及其主体的规定，明确“集体成员集体”系所有权人；第 2 款是关于农民集体所有权的行使实行集体民主决策的规定。

“集体成员集体”，是指由全体集体成员组合而成的集体，是全体集体成员的“聚合”，它不同于该集体的领导层，如不同于村委会、村党支部或村党委，更不同于村长、村书记；也不同于单个的集体成员，因为后者是个体，而非“集体”。

本条第 2 款所列举的应由集体成员依照法定程序决定而非某个人或某几个人“说了算”的事项显示，并非农民集体组织所有的事项都由集体成员依照法定程序决定，而是“重要”的事项才由集体成员依照法定程序决定。这些重要的事项包括土地承包方案以及将土地发包给本集体以外的组织或者个人承包；个别土地承包经营权人之间承包地的调整；土地补偿费等费用的使用、分配办法；集体出资的企业的所有权变动等事项；以及法律规定的其他事项。

所谓法律规定的其他事项，按照《村民委员会组织法》第 24 条第 1 款的规定，包括本村享受误工补贴的人员及补贴标准；从村集体经济所得收益的使用；本村公益事业的兴办和筹资筹劳方案及建设承包方案；村集体经济项目的立项、承包方案；宅基地的使用方案；征地补偿费的使用、分配方案；以借贷、租赁或者其他方式处分村集体财产；村民会议认为应当由村民会议讨论决定的涉及村民利益的其他事项。

本条所谓依照法定程序，《村民委员会组织法》计有如下规定：村民会议由本村 18 周岁以上的村民组成（第 21 条第 1 款）。村民会议由村民委员会召集。有 1/10 以上的村民或者 1/3 以上的村民代表提议，应当召集村民会议。召集村民会议，应当提前 10 天通知村民（第 21 条第 2 款）。召开村民会议，应当有本村 18 周岁以上村民的过半数，或者本村 2/3 以上的户的代表参加，村民会议所作决定应当经到会人员的过半数通过。法律对召开村民会议及作出决定另有规定的，依照其规定（第 22 条第 1 款）。召开村民会议，根据需要可以邀请驻本村的企业、事业单位和群众组织派代表列席（第 22 条第 2 款）。

第二百六十二条

对于集体所有的土地和森林、山岭、草原、荒地、滩涂等，依照下列规定行使所有权：

（一）属于村农民集体所有的，由村集体经济组织或者村民委员会依法代表集体行使所有权；

（二）分别属于村内两个以上农民集体所有的，由村内各该集体经济组织或者村民小组依法代表集体行使所有权；

（三）属于乡镇农民集体所有的，由乡镇集体经济组织代表集体行使所有权。

本条主旨

本条是关于行使农民集体所有权的代表的确定根据的规定。

相关条文

《民法通则》第 74 条第 2 款　集体所有的土地依照法律属于村农民集体所有，由村农业生产合作社等农业集体经济组织或者村民委员会经营、管理。已经属于乡（镇）农民集体经济组织所有的，可以属于乡（镇）农民集体所有。

《物权法》第 60 条　对于集体所有的土地和森林、山岭、草原、荒地、滩涂等，依照下列规定行使所有权：

（一）属于村农民集体所有的，由村集体经济组织或者村民委员会代表集体行使所有权；

（二）分别属于村内两个以上农民集体所有的，由村内各该集体经济组织或者村民小组代表集体行使所有权；

（三）属于乡镇农民集体所有的，由乡镇集体经济组织代表集体行使所有权。

《土地管理法》第 11 条 农民集体所有的土地依法属于村农民集体所有的，由村集体经济组织或者村民委员会经营、管理；已经分别属于村内两个以上农村集体经济组织的农民集体所有的，由村内各该农村集体经济组织或者村民小组经营、管理；已经属于乡（镇）农民集体所有的，由乡（镇）农村集体经济组织经营、管理。

《村民委员会组织法》第 8 条第 2 款 村民委员会依照法律规定，管理本村属于村农民集体所有的土地和其他财产，引导村民合理利用自然资源，保护和改善生态环境。

理解与适用

本条是对《物权法》第 60 条的复制，区分三种情形来确定代行集体所有权的代表。

1. 对于属于村农民集体所有的土地和森林、山岭、草原、荒地、滩涂等不动产行使所有权，由村集体经济组织或者村民委员会代表集体为之。

本条所言农民集体经济组织，有个历史演变过程。它产生于 20 世纪 50 年代初的农业合作化运动，是全国农民拥有土地所有权，由全国农民组成农村集体经济组织。农村集体经济组织既不同于企业法人，又不同于社会团体，也不同于行政机关，自有其独特的政治性质和法律性质。农村集体经济组织是除国家以外对土地拥有所有权的唯一的一个组织。它是为实行社会主义公有制改造，在自然乡村范围内，由农民自愿联合，将其各自所有的生产资料（土地、较大型农具、耕畜）投入集体所有，由集体组织农业生产经营，农民进行集体劳动，各尽所能，按劳分配的农业社会主义经济组织。农村集体经济组织在人民公社解体后，生产队一级组织仍按原规模延续下来，但名称有的已变化，各地称谓不一；其经营方式，已由原来的集体经营按劳分配变为家庭经营了。人民公社自此时演变为农村集体经济组织（大队），在 1978 年改革开放后，由村民委员会（即俗称的村委会）或村民小组代表。①

本条所谓“村”，是指行政村。此处所谓村民委员会，按照《村民委员会组织法》第 2 条的规定，是指村民自我管理、自我教育、自我服务的基层群众性自

① https：//baike.baidu.com/item/%E5%86%9C%E6%9D%91%E9%9B%86%E4%BD%93%E7%BB%8F%E6%B5%8E%E7%BB%84%E7%BB%87/8511844?fr=aladdin. 2020 年 4 月 2 日最后访问。

治组织，实行民主选举、民主决策、民主管理、民主监督的组织体。它办理本村的公共事务和公益事业，调解民间纠纷，协助维护社会治安，向人民政府反映村民的意见、要求和提出建议。村民委员会向村民会议、村民代表会议负责并报告工作。

本条所谓村民小组，同样有个历史演变过程。早在人民公社时期，“三级所有，队为基础”的制度安排充分彰显出生产队在农村治理中的基础性地位。此类生产队即为村民小组，是一个行政建制单位，跟自然村高度重合的现象非常普遍。特别在南方宗族性村庄，一个村民小组（甚至一个行政村）的村民往往同属一个房支或者家族。人民公社解体后，村—组体制基本承袭了之前的大队—生产队体制。村民小组仍然是一个基础性的治理单位。尽管1998年《村民委员会组织法》规定村委会是行政村的法人代表，但村民小组依然具有较大的自主权。取消农业税后，全国许多地方都推行了合村并组的改革措施。在不少地方还取消了村民小组长，改由村干部包组。村民小组的权力被进一步削弱，甚至名存实亡。但在某些地区，如四川省，村组体制至今保留完好。村民小组仍然是一个完整的实体化治理单位。①

2. 对于分别属于村内两个以上农民集体所有的土地和森林、山岭、草原、荒地、滩涂等不动产行使所有权，由村内各该集体经济组织或者村民小组依法代表集体行使所有权。此处所谓村民小组，按照《村民委员会组织法》第3条第3款的规定，村民委员会可以根据村民居住状况、集体土地所有权关系等分设若干村民小组。第28条第3款规定：“属于村民小组的集体所有的土地、企业和其他财产的经营管理以及公益事项的办理，由村民小组会议依照有关法律的规定讨论决定，所作决定及实施情况应当及时向本村民小组的村民公布。”

3. 对于属于乡镇农民集体所有的土地和森林、山岭、草原、荒地、滩涂等不动产行使所有权，由乡镇集体经济组织代表集体行使所有权。

本条所谓乡镇集体经济组织，在某些地区叫作乡集体经济组织，在另外的地区称为镇集体经济组织。它们是原人民公社（现在的乡、镇）、生产大队（现在的村）、生产队（现在的村民小组）建制经过改革、改造、改组形成的合作经济组织。它们不同于乡镇政府，乡镇政府属于国家政权机构的基层组织。②

---

① http：//www.pkulaw.cn/fulltext_form.aspx?Db=qikan&Gid=fcd568041926795c1d52c6a53c6753b7bdfb&EncodingName=.2020年4月2日最后访问。

② https：//zhidao.baidu.com/question/296031944.html.2020年4月2日最后访问。

第二百六十三条

城镇集体所有的不动产和动产，依照法律、行政法规的规定由本集体享有占有、使用、收益和处分的权利。

本条主旨

本条是关于城镇集体所有权的规定。

相关条文

《宪法》第 8 条第 2 款、第 3 款　城镇中的手工业、工业、建筑业、运输业、商业、服务业等行业的各种形式的合作经济，都是社会主义劳动群众集体所有制经济。

国家保护城乡集体经济组织的合法的权利和利益，鼓励、指导和帮助集体经济的发展。

《物权法》第 61 条　城镇集体所有的不动产和动产，依照法律、行政法规的规定由本集体享有占有、使用、收益和处分的权利。

《森林法》第 27 条第 2 款、第 3 款、第 4 款　集体所有制单位营造的林木，归该单位所有。

农村居民在房前屋后、自留地、自留山种植的林木，归个人所有。城镇居民和职工在自有房屋的庭院内种植的林木，归个人所有。

集体或者个人承包国家所有和集体所有的宜林荒山荒地造林的，承包后种植的林木归承包的集体或者个人所有；承包合同另有规定的，按照承包合同的规定执行。

理解与适用

本条是对《物权法》第 61 条的复制，确立了与农村集体所有权并列的城镇集体所有权。

城镇集体所有制经济，是城镇劳动者集体占有和支配生产资料的社会主义公有制经济，是社会主义集体所有制经济的重要组成部分。其来源一部分是对城镇手工业者、小商贩实行合作化的结果；一部分是在国家和国营经济的指导和扶持下，组织社会闲散劳动力而成立起来的，其中多数是由劳动者自筹或部分自筹资金的自愿组合。主要形式有生产合作社、合作工厂、合作商店、劳动者集资经营的合作组织。[①] 这些组织亦即企业，就是城镇集体企业，城镇集体组织。

---

① https：//baike. baidu. com/item/%E5%9F%8E%E9%95%87%E9%9B%86%E4%BD%93%E6%89%80%E6%9C%89%E5%88%B6%E7%BB%8F%E6%B5%8E/2304834. 2020 年 4 月 2 日最后访问。

按照《城镇集体所有制企业条例》的规定，城镇集体所有制企业（以下简称城镇集体企业）是财产属于劳动群众集体所有、实行共同劳动、在分配方式上以按劳分配为主体的社会主义经济组织（第 4 条第 1 款）。城镇集体企业依法取得法人资格，以其全部财产独立承担民事责任（第 6 条）。城镇集体企业在国家法律、法规的规定范围内对其全部财产享有占有、使用、收益和处分的权利，拒绝任何形式的平调（第 21 条第 1 项）。城镇集体企业的联合经济组织的投资，归该联合经济组织范围内的劳动群众集体所有（第 38 条第 1 款）。

第二百六十四条

农村集体经济组织或者村民委员会、村民小组应当依照法律、行政法规以及章程、村规民约向本集体成员公布集体财产的状况。集体成员有权查阅、复制相关资料。

本条主旨

本条是关于代行集体所有权之人依法公布集体财产状况、集体成员享有知情权的规定。

相关条文

《物权法》第 62 条　集体经济组织或者村民委员会、村民小组应当依照法律、行政法规以及章程、村规民约向本集体成员公布集体财产的状况。

《农业法》第 73 条第 3 款　农村集体经济组织和村民委员会对涉及农民利益的重要事项，应当向农民公开，并定期公布财务账目，接受农民的监督。

《村民委员会组织法》第 29 条　村民委员会应当实行少数服从多数的民主决策机制和公开透明的工作原则，建立健全各种工作制度。

第 30 条　村民委员会实行村务公开制度。

村民委员会应当及时公布下列事项，接受村民的监督：

（一）本法第二十三条、第二十四条规定的由村民会议、村民代表会议讨论决定的事项及其实施情况；

（二）国家计划生育政策的落实方案；

（三）政府拨付和接受社会捐赠的救灾救助、补贴补助等资金、物资的管理使用情况；

（四）村民委员会协助人民政府开展工作的情况；

（五）涉及本村村民利益，村民普遍关心的其他事项。

前款规定事项中，一般事项至少每季度公布一次；集体财务往来较多的，财务收支情况应当每月公布一次；涉及村民利益的重大事项应当随时公布。

村民委员会应当保证所公布事项的真实性，并接受村民的查询。

理解与适用

本条除承继《物权法》第 62 条的规定之外，还增补了“集体成员有权查阅、复制相关资料”的规定，这为核实公布的信息是否属实、完整，在代行集体所有权之人未依法公布时，可以积极、主动地查阅相关资料，了解集体所有权及其行使的状况，很有必要。其中的复制相关资料，既是备忘的需要，更是举证证明的需要。复制相关资料可作为证据，以证明自己的主张为正当，推翻对方的主张及举证。总之，该项增补值得赞同。

集体所有的财产关系到每一个集体成员的切身利益，因此，每一个集体成员有权参与对集体财产的民主管理和民主监督。尊重集体成员的民主权利，保障集体成员的财产权益，才能调动劳动群众的积极性，推动集体经济向前发展。现实中，有的集体经济组织的管理人为政不勤、未尽职尽责地为集体办事，而是以权谋私，挥霍浪费，造成了集体财产巨大的损失，损害了广大集体成员的权益。解决这一问题的根本在于必须建立、健全民主管理、监督制度，形成有效的激励、约束、监督机制，充分调动广大集体成员的劳动积极性和创造性，促进集体经济的发展走上规范化和制度化的轨道。因此，本条从广大集体劳动群众普遍关心的和涉及群众切身利益的实际问题入手，规定了集体经济组织等行使集体财产所有权的组织应当向本集体成员公布集体财产的状况，这是完善集体事务民主监督和民主管理的基础。①

本条的含义主要有以下几项内容。②

1. 本条规范的主体是行使集体财产所有权的组织，包括农村集体经济组织、城镇集体企业，也包括代表集体行使所有权的村民委员会、村民小组。

2. 公布的内容是本集体的财产状况，包括集体所有财产总量的变化（如集体财产的收支状况、债权债务状况），所有权变动的情况（如转让、抵押），集体财产使用情况（如农村集体土地承包），集体财产分配情况（征收补偿费的分配）

---

① 胡康生主编：《中华人民共和国物权法释义》，北京，法律出版社 2007 年版，第 148～149 页。

② 这部分内容源自胡康生主编：《中华人民共和国物权法释义》，北京，法律出版社 2007 年版，第 149～150 页。

等涉及集体成员利益的重大事项。

3. 公布的要求。本条规定，应当依照法律、行政法规、章程和村规民约的规定，向本集体成员公布集体财产状况。如《村民委员会组织法》第22条规定，下列事项及其实施情况，村民委员会至少6个月向本村村民公布一次，接受村民的监督：村集体经济所得收益的使用；村办学校、村建道路等村公益事业的经费筹集方案；村集体经济项目的立项、承包方案及村公益事业的建设承包方案；村民的承包经营方案；宅基地的使用方案等。此外，公布集体财产状况，还要做到以下几点：一是公布内容简洁明了，便于集体成员了解。公布的形式和方法可根据实际情况因地制宜、灵活多样，如采用张榜公布、召开集体成员大会或者代表大会等。二是公布要做到及时。可以采取定期的形式，也可以根据集体财产重大变动事项，可以根据进展的不同阶段随时公布。三是公布要做到内容真实。公布的内容要真实可靠，有凭有据，不得谎报、虚报、瞒报。本集体成员对于公布的内容，有权进行查询，集体经济组织或者村民委员会、村民小组应当自觉接受查询。

集体经济组织或者村民委员会、村民小组没有依照法律、行政法规、章程、村规民约向本集体成员公布集体财产状况的，或者不及时公布、公布内容不真实的，本集体成员可以依照有关规定，更换有关负责人，并可以依法向有关部门反映。根据《村民委员会组织法》第22条的规定，村民委员会不及时公布应当公布的事项或者公布的事项不真实的，村民有权向乡、民族乡、镇人民政府或者县级人民政府及其有关主管部门反映。接到反映意见的乡镇人民政府或者县级人民政府及其有关主管部门，如民政局等政府机关，应当负责调查核实有关情况，责令村民委员会公布，对于经查证核实确有弄虚作假等违法行为的，应当依法追究有关人员的责任。

第二百六十五条

集体所有的财产受法律保护，禁止任何组织或者个人侵占、哄抢、私分、破坏。

农村集体经济组织、村民委员会或者其负责人作出的决定侵害集体成员合法权益的，受侵害的集体成员可以请求人民法院予以撤销。

本条主旨

本条是关于集体财产权的保护以及集体成员撤销权的规定。

相关条文

《宪法》第 12 条　社会主义的公共财产神圣不可侵犯。

国家保护社会主义的公共财产。禁止任何组织或者个人用任何手段侵占或者破坏国家的和集体的财产。

第 16 条　国有企业在法律规定的范围内有权自主经营。

国有企业依照法律规定，通过职工代表大会和其他形式，实行民主管理。

第 17 条　集体经济组织在遵守有关法律的前提下，有独立进行经济活动的自主权。

集体经济组织实行民主管理，依照法律规定选举和罢免管理人员，决定经营管理的重大问题。

《物权法》第 63 条　集体所有的财产受法律保护，禁止任何单位和个人侵占、哄抢、私分、破坏。

集体经济组织、村民委员会或者其负责人作出的决定侵害集体成员合法权益的，受侵害的集体成员可以请求人民法院予以撤销。

《农业法》第 72 条　各级人民政府、农村集体经济组织或者村民委员会在农业和农村经济结构调整、农业产业化经营和土地承包经营权流转等过程中，不得侵犯农民的土地承包经营权，不得干涉农民自主安排的生产经营项目，不得强迫农民购买指定的生产资料或者按指定的渠道销售农产品。

《乡村集体所有制企业条例》第 5 条　国家保护乡村集体所有制企业的合法权益，禁止任何组织和个人侵犯其财产。

理解与适用

本条是对《物权法》第 63 条的复制，与《宪法》第 12 条、《民法典》第 206 条、第 207 条、第 233—239 条的规定一脉相承。

本条第 1 款所谓“集体所有的财产”主要是指本法所规定的集体所有的不动产和动产，包括法律规定属于集体所有的土地和森林、山岭、草原、荒地、滩涂；集体所有的建筑物、生产设施、农田水利设施；集体所有的教育、科学、文化、卫生、体育等设施；以及集体所有的其他不动产和动产。从所有者来讲，既包括农民集体所有的财产，也包括城镇集体所有的财产。①

针对损害集体财产的主要行为，本条强调了禁止任何单位和个人侵占、哄

① 胡康生主编：《中华人民共和国物权法释义》，北京，法律出版社 2007 年版，第 151 页。

抢、私分、破坏集体财产。侵占、哄抢、私分、破坏集体所有财产的，应当根据构成要件而成立返还原物、恢复原状、赔偿损失等民事责任；触犯治安管理处罚法和刑法的，还应当承担相应的法律责任。有关单位的责任人也要依法承担行政甚至是刑事责任。

本条第2款创设了集体成员的撤销权，对于保护集体成员的合法权益，具有积极的意义。

本条所谓决定，应当是有关农村集体所有权及其行使的决定。决定的作出者或是农村集体经济组织，或是村民委员会，或是其负责人。决定生效后会侵害集体成员的合法权益。决定违反法律、法规及集体组织章程。决定首先应为行政行为，也不排除向其他民事主体作出的要约或承诺，甚至是单方允诺。行政行为可能直接构成侵权行为，也可能导致侵权行为的发生。

需要注意的是，《物权法》第63条第2款规定的集体成员撤销权，作为撤销对象的决定，依据体系解释，既可以是农村集体组织的决定，也可以是城镇集体组织的决定。[①] 但是，《民法典》第265条规定的集体成员撤销权，在可撤销的标的方面，明确地将作出决定的主体限于农村集体组织、村民委员会或者其负责人，未包含城镇集体组织。

本条所言集体成员的合法权益，不是集体成员作为一个独立于集体组织的民事主体的个人的权益，而是作为集体组织成员在集体组织中所应享有的合法权益。

在"决定"为要约或承诺或单方允诺的情况下，或者"决定"引发了与交易相对人间的法律行为的场合，如集体经济组织、村民委员会或其负责人同意了某房地产开发公司利用集体土地从事房地产开发的条件，或将集体土地出租给了第三人，存在着保护善意第三人的问题，不得损害交易安全。于此场合，宜参照《民法典》第538—542条关于债权人撤销权的规定处理。

正因如此，集体成员的撤销权具有形成权的性质，所以，该权利行使、存续的期间宜为除斥期间，或失权期间，而不应为诉讼时效期间，故下面关于该权适用诉讼时效制度的观点不正确："提起诉讼的时间，本条没有明确限制。根据民法通则的规定，除法律另有规定外，向人民法院请求保护民事权利的诉讼时效期间为二年。诉讼时效期间从知道或者应当知道权利被侵害时起计算。但是，从权利被侵害之日起超过二十年的，人民法院不予保护。有特殊情况的，人民法院可以延长诉讼时效期间。因此，集体成员从知道或者应当知道其权利被侵害时起二年内向人民法院提起诉讼，请求撤销集体经济组织或者村民委员会或其负责人作

① 胡康生主编：《中华人民共和国物权法释义》，北京，法律出版社2007年版，第152页。

出的不当决定。”①

第二百六十六条

私人对其合法的收入、房屋、生活用品、生产工具、原材料等不动产和动产享有所有权。

本条主旨

本条是关于私人所有权及其客体范围的规定。

相关条文

《宪法》第13条第1款、第2款　公民的合法的私有财产不受侵犯。

国家依照法律规定保护公民的私有财产权和继承权。

《民法通则》第75条　公民的个人财产，包括公民的合法收入、房屋、储蓄、生活用品、文物、图书资料、林木、牲畜和法律允许公民所有的生产资料以及其他合法财产。

公民的合法财产受法律保护，禁止任何组织或者个人侵占、哄抢、破坏或者非法查封、扣押、冻结、没收。

《物权法》第64条　私人对其合法的收入、房屋、生活用品、生产工具、原材料等不动产和动产享有所有权。

《外商投资法》第21条　外国投资者在中国境内的出资、利润、资本收益、资产处置所得、知识产权许可使用费、依法获得的补偿或者赔偿、清算所得等，可以依法以人民币或者外汇自由汇入、汇出。

理解与适用

本条是对《物权法》第64条的复制，确立了私人所有权的合法地位，也大致勾勒出私人所有权的客体范围。

本条所谓私人，宜被理解为自然人、个体工商户、个人独资企业、合伙、中外合资经营企业、中外合作经营企业、股份有限公司、有限责任公司，以及学校、医院、寺庙等主体。私人财产应当包括自然人、个体工商户、个人独资企业、合伙、中外合资经营企业、中外合作经营企业、股份有限公司、有限责任公

① 胡康生主编：《中华人民共和国物权法释义》，北京，法律出版社2007年版，第152～153页。

司所拥有的财产，以及学校、医院、寺庙等主体所拥有的财产。但由于中外合资经营企业、股份有限公司、有限责任公司、学校、医院等均为法人，其财产权为法人所有权，系独立于自然人的单独所有权、国家所有权、集体所有权的一种所有权类型，而《民法典》第60条专门规定了法人所有权，与第266条以下规定的私人所有权并列，故可说私人所有权不包括中外合资经营企业、股份有限公司、有限责任公司的法人所有权。由于个体工商户、个人独资企业、合伙、不具备法人资格的中外合作经营企业的财产权形式为共有权，不是单独的所有权，不过，共有权消灭时落实为自然人的单独所有权。在这个层面上，《民法典》第266条以下规定的私人所有权只能是自然人的单独所有权。不过，问题还有另一面，当私人所有权作为与国家所有权、集体所有权相并列的概念而使用时，法人所有权也应属于私人所有权。

本条所列私人所有权的客体，不仅包括生活资料，如生活用品、住房等，还包括生产资料，如生产工具、原材料等。很明显，土地、矿藏、水流、草原、山岭、滩涂、森林等自然资源均不得由私人所有，私人所有权在客体范围上大大窄于国家所有权、集体所有权。

[讨论]

《物权法》在私人所有权的标题下，规定了私人合法的储蓄、投资及其收益受法律保护（第65条），是否意味着储蓄、投资及其收益成为所有权的客体？按照通说，私人储蓄形成债权，私人投资产生股权，投资收益为股权的效力表现，都不属于所有权的范畴。笔者赞同通说，民法典删除《物权法》第65条所列储蓄诚为适当。

本条所定私人所有权，具有占有、使用、收益和处分的积极权能，也有物权请求权的消极权能。

为了社会公共利益的需要，国家依照法律规定的权限和程序可以征收私人的不动产或动产（《民法典》第243条）；因抢险救灾、疫情防控等紧急需要，依照法律规定的权限和程序可以征用私人的不动产或动产（《民法典》第245条），私人无法依其所有权予以对抗。但另一方面，在国家机关不能证明其征收系为了社会公共利益的需要，不能证明其征用系因抢险救灾、疫情防控等紧急需要的情况下，私人可以依其所有权对抗征收、征用。这也是私人所有权的效力的表现。

第二百六十七条

私人的合法财产受法律保护，禁止任何组织或者个人侵占、哄抢、破坏。

本条主旨

本条是关于私人的合法财产受法律保护的规定。

相关条文

《宪法》第 13 条第 1 款 公民的合法的私有财产不受侵犯。

《民法通则》第 75 条 公民的个人财产，包括公民的合法收入、房屋、储蓄、生活用品、文物、图书资料、林木、牲畜和法律允许公民所有的生产资料以及其他合法财产。

公民的合法财产受法律保护，禁止任何组织或者个人侵占、哄抢、破坏或者非法查封、扣押、冻结、没收。

《物权法》第 66 条 私人的合法财产受法律保护，禁止任何单位和个人侵占、哄抢、破坏。

《森林法》第 7 条 国家保护林农的合法权益，依法减轻林农的负担，禁止向林农违法收费、罚款，禁止向林农进行摊派和强制集资。

国家保护承包造林的集体和个人的合法权益，任何单位和个人不得侵犯承包造林的集体和个人依法享有的林木所有权和其他合法权益。

《外商投资法》第 5 条 国家依法保护外国投资者在中国境内的投资、收益和其他合法权益。

《合伙企业法》第 8 条 合伙企业及其合伙人的合法财产及其权益受法律保护。

理解与适用

本条所谓合法财产，是指私人享有所有权的财产，这从本条处于“所有权”这一分编之内可以得到结论。但在解释上不妨扩张其管辖范围，延伸至他物权。如此扩张解释的理由有二：一是该条的用语是“财产”，而财产不限于所有权，也包含他物权；二是可以类推适用。

本条所谓法律保护上述财产，包括公法保护和私法保护，前者包括追究侵害人行政责任、刑事责任，非经法律规定的权限和程序，不得征收、征用；后者包括物权确认请求权、物权请求权以及不当得利返还请求权、侵权损害赔偿请求权。

鉴于占有在《民法典》上是作为事实而非物权设计的（第 459—462 条），加上法律制度的分工，为避免负面结果，本条所谓私人的合法财产不包含私人的占有在内。

对本条所谓“私人的合法财产受法律保护”作反面推论，可有如下结论：(1) 拾得的遗失物，发现的地下埋藏物、隐藏物，打捞的漂流物，不受本条管辖，法律不保护拾得人之于这些物的所谓“合法财产”；(2)“私搭乱建”的违法建筑，法律不予保护，建造人不得阻碍拆除，不得主张“征收补偿款”；(3)“通过侵占、贪污、盗窃国有、集体的资产而取得财产，法律不但不予保护，而且还要依法追缴。行为人构成犯罪的，还要承担刑事责任”①。

第二百六十八条

国家、集体和私人依法可以出资设立有限责任公司、股份有限公司或者其他企业。国家、集体和私人所有的不动产或者动产投到企业的，由出资人按照约定或者出资比例享有资产收益、重大决策以及选择经营管理者等权利并履行义务。

本条主旨

本条是关于出资人在其出资企业享有权益的规定。

相关条文

《公司法》第 4 条　公司股东依法享有资产收益、参与重大决策和选择管理者等权利。

《物权法》第 67 条　国家、集体和私人依法可以出资设立有限责任公司、股份有限公司或者其他企业。国家、集体和私人所有的不动产或者动产，投到企业的，由出资人按照约定或者出资比例享有资产收益、重大决策以及选择经营管理者等权利并履行义务。

《乡镇企业法》第 10 条　农村集体经济组织投资设立的乡镇企业，其企业财产权属于设立该企业的全体农民集体所有。

农村集体经济组织与其他企业、组织或者个人共同投资设立的乡镇企业，其企业财产权按照出资份额属于投资者所有。

农民合伙或者单独投资设立的乡镇企业，其企业财产权属于投资者所有。

第 11 条　乡镇企业依法实行独立核算，自主经营，自负盈亏。

具有企业法人资格的乡镇企业，依法享有法人财产权。

第 13 条　乡镇企业按照法律、行政法规规定的企业形式设立，投资者依照

① 胡康生主编：《中华人民共和国物权法释义》，北京，法律出版社 2007 年版，第 158 页。

有关法律、行政法规决定企业的重大事项，建立经营管理制度，依法享有权利和承担义务。

《合伙企业法》第20条 合伙人的出资、以合伙企业名义取得的收益和依法取得的其他财产，均为合伙企业的财产。

《个人独资企业法》第17条 个人独资企业投资人对本企业的财产依法享有所有权，其有关权利可以依法进行转让或继承。

《乡村集体所有制企业条例》第6条第1款 乡村集体所有制企业实行自主经营，独立核算，自负盈亏。

理解与适用

本条是对《物权法》第67条的复制，表达了三层意思：(1) 国家、集体和私人依法可以出资设立公司；(2) 出资到公司的财产归公司享有物权等财产权(如知识产权)；(3) 国家、集体和私人出资后的法律地位是出资人，或曰股东，享有出资人的权益。本条所涉关系基本上适用《公司法》的有关规定。

按照《公司法》的规定，国家、集体和私人可以出资到公司中的财产，可以是货币，也可以是实物、知识产权、土地使用权等可以用货币估价并可以依法转让的非货币财产作价，除非某些财产被法律、行政法规禁止出资（第27条第1款）。公司成立后，股东不得抽逃出资（第35条）。公司是企业法人，有独立的法人财产，享有法人财产权。公司以其全部财产对公司的债务承担责任（第3条第1款）。有限责任公司的股东以其认缴的出资额为限对公司承担责任；股份有限公司的股东以其认购的股份为限对公司承担责任（第3条第2款）。国家、集体和私人出资到公司之后，依法享有资产收益、参与重大决策和选择管理者等权利（第4条）。

本条后段所谓出资人按照约定或者出资比例享有资产收益、重大决策以及选择经营管理者等权利并履行义务，表达了如下意思：(1) 在出资人对其享有的权益分配方面有约定的，依其约定，贯彻了意思自治原则；(2) 在无此约定的情况下，适用《公司法》第34条前段关于“股东按照实缴的出资比例分取红利；公司新增资本时，股东有权优先按照实缴的出资比例认缴出资”的规定；(3) 出资人享有资产收益、重大决策以及选择经营管理者等权利并履行义务。

本条所谓出资人享有资产收益之权，通过公司的盈余分配取得股息、红利(《公司法》第34条)。

国家、集体和私人出资得以享有的决策权，不是直接对所设立的公司发号施令，而是适用《公司法》的有关规定，透过股东会或股东大会的机制达到目的。

所谓《公司法》的有关规定，如第 36 条关于“有限责任公司股东会由全体股东组成。股东会是公司的权力机构，依照本法行使职权”的规定；第 37 条第 1 款关于“股东会行使下列职权：（一）决定公司的经营方针和投资计划；（二）选举和更换非由职工代表担任的董事、监事，决定有关董事、监事的报酬事项；（三）审议批准董事会的报告；（四）审议批准监事会或者监事的报告；（五）审议批准公司的年度财务预算方案、决算方案；（六）审议批准公司的利润分配方案和弥补亏损方案；（七）对公司增加或者减少注册资本作出决议；（八）对发行公司债券作出决议；（九）对公司合并、分立、解散、清算或者变更公司形式作出决议；（十）修改公司章程；（十一）公司章程规定的其他职权”的规定；第 38 条关于“首次股东会会议由出资最多的股东召集和主持，依照本法规定行使职权”的规定。

当然，国有独资公司不设股东会，由国有资产监督管理机构行使股东会职权。国有资产监督管理机构可以授权公司董事会行使股东会的部分职权，决定公司的重大事项，但公司的合并、分立、解散、增加或者减少注册资本和发行公司债券，必须由国有资产监督管理机构决定；其中，重要的国有独资公司合并、分立、解散、申请破产的，应当由国有资产监督管理机构审核后，报本级人民政府批准（《公司法》第 66 条）。

国家、集体和私人出资设立公司，享有选择经营管理者之权，也是按照《公司法》的规定行事，如依法定程序设置董事会，并且“两个以上的国有企业或者两个以上的其他国有投资主体投资设立的有限责任公司，其董事会成员中应当有公司职工代表；其他有限责任公司董事会成员中可以有公司职工代表。董事会中的职工代表由公司职工通过职工代表大会、职工大会或者其他形式民主选举产生”（第 44 条第 2 款），借助董事会的下列职权，实现出资人的利益：执行股东会的决议；决定公司的经营计划和投资方案；制订公司的年度财务预算方案、决算方案；制订公司的利润分配方案和弥补亏损方案；制订公司增加或者减少注册资本以及发行公司债券的方案；制订公司合并、分立、解散或者变更公司形式的方案；决定公司内部管理机构的设置；决定聘任或者解聘公司经理及其报酬事项，并根据经理的提名决定聘任或者解聘公司副经理、财务负责人及其报酬事项；制定公司的基本管理制度（《公司法》第 46 条）。

除此之外，国家、集体和私人出资设立公司还有权查阅、复制公司章程、股东会会议记录、董事会会议决议、监事会会议决议和财务会计报告（《公司法》第 33 条第 1 款）；有权要求查阅公司会计账簿。当然，此时应当向公司提出书面请求，说明目的。公司有合理根据认为作为出资人的国家、集体和私人查阅会计账簿有不正当目的，可能损害公司合法利益的，可以拒绝提供查阅，并应当自出资人提出书面请求之日起 15 日内书面答复出资人并说明理由。公司拒绝提供查阅的，作为出资人的国家、集体和私人可以请求人民法院要求公司提供查阅（《公司法》第 33 条第 2 款）。

国家、集体和私人作为出资人，不但享有权利，而且负有义务，如履行出资义务，遵守法律、行政法规和公司章程，依法行使股东权利，不得滥用股东权利损害公司或者其他股东的利益；不得滥用公司法人独立地位和股东有限责任损害公司债权人的利益（《公司法》第 20 条、第 27 条等）。

第二百六十九条

营利法人对其不动产和动产依照法律、行政法规以及章程享有占有、使用、收益和处分的权利。

营利法人以外的法人，对其不动产和动产的权利，适用有关法律、行政法规以及章程的规定。

本条主旨

本条是关于营利法人财产权的规定。

相关条文

《公司法》第 3 条第 1 款　公司是企业法人，有独立的法人财产，享有法人财产权。公司以其全部财产对公司的债务承担责任。

《物权法》第 68 条　企业法人对其不动产和动产依照法律、行政法规以及章程享有占有、使用、收益和处分的权利。

企业法人以外的法人，对其不动产和动产的权利，适用有关法律、行政法规以及章程的规定。

《乡镇企业法》第 11 条　乡镇企业依法实行独立核算，自主经营，自负盈亏。

具有企业法人资格的乡镇企业，依法享有法人财产权。

《乡村集体所有制企业条例》第 24 条　企业在生产经营活动中享有下列权利：

（一）占有和使用企业资产，依照国家规定筹集资金；

（二）在核准登记的范围内自主安排生产经营活动；

（三）确定企业内部机构设置和人员配备；依法招聘、辞退职工，并确定工资形式和奖惩办法；

（四）有权自行销售本企业的产品，但国务院另有规定的除外；

（五）有权自行确定本企业的产品价格、劳务价格，但国务院规定由物价部门和有关主管部门控制价格的除外；

（六）自愿参加行业协会和产品评比；

（七）依照国家规定自愿参加各种招标、投标活动，申请产品定点生产，取得生产许可证；

（八）自主订立经济合同，开展经济技术合作；

（九）依法开发和利用自然资源；

（十）依法利用外资、引进先进技术和设备，开展进出口贸易等涉外经济活动，并依照国家规定提留企业的外汇收入；

（十一）拒绝摊派和非法罚款，但法律、法规规定应当提供财力、物力、人力的除外。

理解与适用

本条是将《物权法》第 68 条稍加改造而来，第 1 款承认营利法人对其占有、使用、收益和处分的财产享有法人财产权，第 2 款系引致性规定，对于营利法人以外的法人所享有财产权的定性和定位适用相应的规定。

营利法人的财产权适用《公司法》第 3 条第 1 款前段关于“公司是企业法人，有独立的法人财产，享有法人财产权”的规定，学说将此类财产权命名为法人所有权。当然，与自然人对于某不动产或动产享有所有权相比，法人所有权有其特点。例如，其客体可以是数种、多个财产的集合，如建设用地使用权、房屋、场地、设备、工具、知识产权等。

本条第 2 款引向的法律、法规以及章程的规定，包括《民法典》第 255 条关于“国家机关对其直接支配的不动产和动产，享有占有、使用以及依照法律和国务院的有关规定处分的权利”；第 256 条关于“国家举办的事业单位对其直接支配的不动产和动产，享有占有、使用以及依照法律和国务院的有关规定收益、处分的权利”的规定；等等。

第二百七十条

社会团体法人、捐助法人依法所有的不动产和动产，受法律保护。

本条主旨

本条是关于社会团体的财产受法律保护的规定。

相关条文

《民法通则》第77条　社会团体包括宗教团体的合法财产受法律保护。

《物权法》第69条　社会团体依法所有的不动产和动产，受法律保护。

《归侨侨眷权益保护法》第7条　归侨、侨眷有权依法申请成立社会团体，进行适合归侨、侨眷需要的合法的社会活动。

归侨、侨眷依法成立的社会团体的财产受法律保护，任何组织或者个人不得侵犯。

理解与适用

本条是承继《物权法》第69条并稍加改造而来。

所谓社会团体，是指中国公民行使结社权利，自愿组成的，为实现会员的共同意愿，按照其章程开展活动的非营利性社会组织。社会团体可以是法人，也可以不是法人，但必须都是依法成立的。例如，人民群众团体（如共青团、工会、妇联）、社会公益团体（如希望工程基金会）、专业团体（如律师协会）、学术研究团体（如法学会）、宗教团体（如佛教协会）等。不过，《民法典》第270条只规范作为法人的社会团体所享有的财产权。

由于依法支配其合法财产是开展社团活动的必要条件之一，为了保障公民的结社自由，维护社会团体的合法权益，本条因而明确规定："社会团体法人……依法所有的不动产和动产，受法律保护。"

社会团体法人，按照《民法典》第90条的规定，需要具备法人条件，基于会员共同意愿，为公益目的或者会员共同利益等非营利目的设立的社会团体，经依法登记成立，取得社会团体法人资格；依法不需要办理法人登记的，从成立之日起，具有社会团体法人资格。

所谓具备法人条件，需要适用《民法典》第58条关于"法人应当依法成立"（第1款）；"法人应当有自己的名称、组织机构、住所、财产或者经费。法人成立的具体条件和程序，依照法律、行政法规的规定"（第2款）；"设立法人，法律、行政法规规定须经有关机关批准的，依照其规定"（第3款）的规定。此外，还应当依法制定法人章程、应设会员大会或者会员代表大会等权力机构、应设理事会等执行机构。理事长或者会长等负责人按照法人章程的规定担任法定代表人

（第 91 条）。

捐助法人，根据《民法典》的规定，需要具备法人条件，为公益目的以捐助财产设立的基金会、社会服务机构等，经依法登记成立，取得捐助法人资格（第 92 条第 1 款）。依法设立的宗教活动场所，具备法人条件的，可以申请法人登记，取得捐助法人资格。法律、行政法规对宗教活动场所有规定的，依照其规定（第 92 条第 2 款）。设立捐助法人应当依法制定法人章程（第 93 条第 1 款）。捐助法人应当设理事会、民主管理组织等决策机构，并设执行机构。理事长等负责人按照法人章程的规定担任法定代表人（第 93 条第 2 款）。捐助法人应当设监事会等监督机构（第 93 条第 3 款）。

本条所谓社会团体法人、捐助法人所有的不动产、动产，来源于成员的出资、成员缴纳的会费、国家拨付的资产和补助、接受捐赠的财产、社会团体积累的财产等。这些财产及其来源必须合法。① 学说认为，承认了社会团体所有权，包括人民群众团体的法人所有权、社会公益团体的法人所有权、文艺团体的法人所有权、学术研究团体的法人所有权、宗教团体的法人所有权、基金会的法人所有权等具体类型。②

本条所谓法律保护上述财产，包括公法保护和私法保护，前者包括追究侵害人行政责任、刑事责任，非经法律规定的权限和程序，不得征收、征用；后者包括物权确认请求权、物权请求权以及不当得利返还请求权、侵权损害赔偿请求权。

① 胡康生主编：《中华人民共和国物权法释义》，北京，法律出版社 2007 年版，第 165 页。

② 参见王利明、尹飞、程啸：《中国物权法教程》，北京，人民法院出版社 2007 年版，第 204～207 页。

第六章

业主的建筑物区分所有权

本章集中规定了关于业主的建筑物区分所有权的较为完备的规则，确立该权由专有权、共有权和共同管理权构成，以及专有权、共有权和共同管理权各自的构成和效力。本章对于业主生活重要又敏感的停车库、停车位着力规范，予以定位和定性。本章对于业主大会和业主委员会的权限以及业主的主要权利一一列举。

业主的建筑物区分所有权，简称为建筑物区分所有权，其称谓在不同的立法例及其理论上并不相同。法国 1938 年《有关区分各阶层不动产共有之法律》将之称作区分各阶层不动产的共有，1965 年《住宅分层所有权法》改称住宅分层所有权。意大利和英国的法律使用公寓所有权的名称。在美国，有的叫作单位所有权，有的称为水平财产权，更多的叫法是公寓所有权，不过，美国联邦住宅局制定的《公寓所有权标准示范法》及多数州的法律都采用公寓所有权的命名。瑞士则叫楼层所有权或分层建筑物所有权。日本和中国台湾地区的法律及其学说使用建筑物区分所有权的概念。[①] 1951 年 3 月 15 日的德国《住宅所有权与长期居住权法》(简称为《住宅所有权法》) 创设了住宅所有权制度。[②] 按照《住宅所有权法》第 1 条第 2 款和第 3 款的规定，住宅所有权系特定主体对同一宗土地(与其他共有人) 享有共有权与对住宅拥有特别所有权相结合的所有权。根据《住宅所有权法》第 1 条第 5 款的规定，属于共有权的对象主要是土地；同时依

① 陈华彬：《建筑物区分所有权研究》，北京，法律出版社 2007 年版，第 79～80 页；梁慧星、陈华彬：《物权法》(第 4 版)，北京，法律出版社 2007 年版，第 163 页。

② ［德］鲍尔/施蒂尔纳：《德国物权法》(上册)，张双根译，北京，法律出版社 2004 年版，第 635 页。

据《住宅所有权法》第5条第2款的规定，属于共有权的对象还有整个建筑物的“承重”结构部分以及公共设施。（对住宅的）特别所有权不可分地包含于对共有权的共有份额之中。在法律上，共有权占支配地位，而特别所有权尽管为真正的所有权，但其仅为共有权的“附属物”①。这是《德国民法典》中物的重要成分不能成为特殊权利的标的物这种一般原则（第93条、第94条）的例外。②

关于建筑物区分所有权的概念，本有一元论、二元论和三元论的分歧。一元论又分为专有权说和共有权说。按照一元论的专有权说，建筑物区分所有权，是在区分所有的建筑物的专有部分上成立的所有权。③ 一元论的共有权说以集团性、共同性为立论基础，将建筑物整体视为全体区分所有权人的共有。究其实质，是将区分所有权作为一种共有所有权予以理解和把握。④ 二元论则认为，建筑物区分所有权，是由专有部分所有权和共用部分所有权相互结合而形成的权利。⑤ 与之不同，在三元论看来，建筑物区分所有权，是包括专有部分所有权、共有部分持分权和成员权的三位一体的复合性权利。⑥ 或者说，建筑物区分所有

① 德国《联邦最高法院民事判例集》，第49卷，第250页；第50卷，第56页；第90卷，第174页；第91卷，第343页；第108卷，第156页；［德］鲍尔/施蒂尔纳：《德国物权法》（上册），张双根译，北京，法律出版社2004年版，第636～637页。

② ［德］曼弗雷德·沃尔夫：《物权法》，吴越、李大雷译，北京，法律出版社2002年版，第68页。

③ ［日］小沼进一：《建筑物区分所有之法理》，京都，法律文化社1992年版，第261～262页；［日］我妻荣：《新订物权法》，有泉亨修订，东京，岩波书店1983年版，第524～526页；［日］玉田弘毅：《公寓的法律纷争》，东京，有斐阁1984年版，第3页；史尚宽：《物权法论》，台北，荣泰印书馆股份有限公司1979年版，第109页；刘得宽：《民法诸问题与新展望》，台北，三民书局有限公司1980年版，第27页；谢在全：《民法物权论》（上册），台北，三民书局有限公司2003年7月修订2版，第369、373页；崔建远、孙佑海、王宛生：《中国房地产法研究》，北京，中国法制出版社1995年版，第174页。

④ 参见［日］小沼进一：《建筑物区分所有之法理》，京都，法律文化社1992年版，第263页；［日］加藤一郎等：《区分所有建筑物的管理与法律》，日本区分所有建筑物管理问题研究会编，1981年版，第19页；［日］星野英一：《区分所有建筑物的管理与立法的课题》，不动产研究会NBL1980年版，第38页。转引自陈华彬：《建筑物区分所有权研究》，北京，法律出版社2007年版，第85页。

⑤ ［德］鲍尔/施蒂尔纳：《德国物权法》（上册），张双根译，北京，法律出版社2004年版，第636页以下；郑玉波：《民法物权》，台北，三民书局有限公司1988年版，第76～77页；黄越钦：《住宅分层所有权之比较法研究》，载郑玉波主编：《民法物权论文选辑》（上），台北，五南图书出版公司1984年版，第437页；王泽鉴：《民法物权·通则·所有权》（总第1册），台北，三民书局有限公司2003年8月增补版，第253页以下；陈甦：《论建筑物区分所有权》，载《法学研究》1990年第5期，第43～48页。

⑥ ［德］J. Bärmann：《德国住宅所有权法》，戴东雄译，载《法学论丛》第13卷第1期，第166页；［日］丸山英气：《现代不动产法论》，大阪，清文社1989年版，第109～110页；戴东雄：《论建筑物区分所有权之理论基础》（I），载《法学论丛》第114期；陈华彬：《建筑物区分所有权研究》，北京，法律出版社2007年版，第114页。

权，是由专有权、共有权和共同管理权组成的权利。[①] 建筑物区分所有权乃专有权、共有权和共同管理权组成的权利之说，符合《民法典》第 271 条的规定，本释评书从之。

当今世界，城市人口急剧增长，住房及经营性用房的需求日益增大，然而土地资源有限。中国尤其如此。为了有效率地利用土地，解决住宅及经营性用房紧张的问题，建筑高层建筑物势所必然。为了解决用房人的资金有限，用房有限，开发的商品房易于销售，物尽其用等问题，也为了吸引小资本投入商品房市场，建筑物区分所有权制度不失为较为理想的选择。

数个建筑物区分所有权人共同生活在同一栋大厦里乃至建筑区划内，专有权和共有权交织在一起，相邻关系呈现立体化、有体和无体相结合、以共有部分为媒介、法律和规约共同调整的特色[②]，业主间的相互关系复杂，个体和集体的理念交相辉映，需要专门的建筑物区分所有权制度统一规范。

因此，《民法典》专设“业主的建筑物区分所有权”一章，共 17 个条文是完全必要的。

第二百七十一条

业主对建筑物内的住宅、经营性用房等专有部分享有所有权，对专有部分以外的共有部分享有共有和共同管理的权利。

本条主旨

本条是关于业主的建筑物区分所有权的概念的规定。

相关条文

《物权法》第 70 条　业主对建筑物内的住宅、经营性用房等专有部分享有所有权，对专有部分以外的共有部分享有共有和共同管理的权利。

法释〔2009〕7 号第 1 条　依法登记取得或者根据物权法第二章第三节规定取得建筑物专有部分所有权的人，应当认定为物权法第六章所称的业主。

---

① 胡康生主编：《中华人民共和国物权法释义》，北京，法律出版社 2007 年版，第 167～168 页；黄松有主编：《〈中华人民共和国物权法〉条文理解与适用》，北京，人民法院出版社 2007 年版，第 224 页；王利明、尹飞、程啸：《中国物权法教程》，北京，人民法院出版社 2007 年版，第 210 页。

② 崔建远、孙佑海、王宛生：《中国房地产法研究》，北京，中国法制出版社 1995 年版，第 183～184 页。

基于与建设单位之间的商品房买卖民事法律行为，已经合法占有建筑物专有部分，但尚未依法办理所有权登记的人，可以认定为物权法第六章所称的业主。

第 2 条　建筑区划内符合下列条件的房屋，以及车位、摊位等特定空间，应当认定为物权法第六章所称的专有部分：

（一）具有构造上的独立性，能够明确区分；

（二）具有利用上的独立性，可以排他使用；

（三）能够登记成为特定业主所有权的客体。

规划上专属于特定房屋，且建设单位销售时已经根据规划列入该特定房屋买卖合同中的露台等，应当认定为物权法第六章所称专有部分的组成部分。

本条第一款所称房屋，包括整栋建筑物。

第 3 条　除法律、行政法规规定的共有部分外，建筑区划内的以下部分，也应当认定为物权法第六章所称的共有部分：

（一）建筑物的基础、承重结构、外墙、屋顶等基本结构部分，通道、楼梯、大堂等公共通行部分，消防、公共照明等附属设施、设备，避难层、设备层或者设备间等结构部分；

（二）其他不属于业主专有部分，也不属于市政公用部分或者其他权利人所有的场所及设施等。

建筑区划内的土地，依法由业主共同享有建设用地使用权，但属于业主专有的整栋建筑物的规划占地或者城镇公共道路、绿地占地除外。

第 4 条　业主基于对住宅、经营性用房等专有部分特定使用功能的合理需要，无偿利用屋顶以及与其专有部分相对应的外墙面等共有部分的，不应认定为侵权。但违反法律、法规、管理规约，损害他人合法权益的除外。

理解与适用

本条是对《物权法》第 70 条的复制，明确业主的建筑物区分所有权由专有权、共有权和共同管理权构成。

一、建筑物区分所有权的界定

业主的建筑物区分所有权，简称为建筑物区分所有权，是指业主对建筑物内的住宅、经营性用房等专有部分享有所有权，对共有部分享有共有权和共同管理权的复合所有权（《民法典》第 271 条）。

本条所谓建筑物，包括住宅和经营性用房。所谓住宅，是指以居住为目的及用途，供家庭居住使用的房屋。所谓经营性用房，是指以经营为目的及用途，供商业使用的房屋。

所谓区分，有的是纵的区分，如分栋纵切；有的是横的区分，如分层横切；更多的是纵切和横切的混合，如一栋 19 层的公寓大厦被区分为 115 套房间。

所谓专有部分，是指具有构造上（物理上）和使用上的独立性，并能成为建筑物区分所有权客体的部分。① 所谓共有部分，有些立法例及其理论称作共用部分，是指专有部分以外的归业主共同所有的部分，包括楼梯、电梯、走廊、水塔、消防设备等。所谓共同管理，是指业主对于区分所有建筑物的共有部分和由此产生的共同事务所从事的管理。业主对专有部分享有专有权，对共有部分享有共有权及共同管理权。这三种权利共同构成建筑物区分所有权。

所谓业主，在《民法典》上就是建筑物区分所有权人，按照《物业管理条例》第 6 条第 1 款、法释〔2009〕7 号第 1 条的规定，是指房屋所有权人，即专有部分的所有权人，并不包括房屋承租人、占有人等。不过需要指出，在预售商品房的情况下，往往是在房屋交付给购房人很长时间后才办理房屋所有权及相应的建设用地使用权的变更登记手续。为了保护这些购房人的合法权益，不妨将这些购房人视为业主。对此，法释〔2009〕7 号已经予以了认可，于第 1 条第 2 款规定："基于与建设单位之间的商品房买卖民事法律行为，已经合法占有建筑物专有部分，但尚未依法办理所有权登记的人，可以认定为物权法第六章所称的业主。"还有，形成判决或裁决生效，导致建筑物区分所有权移转的，该所有权人亦为业主，尽管尚未办理变更登记。因继承或受遗赠取得建筑物区分所有权的，亦然。

[辨析]

业主和住户的称谓所指有所不同，前者专指建筑物区分所有权人，后者包括建筑物区分所有权人、承租人及其他经业主同意而对专有部分享有使用权的人。②

二、建筑物区分所有权的性质

1. 权利构成的复合性

建筑物区分所有权由专有权、共有权和共同管理权组成，表现出复合性。而

① 王泽鉴：《民法物权·通则·所有权》（总第 1 册），北京，三民书局有限公司 2003 年 8 月增补版，第 255 页；陈华彬：《建筑物区分所有权研究》，北京，法律出版社 2007 年版，第 120～125 页。

② 王泽鉴：《民法物权·通则·所有权》（总第 1 册），台北，三民书局有限公司 2003 年 8 月增补版，第 265 页。

一般所有权具有单一性，即它仅仅是权利人对于所有物占有、使用、收益和处分的权利，没有共有权和共同管理权。①

2. 权利客体的特定性与观念性

建筑物区分所有权的客体，包括专有部分，也包括共有部分。其中，专有部分具有特定性，而共有部分相对于全体业主而言是特定的，对于特定的业主来说则大多是以价值额的形式表现出来的，换言之，共有部分作为特定建筑物区分所有权的客体，在许多场合只具有观念性。例如，对于屋顶、电梯、绿地等共有部分，某个特定的业主无权声称对其特定部分享有占有、使用的权利。

3. 专有权的主导性

在建筑物区分所有的场合，业主的共有权包括建设用地使用权、建筑物承重结构部分以及公共设施的共有权，单就经济价值而言，共有部分的经济价值更大。于是，德国法将共同所有权（相当于中国《民法典》上的共有权）置于支配地位，而特别所有权（相当于中国《民法典》上的专有权）则仅仅为共同所有权的“附属物”，特别所有权和共同所有权的共有份是不可分离的，在共同所有权上成立的权利，也及于特别所有权，对特别所有权的废止，不影响共同所有权的存续。② 与德国法不同，从中国《民法典》第273条第2款关于“业主转让建筑物内的住宅、经营性用房，其对共有部分享有的共有和共同管理的权利一并转让”的规定观察，业主的专有权处于主导地位，共有权和共同管理权则从属于专有权。其表现之一是，如果建筑物所有权人甲将其区分所有的建筑物A出卖与建筑区划外的乙，尽管A建筑物伴有电梯、走廊、屋顶平台、绿地等共同部分，其他建筑物区分所有权人对这些共有部分也享有共有权，但他们仍无权援用《民法典》第306条关于按份共有人对份额（应有部分）享有优先购买权的规定，请求甲必须将A建筑物卖与自己，也无权就甲把A建筑物卖与乙而请求甲承担损害赔偿责任。

[学说及其论争]

在德国，有少数学者认为特别所有权（专有权）为“主物，而共有份为该主物的重要成分”③。在中国，有学者从三个方面论证了专有权的主导性：(1) 区分所有权人取得专有权，即意味着取得了共用部分持分权（共有所有权）及社员权。反之，区分所有权人丧失了专有所有权，亦即意味着丧失了共用部分持分权

---

① 王泽鉴：《民法物权·通则·所有权》（总第1册），台北，三民书局有限公司2003年8月增补版，第115页；陈华彬：《建筑物区分所有权研究》，北京，法律出版社2007年版，第120～125页。

②③ [德] 鲍尔/施蒂尔纳：《德国物权法》（上册），张双根译，北京，法律出版社2004年版，第637页。

与成员权。(2)一般而言，区分所有权人专有所有权的大小，将决定其共用部分持分权及成员权（如表决权）的大小。(3)在区分所有权成立登记上，只登记专有所有权，而共用部分持分权及成员权则不单独登记。①

4. 权利存续与处分的整体性

建筑物区分所有权的三要素原则上结为一体，在转让、抵押、继承等场合，应将它们视为一体，不宜保留其一或其二而转让、抵押其他权利。② 就其质而言，专有权、共有权和共同管理权均为建筑物区分所有权的构成部分，缺少任何一项因素都会严重伤及建筑物区分所有权，尤其是专有部分更是建筑物区分所有权须臾不可离开的因素，共同管理权和楼梯、电梯、走廊等部分的共有权若缺失，就会伤及建筑物区分所有权的筋骨，甚至导致其功效的丧失。在这个意义上说，建筑物区分所有权具有整体性。不过，某些共有部分，如作为共有部分的停车位、停车库、会所等，可以脱离建筑物区分所有权单独转让，只要不损害业主的权益，法律就没有必要禁止。

5. 人法的因素浓厚

建筑物区分所有权关系并非单纯的财产关系，其中管理关系占相当的比重，共同管理权占据突出的位置，因而人法的因素十分浓厚。这是一般所有权所不具备的。

第二百七十二条

业主对其建筑物专有部分享有占有、使用、收益和处分的权利。业主行使权利不得危及建筑物的安全，不得损害其他业主的合法权益。

本条主旨

本条是关于专有权及其行使限制的规定。

相关条文

《物权法》第71条　业主对其建筑物专有部分享有占有、使用、收益和处分的权利。业主行使权利不得危及建筑物的安全，不得损害其他业主的合法权益。

法释〔2009〕7号第2条　建筑区划内符合下列条件的房屋，以及车位、摊位等特定空间，应当认定为物权法第六章所称的专有部分：

---

①② 陈华彬：《建筑物区分所有权研究》，北京，法律出版社2007年版，第115页。

（一）具有构造上的独立性，能够明确区分；

（二）具有利用上的独立性，可以排他使用；

（三）能够登记成为特定业主所有权的客体。

规划上专属于特定房屋，且建设单位销售时已经根据规划列入该特定房屋买卖合同中的露台等，应当认定为物权法第六章所称专有部分的组成部分。

理解与适用

本条是对《物权法》第 71 条的复制，第 1 款界定构成建筑物区分所有权的专有权，第 2 款明确对行使专有权的限制。

一、专有权的概念

专有权，全称为专有部分的所有权，还可称为专有所有权，德国法叫作特别所有权，是指区分所有权人对于建筑物内的住宅、经营性用房等专有部分所享有的占有、使用、收益和处分的权利（《民法典》第 272 条前段）。

就专有权的性质，理论上意见不一，通说认为是一种空间所有权[①]，一种不动产所有权。[②]

二、专有权的客体

专有权的客体是建筑物内的住宅、经营性用房等的专有部分。在这方面，法释〔2009〕7 号第 2 条规定："建筑区划内符合下列条件的房屋，以及车位、摊位等特定空间，应当认定为物权法第六章所称的专有部分：（一）具有构造上的独立性，能够明确区分；（二）具有利用上的独立性，可以排他使用；（三）能够登记成为特定业主所有权的客体"（第 1 款）。"规划上专属于特定房屋，且建设单位销售时已经根据规划列入该特定房屋买卖合同中的露台等，应当认定为物权法第六章所称专有部分的组成部分"（第 2 款）。对此，分析如下。

1. 必须具备构造上的独立性

所谓构造上的独立性，又叫物理上的独立性，是指建筑物经过区分而形成的

① ［德］J. Bärmann：《德国住宅所有权法》，戴东雄译，载《法学论丛》第 13 卷第 1 期，第 166 页；黄越钦：《住宅分层所有权的比较法研究》，载郑玉波主编：《民法物权论文选辑》（上），台北，五南图书出版公司 1984 年版，第 440 页；梁慧星、陈华彬：《物权法》（第 4 版），北京，法律出版社 2007 年版，第 167 页；黄松有主编：《〈中华人民共和国物权法〉条文理解与适用》，北京，人民法院出版社 2007 年版，第 226 页。

② 王泽鉴：《民法物权·通则·所有权》（总第 1 册），台北，三民书局有限公司 2003 年 8 月增补版，第 257 页。

特定部分，系以墙壁、楼板等建筑构造物与建筑物的其他部分相隔离，达到适合作为物的支配的程度，客观上足以明确区划其范围。①

［引申］

建筑物经过区分而形成的特定部分是否具备构造上的独立性，涉及两项判断标准。其一，建筑物经过区分而形成的特定部分必须有明确的外部范围，亦即该项特定部分与建筑物的其他部分，在外观上存在着可资明确区别的境界标志或区分点。学说称之为“区分的明确性”。这是物权客体的独立性和一物一权主义所要求的。其二，该特定部分必须具有与建筑物的其他部分或外界隔离的构造物存在，从而具备可供人们利用的机能。构造物在通常情况下表现为屋顶、墙壁、地板、门窗等。学说称之为“遮断性”。该遮断性的需求因客体用途的不同而在严密程度上表现出差异。在住宅场合，要求具有屋顶、墙壁、地板等具有相当固定性的区隔构造物，以达与外界四周完全区隔或遮断的结果。在开放式店铺场合，以卷帘式百叶窗为区隔即符合遮断性的要求。在室内停车场，有梁柱和铁管等为区隔，便足够了。②

建筑物在构造上的独立性可能因未来建筑技术的发展、社会生活的演变而有宽严的不同，但基于建筑物所有权和土地所有权或其他建筑物所有权的支配范围必须有一定的界限，仍然是成为专有部分的必要条件。③

2. 必须具备利用上的独立性

所谓利用上的独立性，又称功能上的独立性，是指建筑物经过区分而形成的特定部分，必须可作为一建筑物单独使用，如同一般的建筑物，具有独立的经济效用，能够满足社会经济生活目的。④

通常，专有部分是否具有独立满足社会经济生活目的的功能，应依下述标准判断：一是单独使用，二是独立的经济效用。所谓单独使用，是指建筑物的专有部分无须其他部分的辅助即可独立使用。所谓独立的经济效用，是指一栋建筑物的专有部分必须具有与一般建筑物同样的独立经济效用。⑤ 专有部分是否能单独使用，有无独立的经济效用，应就其有无明确性、间隔性、通行直接性，以及存

①②③　谢在全：《民法物权论》（上册），台北，三民书局有限公司 2003 年 7 月修订 2 版，第 373、375、375 页。

④　谢在全：《民法物权论》（上册），台北，三民书局有限公司 2003 年 7 月修订 2 版，第 376 页；王泽鉴：《民法物权・通则・所有权》（总第 1 册），台北，三民书局有限公司 2003 年 8 月增补版，第 256 页；梁慧星、陈华彬：《物权法》（第 4 版），北京，法律出版社 2007 年版，第 167～168 页。

⑤　梁慧星、陈华彬：《物权法》（第 4 版），北京，法律出版社 2007 年版，第 168 页。

否专用设备和共用设备等因素加以判断。① 如果建筑物的部分具有明确性、间隔性、通行直接性，存在着专用设备，而无贮水槽、给水箱、加压设备及配电室等共用设备，则应认定它为专有部分。之所以强调不得存在共用设备，是因为存在共用设备的空间若作为专有部分，必须委托专有部分的所有权人支配它们，势必有害于区分所有的建筑物的共同利益。② 所谓通行直接性，是指有独立门户与公共走廊或公共楼梯等公共设施相通，可单独使用。如果没有独立门户，则无通行直接性。

3. 能够登记成为特定业主所有权的客体

一栋建筑物的特定部分即使已经具备专有部分的前述要件，但也只是观念和抽象的专有部分，并不必然成立建筑物区分所有权。只有在业主将该专有部分作为区分所有权客体现实化、具体化，表现于外部的情况下，才可成为专有部分。其道理在于，一人拥有一栋高楼而不区分为数个特定部分，无意使之表现为建筑物区分所有的形态，固不发生建筑物区分所有权的问题；就是数人拥有一栋高楼而不区分为数个特定部分，以共有方式享有一个楼宇所有权，纵使每个所有权人各自分管一层，也不成立建筑物区分所有权。可见，一栋高楼的全部不可能成为区分所有权的客体。③

这样现实化、具体化、表现于外部的部分能够登记为一个不动产，可以成为建筑物区分所有权的客体。

法释〔2009〕7号第2条第2款规定："规划上专属于特定房屋，且建设单位销售时已经根据规划列入该特定房屋买卖合同中的露台等，应当认定为物权法第六章所称专有部分的组成部分。"

学者把第三个要件叫作形式上的独立性要件，将前两项要件称作实质上的独立性要件。

《不动产登记暂行条例实施细则》第5条规定，有房屋等建筑物、构筑物以及森林、林木定着物的，以该房屋等建筑物、构筑物以及森林、林木定着物与土地、海域权属界线封闭的空间为不动产单元（第3款）。前款所称房屋，包括独立成幢、权属界线封闭的空间，以及区分套、层、间等可以独立使用、权属界线封闭的空间（第4款）。申请国有建设用地使用权及房屋所有权首次登记的，应当提交下列材料：(1) 不动产权属证书或者土地权属来源材料；(2) 建设工程符合规

① ［日］丸山英气：《区分所有权法》，东京，大成出版社1998年版，第21页以下。转引自王泽鉴：《民法物权·通则·所有权》（总第1册），台北，三民书局有限公司2003年8月增补版，第256页。

②③ 谢在全：《民法物权论》（上册），台北，三民书局有限公司2003年7月修订2版，第376～377、377页。

划的材料；（3）房屋已经竣工的材料；（4）房地产调查或者测绘报告；（5）相关税费缴纳凭证；（6）其他必要材料（第35条）。办理房屋所有权首次登记时，申请人应当将建筑区划内依法属于业主共有的道路、绿地、其他公共场所、公用设施和物业服务用房及其占用范围内的建设用地使用权一并申请登记为业主共有。业主转让房屋所有权的，其对共有部分享有的权利依法一并转让（第36条）。

［辨析］

在传统民法理论看来，一栋建筑物为一个物，存在一个所有权，而专有所有权以建筑物的特定部分为所有权的客体，不符合物权的客体应为独立物，违反了一物一权主义。如此，专有权乃至建筑物区分所有权都不得存在。可是，这不能满足社会生活的需要。为了协调法律原则与社会需要间的相互关系，如今的学说认为，在区分建筑物的情况下，专有部分就是一个独立之物，专有权以专有部分为客体，仍然符合一物一权主义。

三、专有部分的范围

就专有部分的范围，理论上有不同观点，大致有四说。其一，中心说，又叫壁心说，认为专有部分的范围达到墙壁、柱、地板、天花板等境界部分厚度的中心。① 其二，空间说，亦称全部属于共用部分说，认为专有部分的范围仅限于由墙壁（共同墙壁）、地板、天花板所围成的空间部分，而界限点上的分隔部分，如墙壁、地板、天花板等则为全体或部分区分所有权人共有。② 其三，最后粉刷表层说，认为专有部分包括墙壁、柱等境界部分表层所粉刷的部分，亦即境界与其他境界的本体属于共用部分，但境界壁上最后粉刷的表层则属于专有部分。③ 其四，壁心和最后粉刷表层说，又称中央部分属于共用部分，表面属于专有部分说，认为专有部分的范围应分内部关系和外部关系而论。在区分所有权人相互间，尤其是有关建筑物的维持、管理关系上，专有部分仅包含至壁、柱、地板、天花板等境界部分表层所粉刷的部分；但在外部关系上，尤其是对第三人关系

① ［日］山田幸二：《专有部分的一部分：共用部分墙壁的疑义》，载［日］玉田弘毅、森泉章、半田正夫合编：《建筑物区分所有权法》（资料），第105～106页；［日］河村贡：《建筑物区分所有权》，《大厦》第342号，第53页。转引自陈华彬：《建筑物区分所有权研究》，北京，法律出版社2007年版，第130页。

② ［日］右近健男：《区分所有与管理》，载《法律时报》第43卷第10号，第33页；［日］舟桥纯一：《物权法》，东京，有斐阁1974年版，第348页。转引自陈华彬：《建筑物区分所有权研究》，北京，法律出版社2007年版，第131页。

③ ［日］玉田弘毅：《建筑物区分所有权法逐条研究》（3），《判例时报》第342号，第53页。转引自陈华彬：《建筑物区分所有权研究》，北京，法律出版社2007年版，第132页。

上，专有部分则包含至壁、柱、地板、天花板等境界部分厚度的中心线。[①] 壁心和最后粉刷表层说能据以澄清区分所有权人相互间以及区分所有权人与第三人间的权益，符合社会的现实情形与未来的发展需要，可资赞同。[②]

专有部分面积，按照法释〔2009〕7号第8条的规定，可以按照下列方法认定：(1) 专有部分面积，按照不动产登记簿记载的面积计算；尚未进行物权登记的，暂按测绘机构的实测面积计算；尚未进行实测的，暂按房屋买卖合同记载的面积计算；(2) 建筑物总面积，按照前项的统计总和计算。

在德国法上，建筑物区分所有权自身是一项真正的所有权，专有部分、共有部分所有权等只是该所有权的"成分"，所以，业主占有、使用与处分的都是建筑物区分所有权，而并非仅仅是专有部分。[③] 中国《民法典》第272条将专有权规定为一项独立的物权，而且在第273条第2款规定，业主转让建筑物内的住宅、经营性用房，其对建筑物共有部分享有的共有和共同管理的权利一并转让。在这里，建筑物区分所有权并没有被认为是集共有权、专有权以及管理权于一身的整体性权利，而是将三者分立，并且以专有权为核心。在理论上，将建筑物区分所有权理解为专有部分所有权，与《民法典》第271条的规定并不相同。我们倾向于将建筑物区分所有权作广义的理解，即按照《民法典》第271条的规定理解。

第二百七十三条

业主对建筑物专有部分以外的共有部分，享有权利，承担义务；不得以放弃权利为由不履行义务。

业主转让建筑物内的住宅、经营性用房，其对共有部分享有的共有和共同管理的权利一并转让。

本条主旨

本条是关于构成建筑物区分所有权的共有权的规定。

---

① ［日］川岛一郎：《关于建筑物的区分所有等法律的解说》（上），载《法曹时报》第14卷第6号；［日］丸山英气：《区分所有权理论及其发展》，载《法学家》第476号。转引自陈华彬：《建筑物区分所有权研究》，北京，法律出版社2007年版，第133～134页。

② 陈华彬：《建筑物区分所有权研究》，北京，法律出版社2007年版，第134页；梁慧星、陈华彬：《物权法》（第4版），北京，法律出版社2007年版，第169页。

③ ［德］鲍尔/施蒂尔纳：《德国物权法》（上册），张双根译，北京，法律出版社2004年版，第637页以下。

相关条文

《物权法》第72条 业主对建筑物专有部分以外的共有部分，享有权利，承担义务；不得以放弃权利不履行义务。

业主转让建筑物内的住宅、经营性用房，其对共有部分享有的共有和共同管理的权利一并转让。

法释〔2009〕7号第3条 除法律、行政法规规定的共有部分外，建筑区划内的以下部分，也应当认定为物权法第六章所称的共有部分：

（一）建筑物的基础、承重结构、外墙、屋顶等基本结构部分，通道、楼梯、大堂等公共通行部分，消防、公共照明等附属设施、设备，避难层、设备层或者设备间等结构部分；

（二）其他不属于业主专有部分，也不属于市政公用部分或者其他权利人所有的场所及设施等。

建筑区划内的土地，依法由业主共同享有建设用地使用权，但属于业主专有的整栋建筑物的规划占地或者城镇公共道路、绿地占地除外。

第4条 业主基于对住宅、经营性用房等专有部分特定使用功能的合理需要，无偿利用屋顶以及与其专有部分相对应的外墙面等共有部分的，不应认定为侵权。但违反法律、法规、管理规约，损害他人合法权益的除外。

理解与适用

本条是对《物权法》第72条的复制，第1款前段界定构成建筑物区分所有权的共有权，后段宣明不得以放弃权利为由不履行义务的原则；第2款引出共同管理权，并明确建筑物区分所有权整体转让的规则，即共有权和共同管理权随同专有权的转让而一并转让。

一、共有权的概念

共有权，此处特指区分建筑物的共有部分的所有权，又叫共有部分的持分权，是指业主依照法律的规定或管理规约及业主大会的决定，对建筑物内住房或经营性用房的专有部分以外的共用部分所享有的占有、使用、收益和处分的权利（《民法典》第273条第1款前段）。

所谓共有持分，又称共同所有配分率（tantieme decopropriété）或共同所有千分率（millieme de copropriété），是指业主对共有部分的潜在的应有份额；从权利的角度观察，为共有持分权。[1]

［辨析］

严格地说，共有部分和共用部分两个概念本来有所区别。前者指明了业主对于建筑物的某些部分或建设用地使用权的所有关系，重在物权关系的本质；而后者则重在建筑物的某些成分或建设用地系供业主共同使用的属性，就其字面含义而言，不一定是业主对此项共同部分拥有所有权，可能享有租赁权或借用权等。例如，归某业主拥有的A专有部分，通过约定归全体业主使用，因而成为共用部分，但不宜称之为共有部分。不过，在中国建筑物区分所有权的法律关系及其理论中，人们略去了二者的上述差别，将之作为同一概念使用。本释评书在多数情况下也是如此，但在业主约定某专有部分为全体业主的共用部分的场合，则宜区分共有部分和共用部分两个概念。

这种共有权同一般共有权相比，存在着如下差异：（1）从主体上看，权利人的身份具有复合性。他同时是共有权人、专有权人和建筑物区分所有权人管理团体的一个成员。而一般共有权人的身份是单一的，只是共有权人。（2）从客体上看，此类共有权的客体范围十分广泛，不仅包括法定共有部分，也包括约定共有部分。而一般共有权的客体通常限于一项财产。（3）从内容上看，这种共有权包含的权利义务较为丰富，主要包括：1）全体业主对建筑物的整体所共同承受的权利义务；2）对建筑物某一部分所共同承受的权利义务；3）因一部分业主在一部共用部分上设立专用使用权而产生的权利义务；4）因对建筑物的基地的利用而发生的房地权属关系。而在一般共有权场合，共有权人的权利义务相对简单，仅指各共有人因共有财产而发生的权利义务。（4）从种类看，此类共有权可依不同标准而作出不同分类，如法定共有权和约定共有权、全体共有权和部分共有权、对建筑物的共有权和对附属建筑物的共有权等。而一般共有权在《民法典》上只有按份共有和共同共有。（5）从权利变动上看，这种共有权的变动决定于专有权的变动。而一般共有权的变动没有主从关系。此外，这种共有权随着专有权的转让而转让时，其他共有权人没有优先购买权。而在一般共有权场合，其他共有权人往往有优先购买权。[2]（6）从权利的行使方式看，这种共有权的行使要遵循法律和管理规约，常常采用持有份的方式。[3]（7）在所有权关系中，权利的存续意味着依所有权人的意思就所有物取得利益，但在建筑物区分所有权关系中，

---

① 陈华彬：《建筑物区分所有权研究》，北京，法律出版社2007年版，第176页。

② 梁慧星、陈华彬：《物权法》（第4版），北京，法律出版社2007年版，第169～170页。

③ 王利明、尹飞、程啸：《中国物权法教程》，北京，人民法院出版社2007年版，第217页。

共有权在若干方面却表现出“负担”“不利益”：1）在依建筑面积计算房价的情况下，业主（买受人）须就共有部分及共有权向房屋出卖人支付相应的房款；2）业主须就共有部分的维修分摊维修费用；3）业主须就共有部分承担相应的物业费；4）在依建筑面积计算房价的场合，业主（买受人）须就共有部分承担相应的契税；5）在征收物业税的体制下，业主须就共有部分承担相应的税金。

二、共有部分的构成与法律性质

（一）共有部分的构成

共有部分包括四种情形：一是法律、行政法规规定的共有部分；二是建筑物的基础、承重结构、外墙、屋顶等基本结构部分，通道、楼梯、大堂等公共通行部分，消防、公共照明等附属设施、设备，避难层、设备层或者设备间等结构部分；三是其他不属于业主专有部分，也不属于市政公用部分或其他权利人所有的场所及设施等（法释〔2009〕7号第3条第1款）；四是建筑区划内的土地，依法由业主共同享有建设用地使用权，除非属于业主专有的整栋建筑物的规划占地或城镇公共道路、绿地占地（法释〔2009〕7号第3条第2款）。

［拓展］

关于共有部分的第二种情形，包括自来水、电力、天然气（煤气）、管线设备等，若为专供专有部分使用的分支部分，除去该部分不致影响区分所有的建筑物的使用的，则仍属专有部分。即使该管线是在区分所有的建筑物之外与主管线相接，也是如此；它们若存在于专有部分之内，更属当然。①

关于共有部分的第三种情形，在中国台湾地区，“公寓大厦管理条例”及其理论使用共用部分的概念，表述为“区分所有人约定供共同使用的专有部分与其附属物”。认为此部分为区分所有建筑物的专有部分，具有独立性可作为区分所有权的客体，然经区分所有人的约定，供共同使用，而作为共用部分。例如，区分所有人约定作为集会室、管理室或停车库使用的专有部分，就是如此。② 但在中国《民法典》及其理论上，使用“共有部分”的概念，不得把停车库等专有部分出租或出借给全体业主使用的部分叫作“共有部分”，但可以称为“共用部分”。

（二）共有部分的法律性质

1. 共有部分的从属性

共有部分在法律上为附随于专有部分而存在的附属物或从物，具有一定的从

①② 王利明、尹飞、程啸：《中国物权法教程》，北京，人民法院出版社2007年版，第217页。

属性。例如，随着专有部分的转让而转让。当然，这种从属性是以建筑区划内的绿地、停车位、停车库、锅炉房等已经归业主共有为前提而言的，如果依照法律和商品房预售合同等法律文件规定，绿地、停车库等不归业主共有，则不存在此处的从属性，在被单独地登记为独立的不动产时，可以单独抵押、转让，我们不得以从属性为由否定此类抵押、转让。

2. 共有部分的不可分割性

所谓共有部分的不可分割，首先是指为专有部分所必需的共有部分与专有部分不可分割，如走廊等与专有部分不可分割；其次是指共有部分本身只能与专有部分一起抵押、转让，不得将共有部分的某些成分单独抵押、转让等。至于某些共有部分，如地下室、防空洞等，并非专有部分不可须臾离开的成分，可以在被单独登记为一个独立之物等条件下脱离专有部分及其他共有部分而转让给他人。

正因共有部分与专有部分不可分割，或者说共有部分附随于专有部分，使得建筑物区分所有权里的共有不同于按份共有和共同共有，属于一种特殊的共有形态[①]，有时依照按份共有处理，例如，对建筑物及其附属设施的费用分摊、收益分配等事项无约定或约定不明时，按照业主专有部分占建筑物总面积的比例确定（《民法典》第 283 条）；有时则适用共同共有的规则，例如，建筑区划内的绿地属于业主共有（《民法典》第 274 条前段）。

［提示］

建筑物区分所有权中的共有部分，其法律性质如何，存在着总有说、共同共有说、按份共有说的分歧。[②]

3. 共有部分的客体较为广泛

共有部分涉及范围甚广，主要有建设用地使用权、外墙、承重结构等，不易一一列举。《民法典》专门就建筑区划内的道路、绿地、车库等争议较大的问题设置了明文（第 274 条）。

共有部分可以是同一建筑物的共有部分，例如，同一单元的业主对本单元楼梯的共有；也可以是同一建筑区划的共有部分，例如，业主对建筑区划内规划绿地的共有。同一建筑区划可能包含数栋独立建筑物。

---

① 王利明、尹飞、程啸：《中国物权法教程》，北京，人民法院出版社 2007 年版，第 216 页。

② 详细介绍及评论，见陈华彬：《建筑物区分所有权研究》，北京，法律出版社 2007 年版，第 162～171 页。

三、共有部分的分类

（一）法定共有部分与约定共有部分

依照法律的规定，业主共同拥有建筑区划内的建筑物的某些部分乃至整栋建筑物、建设用地使用权等的场合，此类建筑物的某些部分乃至整栋建筑物、建设用地使用权不得作为专有部分使用，也不得约定为专有部分，属于法定共有部分。与此有别，业主和开发商就建筑区划内的停车位、停车库、地下室等，约定属于业主共有的场合，此类停车位等为约定共有部分。

［探讨与论辩］

有观点认为，法定共用部分，亦称性质上、构造上的共用部分。对其判断，应从该部分的内部构造及其在整体建筑物中所占的位置着眼。[①] 不同意见则主张，法定共用部分的判断不单纯以构造为基准，也必须从利用上予以综合判断。[②] 笔者认为，法律规定法定共有部分时所考虑的因素方方面面，需要全面审视。有的是基于构造上有无独立性，如建筑物的共同出入口、支柱、共同墙壁、天花板、地板等，在构造上并无独立性，不得或不宜成为专有部分，应当作为共有部分。有的虽然具有独立性，但因其为区分所有的建筑物发挥正常功能所不可或缺的设施，如中国东北地区为建筑区划内供热的锅炉房，不宜成为专有部分，应当作为共有部分。有的虽然具有独立性，设计为某业主的专有部分未尝不可，但为了保障建筑区划内全体业主的生活品质，首先推定它们为共有部分，但允许有关当事人依约定改变。绿地等即属这种情况。有的是为了避免建筑物成为无权占有，失去存在的正当根据（权源），为了减少纠纷，简化法律关系，法律不允许它成为专有部分，只能作为共有部分。建设用地使用权即属此类。

值得提出的是，区分所有的建筑物的专有部分可被约定为供业主共同使用，约定共有部分因此类约定而产生。例如，将区分所有的建筑物的专有部分约定作为传达室、会客室等。此处所谓约定，是指按照管理规约或业主大会的决议。因此，这种约定共有部分又叫规约共有部分。[③]

区分法定共有部分与约定共有部分，具有如下法律意义：（1）意思自治原则

---

① ［日］玉田弘毅：《关于建筑物区分所有的共用部分的种类、形态及其法性质》，载《不动产研究》第7卷第1号。转引自陈华彬：《建筑物区分所有权研究》，北京，法律出版社2007年版，第155页。

② ［日］丸山英气：《区分所有权的理论及其发展》，载《法学家》第476号。转引自陈华彬：《建筑物区分所有权研究》，北京，法律出版社2007年版，第155页。

③ 王泽鉴：《民法物权·通则·所有权》（总第1册），台北，三民书局有限公司2003年8月增补版，第260页。

发挥作用的空间有所差别。法定共有部分主要依法律规定予以调整。（2）在有关当事人就建筑物及其附属设施的特定部分约定为共有部分或专有部分时，可基于这种分类及其标准判断此类约定是否有效。例如，有关当事人约定电梯、走廊为专有部分，就不会依其约定发生法律效力，因为电梯、走廊是法定共有部分，当事人不得依约定加以改变。

（二）全体共有部分与一部共有部分

建筑物或其特定部分、绿地、建设用地使用权等属于建筑区划内的全体业主共有，这些共有部分即为全体共有部分。锅炉房、建设用地使用权、绿地等一般都属于全体共有部分。某层的配电室、保洁工具存放室、走廊等，仅仅供一部分业主使用，一般定为一部共有部分，除非法律另有规定或业主和开发商另有约定。究为全体共有部分或一部共有部分，应依实际使用和所有的情况加以确定。有疑义时，宜解释为全体共有部分。①

区分全体共有部分与一部共有部分，其法律意义在于，共有部分所需费用的负担和产生收益的分配规则有所不同，在法律就此未作规定、当事人就此未加约定的情况下，一部共有部分所需费用由该部分的共有权人负担，所产生的收益由该部分的共有权人分享；而全体共有部分所需费用则由全体共有权人分担，所生收益由全体共有权人分享。

四、共有权的内容

本条所谓业主对共有部分享有权利、承担义务，即共有权的内容，表现在如下几个方面。

（一）共有权人的权利

共有权的内容包含共有权人的权利和义务。共有权人的权利主要有以下四项。

1. 共有部分的使用权

使用，包括共同使用和轮流使用。作为共用设施的电梯、走廊等，依其性质可以共同使用。作为共用设施的电话、洗衣机等，因其使用具有排他性，仅可轮流使用。②

为了维修物业或公共利益，业主有权临时占用、挖掘道路、场地，但应当征得业主委员会和物业服务企业的同意（《物业管理条例》第50条第2款前段）。

业主有权利用物业共用部位、共用设施设备进行经营，应当在征得相关业

① 王泽鉴：《民法物权·通则·所有权》（总第1册），台北，三民书局有限公司2003年8月增补版，第260～261页。

② 梁慧星、陈华彬：《物权法》（第4版），北京，法律出版社2007年版，第171页。

主、业主大会、物业服务企业的同意后，按照规定办理有关手续（《物业管理条例》第 54 条前段）。

业主基于对住宅、经营性用房等专有部分特定使用功能的合理需要，无偿利用屋顶以及与其专有部分相对应的外墙面等共有部分的，不应认定为侵权。但违反法律、法规、管理规约，损害他人合法权益的除外（法释〔2009〕7 号第 4 条）。

2. 共有部分的收益权

共有权人可依规约或其共有持分权取得共有部分所生的利益（《民法典》第 283 条）。例如，外墙因悬挂他人的广告牌而取得的租金，屋顶因竖立他人的接收卫星信号的设施而取得的租金，共有的会所因他人占用而取得的租金，等等，共有权人均有权分享。

收益的分配规则，有约定的，按照约定；没有约定或者约定不明确的，按照业主专有部分占建筑物总面积的比例确定（《民法典》第 283 条）。所谓建筑总面积，是指建筑物专有部分面积之和。

3. 共有部分的保存、修缮、改良的权利

业主有权修缮共有部分，但应当事先告知物业服务企业参见（《物业管理条例》第 52 条第 1 款）。

业主有权依法改变公共建筑和共用设施的用途，但应当在依法办理有关手续后告知物业服务企业（《物业管理条例》第 49 条第 2 款前段）。

4. 物权请求权

业主对于共有部分享有物的返还请求权、排除妨害请求权、消除危险请求权（《民法典》第 286 条第 2 款中段）。

建设单位或其他行为人擅自占用、处分业主共有部分、改变其使用功能或者进行经营性活动，权利人请求排除妨害、恢复原状、确认处分行为无效或者赔偿损失的，人民法院应予支持（法释〔2009〕7 号第 14 条第 1 款）。属于前述所称擅自进行经营性活动的情形，权利人请求行为人将扣除合理成本之后的收益用于补充专项维修资金或业主共同决定的其他用途的，人民法院应予支持。行为人对成本的支出及其合理性承担举证责任（法释〔2009〕7 号第 14 条第 2 款）。

业主或其他行为人违反法律、法规、国家相关强制性标准、管理规约，或违反业主大会、业主委员会依法作出的决定，实施下列行为的，可以认定为《物权法》第 83 条第 2 款所称的其他“损害他人合法权益的行为”：（1）损害房屋承重结构，损害或违章使用电力、燃气、消防设施，在建筑物内放置危险、放射性物品等危及建筑物安全或妨碍建筑物正常使用；（2）违反规定破坏、改变建筑物外墙面的形状、颜色等损害建筑物外观；（3）违反规定进行房屋装饰装修；（4）违章加建、改建，侵占、挖掘公共通道、道路、场地或其他共有部分（法释〔2009〕7号第15条）。于此场合，业主有权行使物权请求权及损害赔偿请求权。

（二）共有权人的义务

1. 按照共有部分的本来用途使用共有部分

所谓本来用途，又称固有用途，是指按照共有部分的种类、位置、构造、性质或依管理规约规定的共有部分的目的或用途使用共有部分。① 对此，《物业管理条例》规定，物业管理区域内按照规划建设的公共建筑和共用设施，不得改变用途（第7条第2项、第49条第1款）。业主依法确需改变公共建筑和共用设施用途的，应当在依法办理有关手续后告知物业服务企业（第49条第2款前段）。

当然，对某些非按其本来用途使用共有部分，但无损于建筑物的保存和不违背业主的共同利益的，则应允许。例如，为求走廊的美观，允许在墙壁上悬挂字画或镜架。②

2. 分担共同费用和负担

对于建筑物共有部分及其附属设施的保存、修缮乃至改良，业主应当按照国家有关规定交纳专项维修资金（《物业管理条例》第7条第4项、第53条第1款）。专项维修资金属于业主所有，专项用于物业保修期满后物业共用部位、共用设施设备的维修和更新、改造，不得挪作他用（《物业管理条例》第53条第2款）。

建筑物共有部分及其附属设施的费用分摊等事项，有约定的，按照约定；没有约定或者约定不明确的，按照业主专有部分占建筑物总面积的比例确定（《民法典》第283条）。所谓约定，可以表现为管理规约，也可以表现为业主大会的决定。所谓建筑物总面积，可能是指一栋区分所有的建筑物的面积之和，也可能是指整个建筑区划内的全部建筑物的面积之和。究竟何指，需要根据保存、修缮乃至改良的对象及其与业主的利益关系来确定。如果保存、修缮的对象为A楼的电梯，则建筑物总面积为A楼的面积总和。如果保存、修缮乃至改良的对象为建筑区划内的入口、为全部区分所有的房间供热的锅炉房等，则建筑物总面积为建筑区划内的全部建筑物的面积总和。对此，法释〔2009〕7号第8条第2项规定："建筑物总面积，按照前项的统计总和计算。"

所谓业主专有部分占建筑物总面积的比例，属于一种算定共有持分的基准。所谓共有持分，是指业主对共有部分的潜在的应有份额（应有部分）。③

---

①② 梁慧星、陈华彬：《物权法》（第4版），北京，法律出版社2007年版，第171页。

③ 王利明、尹飞、程啸：《中国物权法教程》，北京，人民法院出版社2007年版，第218～220页；陈华彬：《建筑物区分所有权研究》，北京，法律出版社2007年版，第176～178页。

[引申]

实际上，关于共有持分的算定基准，有关立法例及其理论并不统一。(1) 法国 1965 年制定并实施至今的《住宅分层所有权法》第 5 条规定，共有持分按照"与建筑物的使用无关系的享益部分的性质、表面积及位置所形成的诸价值"算定。所谓享益部分的性质，是指该享益部分的物质状态和物理构造。所谓表面积，包括基地面积、专有面积和实质面积。所谓享益部分的位置，是指从享益部分所能瞭望到的视野、享益部分的明亮程度、日照及闲静状态等。《住宅分层所有权法》规定的此项关于共有持分的算定基准的基本依据是专有部分的相对价值。① (2) 美国 1962 年的《公寓大厦所有权创设示范法》(The Federal Housing Administration's Model Statute for the Creation of Apartment Ownership, 1962) 第 6 条 A 规定，以专有部分与整个财产价值的比率为依据算定共有持分。但在加利福尼亚州，持分比例被推定为每一区分单位相等。② 学者则主张应以个别区分所有权人的专有部分与整个财产价值的比例决定其持分比例。③ (3) 日本《建筑物区分所有权法》第 14 条规定，各共有人的份额，依其所有的专有部分面积与整个区分所有建筑物专有部分的总面积的比例确定。(4)《瑞士民法典》第 712 条之五第 1 项和第 712 条之八第 3 项规定，各共有人的持分比例，应以不动产价值或建筑权价额的百分数或千分数表示。但个别区分所有权人对某些共同部分、公用设备未有受益或受益甚微时，分摊上述费用时应予适当照顾。④ (5) 新加坡在实践中采取以下方法确定持分比例的大小：专有部分地板总面积 100 平方米以下的，持分为 3.0；101～200 平方米的，持分为 4.0；201～300 平方米的，持分为 5.0；301 平方米以上的，持分为 6.0。⑤ (6) 中国台湾地区的学说推定为均等。⑥

共有持分与按份共有中的份额（应有部分）有所不同：(1) 份额（应有部分）可以独立转让、抵押、抛弃，甚至还产生优先购买权；共有持分则不得如此，若建筑物所有权人将其建筑物、构筑物及其附属设施出卖与他人，其他建筑

① [日] 小沼进一：《建筑物区分所有之法理》，京都，法律文化社 1992 年版，第 186～188 页。转引自陈华彬：《建筑物区分所有权研究》，北京，法律出版社 2007 年版，第 176～177 页。

② Cal. Civ Code § 1353. 转引自陈华彬：《建筑物区分所有权研究》，北京，法律出版社 2007 年版，第 177 页。

③ Edward M. Rose, Condominium in California - The verge of an Era, 36 *Southern California Law Review*, 364 (1963). 转引自陈华彬：《建筑物区分所有权研究》，北京，法律出版社 2007 年版，第 177 页。

④ 陈华彬：《建筑物区分所有权研究》，北京，法律出版社 2007 年版，第 177～178 页。

⑤ [日] 稻本洋之助（监修）：《公寓管理之考察》，大阪，清文社 1993 年版，第 38～39 页。转引自陈华彬：《建筑物区分所有权研究》，北京，法律出版社 2007 年版，第 178 页。

⑥ 戴东雄：《论建筑物区分所有权之理论基础 I》，载《法学丛刊》第 114 期。转引自陈华彬：《建筑物区分所有权研究》，北京，法律出版社 2007 年版，第 178 页。

物区分所有权人对此无权主张优先购买权。(2) 份额（应有部分）是财产份额，而共有持分的意义窄于此，不是全部的财产份额，仅仅是业主的专有部分在建筑物总面积中的比例。(3) 份额（应有部分）是并且首先是确定和衡量按份共有人的权利义务的基本依据，而共有持分只有在没有约定或约定不明时才发挥如下作用：1) 确定业主享有建设用地使用权的比例；2) 业主按照共有持分行使管理权；3) 业主依据共有持分分担费用和负担；4) 业主依据共有持分获得收益。[1]

3. 征得同意的义务

因维修物业或公共利益，业主确需临时占用、挖掘道路、场地的，应当征得业主委员会和物业服务企业的同意；物业服务企业确需临时占用、挖掘道路、场地的，应当征得业主委员会的同意（《物业管理条例》第 50 条第 2 款）。

利用物业共用部位、共用设施设备进行经营的，应当在征得相关业主、业主大会、物业服务企业的同意后，按照规定办理有关手续。（《物业管理条例》第 54 条前段）。

4. 告知义务

业主需要装饰装修房屋的，应当事先告知物业服务企业（《物业管理条例》第 52 条第 1 款）。

5. 协助义务

物业存在安全隐患，危及公共利益及他人合法权益时，责任人应当及时维修养护，有关业主应当给予配合（《物业管理条例》第 55 条第 1 款）。

6. 恢复原状的义务

业主应当将临时占用、挖掘的道路、场地，在约定期限内恢复原状（《物业管理条例》第 50 条第 3 款）。

五、业主不得以放弃权利为由不履行义务

义务，乃应为的负担，具有法律的强制性。权利，作为一种利益，虽然在一般情况下可被放弃，但于其与义务交织在一起的时候，以放弃权利为对价不履行义务很可能害及相对人的权益。若果真害及，则不得以放弃权利为对价而不履行义务，否则，就是对相对人的损害，违背诚信原则和公平原则。特别是在建筑物区分所有权中的共有关系中，与共有权相伴随的义务及其履行对于其他共有人，甚至对于区分所有的建筑物，都关系较大甚至重大，例如，拒不缴纳维修基金，可能导致电梯无修理资金而只得停运，甚至因无力清除下水道的堵塞而致使水淹

① 王利明、尹飞、程啸：《中国物权法教程》，北京，人民法院出版社 2007 年版，第 219～220 页。

建筑区划小区。诸如此类的场合，业主履行义务是必须的，必要的，是放弃权利替代不了的。因此，本条第 1 款后段明确规定，业主不得以放弃权利为由不履行义务。例如，业主不得以不使用电梯为由，不交纳电梯维修费用；在集中供暖的情况下，不得以冬季不在此住宅居住为由，不交纳暖气费用。①

六、共同管理权

本条第 2 款所谓“共同管理的权利”，学说称之为共同管理权，是指业主对于共有部分和共同事务从事管理的权利。它具有如下法律性质。

1. 共同管理权是基于业主间的共同关系而生的权利

建筑物区分所有权的成立，以一栋建筑物为基础。在该栋建筑物上，各业主的专有部分通过共同墙壁、地板和天花板等共有部分相互连接，使彼此的用役面如火柴盒一般，紧密地堆砌在一起。各业主为了使用专有部分必须利用共有部分；各业主在行使专有权时不得妨碍其他业主对其专有部分的使用和违反全体业主的共同利益。这种建筑物的构造、权属及其行使的不可分离关系，使业主间形成事实上的共同体关系。为了维持该共同体关系的存续和发展，尤其为了管理相互间的共同事务及共有部分的使用、收益，每个业主不得不享有共同管理权。②

2. 共同管理权是独立于专有权和共有权以外的权利

专有权和共有权中虽也含有必须遵守管理规约等内容，但这不过是为了全体业主的利益所加以的限制，无法囊括表决权、参与订立规约权、选举和解除管理人之权、请求召集业主大会或代表大会之权等内容。而表决权等权利又是建筑物区分所有权不可或缺的组成内容，为了维持建筑物区分所有权的完整性，使之发挥出全部功效，将表决权等归入共同管理权无疑是必要的，也是可能的。由此也可看出，共同管理权是专有权和共有权以外的权利。③

3. 共同管理权是专属于业主的权利

共同管理权虽然是管理共有部分和共同事务的权利，但离开专有部分则肯定大异其趣，乃至不复存在，而专有权为业主所独享，因而说共同管理权是专属于业主的权利。

4. 共同管理权是与区分所有的建筑物相始终的权利

由于共同管理权是基于业主间的共同关系而生的权利，业主间的共同关系是基于专有权和共有权之间的相互关联而生的，只要区分所有的建筑物存在，业主

---

① 胡康生主编：《中华人民共和国物权法释义》，北京，法律出版社 2007 年版，第 171 页。

②③ 梁慧星、陈华彬：《物权法》（第 4 版），北京，法律出版社 2007 年版，第 172、172～173 页。

间的共同关系即会存续，原则上不得终止。可见，共同管理权是与区分所有的建筑物相始终的权利。①

七、整体转让

本条第 2 款明确表达了转让区分所有的建筑物的专有权时共有权和共同管理权一并转让的意思，即建筑物区分所有权的整体转让性。这是因为建筑物区分所有权的三要素原则上结为一体，在转让、抵押、继承等场合，应将它们视为一体，不宜保留其一或其二而转让、抵押其他权利。② 就其质而言，专有权、共有权和共同管理权均为建筑物区分所有权的构成部分，缺少任何一项因素都会严重伤及建筑物区分所有权，尤其是专有部分更是建筑物区分所有权须臾不可离开的因素。若无专有权，则即便享有共有权和共同管理，于业主也无助益。这样的业主若怀有雷锋精神，则纯为他人服务；若无善良之意，则会搅局，损害其他业主的利益。转换视角，共同管理权和楼梯、电梯、走廊等部分的共有权若缺失，就会伤及建筑物区分所有权的筋骨，甚至导致其功效的丧失。因为仅有专有权的业主缺乏共有权和共同管理权，又得不到其他业主的允许，寸步难行，专有部分出现问题，也难以修补。在这个意义上说，建筑物区分所有权具有整体性，显现出本条第 2 款的规定十分必要。

不过，某些共有部分，如作为共有部分的停车位、停车库、会所等，可以脱离建筑物区分所有权单独转让，只要不损害业主的权益，法律就没有必要禁止。在这个意义上，本条第 2 款的规定涵盖过宽，应设但书，规定例外情形，却没有设置，构成法律漏洞，应予目的性限缩，承认例外。

第二百七十四条

建筑区划内的道路，属于业主共有，但是属于城镇公共道路的除外。建筑区划内的绿地，属于业主共有，但是属于城镇公共绿地或者明示属于个人的除外。建筑区划内的其他公共场所、公用设施和物业服务用房，属于业主共有。

本条主旨

本条是关于建筑区划内的道路、绿地、其他公共场所、公用设施和物业服务用房的归属的规定。

---

① 梁慧星、陈华彬：《物权法》（第 4 版），北京，法律出版社 2007 年版，第 173 页。

② 陈华彬：《建筑物区分所有权研究》，北京，法律出版社 2007 年版，第 115 页。

相关条文

《物权法》第 73 条　建筑区划内的道路，属于业主共有，但属于城镇公共道路的除外。建筑区划内的绿地，属于业主共有，但属于城镇公共绿地或者明示属于个人的除外。建筑区划内的其他公共场所、公用设施和物业服务用房，属于业主共有。

《物业管理条例》第 37 条　物业管理用房的所有权依法属于业主。未经业主大会同意，物业服务企业不得改变物业管理用房的用途。

理解与适用

本条是对《物权法》第 73 条的复制，前段明确建筑区划内的道路归业主共有，但属于城镇公共道路的除外；中段明确建筑区划内的绿地归业主共有，但属于城镇公共绿地或明示属于个人的除外；后段规定建筑区划内的其他公共场所、公用设施和物业服务用房，属于业主共有。

一、建筑区划内的道路归属

建筑区划内的道路位于建筑区划内，与国有建设用地使用权相附合而成为该建设用地使用权的组成部分，其归属自然随同国有建设用地使用权。在该建设用地使用权由开发商自国土资源管理部门之处通过出让方式而取得时，位于建筑区划内的道路应归开发商所有。在开发商出卖商品房并将道路公摊入出售的商品房的面积之中时，该道路归属于业主共有。这是思路之一。思路之二是，把道路看作独立于国有建设用地使用权的另一不动产，类似于构筑物，适用《民法典》第 352 条正文的规定，结论仍是道路归属于其位于的国有建设用地的使用权人。就是说，这两种思路的结论是一样的。

本条所谓但属于城镇公共道路的除外，指的应是用地规划设计文件已经确定某建筑区划内的某条道路属于城镇公共道路，或是用地规划设计文件没有如此确定，但其后国家通过征收的途径将某建筑区划内的某条道路变成城镇公共道路。如果是用地规划设计文件确定的，公正的处理方式应是国土资源部门出让给某开发商的国有建设用地使用权中不包括公共道路这部分，或者说不收取公共道路所占建设用地的出让金。如果用地规划设计文件没有确定建筑区划内设有公共道路，事后又不征收，那么，建筑区划内不应有城镇公共道路。

二、建筑区划内的绿地归属

建筑区划内的绿地归属于谁，取决于诸多因素。例如，绿地属于城镇公共绿地的，不得归属于开发商、某特定的业主、全体业主（《民法典》第 274 条中段但书）。除此而外，绿地可以归全体业主共有，也可以归特定的业主单独所有，还可以被保留在开发商之手。究竟如何，需要具体分析如下。

绿地尚未被单独登记为一项不动产时，只能被公摊到区分所有建筑物的面积之中，由业主共有。开发商保留部分区分所有的建筑物场合，作为业主，对绿地享有共有权，不得享有单独的所有权，否则，就是对其他业主的合法权益的侵害。因而，《民法典》第 274 条中段规定，建筑区划内的绿地，属于业主共有。

绿地已被单独地登记为一项不动产时，可以按照临时规约或商品房预售合同或销售合同的约定归某特定的业主享有，也可以依临时规约归全体业主共有，还可被保留在开发商之手。对此，《民法典》第 274 条中段但书规定，绿地被明示归属于个人的，由该个人所有。此处所谓个人，包括业主和开发商。

应当注意的是，商品房预售合同或销售合同的约定欠缺公示方式，其他预购人或买受人难以知晓，加上合同相对性的限制，通过商品房预售合同或销售合同约定某特定区块的绿地归属于某业主，并非理想的途径，而经公示的临时规约予以确定则较为理想。

还有，应当注意，绿地归属于某特定业主或开发商，若被不适当地利用，导致其他业主的生活品质严重降低时，这些业主或业主委员会有权制止。

在绿地归属于某特定业主或开发商的情况下，其他业主有权基于相邻关系规则利用绿地。

绿地于其被单独地登记为一项不动产的情况下，可于其上设立消极地役权。

三、建筑区划内的公共场所的归属

本条所谓建筑区划内的公共场所，包括建筑区划内的小型广场、小型公园、娱乐室、体育场馆等公共场所。其归属的确定原则应是：用地规划设计文件已经确定此类公共场所归属于市政的，或是用地规划设计文件没有如此确定，但其后国家通过征收的途径将其变成市政所有的，就据此确定。如果是用地规划设计文件确定的，公正的处理方式应是国土资源部门出让给某开发商的国有建设用地使用权中不包括公共场所这部分面积，或者说不收取公共场所所占建设用地的出让金。如果用地规划设计文件没有确定建筑区划内设有公共场所，事后又不征收，那么，这些公共场所不属于市政，而以业主共有为原则。

假如把这些公共场所确定给开发商或是某个或某些业主，就难以保障它们持续地、正常地供业主利用，难免发生纠纷。

四、建筑区划内的公用设施的归属

（一）确定归属的思路和原则

本条后段所谓公用设施，包括建筑物的基础、承重结构、外墙、屋顶等基本结构部分，通道、电梯、楼梯、大堂等公共通行部分，消防、公共照明等附属设施、设备，避难层、设备层或者设备间等结构部分（法释〔2009〕7号第3条第1款第1项）。确定这些公用设施属于共有部分还是专有部分，抑或单独所有权的客体，需要综合考虑以下因素：（1）它是否或能够被单独登记为一个独立之物。如果尚未被单独登记为一个独立之物，则应为共有部分；反之，可以成为专有部分或单独所有权的客体。不过，锅炉房等建筑物登记与否均不影响成为共有部分。（2）建筑物区分所有权的本质属性。我们确定建筑物的基础、承重结构、外墙、屋顶等基本结构部分，通道、电梯、楼梯、大堂等公共通行部分，消防、公共照明等附属设施、设备，避难层、设备层或者设备间等结构部分的性质和所属，不得违背建筑物区分所有权的本质属性。（3）法律、行政法规的强制性规定。如果法律、行政法规的强制性规定就此作了专门规定，该规定应为我们确定其性质和所属的依据。当然，此类强制性规定不应违反前述原理。（4）有关当事人的约定。如果有关当事人在不违反前述（1）（2）（3）的前提下，就此作了约定，应依其约定。（5）停车库、停车位的问题将在《民法典》第275条、第276条的“理解与适用”中讨论。

（二）建筑物的基础、承重结构及附属设施的归属

建筑物的基础、承重结构等基本结构部分，通道、电梯、楼梯、大堂等公共通行部分，消防、公共照明等附属设施、设备，避难层、设备层或者设备间等结构部分原则上应属业主共有（法释〔2009〕7号第3条第1款第1项），以免背离建筑物区分所有权的本质属性，给众多的业主带来极大的负面后果。

（三）区分所有建筑物的外墙的归属

外墙可用于悬挂广告等，产生可观的利益，归属于谁，引人注目。方案可能有三：其一，归业主共有；其二，归特定业主专有；其三，归开发商所有。

笔者认为，外墙不得归属于开发商，只能由业主享有。其理由在于，外墙不具有独立的物理构造，不具有独立的经济价值，一句话，不是独立之物，因而不得被登记为独立的不动产，不得独立交易。如此，外墙在法律上也只能与区分所有建筑物结合在一起，归属于建筑物区分所有权人，即业主。开发商不得单独取

得外墙的所有权，不过，它作为业主的一分子时，可以取得建筑物区分所有权，包括以相应比例获得外墙的共有权。

有观点主张，数人区分一建筑物而各有一部，除该建筑物及附属物的共同部分被推定为各共有人的共有之外，建筑物的外墙属于区分所有权人的专有部分。① 反对意见则认为，建筑物的结构为建筑物的存在要素，不能区分由各共有人专有而各有一部，建筑物的外墙自应由各共有人共有，外墙的使用应依当地习惯及使用方法以为决定。② 本释评书赞同后一种意见，理由有二：(1) 外墙不符合专有部分的界定。专有部分是以地板、天花板、界墙的中心线向里围成的空间，而外墙处于该中心线以外。(2) 设计为专有部分也难做到时时事事都物尽其用，如因悬挂的广告牌巨大，作为某特定业主专有部分的外墙容纳不下，需要利用其他特定业主所专有的外墙，却遭拒绝，丧失良机。如果采取共有部分的法律设计，业主委员会很容易地处理此类问题。总之，外墙作为共有部分，符合共有部分的界定、建筑物区分所有权的属性和效率原则，最为适当。

需要指出，尽管外墙作为共有部分最为适当，但若通过规约或业主大会约定某部分外墙作为专用部分，由某业主取得专用权，应依其约定。③ 法释〔2009〕7号原则上将外墙作为共有部分，但在法律、行政法规规定外墙为专有部分的，依其规定（第3条第1款第1项）。

还要指出，外墙虽然原则上为共有部分，但若业主基于对住宅、经营性用房等专有部分特定使用功能的合理需要，无偿利用与其专有部分相对应的外墙面的，不应认定为侵权，除非违反了法律、法规、管理规约，损害他人的合法权益（法释〔2009〕7号第4条）。

（四）区分所有建筑物的屋顶平台

1. 区分所有建筑物的屋顶平台未被登记为一项不动产场合的归属

区分所有建筑物的屋顶平台，一般都未被单独登记为一项独立的不动产，没有单独的所有权证，因而不得单独作为一项财产，留给开发商自己，或作为买卖物出售与他人，只能公摊到区分所有建筑物的面积之中，归业主共有（法释

① 中国台湾地区台北地方法院1980年度法律座谈会上提出的甲说，中国台湾地区“高等法院”的审查意见，“司法院”第一庭的研究意见。转引自王泽鉴：《民法物权·通则·所有权》（总第1册），台北，三民书局有限公司2003年8月增补版，第271、272页。

② 中国台湾地区台北地方法院1980年度法律座谈会上提出的乙说；中国台湾地区“公寓大厦管理条例”第8条第1项及其解释；王泽鉴：《民法物权·通则·所有权》（总第1册），台北，三民书局有限公司2003年8月增补版，第272页。

③ 参见王泽鉴：《民法物权·通则·所有权》（总第1册），台北，三民书局有限公司2003年8月增补版，第264页。

〔2009〕7号第3条第1款第1项)。即使开发商留有部分区分所有的建筑物，它也只能以业主的身份，对屋顶平台享有共有权，而非单独的所有权。

屋顶平台归业主共有，原因有二：(1) 商品房预售合同或销售合同明文约定屋顶平台归业主共有。(2) 商品房预售合同或销售合同没有约定屋顶平台的归属，依据建筑物区分所有权的原理，屋顶平台事关业主的切身利益和实际使用的需要，应当推定屋顶平台归业主共有。

在屋顶平台归业主共有的情况下，全体业主或业主委员会有权将屋顶出租，收取租金；但不得单独出卖，因为它不是一个独立之物。还有，业主若基于对住宅、经营性用房等专有部分特定使用功能的合理需要，无偿利用屋顶的，不应认定为侵权，除非违反了法律、法规、管理规约，损害他人的合法权益（法释〔2009〕7号第4条)。

2. 区分所有建筑物的屋顶平台已被登记为一项不动产场合的归属

在屋顶平台被单独地登记为一项不动产的情况下，屋顶平台相当于一个区分所有的建筑物，其上竖立着一个单独的所有权。它可以依据商品房预售合同或销售合同归某特定的业主享有，也可以依据商品房预售合同或销售合同的约定归全体业主共有，还可被保留在开发商之手，或出卖给业主之外的第三人。

业主对屋顶平台尽管需要，但终究不如建筑物的基础、承重结构等基本结构部分，通道、电梯、楼梯、大堂等公共通行部分，消防、公共照明等附属设施那样不可或缺。因此，开发商与业主之间在商品房买卖合同等文件中对此有约定归属的，不妨依其约定；若无约定，则应共有。

不过，应当注意，屋顶平台归属于某特定业主或开发商或第三人，若导致其他业主的建筑物区分所有权难以发挥应有的作用，业主遭受严重的损害时，这些业主或业主委员会有权主张上述约定无效。

屋顶平台于其被单独地登记为一项不动产的情况下，可以作为借用物、租赁物，还可以于其上设立地役权。

在屋顶平台归属于某特定的业主或开发商或第三人的情况下，其他业主可以基于相邻关系规则利用屋顶，对抗屋顶平台所有权人利用屋顶平台损害其他业主合法权益的主张。

(五) 地下室

1. 地下室未被登记为一项不动产场合的归属

地下室未被单独地登记为一项不动产的场合，只能被公摊到区分所有建筑物的面积之中，由业主共有。开发商保留部分区分所有的建筑物场合，作为业主对地下室享有共有权，不得享有单独的所有权，否则，就是对业主的合法权益的侵害。

2\. 地下室已被登记为一项不动产场合的归属

地下室已被单独地登记为一项不动产时，相当于一套区分所有的建筑物，其上竖立着一个建筑物区分所有权。它可以按照商品房预售合同或销售合同的约定归某特定的业主享有，也可以依约归全体业主共有，还可被保留在开发商之手，或出卖与第三人。

业主对地下室尽管需要，但终究不如建筑物的基础、承重结构等基本结构部分，通道、电梯、楼梯、大堂等公共通行部分，消防、公共照明等附属设施那样不可或缺。因此，开发商与业主之间在商品房买卖合同等文件中对此有约定归属的，不妨依其约定；若无约定，则应共有。

不过，应当注意，地下室归属于某特定业主或开发商或第三人，若导致其他业主的建筑物区分所有权难以发挥应有的作用，业主遭受严重的损害时，这些业主或业主委员会有权主张上述约定无效。

在地下室归属于某特定业主或开发商或第三人的情况下，其他业主有权基于相邻关系规则利用地下室，对抗地下室的所有权人侵害自己合法权益的主张。

地下室于其被单独地登记为一项不动产的情况下，可以作为借用物、租赁物，还可以于其上设立地役权。

地下室可能被区隔了若干停车位、停车库，用于停放车辆。于此场合，确定地下室的归属及利用，还要结合停车位、停车库的归属及利用的规则。

(六) 防空洞

防空洞归属于谁，同样取决于它是否被单独登记为一项不动产，如果它尚未被单独登记，则只能作为区分所有建筑物的组成部分，不宜认定其归国家所有，除非国家拥有防空洞所在地的建设用地使用权；如果已被单独登记了，就存在着一个独立的所有权，发生了防空洞归属于谁的问题。

多数说认为，防空洞用于国防，不论由谁出资建造，均应归属于国家。但笔者认为，用于国防，固然重要，必须绝对保障其功能，不过，这并非防空洞非归国家所有不可的理由。只要防空洞优先并必须保障为国防所需要，防空洞归私人所有也未尝不可。回想国家将私人之物征用，用于防洪抗灾、战争等之用，不是取得了预期的效果吗？有鉴于此，对于防空洞的归属，不妨仍然贯彻建筑物所有权与建设用地使用权相一致（《民法典》第352条正文）及谁出资谁享有所有权的原则，国家出资建造的防空洞归国家所有，开发商出资建造的归开发商所有，但必须优先并保障国防之用。

防空洞可能被区隔了若干停车位、停车库，用于停放车辆。于此场合，确定防空洞的利用，还要结合停车位、停车库的利用规则。

（七）锅炉房

为建筑区划内的区分所有建筑物正常发挥服务功能的锅炉房，不同于地下室、停车位、停车库等非经登记不会成为独立的不动产，它本身即为一项独立的不动产，即使尚未办理初始登记，也成立建筑物所有权，且首先归开发商享有（《物权法》第 231 条、第 352 条正文），只是欠缺处分的效力（《民法典》第 232 条）。至于其后是否转归业主共有，或卖与特定业主，或出售给第三人，取决于当事人间的约定，除非其约定违反了法律、行政法规的强制性规定。

在这样的背景下，锅炉房可以作为从物，而区分所有建筑物为主物，两者依据主从物的关系规则处理；锅炉房也可以被公摊到区分所有建筑物的面积之中，作为区分所有建筑物的组成部分。

在后者场合，锅炉房归全体业主共有，不得单独归开发商所有，也不得单独归某特定业主或第三人所有。这也为保障区分所有建筑物充分发挥效能所需要。

在前者场合，开发商可以继续保有锅炉房的所有权，也可以将其转让给特定业主或第三人，只是必须先行办理初始登记，然后签订出卖合同或互易合同或赠与合同，再办理变更登记（过户登记）。在此必须强调，锅炉房的所有权人负有不妨碍锅炉房为区分所有建筑物服务的义务。

（八）会所

与锅炉房一经封顶即成立所有权相同，会所于其建成之时即由开发商取得所有权（《民法典》第 231 条、第 352 条正文），只是尚未登记时欠缺处分的效力（《民法典》第 232 条）。

建筑区划内的会所可以因开发商和业主签订买卖合同，将会所的所有权转归业主共有。这一般不会违反法律、行政法规的强制性规定，应受保护。在会所与业主的日常生活、重要活动极为密切，如系业主委员会的办公场所、业主康体及医病之处、业主娱乐之所等，将之归为业主共有，较为理想。

应当看到，业主共有的模式在许多情况下不宜倡导，因为业主共有同时意味着业主负担相应的费用，加上业主一般都不擅长管理，只好把会所委托由物业服务公司或其他专业人士管理，成本增加，甚至填补经营亏损，不堪重负。会所若与业主的生活关系不大，主要是商业性的住宿、餐饮、娱乐等场所，或完全由物业服务公司使用的情况下，不宜归业主共有。

会所已经办理初始登记时，开发商自己保有其所有权，或将之出卖与第三人，应是可取的选择。

(九) 幼儿园、小学校

幼儿园、小学校都是自其封顶时产生所有权，由开发商取得（《物权法》第231条、第352条正文），只是尚未登记时欠缺处分的效力（《物权法》第232条）。

有无必要令开发商将建筑区划内的幼儿园、小学校的所有权转让与业主，形成业主共有的格局？从费用的负担、管理的难度、事务的繁杂等方面考虑，业主共有的制度并不利于业主，莫不如重在保障幼儿园、小学校的功能正常发挥，公平合理地接收儿童的入托、入学，赋予业主子女优先权，至于幼儿园、小学校的所有权归属于谁，则在所不问。

总结上述可知，建筑区划内的地下室、防空洞、会所、幼儿园、小学校归属于谁，应当区分情况而定，一律归业主共有未必允当。所以，对《民法典》第274条后段关于“建筑区划内的其他公共场所、公用设施和物业服务用房，属于业主共有”的规定，须作目的性限缩的解释，承认例外。

五、建筑区划内的物业服务用房的归属

本条后段规定，物业服务用房属于业主共有。《物业管理条例》规定：“物业管理用房的所有权依法属于业主。未经业主大会同意，物业服务企业不得改变物业管理用房的用途”（第37条）。“物业服务合同终止时，物业服务企业应当将物业管理用房和本条例第二十九条第一款规定的资料交还给业主委员会”（第38条第1款）。

第二百七十五条

建筑区划内，规划用于停放汽车的车位、车库的归属，由当事人通过出售、附赠或者出租等方式约定。

占用业主共有的道路或者其他场地用于停放汽车的车位，属于业主共有。

本条主旨

本条是关于停车位、车库归属的规定。

相关条文

《物权法》第74条第2款、第3款　建筑区划内，规划用于停放汽车的车位、车库的归属，由当事人通过出售、附赠或者出租等方式约定。

占用业主共有的道路或者其他场地用于停放汽车的车位，属于业主共有。

法释〔2009〕7号第5条　建设单位按照配置比例将车位、车库，以出售、附赠或者出租等方式处分给业主的，应当认定其行为符合物权法第七十四条第一款有关"应当首先满足业主的需要"的规定。

前款所称配置比例是指规划确定的建筑区划内规划用于停放汽车的车位、车库与房屋套数的比例。

第六条　建筑区划内在规划用于停放汽车的车位之外，占用业主共有道路或者其他场地增设的车位，应当认定为物权法第七十四条第三款所称的车位。

理解与适用

本条是对《物权法》第74条第2款、第3款的复制，前段规定由当事人约定确定停车位、停车库的归属，后段明确了业主共有停车位、停车库的情形。

一、确定停车位、停车库的归属应考虑的因素

停车库在外观上表现为建筑物，而停车位则无此外形，尽管如此，也应将其视为建筑物。

停车位、停车库归属于业主，还是开发商，抑或第三人，取决于若干因素，如已被登记为一项独立的不动产、开发商与交易的相对人关于停车位或停车库的约定、法律法规的强制性规定等。其中，前提性的条件是，停车位、停车库是否已被登记为一项独立的不动产，其上是否存在一项独立的所有权。它若尚未被登记为一项独立的不动产，则只能作为区分所有建筑物的组成部分，不得成为单独的买卖对象；在已被公摊于区分所有建筑物的面积之中时，归业主享有；在尚未被公摊于区分所有的建筑物的面积之中时，则归属于尚未出售的区分所有建筑物的面积之中，由开发商享有。停车位、停车库已被登记为一项独立的不动产时，其上存在着一项独立于建筑物区分所有权的停车位、停车库的所有权，可以单独买卖，其归属依开发商与其交易的相对人之间的约定（《民法典》第275条），当然，该约定不得违反法律、行政法规的强制性规定，不得背离公序良俗（《民法典》第153条）。

二、确定停车位、停车库的归属根据

1. 停车位、停车库依法定归属于业主共有

《民法典》第275条第2款规定："占用业主共有的道路或者其他场地用于停放汽车的车位，属于业主共有。"法释〔2009〕7号第6条解释道："建筑区划内在规划用于停放汽车的车位之外，占用业主共有道路或者其他场地增设的车位，

应当认定为物权法第七十四条第三款所称的车位。”它们属于强制性规定，不得违反，否则，约定无效。之所以认定该条款为强制性规定，是因为它是调整公共利益的规定。

2. 停车位、停车库依约定归属于业主

《民法典》第 275 条第 1 款规定：“建筑区划内，规划用于停放汽车的车位、车库的归属，由当事人通过出售、附赠或者出租等方式约定。”对此规定，阐释如下。

（1）该条款是关于停车位、停车库归属的规定，不同于《民法典》第 276 条确立的建筑区划内的停车位、停车库的使用规则。

（2）该条款规定建筑区划内的停车位、停车库可依出售、附赠的方式确定其归属，值得赞同，但规定可依出租方式确定停车位、停车库的归属，则是错误的，因为出租只能决定停车位、停车库的使用权归属于谁，不能决定所有权的归属。所以，《民法典》第 275 条第 1 款规定由出租合同决定停车位、停车库，是错误的。

（3）其中规定的由出售等方式确定停车位、停车库的归属，“等方式”包括互易的方式，如开发商与建筑区划内业主或其他相对人签订合同，开发商以其停车位置换相对人的汽车，待该停车位过户于该相对人时，该停车位的所有权即归属于该相对人。

（4）开发商与业主或其他相对人签订买卖、赠与、互易停车位或停车库的合同，或者在商品房预售合同或商品房销售合同或互易合同中附有停车位、停车库归属的款项，一般都会有效，但仍有两种场合是无效的。第一种情形是，该约定违反了《民法典》第 275 条第 2 款关于“占用业主共有的道路或者其他场地用于停放汽车的车位，属于业主共有”的规定，而该规定属于强制性规定，违反它，依据《民法典》第 153 条第 1 款的规定，应当无效。第二种情形是，该约定与测绘机构出具的关于区分所有的建筑物的面积的文件相抵触。由于该文件是行政主管机关授权的机构通过实地勘查测量而形成的，具有权威性；由于该文件已经载明停车位或停车库属于区分所有的建筑物的组成部分，业主对此拥有所有权，那么，开发商和业主签订商品房预售合同或销售合同，约定停车位或停车库归开发商所有，就侵害了业主的所有权，业主有权主张此类约定无效。

第二百七十六条

建筑区划内，规划用于停放汽车的车位、车库应当首先满足业主的需要。

本条主旨

本条是关于建筑区划内的停车位、停车库的使用规则的规定。

相关条文

《物权法》第 74 条第 1 款　建筑区划内，规划用于停放汽车的车位、车库应当首先满足业主的需要。

法释〔2009〕7 号第 6 条　建筑区划内在规划用于停放汽车的车位之外，占用业主共有道路或者其他场地增设的车位，应当认定为物权法第七十四条第三款所称的车位。

理解与适用

本条是对《物权法》第 74 条第 3 款的复制，确立了建筑区划内的停车位、停车库的使用规则。

本条的规定着眼于停车库、停车位的使用权，至少有四个问题需要澄清。

其一，所谓规划用于停放汽车的车位、车库，其中的规划是指业主的计划，还是开发商的规划，抑或规划设计机构的规划？

此处所谓规划，不是业主关于停车位、停车库的计划，其理由是，假如以业主的计划，就难免出现业主要求获得的停车位、停车库等于或多于开发商建造的全部停车库、停车位的现象，使开发商处分停车位、停车库的自由度和盈利额降低，打击开发商建造停车位、停车库的积极性。这样，在开发商因趋利避害而少建停车位、停车库时，反过来会满足不了业主对停车位、停车库的需求。

此处所谓规划，也不是开发商建造停车位、停车库的规划，其道理在于，假如是指开发商建造停车位、停车库的计划，开发商于其感觉建造停车位、停车库薄利或亏损时，便会少造，这会不利于业主。

此处所谓规划，应当是指建筑区划内的规划机构所作出的规划设计文件关于建筑区划内停车位、停车库的规划，如 500 户业主的建筑区划内应当至少建造 500 个停车位、停车库，或 600 个停车位、停车库等。这是因为，规划机构是行政主管部门或其委托授权的机构，负责社会公共事务及行政管理，不属于开发商和业主而处于中立的地位，所作建筑区划内停车位、停车库的建造数量，应当是较为客观和公正的。

其二，所谓应当首先满足业主的需要，其判断标准是什么？是业主的主观要求及客观需要，还是开发商的建造计划？答案是否定的，其道理如上文“其一”中所述。最为理想的判断标准是，建筑区划内的规划机构所作出的规划设计文件关于建筑区划内停车位、停车库的配备比例，如1∶1或1∶0.5等。这是因为，规划机构是行政主管部门或其委托授权的机构，负责社会公共事务及行政管理，不属于开发商和业主而处于中立的地位，所作建筑区划内停车位、停车库的建造数量及配备给业主的比例，应当是较为客观和公正的。对此，法释〔2009〕7号第5条第2款已经明确，配置比例是指规划确定的建筑区划内规划用于停放汽车的车位、车库与房屋套数的比例。

其三，满足业主的需要的含义如何？满足业主的需要，只要按照规划设计文件规定的建筑区划内停车位、停车库的配备比例将它们交由业主即可，至于是出售给业主还是出租给业主，均在所不问。法释〔2009〕7号第5条第1款已经明确：“建设单位按照配置比例将车位、车库，以出售、附赠或者出租等方式处分给业主的，应当认定其行为符合物权法第七十四条第一款有关‘应当首先满足业主的需要’的规定。”

其四，开发商违反《民法典》第276条的规定，提供给业主的停车位、停车库，没有满足业主的需要，应当如何处理？这取决于该条款的性质和作用。该条款若属于任意性规定，则对于开发商的违反行为不会作无效处理；若属于强制性规定，则开发商的违反行为应当无效（《民法典》第153条第1款）。

笔者认为，《民法典》第276条的规定属于强制性规定，其理由在于，该条款不仅使用了“应当”的字样，更重要的是该条款是调整公共利益的。之所以称之为调整公共利益的条款，是因为它所指建筑区划内的停车位、停车库首先满足业主的需要，不是满足某特一特定的业主的需要，而是满足全建筑区划内的所有的业主对停车位、停车库的需要。既然是全建筑区划内的业主对停车位、停车库的需要，就属于全建筑区划内的利益，而建筑区划内利益不同于一家一户的业主的利益，建筑区划内利益表现为建筑区划内的文化、建筑区划内的治安、建筑区划内的形象，一句话，建筑区划内的利益属于公共利益。既然《民法典》第276条的规定调整的是公共利益，其性质属于强制性规定，开发商违反它而将建筑区划内的停车位、停车库出卖或出租给业主以外的人，而在与业主签订的商品房预售合同或销售合同中，没有将停车位、停车库赠与、出卖或出租给业主的约定，与规划设计文件关于建筑区划内停车位、停车库的配备比例相抵触，也就违反了《民法典》第276条，因而应归无效，业主有权主张开发商与其签订的商品房预售合同或销售合同中的停车位、停车库条款无效。

第二百七十七条

业主可以设立业主大会，选举业主委员会。业主大会、业主委员会成立的具体条件和程序，依照法律、法规的规定。

地方人民政府有关部门、居民委员会应当对设立业主大会和选举业主委员会给予指导和协助。

本条主旨

本条是关于业主大会、业主委员会的设立的规定。

相关条文

《物权法》第 75 条　业主可以设立业主大会，选举业主委员会。

地方人民政府有关部门应当对设立业主大会和选举业主委员会给予指导和协助。

《物业管理条例》第 8 条　物业管理区域内全体业主组成业主大会。

业主大会应当代表和维护物业管理区域内全体业主在物业管理活动中的合法权益。

第 9 条　一个物业管理区域成立一个业主大会。

物业管理区域的划分应当考虑物业的共用设施设备、建筑物规模、社区建设等因素。具体办法由省、自治区、直辖市制定。

第 10 条　同一个物业管理区域内的业主，应当在物业所在地的区、县人民政府房地产行政主管部门或者街道办事处、乡镇人民政府的指导下成立业主大会，并选举产生业主委员会。但是，只有一个业主的，或者业主人数较少且经全体业主一致同意，决定不成立业主大会的，由业主共同履行业主大会、业主委员会职责。

理解与适用

本条继承并细化了《物权法》第 75 条关于业主大会和业主委员会的设立的规定。

《民法典》设计的共同管理权需要落实，这体现在若干方面，其中包括全体业主组织起来，形成共同体。《民法典》及《物业管理条例》设置了业主大会及业主委员会的组织结构和形式。当然，如果只有一个业主，或业主人数较少且经全体业主一致同意，决定不成立业主大会的，由业主共同履行业主大会、业主委员会职责（《物业管理条例》第10条后段）。

一、业主大会

（一）业主大会的界定和性质

业主大会由全体业主组成（《物业管理条例》第8条第1款），是管理建筑区划内建筑物及其附属设施的共有部分和共同事务的自治组织，代表和维护物业管理区域内全体业主在物业管理活动中的合法权益（《物业管理条例》第8条第2款）。它具有如下法律性质。

1. 业主大会是个自治组织

业主大会是全体业主作为成员的所有权人联合体，不是国家机关，也不是事业单位，更不是营利性的机构，所以不得被居民委员会所替代，也不等同于企业法人。①

2. 业主大会是个独立的社会组织

业主大会，在法国、新加坡等立法例上为一法人，在德国等立法例上则不具有法人人格。② 中国《民法典》及《物业管理条例》对业主大会均未赋予法人人格，但这不妨碍它是一个独立的社会组织。其原因在于，业主大会不是全体业主汇集在一起参加某个会议，也不是业主之间的松散联合。它有自己的章程，有自己的执行机关——业主委员会，可以按照章程和议事规则形成自己的决定，可以自己的名义开立账户，以自己的名义享有权利和承担义务。在对外关系上，它可以自己的名义与物业服务企业签订物业服务合同，也可以授权业主委员会从事这些行为。③

［探讨］

业主大会是否具有民事主体资格，尚有争论。一种观点认为，《民法典》承认了业主大会为民事主体，但未承认其独立的诉讼主体资格，即业主大会不得作为原告、被告参加诉讼。这是因为依法成立业主大会的目的在于便于管理业主的共同事务和共有财产，而非从事经营性活动，加之它无独立的财产，无法独立承担民事责任。④ 笔者不但赞同业主大会为一独立的民事主体的观点，而且主张其可以原告和被告的身份参加诉讼，至于它无独立财产的问题，可由全体业主的共

---

① 黄松有主编：《〈中华人民共和国物权法〉条文理解与适用》，北京，人民法院出版社2007年版，第236页。

② 详见陈华彬：《建筑物区分所有权研究》，北京，法律出版社2007年版，第273～281页。

③④ 王利明、尹飞、程啸：《中国物权法教程》，北京，人民法院出版社2007年版，第237～238、237页。

有财产解决有关义务和责任的承受问题，不能因此影响其诉讼主体资格。何况实务中已有相当的业主委员会作为原告参加诉讼的实例。最高人民法院〔2002〕民立他字第46号规定，对房地产开发单位未向业主委员会移交住宅规划图等资料、未提供配套公用设施、公用设施专项费、公用部位维护费及物业管理用房、商业用房的，可以自己的名义提起诉讼。① 业主大会可作为独立的民事主体及诉讼主体的道理，如同合伙企业、农村承包经营户虽无独立财产却仍为独立的民事主体和诉讼主体一样。②

3. 业主大会是管理全体业主的共有财产和共同事务的自治组织

业主大会的职能较为专一，只是管理全体业主的共有财产和共同事务，不得作出与物业管理无关的决定，不得从事与物业管理无关的活动。其法律根据是《民法典》第277条、第278条等规定，以及《物业管理条例》第8条、第9条、第10条、第11条、第19条等规定。

［引申］

业主大会或业主委员会作出了与物业管理无关的决定，或从事了与物业管理无关的活动场合，属于违反强制性规定的情形，按照《民法典》第153条第1款的规定，自始就不具有法律效力，对业主不具有约束力。③

（二）业主大会的形成

业主大会是业主的自治组织，其成立应由业主自行筹备，自主组建。但是，一个建筑区划内，业主来自五湖四海，互不相识，入住的时间又有先后，有的相差几年，使得全体业主成立业主大会相对困难。而业主大会的成立关系着业主如何行使其权利，关系到广大业主的切身利益，关系到建筑区划内的安定团结，甚至关系到社会的稳定。有鉴于此，《民法典》特别规定，全体业主设立业主大会，地方人民政府有关部门应当对此给予指导和协助（第277条第2款）。《物业管理条例》规定，一个物业管理区域成立一个业主大会。物业管理区域的划分应当考虑物业的共用设施设备、建筑物规模、社区建设等因素（第9条）。

---

① 《最高人民法院关于金湖新村业主委员会是否具备民事诉讼主体资格请示一案的复函》〔2002〕民立他字第46号。

② 合伙企业、农村承包经营户、个体工商户等无独立财产、不独立承担民事责任的社会组织仍应为独立的民事主体，其详细论证见崔建远：《市场秩序与法制完善》，载《时代论评》1989年第1期，第22～25页。

③ 黄松有主编：《〈中华人民共和国物权法〉条文理解与适用》，北京，人民法院出版社2007年版，第253页。

(三) 业主大会的职权

业主大会是个决议机构，就一些涉及全体业主的共有部分和共同事务的重大事项进行决议，也可以通过管理规约或章程的形式加以确定。《民法典》第278条第1款规定全体业主的权利，因这些权利的行使要通过业主大会的形式和程序，所以可以说它们同时是业主大会的职权。

(四) 业主大会会议

业主大会会议分为定期会议和临时会议（《物业管理条例》第13条第1款）。业主大会定期会议应当按照业主大会议事规则的规定召开。经20%以上的业主提议，业主委员会应当组织召开业主大会临时会议（《物业管理条例》第13条第2款）。业主大会会议可以采用集体讨论的形式，也可以采用书面征求意见的形式（《物业管理条例》第12条第1款前段）。召开业主大会会议，应当于会议召开15日以前通知全体业主（《物业管理条例》第14条第1款）。业主可以委托代理人参加业主大会会议（《物业管理条例》第12条第2款）。住宅小区的业主大会会议，应当同时告知相关的居民委员会（《物业管理条例》第14条第2款）。业主委员会应当做好业主大会会议记录（《物业管理条例》第14条第3款）。

二、业主委员会

业主委员会是业主大会的事务执行机构，受业主大会的委托来管理全体业主的共有财产和共同事务。对此，可从以下几方面把握。

1. 业主委员会是业主大会的事务执行机构

业主委员会基于业主大会的授权，具体执行业主大会通过的管理规约和决定，不得独立于业主大会而存在和活动，表明它是业主大会的事务执行机构。①

2. 业主委员会必须由业主大会经过民主程序选举产生

业主委员会由业主大会经过一定的民主程序选举产生（《物业管理条例》第6条第5项、第10条前段、第16条）。业主委员会委员应当由热心公益事业、责任心强、具有一定组织能力的业主担任（《物业管理条例》第16条第2款）。业主委员会主任、副主任在业主委员会成员中推选产生（《物业管理条例》第16条第3款）。业主委员会应当自选举产生之日起30日内，向物业所在地的区、县人民政府房地产行政主管部门和街道办事处、乡镇人民政府备案（《物业管理条例》

---

① 王利明、尹飞、程啸：《中国物权法教程》，北京，人民法院出版社2007年版，第238～239页。

第 16 条第 1 款)。

3. 业主委员会是业主大会的常设机构

在业主大会闭会期间，业主委员会具体执行业主大会通过的管理规约和决定，表明它是业主大会的常设机构。①

4. 业主委员会的职责最终来源于合法的全体业主的意志

从形式上看，业主委员会基于业主大会的授权具体执行业主大会通过的管理规约和决定，业主委员会的职权源自业主大会的授权。由于业主大会的授权是全体业主按照法定程序表达出来的意志，且被法律认可，所以，从终极的意义上探究，业主委员会的职责最终来源于合法的全体业主的意志。

三、政府组织指导和协助业主大会、业主委员会的设立

同一个物业管理区域内的业主，应当在物业所在地的区、县人民政府房地产行政主管部门或街道办事处、乡镇人民政府的指导下成立业主大会，并选举产生业主委员会(《物业管理条例》第 10 条前段)。地方人民政府有关部门应当向准备成立业主大会的业主提供相关的法律、法规及规章，提供政府部门制定的业主大会议事规则、管理规约等示范文本，协调业主之间的不同意见，为业主大会成立前的相关活动提供必要的活动场所，积极主动地参加业主大会的成立大会等。②

第二百七十八条

下列事项由业主共同决定:

(一) 制定和修改业主大会议事规则;

(二) 制定和修改管理规约;

(三) 选举业主委员会或者更换业主委员会成员;

(四) 选聘和解聘物业服务企业或者其他管理人;

(五) 使用建筑物及其附属设施的维修资金;

(六) 筹集建筑物及其附属设施的维修资金;

(七) 改建、重建建筑物及其附属设施;

(八) 改变共有部分的用途或者利用共有部分从事经营活动;

(九) 有关共有和共同管理权利的其他重大事项。

---

① 王利明、尹飞、程啸:《中国物权法教程》，北京，人民法院出版社 2007 年版，第 238 页。

② 胡康生主编:《中华人民共和国物权法释义》，北京，法律出版社 2007 年版，第 176 页。

业主共同决定事项，应当由专有部分面积占比三分之二以上的业主且人数占比三分之二以上的业主参与表决。决定前款第六项至第八项规定的事项，应当经参与表决专有部分面积四分之三以上的业主且参与表决人数四分之三以上的业主同意。决定前款其他事项，应当经参与表决专有部分面积过半数的业主且参与表决人数过半数的业主同意。

本条主旨

本条是关于业主决定建筑区划内重大事项及表决权的规定。

相关条文

《物权法》第 76 条　下列事项由业主共同决定：

（一）制定和修改业主大会议事规则；

（二）制定和修改建筑物及其附属设施的管理规约；

（三）选举业主委员会或者更换业主委员会成员；

（四）选聘和解聘物业服务企业或者其他管理人；

（五）筹集和使用建筑物及其附属设施的维修资金；

（六）改建、重建建筑物及其附属设施；

（七）有关共有和共同管理权利的其他重大事项。

决定前款第五项和第六项规定的事项，应当经专有部分占建筑物总面积三分之二以上的业主且占总人数三分之二以上的业主同意。决定前款其他事项，应当经专有部分占建筑物总面积过半数的业主且占总人数过半数的业主同意。

《物业管理条例》第 11 条　下列事项由业主共同决定：

（一）制定和修改业主大会议事规则；

（二）制定和修改管理规约；

（三）选举业主委员会或者更换业主委员会成员；

（四）选聘和解聘物业服务企业；

（五）筹集和使用专项维修资金；

（六）改建、重建建筑物及其附属设施；

（七）有关共有和共同管理权利的其他重大事项。

第 12 条　业主大会会议可以采用集体讨论的形式，也可以采用书面征求意见的形式；但是，应当有物业管理区域内专有部分占建筑物总面积过半数的业主且占总人数过半数的业主参加。

业主可以委托代理人参加业主大会会议。

业主大会决定本条例第十一条第（五）项和第（六）项规定的事项，应当经专有部分占建筑物总面积 2/3 以上的业主且占总人数 2/3 以上的业主同意；决定本条例第十一条规定的其他事项，应当经专有部分占建筑物总面积过半数的业主且占总人数过半数的业主同意。

理解与适用

一、概说

本条是关于业主决定建筑区划内重大事项及表决权的规定。相较于《物权法》第 76 条第 1 款的规定，本条第 1 款增补第 8 项"改变共有部分的用途或者利用共有部分从事经营活动"，把《物权法》第 76 条第 5 项"筹集和使用建筑物及其附属设施的维修资金"分拆为第 5 项"使用建筑物及其附属设施的维修资金"和第 6 项"筹集建筑物及其附属设施的维修资金"；第 2 款将《物权法》第 76 条第 2 款的两个 2/3 下调为两个 3/4。

二、业主共同决定的事项

（一）制定和修改业主大会议事规则由业主共同决定

业主大会议事规则是业主大会组织、运作的规程，是对业主大会的宗旨、组织体制、议事方式、表决程序、业主委员会的组成、成员任期及权利义务等内容进行记载的业主自律性文件（《物业管理条例》第 18 条）。业主大会通过业主大会议事规则建立大会的正常秩序，保证大会内业主集体意志和行为的统一。[①] 就是说，议事规则是业主大会筹备、召开、正常进行和圆满结束的必备要素。制定和修改业主大会的议事规则，需要全体业主共同决定（《民法典》第 278 条第 1 款第 1 项）。

制定和修改业主大会议事规则，应当由专有部分面积占比 2/3 以上的业主且人数占比 2/3 以上的业主参与表决（《民法典》第 278 条第 2 款前段）。

（二）制定和修改管理规约，由业主共同决定

所谓管理规约，是指业主大会依照法定程序通过的对业主具有拘束力的关于共同事务及共有财产的管理的具体规则。[②] 它是全体业主之间的共同行为，是业

---

① 胡康生主编：《中华人民共和国物权法释义》，北京，法律出版社 2007 年版，第 177 页。

② 王利明、尹飞、程啸：《中国物权法教程》，北京，人民法院出版社 2007 年版，第 234 页。

主自我管理、自我约束、自我规范的规则约定。[①] 它关系重大，需要全体业主共同制定和修改（《民法典》第 278 条第 1 款第 2 项）。

［拓展］

管理规约，简称规约，或曰住户规约、管理协约、区分所有规约、管理组织规约等。其性质如何，众说纷纭，主要有以下观点：管理规约是区分所有权人之间的合同；是比两方当事人的合同发展形态更社会化的合同；是集团性的协约，与一般合同有异，具有合伙的性质；是类似于劳动法上的劳动协约；是具有规定性的规则；是规范区分所有权人相互关系的规则，具有自治法的性质；是关于区分所有权人相互间权利义务关系的基本规定，属于自治法规或自治规则。[②]

管理规约的设定、变更和废止，可以基于业主大会的决议，也可以由开发商预先制定格式化的管理规约，在预售或出售商品房时，分别与具体业主达成同意该管理规约的合意。[③] 后一种途径产生的管理规约，《物业管理条例》称之为临时管理规约，规定建设单位应当在销售物业之前，制定临时管理规约，对有关物业的使用、维护、管理，业主的共同利益，业主应当履行的义务，违反临时管理规约应当承担的责任等事项依法作出约定（第 22 条第 1 款）。建设单位应当在物业销售前将临时管理规约向物业买受人明示，并予以说明（第 23 条第 1 款）。物业买受人在与建设单位签订物业买卖合同时，应当对遵守临时管理规约予以书面承诺（第 23 条第 2 款）。

本释评书认为，基于业主大会决议的路径符合管理规约的本质属性，能够保障业主的合法权益，值得提倡。而临时管理规约，难免形成开发商的意志强加于业主的局面，损害业主的合法权益。为了避免全体业主的合法权益受到损害，《物业管理条例》特别规定，建设单位制定的临时管理规约，不得侵害物业买受人的合法权益（第 22 条第 2 款）。

管理规约包括哪些事项（内容），依管理规约的本质和意思自治原则，应由全体业主通过业主大会确定。但管理规约应当尊重社会公德，不得违反法律、法规或损害社会公共利益（《物业管理条例》第 17 条第 2 款），不得悖于建筑物区

---

① 胡康生主编：《中华人民共和国物权法释义》，北京，法律出版社 2007 年版，第 177 页。

② 温丰文：《论区分所有建筑物之管理》，载《法学丛刊》第 147 期，第 33～34 页；陈华彬：《建筑物区分所有权研究》，北京，法律出版社 2007 年版，第 260 页。

③ 陈华彬：《建筑物区分所有权研究》，北京，法律出版社 2007 年版，第 262 页。

分所有权的本质。①

［拓展］

借鉴各国和地区的经验，可知管理规约的事项常因区分所有的建筑物的规模、用途，以及业主的生活水准和需要的不同而有差别。据此，管理规约至少包括如下事项：（1）有关业主之间基础法律关系的事项。例如，共有部分的持分（份额）比例，一部共有部分和全体共有部分的比例，各专有部分与建设用地使用权间的比例，建筑物一部灭失场合各业主的权利义务等。（2）有关业主之间的共同事务的事项。例如，管理团体的组织机构、人数、权限及运作方式，管理人的选任、任期、解任和职务权限，集会的运作方式（如召集业主大会或业主委员会的通知、表决权的比例、法定人数的变更等），管理费用的数额及缴纳方式（如缴费日期、迟延利息及存放等）。（3）有关调整业主之间的利害关系的事项，主要包括：1）专有部分的使用限制。专有部分虽为专有权的客体，业主可基于自己的意志占有、使用、收益和处分，但为了建筑物整体的保存管理，为了维持业主之间的共同体秩序，专有权的行使必须受有一定的限制。例如，依据管理规约的规定，重量物、易燃物、危险物、不洁物、散发恶臭物等不得带入建筑区划内或不得擅自设置的，业主必须遵守。依据管理规约的规定，对其他业主构成妨碍或危害的动物不得饲养的，业主同意必须遵守。"业主不得违反法律、法规以及管理规约，将住宅改变为经营性用房"（《民法典》第279条前段）。2）共有部分及附属设施的使用方法。例如，在基地内的一楼住宅，某特定业主接续一定部分作为自己的专用庭院，或将基地的一部分作为停车位，等等，都必须基于业主和开发商之间的商品房预售合同或销售合同或专门的合同，或者管理规约的规定或业主大会的决定，否则，其他业主、业主委员会有权请求该业主恢复原状乃至赔偿损失。（4）有关对违反者的处置事项。②《民法典》对此虽有规定（如第279条、第286条第2款等），但难免挂一漏万，管理规约可以根据特定规划区的具体情况详细规定。

管理规约系业主团体的最高自治规则，全体业主应当予以遵守（《民法典》第286条第1款及第279条前段），业主大会及业主委员会的决定、管理人的行为等都不得与之抵触，否则，无效。③

①②③　陈华彬：《建筑物区分所有权研究》，北京，法律出版社2007年版，第265～266、270～271、271页。

［引申］①

管理规约的生效时间，依管理规约的规定；若无规定，应解释为自管理规约制定之日起生效。

管理规约的效力能够拘束全体业主及其继受人。继受人包括移转继受人和设定继受人。移转继受人包括建筑物区分所有权的受让人、受遗赠人、业主的继承人等。设定继受人包括区分所有的建筑物的承租人、借用人。这些人不属于管理规约制定、变更、废止中所指称的当事人，故他们仅受有关使用事项的拘束。

管理规约应由管理人保管，无管理人时由管理规约或业主大会或业主委员会的决定所指定的人保管。保管管理规约的人，对于利害关系人请求阅览管理规约的，无正当理由不得拒绝。

制定和修改建筑物及其附属设施的管理规约，应当由专有部分面积占比 2/3 以上的业主且人数占比 2/3 以上的业主参与表决（《民法典》第 278 条第 2 款前段）。业主人数，按照专有部分的数量计算，一个专有部分按一人计算。但建设单位尚未出售和虽已出售但尚未交付的部分，以及同一买受人拥有一个以上专有部分的，按一人计算；总人数，按照前项的统计总和计算（法释〔2009〕7 号第 9 条）。

（三）选举业主委员会或者更换业主委员会成员，由业主共同决定

业主委员会是业主大会的执行机关，按照管理规约及业主大会的决定，代表全体业主对内决定建筑区划内的日常事务，对外代理业主从事必要的活动。业主委员会及其成员履行职责的行为直接关系到全体业主的切身利益。为了使其真正代表全体业主的利益，表达业主的意志，业主委员会应当向业主大会负责并接受业主大会的监督，其成立必须由业主大会经过民主程序选举产生，其成员的更换也有必要由全体业主共同决定。②

选举业主委员会或更换业主委员会的成员，应当经专有部分占建筑物总面积过半数的业主且占总人数过半数的业主同意（《民法典》第 278 条第 2 款前段）。

（四）选聘和解聘物业服务企业或其他管理人，由业主共同决定

物业服务企业或其他管理人是全体业主的受托人，基于全体业主的委托授权，按照物业服务合同的约定，对房屋及配套的设施设备和相关场地进行维修、养护、管理，维护物业管理区域内的环境卫生和相关秩序的活动（《物业管理条例》第 2 条）。国家提倡业主通过公开、公平、公正的市场竞争机制选择物业服务企业（《物业管理条例》第 3 条）。

---

① 其内容来自陈华彬：《建筑物区分所有权研究》，北京，法律出版社 2007 年版，第 271～272 页。

② 王利明、尹飞、程啸：《中国物权法教程》，北京，人民法院出版社 2007 年版，第 234 页。

物业服务企业或其他管理人应当勤勉谨慎地管理共有部分和共同事务，力求结果有利于全体业主。若管理违法，违反管理规约及业主大会或业主委员会的决定，违反物业服务合同的约定，不符合共有部分和共同事务的本质要求，全体业主有权通过法定程序解聘物业服务企业或其他管理人。特别是在业主、业主大会选聘物业服务企业之前，建设单位选聘物业服务企业（《物业管理条例》第 21 条）的背景下，物业服务企业的管理行为可能更容易侵害业主的合法权益，《民法典》（第 278 条第 1 款第 4 项）及《物业管理条例》（第 11 条第 4 项）赋予全体业主共同解聘物业服务企业的权利，尤为必要。

选聘和解聘物业服务企业或其他管理人，应当经专有部分占建筑物总面积过半数的业主且占总人数过半数的业主同意（《民法典》第 278 条第 2 款前段）。

（五）使用建筑物及其附属设施的维修资金，由业主共同决定

维修资金，在建筑物区分所有权制度中属于主要事项，法律给予了特别关注。《物业管理条例》规定：住宅物业、住宅小区内的非住宅物业或与单幢住宅楼结构相连的非住宅物业的业主，应当按照国家有关规定交纳专项维修资金（第 53 条第 1 款）。专项维修资金属于业主所有，专项用于物业保修期满后物业共用部位、共用设施设备的维修和更新、改造，不得挪作他用（第 53 条第 2 款）。《民法典》规定，建筑物及其附属设施的维修资金，属于业主共有。经业主共同决定，可以用于电梯、水箱等共有部分的维修。维修资金的使用情况应当公布（第 281 条第 1 款前段）。考虑到维修资金事关全体业主的共同利益，得管好用好，《物业管理条例》规定，专项维修资金收取使用、管理的办法由国务院建设行政主管部门会同国务院财政部门制定（第 53 条第 3 款）。利用物业共用部位、共用设施设备进行经营的，业主所得收益应当主要用于补充专项维修资金，也可以按照业主大会的决定使用（第 54 条）。

这告诉我们，使用维修资金的具体途径和方法仍然需要全体业主共同决定。不仅如此，《民法典》考虑到维修资金事关全体业主的共同利益，特别规定，维修资金的使用事项，应当经专有部分占建筑物总面积 2/3 以上的业主且占总人数 2/3 以上的业主同意（第 278 条第 2 款前段）。此处所说的业主人数和总人数，按照法释〔2009〕7 号第 9 条的规定，可以按照下列方法认定：（1）业主人数，按照专有部分的数量计算，一个专有部分按一人计算。但建设单位尚未出售和虽已出售但尚未交付的部分，以及同一买受人拥有一个以上专有部分的，按一人计算；（2）总人数，按照前项的统计总和计算。

（六）筹集建筑物及其附属设施的维修资金，由业主共同决定

《物业管理条例》规定，利用物业共用部位、共用设施设备进行经营的，业主所得收益应当主要用于补充专项维修资金，也可以按照业主大会的决定使用（第54条）。《民法典》规定，建筑物及其附属设施的费用分摊、收益分配等事项，有约定的，按照约定；没有约定或约定不明确的，按照业主专有部分占建筑物总面积的比例确定（第283条）。

这告诉我们，筹集维修资金的具体途径和方法仍然需要全体业主共同决定。不仅如此，《民法典》考虑到维修资金事关全体业主的共同利益，特别规定，筹集建筑物及其附属设施的维修资金，应当经参与表决专有部分面积3/4以上的业主且参与表决人数3/4以上的业主同意。决定前款其他事项，应当经参与表决专有部分面积过半数的业主且参与表决人数过半数的业主同意（第278条第2款后段）。

［引申与讨论］

对于一部共有部分的费用分摊和收益分配，《民法典》未设其规则，学说将一部共有部分推定为相关业主共有，应由相关业主分摊费用、分享收益。① 笔者认为，首先按照管理规约或业主大会决定等法律文件的约定处理，没有约定时才依据此项理论确定。但在一部共有部分的理论与《民法典》第283条关于按照专有部分占建筑物总面积的比例确定不一致时，如何确定，需要探讨。

在规模较大的建筑区划内一栋楼房的共有部分产生的收益，是归该栋楼房的业主共有，还是归整个建筑区划内的业主共有？一种意见认为，建筑区划内的建设用地使用权是归整个建筑区划内的全体业主共有的，各个建筑物与绿地、道路等各种设施是不可分割的，业主的区分所有权不是仅仅限于对其所在的建筑物的权利，还一定包括建筑区划内的建设用地使用权等财产权利。从这个角度看，建筑区划内各个楼房的共有部分及其附属设施及建筑区划内的共有部分，均应属于全体业主共有。因而，建筑区划内一栋楼房的共有部分产生的收益，应当由建筑区划内的全体业主共享，产生的费用由全体业主分摊。② 笔者感到，这种观点与一部共有部分的理论不尽一致，需要反思。其实，建筑区划内的建设用地使用权实质上已被公摊到建筑区分所有权中的共有部分了，在许多情况下形成了一部共有部分的状态。有鉴于此，笔者仍然坚持，对于建筑区划内一栋楼房的费用和收益的分配，应当首先按照管理规约或业主大会决定等法律文件的约定处理，没有约定时，适用《民法典》第283条关于按照专有部分占建筑物总面积的比例确定的规定。

①② 黄松有主编：《〈中华人民共和国物权法〉条文理解与适用》，北京，人民法院出版社2007年版，第260页。

（七）改建、重建建筑物及其附属设施，由业主共同决定

改建建筑物及其附属设施，是指对建筑物进行局部的改造。重建则指先将建筑物及其附属设施全部拆除，再予重新建造。它们都涉及建筑物及其附属设施的重大变化，需动用维修资金，可能还要重新筹集款项，同时可能改变建筑区划内建筑物的原有规划及格局，非同小可，必须经全体业主依法定程序共同决定。

关于表决人数的比例，《物权法》曾要求“应当经专有部分占建筑物总面积三分之二以上的业主且占总人数三分之二以上的业主同意”（第 76 条第 2 款前段），但实践经验和教训表明，该门槛有些高了，不少场合亟待业主大会或代表大会作出决定，以便适时地改建、重建建筑物及其附属设施，但因达不到这样的比例要求而流产，导致不必要的损失。有鉴于此，《民法典》要求应当经专有部分占建筑物总面积 3/4 以上的业主且占总人数 3/4 以上的业主同意。决定前款其他事项，应当经专有部分占建筑物总面积过半数的业主且占总人数过半数的业主同意（第 278 条第 2 款后段）。①

（八）改变共有部分的用途或者利用共有部分从事经营活动，由业主共同决定

建筑区划内的建筑物、构筑物及其附属设施如何利用，事关建筑区划内的秩序、文化、风气、生活品质，所以，合格的管理部门会在用地规划设计文件中明确，配置得较为合理，理性的业主购房也考量到这一点。正因如此，共有部分的用途不得随意改变，不得利用共有部分从事经营活动。不过，另一方面，业主既然是建筑区划内的主人，也享有一定的自主权来安排自己的生活，包括共同决定改变共有部分的用途或者利用共有部分从事经营活动。当然，这毕竟事关重大，务必慎重行事，于是，《民法典》第 278 条第 2 款后段规定：“应当经参与表决专有部分面积四分之三以上的业主且参与表决人数四分之三以上的业主同意。决定前款其他事项，应当经参与表决专有部分面积过半数的业主且参与表决人数过半数的业主同意。”

（九）有关共有和共同管理权利的其他重大事项，也由业主共同决定

所谓有关共有和共同管理权的其他重大事项，按照法释〔2009〕7 号第 7 条的规定，改变共有部分的用途、利用共有部分从事经营性活动、处分共有部分，以及业主大会依法决定或管理规约依法确定应由业主共同决定的事项，应当认定为《物权法》第 76 条第 1 款第 7 项规定的有关共有和共同管理权利的“其他重

① 黄松有主编：《〈中华人民共和国物权法〉条文理解与适用》，北京，人民法院出版社 2007 年版，第 235 页。

大事项”。由于《物权法》第 76 条第 1 款第 7 项已被《民法典》第 278 条第 1 款第 9 项予以复制，因而该项司法解释同样适合于对《民法典》第 278 条第 1 款第 9 项的解释。举例来说，共有停车位、停车库的使用，建筑区划内增建建筑物，将建筑物的屋顶出租给发射台等，直接关系到业主的切身而重大的利益，可能有必要经过业主大会讨论决定[①]，并且应当经专有部分占建筑物总面积过半数的业主且占总人数过半数的业主同意（《民法典》第 278 条第 2 款前段）。

第二百七十九条

业主不得违反法律、法规以及管理规约，将住宅改变为经营性用房。业主将住宅改变为经营性用房的，除遵守法律、法规以及管理规约外，应当经有利害关系的业主一致同意。

本条主旨

本条是关于将住宅改变为经营性用房的限制的规定。

相关条文

《物权法》第 77 条　业主不得违反法律、法规以及管理规约，将住宅改变为经营性用房。业主将住宅改变为经营性用房的，除遵守法律、法规以及管理规约外，应当经有利害关系的业主同意。

《物业管理条例》第 49 条　物业管理区域内按照规划建设的公共建筑和共用设施，不得改变用途。

业主依法确需改变公共建筑和共用设施用途的，应当在依法办理有关手续后告知物业服务企业；物业服务企业确需改变公共建筑和共用设施用途的，应当提请业主大会讨论决定同意后，由业主依法办理有关手续。

理解与适用

如同本释评书在上文所述，建筑区划内的建筑物、构筑物及其附属设施如何利用，事关建筑区划内的秩序、文化、风气、生活品质，所以，合格的管理部门会在用地规划设计文件中明确，配置得较为合理，理性的业主购房也考量到这一点。假如允许某个或某些业主将住宅变成餐馆，其气味会使友邻右舍反感甚至反

① 黄松有主编：《〈中华人民共和国物权法〉条文理解与适用》，北京，人民法院出版社 2007 年版，第 235 页。

胃；若变成工厂，难免影响交通、污染环境；若变成歌厅，其噪声可能酿成严重的噪声污染，周边秩序也令人堪忧，无疑会大大降低业主们的生活品质。有鉴于此，《民法典》设有限制性规定："业主不得违反法律、法规以及管理规约，将住宅改变为经营性用房。业主将住宅改变为经营性用房的，除遵守法律、法规以及管理规约外，应当经有利害关系的业主一致同意"（第 279 条）。法释〔2009〕7 号对此解释道：业主将住宅改变为经营性用房，未按照《物权法》第 77 条的规定经有利害关系的业主同意，有利害关系的业主请求排除妨害、消除危险、恢复原状或赔偿损失的，人民法院应予支持（第 10 条第 1 款）。将住宅改变为经营性用房的业主以多数有利害关系的业主同意其行为进行抗辩的，人民法院不予支持（第 10 条第 2 款）。业主将住宅改变为经营性用房，本栋建筑物内的其他业主，应当认定为《物权法》第 77 条所称"有利害关系的业主"。建筑区划内，本栋建筑物之外的业主，主张与自己有利害关系的，应证明其房屋价值、生活质量受到或可能受到不利影响（第 11 条）。由于《物权法》第 77 条已被《民法典》第 279 条予以复制，因而该项司法解释同样适合于对《民法典》第 279 条的解释。

第二百八十条

业主大会或者业主委员会的决定，对业主具有法律约束力。

业主大会或者业主委员会作出的决定侵害业主合法权益的，受侵害的业主可以请求人民法院予以撤销。

本条主旨

本条是关于业主大会、业主委员会的决定效力以及可被撤销的规定。

相关条文

《物权法》第 78 条　业主大会或者业主委员会的决定，对业主具有约束力。

业主大会或者业主委员会作出的决定侵害业主合法权益的，受侵害的业主可以请求人民法院予以撤销。

《物业管理条例》第 12 条　业主大会会议可以采用集体讨论的形式，也可以采用书面征求意见的形式；但是，应当有物业管理区域内专有部分占建筑物总面积过半数的业主且占总人数过半数的业主参加。

业主可以委托代理人参加业主大会会议。

业主大会决定本条例第十一条第（五）项和第（六）项规定的事项，应当经专有部分占建筑物总面积 2/3 以上的业主且占总人数 2/3 以上的业主同意；决定本条例第十一条规定的其他事项，应当经专有部分占建筑物总面积过半数的业主且占总人数过半数的业主同意。

业主大会或者业主委员会的决定，对业主具有约束力。

业主大会或者业主委员会作出的决定侵害业主合法权益的，受侵害的业主可以请求人民法院予以撤销。

理解与适用

本条是对《物权法》第 78 条的复制，第 1 款规定业主大会或者业主委员会的决定，对业主具有约束力；第 2 款规定该种决定可被业主请求人民法院予以撤销。

建筑区划内的建筑物及其附属设施和全体业主的共同事务的管理，凡是重大的、一般性的，要纳入管理规约之中。管理规约未作规定的，如临时性的、突发的事件确实关系到整个建筑区划内全体业主的切身利益，需要全体业主步调一致地行动的，业主大会或业主委员会就此作出决定就显得十分必要。

住宅小区的业主大会、业主委员会作出的决定，应当告知相关的居民委员会，并认真听取居民委员会的建议（《物业管理条例》第 20 条第 3 款）。

业主大会或业主委员会的决定对业主具有约束力（《民法典》第 280 条第 1 款）。当然，它必须是业主大会或业主委员会依据法定程序作出的，必须是符合法律、法规及规章的，必须是不违背社会公德，不损害社会公共利益、国家利益和他人的合法权益的。① 例如，形成决定的会议应当有物业管理区域内专有部分占建筑物总面积过半数的业主且占总人数过半数的业主参加（《物业管理条例》第 12 条第 1 款）。再如，业主大会决定筹集专项维修资金、改建或重建建筑物及其附属设施的事项时，应当经专有部分占建筑物总面积 3/4 以上的业主且占总人数 3/4 以上的业主同意；决定其他事项，应当经专有部分占建筑物总面积过半数的业主且占总人数过半数的业主同意（《民法典》第 278 条第 2 款后段）。业主大会的决定若不符合上述要求，对业主就没有约束力。并且，《物业管理条例》第 19 条第 2 款规定，业主大会作出的决定违反法律、法规的，物业所在地的区、县人民政府房地产行政主管部门或街道办事处、乡镇人民政府，应当责令限期改正或撤销其决定，并通告全体业主。

这种撤销是行政法上的措施，权利人是有关行政机关。除此而外，《民法典》还有条件地赋予了业主撤销权（第 280 条第 2 款），《物业管理条例》予以贯彻

① 胡康生主编：《中华人民共和国物权法释义》，北京，法律出版社 2007 年版，第 181 页。

（第 12 条第 5 款）。

业主的撤销权必须符合下列条件才能成立：（1）业主大会或业主委员会的决定违法，如没有按照法定程序作出决定；（2）业主大会或业主委员会的决定侵害了业主合法权益，如决定将明示归属于某特定业主的绿地作为全体业主共有的停车位。此类撤销权属于受侵害的业主，未受侵害的业主不在其中。[①] 此类撤销权的行使要通过诉讼的方式，即受侵害的业主须请求人民法院予以撤销业主大会或业主委员会的决定（《民法典》第 280 条第 2 款）。

［引申］

业主大会或业主委员会的决定，不仅约束业主，而且约束建筑物区分所有权的买受人、互易人和受赠人，业主死亡后的继承人及受遗赠人，区分所有的建筑物的承租人、借用人。[②]

［讨论］

关于此处撤销权行使的问题，存在不同意见。一种观点认为，所应适用的法律，有《民法通则》《民事诉讼法》等法律的规定。例如，除法律另有规定的以外，受侵害的业主应当在知道或应当知道权益被侵害之日起 2 年内向有管辖权的人民法院提出撤销的请求，要有明确的诉讼请求和事实及理由。[③] 另一种观点主张，《民法通则》有关可撤销的民事行为原理以及《关于民法通则的意见》规定的可撤销的民事行为，自行为成立时起超过 1 年当事人才请求撤销的不受法律保护等规定，从总的方面看，是可以适用于《物权法》中有关类似情形的。包括《合同法》第 75 条规定的撤销权自债权人知道或应当知道撤销事由之日起 1 年内行使等内容，也可以在审判实践中参照适用。如何确定业主知道或应当知道其合法权益被侵害，一般情况下，以业主大会或业主委员会的决定公布、公示或传达等业主稍加注意就能得知作为标准。需要注意的是，《物权法》本条规定的业主享有撤销权行使期限，已被理解为是一个不变期间，不是诉讼时效，即不存在中止、中断、延长等情况。[④] 对此，法释〔2009〕7 号已经表态：业主以业主大会或者业主委员会作出的决定侵害其合法权益或者违反了法律规定的程序为由，依

---

① 王利明、尹飞、程啸：《中国物权法教程》，北京，人民法院出版社 2007 年版，第 240～241 页。

② 参见黄松有主编：《〈中华人民共和国物权法〉条文理解与适用》，北京，人民法院出版社 2007 年版，第 253 页。

③ 胡康生主编：《中华人民共和国物权法释义》，北京，法律出版社 2007 年版，第 182 页；黄松有主编：《〈中华人民共和国物权法〉条文理解与适用》，北京，人民法院出版社 2007 年版，第 253 页。

④ 黄松有主编：《〈中华人民共和国物权法〉条文理解与适用》，北京，人民法院出版社 2007 年版，第 253～254 页。

据《物权法》第 78 条第 2 款的规定请求人民法院撤销该决定的，应当在知道或者应当知道业主大会或者业主委员会作出决定之日起 1 年内行使（第 12 条）。

但是，在笔者看来，《物权法》第 78 条第 2 款规定的业主的撤销权，其客体不是一般的民事行为甚至是非民事行为，当事人双方亦非法律地位完全平等的主体，撤销所涉及的利益不限于当事人双方的，还牵涉全体业主的，因而其法律适用只能是类推、参照《民法通则》《合同法》等有关规定。此其一。《关于民法通则的意见》第 73 条第 2 款关于“可变更或者可撤销的民事行为，自行为成立时起超过一年当事人才请求变更或撤销的，人民法院不予保护”的规定，对受侵害的业主过于苛刻，不宜参照。此其二。鉴于《合同法》第 55 条等条文规定的除斥期间多为 1 年，《物权法》第 78 条第 2 款规定的撤销权予以准用，理由相对充分。故不宜采纳以下意见：受侵害的业主应当在知道或应当知道权益被侵害之日起 2 年内向有管辖权的人民法院提出撤销的请求。此其三。

上述观点的基本精神至今仍有其用，即《民法典》第 280 条第 2 款规定的业主的撤销权在时间限制方面不适用诉讼时效的规定，而应准用《民法典》152 条第 1 款规定的 1 年期限的除斥期间。

第二百八十一条

建筑物及其附属设施的维修资金，属于业主共有。经业主共同决定，可以用于电梯、屋顶、外墙、无障碍设施等共有部分的维修、更新和改造。建筑物及其附属设施的维修资金的筹集、使用情况应当定期公布。

紧急情况下需要维修建筑物及其附属设施的，业主大会或者业主委员会可以依法申请使用建筑物及其附属设施的维修资金。

本条主旨

本条是关于建筑物及其附属设施的维修资金的归属、用途以及筹集和使用的规定。

相关条文

《物权法》第 79 条　建筑物及其附属设施的维修资金，属于业主共有。经业主共同决定，可以用于电梯、水箱等共有部分的维修。维修资金的筹集、使用情况应当公布。

《物业管理条例》第 53 条　住宅物业、住宅小区内的非住宅物业或者与单幢住宅楼结构相连的非住宅物业的业主，应当按照国家有关规定交纳专项维修资金。

专项维修资金属于业主所有，专项用于物业保修期满后物业共用部位、共用设施设备的维修和更新、改造，不得挪作他用。

专项维修资金收取、使用、管理的办法由国务院建设行政主管部门会同国务院财政部门制定。

理解与适用

本条第 1 款是对《物权法》第 79 条的承继并有所完善，第 2 款为新增内容。

关于建筑物及其附属设施的维修资金的归属，本条第 1 款前段规定由业主共有。

关于建筑物及其附属设施的维修资金的使用，《物权法》第 79 条规定："经业主共同决定，可以用于电梯、水箱等共有部分的维修。"经过时间检验，这不够周详，有待完善，《民法典》第 281 条中段从两个方面予以完善：(1) 在所用科目方面，在保留"电梯"的前提下，增加了"屋顶、外墙、无障碍设施等共有部分"；(2) 在用途方面，除"维修"以外，增补了"更新和改造"。所有这些，都是经验的总结并上升为法律，都是必要的。

考虑到维修资金事关全体业主的共同利益，得管好用好，《物业管理条例》规定，专项维修资金收取使用、管理的办法由国务院建设行政主管部门会同国务院财政部门制定（第 53 条第 3 款）。专项维修资金属于业主所有，专项用于物业保修期满后物业共用部位、共用设施设备的维修和更新、改造，不得挪作他用（第 53 条第 2 款）。利用物业共用部位、共用设施设备进行经营的，业主所得收益应当主要用于补充专项维修资金，也可以按照业主大会的决定使用（第 54 条）。

由于建筑物及其附属设施的维修资金如何筹集、使用，事关其所有权人——业主的切身利益，可能影响区分所有的建筑物的使用效果甚至使用寿命，进而左右着业主的生活品质，因而，集思广益、"好钢要用到刀刃上"，接受所有权人的监督，及时听取所有权人的合理化建议，都是必要的。有鉴于此，本条第 1 款后段规定："建筑物及其附属设施的维修资金的筹集、使用情况应当定期公布。"

建筑区划内的业主可能遍布于各行各业，忙碌程度不一，境界参差不齐，性格差异不小，每笔筹集、每次使用都要通过业主大会作出决定，且要有专有部分占建筑物总面积 2/3 以上的业主且占总人数 2/3 以上的业主，或者由专有部分面积占比 2/3 以上的业主且人数占比 2/3 以上的业主参与表决，可能误事。为了及时、有效地使用维修资金，本条第 2 款规定："紧急情况下需要维修建筑物及其附属设施的，业主大会或者业主委员会可以依法申请使用建筑物及其附属设施的维修资金。"这符合效率原则，也对主大会或业主委员会使用维修资金加以限制，还赋权业主把关，考虑周详，值得赞同。由于采取何种程序、限于多长期间批准此类申请事关多方利益，法律、法规予以明确是必要的，但现行法却未加规定，应予补充。

第二百八十二条

建设单位、物业服务企业或者其他管理人等利用业主的共有部分产生的收入，在扣除合理成本之后，属于业主共有。

本条主旨

本条是关于管理人等利用业主的共有部分产生的净收入归属于业主共有的规定。

相关条文

《物业管理条例》第 54 条　利用物业共用部位、共用设施设备进行经营的，应当在征得相关业主、业主大会、物业服务企业的同意后，按照规定办理有关手续。业主所得收益应当主要用于补充专项维修资金，也可以按照业主大会的决定使用。

理解与适用

本条为新增加的条文，设计根据至少有三：一是所有权的客体产生的收益应归所有权人享有，除非当事人之间另有约定，或者该客体同时为用益物权的标的物（类推适用《民法典》第 321 条第 1 款的规定）；二是利用业主的共有部分之人，诸如建设单位、物业服务企业或者其他管理人等人，其实施行为应当获取的利益属于它们与业主之间的其他法律关系的内容，另有解决的根据；三是建设单位、物业服务企业或者其他管理人等人利用业主的共有部分时有支出的，属于成本，应由取得利益的业主负担，故建设单位、物业服务企业或者其他管理人等人向业主转交利用共有部分所获收入时，有权主张扣除该种成本，并可用抵销的手段为之。

关于请求建设单位、物业服务企业或者其他管理人等人移交净收入的权利人，从本条的文义看应为业主们，但鉴于业主们不见得长于此事，加之业主委员会至少在理论上代表业主利益，故业主委员会亦应为请求权人。

第二百八十三条

建筑物及其附属设施的费用分摊、收益分配等事项，有约定的，按照约定；没有约定或者约定不明确的，按照业主专有部分面积所占比例确定。

本条主旨

本条是关于建筑物及其附属设施的费用分摊、收益分配等事项处理规则的规定。

相关条文

《物权法》第 80 条　建筑物及其附属设施的费用分摊、收益分配等事项，有约定的，按照约定；没有约定或者约定不明确的，按照业主专有部分占建筑物总面积的比例确定。

《物业管理条例》第 54 条　利用物业共用部位、共用设施设备进行经营的，应当在征得相关业主、业主大会、物业服务企业的同意后，按照规定办理有关手续。业主所得收益应当主要用于补充专项维修资金，也可以按照业主大会的决定使用。

理解与适用

建筑物及其附属设施正常运转离不开养护和维护，而养护和维护必然需要费用。由于建筑物及其附属设施属于业主共有，这些费用由业主负担并予以分摊就顺理成章。依据何种原则及方法由业主分摊？本条前段规定“有约定的，按照约定”，这符合业主的意思自治原则。不过，此处所谓约定远比合同法上的合同约定丰富和复杂。首先，查阅管理规约对此有无约定，若有，则按照管理规约的约定；若无，需要进入下“其次”环节。之所以把管理规约排在第一位，是因为它是规范区分所有权人相互关系的规则，具有自治法的性质；是关于区分所有权人相互间权利义务关系的基本规定，属于自治法规或自治规则。[1] 其次，业主大会对此有无决议，若有，则依据此种决议；若无或者决议得不明确，则“按照业主

① 温丰文：《论区分所有建筑物之管理》，载《法学丛刊》第 147 期，第 33～34 页；陈华彬：《建筑物区分所有权研究》，北京，法律出版社 2007 年版，第 260 页。

专有部分面积所占比例确定”。之所以把业主大会的决议排在业主专有部分面积所占比例之前，是因为此类决议是依法定程序形成的代表全体业主意志的规范性意见，对全体业主都有法律约束力，并且此类决议针对具体情形而作出，较为符合客观实际和利益平衡。

所谓建筑物总面积，可能是指一栋区分所有的建筑物的面积之和，也可能是指整个建筑区划内的全部建筑物的面积之和。究竟何指，需要根据保存、修缮乃至改良的对象及其与业主的利益关系来确定。如果保存、修缮的对象为 A 楼的电梯，则建筑物总面积为 A 楼的面积总和。如果保存、修缮乃至改良的对象为建筑区划内的入口、为全部区分所有的房间供热的锅炉房等，则建筑物总面积为建筑区划内的全部建筑物的面积总和。对此，法释〔2009〕7 号第 8 条第 2 项规定：“建筑物总面积，按照前项的统计总和计算。”

所谓业主专有部分面积所占比例，属于一种算定共有持分的基准。所谓共有持分，是指业主对共有部分的潜在的应有份额（应有部分）。[①] 稍微具体些说，所需修缮费用可依下列规则处理：（1）共有房屋主体结构中的基础、柱、梁、墙的修缮，由共有房屋所有人按份额比例分担。（2）共有墙体的修缮（包括因结构需要而涉及的相邻部位的修缮），按两侧均分后，再由每侧房屋所有人按份额比例分担。（3）楼盖的修缮，其楼面与顶棚部位，由所在层房屋所有人负责；其结构部位，由毗连层上下房屋所有人按份额比例分担。（4）屋盖的修缮：A. 不上人屋盖，由修缮所及范围覆盖下各层的房屋所有人按份额比例分担。B. 可上人屋盖（包括屋面和周边护栏），如为各层所共用，由修缮所及范围覆盖下各层的房屋所有人按份额比例分担；如仅为若干层使用，使用层的房屋所有人分担一半，其余一半由修缮所及范围覆盖下各层房屋所有人按份额比例分担。（5）楼梯及楼梯间（包括出屋面部分）的修缮：A. 各层共用楼梯，由房屋所有人按份额比例分担。B. 为某些层所专用的楼梯，由其专用的房屋所有人按份额比例分担。（6）房屋共用部位必要的装饰，由受益的房屋所有人按份额比例分担。（7）房屋共有、共用的设备和附属建筑（如电梯、水泵、暖气、水卫、电照、沟管、垃圾道、化粪池等）的修缮，由所有人按份额比例分担。

建筑物及其附属设施若被用于经营，可能带来收益。对此收益的分配，在管理规约有约定时，依其约定；在管理规约无此约定时，遵循业主大大会的决议；若无此决议，则“按照业主专有部分面积所占比例确定”。

---

① 王利明、尹飞、程啸：《中国物权法教程》，北京，人民法院出版社 2007 年版，第 218～220 页；陈华彬：《建筑物区分所有权研究》，北京，法律出版社 2007 年版，第 176～178 页。

第二百八十四条

业主可以自行管理建筑物及其附属设施，也可以委托物业服务企业或者其他管理人管理。

对建设单位聘请的物业服务企业或者其他管理人，业主有权依法更换。

本条主旨

本条是关于业主具有物业管理权和选聘决定权的规定。

相关条文

《物权法》第 81 条　业主可以自行管理建筑物及其附属设施，也可以委托物业服务企业或者其他管理人管理。

对建设单位聘请的物业服务企业或者其他管理人，业主有权依法更换。

《物业管理条例》第 21 条　在业主、业主大会选聘物业服务企业之前，建设单位选聘物业服务企业的，应当签订书面的前期物业服务合同。

第 22 条　建设单位应当在销售物业之前，制定临时管理规约，对有关物业的使用、维护、管理，业主的共同利益，业主应当履行的义务，违反临时管理规约应当承担的责任等事项依法作出约定。

建设单位制定的临时管理规约，不得侵害物业买受人的合法权益。

第 23 条　建设单位应当在物业销售前将临时管理规约向物业买受人明示，并予以说明。

物业买受人在与建设单位签订物业买卖合同时，应当对遵守临时管理规约予以书面承诺。

第 24 条　国家提倡建设单位按照房地产开发与物业管理相分离的原则，通过招投标的方式选聘具有相应资质的物业服务企业。

住宅物业的建设单位，应当通过招投标的方式选聘具有相应资质的物业服务企业；投标人少于 3 个或者住宅规模较小的，经物业所在地的区、县人民政府房地产行政主管部门批准，可以采用协议方式选聘具有相应资质的物业服务企业。

第 25 条　建设单位与物业买受人签订的买卖合同应当包含前期物业服务合同约定的内容。

第 26 条　前期物业服务合同可以约定期限；但是，期限未满、业主委员会与物业服务企业签订的物业服务合同生效的，前期物业服务合同终止。

第 34 条　业主委员会应当与业主大会选聘的物业服务企业订立书面的物业

服务合同。

物业服务合同应当对物业管理事项、服务质量、服务费用、双方的权利义务、专项维修资金的管理与使用、物业管理用房、合同期限、违约责任等内容进行约定。

理解与适用

本条是对《物权法》第 81 条的复制，第 1 款规定业主有权决定自行管理物业还是委托他人代为管理，第 2 款赋权业主可以依法更换代管物业之人。

建筑区划内的建筑物及其附属设施的管理肯定必不可少，但管理的方式不一定整齐划一，因为建筑区划的规模有大有小，建筑区划内的建筑物及其附属设施有多有少。在建筑区划的规模不大、建筑区划内的建筑物及其附属设施不多的情况下，业主自我管理不成问题，且可节约费用；或者建筑区划内的建筑物及其附属设施虽然不少，但业主（如无工作单位的自由人）有时间和精力自行管理，那么，应当尊重业主大会作出的自行管理的决定，所以说，本条第 1 款前段关于“业主可以自行管理建筑物及其附属设施”的规定，符合实际，值得赞同。与此有别，有些建筑区划的规模庞大，建筑区划内的建筑物及其附属设施林林总总，居住、服务、休憩、入托、入学、交通、安保等纷繁复杂，专业技术性强，业主们委托物业服务企业或者其他管理人管理，显得必要，益处较多；或者，即使建筑区划规模不大、建筑区划内的建筑物及其附属设施不太多，但业主们不擅长或不愿自行管理，委托物业服务企业或者其他管理人管理，也不失为可取的选项。就此说来，本条第 1 款后段规定“也可以委托物业服务企业或者其他管理人管理”，同样符合实际，值得赞同。

所谓物业服务企业，是指符合法律规定，依法及物业服务合同向业主提供物业服务的企业法人。它必须具有从事物业管理活动的资质（《物业管理条例》第 32 条）。所谓其他管理人，是指物业服务企业以外的从事物业服务管理的自然人，不得是企业，否则，就规避了中国现行法关于物业服务企业必须具有资质的要求。所谓物业管理，是指业主通过选聘物业服务企业，由业主和物业服务企业按照物业服务合同约定，对房屋及配套的设施设备和相关场地进行维修、养护、管理，维护物业管理区域内的环境卫生和相关秩序的活动（第 2 条）。

物业服务企业具有专业性，长于对建筑区划内的建筑物及其附属设施的管理。这是因为《物业管理企业资质管理办法》对其设立和工作严格要求：一级资质的物业管理企业的条件如下：（1）注册资本人民币 500 万元以上。（2）物业管理专业人员以及工程、管理、经济等相关专业类的专职管理和技术人员不少于

30人。其中，具有中级以上职称的人员不少于20人，工程、财务等业务负责人具有相应专业中级以上职称。(3) 物业管理专业人员按照国家有关规定取得职业资格证书。(4) 管理两种类型以上物业，并且管理各类物业的房屋建筑面积分别占下列相应计算基数的百分比之和不低于100%：1) 多层住宅200万平方米；2) 高层住宅100万平方米；3) 独立式住宅（别墅）15万平方米；4) 办公楼、工业厂房及其它物业50万平方米。(5) 建立并严格执行服务质量、服务收费等企业管理制度和标准，建立企业信用档案系统，有优良的经营管理业绩。二级资质的物业管理企业的条件如下：(1) 注册资本人民币300万元以上。(2) 物业管理专业人员以及工程、管理、经济等相关专业类的专职管理和技术人员不少于20人。其中，具有中级以上职称的人员不少于10人，工程、财务等业务负责人具有相应专业中级以上职称。(3) 物业管理专业人员按照国家有关规定取得职业资格证书。(4) 管理两种类型以上物业，并且管理各类物业的房屋建筑面积分别占下列相应计算基数的百分比之和不低于100%：1) 多层住宅100万平方米；2) 高层住宅50万平方米；3) 独立式住宅（别墅）8万平方米；4) 办公楼、工业厂房及其它物业20万平方米。(5) 建立并严格执行服务质量、服务收费等企业管理制度和标准，建立企业信用档案系统，有良好的经营管理业绩（第5条）。物业管理企业取得资质证书后，不得降低企业的资质条件，并应当接受资质审批部门的监督检查（第19条第1款）。资质审批部门应当加强对物业管理企业的监督检查（第19条第2款）。有下列情形之一的，资质审批部门或者其上级主管部门，根据利害关系人的请求或者根据职权可以撤销资质证书：(1) 审批部门工作人员滥用职权、玩忽职守作出物业管理企业资质审批决定的；(2) 超越法定职权作出物业管理企业资质审批决定的；(3) 违反法定程序作出物业管理企业资质审批决定的；(4) 对不具备申请资格或者不符合法定条件的物业管理企业颁发资质证书的；(5) 依法可以撤销审批的其他情形（第20条）。

既然物业服务企业具有管理物业的优势，业主们大多委托它管理物业自在情理之中。当然，事情并不单一，由于种种原因，有些物业服务企业管理物业的能力不理想，这既有主观原因，也有客观的因素。此类物业服务企业管理建筑区划内的建筑物及其附属设施，结果负面。为了保障业主们的利益，也为利于建筑物及其附属设施的使用寿命，赋权业主们更换不称职的物业服务企业，是必要的。有鉴于此，本条第2款规定："对建设单位聘请的物业服务企业或者其他管理人，业主有权依法更换。"《物业管理条例》第39条规定："物业服务企业可以将物业管理区域内的专项服务业务委托给专业性服务企业，但不得将该区域内的全部物业管理一并委托给他人。"

尽管国家提倡建设单位按照房地产开发与物业管理相分离的原则，通过招投标的方式选聘具有相应资质的物业服务企业（《物业管理条例》第 24 条第 1 款）；住宅物业的建设单位，应当通过招投标的方式选聘具有相应资质的物业服务企业；投标人少于 3 个或者住宅规模较小的，经物业所在地的区、县人民政府房地产行政主管部门批准，可以采用协议方式选聘具有相应资质的物业服务企业（《物业管理条例》第 24 条第 2 款），但是，有些物业服务企业却是建设单位选聘的，甚至是由其投资设立的。这也难免，一栋楼或一个住宅小区建好后，就要对建筑物及其附属设施进行管理，但业主们是陆陆续续地迁入小区居住的，业主大会尚未成立，难以及时委托物业服务企业。在这种情况下，由建设单位选聘物业服务企业进行物业管理，较为常见。[①] 为尽量避免此类物业服务企业为了建设单位的利益而牺牲业主们的权益的情形，《物业管理条例》规定：在业主、业主大会选聘物业服务企业之前，建设单位选聘物业服务企业的，应当签订书面的前期物业服务合同（第 21 条）。

第二百八十五条

物业服务企业或者其他管理人根据业主的委托，依照本法第三编有关物业服务合同的规定管理建筑区划内的建筑物及其附属设施，接受业主的监督，并及时答复业主对物业服务情况提出的询问。

物业服务企业或者其他管理人应当执行政府依法实施的应急处置措施和其他管理措施，积极配合开展相关工作。

本条主旨

本条是关于物业服务企业等管理人对业主承担“物业服务合同”项下的服务义务以及接受监督、回答咨询的规定。

相关条文

《物权法》第 82 条　物业服务企业或者其他管理人根据业主的委托管理建筑区划内的建筑物及其附属设施，并接受业主的监督。

《物业管理条例》第 35 条　物业服务企业应当按照物业服务合同的约定，提供相应的服务。

---

① 胡康生主编：《中华人民共和国物权法释义》，北京，法律出版社 2007 年版，第 187 页。

物业服务企业未能履行物业服务合同的约定，导致业主人身、财产安全受到损害的，应当依法承担相应的法律责任。

第 36 条　物业服务企业承接物业时，应当与业主委员会办理物业验收手续。

业主委员会应当向物业服务企业移交本条例第二十九条第一款规定的资料。

第 45 条　对物业管理区域内违反有关治安、环保、物业装饰装修和使用等方面法律、法规规定的行为，物业服务企业应当制止，并及时向有关行政管理部门报告。

有关行政管理部门在接到物业服务企业的报告后，应当依法对违法行为予以制止或者依法处理。

第 46 条　物业服务企业应当协助做好物业管理区域内的安全防范工作。发生安全事故时，物业服务企业在采取应急措施的同时，应当及时向有关行政管理部门报告，协助做好救助工作。

物业服务企业雇请保安人员的，应当遵守国家有关规定。保安人员在维护物业管理区域内的公共秩序时，应当履行职责，不得侵害公民的合法权益。

理解与适用

本条在承继《物权法》第 82 条的基础上有所完善，第 1 款规定物业服务企业等管理人对业主承担“物业服务合同”项下的服务义务，接受业主监督的义务并及时答复业主咨询的义务。第 2 款规定物业服务企业等管理人应当执行政府依法实施的应急处置措施等管理措施，积极配合开展相关工作。

根据《民法典》的规定，物业服务企业等管理人在管理建筑区划内的建筑物及其附属设施的过程中一般负有如下义务：物业服务人应当按照约定和物业的使用性质，妥善维修、养护、清洁、绿化和经营管理物业服务区域内的业主共有部分，维护物业服务区域内的基本秩序，采取合理措施保护业主的人身、财产安全（第 942 条第 1 款）。对物业服务区域内违反有关治安、环保、消防等法律法规的行为，物业服务人应当及时采取合理措施制止、向有关行政主管部门报告并协助处理（第 942 条第 2 款）。物业服务人应当定期将服务的事项、负责人员、质量要求、收费项目、收费标准、履行情况，以及维修资金使用情况、业主共有部分的经营与收益情况等以合理方式向业主公开并向业主大会、业主委员会报告（第 943 条）。在这方面，《物业管理条例》规定：物业服务企业应当按照物业服务合同的约定，提供相应的服务（第 35 条第 1 款）。物业服务企业未能履行物业服务合同的约定，导致业主人身、财产安全受到损害的，应当依法承担相应的法律责任（第 35 条第 2 款）。物业服务企业承接物业时，应当与业主委员会办理物业验收手续（第36条第1款）。物业管理区域内违反有关治安、环保、物业装饰装修和使用等方面法律、法规规定的行为，物业服务企业应当制止，并及时向有关行政管理部门报告（第45条第1款）。物业服务企业应当协助做好物业管理区域内的安全防范工作。发生安全事故时，物业服务企业在采取应急措施的同时，应当及时向有关行政管理部门报告，协助做好救助工作（第46条第1款）。物业服务企业雇请保安人员的，应当遵守国家有关规定。保安人员在维护物业管理区域内的公共秩序时，应当履行职责，不得侵害公民的合法权益（第46条第2款）。

既然物业服务企业对业主负有义务，那么业主作为权利人当然可以监督物业服务企业履行义务是否符合约定的、法定的要求。当然，监督不得影响物业服务企业正常的物业管理工作。

所谓物业服务企业等管理人及时答复业主咨询的义务，含有如下内容：(1)咨询的范围，由物业服务合同约定和法律的规定来确定，限于管理建筑物及其附属设施所涉及的问题，且不得侵害他人的隐私，不得漫无边际，否则，就是权利义务不对等；(2)答复应及时，若怠于答复，可能误事。

无论是监督权还是咨询权，从本条的文义看，统归业主们享有并行使，但考虑到业主们未必长于此事，加上至少在理论上业主委员会代表业主们的利益，故可允许业主委员会行使监督权和咨询权。

以上所述不见政府依法行政的影子，这在通常情况下，尤其是不涉及社会公共利益时，可以理解。但新冠肺炎疫情及其防控的实践表明，政府依法实施应急处置措施和其他管理措施是非常必要和有效的。第一，政府掌握较为全面的、详尽的带有全局性的信息，可以据此制定针对性的、环环相扣的且具有前瞻性的策略并作出相应的部署。第二，政府由健全的组织机构组成，有组织保障应对突发的或严重的事态，收效快，效益面宽。第三，政府可以联系、号召并组织社会各方面的团体及力量，形成全社会的有序、有效的抗击战线，收到预期效果。第四，政府握有雄厚的物资储备，还可以通过征收、征用予以补充，这是战胜突发的或严重的事态必不可少的物质基础。第五，政府依法实施应急处置措施和其他管理措施有国家机器来保障，可以达成目的。所有这些，都是物业服务企业及其管理机制所不具备的。这是问题的一方面，但还有另一方面，即物业服务企业等管理人若不执行或敷衍政府依法实施的应急处置措施和其他管理措施，效果至少是大打折扣。看来，政府及其行为与物业服务企业等管理人及其相应行为相结合，方为上策。有鉴于此，《民法典》设置第285条第2款“物业服务企业或者其他管理人应当执行政府依法实施的应急处置措施和其他管理措施，积极配合开展相关工作”。

第二百八十六条

业主应当遵守法律、法规以及管理规约，相关行为应当符合节约资源、保护生态环境的要求。对于物业服务企业或者其他管理人执行政府依法实施的应急处置措施和其他管理措施，业主应当依法予以配合。

业主大会或者业主委员会，对任意弃置垃圾、排放污染物或者噪声、违反规定饲养动物、违章搭建、侵占通道、拒付物业费等损害他人合法权益的行为，有权依照法律、法规以及管理规约，请求行为人停止侵害、排除妨碍、消除危险、恢复原状、赔偿损失。

业主或者其他行为人拒不履行相关义务的，有关当事人可以向有关行政主管部门报告或者投诉，有关行政主管部门应当依法处理。

本条主旨

本条是关于业主守法、守约的义务以及责任的规定。

相关条文

《物权法》第 83 条　业主应当遵守法律、法规以及管理规约。

业主大会和业主委员会，对任意弃置垃圾、排放污染物或者噪声、违反规定饲养动物、违章搭建、侵占通道、拒付物业费等损害他人合法权益的行为，有权依照法律、法规以及管理规约，要求行为人停止侵害、消除危险、排除妨害、赔偿损失。业主对侵害自己合法权益的行为，可以依法向人民法院提起诉讼。

《物业管理条例》第 50 条　业主、物业服务企业不得擅自占用、挖掘物业管理区域内的道路、场地，损害业主的共同利益。

因维修物业或者公共利益，业主确需临时占用、挖掘道路、场地的，应当征得业主委员会和物业服务企业的同意；物业服务企业确需临时占用、挖掘道路、场地的，应当征得业主委员会的同意。

第 66 条　业主以业主大会或者业主委员会的名义，从事违反法律、法规的活动，构成犯罪的，依法追究刑事责任；尚不构成犯罪的，依法给予治安管理处罚。

理解与适用

本条第 1 款、第 2 款是对《物权法》第 83 条的承继，且有完善。第 1 款增加了业主行为必须符合绿色原则，要求业主配合物业服务企业等管理人执行政府实施的应急处理措施和其他管理措施；第 2 款增加了“恢复原状”的救济方式；第 3 款纯为新增的内容，明确了有权追究业主违反义务的行政机关。

本条第 1 款开首要求业主遵守法律、法规，符合法治原则，系业主作为公民所必为行为。接着规定业主应当遵守管理规约，这反映了建筑物区分所有权制度的内在要求，是科学的、必要的。第 1 款后段增设的业主行为须守绿色原则，反映了时代特征和要求。面对自 1975 年以来自然界的自然供给低于人类所需的严峻现实，务必树立这样的理念乃至行为规则：资源是大家的，资源是社会的，资源是整个地球的，能源、环境、气候领域的自然哲学大潮，人类命运共同体的构想，都要求《民法典》高扬绿色原则，并具体落实在有关制度及规则之中，业主行为准则为其中之一。本条第 1 款后段如此规定，也与《民法典》第 9 条、第 326 条、第 346 条、第 509 条第 3 款、第 585 条等贯彻绿色原则的规定遥相呼应，共同体现出《民法典》的特质。

本条第 1 款后段还要求业主配合物业服务企业等管理人执行政府实施的应急处理措施和其他管理措施，乃抗击新冠肺炎疫情的经验升华为法律的表现，同样是必要的。

本条第 2 款进一步细化本条第 1 款的原则性规定，一一列举禁止业主所为行为的类型，如业主不得任意弃置垃圾、排放污染物等。处于下位阶的法规、规章也都设有相应的规定。例如，《物业管理条例》第 7 条规定：“业主在物业管理活动中，履行下列义务：（一）遵守管理规约、业主大会议事规则；（二）遵守物业管理区域内物业共用部位和共用设施设备的使用、公共秩序和环境卫生的维护等方面的规章制度；（三）执行业主大会的决定和业主大会授权业主委员会作出的决定；（四）按照国家有关规定交纳专项维修资金；（五）按时交纳物业服务费用；（六）法律、法规规定的其他义务。”

业主违反上述任何一项义务，本条第 2 款后段赋权业主大会或业主委员会都有权依照法律、法规以及管理规约，请求行为人停止侵害、排除妨碍、消除危险、恢复原状、赔偿损失。其中，请求行为人停止侵害、排除妨碍、消除危险的法律规范基础是《民法典》236 条，也可以是第 179 条第 1 款第 1—3 项；请求行为人恢复原状的法律规范基础是《民法典》第 237 条，也可以是第 179 条第 1 款第 5 项。请求行为人赔偿损失，若因业主违反管理规约所致，则业主大会或业主委员会可以援用《民法典》第 577 条的规定，追究业主的违约损害赔偿。与此不同，如果业主违反的不是管理规约项下的义务，而是法律、法规规定的义务，那么，业主大会或业主委员会请求业主承担损失赔偿的法律规范基础是《民法典》第 1165 条以及第 179 条第 1 款第 8 项、第 238 条。

业主拒不履行法律、法规以及管理规约规定的义务，除去业主大会或业主委员会有权追究违反者的法律责任外，本条第 3 款规定有关行政主管部门也是处罚违反者的有权机关。其程序是有关当事人向有关行政主管部门投诉，适用行政诉讼法的规定。此处所谓有关当事人，包括业主、业主大会及业主委员会。

第二百八十七条

业主对建设单位、物业服务企业或者其他管理人以及其他业主侵害自己合法权益的行为，有权请求其承担民事责任。

本条主旨

本条是关于业主享有追究侵权的建设单位、物业管理人或其他业主的民事责任的规定。

相关条文

《物业管理条例》第 31 条　建设单位应当按照国家规定的保修期限和保修范围，承担物业的保修责任。

第 35 条第 2 款　物业服务企业未能履行物业服务合同的约定，导致业主人身、财产安全受到损害的，应当依法承担相应的法律责任。

第 57 条　违反本条例的规定，建设单位擅自处分属于业主的物业共用部位、共用设施设备的所有权或者使用权的，由县级以上地方人民政府房地产行政主管部门处 5 万元以上 20 万元以下的罚款；给业主造成损失的，依法承担赔偿责任。

第 59 条第 1 款　违反本条例的规定，未取得资质证书从事物业管理的，由县级以上地方人民政府房地产行政主管部门没收违法所得，并处 5 万元以上 20 万元以下的罚款；给业主造成损失的，依法承担赔偿责任。

第 60 条　违反本条例的规定，物业服务企业将一个物业管理区域内的全部物业管理一并委托给他人的，由县级以上地方人民政府房地产行政主管部门责令限期改正，处委托合同价款 30%以上 50%以下的罚款；情节严重的，由颁发资质证书的部门吊销资质证书。委托所得收益，用于物业管理区域内物业共用部位、共用设施设备的维修、养护，剩余部分按照业主大会的决定使用；给业主造成损失的，依法承担赔偿责任。

理解与适用

相较于《物权法》，本条为新设条文，明确了业主对建设单位、物业管理人或其他业主侵害其合法权益的行为人有权追究其民事责任。

本条明确的侵权行为人包括建设单位、物业服务企业、其他物业管理人、侵权的业主，明确的请求权人为受损害的业主。虽然本条的文义仅仅列举受损害的业主为请求权人，但考虑到业主未必长于此事，加上至少在理论上业主委员会代表业主的利益，故在解释上应认可业主委员会也有权请求侵害业主权益的建设单位、物业服务企业或其他物业管理人以及其他业主承担民事责任。

建设单位、物业服务企业、其他物业管理人以及其他业主侵害业主合法权益的行为，大多由侵权责任编调整，即何种行为应由其行为人承担侵权责任必须符合侵权责任的构成要件。于此场合的请求权基础为《民法典》第 1165 条的规定。

如果建设单位、物业服务企业、其他物业管理人以及其他业主侵害业主合法权益的行为，属于物业服务合同或管理规约等合同项下的义务，那么，可成立违约责任。于此场合的请求权基础为《民法典》第 577 条的规定。

总之，本条属于不完全条款，必须结合其他有关条款方能达到目的。

第七章

相邻关系

本章首先明确了处理相邻关系的重要原则以及法律适用规则，然后依次规定了各种类型的相邻关系规则。

所谓相邻关系，又称不动产相邻关系，是指相邻不动产的权利人之间，因行使不动产权利而需要相邻各方给以便利和接受限制，法律为调和此种冲突以谋求相邻各方之间的共同利益而直接规定的权利义务关系。对此，可从以下方面把握。

1. 相邻关系源于不动产的毗邻关系及其法律调整。此处的不动产，包括土地，也包括建筑物及其附属设施。动产及其权利不在相邻关系规则调整的范围之内。所谓毗邻，是指地理位置相邻，包括数个不动产之间相互连接（直接毗邻），及数个不动产之间的相互邻近（间接毗邻）。间接毗邻的情形，以不动产占有、使用方面存在影响为限。毗邻关系的实质是，相邻一方的不动产权利在行使时需要扩张至相邻他方的不动产之上，相邻一方的不动产物权的支配力与相邻他方的不动产物权的排他力发生了相互冲突①，为了物尽其用，取得理想的效益，法律特别规定，相邻他方应当容忍相邻一方不动产权利在行使方面的扩张，甚至需要提供便利。为了“人类共同生活以及组织化群体之需要”而对不动产权利予以限制。②

2. 相邻关系的主体是相邻不动产的权利人，包括土地所有权人、建筑物的

① 史尚宽：《物权法论》，台北，荣泰印书馆股份有限公司 1979 年版，第 79 页。

② 参见［德］鲍尔/施蒂尔纳：《德国物权法》（上册），张双根译，北京，法律出版社 2004 年版，第 516 页。

所有权人、建设用地使用权人、宅基地使用权人、土地承包经营权人，但不包括租赁权人和借用权人。

［论争］

相邻关系制度最初是以不动产所有权的行使与限制为原型设计的，随着社会生活的复杂化，不动产上竖立的权利类型逐渐增多，提出了不动产上存在的物权性使用权（如地上权等）和债权性利用权（如租赁权等）是否适用相邻关系规则的问题。对此，判例学说最初多采取否定的立场，如今则持肯定的态度，连债权性利用权与不动产物权之间的关系也适用相邻关系规则。① 例如，德国相邻关系法调整的，不仅仅为数个土地所有权人之间的关系，还包括土地所有权人与土地占有人（如使用承租人），以及土地占有人彼此间的相邻关系（《德国民法典》第862条，第906条）。② 由于中国现行法不允许国家土地所有权流转，禁止集体土地所有权按照民法的方式转让，实际流转并发挥巨大的经济效益的是（出让的）建设用地使用权及土地承包经营权，实务中需要扩张相邻一方的不动产的权利，往往是建设用地使用权、土地承包经营权、宅基地使用权及建筑物所有权等，若把相邻关系规则适用的权利范围仅仅限制于土地所有权领域，显然不符合实际生活的需要。有鉴于此，中国必须突破传统的见解，将相邻关系规则适用的权利范围扩张至建设用地使用权、土地承包经营权、宅基地使用权等物权性使用权，以及建筑物所有权。至于能否延伸到债权性利用权，可有三种方案：第一种是相邻关系直接扩张至债权性利用权；第二种是承租人等债权人以不动产占有人的身份出现，相邻关系规则适用于相邻不动产的占有人之间的关系；第三种是允许承租人、借用人等债权人代为行使出租人、出借人等债务人的相邻权。第二种方案为德国等民法所采纳，可以借鉴。第三种方案也有考虑的价值。第一种方案存在法理上的障碍，即债权并非以特定的相邻不动产为其客体的，而是以给付为标的，不属于不动产权利，使之适用于相邻关系规则，不符合相邻关系的概念要求。此其一。债权为相对权，若允许其效力延伸至相邻他方及其不动产，便突破了债权的相对性原则。如果法律如此设计，需要坚强有力的理由才能服人。既然利用承租人等债权人可以代为行使出租人等债务人的相邻权的思路，也能解决问题，且法理障碍较小，我们就没有必要选择法理障碍很大的方案。此其二。

① 见梁慧星、陈华彬：《物权法》（第4版），北京，法律出版社2007年版，第186页。

② ［德］鲍尔/施蒂尔纳：《德国物权法》（上册），张双根译，北京，法律出版社2004年版，第537页。

3. 相邻关系的客体是行使不动产权利所引起的与相邻方有关的利益。不动产权利人在享有并行使其权利时，既要实现自己的利益，又须为相邻他方行使不动产权利提供便利，因而相邻关系指向的对象并非不动产本身，而是行使不动产权利所引起的与相邻方有关的利益。这种利益可能是经济利益，如将肥料通过袋地运入自己承包的农田；也可能是非经济利益，如相邻他方只容忍低于法定限度的噪声、空气污染等。

4. 相邻关系的内容是，相邻一方行使不动产权利时要求相邻他方容忍甚至提供必要的便利，相邻他方负有容忍甚至提供便利的义务。所谓必要便利，是指相邻一方非从相邻他方获得这种便利，就不能正常行使其不动产权利。相邻一方于其可以正常行使其权利时还要求相邻他方进一步提供便利，以达锦上添花的效果，就不再是权利的行使，而是权利的滥用，相邻他方有权拒绝。

相邻一方行使其不动产权利时要求相邻他方容忍甚至提供必要便利的权利，叫作相邻权。它是不是一种物权，对此存在着争论。有观点认为："相邻权属于物权范畴，是由物权派生的权利。"[①] "相邻权属于不动产物权。它是用益物权的一种，是依法律规定直接发生的。"[②] 而反对的意见则认为，在《物权法》上，相邻权不是一种独立的用益物权，而只是对不动产所有权的限制和延伸，是所有权的内容。在《物权法》的结构安排上，相邻关系是置于第二编"所有权"之中的，从体系解释的角度来看，立法者是将其作为所有权的内容加以规定的。《物权法》没有采取将相邻关系和地役权合一的观点，而对相邻关系和地役权分别作出规定，因而《物权法》没有承认相邻权是一种独立的他物权。[③] 这种观点及其论证思路同样适合于《民法典》。笔者赞同后一种观点。的确，相邻关系主要表现在相邻一方有权请求相邻他方容忍其行使不动产物权，在性质上属于相邻他方不动产所有权及其他物权所受的法律上限制，而不是强调相邻一方对相邻他方的不动产的支配。相邻权和容忍义务都是不动产物权的效力的体现。可见，相邻权不符合物权的本质属性，不是独立的物权。因而，相邻权无物的返还请求权、排除妨害请求权和消除危险请求权等物权的效力。

5. 相邻关系基于法律的直接规定而存在，只能根据不动产相邻的事实进行判断，不能以法律行为发生变动，不登记也能对抗第三人。

相邻关系的这个特点也把相邻关系与地役权区别开来，二者间的具体差异将

---

① 寇志新总编：《民法学》，西安，陕西人民出版社 1998 年版，第 381 页。

② 张俊浩主编：《民法学原理》，北京，中国政法大学出版社 1991 年版，第 476 页。

③ 王利明、尹飞、程啸：《中国物权法教程》，北京，人民法院出版社 2007 年版，第 247 页。

在本释评书关于“地役权”的有关条文中发表意见。

相邻关系在建筑物区分所有权制度中显现出特色，主要表现在以下方面。

1. 立体式的相邻关系。“直接支持二层之专有部分者为一层之专有部分；直接支持三层之专有部分者为二层之专有部分而非基地地盘，二层以上之专有部分与基地地盘并无直接的支持关系，而仅有间接的关系，因此，第二层的区分所有者之对于第一层之专有部分，第三层的区分所有者之对于第二层之专有部分，必须具备所由支持之权利（right of support）。它们之间可以想象为立体式的相邻关系。”① 这种立体式的相邻关系，既表现为业主享有并行使相应的建设用地使用权时产生的相互关系，又表现为业主享有并行使专有权时限制其他建筑物区分所有权时的相互关系，还表现在各业主在享有并行使共有权时的相互关系。

2. 有体和无体相结合的相邻关系。建筑物区分所有权制度中的相邻关系，包含有相邻通行关系、相邻环保关系、相邻安全关系、互不影响正常休息等，其中有的为有体关系，有的为无体关系，同时并存。

3. 以共有部分为媒介的相邻关系。普通相邻关系均为单独所有权或他物权在行使时产生的外部关系，而建筑物区分所有权制度中的相邻关系则是专有权媒介共有部分而产生的相邻关系，以及共有权享有并行使时产生的相邻关系。

4. 法律和管理规约共同规制的相邻关系。普通相邻关系完全由法律直接规定，不存在当事人之间的约定。当事人约定可产生地役权，但不发生相邻关系。而建筑物区分所有权制度中的相邻关系既基于法律的直接规定，又受制于业主大会形成的管理规约。“如此，有人解之为相邻关系之延长。”②

基于共同生活的思想，所有权的自由受到限制，而限制的根据因相邻关系的内容不同而有所差别。在有的情况下，所有权人不具有值得保护的利益，如土地所有权人有容忍地下矿产勘探、开采的义务；在有的情况下，干涉所有权之人的利益更值得保护，比如在用水、排水以及必要通行的情况下，就是如此；而在不可量物的问题上，不仅有欠缺自有利益的思想，而且有所有权人平均主义的思想，即干涉的方式与范围，同等地涉及某一地区全部所有权人的土地所有权。③

在中国，土地上的权利为一组权利群，呈现着多层次的结构：（1）最为基础的是国家的自然资源所有权，包括国家土地所有权、海域所有权、矿产资源所有权、水资源所有权等；同时并存着集体土地所有权。（2）以国家土地所有权为基

---

①② 刘得宽：《民法诸问题与新展望》，台北，三民书局有限公司1980年版，第33、28页。

③ 参见［德］鲍尔/施蒂尔纳：《德国物权法》（上册），张双根译，北京，法律出版社2004年版，第524页以下。

础派生出来的用益物权，包括建设用地使用权、新疆建设兵团等地少数的土地承包经营权以及地役权。(3) 以集体土地所有权为基础派生出来的用益物权，包括土地承包经营权、宅基地使用权、建设用地使用权以及地役权。(4) 以矿产资源所有权为基础派生出来的探矿权、采矿权。(5) 以水资源所有权为基础派生出来的取水权、航运水权、水利水权等。(6) 以海域所有权为基础派生出来的海域使用权。

土地上还竖立着建筑物、构筑物及其附属设施，相应地存有建筑物、构筑物及其附属设施的所有权。以此类所有权为基础派生出地役权等他物权。

在上述各种权利的运行中，存在着对土地所有权、房屋所有权的限制，以及各他物权相互之间的限制。所有权人对这些他物权的行使负有容忍义务，但他物权人的行为危及不动产所有权的安全或造成不动产所有权损害的，可成立物权请求权及损害赔偿请求权。同样，有的他物权人对另外的他物权的行使也负有容忍义务，另外的他物权人的行为危及某他物权的安全或造成损害的，也可成立物权请求权及损害赔偿请求权。

为了妥善解决因上述各种不动产权利的运行而产生的冲突，《民法通则》(第83条) 及《物权法》(第84条) 以至于如今的《民法典》总结了被证明是成功的经验，规定不动产的相邻权利人应当按照有利生产、方便生活、团结互助、公平合理的原则，正确处理相邻关系。

第二百八十八条

不动产的相邻权利人应当按照有利生产、方便生活、团结互助、公平合理的原则，正确处理相邻关系。

本条主旨

本条是关于处理相邻关系的原则的规定。

相关条文

《民法通则》第83条 不动产的相邻各方，应当按照有利生产、方便生活、团结互助、公平合理的精神，正确处理截水、排水、通行、通风、采光等方面的相邻关系。给相邻方造成妨碍或者损失的，应当停止侵害，排除妨碍，赔偿损失。

《物权法》第84条 不动产的相邻权利人应当按照有利生产、方便生活、团结互助、公平合理的原则，正确处理相邻关系。

理解与适用

本条是对《物权法》第 83 条的复制，承认有利生产等四项处理相邻关系的原则。它们都是对长期通行于社会生活实际的、公正的、行之有效的经验总结，值得赞同，坚决遵循。

袋地通行规则、地下管线埋设规则等规则无疑都是有利于生产的。相邻用水、排水规则，相邻通风、采光规则等规则系方便生活所需要，也是团结互助、公平合理的保障。

这些处理相邻关系的原则与相邻关系的具体规则之间存有如下差异：（1）处理相邻关系的原则是适用于相邻关系的基本准则，贯穿于整个相邻关系的领域，统率相邻关系领域的各项具体规则；相邻关系的具体规则是适用于特定类型的相邻关系。（2）处理相邻关系的原则体现民法对于处理相邻关系所持的基本价值，是法律适用及研究相邻关系规则的总指导思想；相邻关系的具体规则虽然也体现基本价值，但直接反映的是处理特定类型的相邻关系的价值，仅是特定领域的指导思想。（3）处理相邻关系的原则是国家对相邻关系的基本政策的集中体现，反映着相邻关系的本质要求；相邻关系的具体规则对此体现和反映得往往间接些。

相邻关系的具体规则，是由构成要件与法律后果组成的具体明确的法律规则，具有如下两个特征：（1）它必须具备有效性的要求，质言之，它系有拘束力的行为要求，或有拘束力的判断标准，也就是具有规范性特质；（2）它非仅仅适用于特定事件，反之，于其地域和时间的效力范围，对所有“此类”事件均有其适用，这就是一般性特质。[①] 它与处理相邻关系的原则虽然同为法律规范，但二者存在着明显的区别：（1）在内容上，相邻关系的具体规则明确而具体，具备构成要件与法律后果，裁判者自由裁量的余地相对小些。与此相比，处理相邻关系的原则较为概括和抽象，或者没有明确的构成要件、法律后果，或者欠缺一些构成要件、法律后果。在法律适用时需要裁判者予以价值补充。（2）在适用范围上，相邻关系的具体规则因其内容具体明确，故只适用于某一类型的相邻关系；而处理相邻关系的原则因其覆盖面广和抽象性强，故为处理相邻关系的通用价值准则，适用范围比相邻关系的具体规则的宽广。（3）在适用方式上，相邻关系的具体规则是以“全有或全无的方式”适用于个案的：如果某一具体规则正是解决

① ［德］卡尔·拉伦茨：《法学方法论》（学生版），陈爱娥译，台北，五南图书出版公司 1996 年版，第 149 页。

某特定的相邻关系案件所需要的，或这条规则是有效的，就必须接受该规则所提供的解决办法；或者如果该规则是不适合于某特定的相邻关系案件的，就对裁判不起任何作用。处理相邻关系的原则的适用则不同，不是以“全有或全无的方式”适用于个案的，因为处理相邻关系的原则具有不同的“强度”，处理相邻关系的强度较高的原则对个案的裁判具有指导性的作用，但另一处理相邻关系的原则并不因此无效，也并不因此被排除在相邻关系制度之外，因为在另一个案中，这两个原则的强度关系可能会改变。(4) 在作用上，相邻关系的具体规则具有比处理相邻关系的原则强度大的显示性特征，即相对于处理相邻关系的原则，法官更不容易偏离相邻关系的具体规则作出裁判。因此，可以说，相邻关系的具体规则形成了相邻关系制度中坚硬的部分，没有相邻关系的具体规则，相邻关系制度就缺乏硬度。但另一方面，处理相邻关系的原则也是相邻关系制度必不可少的部分，它们是相邻关系的具体规则的本源和基础；它们可以协调相邻关系的具体规则之间的矛盾，弥补具体规则的不足与局限，它们甚至可以直接作为法官裁判个案的法律依据；同时，处理相邻关系的原则通过对法官“自由裁量”的指导，不仅能保证个案的个别公正，避免僵化地适用法律规则可能造成的实质不公正，而且使相邻关系制度具有一定的弹性张力，在更大程度上使相邻关系的具体规则保持安定性和稳定性。

第二百八十九条

法律、法规对处理相邻关系有规定的，依照其规定；法律、法规没有规定的，可以按照当地习惯。

本条主旨

本条是关于相邻关系的法律适用的规定。

相关条文

《物权法》第 85 条　法律、法规对处理相邻关系有规定的，依照其规定；法律、法规没有规定的，可以按照当地习惯。

《水法》第 56 条　不同行政区域之间发生水事纠纷的，应当协商处理；协商不成的，由上一级人民政府裁决，有关各方必须遵照执行。在水事纠纷解决前，未经各方达成协议或者共同的上一级人民政府批准，在行政区域交界线两侧一定范围内，任何一方不得修建排水、阻水、取水和截（蓄）水工程，不得单方面改变水的现状。

第 57 条　单位之间、个人之间、单位与个人之间发生的水事纠纷，应当协商解决；当事人不愿协商或者协商不成的，可以申请县级以上地方人民政府或者其授权的部门调解，也可以直接向人民法院提起民事诉讼。县级以上地方人民政府或者其授权的部门调解不成的，当事人可以向人民法院提起民事诉讼。

在水事纠纷解决前，当事人不得单方面改变现状。

《建筑法》第 39 条　建筑施工企业应当在施工现场采取维护安全、防范危险、预防火灾等措施；有条件的，应当对施工现场实行封闭管理。

施工现场对毗邻的建筑物、构筑物和特殊作业环境可能造成损害的，建筑施工企业应当采取安全防护措施。

第 40 条　建设单位应当向建筑施工企业提供与施工现场相关的地下管线资料，建筑施工企业应当采取措施加以保护。

第 41 条　建筑施工企业应当遵守有关环境保护和安全生产的法律、法规的规定，采取控制和处理施工现场的各种粉尘、废气、废水、固体废物以及噪声、振动对环境的污染和危害的措施。

《关于民法通则的意见》第 96 条　因土地、山岭、森林、草原、荒地、滩涂、水面等自然资源的所有权或者使用权发生权属争议的，应当由有关行政部门处理。对行政处理不服的，当事人可以依据有关法律和行政法规的规定，向人民法院提起诉讼；因侵权纠纷起诉的，人民法院可以直接受理。

理解与适用

本条是对《物权法》第 85 条的复制，确立了处理相邻关系适用法律的一般规则，即当地习惯只有在对某种相邻关系或某件相邻关系的案件欠缺法律规定时才被作为处理案件的根据。

法律具有国家权力保障的、全国一体遵循的强制力，处理相邻关系案件适用法律乃不言自明之理。需要提示的是，本条所谓法律、法规，不限于《民法典》第 288—296 条关于相邻关系的集中规定，还包括其他单行法及司法解释关于相邻关系的规定。例如，《水法》第 56 条关于“不同行政区域之间发生水事纠纷的，应当协商处理；协商不成的，由上一级人民政府裁决，有关各方必须遵照执行。在水事纠纷解决前，未经各方达成协议或者共同的上一级人民政府批准，在行政区域交界线两侧一定范围内，任何一方不得修建排水、阻水、取水和截（蓄）水工程，不得单方面改变水的现状”的规定；第 57 条关于“单位之间、个人之间、单位与个人之间发生的水事纠纷，应当协商解决；当事人不愿协商或者协商不成的，可以申请县级以上地方人民政府或者其授权的部门调解，也可以直接向人民法院提起民事诉讼。县级以上地方人民政府或者其授权的部门调解不成的，当事人可以向人民法院提起民事诉讼”（第 1 款），“在水事纠纷解决前，当事人不得单方面改变现状”（第 2 款）的规定。《建筑法》第 39 条关于“建筑施工企业应当在施工现场采取维护安全、防范危险、预防火灾等措施；有条件的，应当对施工现场实行封闭管理”（第 1 款），“施工现场对毗邻的建筑物、构筑物和特殊作业环境可能造成损害的，建筑施工企业应当采取安全防护措施”（第 2 款）的规定；第 40 条关于“建设单位应当向建筑施工企业提供与施工现场相关的地下管线资料，建筑施工企业应当采取措施加以保护”；第 41 条关于“建筑施工企业应当遵守有关环境保护和安全生产的法律、法规的规定，采取控制和处理施工现场的各种粉尘、废气、废水、固体废物以及噪声、振动对环境的污染和危害的措施”的规定。

相邻关系在全国各地、各民族区域不尽相同，各族、各地的风俗习惯有别，其处理规则存有差异，系不争的事实。

现行法如《民法典》关于相邻关系的规定一是提纲挈领式，二是基本上限于典型的、成熟的规则，对于某种或某些相邻关系或具体案型欠缺规范。这就免不了依赖于当地习惯处理相邻关系的个案。

本条之所以规定“按照当地习惯”处理相邻关系，是因为习惯是在人们长期反复实践的基础上形成的，在某一地域、某一民族、某一行业中普遍采用的做法，能够被众人所认知、接受和遵从。一些与现行法律、法规等规范性文件不相抵触、经国家认可的某些习惯，还常常成为民事法律的渊源。因此，在处理相邻关系案件中，按照当地习惯，不仅符合系争当事人的利益和愿望，而且符合社会正义和法律的要求。

本条所谓“按照当地习惯”处理相邻关系，暗含着属地主义之意，而不奉行属人主义。例如，张三一家原居 Y 省，现在落户 N 自治区，两地处理相邻关系的习惯有所不同，但相邻关系的纠纷发生在 N 自治区，那么，宜依 N 自治区的习惯平息纷争。

英国法在解决商事纠纷时重视习惯的功效，要求满足三个条件：(1) 一定要肯定，即习惯的做法非常明确和受到承认，当事人各方在缔约时就已经存在于其脑海里；(2) 一定要出名，因为如果一个商业习惯做法/惯例不是出名的，就无法合理估计缔约各方在缔约时有这样的商业习惯做法/惯例在他们的脑海里，有可能其中一方或是各方都不知道有这种所谓习惯做法；(3) 一定要合理，从反面说，商业习惯不能是不合理的，不可在基本法律原则或规则下显得不合理，不可在合同明示条款或架构下显得不合理。[①] 德国民法坚持，只有那些符合“诚实信用”，且已经成为法律秩序有机组成部分的交易习惯才应被重视。[②] 法律不承认“恶习”[③]。

笔者认为，这些理念及观点也适合于按照当地习惯处理相邻关系案件，值得中国法及理论借鉴。应予注意的有以下几点：（1）当地习惯必须是客观存在的、符合其构成的行为规范。（2）当地习惯必须适法。首先，当地习惯的内容违反强制性规定者，应确认它为无效。纵使系争当事人有依此的意思，也不能以此作为处理案件的根据。当地习惯只有在符合法律制度的价值标准的范围内才具有意义，它们本身不能作为认识法律的源泉。[④] 其次，当地习惯的内容既不违反强制性规定，又不违反任意性规定者，该当地习惯具有裁判案件的法律效力。

第二百九十条

不动产权利人应当为相邻权利人用水、排水提供必要的便利。

对自然流水的利用，应当在不动产的相邻权利人之间合理分配。对自然流水的排放，应当尊重自然流向。

本条主旨

本条是关于相邻用水、排水规则的规定。

相关条文

《物权法》第86条　不动产权利人应当为相邻权利人用水、排水提供必要的便利。

对自然流水的利用，应当在不动产的相邻权利人之间合理分配。对自然流水的排放，应当尊重自然流向。

《关于民法通则的意见》第98条　一方擅自堵截或者独占自然流水，影响他方正常生产、生活的，他方有权请求排除妨碍；造成他方损失的，应负赔偿责任。

第99条　相邻一方必须使用另一方的土地排水的，应当予以准许；但应在必

---

① 杨良宜：《合约的解释》，北京，法律出版社2007年版，第343～347页。

② ［德］维尔纳·弗卢梅：《法律行为论》，迟颖译，北京，法律出版社2013年版，第367页。

③ ［德］《帝国法院判例集》114，第9页以下；科英-施陶丁格，§133 Nr.17. 转引自［德］维尔纳·弗卢梅：《法律行为论》，迟颖译，北京，法律出版社2013年版，第367页。

④ 参见［德］卡尔·拉伦茨：《德国民法通论》（上册），王晓晔、邵建东、程建英、徐国建、谢怀栻译，谢怀栻校，北京，法律出版社2003年版，第18页。

要限度内使用并采取适当的保护措施排水，如仍造成损失的，由受益人合理补偿。

相邻一方可以采取其他合理的措施排水而未采取，向他方土地排水毁损或者可能毁损他方财产，他方要求致害人停止侵害、消除危险、恢复原状、赔偿损失的，应当予以支持。

理解与适用

一、概说

本条是对《物权法》第 86 条的复制，将相邻用水和相邻排水并列规定，相邻用水关系和相邻排水关系便分别为两种亚类型的相邻关系。

二、相邻用水关系

所谓相邻用水关系，是指相邻权利人（相邻用水人）依法引取定量之水、存蓄定量之水场合，需要利用相邻他方的不动产时，相邻他方负有容忍义务甚至提供必要便利而形成的相邻关系。

《民法典》对相邻用水的规则着墨不多，遵循《民法典》第 289 条关于“法律、法规没有规定的，可以按照当地习惯”的规定，借鉴成功的经验及适当的理论，归纳总结如下规则：（1）相邻用水人利用自然流水时，应当尊重自然形成的流向，从高到低、由近及远地用水。相邻各方均不得擅自堵截或独占自然流水，也不得擅自改变水的自然流向，害及相邻他方的用水。否则，受损害的相邻一方有权请求相邻用水人排除妨害，乃至承担损害赔偿责任。（2）水流两岸的土地所有权或使用权（如土地承包经营权、建设用地使用权）分属不同的主体时，相邻用水人不得变更水的流向，不得拓宽水流的宽度。如果水流两岸的土地所有权或使用权同归一人时，用水人则依法可以变更水的流向或宽度，但应给下游留出自然水路。当然，在这方面存在着地方习惯的，应当从该习惯。[①]（3）相邻用水人抽取地下水不得害及相邻他方的合法权益。例如，相邻用水人抽取地下水不得导致相邻他方的土地塌陷、建筑物倒塌。再如，相邻用水人抽取暗河之水，不得不当减少相邻他方利用暗河的水。（4）相邻用水人依法存蓄一定量的水时，不得害及相邻他方的合法权益。例如，水库或水塔应当符合法律、法规及规章关于水利设施的安全标准，以免这些设施时刻威胁相邻他方的人身、财产的安全。否则，受损害的相邻一方有权请求相邻用水人排除妨害或消除危险，乃至承担损害赔偿

① 胡康生主编：《中华人民共和国物权法释义》，北京，法律出版社 2007 年版，第 199 页。

责任；也可首先请求行政主管部门加以解决。(5) 相邻用水人需要利用相邻他方的输水设施时，相邻他方应予允许。但相邻用水人应按其受益程度负担该设施的设置和保存的费用。(6) 相邻用水人对其引水、蓄水等设施破溃、阻塞致使相邻他方的不动产遭受损害，或有破溃、阻塞的巨大危险时，应以自己的费用进行必要的修缮、疏通和预防；在相邻他方仍有损失时，相邻用水人还要承担损害赔偿责任。当然，当地对此存在着不同的习惯时，从习惯。①

［辨析与引申］

在传统民法上，用水相邻关系，既包含相邻用水人引取定量之水或贮存定量之水时，需要利用相邻他方的不动产的场合，相邻他方负有容忍义务，提供相应的便利这样的内容；也包括相邻用水人就引取定量之水、贮存定量之水本身享有权利的题中应有之义；还包含相邻各方合理分配使用定量之水的延伸意义。其原因在于，定量之水尚未与土地分离而成为独立的物权客体，而是属于土地的组成部分，作为土地所有权的客体（客体的成分）出现的。如此，相邻用水人同时为土地所有权人时，其土地所有权当中自然含有占有、使用、收益、处分定量之水的权利，用水的权利及其衍生的有关问题，就是土地所有权及其行使的问题，其中包括相邻关系的内容。即使现代民法将相邻关系规则的适用范围扩张至整个不动产权利领域，也没有改变用水相邻关系的这种基本属性。②

但随着水资源愈来愈成为短缺的自然资源，继续墨守水为所处土地的成分或为无主物的成规，已无力解决实际生活用水的矛盾，法律开始明确水资源的归属及利用水的权利，以定分止争，水资源所有权和水权的制度应运而生。《水法》明确规定了水资源国家所有权（第 3 条）和取水权（第 48 条），《物权法》对此确认，只不过把水资源的术语变更为水流的称谓（第 46 条、第 123 条），《民法典》亦然（第 247 条、第 329 条）。在这种背景下，不动产权利人用水，仅仅以其不动产权利为依据已不再合法，只有首先获得取水权才名正言顺。并且，不动产权利人取水权利本身、合理分享自然流水的权利本身不复是相邻权的范畴，而是取水权的题中应有之义；主体的身份准确地说应为取水权人，只不过于此场合，不动产权利人和取水权人合而为一罢了。就是说，真正属于相邻关系内容的，已经明显减少了。③ 由此看来，《民法典》第 290 条第 2 款前段关于“对自然流水的利用，应当在不动产的相邻权利人之间合理分配”的规定，显然是把取水权的内容错位到相邻关系制度中来了。从立法论的角度讲，修法时应当将之删除。

---

① 胡康生主编：《中华人民共和国物权法释义》，北京，法律出版社 2007 年版，第 200 页。

②③ 崔建远：《准物权研究》，北京，法律出版社 2003 年版，第 301～302、301 页。

三、相邻排水关系

所谓相邻排水关系，是指相邻不动产权利人（相邻排水人）排水，需要利用相邻他方的不动产时，相邻他方负有容忍义务甚至提供必要便利而形成的相邻关系。

《民法典》对相邻排水的规则有所规定，但仍嫌不够，遵循《民法典》第289条关于“法律、法规没有规定的，可以按照当地习惯”的规定，借鉴成功的经验及适当的理论，归纳总结如下规则。

1. 相邻排水人正当地排水，必须利用相邻他方的不动产时，相邻他方必须允许。对自然流水的排放，应当尊重自然流向（《民法典》第290条第2款后段）。

自然流水的排放包括自然排放和人工排放。所谓自然排放，是指自然流水按照自然规律由高地向低地排放。如此，低地段的不动产权利人有承水的义务。在水流丰沛时，低地段的不动产权利人不得擅自筑坝设阻，以减缓水流的下泻速度甚至使水流倒灌，影响高地段的相邻排水人的排水。

所谓人工排放，是指自然流水借助人工设施排放水流。按照许多立法例及其学说，相邻排水人为人工排水，原则上无使用邻地的权利，也不得设置屋檐或其他构筑物，使其不动产上的雨水直接注于相邻他方的不动产上。雨水虽为自然水，但非自然流动，而系由人工导引的，低地或建筑物、构筑物及其附属设施的权利人自无承水义务。但在特定情况下，法律不妨允许其利用邻地排水之权利。[①] 高地段的相邻排水人为使其浸水之地干涸，或排泄家庭用水、农业用水、工业用水至公共排水通道，需要利用相邻他方的低洼地段时，相邻他方负有容忍义务。同时，相邻排水人应当选择于低洼地段损害最小的处所和方法为之，并承担损害赔偿责任。

2. 相邻排水人需要利用相邻他方的排水设施时，相邻他方应予允许。但相邻排水人应按其受益程度负担该设施的设置和保存的费用。

3. 水流因事变在低洼地段阻塞时，高地段的不动产权利人为保障其正当地排水，有权以自己的费用在低洼地段建造疏通流水的必要工事，但须负责赔偿由此给低洼地段的不动产权利人造成的损害。当然，对费用的承担另有习惯的，从其习惯。

4. 相邻排水人不得向邻地排放法律、法规明文禁止排放的污水。

5. 相邻排水人对其排水设施破溃、阻塞致使相邻他方的不动产遭受损害，

---

① 具体规则，比较谢在全：《民法物权论》（上册），台北，三民书局有限公司2003年7月修订2版，第308页。

或有破溃、阻塞的巨大危险时，应以自己的费用进行必要的修缮和预防；相邻他方仍有损失的，相邻排水人还要承担损害赔偿责任。当然，当地对此存在着不同的习惯时，从习惯。

［探讨］

在排污权已经成为独立的权利的背景下，相邻排水关系原来包括的排污权的内容应被分离出来，归入排污权制度之中。

第二百九十一条

不动产权利人对相邻权利人因通行等必须利用其土地的，应当提供必要的便利。

本条主旨

本条是关于相邻通行等规则的规定。

相关条文

《物权法》第 87 条　不动产权利人对相邻权利人因通行等必须利用其土地的，应当提供必要的便利。

《关于民法通则的意见》第 100 条　一方必须在相邻一方使用的土地上通行的，应当予以准许；因此造成损失的，应当给予适当补偿。

第 101 条　对于一方所有的或者使用的建筑物范围内历史形成的必经通道，所有权人或者使用权人不得堵塞。因堵塞影响他人生产、生活，他人要求排除妨碍或者恢复原状的，应当予以支持。但有条件另开通道的，也可以另开通道。

理解与适用

本条是对《物权法》第 87 条的复制，承认了相邻通行等规则。

所谓相邻通行关系，是指在相邻权利人因通行而必须利用相邻他方的不动产的情况下，该相邻他方应当容忍其通行的权利义务关系。

需要指出，笔者关于相邻通行关系的界定与本条关于相邻通行关系的规定在措辞上不完全一致，有必要予以说明。本条的原文如下：“不动产权利人对相邻权利人因通行等必须利用其土地的，应当提供必要的便利。”由于该条使用了“通行等”的措辞，这里的“通行”就必须作广义解释，它应包括人、牲畜、机动车等设备的通行，也包括地下污水通道等设施的通行。只有这样理解，才符合社会生活的实际，也避免了该条表述的瑕疵。此其一。本条使用的是“必须利用其土地的”的表述，而未使用“利用其不动产的”的行文。可这一表述满足不了社会实际生活的需要，有违《民法典》关于相邻通行关系的立法计划和立法目的。有鉴于此，有必要对“土地”一词作扩大解释，将之解释为“不动产”，包括房屋等建筑物。①

关于相邻通行关系的构成，除须具备一般相邻关系的要件以外，尚需具备如下要件。

1. 须不动产与公共交通网络无适宜的联络

本条虽无此项构成要件，但就相邻通行关系的规范目的而言，相邻通行权利人的不动产应当与公共交通网络并无适宜的联络时，方可请求相邻他方容忍其通行。所谓“无适宜的联络”，包括两种情况：其一为袋地情况，即某不动产四周全部不能通往公共道路；其二为准袋地情况，某不动产虽然与公共道路相通，但据此通行过于危险、不便利或需要过高的费用，如通行需要爬越高崖等情况。②

对于历史上形成的通道、桥梁、渡口、道路、堤坝等，任何人不得堵塞、设置障碍，妨碍他人正常通行。此时，无须“无适宜的联络”的要件。

2. 须确有从相邻不动产通行的必要

本条特别强调“必须利用其土地”，意指相邻不动产通行权利人确有从相邻他方的不动产通行的必要。至于判断是否有通行的必要，需要根据不动产的位置、地势、面积、形状、用途等进行判断。③

3. 与公共交通无适宜的联络非因相邻不动产通行权利人任意行为所致

所谓与公共交通无适宜的联络非因相邻不动产通行权利人任意行为所致，例如，相邻不动产通行权利人的物品偶然失落于或其动物偶然进入相邻他方的不动产等。于此场合，相邻他方应当允许物品、动物的所有权人或管理人进入该不动产取回。与此不同，如果相邻不动产与公共交通无适宜的联络系因其权利人任意行为所致，如抛弃既有的地役权或破坏原有桥梁等，则他不再享有相邻通行权。

相邻通行规则的法律效果如下：相邻不动产通行权利人必须通行于相邻他方的不动产时，相邻他方应当提供必要的便利，即在满足通行所必需的条件方面提供便利。在他人不动产上通行，应当选择造成损失最小的线路，对于造成的损

① 崔建远、申卫星、王洪亮、程啸：《物权法》，王洪亮执笔，北京，清华大学出版社2008年版，第133页。

②③ 谢在全：《民法物权论》（上册），台北，三民书局有限公司2003年7月修订2版，第318页。

失，应当予以赔偿。

第二百九十二条

不动产权利人因建造、修缮建筑物以及铺设电线、电缆、水管、暖气和燃气管线等必须利用相邻土地、建筑物的，该土地、建筑物的权利人应当提供必要的便利。

本条主旨

本条是关于利用相邻不动产的规则的规定。

相关条文

《物权法》第 88 条　不动产权利人因建造、修缮建筑物以及铺设电线、电缆、水管、暖气和燃气管线等必须利用相邻土地、建筑物的，该土地、建筑物的权利人应当提供必要的便利。

《关于民法通则的意见》第 97 条　相邻一方因施工临时占用他方使用的土地，占用的一方如未按照双方约定的范围、用途和期限使用的，应当责令其及时清理现场，排除妨碍，恢复原状，赔偿损失。

理解与适用

一、概说

本条是对《物权法》第 88 条的复制，规定了两类相邻关系：一是因建造、修缮建筑物而临时使用相邻他方的不动产所形成的相邻关系；二是铺设电线、电缆、水管、暖气和燃气等管线必须利用相邻土地、建筑物而形成的相邻关系。该条的立法根据在于干涉人（不动产权利人）的利益居于优势地位。

二、因建造、修缮建筑物而临时使用相邻他方的不动产所形成的相邻关系

不动产权利人因建造、修缮建筑物而临时且必须使用相邻他方的不动产的，相邻他方应当提供必要的便利，由此形成一种相邻关系。例如，甲的四合院背山面湖，西侧与丙的四合院相连，在这三面均无法放置建筑材料和涂料，只有东侧的乙的宅基地闲置着。在这种情况下，甲为修缮其四合院而堆放建筑材料和涂料，必须暂时利用乙的部分宅基地，乙应当允许，提供必要的便利。当然，甲必

须选择对乙造成损害最少的方法，施工完毕后应及时清理现场，恢复原状，在乙存在损失的情况下，甲还要承担损害赔偿责任。

认定此种类型的相邻关系，关键是正确理解“必须利用相邻土地、建筑物”的含义。本释评书赞同这样的解释：所谓必须利用相邻土地、建筑物，是指除使用相邻土地或建筑物以外，便无以完成其建造或修缮建筑物之工作而言，若只是为了减少工作的时间或费用，则不能认为是有使用的必要。①

三、不动产权利人铺设电线、电缆、水管、暖气和燃气管线等必须利用相邻土地、建筑物而形成的相邻关系

不动产权利人铺设电线、电缆、水管、暖气和燃气管线等必须利用相邻土地、建筑物的，相邻他方应当提供必要的便利，由此形成一种相邻关系。例如，甲天然气公司为了向A建筑区划内的18栋区分所有的建筑物输送天然气，必须通过乙的建设用地的地下，乙应当提供必要的便利。在这里，关键是如何理解此处的“必须利用相邻土地、建筑物的”。本释评书赞同这样的解释：所谓必须利用相邻土地、建筑物，是指非经过他人的土地、建筑物不能安设管线，或虽能安设但所需费用过高。② 在铺设管线时，管线可以安设于土地之上或地下，但不得安于地表，而且须选择损害最少之方法为之。③

值得注意的是，德国等国家的立法禁止通过管道将煤气、蒸汽等导入邻地（《德国民法典》第906条第3款）。

第二百九十三条

建造建筑物，不得违反国家有关工程建设标准，不得妨碍相邻建筑物的通风、采光和日照。

本条主旨

本条是关于相邻通风、采光、日照的规则的规定。

相关条文

《物权法》第89条 建造建筑物，不得违反国家有关工程建设标准，妨碍相邻建筑物的通风、采光和日照。

①②③ 参见谢在全：《民法物权论》（上册），台北，三民书局有限公司2003年7月修订2版，第333、315、315页。

理解与适用

一、概说

本条是对《物权法》第 89 条的复制，之所以有此规定，是因为建筑物的通风、采光和日照为人们保持其生活品质的必要因素，且由于城市土地价值的提升，建筑物之间的距离较以往缩小，高层建筑日益增多，使得建筑物之间通风、采光和日照的纠纷呈上升的趋势，迫切需要在《民法通则》有关规定的基础上，进一步规定这方面的规则，《物权法》承担了这项任务（第 89 条），《民法典》予以承继（第 293 条）。

［思考］

建筑物的通风、采光和日照，是否属于不动产所有权的内容？如果否，则建筑物的通风、采光和日照不属于相邻关系的组成部分；如果是，才可以使不动产所有权人负担容忍义务，形成相邻关系。

二、通风、采光和日照的相邻关系的内容

1. 不动产权利人建造建筑物时，不得妨碍相邻建筑物的通风、采光和日照

在法律手续齐全的前提下，不动产权利人有权于其建设用地或宅基地上建造建筑物；同时，也有义务遵守相关的工程建设标准，不妨碍相邻建筑物的通风、采光和日照。

建造建筑物妨碍了相邻建筑物的通风、采光和日照，相邻他方有权请求停止侵害，有损失时还可请求损害赔偿。

在这里，需要讨论的问题是，假如建造建筑物较为严重地妨碍了相邻建筑物的通风、采光和日照，相邻他方有无权利请求建筑物的权利人拆除该建筑物？有学者认为，如果该建筑物的建造明显违反国家的工程建设标准，严重妨碍了相邻建筑物的通风、采光和日照，相邻他方有权请求拆除；如果没有违反工程建设标准，但确实影响了相邻建筑物的通风、采光和日照，相邻他方无权请求拆除，但有权请求损害赔偿。[①] 这种意见值得重视。

2. 不动产权利人建造建筑物时，不得违反国家有关工程建设标准

国家有关工程建设标准，《民法典》并未作具体规定。这是因为中国地域辽

① 王利明、尹飞、程啸：《中国物权法教程》，北京，人民法院出版社 2007 年版，第 251 页。

阔，各地经济发展很不平衡，加之于某个社会发展阶段，对建设工程标准的要求也应有所不同，工程建设标准是动态的，《民法典》不宜全国划一地规定僵化的具体标准。① 较为灵活的办法是由住房和城乡建设部规定规章，既能发挥规范和指导作用，又便于适时修订。这方面的法律文件有建设部于 2012 年 12 月颁布的《建筑采光设计标准》，于 2002 年 3 月 11 日发布、2016 年 6 月 28 日修订的《城市居住区规划设计规范》，于 2002 年 8 月 30 日专门就房屋建筑发布《工程建设标准强制性条文》，其后又予补充，现有 2013 年版的《工程建设标准强制性条文》，等等。这些规范文件对住宅的日照、天然通风、自然采光等问题都有明确要求，例如，旧区改造住宅日照标准按照大寒日的日照不低于 1 小时执行。

［讨论］

关于国家有关工程建设标准在认定建造建筑物是否妨碍了相邻建筑物的通风、采光和日照中的地位和作用，意见不一。甲说认为，判断建造建筑物是否构成了妨碍相邻建筑物的通风、采光和日照，必须要考虑是否违反了国家有关工程建设标准。只有违反了，才能认定建造建筑物妨碍了相邻建筑物的通风、采光和日照；如果没有违反，则不可认定建造建筑物妨碍了相邻建筑物的通风、采光和日照。乙说主张，判断建造建筑物是否妨碍了相邻建筑物的通风、采光和日照，不应仅以违反国家有关工程建设标准为根据。例如，在没有纳入规划的空地上建造房屋，也会发生妨碍相邻建筑物的通风、采光和日照的问题。更何况，在广大农村，虽然尚未完全按照国家有关工程建设标准来建设，但一旦发生了通风、采光和日照的纠纷，也应当按照相邻关系处理。② 乙说符合实际，值得重视。

［思考］

国家规定的建筑物间隔、住宅设计标准等只是公法规范，在相邻不动产权利人违反的情况下，行政机关得对其进行行政处罚，如果行政机关不处罚，相邻不动产权利人得通过行政诉讼督促行政机关处罚。③

建造建筑物违反了国家有关工程建设标准，妨碍了相邻建筑物的通风、采光和日照，相邻他方有权请求停止侵害、恢复原状，已经遭受损失的，还有权请求相邻建造建筑物者承担损害赔偿责任。

---

① 胡康生主编：《中华人民共和国物权法释义》，北京，法律出版社 2007 年版，第 205 页。

② 王利明、尹飞、程啸：《中国物权法教程》，北京，人民法院出版社 2007 年版，第 251～252 页。

③ 参见［德］鲍尔/施蒂尔纳：《德国物权法》（上册），张双根译，北京，法律出版社 2004 年版，第 562 页以下。

第二百九十四条

不动产权利人不得违反国家规定弃置固体废物，排放大气污染物、水污染物、土壤污染物、噪声、光辐射、电磁辐射等有害物质。

本条主旨

本条是关于不可量物侵入的相邻关系的规定。

相关条文

《物权法》第90条　不动产权利人不得违反国家规定弃置固体废物，排放大气污染物、水污染物、噪声、光、电磁波辐射等有害物质。

理解与适用

本条是对《物权法》第90条的复制。

在相邻关系中，大量发生的是相互排放不可量物，基于不动产权利人之间的相互平均思想，法律规定了不可量物侵入的处理规则。与不可量物相对的是可量物，所谓可量物，主要是指固体物，如折断的树干、碎石块等。不动产权利人对于可量物不承担容忍义务。而不可量物主要是大气污染物、水污染物、固体废物以及施放噪声、光辐射、电磁辐射等。

对不可量物的侵入，法律并非整齐划一地绝对禁止，而是区分情况，关键看它是否违反了国家规定（《民法典》第294条）。如此，国家调整不可量物的法律便处于重要的位置。这方面的法律，主要有《环境保护法》、《大气污染防治法》、《环境噪声污染防治法》及《广播电视设施保护条例》等，各地方人大及其常务委员会、地方人民政府也制定了许多相应的实施办法。

对不可量物的侵入，不可量物的酿造者或控制者应否承担法律责任，首先看是否违反了国家规定，若违反了，则产生法律责任；反之，则不成立法律责任。承担法律责任的方式有停止侵害、排除妨害、消除危险以及损害赔偿。

应当指出，对于不可量物侵入的法律责任的构成，虽然本条仅限于违反国家规定，但因现行法对某些特定类型的不可量物的侵入尚无规定，此类不可量物的侵入在客观上已经造成巨大的损害，远远超出了一个理性人可忍受的程度，于此场合，若囿于本条的规定，不允许受害的相邻他方请求不可量物的酿造者或控制者承担相应的法律责任，显然极不适当。合适的解决方案是，承认本条规定的适用范围过宽，不符合立法目的，应限缩其适用领域，增加例外，即对国家尚无规定的不可量物侵入，应根据具体情况加以确定。关键看不可量物侵入造成损害是否异常和过度，若异常和过度，不可量物的酿造者或控制者就应承担相应的法律责任；反之，不可量物侵入被控制在合理的限度内，处于理性人的容忍程度之内，则不成立法律责任。[①]

第二百九十五条

不动产权利人挖掘土地、建造建筑物、铺设管线以及安装设备等，不得危及相邻不动产的安全。

本条主旨

本条是关于相邻不动产安全的规定。

相关条文

《物权法》第 91 条　不动产权利人挖掘土地、建造建筑物、铺设管线以及安装设备等，不得危及相邻不动产的安全。

《建筑法》第 39 条第 2 款　施工现场对毗邻的建筑物、构筑物和特殊作业环境可能造成损害的，建筑施工企业应当采取安全防护措施。

第 41 条　建筑施工企业应当遵守有关环境保护和安全生产的法律、法规的规定，采取控制和处理施工现场的各种粉尘、废气、废水、固体废物以及噪声、振动对环境的污染和危害的措施。

《关于民法通则的意见》第 103 条　相邻一方在自己使用的土地上挖水沟、水池、地窖等或者种植的竹木根枝伸延，危及另一方建筑物的安全和正常使用的，应当分别情况，责令其消除危险，恢复原状，赔偿损失。

理解与适用

本条是对《物权法》第 91 条的复制，对危险性设施以及危险性挖掘行为进行了规范，即不动产权利人挖掘土地、建造建筑物、铺设管线以及安装设备等，不得危及相邻不动产的正常使用和安全。其规范的立足点在于不动产权利人的权利，并且以预防性的消除危险和排除妨害为主要手段。

本条确立的规则与物权请求权中的消除危险请求权（《民法典》第 236 条）

---

① 参见陈华彬：《对我国物权立法的若干新思考》，载《金陵法律评论》2005 年春季卷，第 16 页；王利明、尹飞、程啸：《中国物权法教程》，北京，人民法院出版社 2007 年版，第 252～253 页。

是相呼应的，但对其预防措施的采取，不以现实危险性为必要，因为相邻不动产权利人有预防的义务，也不问被干涉的相邻不动产权利人是否另有避免损害的方法，在发生损害的情况下，不论被干涉的相邻不动产权利人是否曾请求防免，都有损害赔偿责任发生。①

本条所谓不得危及相邻不动产的安全，主要包括如下几个方面的内容。②

1. 在自己的土地上开挖地基时，要注意避免使相邻土地的地基发生动摇或动摇之危险，致使相邻土地上的建筑物受到损害。很多国家或地区对此设有规定，例如《瑞士民法典》第685条第1款规定："所有人在挖掘或建筑时，不得使邻人的土地发生动摇，或有动摇的危险，或使其土地上的设施受到危害。"中国台湾地区"民法"第794条规定："土地所有人开掘土地或为建筑时，不得因此使邻地之地基动摇或发生危险，或使邻地之建筑物或其他工作物受其损害。"

2. 在与相邻不动产的疆界线附近处埋设水管时，要预防土沙崩溃、水或污水渗漏到相邻不动产。

3. 不动产权利人在自己的土地范围内种植的竹木根枝伸延，危及另一方建筑物的安全和正常使用时，应当消除危险、恢复原状。《关于民法通则的意见》第103条规定："相邻一方在自己使用的土地上挖水沟、水池、地窖等或者种植的竹木根枝伸延，危及另一方建筑物的安全和正常使用的，应当分别情况，责令其消除危险，恢复原状，赔偿损失。"

4. 不动产权利人在相邻土地上的建筑物有倒塌的危险从而危及自己土地及建筑物安全时，有权要求相邻不动产权利人消除危险。例如《德国民法典》第908条规定，因与邻地相关的建筑物或其他工作物有倒塌的危险，或因建筑物或工作物的一部分有崩离的危险，致土地有受损害之虞时，所有人对发生的损害可能应负责的人，得请求采取为防止危险发生所必要的措施。中国台湾地区"民法"第795条规定："建筑物或其他工作物之全部，或一部有倾倒之危险，致邻地有受损害之虞者，邻地所有人，得请求为必要之预防。"

《建筑法》对施工现场关于相邻建筑物的安全、地下管线的安全提出了明确要求："施工现场对毗邻的建筑物、构筑物和特殊作业环境可能造成损害的，建筑施工企业应当采取安全防护措施"（第39条第2款）。"建设单位应当向建筑施工企业提供与施工现场相关的地下管线资料，建筑施工企业应当采取措施加以保

---

① 谢在全：《民法物权论》（上册），台北，三民书局有限公司2003年7月修订2版，第298页以下；［德］鲍尔/施蒂尔纳：《德国物权法》（上册），张双根译，北京，法律出版社2004年版，第557页以下。

② 这部分四点内容，请见胡康生主编：《中华人民共和国物权法释义》，北京，法律出版社2007年版，第210～211页。

护”（第 40 条）。

在相邻关系中，还有一种所谓的支付使用费关系，如在管线铺设的情况下，支付使用土地对价方可铺设。[①] 该支付使用费关系所成立的还是一种法定债之关系，并不能因此成立租赁或地役法律关系。

在相邻关系中，就邻地利用，相邻不动产权利人事先有约定的，应从其约定。

第二百九十六条

不动产权利人因用水、排水、通行、铺设管线等利用相邻不动产的，应当尽量避免对相邻的不动产权利人造成损害。

本条主旨

本条是关于利用相邻不动产时尽量避免损害的规定。

相关条文

《民法通则》第 83 条　不动产的相邻各方，应当按照有利生产、方便生活、团结互助、公平合理的精神，正确处理截水、排水、通行、通风、采光等方面的相邻关系。给相邻方造成妨碍或者损失的，应当停止侵害，排除妨碍，赔偿损失。

《物权法》第 92 条　不动产权利人因用水、排水、通行、铺设管线等利用相邻不动产的，应当尽量避免对相邻的不动产权利人造成损害；造成损害的，应当给予赔偿。

《水法》第 76 条　引水、截（蓄）水、排水，损害公共利益或者他人合法权益的，依法承担民事责任。

理解与适用

本条承继了《物权法》第 92 条的绝大部分内容，再次宣明利用相邻不动产时尽量避免损害的规则。所谓应当尽量避免对相邻的不动产权利人造成损害，是指在利用相邻不动产的过程中，一般是在用水、排水、通行、铺设管线、施工等情况下，如果能不造成损害的，应当采取不造成损害的方式，如果损害难以避

① 谢在全：《民法物权论》（上册），台北，三民书局有限公司 2003 年 7 月修订 2 版，第 315 页。

免，则应当采取造成损害较小的方式。在理解上，如果在利用相邻不动产时，未“尽量避免对相邻的不动产权利人造成损害”的，被干涉之相邻不动产权利人得拒绝承担容忍义务。

相较于《物权法》第92条的规定，本条删除了“造成损害的，应当给予赔偿”，并非否定相邻关系中的损害赔偿或损失补偿，而是适用相应的法律规定加以解决。所谓相应的法律规定，例如，《水法》第76条关于“引水、截（蓄）水、排水，损害公共利益或者他人合法权益的，依法承担民事责任”的规定。再就是可以适用《民法典》第1186条确立的公平分担规则，或是第1166条确立的无过错责任原则。

第八章

共　有

本章计有 14 个条文，首先界定共有并将其分为按份共有和共同共有两大类，接着规定按份共有的法律关系和共同共有的法律关系，最后提示准共有及其法律适用。

就所有权人与所有物之间的对应关系而言，民法上的所有权分为两类，一为单独所有权，一为共有。

所谓单独所有权，是指所有权的主体为一人的法律状态。它是对个人独立自主人格的肯定，使所有权不受部落、家族以及其他团体的束缚，所有权人可以在法律允许的范围内自由占有、使用、收益和处分其物，从事交易，发挥货畅其流、物尽其用的经济效能。故民法以单独所有权为原则。[①]

有理论认为，所有权可从质和量上被分割。当所有权的部分权能与所有权分离而由非所有权人享有时，为所有权"质"的分割，如日耳曼法上的"上级所有权"（Obereigentum）和"下级所有权"（Untereigentum），以及在所有权上设立抵押权、地役权等，均属于所有权"质"的分割。与此有别，当同一财产由两人或两个以上的复数人共同享有时，则为所有权"量"的分割，表现为共有。[②] 所谓所有权被"分割"，可能不如说将所有权整体性内容的一部分具体化并作出让与，形成他物权[③]，更为准确。就所有权的发展进程来看，所有权经历了从"共

① 王泽鉴：《民法物权·通则·所有权》（总第 1 册），台北，三民书局有限公司 2003 年 8 月增补版，第 326 页。

② 梁慧星、陈华彬：《物权法》（第 4 版），北京，法律出版社 2007 年版，第 235 页。

③ ［日］我妻荣：《日本物权法》，有泉亨修订，李宜芬校订，台北，五南图书出版公司 1999 年版，第 240 页。

同所有权”较为普遍到重“单独所有权”的演变[1]，但共同所有权（共有权）仍有其存在的价值。

在法律史及境外的民法上，存在着总有（Gesamteigentum，propriété collective）、共有（Miteigentum [nach Bruchteilen]，Copropriété）和合有（总的共有）（Eigentum zur gesamten Hand）。总有，是多数人的结合，但尚未形成法律人格的共同体，以团体组成员的资格而所有的状态。日耳曼法村落共同体的所有形态为其典型。村落共同体是村民不失“个性”地位，作为“一个整体”而结合起来的团体，即所谓实在的综合人（Genossenschaft）。村落共同体的所有，直接反映了这种团体结合关系，管理权能全部归属于村落本身，由规律村落共同生活的社会规范来调整，只剩下收益权能分属于各村落住民（Genosse）。因此，总有中各共同所有权人的权利，是单纯的收益权，不具有近代法中所有权的内容。而且，部落对收益权能的统制也非常强，各村落住民取得村落住民的资格后，方能取得收益权能；丧失其资格时，则自然也丧失收益权能。至于村落住民资格取得和丧失的要件，当然由规律村落共同生活的规范来决定。所以，村落住民的收益权能并不具有脱离村落住民资格而独立存在的财产权的性质。总之，在总有的情形，所有权所包含的管理权能和收益权能，是完全相分离的，各共同所有人并不具有共有中的持分（份额）权。[2] 中国现行法中没有这种共有形态。

共有，又称分别共有，为罗马法共同所有的形态。共同所有的成员依然保留对标的物的管理权能和收益权能。当然，对标的物本身的管理，有时也以复数决的方式决定。有应有部分存在，各个共有人可将之自由处分，还可请求分割共有物。[3] 可见，它相当于中国现行法上的按份共有。

合有（总的共有），亦称公同共有，是数人基于共同关系，而共同享有一物的所有权的状态。德国民法上的合伙财产、共同继承财产和夫妻共有财产，均属此类。其特征有：(1) 它介于上述总有和共有之间，更接近于共有。(2) 共有人有管理权能（包括处分权能），但应受公同关系所成立的共同目的的拘束，故原则上应经共有人的全体同意。(3) 共有人有收益权能，亦应受公同关系的规律。(4) 各个共有人虽有应有部分，但应受共同目的的拘束，故无自由处分可言。有

---

① 梁慧星、陈华彬：《物权法》（第4版），北京，法律出版社2007年版，第235页。

② ［日］我妻荣：《日本物权法》，有泉亨修订，李宜芬校订，台北，五南图书出版公司1999年版，第291～292页；谢在全：《民法物权论》（上册），台北，三民书局有限公司2003年7月修订2版，第542页。

③ ［日］我妻荣：《日本物权法》，有泉亨修订，李宜芬校订，台北，五南图书出版公司1999年版，第292页；谢在全：《民法物权论》（上册），台北，三民书局有限公司2003年7月修订2版，第543页。

学者称之为潜在的应有部分。在公同关系终止前，不得请求分割共有物。[①] 它相当于中国现行法上的共同共有。

中国现行法上的共有制度具有特色，一方面吸取了境外立法例在国有制度上的优点，另一方面坚持按份共有和共同共有两分法。但实际上，有些共有既有按份共有的属性，也有共同共有的色彩。例如合伙，各合伙人出资形成的共有为按份共有，盈利的分配和风险的承担也时常以份额为基准。就此看来，合伙具有按份共有的性质。不过，在事务管理等方面，各个合伙人具有共同的平等的权利，又体现出共同共有的色彩。

第二百九十七条

不动产或者动产可以由两个以上组织、个人共有。共有包括按份共有和共同共有。

本条主旨

本条是关于共有及其类型的规定。

相关条文

《民法通则》第 78 条　财产可以由两个以上的公民、法人共有。

共有分为按份共有和共同共有。按份共有人按照各自的份额，对共有财产分享权利，分担义务。共同共有人对共有财产享有权利，承担义务。

按份共有财产的每个共有人有权要求将自己的份额分出或者转让。但在出售时，其他共有人在同等条件下，有优先购买的权利。

《物权法》第 93 条　不动产或者动产可以由两个以上单位、个人共有。共有包括按份共有和共同共有。

《海商法》第 10 条　船舶由两个以上的法人或者个人共有的，应当向船舶登记机关登记；未经登记的，不得对抗第三人。

《合伙企业法》第 20 条　合伙人的出资、以合伙企业名义取得的收益和依法取得的其他财产，均为合伙企业的财产。

理解与适用

本条承继了《物权法》第 93 条的规定，只是把“单位”一词替换成“组织”

---

① 谢在全：《民法物权论》（上册），台北，三民书局有限公司 2003 年 7 月修订 2 版，第 543～544 页。

的术语，基本精神未变。

一、共有的概念分析

共有，是指两个或两个以上的民事主体对同一不动产或动产共同享有所有权的法律状态（《民法典》第297条前段）。如果是两个或两个以上的民事主体共同享有建设用地使用权、地役权等权利，则为准共有（《民法典》第310条）。

其中，同一不动产或动产，在《民法通则》上叫作共有财产（第78条第1款等），学说多称之为共有物。两个或两个以上的民事主体，简称为共有人。共有人对共有物享有的所有权，即为共有权。

共有具有以下几项法律性质。

1. 共有的主体是两个或两个以上的民事主体。这些民事主体可以是自然人、法人或其他权利人。

2. 共有的客体为一项特定的同一项财产。所谓同一项财产，不一定是一个单一物，可以是一个集合物，还可以是合成物。共有的客体也可以是权利，如建设用地使用权、土地承包经营权、抵押权、债权、知识产权、股权等。由于数人对权利的共有与对有体物的共有既有共性，又有差异，学说称之为准共有，即准用物权法关于共有的规定（《民法典》第310条）。

3. 各个共有人对同一项财产享有权利、承担义务，或是按一定份额确定，或是依平等原则确定。在多数情况下，共有权的行使和义务的分担需要体现全体共有人的意志，由全体共有人决定。

4. 共有物上的所有权只有一个，只是所有权人为复数，仍然符合一物一权原则。共有不是一种独立的所有权形式，只是同种或不同种类的所有权的联合。所谓同种所有权的联合，如个人和个人的共有，集体和集体的共有。所谓不同种类的所有权的联合，如国家和集体的共有，集体和个人的共有，国家、集体和个人的共有。①

［辨析］

在集合物作为共有物的情况下，原则上是集合物中的每个物存在着一个所有权，归全体共有人享有，并非整个集合物上存在着一个共有权。所谓“共有物上的所有权只有一个，只是所有权人为复数，仍然符合一物一权原则”，其中的共有物指的是单一物，或合成物。至于共有物表现为集合物的场合，在一物一权主义的语境中，需要将集合物分解，被分解成的单一物、合成物作为标的物，每个

① 梁慧星、陈华彬：《物权法》（第4版），北京，法律出版社2007年版，第236页。

标的物上存在着一个所有权，归全体共有人享有。

5. 共有不同于公有。公有权在现行法上包括国家所有权和集体所有权（《民法典》第 246—265 条）。首先，国家所有权是全民所有制在法律上的表现，其主体是单一的，就是国家。每位中华人民共和国公民作为一分子享有权利，是极为抽象的，没有民法的表现形式，也不适用民事诉讼程序解决争执。可见它不同于共有。其次，集体所有权是劳动群众集体所有制在法律上的表现，集体所有权的主体，在《宪法》（第 10 条第 2 款）及《民法通则》（第 74 条）上为集体经济组织，是单一的；在《物权法》上具有复合性，集体经济组织固然是集体所有权人（《物权法》第 61 条），但集体组织全体成员也是主体之一（《物权法》第 59 条）；在《民法典》上也是如此（第 261 条）。集体所有权不适用共有的法律规范，由专门的法律规范调整。就是说，集体所有权不是共有权。

［引申］

从一定的层面观察，所有权的内容可被分为对标的物管理的权能和从标的物收益的权能。这在共有场合表现得十分明显。因为即使在共同共有的场合，虽然收益权能一般也分属于各个共有人，但由于管理权能或多或少地需要全体共有人的协作，收益权能和管理权能在形式上是分离的。当然，在这种共同共有管理中，全体共有人的协作可以有强弱不同的种种形态：或需要全体共有人的同意，或按人数或份额取多数决，或根据共有人中一部分人的意思来决定。但是，无论哪种情形，都是共有人之间的团体规则起着决定作用。换言之，在共有中，共有人之间一般都或多或少地存在着团体的结合关系，此种结合关系决定着共有物的管理权能。因此，根据共有人之间结合关系的强弱，对各个共有人管理权能的团体约束力的强弱也不同。而且，在共有的形态中，是个人色彩强烈，还是团体色彩强烈，主要根据对共有物管理的团体约束力的强弱来决定。当然，即使对共有关系中收益权能的实现，团体约束力也并非全然不起作用。收益的比例、方法、时间等均依管理权能决定，所以，在这种限度下受约束。不过，在依管理权能各自所分离的范围内，可以说各个共有人的收益权能仍然作为个人的收益权能，分属于各个共有人。①

二、共有的类型

按照《民法典》规定，共有包括按份共有和共同共有（第 297 条后段）。但

① ［日］我妻荣：《日本物权法》，有泉亨修订，李宜芬校订，台北，五南图书出版公司 1999 年版，第 290～291 页。

实际上，有些共有既有按份共有的属性，也有共同共有的色彩。例如合伙，各合伙人出资形成的共有为按份共有，盈利的分配和风险的承担也时常以份额为基准。就此看来，合伙具有按份共有的性质。不过，在事务管理等方面，各个合伙人具有共同的平等的权利，又体现出共同共有的色彩。不妨称其为混合共有。再加上准共有，可以说现行法上的共有共计四类。本释评书主要介绍和阐释共同共有、按份共有及准共有。共同共有和按份共有存在着如下区别。

1. 成立的原因不同。共同共有的成立，以共有人之间存在着共同关系为前提；而按份共有却无须如此。

2. 权利享有和义务承担上不同。在按份共有关系中，共有人依其应有份额（应有部分）享有权利和承担义务（《民法典》第 298 条）；而共同共有人的权利及于共有物的全部而不局限于某一部分，各个共有人对共有物不分份额地共同享有权利和承担义务（《民法典》第 299 条）。

3. 分割的限制上不同。在共同关系存续期间，共同共有人不得请求分割共有物，除非共有基础丧失或有重大理由确需分割共有物（《民法典》第 303 条后段）；而在按份共有场合，共有人可以随时请求分割共有物，但共有人约定不得分割共有物，以维持共有关系的，应依其约定，共有人若有重大理由需要分割的，可以请求分割（《民法典》第 303 条前段）。需要注意，在建筑物区分所有权中的按份共有场合，诸如绿地、屋顶、外墙、电梯、走廊等按份共有，业主不得任意请求分割。

4. 对共有物的管理不同。在按份共有场合，除非法律另有规定或合同另有约定，对共有物的简易修缮和保存行为，共有人可以单独实施；一般的改良行为则在获得共有人过半数或应有部分合计过半数的共有人的同意后，才可为之①；对于改建区分所有的建筑物及其附属设施，《民法典》规定应当经过参与表决专有部分面积 3/4 以上的业主且参与表决人数 3/4 以上的业主同意（第 278 条第 2 款中段）。在共同共有场合，对共有物的管理应得到全体共有人的同意，除非法律另有规定或当事人另有约定。

5. 对共有物的处分不同。在按份共有场合，各个共有人得自由处分其份额（应有部分），除非法律另有规定或当事人另有约定；而在共同共有场合，则无份额（应有部分）的处分可言。②

6. 存续期间不同。共同共有的存续取决于共同关系的存在，婚姻关系、家庭关系等共同关系较为稳定，共同共有的存续期间也较长；而按份共有关系，就

①② 梁慧星、陈华彬：《物权法》（第 4 版），北京，法律出版社 2007 年版，第 239 页。

其本质而言，具有暂时性。①

既然按份共有和共同共有存在着较大的差异，关系着共有人的权利义务，应予特别注意。共有人对共有物没有约定为按份共有或共同共有，或者约定不明确的，除共有人具有家庭关系等外，视为按份共有。这是《民法典》第308条的明文规定，具有区分情况而推定共有类型的思想。它与《关于民法通则的意见》第88条关于“对于共有财产，部分共有人主张按份共有，部分共有人主张共同共有，如果不能证明财产是按份共有的，应当认定为共同共有”的规定不尽一致。由于《关于民法通则的意见》随着《民法典》的生效而被废止，特别是该第88条失效的时间点更早，故共有类型推定应以《民法典》第308条的规定为准。实际上，《民法典》第308条的规定也更具合理性，因为共有人对按份共有抑或共同共有尚无约定或约定不明，可能发生在无共同关系场合。于此场合，如果遵循《关于民法通则的意见》第88条的规定，因无约定或约定不明而推定为共同共有，显然违背了共同共有必以共同关系为基础的本质属性。此其一。即使存在着共同关系，现代发展趋势也有条件地承认按份共有，夫妻分别财产制、某些立法例关于合伙人出资的财产为按份共有、建筑物区分所有权制度中的相当类型的共有等，均为其表现。既然如此，动辄推定为共同共有有些僵硬，未完全跟随发展潮流。此其二。对于以家庭关系、夫妻关系等作为基础关系的共有，在无约定或约定不明时，推定为共同共有；而对不存在共同关系作为基础关系的共有，在无约定或约定不明时，推定为按份共有，使共有制度与实际生活需要相匹配，值得赞同。此其三。共同共有制度对于各个共有人的限制较多，不利于共有法律关系的简化，除非必要，不宜推定为共同共有。

第二百九十八条

按份共有人对共有的不动产或者动产按照其份额享有所有权。

本条主旨

本条是关于按份共有的规定。

相关条文

《民法通则》第78条第2款中段　按份共有人按照各自的份额，对共有财产

① 梁慧星、陈华彬：《物权法》（第4版），北京，法律出版社2007年版，第239页。

分享权利，分担义务。

《物权法》第 94 条　按份共有人对共有的不动产或者动产按照其份额享有所有权。

理解与适用

本条是对《物权法》第 94 条的复制，确立了按份共有的基本规则。

一、按份共有及份额概述

按份共有，又称分别共有，是指两个或两个以上的共有人，按照各自的份额，对共有财产享有权利，承担义务的共有关系。

与共同共有相比，按份共有最显著的特征在于，各按份共有人对于共有物享有一定的份额。所谓份额，又称“应有部分”，日本民法称作持分，是各个共有人对共有物所得行使权利的比例[①]，是对共有物的所有权在量上应享有的部分。[②]它是抽象的，是份数上的量的划分，不是对共有物所有权的质的分割，亦非对共有物所有权的权能的划分，而不局限于共有物的某特定部分，抽象地存在于共有物的任何微小的部分上。它是各按份共有人对于共有财产在分量上应享有的部分。[③]

［拓展］

关于份额（应有部分）的性质，存在着不同的认识。(1) 实在的部分说：共有物确有实在的部分存在，各个共有人在其实在的部分上各享有一个所有权。(2) 理想的分割说：各个共有人在其标的物上为理想的部分的分割，各自享有一个所有权。(3) 内容分属说：所有权的各种作用可分别由共有人享有。(4) 计算的部分说：所有权有金钱计算的价格，共有人按其价格比例共有所有权。(5) 权利范围说：因一物由数人共享所有权，故为避免行使权利的冲突，不得不确立一定的范围，以使各共有人在其范围内享有权利。该范围，即各个共有人的应有部分。权利范围说现为通说。[④]

份额（应有部分）的分量虽不如所有权的大，但其内容、性质和效力与所有权无异，只是各按份共有人行使权利受该份额的限制而已。各按份共有人可以处

① 谢在全：《民法物权论》（上册），台北，三民书局有限公司 2003 年 7 月修订 2 版，第 546 页。

② 梁慧星、陈华彬：《物权法》（第 4 版），北京，法律出版社 2007 年版，第 243 页。

③ 谢在全：《民法物权论》（上册），台北，三民书局有限公司 2003 年 7 月修订 2 版，第 546 页；王泽鉴：《民法物权·通则·所有权》（总第 1 册），台北，三民书局有限公司 2003 年 8 月增补版，第 331 页。

④ 郑玉波：《民法物权》，台北，三民书局有限公司 1988 年修订 12 版，第 121 页。

分其应有部分，也可以在其应有部分设立负担（如设立抵押权），其应有部分受法律保护。① 某按份共有人转让其应有部分时，其他共有人在同等条件下享有优先购买权（《民法典》第305条）。

份额（应有部分）可以是等份的，也可以是不等份的。例如，甲乙丙三人按份共有一辆价值15万元的轿车，可以是每位共有人享有5万元的份额（应有部分），也可以是甲享有8万元的份额（应有部分），乙享有3万元的份额（应有部分），丙享有4万元的份额（应有部分）。

份额（应有部分）的多少，通常依共有发生的原因确定，即（1）基于当事人的意思而发生的按份共有，份额（应有部分）依其意思确定。（2）基于法律的直接规定而成立的按份共有，份额（应有部分）依法律规定确定。②

两个或两个以上的民事主体共有一项不动产或准不动产的，不动产登记簿上不应仅仅记载一名共有人，而应记载全体共有人，并由登记机构发给不动产权属的共有证书。实务中，相当多的房屋所有权证、建设用地使用权证仅仅记载一名共有人，容易损害其他共有人的合法权益，第三人善意取得共有房屋所有权场合即为一例，应予纠正。

二、按份共有人依其份额享有所有权

各个共有人按其份额（应有部分）对共有物的全部，而非特定部分，享有所有权，包括使用、收益之权。但需注意，该用益权虽然覆盖共有物的全部，但因共有的缘故，其行使则必须按份额（应有部分）为之。所谓按份额（应有部分）为之，是指各个共有人行使用益权必须受份额（应有部分）的限制，亦即行使用益权不得影响其他共有人按其份额（应有部分）所可以行使的用益权。若未按份额（应有部分）使用时，其他共有人可视具体情况而主张有关权利，如所有物返还请求权、排除妨害请求权、不当得利返还请求权、侵权损害赔偿请求权。③

第二百九十九条

共同共有人对共有的不动产或者动产共同享有所有权。

---

① 郑玉波：《民法物权》，台北，三民书局有限公司1988年修订12版，第547页。

② 谢在全：《民法物权论》（上册），台北，三民书局有限公司2003年7月修订2版，第547页；王泽鉴：《民法物权·通则·所有权》（总第1册），台北，三民书局有限公司2003年8月增补版，第332页。

③ 谢在全：《民法物权论》（上册），台北，三民书局有限公司2003年7月修订2版，第550～551页；王泽鉴：《民法物权·通则·所有权》（总第1册），台北，三民书局有限公司2003年8月增补版，第340～342页。

本条主旨

本条是关于共同共有的规定。

相关条文

《民法通则》第 32 条　合伙人投入的财产，由合伙人统一管理和使用。

合伙经营积累的财产，归合伙人共有。

第 78 条第 2 款后段　共同共有人对共有财产享有权利，承担义务。

《物权法》第 95 条　共同共有人对共有的不动产或者动产共同享有所有权。

《婚姻法》第 17 条　夫妻在婚姻关系存续期间所得的下列财产，归夫妻共同所有：

（一）工资、奖金；

（二）生产、经营的收益；

（三）知识产权的收益；

（四）继承或赠与所得的财产，但本法第十八条第三项规定的除外；

（五）其他应当归共同所有的财产。

夫妻对共同所有的财产，有平等的处理权。

《妇女权益保障法》第 47 条　妇女对依照法律规定的夫妻共同财产享有与其配偶平等的占有、使用、收益和处分的权利，不受双方收入状况的影响。

夫妻书面约定婚姻关系存续期间所得的财产归各自所有，女方因抚育子女、照料老人、协助男方工作等承担较多义务的，有权在离婚时要求男方予以补偿。

《关于民法通则的意见》第 88 条　对于共有财产，部分共有人主张按份共有，部分共有人主张共同共有，如果不能证明财产是按份共有的，应当认定为共同共有。

第 89 条　共同共有人对共有财产享有共同的权利，承担共同的义务。在共同共有关系存续期间，部分共有人擅自处分共有财产的，一般认定无效。但第三人善意、有偿取得该财产的，应当维护第三人的合法权益；对其他共有人的损失，由擅自处分共有财产的人赔偿。

理解与适用

本条是对《物权法》第 95 条的复制，确立共同共有的核心规则。

一、共同共有的概念分析

按照本条规定，共同共有，是指数人基于法律的规定或合同的约定而形成某一共同关系，他们基于该共同关系而对共有物共同享有所有权的现象。

较之按份共有，共同共有最大的特色在于，它以共有人之间存在着共同关系为产生和存续的前提，共有人对共有物所享有的权利和所承担的义务不取决于份额，而具有平等性。

二、共同共有的类型

（一）基于夫妻关系而产生的共同共有

基于夫妻关系而产生的共同共有，是指于夫妻双方婚姻关系存续期间所取得的财产，未约定归各自所有或部分归各自所有、部分属于共同所有的，或者虽有此种约定但不甚明确的，便形成共同共有。夫妻双方于其婚姻关系存续期间取得的财产，可以是工资、奖金、劳务报酬，也可以是生产、经营投资的收益，还可以是基于知识产权所取得的收益，或是因继承或赠与所得的财产（《民法典》第1062条）。但是，《民法典》第1063条规定的情形，即一方的婚前财产，一方因身体受到伤害获得的医疗费、残疾人生活补助费等费用，遗嘱或赠与合同中确定只归夫或妻一方的财产，一方专用的生活用品，其他应当归一方的财产，属于个人的财产，而非共同共有的财产。

（二）基于家庭共同生活关系而产生的共同共有

基于家庭共同生活关系而产生的共同共有，即家庭共有财产，是指家庭成员在家庭共同生活关系存续期间共同创造、共同所得，用于维持家庭成员共同生产、生活的财产。家庭共有财产不同于家庭财产，后者除包括前者之外还包括家庭成员的个人财产。

这里所谓的家庭，可能是仅由夫妻与其子女组成的小家庭，也可能是由祖父母、外祖父母、子女、孙子女等组成的大家庭。究竟何指，需要根据具体情况加以判断。

一项或几项财产是否属于家庭共同共有的财产，需要根据财产的来源、用途等因素予以确定。如果是家庭成员共同劳动所得且用于维护整个家庭的生产或生活的财产，就属于家庭共有财产。否则，不能认定为家庭共有财产。

（三）基于继承关系而产生的共同共有

被继承人死亡后，遗产分割前，全体继承人对于该遗产享有共同共有权。

（四）关于建筑物区分所有权关系中的共有属性

建筑物区分所有权中的共有部分，按份共有居多（《民法典》第283条等），但某些不公摊到区分所有的建筑物面积当中的共有部分，例如，建筑规划区内的道路、他人赞助的露天健身器材等，及某些建筑规划区内的幼儿园、小学校，作为共同共有更符合客观实际。如此，也出现了新类型的共同共有。

（五）关于合伙财产的共有属性

关于合伙人对于合伙财产究竟是按份共有还是共同共有，理论上有不同的看法。一种观点认为，合伙财产属于按份共有，理由在于：首先，共同共有是不能划分份额的，而在合伙财产中，实际上是按照投资比例划分份额的；其次，按份共有是按照自己的份额享有共有财产的收益，而合伙人对收益的分配也主要是按照投资比例确定的。另一种观点认为，合伙关系存在期间，合伙人对于合伙财产为共同共有。因为合伙财产符合共同共有的特征。首先是共同管理，个人不得处分；其次是在共有关系解除之前，不得请求分割共有财产。无论是合伙企业还是没有成立合伙企业的合伙，合伙人对于合伙财产都应当是共同共有关系，否则既抹杀了合伙企业财产的独立性，也不利于合伙关系的维持。[①] 这种观点较为符合《合伙企业法》第20条、第21条的下述规定：合伙企业存续期间，合伙人的出资、以合伙企业名义取得的收益和依法取得的其他财产，均为合伙企业的财产。合伙人在合伙企业清算前，除非法律另有规定，否则不得请求分割合伙企业的财产。

第一种观点描述的是合伙人出资形成合伙财产的性质、状态，第二种观点描述的是合伙运营所获收益的性质、状态，以及各个合伙人管理合伙财产的权利状态，均有所据，但不够全面，不如综合起来，把合伙财产看作混合的共有，较为符合实际。

三、共同共有人对共有物享有平等的所有权

在共同关系存续期间，各个共有人对共有物共同享有所有权（《民法典》第299条），其权利及于共有物的全部，而不局限于共有物的特定部分。

第三百条

共有人按照约定管理共有的不动产或者动产；没有约定或者约定不明确的，各共有人都有管理的权利和义务。

本条主旨

本条是关于共有物管理权的规定。

---

① 全国人大常委会法制工作委员会民法室：《物权法（草案）参考》，北京，中国民主法制出版社2005年版，第261页。

相关条文

《物权法》第 96 条　共有人按照约定管理共有的不动产或者动产；没有约定或者约定不明确的，各共有人都有管理的权利和义务。

理解与适用

一、总说

本条是对《物权法》第 96 条的复制，前段贯彻意思自治原则，其意思是，共有人约定各个共有人平等地管理共有物的，依其约定（共同共有关系的管理模式）；共有人约定按照份额管理共有物的，同样依其约定（按份共有关系的管理模式）；共有人约定除前两种以外的管理共有物的其他方式的，仍然依其约定。后段奉行的是共有人平等地管理共有物的原则（共同共有关系的管理模式），但设有前提——共有人对管理共有物没有约定或者约定不明确。

二、按份共有人对共有物的管理

（一）概述

数人共有一物，如何对共有物管理，是按份共有的核心问题。广义的管理包括对共有物的处分、保存、改良、使用、收益等。[①] 使用、收益在释评《民法典》第 240 条时已经讨论过，应被排除。处分，《民法典》将其与管理并列，专门规定（第 301 条），亦应除去。这有其道理，原因在于，保存和改良原则上均系为共有人的共同利益而为，与处分常常损害共有人的权益不同。于是，此处所谓管理是狭义的，包括保存行为、改良行为和利用行为。[②] 《民法典》第 300 条规定的对共有物的管理，即指此义。

共有人就共有物的管理有约定的，据此约定管理共有物（《民法典》第 300 条前段）；没有约定或约定不明确的，各个共有人都有管理的权利和义务（《民法典》第 300 条后段）。

此处所谓共有人关于共有物管理的约定，是指全体共有人之间就共有物的使用、收益或管理方法等事项而订立的协议。它包括全体共有人订立的分管协议。

---

① 王泽鉴：《民法物权・通则・所有权》（总第 1 册），台北，三民书局有限公司 2003 年 8 月增补版，第 353 页。

② 参见谢在全：《民法物权论》（上册），台北，三民书局有限公司 2003 年 7 月修订 2 版，第 584 页。

所谓分管协议，又叫分管契约，是指全体共有人之间约定各自分别占有共有物的特定部分而实施管理的协议。① 分管契约的成立应由共有人全体以协议订立，明示或默示都可以，不以采取书面为必要，其内容为分别占有共有物的特定部分而为管理。它所约定占有共有物的特定部分，不以按份额（应有部分）换算的为限，较应有部分换算为多或少，均无不可。部分共有人未占有共有物，甚至将部分共有物交给第三人使用、收益，也被允许。再者，管理的态样不限于共有物的使用、收益，将自己分管的部分出租给他人，也在管理所允许的范围。② 中国大陆的现行法尚未规定分管协议，可以借鉴中国台湾地区的规则。

［引申］

分管契约乃物权关系上关于共有物管理的约定，性质上属于债权契约。其对内效力为，共有人有权依分管内容就共有物的分管部分取得管理权能，可以实施分管契约范围内的管理行为等。在对外效力方面，分管契约仅具有债权的效力，本无对抗第三人的效力，何况法律既然没有规定应有部分的受让人应当受分管契约的拘束，那么，在理论上，分管契约并不当然随着应有部分的转让而移转于受让人。也就是说，应有部分的受让人并不受前手所订立的分管契约的约束，除非当事人另有约定。③ 但在实务中，为了避免共有人在订立分管协议后，任意将应有部分转让给他人，导致对原有分管状态和效力的破坏，有失公平，于是有判例认为各个共有人和其他共有人订立分管契约后，转让应有部分与第三人的，分管契约对于受让人仍继续存在。④ 这是因为分管契约系共有人之间关于共有物管理的约定，与各个共有人的应有部分确有不宜分离的关系，若分管契约不得对应有部分的受让人主张，而仅能向让与人请求债务不履行的损害赔偿，亦无济于分管

① 谢在全：《民法物权论》（上册），台北，三民书局有限公司2003年7月修订2版，第588页；王泽鉴：《民法物权·通则·所有权》（总第1册），台北，三民书局有限公司2003年8月增补版，第355页；蔡明诚：《共有物分管契约与物上请求权问题》，载《台湾本土法学杂志》第12期，第79页；中国台湾地区“最高法院”1996年台上字第53号民事判决，载《“最高法院”民事裁判书汇编》第23期，第413页；中国台湾地区“最高法院”1997年台上字第1382号判决，载《“最高法院”民事裁判书汇编》第28期，第419页。

② 中国台湾地区“最高法院”1992年台上字第505号判决；中国台湾地区“司法院”释字第349号；谢在全：《民法物权论》（上册），台北，三民书局有限公司2003年7月修订2版，第589页；王泽鉴：《民法物权·通则·所有权》（总第1册），台北，三民书局有限公司2003年8月增补版，第355页。

③ 姚瑞光：《民法物权论》，1990年自版，第130页。转引自谢在全：《民法物权论》（上册），台北，三民书局有限公司2003年7月修订2版，第591页。

④ 中国台湾地区“最高法院”1959年台上字第1065号民事判例。转引自谢在全：《民法物权论》（上册），台北，三民书局有限公司2003年7月修订2版，第591页。

契约解体，显然不当。[①] 但是，中国台湾地区“司法院”释字第349号解释认为，上述判例就维持法律秩序的安定性而言固有其必要，唯应有部分的受让人若不知悉有分管协议，也不可得知的情形，受让人仍受让与人所定分管契约的拘束，有使善意第三人受不测损害之虞，与“宪法”保护人民财产权的意旨有违，上述判例在此范围内，嗣后不再援用。[②]

（二）保存行为

共有物的保存行为，是指以防止共有物的灭失、毁损或其权利丧失、受到限制等为目的，维持其现状的行为。共有物的简易修缮即属于保存行为。例如，暴雨来袭之际共有房屋的屋顶破损急需修补，此时某一共有人对之加以修缮的行为就属于保存行为。它所需费用往往比较少，对于全体共有人有利无害，且多属较为急迫的行为，因此共有人可无须经过其他共有人的同意而实施（《民法典》第300条）。

（三）改良行为

共有物的改良行为，是指不变更共有物的性质，而增加其效用或价值的行为。例如，在准共有场合，开垦共同承包的荒地使之成为良田。对共有物的重大修缮即属于改良行为。

对于共有物的重大修缮，《民法典》第301条规定，共有人之间有约定的，依其约定；若无约定，应当经占份额2/3以上的按份共有人同意。这是因为，对共有物进行重大修缮，需要支出大笔费用，且时常并非相当急迫，因此该费用在没有得到按份共有人的同意前，令其分摊显然是不公正的。

（四）利用行为

共有物的利用行为，是指以满足共有人共同需要为目的，不变更共有物的性质，决定其使用、收益的方法的行为。例如，决定将共有房屋出租或出借于他人，即属对共有物的利用。

对共有物的利用，共有人有约定的，依其约定；无约定的，应当由全体共有人共同管理；不能共同管理时，分割共有物，消灭共有关系。

［辨析］

此所谓“利用行为”，与对共有物的使用、收益，有何区别？本释评书赞同

---

① ［日］山田诚一：《共有者的法律关系》（一），载《法学协会杂志》第101卷第12期，第1871页；［日］舟桥纯一：《物权法》，东京，有斐阁1979年版，第378页；谢在全：《民法物权论》（上册），台北，三民书局有限公司2003年7月修订2版，第591页。

② 转引自谢在全：《民法物权论》（上册），台北，三民书局有限公司2003年7月修订2版，第591～592页。

这样的意见：所谓对共有物的使用、收益，是指共有人对其份额（应有部分）的利用，是实际的利用；而此处的利用行为则是指共有人决定共有物的利用方法的行为，是一种决策行为。后者是前者的前提。此其一。在决定共有物的利用方法时，若共有人之间既无约定也达不成一致意见的，可类推适用《民法典》第301条关于“处分共有的不动产或者动产以及对共有的不动产或者动产作重大修缮、变更性质或者用途的，应当经占份额三分之二以上的按份共有人或者全体共同共有人同意，但是共有人之间另有约定的除外”的规定。这是因为，如果仅仅由于各个共有人就共有物的利用方法达不成一致意见就分割共有物，一则未必符合共有人的意志（例如房屋共有人都想维持共有关系，但是就该房屋应分割出租还是整体出租达不成一致意见），二则容易导致共有关系过于脆弱。[①] 此其二。

三、共同共有人对共有物的管理

在共同关系存续期间，各个共有人对共有物共同享有所有权（《民法典》第299条），其权利及于共有物的全部，而不局限于共有物的特定部分。

这一点既说明共同共有人在共同共有关系中并不像按份共有那样存在所谓的份额（应有部分），也足以表明共同共有是多个人共同享有一项所有权的实质。

立法例及其理论通常都确认各个共同共有人对于共有物享有平等的权利，但是实践中共同共有人如何对共有物进行具体的管理，通常看当事人的约定。如果当事人没有约定或约定不明，那么各个共同共有人都有管理的权利和义务（《民法典》第300条）。例如，法释〔2001〕30号第17条明确规定，《婚姻法》第17条关于“夫或妻对夫妻共同所有的财产，有平等的处理权”的规定，应被理解为：（1）夫或妻在处理夫妻共同财产上的权利是平等的。因日常生活需要而处理夫妻共同财产的，任何一方均有权决定。（2）夫或妻非因日常生活需要对夫妻共同财产做重要处理决定，夫妻双方应当平等协商，取得一致意见。

第三百零一条

处分共有的不动产或者动产以及对共有的不动产或者动产作重大修缮、变更性质或者用途的，应当经占份额三分之二以上的按份共有人或者全体共同共有人同意，但是共有人之间另有约定的除外。

---

① 这是中国政法大学教授戴孟勇博士的意见，特此致谢！

本条主旨

本条是关于共有物的处分和重大修缮有门槛要求的规定。

相关条文

《物权法》第 97 条 处分共有的不动产或者动产以及对共有的不动产或者动产作重大修缮的，应当经占份额三分之二以上的按份共有人或者全体共同共有人同意，但共有人之间另有约定的除外。

《关于民法通则的意见》第 89 条 共同共有人对共有财产享有共同的权利，承担共同的义务。在共同共有关系存续期间，部分共有人擅自处分共有财产的，一般认定无效。但第三人善意、有偿取得该财产的，应当维护第三人的合法权益；对其他共有人的损失，由擅自处分共有财产的人赔偿。

理解与适用

一、总说

本条在承继《物权法》第 97 条的基础上又有完善，增补对共有的不动产或者动产“变更性质或者用途的”也需要高门槛。本条的但书高倡意思自治原则：共有人对于共有物的处分和重大修缮有约定的，依其约定；本条的正文宣明处分和重大修缮共有物事关重大，不仅直接影响每个业主的切身利益，会使建筑区划内的建筑物及其附属设施发生重大改变，还可能酝酿着危险，甚至可能改变住宅小区的文化、风气、秩序，故设高门槛，“应当经占份额三分之二以上的按份共有人或者全体共同共有人同意”。

二、按份共有关系中的处分共有物

对共有物的处分，有的立法例（如中国台湾地区“民法”第 819 条）规定需要全体共有人的同意。但在实践中经常会出现全体共有人就共有物的处分无法达成一致的情形，结果影响了共有物的处分，不尽符合效率原则。有鉴于此，《物权法》放宽了按份共有人对共有物处分的限制，于第 97 条规定，处分共有物，只要经过占份额 2/3 以上的按份共有人的同意即可，除非当事人对此另有约定或法律另有规定。之所以要求占份额 2/3 以上的按份共有人同意，是因为在按份共有中，共有人是按照其份额就共有财产享有权利或承担义务的，所以既然采取多数决原则，就应当经过占份额 2/3 以上的共有人而非共有人的 2/3 以上同意。这有道理，《民法典》予以承继（第 301 条）。

某个或几个按份共有人未经其他共有人的同意而擅自处分共有财产，构成无权处分。按照《民法典》第 597 条及法释〔2009〕5 号第 15 条的规定，合同的效力不受其他共有人追认与否的影响。在物权变动的效力方面，在符合《民法典》第 311 条第 1 款的规定时，善意取得共有物。

占份额 2/3 以上的共有人同意出卖共有物，实际上是出卖各个共有人份额（应有部分）的总和。从另一个视角观察，只要不同意出卖共有物的按份共有人愿意保留对共有物的所有权，就意味着其愿意购买同意出卖共有物的按份共有人的份额（应有部分）。于此场合，同意出卖共有物的按份共有人应负有强制缔约义务，将其份额（应有部分）出卖给不同意出卖共有物的按份共有人；换言之，不同意出卖共有物的共有人，对同意出卖的共有人所持份额（应有部分）的出卖，应当享有优先购买权。此种对共有物的优先购买权，在性质、同等条件、通知义务等各方面，应当相同于按份共有人对份额（应有部分）的优先购买权。①

［论争］

对此，有相反的意见：（1）从解释论的角度来说，似不宜认为不同意出卖共有物的共有人对同意出卖共有物的共有人所持份额（应有部分）享有优先购买权，因为优先购买权只能来源于法律的直接规定或当事人的约定，而《物权法》并无此类规定，当事人通常也没有此类约定。（2）从理论上来说，占份额 2/3 以上的共有人同意出卖共有物时，仅仅是就共有物的处分问题作出了一个基本决策，未必确定具体的出卖价格，通常也没有与买受人订立合同，甚至根本不知道会卖给谁（例如，在实务中，很可能是在共有人同意出卖共有物之后，才开始去寻找买受人或进一步商量出卖的价格、方式等内容）。在这种情况下，即便（从立法论的角度）承认不同意出卖的共有人对同意出卖者的份额（应有部分）享有优先购买权，也会因无法确定交易的“同等条件”而难以行使优先购买权。（3）从逻辑上来说，占份额 2/3 以上的共有人所同意的乃是出售整个共有物，而非出售自己的份额（应有部分）。于此情形，若为保护不同意出售者的利益，在立法上赋予其优先购买整个共有物的权利（然后再将价金依份额分配给全体共有人），在逻辑上可以说得通；但若在立法上赋予其优先购买其他同意出售者的份额（应有部分）的权利，在逻辑上就难以自圆其说，因为其他赞同出售者并未表示要出售自

① 参见谢在全：《民法物权论》（上册），台北，三民书局有限公司 2003 年 7 月修订 2 版，第 574 页；王泽鉴：《民法物权·通则·所有权》（总第 1 册），台北，三民书局有限公司 2003 年 8 月增补版，第 352 页。

己的份额（应有部分），而仅仅表示同意出售整个共有物。[①] 上述观点，同样适合于《民法典》。

三、按份共有关系中对共有物作重大修缮、变更其性质或用途

如同上文所述，对共有物作重大修缮属于改良行为，但变更共有物的性质则非改良行为，颇有将此物变成彼物的意味，这显然较大地甚至根本地影响着共有人的切身利益。至于改变共有物的用途，涉及共有物的使用寿命、能否获利或获利多寡，也明显地影响着共有人的切身利益。由此决定，需要慎重行事，本条采取的对策是“应当经占份额三分之二以上的按份共有人”“同意”。

四、共同共有关系中的处分共有物

共同共有人对共有物享有平等的权利，本条据此规定，在共同共有关系存续期间，对共有物的处分应当得到全体共有人的同意，除非共有人另有约定。

五、共同共有关系中对共有物作重大修缮、变更其性质或用途

如同上文所述，对共有物作重大修缮、变更其性质或用途，涉及共有物的使用寿命、能否获利或获利多寡，明显地影响着共有人的切身利益，加上共同共有人对共有物享有平等的权利这种共同共有的特性，本条规定应经全体共有人同意。

当然，如果是对共有物进行保存或简单的修缮，则无须经过全体共同共有人的同意。还有，夫妻为了日常生活的需要而处分价值额不大的共有物时，无须征得另一方的同意（法释〔2001〕30 号第 17 条第 1 项），但处分房地产等价值额很高的共有物时，必须有配偶另一方的书面授权。

第三百零二条

共有人对共有物的管理费用以及其他负担，有约定的，按照其约定；没有约定或者约定不明确的，按份共有人按照其份额负担，共同共有人共同负担。

本条主旨

本条是关于共有物的费用如何负担的规定。

---

① 这是中国政法大学教授戴孟勇博士的观点，特此致谢！

相关条文

《物权法》第 98 条　对共有物的管理费用以及其他负担，有约定的，按照约定；没有约定或者约定不明确的，按份共有人按照其份额负担，共同共有人共同负担。

理解与适用

本条是对《物权法》第 98 条的复制，其中所谓对共有物的管理费用，包括因共有物的保存、改良和利用所产生的费用；所谓其他负担，包括各种税款、保险费以及因共有物致人损害所支付的赔偿金。

共有物的管理费用和其他负担，合称共有物的费用。它们如何被负担？本条规定：共有人之间有约定的，依其约定；没有约定或约定不明确的，在按份共有关系的场合，由各个共有人按其份额分摊；在共同共有关系中，共同共有人共同负担。

本条规定贯彻了三项原则：一是区分共有的类型而可能有不同的负担规则；二是意思自治原则起决定性作用；三是贯彻权利和义务相一致原则。

所谓意思自治原则起决定性作用，是指不论哪种共有关系，不管费用的种类和产生的原因，只要共有人之间对费用的负担有约定，就都依其约定。

在共有人之间没有约定如何负担费用的情况下，必须区分共有的类型，然后根据类型确定费用负担的规则。本条规定在按份共有关系中按照共有人占有共有物的份额依比例确定负担数额，这正与共有人依其份额分享共有物产生的利益相匹配。本条还规定，在共同共有关系中，共同共有人共同负担共有物产生的费用，这也与共同共有人在共有关系中平等地享有权利相匹配。

无论是按份共有中的按照份额负担，还是共同共有中的共有人共同负担，都是权利和义务相一致原则的落实、体现。

第三百零三条

共有人约定不得分割共有的不动产或者动产，以维持共有关系的，应当按照约定，但是共有人有重大理由需要分割的，可以请求分割；没有约定或者约定不明确的，按份共有人可以随时请求分割，共同共有人在共有的基础丧失或者有重大理由需要分割时可以请求分割。因分割造成其他共有人损害的，应当给予赔偿。

本条主旨

本条是关于共有物分割原则的规定。

相关条文

《物权法》第99条　共有人约定不得分割共有的不动产或者动产，以维持共有关系的，应当按照约定，但共有人有重大理由需要分割的，可以请求分割；没有约定或者约定不明确的，按份共有人可以随时请求分割，共同共有人在共有的基础丧失或者有重大理由需要分割时可以请求分割。因分割对其他共有人造成损害的，应当给予赔偿。

《合伙企业法》第21条　合伙人在合伙企业清算前，不得请求分割合伙企业的财产；但是，本法另有规定的除外。

合伙人在合伙企业清算前私自转移或者处分合伙企业财产的，合伙企业不得以此对抗善意第三人。

《关于民法通则的意见》第54条　合伙人退伙时分割的合伙财产，应当包括合伙时投入的财产和合伙期间积累的财产，以及合伙期间的债权和债务。入伙的原物退伙时原则上应予退还；一次清退有困难的，可以分批分期清退；退还原物确有困难的，可以折价处理。

第90条　在共同共有关系终止时，对共有财产的分割，有协议的，按协议处理；没有协议的，应当根据等分原则处理，并且考虑共有人对共有财产的贡献大小，适当照顾共有人生产、生活的实际需要等情况。但分割夫妻共有财产，应当根据婚姻法的有关规定处理。

第91条　共有财产是特定物，而且不能分割或者分割有损其价值的，可以折价处理。

理解与适用

一、总说

本条是对《物权法》第99条的复制，在按份共有关系中分割共有物与否贯彻意思自治原则，但承认有例外；在共同共有关系中，分割共有物与否基本上取决于共同关系是否存续。

二、按份共有关系中的共有物分割

1. 本条开宗明义：“共有人约定不得分割共有的不动产或者动产，以维持共有关系的，应当按照约定”。这既是贯彻意思自治原则的当然结论，又反映了共有关系的稳定与共有物的整体保有和运行的要求，还是保护共有人权益的体现。

倘若允许共有人对共有物随意分割，可能害及甚至阻碍共有物发挥正常的功效，这在共有物属于不可分物时尤其如此，结果是损害其他共有人的合法权益。

2. 凡事不宜绝对化，共有物的保有和运行也是如此，有时共有物的分割是事物发展进程中的需要，或是不得已而为之的。即使共有人事先约定共有物不得分割，也不得阻止必要的共有物分割。有鉴于此，本条随即设有但书："共有人有重大理由需要分割的，可以请求分割"。所谓重大理由，是指分割共有物对于共有人具有重要的法律上和生活上的利益，若不分割共有物会严重损害某一或某些共有人的利益。[①] 例如，甲和乙各出资 120 万元购买了一套房屋，双方约定 5 年之内不得分割该共有物，以便等待住房升值。但是，两年后甲的妻子患重病急需钱治病，即属重大理由，此时甲有权请求分割该住房。但如果甲为了购买奔驰车请求分割该住房，则不属于有重大理由。[②]

3. 共有人没有约定不得分割共有物或约定不明确的，按份共有人可以随时请求分割共有物（《民法典》第 303 条中段）。

［反思］

鉴于如同上文所述的共有物的整体保有重要，分割共有物可能带来负面结果，甚至导致共有关系的破裂和终结，本条中段不加限定地允许按份共有人可以随时请求分割共有物，弊大于利。应该增加些限制分割的条件，如请求分割共有物不得违背诚信原则及禁止权利滥用原则，不得违背法律、法规、一定位阶的规章关于禁止分割某物的规定，不得违反共有协议、合伙章程等法律文件规定的共有物保有和存续的期间等。

4. 因分割共有物而对其他共有人造成损害的，请求分割的共有人应当对此承担赔偿责任（《民法典》第 303 条后段）。

［反思］

有必要指出，既然按照本条中段的规定，按份共有人在没有约定或约定不明时有权随时请求分割共有物，其他共有人负有容忍分割的义务，那么不宜称行使此种权利会给其他共有人造成损害。不然，动辄令请求分割共有物者承担损害赔偿责任，意味着阻碍甚至禁止其行使分割共有物的权利。有鉴于此，对本条后段的适用范围应予限缩，即按份共有人只有在以悖于善良风俗的方式行使分割共有物的权利而损害其他共有人时，才对由此造成的损害承担赔偿责任。也就是说，

---

① 王利明、尹飞、程啸：《中国物权法教程》，北京，人民法院出版社 2007 年版，第 274 页。

② 参见黄松有主编：《〈中华人民共和国物权法〉条文理解与适用》，北京，人民法院出版社 2007 年版，第 309 页。

不能仅仅以存在分割共有物的行为和其他共有人有损害这两项要件而令请求分割的共有人承担责任。①

共有人请求分割共有物的权利，不是请求其他共有人同意分割共有物的权利，而是某个或某些共有人请求分割属于自己的份额（应有部分）的权利，性质上为形成权，并非请求权，不适用诉讼时效制度。② 当然，也有反对说。③

关于共有物的分割方式，按照《民法典》第 304 条第 1 款的规定，首先由当事人协商确定。如果当事人就此达不成协议，共有物可以分割且不会因此减损其价值的，应当对实物予以分割；难以分割或因分割会减损其价值的，应当将共有物折价、拍卖或变卖，就其价款予以分割。

三、共同共有关系中的共有物分割

本条后段的规范意旨是，对共同共有物原则上不得分割。这是因为，共同共有是基于一定的共同关系而产生的，共有物也是以维持这种共同关系的存在为目的的。在共同关系仍然存在之时，如果允许共同共有人可以随时请求分割共有物，势必会破坏这种共同关系的存续。即使就某个共有物来说，在该共有物为不可分之物时，分割共有物可能降低该物的价值甚至毁灭该物。

所谓共同共有的基础丧失，如夫妻财产的共同共有场合，婚姻关系被解除；再如，合伙财产场合，合伙被解散。所谓重大理由，例如，在婚姻关系存续期间，夫妻双方约定由原来的夫妻共同财产制，改变为夫妻分别财产制。④

还有，《合伙企业法》第 21 条第 1 款规定："合伙人在合伙企业清算前，不得请求分割合伙企业的财产；但是，本法另有规定的除外。"这个"本法另有规定的除外"，指的是依法退伙等情形。如《合伙企业法》第 48 条第 1 款的规定。这也表明了共同共有物原则上不得分割的精神。

因分割共有物而对其他共有人造成损害的，请求分割的共有人应当对此承担赔偿责任（《民法典》第 303 条后段）。

---

① 北京大学法学院教授钱明星博士、清华大学法学院教授程啸博士坚持此种观点。

② 中华民国最高法院 1940 年上字第 1529 号；王泽鉴：《民法物权·通则·所有权》（总第 1 册），台北，三民书局有限公司 2003 年 8 月增补版，第 363 页；谢在全：《民法物权论》（上册），台北，三民书局有限公司 2003 年 7 月修订 2 版，第 616～617 页。

③ 黄松有主编：《〈中华人民共和国物权法〉条文理解与适用》，北京，人民法院出版社 2007 年版，第 307 页；陈荣传：《共有物分割请求权是否为形成权?》，载苏永钦主编：《民法物权争议问题研究》，1998 年自版，第 217 页；［日］林良平：《物权法》，东京，青林书院 1986 年版，第 124 页。

④ 胡康生主编：《中华人民共和国物权法释义》，北京，法律出版社 2007 年版，第 227 页。

第三百零四条

共有人可以协商确定分割方式。达不成协议，共有的不动产或者动产可以分割且不会因分割减损价值的，应当对实物予以分割；难以分割或者因分割会减损价值的，应当对折价或者拍卖、变卖取得的价款予以分割。

共有人分割所得的不动产或者动产有瑕疵的，其他共有人应当分担损失。

本条主旨

本条是关于共有物分割方式以及分割致损的分担规则的规定。

相关条文

《物权法》第 100 条　共有人可以协商确定分割方式。达不成协议，共有的不动产或者动产可以分割并且不会因分割减损价值的，应当对实物予以分割；难以分割或者因分割会减损价值的，应当对折价或者拍卖、变卖取得的价款予以分割。

共有人分割所得的不动产或者动产有瑕疵的，其他共有人应当分担损失。

《关于民法通则的意见》第 90 条　在共同共有关系终止时，对共有财产的分割，有协议的，按协议处理；没有协议的，应当根据等分原则处理，并且考虑共有人对共有财产的贡献大小，适当照顾共有人生产、生活的实际需要等情况。但分割夫妻共有财产，应当根据婚姻法的有关规定处理。

91　共有财产是特定物，而且不能分割或者分割有损其价值的，可以折价处理。

理解与适用

本条是对《物权法》第 100 条的复制。第 1 款规定了协议分割、实物分割、折价分割（或曰作价分割，下同）和变价分割四种方式，至于实际上采取何种分割方式，首先取决于共有人的合意；第 2 款规定了共有物因分割所致瑕疵的分担规则。

本条第 1 款开宗明义的共有人协商分割共有物，简称为协议分割方式，是需要全体共有人一致同意，还是实行多数决？法未明言，需要探讨。有学说、判例主张一致同意说。①

① 谢在全：《民法物权论》（上册），台北，三民书局有限公司 2003 年 7 月修订 2 版，第 622 页。

本条第1款所谓“共有的不动产或者动产可以分割且不会因分割减损价值的，应当对实物予以分割”，规定了实物分割方式运用的前提条件之一是，共有人未就共有物的分割方式达成一致意见；前提条件之二是共有物系可分物。例如，共有物为3吨大米，三个共有人每人分得1吨大米。如果共有物系不可分物，即一旦分割就会减损物的价值甚至毁灭该物，或是在物理上无法分割，那么，就不得运用实物分割方式。

本条第1款所谓“难以分割或者因分割会减损价值的”“应当对折价”“予以分割”，就是人们常说的折价分割。该分割方式以共有物“难以分割或者因分割会减损价值”和共有人未就共有物的分割方式达成一致意见为前提条件。说白了，折价分割方式就是把共有物评估作价，由一位共有人或几位共有人取得该共有物的所有权，取得所有权之人向不取得该共有物所有权的共有人支付合理的钱款。当然，该条的措辞可以更明白无误些、更完美些，如改写为“难以分割或者因分割会减损价值的，可将其作价，共有物归属于共有人中的一人或者数人，取得共有物所有权者向其他共有人支付合理的钱款”。

本条第1款所谓“难以分割或者因分割会减损价值的”“应当对”“拍卖、变卖取得的价款予以分割”，就是人们常说的变价分割，指的是将共有物出卖与第三人，买受人支付的价款由各个共有人分享。例如，共有物是A楼，第三人买受A楼，付出3亿元人民币，各个共有人分取相应的款额。变价分割方式运用的前提条件同样是共有物“难以分割或者因分割会减损价值”和共有人未就共有物的分割方式协商一致。

［探讨］

观察本条的字面意思，它似乎在说共有物的分割方式完全取决于共有人之间的协商一致，只有协商不成时，才轮到三种分割方式在个案中的选取规则。笔者认为这过于绝对了，共有人的合意固然需要尊重，但其合意若不符合事物的本质，违背物的利用和处分规律，如共有人一致同意的分割方式会毁掉共有物，那么，就不应按照共有人之间的分割方式的合意行事。特别是，法律规定某种、某类的共有物不得分割实物的，如已经被确定为文物的A楼必须保有其原貌，也不得实物分割。有鉴于此，应当对本条前段所谓“共有人可以协商确定分割方式”的适用领域加以必要的限定，即其协商不得违反法律、法规甚至一定位阶的规章的强制规定，不得违背事理，不得违背物的利用和处分规律。

本条第2款所谓“共有人分割所得的不动产或者动产有瑕疵的，其他共有人应当分担损失”，盖有如下情形：（1）对于共有物采取折价分割的，实质上相当于取得共有物所有权之人作为买受人，其他共有人作为出卖人，将份额出卖给取得共有物所有权之人。如果该共有物存有质量瑕疵，则应当适用《民法典》第582条关于物的瑕疵担保责任的规定，相当于出卖人的其他共有人依其份额向取得共有物所有权的共有人承担物的瑕疵担保责任。（2）对于共有物采取折价分割，把共有物的数量或质量低估了，类似于买卖物的数量或质量存在瑕疵，若是其他共有人对此存在过错，那么，取得共有物所有权的共有人有权援用《民法典》第577条以下的规定，请求其他共有人依其份额承担违约责任；若是没有过错，则可以类推适用《民法典》第1186条的规定，取得共有物所有权的共有人有权请求其他共有人依其份额给予适当补偿。（3）对于共有物采取折价分割，但第三人对于该共有物享有权利的，如享有抵押权、用益物权甚至所有权，取得共有物所有权的共有人有权援用《民法典》第612条、第613条的规定，请求其他共有人承担权利瑕疵担保。（4）对于共有物采取实物分割的方式，某位或某几位共有人取得的分割物存在质量瑕疵，其他共有人取得的分割物无瑕疵，后者应向前者承担物的瑕疵担保责任。（5）对于共有物采取实物分割的方式，其后第三人对于共有物主张抵押权等权利，由此导致的费用（赔偿金可能是其中之一）由各共有人依其份额分担。（6）对于共有物采取变价分割的方式，无论是买受人向共有人就该物主张物的瑕疵担保还是第三人向共有人主张权利，各共有人都有义务依其份额分担相应的损失。

第三百零五条

按份共有人可以转让其享有的共有的不动产或者动产份额。其他共有人在同等条件下享有优先购买的权利。

本条主旨

本条是关于共有人有权转让份额、其他共有人享有优先购买权的规定。

相关条文

《民法通则》第78条第3款　按份共有财产的每个共有人有权要求将自己的份额分出或者转让。但在出售时，其他共有人在同等条件下，有优先购买的权利。

《物权法》第101条　按份共有人可以转让其享有的共有的不动产或者动产份额。其他共有人在同等条件下享有优先购买的权利。

法释〔2016〕5号第9条　共有份额的权利主体因继承、遗赠等原因发生变化时，其他按份共有人主张优先购买的，不予支持，但按份共有人之间另有约定的除外。

第10条　物权法第一百零一条所称的“同等条件”，应当综合共有份额的转让价格、价款履行方式及期限等因素确定。

理解与适用

一、概说

本条是对《物权法》第101条的复制，前段规定共有人有权转让份额，后段规定其他共有人享有优先购买权、权利标的、权利行使的条件。

二、份额转让

本条前段赋权共有人可以转让其于共有物中的份额，即按份共有人依法将其在共有物中的份额让与他人。按份共有人转让其份额，且共有物为动产的，必须交付其份额，使受让人与其他共有人共同占有该动产。

由于共有人的份额是抽象的，除非按份共有人之间基于分管契约，作为让与人的共有人已经占有共有物的特定部分，否则，受让人不能请求交付共有物的特定部分。

按份共有人转让其份额，且共有物为不动产的，应当办理变更登记，否则，不发生份额（应有部分）让与的效力。

三、优先购买权的概念分析

本条后段规定按份共有人在转让其享有的共有物的份额时，其他共有人在同等条件下，享有优先购买的权利。这种优先购买权，在法国、德国、瑞士的民法上叫作先买权，中国台湾地区的立法及其理论称之为优先承买权或优先承受权。

优先购买权，为附有条件的形成权，即优先购买权人得依一方的意思表示，形成以义务人出卖与第三人同样条件为内容的合同，无须义务人的承诺。只是该项形成权附有停止条件，必须待义务人出卖标的物于第三人时，才可以行使。[①]

---

① 王泽鉴：《民法学说与判例研究》（第1册），台北，三民书局有限公司1980年第5版，第519～520页；戴孟勇：《先买权：理论与立法》，载郭道晖主编：《岳麓法学评论》（第1卷），长沙，湖南大学出版社2000年版，第48页。

它是一种附条件的权利，一种技术性的、手段性的权利，并附从于基础法律关系的权利。[1] 共有人就份额所享有的优先购买权，就是一种附停止条件的权利，一种技术性、手段性的权利，附从于共有关系。

［拓展］

实际上，关于优先购买权的性质，学说存有分歧。一为订立买卖合同的请求权说。该说认为，优先购买权为订立买卖合同的请求权，是权利人得请求出卖人与自己订立买卖合同的权利，应其请求，出卖人有承诺的义务。[2] 依该说，优先购买权人所作以同等条件购买的意思表示只是要约，如出卖人拒绝承诺，则合同自不成立。此时，优先购买权人如何获得保护，不无疑问。[3] 二为债权的效力说。该说认为，优先承买权在性质上为请求权，仅具有债权的效力，如果买卖当事人之间已经办理了应有部分的移转登记，共有人即不得请求涂销该项登记。优先承买权的优先次序应在其他具有物权效力的优先购买权之后。[4] 该说的主要问题在于没有就是否承认优先购买权为形成权作出表态，特别是在应当阻止恶意受让人取得份额（应有部分）的依据方面，显得无能为力。这从下文关于其他共有人的优先购买权遭受侵害所导致的法律后果的研讨中可以清楚地看出来。三为物权取得权说。该说认为，优先购买权具有排他的效力，故为物权，但优先购买权既非用益物权，又非担保物权，而是属于形成权的物权取得权。[5] 该说一方面认为优先购买权为形成权，另一方面又承认它为物权，显然存在着冲突。[6] 更为要害的是，优先购买权不符合物权为支配权的根本属性，其自身对权利人而言也不具有实质性利益。仅仅凭借优先购买权的行使，往往不能取得物权，只有在动产为交付、不动产为登记之后，才能发生物权变动的结果。四为具有物权性质的债权期待权说。该说认为，如果第三人的条件比其他共有人的条件为优，其他共有人的优先购买权就没有了。如果共有人不转让其份额，其他共有人的该项权利也仅仅是期待的。由于其他共有人不能直接支配拟转让的份额，不符合物权的支配性特点，故优先购买权不是物权，而为债权。但由于债权具有平等性，而优先购买权

---

①③⑥ 戴孟勇：《先买权：理论与立法》，载郭道晖主编：《岳麓法学评论》（第1卷），长沙，湖南大学出版社2000年版，第48页。

② 焦祖涵：《土地法释论》，台北，三民书局有限公司1973年版，第586页以下。

④ 中国台湾地区“最高法院”1977年台上字第1530号判决；中国台湾地区“最高法院”1979年台上字第3141号判决；中国台湾地区“最高法院”1976年台上字第853号判决；谢在全：《民法物权论》（上册），台北，三民书局有限公司2003年7月修订2版，第556页。

⑤ 史尚宽：《物权法论》，台北，荣泰印书馆股份有限公司1979年版，第14～15页；孙宪忠：《德国当代物权法》，北京，法律出版社1997年版，第169页。

却使权利人有权优先签订买卖合同，故其应为物权化的债权，且为期待权。[①] 该说的不足如同前二种学说，为本释评书所不采。五为附有条件的形成权说，已如上述。

四、优先购买权规则的适用范围

按份共有人的优先购买权制度，仅仅适用于按份共有人向共有人之外的人转让其份额（应有部分）的场合。对此，法释〔2016〕5 号已经明确："按份共有人向共有人之外的人转让其份额，其他按份共有人根据法律、司法解释规定，请求按照同等条件购买该共有份额的，应予支持"（第 12 条第 1 款）。"按份共有人之间转让共有份额，其他按份共有人主张根据物权法第一百零一条规定优先购买的，不予支持，但按份共有人之间另有约定的除外"（第 13 条）。其道理在于，法律确立按份共有人就份额（应有部分）享有优先购买权，是为了减少共有人的人数，防止因外人的介入而使共有人内部关系复杂化，从而简化甚至消除共有物的共同使用关系，实现对共有物利用上的效率。[②] 如此，当某一共有人向另一共有人转让其份额（应有部分）时，是在减少共有人的人数和简化共有物的使用关系，不影响其他共有人的权益，故无必要赋予他们优先购买权。

［辨析］

法释〔2016〕5 号第 13 条但书所谓"但按份共有人之间另有约定的除外"，即在共有人之间依其约定产生优先购买权，属于约定优先购买权，而非法定优先购买权，它不具有《物权法》第 101 条亦即《民法典》第 305 条规定的优先购买权那样的较为强大的效力。换句话说，它仅仅在共有人之间发生法律效力，不具有对抗其他人的法律效力。

应予注意，按份共有人的优先购买权制度在适用范围上受有限制。例如，共有份额的权利主体因继承、遗赠等原因发生变化时，其他按份共有人主张优先购买的，不予支持，但按份共有人之间另有约定的除外（法释〔2016〕5 号第 9 条）。这有其道理，阐释如下：（1）共有人的优先购买权制度，无论就其文义还是规范意旨观察，都是作用于有偿转让财产（交易）领域的法律制度，无偿移转

① 黄松有主编：《〈中华人民共和国物权法〉条文理解与适用》，北京，人民法院出版社 2007 年版，第 316 页。

② 谢在全：《民法物权论》（上册），台北，三民书局有限公司 2003 年 7 月修订 2 版，第 556 页；戴孟勇：《先买权：理论与立法》，载郭道晖主编：《岳麓法学评论》（第 1 卷），长沙，湖南大学出版社 2000 年版，第 47 页。

财产领域不存在共有人在同等条件下优先购买的问题。因此，将《物权法》第101条亦即《民法典》第305条关于“按份共有人可以转让其享有的共有的不动产或者动产份额。其他共有人在同等条件下享有优先购买的权利”的规定中的“转让”与“共有人在同等条件下享有优先购买的权利”联系起来观察，只能得出此处所谓“转让”仅具有偿转让之意的结论。而继承、遗赠都不是共有份额的有偿转让，故不适用《物权法》第101条亦即《民法典》第305条的规定。[①]（2）遗赠和继承中的遗嘱继承，均非交易，而是无偿转让财产，施惠于人，这更应尊重立遗嘱人的意志。既然立遗嘱人意在将其遗产无偿地移转给中意的遗嘱继承人、受遗赠人，那么，法律没有理由违背立遗嘱人的意志，“逼迫”其将财产无偿地移转给另外的人，甚至是其不喜欢的人，除非遗嘱违背了公序良俗或违反了法律、行政法规的强制性规定。假如法律硬性地规定共有人的优先购买权制度适用于继承、遗赠的领域，只要不涉及公序良俗、强制性规定，就是没有理由地违背立遗嘱人的意志，“逼迫”其将财产无偿地移转给另外的人，甚至是其不喜欢的人。其正当性值得怀疑。（3）法定继承制度的宗旨之一是，使遗产转归被继承人的有关血亲或配偶，倘若允许将优先购买权运用其中，导致作为遗产的共有份额落入与被继承人无血亲或配偶关系的人之手，就背离了法定继承制度的立法目的。法释〔2016〕5号于法定继承场合否定其他按份共有人的优先购买权，是彻底贯彻伦理的表现。在这个领域，伦理的价值位阶高于其他按份共有人的优先购买权所体现的价值。（4）《物权法》第101条亦即《民法典》第305条所谓“共有人在同等条件下享有优先购买的权利”中的“同等条件”，首先是指价格，这是法律人的共识。而继承、遗赠的场合不存在同等条件的问题，也就没有优先购买权运用的余地。（5）法律设立共有人的优先购买权制度，是为了减少共有人的人数，防止因外人的介入而使共有人内部关系复杂化，从而简化甚至消除共有物的共同使用关系，实现对共有物利用上的效率，而继承场合，至少在理论上推定不具备行使优先购买权的条件。（6）行使优先购买权的结果是在转让人（被继承人、立遗嘱人）与受让人之间成立份额转让合同，而继承、遗赠的场合，遗产所有权人（被继承人、立遗嘱人）已经不复存在，欠缺份额转让合同的一方当事人，谈不上洽商、确定“同等条件”等事宜，无法成立份额转让合同。

当然，贯彻意思自治原则，按份共有人之间另有约定允许共有人享有并行使

① 杜万华主编，最高人民法院民事审判第一庭编著：《最高人民法院物权法司法解释（一）理解与适用：背景依据·条文理解·典型案例》，北京，人民法院出版社2016年版，第259、262页。

优先购买权的，依其约定。同样需要明确，此种优先购买权源自当事人的约定，属于约定优先购买权，而非法定优先购买权，它不具有《物权法》第101条亦即《民法典》第305条规定的优先购买权那样的较为强大的效力。换句话说，它仍然受制于合同的相对性，仅仅在共有人之间发生法律效力，不具有对抗其他人的法律效力。在共有份额转让人侵害了约定优先购买权的情况下，约定优先购买权人可以基于合伙等合同请求转让人承担违约责任，但无权否定交易相对人与共有份额转让人之间的合同的效力。

不难发现，法释〔2016〕5号第9条体现着民法之美。本来，意思自治原则成为在遗嘱继承、遗赠领域排除共有人的优先购买权的核心依据，伦理乃在法定继承领域排斥共有人的优先购买权的基石性理由，遵循理论只有彻底才最有力量的哲学思想，应当是在继承、遗赠领域绝对地、永远地拒绝共有人的优先购买权，可是法释〔2016〕5号第9条关于“但按份共有人之间另有约定的除外”的但书一出，似将这些核心依据、基石性理由彻底击穿、粉碎，使人觉得法律人“头头是道”的理论及其论证纯属欺人之谈，或者惊讶于法释〔2016〕5号第9条的自相矛盾。其实，沉思下来，就会发现该但书是在共有人之间的关系方面贯彻意思自治，仅此而已；而法释〔2016〕5号第9条正文贯彻的意思自治体现的伦理价值，不但适用于共有份额转让人与交易相对人之间的转让合同关系，而且适用于共有份额转让人与其他共有人之间的共有关系及份额处分关系。两个意思自治原则作用于两个领域。换句话说，法释〔2016〕5号第9条的但书因其仅具在共有人之间的债的效力，故无否定法释〔2016〕5号第9条正文之力。

按份共有人的优先购买权制度，也不适用于建筑物区分所有权领域。这主要是因为建筑物区分所有权场合的共有部分从属于专有部分；还因为某些共有部分不是按份共有，至少不是典型的按份共有；再就是相对于《民法典》第297条以下关于普通共有关系的规范来说，《民法典》第271条以下关于建筑物区分所有权的规范为特别法，应当优先适用。

五、作为优先购买权行使条件的同等条件

本条后段强调优先购买权以同等条件为其行使条件。所谓同等条件，法释〔2016〕5号第10条规定：“物权法第一百零一条所称的‘同等条件’，应当综合共有份额的转让价格、价款履行方式及期限等因素确定。”在笔者看来，此处所谓同等条件，首先是指价款条件相同，即优先购买权人支付的价款应当等同于第三人在买卖合同（转让合同）中允诺支付的价款。其次，关于价款支付的方式，

也应等同于第三人允诺的方式。[①] 如果第三人允诺一次付清，优先购买权人不得主张分期付款。[②] 再次，受让人的信用状况及是否提供担保，属于构成同等条件不可忽视的因素。最后，付款地点有时也构成同等条件的因素。当然，价格条件处于核心地位。[③]

为使其他共有人行使优先购买权，转让份额的按份共有人应当通知其他共有人，将其与第三人所订转让合同的全部条件告知其他共有人。转让人违反该项义务时，应承受不利的法律后果。

六、优先购买权受侵害时的法律后果

按份共有人不通知其他共有人，就其份额的转让与非共有人（受让人）签订转让合同，从而侵害了其他共有人的优先购买权，其法律效果如何？法释〔2016〕5号第12条第2款第2项规定，其他按份共有人以其优先购买权受到侵害为由，仅请求撤销共有份额转让合同或者认定该合同无效的，人民法院不予支持。这符合交易安全原则，区别内部关系与外部关系，值得赞同。此外，笔者再发表如下意见：由于《物权法》已经区分了物权变动和发生物权变动的原因行为（第15条），注重交易安全（第16条等），《民法典》亦然（第215条、第216条等），故应当得出如下结论：（1）其他共有人行使优先购买权的，转让人负有强制缔约的义务，转让人和行使优先购买权的其他共有人之间形成转让该份额的合同，与转让人和作为非共有人的受让人之间签订的该份额转让合同并存。（2）在共有物为动产的情况下，受让人不知也不应当知道转让人侵害了其他共有人的优先购买权，且已经占有了份额的，宜类推适用《民法典》第311条第1款关于善意取得的规定，受让人终局地取得该份额。此时份额转让合同也有效。（3）在共有物为不动产的情况下，受让人不知也不应当知道转让人侵害了其他共有人的优先购买权，且已经办理了份额的转移登记（过户登记）的，宜类推适用《民法典》第311条第1款关于善意取得的规定，受让人终局地取得该份额（应有部分）。此时份额（应有部分）转让合同也有效。（4）在共有物为动产，且未被受让人占有的情况下，或在共有物为不动产，且未办理变更登记手续的情况下，受让人为善意，但其他共有人主张优先购买权，否认受让人取得份额的，此时可有两种解决路径：其一，因其他共有人主张优先购买权，转让人负有强制缔约义

①③ 崔建远：《物权法》（第3版），北京，中国人民大学出版社2014年版，第245页；崔建远：《物权法》（第4版），北京，中国人民大学出版社2017年版，第245页。

② 戴孟勇：《先买权：理论与立法》，载郭道晖主编：《岳麓法学评论》（第1卷），长沙，湖南大学出版社2000年版，第52页。

务，所以，在转让人和主张优先购买权的其他共有人之间立即成立该份额的转让合同。转让人和作为非共有人的受让人之间业已成立的转让合同依然有效。于此场合，究竟谁能取得该份额，实际上取决于转让人向谁清偿。其二，在其他共有人主张优先购买权时，转让人和该（或这些）共有人之间立即成立该份额的转让合同。至于转让人和作为非共有人的受让人业已成立的该份额转让合同的效力问题，可有如下解决的方案：如果不能举证证明转让人和受让人之间存在着恶意串通，视转让人和作为非共有人的受让人之间的转让合同为法律上的不能履行，从而转让人必须向主张优先购买权的共有人转让份额。

七、优先购买权的竞存

（一）共有人的优先购买权的竞存

在共有人转让其份额，两个或两个以上的其他共有人均主张优先购买权，且协商不成的，法释〔2016〕5号第14条规定，请求按照转让时各自份额比例行使优先购买权的，人民法院应予支持。这样，可维持各个共有人对共有物的比例关系不变，较为公平①，兼顾了各位优先购买权人的利益，且不损害转让人的权益，不违背优先购买权的规范意旨。

（二）共有人的优先购买权与承租人的优先购买权的竞存

《民法典》第726条规定："出租人出卖租赁房屋的，应当在出卖之前的合理期限内通知承租人，承租人享有以同等条件优先购买的权利"。这承认了承租人的优先购买权。按照法释〔2009〕11号的规定，房屋买卖合同，出租人与抵押权人协议折价、变卖租赁房屋偿还债务诸场合，承租人均可行使优先购买权（第21条、第22条）。但具有下列情形之一，承租人主张优先购买房屋的，人民法院则不予支持：（1）房屋共有人行使优先购买权的；（2）出租人将房屋出卖给近亲属，包括配偶、父母、子女、兄弟姐妹、祖父母、外祖父母、孙子女、外孙子女的；（3）出租人履行通知义务后，承租人在15日内未明确表示购买的；（4）第三人善意购买租赁房屋并已经办理登记手续的（第24条）。

［反思］

承租人主张优先购买权，未必是请求确认出租人和第三人之间的房屋买卖合同无效，可能是请求出租人承担违约责任。若为后者，人民法院应予支持。所以，法释〔2009〕11号第24条第4项规定的"第三人善意购买租赁房屋并已经

① 参见《法国民法典》第815－14条第4款；戴孟勇：《先买权：理论与立法》，载郭道晖主编：《岳麓法学评论》（第1卷），长沙，湖南大学出版社2000年版，第58页。

办理登记手续的”场合，对于“承租人主张优先购买房屋的，人民法院不予支持”，应作限缩解释：人民法院仅仅不支持关于确认出租人与善意第三人签订的租赁房屋买卖合同无效的请求。

关于承租人优先购买权行使的效果，法释〔2009〕11号第21条明文规定：“出租人出卖租赁房屋未在合理期限内通知承租人或者存在其他侵害承租人优先购买权情形，承租人请求出租人承担赔偿责任的，人民法院应予支持。但请求确认出租人与第三人签订的房屋买卖合同无效的，人民法院不予支持。”

共有物出租与丁之后，按份共有人甲转让其份额，其他按份共有人乙、丙当然享有优先购买权，承租人丁是否也享有优先购买权？应当区分情况而定。(1) 在共有物整体不转让而仅转让份额的情况下，承租人无权行使优先购买权。其道理在于，就《民法典》第726条规定文义看，承租人的优先购买权所针对的，是共有物整体，而非其份额。也就是说，在仅转让共有物份额时承租人的优先购买权尚不具备行使的条件。此其一。承租人的利益在于继续利用租赁物，不因出租人的变更而受影响。在共有物整体不转让而仅转让份额的情况下，承租人的这种利益完好无损。倘若赋予其行使优先购买权的权利，反倒是使其获得了额外的保护。此其二。在共有物整体不转让而仅转让份额的情况下，使其他共有人有权行使优先购买权，恰恰体现了这项制度的立法目的。此其三。(2) 在共有物实行补偿分割、共有物整体转归某共有人的情况下，其他共有人有权行使优先购买权，承租人也有权行使优先购买权，两权发生冲突时，何者优先？应当贯彻前者优先的规则。其道理在于，承租人通过买卖不破租赁的原则获得了足够的保护，无须使其优先购买权优越于共有人的优先购买权。此其一。从立法目的上看，共有人的优先购买权的规范意旨在于，为了简化共有关系，尽量消灭共有状态。假如确立承租人的优先购买权优越于共有人的优先购买权，势必违反立法目的。此其二。

第三百零六条

按份共有人转让其享有的共有的不动产或者动产份额的，应当将转让条件及时通知其他共有人。其他共有人应当在合理期限内行使优先购买权。

两个以上其他共有人主张行使优先购买权的，协商确定各自的购买比例；协商不成的，按照转让时各自的共有份额比例行使优先购买权。

本条主旨

本条是关于优先购买权行使的条件、时间和界限的规定。

相关条文

法释〔2016〕5号第11条　优先购买权的行使期间，按份共有人之间有约定的，按照约定处理；没有约定或者约定不明的，按照下列情形确定：

（一）转让人向其他按份共有人发出的包含同等条件内容的通知中载明行使期间的，以该期间为准；

（二）通知中未载明行使期间，或者载明的期间短于通知送达之日起十五日的，为十五日；

（三）转让人未通知的，为其他按份共有人知道或者应当知道最终确定的同等条件之日起十五日；

（四）转让人未通知，且无法确定其他按份共有人知道或者应当知道最终确定的同等条件的，为共有份额权属转移之日起六个月。

第12条　按份共有人向共有人之外的人转让其份额，其他按份共有人根据法律、司法解释规定，请求按照同等条件购买该共有份额的，应予支持。

其他按份共有人的请求具有下列情形之一的，不予支持：

（一）未在本解释第十一条规定的期间内主张优先购买，或者虽主张优先购买，但提出减少转让价款、增加转让人负担等实质性变更要求；

（二）以其优先购买权受到侵害为由，仅请求撤销共有份额转让合同或者认定该合同无效。

第13条　按份共有人之间转让共有份额，其他按份共有人主张根据物权法第一百零一条规定优先购买的，不予支持，但按份共有人之间另有约定的除外。

第14条　两个以上按份共有人主张优先购买且协商不成时，请求按照转让时各自份额比例行使优先购买权的，应予支持。

理解与适用

一、概说

本条第1款前段规定转让份额的共有人负有通知义务，后段规定其他共有人行使优先购买权有时间限制。第2款确立数个共有人行使优先购买权时发生法律效果的规则。

二、共有人转让份额场合的通知义务

共有人的优先购买权以共有人转让其于共有物中的份额为产生条件和行使条

件，该条件的成就这种事实必须让有权行使优先购买权的共有人知晓，不然，不要说优先购买权无法行使，其实该权也没有产生。因此，本条第1款前段规定转让份额的共有人负有把转让条件及时通知其他共有人的义务。

关于该项通知义务在时间方面的要求，本条第1款前段的措辞是“及时”，带有弹性。何谓及时，需要在个案中综合方方面面的因素加以判断。例如，共有物为鲜活货物，必须及时处理，通知的时间点不得迟于出售货物的佳期。再如，共有物的价格在市场上波动频繁且相差较大，通知的时间点也应尽快。还如，共有物系房屋，在通常情形，房价相对平稳且带有一定规律性，通知的时间点可以相对宽容；但若面临着限购等措施的出台，不得怠于通知。无论如何，把握和确定通知时间的底线是份额的权属转移至受让人之前，假如权属已经转移完毕，受让人已经取得份额的权属，其他共有人知情与否，不受影响，此时优先购买权规则就形同虚设。

通知义务在内容方面的要求，本条第1款前段明确是份额的转让条件，至于该转让条件是如何形成的，潜在的受让人是谁，属于商业秘密，不必告知。此处所谓转让条件，恐怕主要是“同等条件”。关于同等条件，法释〔2016〕5号第10条给出了较具体、明确的解释，笔者也多次发表意见①，在本释评书对《民法典》第305条的释评中作了归纳、总结，此处不赘。

同等条件的形成，鲜有拟转让份额的共有人凭空编造的，先向拟主张优先购买权的共有人提出，而后再与第三人洽商的，也不多见。多数场合是共有人与第三人洽商、签署份额转让协议，包括价款、交割时间、担保等条款，自此暂时中止，转向其他共有人，问询其是否同意此种转让条件。共有人若同意，则共有人之间形成份额转让合同，优先购买权行使到位，使命完成；若不同意，转让份额的共有人与第三人成交，实际履行。

三、其他共有人在合理期限内行使优先购买权

为防止优先购买权的持续存在导致交易关系动荡，阻碍共有人转让其份额，贻误转让份额的佳期，毁掉转让份额的交易（包括与第三人之间的、与其他共有人之间的），甚至永远无法再转让出去份额，对该权利的存续期间有必要作出限制。有鉴于此，本条第1款后段规定，其他共有人应当在合理期限内行使优先购买权。

对于此处所谓合理期限，有学说认为，在转让人履行通知义务的场合，可依

① 崔建远：《物权法》（第3版），北京，中国人民大学出版社2014年版，第245页；崔建远：《物权法》（第4版），北京，中国人民大学出版社2017年版，第245页。

约定的期间为准，自转让份额（应有部分）的通知到达其他共有人之时起算，除非该约定不合理。在转让人未履行通知义务的场合，可比照《合同法》第 55 条规定的 1 年除斥期间予以确定。[①] 法释〔2016〕5 号没有采纳这种意见，而是另辟蹊径："优先购买权的行使期间，按份共有人之间有约定的，按照约定处理；没有约定或者约定不明的，按照下列情形确定：（一）转让人向其他按份共有人发出的包含同等条件内容的通知中载明行使期间的，以该期间为准；（二）通知中未载明行使期间，或者载明的期间短于通知送达之日起十五日的，为十五日；（三）转让人未通知的，为其他按份共有人知道或者应当知道最终确定的同等条件之日起十五日；（四）转让人未通知，且无法确定其他按份共有人知道或者应当知道最终确定的同等条件的，为共有份额权属转移之日起六个月"（第 11 条）。因为优先购买权为形成权，必然受制于除斥期间，所以其他按份共有人未在上述期间内主张优先购买，人民法院不予支持（法释〔2016〕5 号第 12 条第 2 款第 1 项）。虽然主张优先购买，但提出减少转让价款、增加转让人负担等实质性变更要求的，意味着不是同等条件，人民法院也不予支持此种"优先购买权"的行使（法释〔2016〕5 号第 12 条第 2 款第 1 项）。

法释〔2016〕5 号第 11 条规定的优先购买权的行使期间有可资赞同的一大面，也有可商榷之点。其第 2 项和第 3 项兼顾了转让人未约优先购买权行使的期间或所约期间过短这种主观状态、形成权因其破坏力较强而不宜较长期间地存续，及优先购买权人思考、决断所需时间诸项因素，考虑问题全面、周到。其第 4 项系综合考量形成权的除斥期间不宜过长、转让人未发问询其他共有人是否优先购买的通知这种主观状态，权衡转让人、其他按份共有人、受让人之间的利益关系而后作出规定。所有这些，都值得肯定。但其第 1 项的规定却存在缺点：以转让人向其他按份共有人发出的包含同等条件内容的通知中载明的行使期间为准，乃贯彻意思自治原则的体现，虽可接受，但它忽视了优先购买权人接到通知后思考、决断是否购买所必需的时间。如果通知中载明行使优先购买权的期间过短，不合交易习惯，不合情理，就不宜以通知中载明行使优先购买权的期间为准。

四、数人行使优先购买权的规则

在共有人转让其份额，两个或两个以上的其他共有人均主张优先购买权的场合，且协商不成的，如何处理？曾有学说主张，参照《公司法》第 71 条第 3 款

---

① 戴孟勇：《先买权：理论与立法》，载郭道晖主编：《岳麓法学评论》（第 1 卷），长沙，湖南大学出版社 2000 年版，第 52～53 页。

后段关于“两个以上股东主张行使优先购买权的，协商确定各自的购买比例；协商不成的，按照转让时各自的出资比例行使优先购买权”的规定处理，即该数个共有人按各自在共有物中所占的比例取得转让的份额（应有部分）。这样，可维持各个共有人对共有物的比例关系不变，较为公平①，法释〔2016〕5号第14条规定：“两个以上按份共有人主张优先购买且协商不成时，请求按照转让时各自份额比例行使优先购买权的，应予支持。”这样，兼顾了各位优先购买权人的利益，且不损害转让人的权益，不违背优先购买权的规范意旨。本条第2款吸纳了法释〔2016〕5号第14条的规定，值得赞同。

第三百零七条

因共有的不动产或者动产产生的债权债务，在对外关系上，共有人享有连带债权、承担连带债务，但是法律另有规定或者第三人知道共有人不具有连带债权债务关系的除外；在共有人内部关系上，除共有人另有约定外，按份共有人按照份额享有债权、承担债务，共同共有人共同享有债权、承担债务。偿还债务超过自己应当承担份额的按份共有人，有权向其他共有人追偿。

本条主旨

本条是关于共有关系中外部债权债务关系与内部债权债务关系以及追偿权的规定。

相关条文

《物权法》第102条　因共有的不动产或者动产产生的债权债务，在对外关系上，共有人享有连带债权、承担连带债务，但法律另有规定或者第三人知道共有人不具有连带债权债务关系的除外；在共有人内部关系上，除共有人另有约定外，按份共有人按照份额享有债权、承担债务，共同共有人共同享有债权、承担债务。偿还债务超过自己应当承担份额的按份共有人，有权向其他共有人追偿。

理解与适用

一、概说

本条是对《物权法》第102条的复制，前段规定因共有物产生的债权债务，

① 参见《法国民法典》第815－14条第4款；戴孟勇：《先买权：理论与立法》，载郭道晖主编：《岳麓法学评论》（第1卷），长沙，湖南大学出版社2000年版，第58页。

在对外关系方面以连带为原则；中段规定，在按份共有的内部关系方面，以以份额为准确定债权债务为原则，在共同共有的内部关系方面以平等承受为原则；后段规定了按份共有人的追偿权。

二、按份共有场合的因共有物产生的债权债务对外的效力

因共有物产生的债权债务，共有人对于作为债权人或债务人的第三人享有何种债权、负担何种债务，可能存在着约定，如约定按份承受，或约定连带承受。但是，《民法典》于此场合未将意思自治原则放置高位，不完全依从共有人的约定，而是奉行法定承受原则，同时设置例外，在例外中适当考量共有人的约定。

（一）各个按份共有人对第三人的债权

因共有物产生的对于第三人的债权，无论各个共有人之间约定是按份享有还是连带享有，在对第三人的关系方面，各个按份共有人享有连带债权。除非法律另有规定或第三人知道共有人之间不具有连带债权关系（《民法典》第 307 条前段）。按照共有债权（且为连带债权）的行使规则，各个按份共有人可以单独提起债权请求权的诉讼。

本条前段正文关于按份共有关系中任何一位共有人连带地享有因共有物产生的对于第三人的债权的规定，是个推定，而非视为。既然是推定，那么，在该推定与客观真实的债权债务关系不相符合时，第三人（债务人）有权举出证据推翻之，所举证据包括共有人之间约定由各个共有人按份负担债务，或者法律有这方面的规定。换个角度表述，如果真实的情形是共有人之间不具有连带债权关系，则意味着共有人甲仅就自己的份额享有向第三人主张的权利，无权就乙、丙等其他共有人的份额享有向第三人主张的权利。既然如此，在不享有连带债权的共有人甲向第三人主张超出其份额的相应债权时，作为债务人的第三人有权举证证明共有人甲不享有连带债权，拒绝甲的清偿请求。

本条前段的但书所谓法律另有规定共有人不具有连带债权关系的，共有人也不享有连带债权，例如，《民法典》第 56 条前段关于“个体工商户的债务，个人经营的，以个人财产承担”的规定，若从债权方面理解，就是个体工商户的债权，个人经营的，该个人对外享有债权。

（二）各个按份共有人对第三人的义务

因共有物所产生的对第三人的义务，如委托第三人保管共有物所产生的保管费债务，委托第三人修缮共有物所产生的报酬债务，等等，无论债务可分与否，在对该第三人的关系方面，各个按份共有人均连带承担，除非法律另有规定或第三人知道共有人不具有连带债务关系《民法典》（第 307 条前段）。

法律奉行因共有物所产生的对第三人的义务由共有人连带负责的原则，有利于作为债权人的善意第三人，使善意第三人觉得与合伙等共有团体从事交易更有获得清偿的保障，即交易安全有保障；由此一来，合伙等共有团体在清偿能力、保障方面的信誉高，易于吸纳交易相对人，也使自己的交易更加活跃，获取交易利益。

此处所谓法律另有规定各个共有人对外不承担连带债务，《民法典》第 56 条前段关于“个体工商户的债务，个人经营的，以个人财产承担”的规定，属于此类。

本条前段正文关于按份共有关系中任何一位共有人连带地负担因共有物产生的对于第三人的债务的规定，同样是个推定，而非视为。既然是推定，那么，在该推定与客观真实的债权债务关系不相符合时，共有人（债务人）有权举出证据推翻之，所举证据包括共有人之间存在各个共有人按份负担债务的约定，或者法律有各个共有人依其份额负担对外债务的规定；第三人（债权人）知道存在此类约定或法定。

三、按份共有场合的内部债权债务关系

与对外关系中因共有物所生的债务由共有人连带负责的原则及其确定根据不同，在各个共有人之间的关系即内部关系中，不存在因共有物产生的债权债务需要共有人从外观上产生信赖的需要和动力，共有团体的产生和运作在依份额确定权利义务方面是既定的、公开的、透明的，因而，因共有物产生的债权，按份共有人按照份额享有；因共有物产生的债务，按份共有人按照份额承担。当然，共有人另有约定的，依其约定（《民法典》第 307 条中段）。

四、共同共有场合的外部债权债务关系

由共同共有的基础关系的本质决定，立法例及其理论据此都确认，各个共同共有人对于共有物享有平等的权利，并不像按份共有那样依据所谓的份额确定权利义务，因共有物产生的债权债务也是如此。在一定意义上，可以说：共同共有本身就是公示，其内容之一是共同共有人对外承担连带债务，享有连带债权。正因如此，本条前段规定，因共有物而使共同共有人与第三人产生的债权，各个共同共有人享有连带债权。例如，第三人不法侵害共有物，各个共同共有人均有权请求该侵权行为人承担全部赔偿责任。共同共有人对因共有物所产生的各类债务，承担连带责任。例如，因修缮共有物而产生的费用、因共有物致人损害而产生的赔偿责任等，均由全体共同共有人连带承担。

需要指出，以上所述为原则，即使共同共有具有与按份共有不同的本质，在对外关系方面仍然适用本条前段关于“但是法律另有规定或者第三人知道共有人不具有连带债权债务关系的除外”的规定。在这方面典型且突出的是夫妻债务。例如，法释〔2018〕2号规定：“夫妻双方共同签字或者夫妻一方事后追认等共同意思表示所负的债务，应当认定为夫妻共同债务”（第1条）。“夫妻一方在婚姻关系存续期间以个人名义为家庭日常生活需要所负的债务，债权人以属于夫妻共同债务为由主张权利的，人民法院应予支持”（第2条）。“夫妻一方在婚姻关系存续期间以个人名义超出家庭日常生活需要所负的债务，债权人以属于夫妻共同债务为由主张权利的，人民法院不予支持，但债权人能够证明该债务用于夫妻共同生活、共同生产经营或者基于夫妻双方共同意思表示的除外”（第3条）。

最高法民一庭负责人把法释〔2018〕2号第2条解释为：在夫妻未约定财产分别制或者虽约定但债权人不知道的情况下，夫妻一方以个人名义为家庭日常生活需要所负的债务，应当认定为夫妻共同债务。① 换个角度表述，夫妻一方在婚姻关系存续期间以个人名义为家庭日常生活需要所负的债务，夫妻约定财产分别制，债权人知道该种约定的，无权请求未以自己名义负债的配偶另一方清偿，只可请求名义举债人负责清偿。

法释〔2018〕2号第3条的含义之一是，夫妻一方在婚姻关系存续期间以个人名义超出家庭日常生活需要所负的债务，债权人不能举证证明该债务用于夫妻共同生活、共同生产经营或基于夫妻双方共同意思表示的，只可请求名义举债人负责清偿，换言之，不是夫妻对债权人连带负责。但是，债权人能够证明该债务用于夫妻共同生活、共同生产经营或者基于夫妻双方共同意思表示的，夫妻双方对债权人连带负责。

对于法释〔2018〕2号第2条、第3条的规定，最高法民一庭负责人解释称：从举证责任分配的角度看，实际上可以分为两类，一是日常家事范畴内的共同债务；二是超出日常家事范畴的共同债务。对于前者，债权人一般无须举证，配偶一方如果主张不属于夫妻共同债务，则需要举证证明举债人所负债务并非用于家庭日常生活。对于后者，原则上不作为共同债务，债权人主张的，需要举证证明。如果债权人不能证明夫妻一方超出家庭日常生活需要所负的债务用于上述夫妻共同生活、共同生产经营或者基于夫妻双方共同意思表示，则不能认定为夫妻共同债务。②

---

①② https：//www.sohu.com/a/217350686_818183.2020年4月9日最后访问。

五、共同共有场合的内部债权债务关系

本条中段明确："在共有人内部关系上，除共有人另有约定外，……共同共有人共同享有债权、承担债务。"这符合共同共有的本质属性，值得赞同。

六、按份共有人的追偿权

按份共有关系中，每个共有人依其份额享有权利、负担义务，不享有超出其份额的权利，也应无义务负担超出其份额的负担。这是确定各个按份共有人在按份共有关系中的地位及权利义务的基本准则。至于在对外关系中，某位或某几位共有人应债权人基于连带债务规则的请求负担了超出其份额的债务，这只是出于交易安全、方便和保障债权人的权益的需要，并不改变共有人固有的义务的质和量，否则，就违背公平正义了。正因如此，本条后段规定："偿还债务超过自己应当承担份额的按份共有人，有权向其他共有人追偿。"《合伙企业法》第 40 条也规定："合伙人由于承担无限连带责任，清偿数额超过本法第三十三条第一款规定的其亏损分担比例的，有权向其他合伙人追偿。"

第三百零八条

共有人对共有的不动产或者动产没有约定为按份共有或者共同共有，或者约定不明确的，除共有人具有家庭关系等外，视为按份共有。

本条主旨

本条是关于按份共有推定的规定。

相关条文

《物权法》第 103 条　共有人对共有的不动产或者动产没有约定为按份共有或者共同共有，或者约定不明确的，除共有人具有家庭关系等外，视为按份共有。

《关于民法通则的意见》第 88 条　对于共有财产，部分共有人主张按份共有，部分共有人主张共同共有，如果不能证明财产是按份共有的，应当认定为共同共有。

理解与适用

本条是对《物权法》第 103 条的复制，含有几层意思：(1) 共有人对共有物

是按份共有还是共同共有有约定的，依其约定；（2）以家庭关系作为基础的共有为共同共有；（3）对于共有类型，共有人无约定或约定不明确的，视为按份共有。

由于共有关系是采取按份共有制还是共同共有制，不涉及公共利益，属于共有人之间的事情，因而应当奉行意思自治原则，尊重共有人之间的约定。所以，本条第一层意思拥有根据，值得赞同。

家庭关系特殊，血缘、婚姻系其根基，为其纽带，互敬互爱不可或缺，养老育幼系天职，因而，共同共有更适合其要求。可见，本条第二层意思具有伦理基础，也负担了一定的社会职能，值得赞同。

共有人对于共有类型无约定或约定不明确的情形，究竟推定为何种共有，在中国有个演变过程。《关于民法通则的意见》第 88 条规定："对于共有财产，部分共有人主张按份共有，部分共有人主张共同共有，如果不能证明财产是按份共有的，应当认定为共同共有。"这可能与那个时代国家强调集体主义、高扬友爱互助有关。但考察境外的立法例及理论，发现它们以按份共有为原则，共同共有作例外。笔者体悟，民法作为强调民事权利、分清民事责任、颇有些"斤斤计较"的法律，按份共有更适合该特色。就此看来，本条改变原有观念，奉行新规，共有人对于共有类型无约定或约定不明确的，视为按份共有，有其内在根据。至于扶困济贫、关照弱者的需要，也应予重视并设计出解决方案，完善社会保障制度、设立相应的基金制度等势在必行。

抽象地说，视为共同共有，更契合团体主义、社会主义的本质属性；视为按份共有，比较符合民法的自然本性。中国法及理论的任务是适当调和这两种价值取向。

第三百零九条

按份共有人对共有的不动产或者动产享有的份额，没有约定或者约定不明确的，按照出资额确定；不能确定出资额的，视为等额享有。

本条主旨

本条是关于按份共有关系中份额确定和等额享有推定的规定。

相关条文

《物权法》第 104 条　按份共有人对共有的不动产或者动产享有的份额，没有约定或者约定不明确的，按照出资额确定；不能确定出资额的，视为等额享有。

理解与适用

本条是对《物权法》第 104 条的复制。

本条暗含着一个前提，即按份共有人就共有物享有的份额分配有约定时，依其约定。这是贯彻意思自治原则的体现，具有正当性，因为共有人如何享有份额不涉及公共利益，纯属共有人之间的利益分配，无须也不宜用公序良俗原则加以干预。特别是，此种约定兼顾了出资额、管理共有事务、使共有物保值甚至增值的贡献，按照共有人的约定确定份额，就更具正当性。

本条前段规定，在共有人未就共有人对于共有物享有的份额进行约定或约定不明确时，按照出资比例确定。这具有合理性，因为共有物是由共有人的出资构成的，谁出资，谁受益，出资多，受益高，符合权利义务相一致的原则。当然，这种结论是建立在下面的前提之下的：某位或某几位管理共有事务、保有共有物的价值、使共有物增值、利用共有物创造价值所应该得到的回报，另有安排，比如由薪水、奖金来体现。

本条后段规定不能确定出资额的，视为等额享有。这是在各种有效办法都用尽仍难以确定份额的情况下，采用的最为合理的规则，也符合平均主义。

第三百一十条

两个以上组织、个人共同享有用益物权、担保物权的，参照适用本章的有关规定。

本条主旨

本条是关于准共有准用《民法典》关于共有规则的规定。

相关条文

《物权法》第 105 条　两个以上单位、个人共同享有用益物权、担保物权的，参照本章规定。

理解与适用

本条是对《物权法》第 105 条的复制，只不过把原来使用的“单位”更换为现在的“组织”罢了。

本条所谓“两个以上组织、个人共同享有用益物权、担保物权”，就是准共有，用学理的语言描述就是，两个或两个以上的主体不是对有体物/所有权享有共有权，而是对所有权以外的财产权享有共有权的现象。例如，三个法人按份共有A宗国有土地的建设用地使用权，两家银行共同享有B房地产的一个抵押权。准共有具有以下法律性质。①

1. 准共有的标的物是所有权之外的财产权，包括建设用地使用权、海域使用权、地役权、采矿权、取水权、抵押权、质权、专利权、著作权以及债权等。人格权、身份权等非财产权不得作为准共有的标的物。占有不是一种权利，不会形成准共有，而是成为共同占有，由另外的法律制度解决。

2. 准共有关系准用法律关于共有的有关规定。究竟是准用法律关于共同共有的规定，还是准用法律关于按份共有的规定，应当视其共有关系究竟属于按份共有关系还是共同共有关系而定。对于以家庭关系、夫妻关系、继承关系等作为基础关系的共有，一般准用共同共有的规定。对于没有共同关系作为基础关系的共有，准用按份共有的规定。

3. 准共有准用按份共有或共同共有的规定，仍然以该财产权的法律没有特别规定的为限。如果其法律有特别规定的，则应首先适用该特别规定。在共有地役权时，应注意地役权的不可分性的特质。

本条所谓“参照适用本章的有关规定”，就是参照适用《民法典》第297－309条关于有体物/所有权共有的规定。所谓“参照适用”，就是学说使用的“准用”。所谓准用，不是适用法律关于系争案型的直接规定，因为于此场合援用的法律规范是法律针对另外的案型设计的；也不是类推适用，因为类推适用的前提之一是，法律未设明文允许“适用”某某规定，只不过系争案型与法定案型具有类似性，才将法定案型用作解决系争案型的法律根据。

---

① 参见谢在全：《民法物权论》（中册），台北，三民书局有限公司2003年7月修订2版，第44～46页；王泽鉴：《民法物权·通则·所有权》（总第1册），台北，三民书局有限公司2003年8月增补版，第395～400页；梁慧星、陈华彬：《物权法》（第4版），北京，法律出版社2007年版，第252页；胡康生主编：《中华人民共和国物权法释义》，北京，法律出版社2007年版，第236页。

第九章

所有权取得的特别规定

本章规定了除《民法典》第二编第二章“物权的设立、变更、转让和消灭”以及其他有关所有权取得的规定以外的所有权取得的原因，或曰法律事实，诸如善意取得、拾得遗失物、拾得漂流物、发现埋藏物或隐藏物、从物的归属、孳息的取得、添附，均在其中，较为丰富。

不少立法例及理论仅仅承认动产物权的善意取得，只有德国民法确立了不动产物权的善意取得，中国台湾地区的少数学者持肯定态度，不少学者以善意受让或登记的公信力为题阐述相同的事项。中国《物权法》和《民法典》先后都正面规定不动产物权的善意取得，是厘清、捋顺不动产登记的公信力与善意取得之间关系的成功表现，可喜可贺！当然，就应然层面而论，不动产物权的善意取得与动产物权的善意取得在构成要件方面应当有所差异，后者应当更严格一些，因为占有所表彰的动产物权关系未能真实地反映实际的动产物权关系的事例相对多些。《物权法》和《民法典》没有做到这一点，有必要在修法时加以改进。但瑕不掩瑜，明确构建不动产物权的善意取得制度功莫大焉！

在拾得遗失物、拾得漂流物、发现埋藏物或隐藏物的制度中，《物权法》和《民法典》一以贯之地坚持中国特色，不赋权拾得人、发现人取得遗失物、埋藏物或隐藏物的所有权，而是确立归属于所有权人，无所有权人或所有权人不明确时归属于国家的规则。这与自古以来风行的拾金不昧的道德理念相互契合，是雷锋精神的法律体现。当然，毋庸讳言，这在一定程度上消减了某些人在遗失物、漂流物、埋藏物、隐藏物方面的积极作为。

添附，尤其是动产与不动产的附合，在日常生活中常见，如承租人装修租赁物，在诸如此类的场合如何认定原物所有权的消失和另一物的所有权新生，是回避不了的客观存在。法律对此予以反映和调整势在必行，《物权法》在这方面没有完成使命，《民法典》终于因应了社会生活的实际需求，值得赞扬！

第三百一十一条

无处分权人将不动产或者动产转让给受让人的，所有权人有权追回；除法律另有规定外，符合下列情形的，受让人取得该不动产或者动产的所有权：

（一）受让人受让该不动产或者动产时是善意；

（二）以合理的价格转让；

（三）转让的不动产或者动产依照法律规定应当登记的已经登记，不需要登记的已经交付给受让人。

受让人依据前款规定取得不动产或者动产的所有权的，原所有权人有权向无处分权人请求损害赔偿。

当事人善意取得其他物权的，参照适用前两款规定。

本条主旨

本条是关于善意取得的规定。

相关条文

《物权法》第 106 条　无处分权人将不动产或者动产转让给受让人的，所有权人有权追回；除法律另有规定外，符合下列情形的，受让人取得该不动产或者动产的所有权：

（一）受让人受让该不动产或者动产时是善意的；

（二）以合理的价格转让；

（三）转让的不动产或者动产依照法律规定应当登记的已经登记，不需要登记的已经交付给受让人。

受让人依照前款规定取得不动产或者动产的所有权的，原所有权人有权向无处分权人请求赔偿损失。

当事人善意取得其他物权的，参照前两款规定。

法释〔2016〕5 号第 15 条　受让人受让不动产或者动产时，不知道转让人无处分权，且无重大过失的，应当认定受让人为善意。

真实权利人主张受让人不构成善意的，应当承担举证证明责任。

第16条　具有下列情形之一的，应当认定不动产受让人知道转让人无处分权：

（一）登记簿上存在有效的异议登记；

（二）预告登记有效期内，未经预告登记的权利人同意；

（三）登记簿上已经记载司法机关或者行政机关依法裁定、决定查封或者以其他形式限制不动产权利的有关事项；

（四）受让人知道登记簿上记载的权利主体错误；

（五）受让人知道他人已经依法享有不动产物权。

真实权利人有证据证明不动产受让人应当知道转让人无处分权的，应当认定受让人具有重大过失。

第17条　受让人受让动产时，交易的对象、场所或者时机等不符合交易习惯的，应当认定受让人具有重大过失。

第18条　物权法第一百零六条第一款第一项所称的"受让人受让该不动产或者动产时"，是指依法完成不动产物权转移登记或者动产交付之时。

当事人以物权法第二十五条规定的方式交付动产的，转让动产法律行为生效时为动产交付之时；当事人以物权法第二十六条规定的方式交付动产的，转让人与受让人之间有关转让返还原物请求权的协议生效时为动产交付之时。

法律对不动产、动产物权的设立另有规定的，应当按照法律规定的时间认定权利人是否为善意。

第19条　物权法第一百零六条第一款第二项所称"合理的价格"，应当根据转让标的物的性质、数量以及付款方式等具体情况，参考转让时交易地市场价格以及交易习惯等因素综合认定。

第20条　转让人将物权法第二十四条规定的船舶、航空器和机动车等交付给受让人的，应当认定符合物权法第一百零六条第一款第三项规定的善意取得的条件。

第21条　具有下列情形之一，受让人主张根据物权法第一百零六条规定取得所有权的，不予支持：

（一）转让合同因违反合同法第五十二条规定被认定无效；

（二）转让合同因受让人存在欺诈、胁迫或者乘人之危等法定事由被撤销。

理解与适用

一、本条内容的概貌

本条是对《物权法》第106条的复制，第1款明确善意取得所有权的构成要件，第 2 款赋权失去所有权的主体可以请求无处分权人承担损害赔偿责任，第 3 款确立其他物权的善意取得准用第 1 款、第 2 款关于所有权善意取得的规定。

二、不动产物权的善意取得

（一）不动产物权善意取得概述

所谓善意取得，是指转让人和受让人之间以移转或成立物权为目的实施法律行为，转让人若已把标的物交付给受让人（动产场合）或登记在受让人的名下（不动产场合），即使欠缺处分权（即处分特定物的具体权能，下同），受让人若于受让时处于善意，也依然取得标的物的物权的现象。

在一些立法例上，善意取得制度仅仅适用于动产物权，不动产的无权处分由登记的公信力制度解决。中国的既有理论也如此主张。[①] 《物权法》改弦易辙，将善意取得制度统一适用于动产物权和不动产物权的取得上（第 106 条第 1 款），《民法典》对此予以承继（第 311 条第 1 款），这都值得肯定。[②]

［论争］

关于善意取得制度是否适用于不动产场合，素有争论。通说认为，动产物权适用善意取得制度，登记的公信力解决不动产物权的无权处分问题。这种理论首先面临的诘问是，在占有和登记均有公信力的法制下，对于受让人于无权处分场合取得标的物的物权问题，登记的公信力足以解决问题，而占有的公信力为什么不能？对此，通说往往这样回答：动产物权的公示方法为占有，而占有所昭示的物权关系与真实的物权关系不一致的情形较为常见，仅仅凭借对占有的信赖即使受让人取得动产物权，过于轻率，过分地牺牲了真实物权人的利益，因而，在无权处分场合，需要增加和细化取得动产物权的要件，适当减少受让人取得动产物权的机会，扩大保护真实物权人的范围。这正是善意取得制度的用武之地。与此有别，不动产物权的公示方法为登记，而登记所昭示的物权关系与真实的物权关系很少脱节，即使个别情况下存在着登记名义人与真实物权人不一致，不动产物权登记的公信力也足以解决善意第三人的保护问题，无须附加其他条件即可由受

---

① 参见孙宪忠：《再谈物权行为理论》，载孙宪忠：《论物权法》，北京，法律出版社 2001 年版，第 200～201 页；王利明：《物权法研究》，北京，中国人民大学出版社 2002 年版，第 276 页；中国政法大学物权立法课题组：《关于〈民法草案·物权法编〉制定若干问题的意见》，载《政法论坛》2003 年第 1 期；梁慧星：《物权法草案（第二次审议稿）若干条文的解释与批判》，载易继明主编：《私法》（第 5 辑·第 1 卷），北京，北京大学出版社 2005 年版，第 5～11 页。

② 当然，站在立法论的立场上，《物权法》和《民法典》在动产物权的善意取得和不动产物权的善意取得上适用同一构成要件，似有斟酌的余地。

让人取得不动产物权，换言之，没有善意取得制度的立锥之地。

其实，在中国，不动产登记名义人与真实物权人不一致的情况不在少数，主要发生原因有如下几种：（1）登记机构的错误或疏漏。例如，误将甲所有的某不动产登记在乙的名下，或误把A楼登记为B楼。（2）不动产登记簿外的法律变动。例如，甲死亡，由乙办理了继承登记，但真正的继承人为丙。（3）不动产物权变动的原因行为被确认为无效或被撤销，或未被追认，不动产物权失去其变动的根据。例如，抵押合同违反了法律、行政法规的强制性规定。（4）根据法律规定取得不动产物权，但尚未办理过户登记。例如，某主审法院应甲和乙的请求将其共有的A楼及其相应的建设用地使用权作价分割，由甲取得产权，判决准许。不过，该判决书送达后一直未办理A楼及其相应的建设用地使用权的变更登记手续。[①]（5）夫妻共有或家庭共有等场合，不动产登记簿记载的物权人只有部分成员，欠缺其他共有人的信息。当然，《不动产登记暂行条例实施细则》已经要求改变这种操作，要列明全体共有人（第10条、第21条）。（6）出于规避法律或其他考虑，将自己购买的房屋等登记在他人名下，并无赠与的效果意思。

面对如此情形，受让人仅仅凭借自己没有过失地信赖了不动产登记簿的记载，就取得不动产物权，对真实物权人恐怕过于苛刻。对交易相对人再增加些要求，例如，必须是有偿的交易行为且价格合理，不动产已被变更登记或被交易相对人占有等，才能公平合理地平衡交易相对人和真实物权人之间的利益关系。而这些条件，难以被公信力制度所容纳，却正是善意取得制度的题中应有之义。就此，德国物权法大家鲍尔教授和施蒂尔纳教授的下述阐释非常有助益：《德国民法典》第891条是关于权利正确性推定的规定，与《德国民法典》第892条和第893条关于善意取得效力的规定，虽源于同一思想，但在其构成要件和效力上，又有差异。第891条作为举证负担规范，也就是恰在真实法律关系无法查明时，该规范才发挥作用：受土地登记簿内容的支持者，不负举证责任；第892条和第893条作为实体法上的权利表象要件，其规范出发点，为不正确的，也就是与真实法律关系不相符的土地登记簿。在土地交易中，信赖土地登记簿的内容者，其信赖受法律保护，他获得在土地登记簿状态与真实法律关系不相吻合时，应能取得的权利地位。故而也可以说：权利表象取代权利本身。[②]

善意取得制度统一适用于动产物权和不动产物权，便于说明公示的公信力制

---

① 参考王泽鉴：《民法物权·通则·所有权》（总第1册），台北，三民书局有限公司2003年8月增补版，第122页。

② ［德］鲍尔/施蒂尔纳：《德国物权法》（上册），张双根译，北京，法律出版社2004年版，第489页。

度和善意取得制度之间的相互关系。公示的公信力是善意取得制度得以建立和存在的逻辑前提及技术前提，善意取得制度则是公信力的必然结果，是公信力落实的具体体现之一。没有公信力制度，受让人取得无权处分之物的物权就缺乏正当性；没有善意取得制度，仅凭公信力制度，受让人取得无权处分之物的物权有过滥之嫌，对真实物权人有过苛之弊，有失权衡。善意取得制度细化的受让人取得无权处分之物的要件，排除了某些情况下受让人取得物权的可能，较好地平衡了各方当事人的利益关系，不可或缺。

受让人取得无权处分之物的物权，是否承受该物上的既有负担？公信力制度对此语焉不详，按照逻辑推演，似乎是肯定的结论。这对受让人来说有时不尽公平合理。而善意取得制度，至少按照通说，区分情况而做决定，较为适当。这也是善意取得制度统一适用于动产物权和不动产物权的理由之一。

可能因为如此，德国民法理论开始承认不动产物权的善意取得①，中国台湾地区的学说亦有这样的动向。②

由此可见，《物权法》（第106条第1款）、《民法典》（第311条第1款）承认不动产物权的善意取得，在方向上值得赞同。

（二）不动产物权善意取得的构成要件

《民法典》第311条第1款规定了善意取得的要件，分析其意思，可知不动产物权善意取得的要件计有四项：受让人基于交易行为取得不动产物权；受让人受让不动产时是善意的；受让人受让不动产物权所应（已）支付的价格合理；转让的不动产已经登记，不需要登记的已经交付给受让人。转让合同有效则不在其中。③

1. 受让人基于交易行为取得不动产物权

善意取得制度在于保护交易安全，受保护的限于交易引发的不动产物权变动，任何非交易性质的取得，以及任何不包含对权利的处分而仅仅导致债法权利

① ［德］鲍尔/施蒂尔纳：《德国物权法》（上册），张双根译，北京，法律出版社2004年版，第64页、第488页以下；［德］鲍尔/施蒂尔纳：《德国物权法》（下册），申卫星、王洪亮译，北京，法律出版社2006年版，第94页以下。

② 王泽鉴：《民法物权·通则·所有权》（总第1册），台北，三民书局有限公司2003年8月增补版，第122页以下。

③ 笔者不赞同转让合同有效作为善意取得的要件，详细论述见崔建远：《出卖他人之物合同的效力设计》，载《河北法学》2006年第3期，第7～9页；崔建远：《不动产物权的善意取得》，载《中国法律评论》第1卷第1期，北京，法律出版社2007年11月第1版，第65～77页。

产生的变动过程，均不适用善意取得制度。[①] 例如，受让房屋所有权、建设用地使用权或设立不动产抵押权等。直接依据法律规定（如继承、征收等）而取得不动产物权，不包括在内。还有，《民法典》及《土地管理法》等现行法禁止国家土地所有权转让，禁止集体土地所有权依民事程序流转，不存在国家土地所有权、集体土地所有权的交易，所以，无发生善意取得的余地。

［论争］

关于交易行为（转让合同）是否必须有效，存在着较为激烈的争论。《中华人民共和国民法（草案）》（2002 年 12 月 17 日）第 99 条第 1 款第 4 项和第 5 项规定，法律不禁止或限制转让、转让合同不属于无效或被撤销，均为善意取得的构成要件。《中华人民共和国物权法（征求意见稿）》（2002 年 1 月 28 日）于第 101 条第 1 款第 4 项和第 5 项、《中华人民共和国物权法（草案）》（2004 年 8 月 3 日）于第 104 条第 1 款第 4 项和第 5 项都重申了上述规定。2004 年 10 月 15 日的《中华人民共和国物权法（草案）》第 106 条第 1 款规定善意取得以转让合同有效为要件（第 4 项），删除了“法律不禁止或者限制转让”这个要件。2005 年 7 月 11 日的《中华人民共和国物权法（草案）》（第 111 条第 1 款第 4 项）、2006 年 6 月 6 日的《中华人民共和国物权法（草案）》（第 110 条第 1 款第 4 项）亦然。只是到了 2006 年 10 月 20 日的《中华人民共和国物权法（草案）》（六次审议稿）才删除了转让合同有效这个要件（第 105 条第 1 款），2006 年 12 月 15 日的《中华人民共和国物权法（草案）》（七次审议稿）予以承继（第 105 条第 1 款），最后于 2007 年 3 月 16 日被第十届全国人民代表大会第五次会议通过的《中华人民共和国物权法》确定（第 106 条第 1 款）。

尽管如此，有学者依然坚持转让合同有效为善意取得的要件之一。[②] 法释〔2016〕5 号第 21 条规定，转让合同因违反《合同法》第 52 条规定被认定无效的，以及转让合同因受让人存在欺诈、胁迫或者乘人之危等法定事由被撤销的，受让人主张根据《物权法》第 106 条的规定取得所有权的，人民法院不予支持。这似乎是采纳了转让合同有效说。对此，笔者则持有异议。总的说来，它是混淆物权法与债法适用的反映，是混淆善意取得物权与保有物权两项制度及功能的表现，给善意取得制度添加了一些不适当的因素。兹从以下四个方面予以阐明。

A. 不可忽视中德两国民法在无权处分构造上的差别

---

① 参见［德］鲍尔/施蒂尔纳：《德国物权法》（上册），张双根译，北京，法律出版社 2004 年版，第 494 页。

② 王利明、尹飞、程啸：《中国物权法教程》，北京，人民法院出版社 2007 年版，第 150 页。

德国民法区分物权行为和债权行为，物权行为作为处分行为，唯有处分人具有处分权限，才能生效；与此相反，债权行为作为负担行为，任何人都可以从事，不以具有处分权限为必要。[①] 如此，在无权处分的情况下，债权行为的法律效力不受处分权有无的影响，一般都会有效，只有物权行为因欠缺处分权限而处于效力待定的状态。若交易相对人为善意，“依关于善意保护之规定，善意人亦得由非权利人取得。善意在一定程度上代替了处分权”[②]。或者说善意补正了处分权的欠缺[③]，使受让人取得物权。与此不同，中国法无债权行为与物权行为的区分，更无所谓物权行为无因性，至少在笔者看来，买卖等合同也需要出卖人等转让人拥有处分权。

其实，即使在德国法系，也不刻意追求债权行为的有效，至少有学说如此认识，于是有动产的善意取得不必以原因行为（债权行为）的有效为要件之论。[④] 中国台湾地区的“民法”第759—1条第2项规定：“因信赖不动产登记之善意第三人，已依法律行为为物权变动之登记者，其变动之效力，不因原登记物权之不实而受影响。”德国民法承认买卖合同等债权行为的效力不因欠缺处分权而受影响，并非因为善意取得制度的本质要求，只是奉行物权行为和债权行为二分架构的必然结果。

在此，需要指出，德国民法的通说主张善意取得为继受取得。如此，物权行为非有效不可。至于债权行为，则依据债法规则处理，不违反法律行为有效要件的，有效，不受处分人欠缺处分权的影响；具备无效原因的，则无效。债权行为有效时，善意受让人终局地保有标的物的物权；债权行为无效时，受让人负有不当得利返还的义务，难以终局地保有标的物的物权。与此有别，中国现行法的多数说对善意取得采取原始取得说，认为善意的受让人系基于法律的直接规定取得标的物的物权，而非基于法律行为。如此，转让合同有效与否，不影响善意取得的成立，但可能导致在受让人能否终局地保有标的物的物权方面出现差别：在转让合同有效时，受让人可终局地保有标的物的物权；在转让合同无效时，转让人

① ［德］迪特尔·梅迪库斯：《德国民法总论》，邵建东译，北京，法律出版社2000年版，第169页；王泽鉴：《民法总则》，台北，三民书局有限公司2000年版，第284～285页。

② ［德］维尔纳·弗卢梅：《民法总则2：法律行为》，柏林等1992年第4版，第142页，转引自田士永：《物权行为理论研究》，北京，中国政法大学出版社2002年版，第263页。

③ 史尚宽：《物权法论》，台北，荣泰印书馆股份有限公司1979年5刷，第506页；王轶：《物权变动论》，北京，中国人民大学出版社2001年版，第259页。

④ 王泽鉴：《债法原理·不当得利》（总第2册），台北，三民书局有限公司1999年10月修订版，第146页；王泽鉴：《民法物权·用益物权·占有》（总第2册），北京，中国政法大学出版社2003年版，第258～259页；王轶：《物权变动论》，北京，中国人民大学出版社2001年版，第256～258页。

可能行使物的返还请求权（于给付物所有权复归于转让人的场合），或受让人承担不当得利返还的义务，应转让人的请求而将该物权作为不当得利返还给受害人，于是，受让人无法终局地保有标的物的物权。不过，按照笔者借助于《民法典》第985条关于“没有法律根据”的规定对不当得利制度的改造，引入差额说，不是将该物权作为不当得利，而是将该物权与受让人支付的价款之间的差额作为不当得利，也能使受让人终局地保有标的物的物权。

还有，在《民法典》第145条规定，限制行为能力人签订合同，其效力待定，除非该合同为纯获利益或与其年龄、智力、精神健康状况相适应。该法第171条规定，无权代理的合同效力待定。如果限制行为能力人擅自出卖其监护人之物，受让人对此不知情，也无重大过失，笔者认为应当善意取得。行为人超越代理权限出卖被代理人之物，亦然。

对此，存在着反对意见，认为在有权处分情况下，只要权利人不予追认，合同归于无效，受让人无法取得标的物的物权；在无权处分场合，受让人反倒善意取得，有失权衡。[①] 对于这种意见，笔者回应如下：(1) 在此不应混淆善意取得的成立与物权的保有以及不当得利的返还。善意取得且转让行为有效的，善意的受让人取得的物权能够继续保有；转让合同无效场合，善意的受让人取得标的物的物权，没有合法根据，可发生不当得利返还的效果，从终局的结果看，善意取得人仍然不能保有标的物的物权。有权处分同样如此，买卖合同等原因行为有效时买受人等受让人能够保有标的物的物权，原因行为无效、被撤销等场合受让人依然不能保有标的物的物权。就是说，根本就不存在什么有失权衡的现象。所谓有失权衡论是伪命题。(2) 限制行为能力人擅自出卖其监护人之物，无权代理人超越权限出卖被代理人之物，是否属于有权处分，不无疑问。只有在该监护人、被代理人对该物仅仅享有名义上的（或曰外观上的）的物权，并无真实的物权的情况下，限制行为能力人擅自出卖该物、无权代理人超越权限出卖该物，才会发生善意取得。例如，登记在甲名下的A房其实属于乙所有，丙无权代理出卖该房与丁，且约定的房价合理，该房又过户在了丁的名下，此时由丁善意取得该房。(3) 在隐名代理场合发生的无权代理，被代理人不追认无权代理行为，由无权代理人承担法律后果，拒绝善意受让人取得标的物所有权，显然不当；在无权代理人拥有交易的标的物场合，更应适用善意取得制度。(4) 限制行为能力人擅自出卖其监护人之物，其监护人不予追认，受让人不但在限制行为能力人欠缺处分权方面是善意的，在不知转让人为限制行为能力人方面也是无过错的，使之善

① 在2008年4月13日下午举行的民法沙龙研讨会上，有学者持有这种观点。

意取得交易标的物，才较好地平衡了各方的利益关系。因为于此场合，限制行为能力人的监护人具有过错。虽然存在着无行为能力人和限制行为能力人的保护优先于交易安全的原则，无行为能力人处分其财产时，合同无效；限制行为能力人处分其财产时，合同的效力待定，皆不因相对人善意而使合同有效。[①] 笔者认为，该原则是否延伸至无行为能力人和限制行为能力人擅自处分其监护人的财产，不无疑问，在监护人具有过错的情况下尤其如此。(5) 在德国民法上，善意取得成立，而作为物权行为的原因行为无效或被撤销时，善意（取得人）不因过失而承担《德国民法典》第823条上的侵权责任，否则，会使《德国民法典》第892条第1项前段（公信力、善意取得）的规范目的落空，而是由不当得利法予以救济：在善意受让人有偿取得场合，依《德国民法典》第816条第1项前段关于“无权利人就某一标的而做出对权利人有效力的处分的，无权利人有义务向权利人返还因该项处分而取得的利益”的规定，出让人以善意取得人向自己所负金钱（请求权）作为标的向标的物所有权人返还不当得利；在善意取得人无偿取得场合，则依据《德国民法典》第816条第1项后段关于“处分系无偿地为之的，基于该项处分而直接取得法律上利益的人负有同样的义务”的规定，权利人对善意取得人享有回复转让的请求权，即原物的返还。[②] 借鉴这种思想，在中国现行法上，应当形成以下规则：无偿交易中发生善意取得的，交易行为被确认为无效、被撤销或不被追认时，善意取得人返还标的物原物。有偿交易中发生善意取得的，交易行为被确认为无效、被撤销或不被追认时，善意取得人若付清了全部价款，则终局地取得标的物的所有权；支付了部分价款的，因合同项下的另外部分的付款义务不复存在，善意取得人应当返还不当得利，该不当得利的利益，不是原物，而是原物价值额与部分价款的差额，故善意取得人返还的不当得利是该差额。当然，存在着相反的意见，认为于此场合的不当得利返还不宜采取差额说，于是，原物可回归于真正的权利人之手。尚未支付价款的，因合同项下的付款义务不复存在，善意取得人应当返还不当得利，该不当得利的利益，宜为标的物原物。不然，对真正权利人过苛。[③]

在这种背景下，中国的数件物权法草案都把转让合同有效作为善意取得的要件之一，似乎只看到了德国民法的外表而未洞察其内在的构造及逻辑。由于德国民法在善意取得场合并不刻意追求债权行为有效，在外表也不尽一致。特别需要

① 王泽鉴：《民法总则》，台北，三民书局有限公司2000年版，第339页以下。

② ［德］鲍尔/施蒂尔纳：《德国物权法》（上册），张双根译，北京，法律出版社2004年版，第499页。

③ 参见崔建远：《无权处分辨》，载《法学研究》2003年第1期，第21～24页。

指出的是，置《民法典》第145条、第171条、第147—152条、第925条的规定于不顾，另起炉灶，会人为地酿成规范矛盾：同一项出卖他人之物的交易，既符合《民法典》第145条、第171条、第147—152条或第925条的规定，构成买卖等合同可撤销、效力待定或无效，又符合《民法典》关于善意取得构成要件的规定，致使买卖等合同有效，表现出不同的法律后果，容易诱使人们对法律的权威性产生怀疑。

由于民法典“第三编　合同”和“第二编　物权”是同位阶的法律，难以运用特别法优先于普通法的规则化解这种规范矛盾，采用新法优先于旧法的规则虽然可以，达到避免形成碰撞漏洞的结果，但将该规则应用于此处，理由不够充分有力，又缺乏美感。

B. 路径依赖：法律的直接规定抑或法律行为有效

诚然，倘若转让合同有效作为善意取得的要件符合实质正义的要求，即使缺乏美感，有违形式逻辑，也无可厚非。真实情形到底如何呢？

在善意取得的问题上，受让人取得物权的正当根据，究竟是到特殊的立法政策和法律的直接规定层面寻找，还是到有效的法律行为方面寻觅？把转让合同有效作为善意取得的要件之一，选择了后者。这样一来，引出了方方面面的问题。

a. 与法律行为理论不符

德国民法典立法理由书写道：“就常规言，意思表示与法律行为为同义之表达方式。使用意思表示者，乃侧重于意思表达之本身过程，或者乃由于某项意思表示仅是某项法律行为事实构成之组成部分而已。”① 尽管后来的德国学者认识到意思表示仅仅是法律行为中某种更为基本的要素，它并不等同于法律行为，而具体的法律行为还可能包括其他事实要素，但是在理论上，学者们从来不怀疑：法律行为之本质乃意思表示。② 以至于在今天仍有相当多的著名的德国学者采取“私人的、旨在引起某种法律效果的意思表示”③ 的界定。这也自然，私法自治是各个主体根据其意志自主形成法律关系的原则④，法律行为作为私法自治的工具必然反映这种本质要求。由于意思表示由效果意思和表示行为构成⑤，有学者

① 《立法理由书》(第1卷)，第125页，穆格丹（Mugdan）编：《德国民法典资料总汇》(第1卷)，第421页。转引自［德］迪特尔·梅迪库斯：《德国民法总论》，邵建东译，北京，法律出版社2000年版，第190页。

② 参见刘清波：《民法概论》，台北，开明书店1979年版，第79页。转引自董安生：《民事法律行为》，北京，中国人民大学出版社1994年版，第95～96页。

③④ ［德］迪特尔·梅迪库斯：《德国民法总论》，邵建东译，北京，法律出版社2000年版，第142页。

⑤ 佟柔主编：《民法原理》(修订本)，北京，法律出版社1986年版，第95页；陈国柱主编：《民法学》，长春，吉林大学出版社1987年版，第73页；李由义主编：《民法学》，北京，北京大学出版社1988年版，第117页；寇志新总编：《民法学》，西安，陕西人民出版社1998年版，第210～211页。

主张意思表示由目的意思、效果意思和表示行为构成[①]，有学者认为其由效果意思、表示意思和表示行为构成[②]，有学者将其整合为内在意思和外在表示[③]，德国传统民法学说则细分为目的意思、效果意思、表示意识、行为意思和表示行为。[④] 十分明显，无论采取何种学说，交易相对人的善意都不属于意思表示的因素，也不是法律行为的构成要素。

交易相对人的善意是不是法律行为有效要件的构成要素呢？梅迪库斯教授指出，任何一个法律制度都只能在其政治制度的框架内提供通过法律行为实施的私法自治。私法上的法律行为也不得逾越这一框架的范围，一系列的限制是必要的或合目的的。其中涉及法律行为的内容合法、道德评价、从事法律行为的人得具备某种合理地形成其意思的能力（行为能力）、不存在意思瑕疵等。[⑤] 所有这些，都属于我们所说的法律行为的有效要件的范畴。同样显而易见，其中不包含交易相对人的善意。

b. 与中国现行法规定的法律行为的有效要件及其学说不符

关于法律行为的有效要件，《民法典》规定有三项，一是行为人具有相应的行为能力，二是意思表示真实，三是不违反法律或社会公共利益（第 143 条），没有提及交易相对人的善意。民法通说对此持赞同态度，至多增加了形式方面的考虑。[⑥]

在现行法上，交易相对人的欺诈、重大误解、善意或恶意等主观状态，不是

---

① 董安生：《民事法律行为》，北京，中国人民大学出版社 1994 年版，第 224～234 页。

② 梁慧星：《民法总论》，北京，法律出版社 2004 年第 2 版，第 169 页。

③ 王利明：《民法总则研究》，北京，中国人民大学出版社 2003 年版，第 538～539 页。

④ ［德］科勒：《德国民法典·总则》，慕尼黑，慕尼黑出版公司 1986 年德文版，第 125～126 页。转引自董安生：《民事法律行为》，北京，中国人民大学出版社 1994 年版，224 页。

⑤ ［德］迪特尔·梅迪库斯：《德国民法总论》，邵建东译，北京，法律出版社 2000 年版，第 368～370 页。

⑥ 参见陈国柱主编：《民法学》，长春，吉林大学出版社 1987 年版，第 79～81 页；金平主编：《民法学教程》，呼和浩特，内蒙古大学出版社 1987 年版，第 108～110 页；李由义主编：《民法学》，北京，北京大学出版社 1988 年版，第 120～121 页；王利明、郭明瑞、方流芳：《民法新论》（上册），北京，中国政法大学出版社 1988 年版，第 374～380 页；佟柔主编：《中国民法学·民法总则》，北京，中国人民公安大学出版社 1990 年版，第 216～250 页；董安生：《民事法律行为》，北京，中国人民大学出版社 1994 年版，第 198～218 页；郭明瑞、房绍坤、唐广良：《民商法原理（一）·民商法总论·人身权法》，北京，中国人民大学出版社 1999 年版，第 257～259 页；魏振瀛主编：《民法》，北京，北京大学出版社、高等教育出版社 2000 年版，第 152～154 页；王利明：《民法总则研究》，北京，中国人民大学出版社 2003 年版，第 565～573 页；李显冬：《民法教程》，北京，中国人民公安大学出版社 2003 年版，第 122～125 页；梁慧星：《民法总论》，北京，法律出版社 2004 年第 2 版，第 166～168 页；崔建远主编：《合同法》，北京，法律出版社 2003 年第 3 版，第 70～72 页；韩世远：《合同法总论》，北京，法律出版社 2004 年版，第 176～183 页；郑云瑞：《民法总论》，北京，北京大学出版社 2004 年版，第 224～225 页。

法律行为的构成部分，亦非决定法律行为有效的积极要件，只是立法者在利益衡量的基础上，采取了特殊的立法政策，把这些主观状态作为可能影响法律行为效力的消极因素。所谓交易相对人的主观状态可能影响法律行为效力的消极因素，有的是法律行为无效的原因，有的是法律行为可以变更或撤销的原因，有的是交易相对人坚持或否认法律行为效力的法定依据，有的是表意人不得否认法律行为效力的因素，有的是表意人对法律行为所生后果是否承受的条件，有的是真正的权利人能否保有其权利的条件。兹举例说明如下：（1）交易相对人的欺诈作为可能影响法律行为效力的消极因素，《民法通则》是令因欺诈而实施的民事行为无效（第 58 条第 1 款第 3 项）。这有失权衡，于是《合同法》将其修正为作为可变更或撤销的原因（第 54 条第 2 款），《民法典》作为可撤销的原因（第 148 条、第 149 条）。（2）交易相对人的重大误解作为可能影响法律行为效力的消极因素，《民法通则》（第 59 条第 1 款第 1 项）和《合同法》（第 54 条第 1 款第 1 项）赋予了重大误解人变更或撤销法律行为的权利，《民法典》只是删除了变更权（第 151 条）。（3）交易相对人的善意、恶意被归入交易安全的范畴，外在于并且后于法律行为及其有效要件，限制着法律行为的效力。在法律行为符合积极的有效要件的情况下，善意或恶意不会导致法律行为有效抑或无效，只有在法律行为欠缺积极的有效要件的情况下，善意或恶意才可能影响法律行为的效力。它在中国现行法上的地位和功能比较复杂，需要类型化。第一种类型是作为坚持或否认法律行为效力的法定依据，交易相对人为善意时可以否认法律行为的效力，为恶意时则不得否认法律行为的效力。例如，按照《民法通则》第 66 条第 1 款后段的规定，本人知道他人以本人的名义实施民事行为而不作否认表示的，视为同意。就是说，本人为恶意时不得以无权代理行为作为抗辩，不得拒绝承受无权代理行为所产生的法律效果。再如，按照《合同法》第 49 条规定，交易相对人对于无代理权的事实为善意时，被代理人无权否认代理行为的法律效力。《民法典》亦然（第 172 条）。第二种类型是，交易相对人的善意、恶意作为表意人对法律行为所生后果是否承受的条件。例如，按照《合同法》第 50 条规定，法人或其他组织的法定代表人、负责人实施了越权行为，交易相对人为善意时，该越权行为有效；交易相对人为恶意时，法人有权否认该越权行为对自己具有法律约束力。《民法典》对此予以承继（第 504 条）。

转让合同有效作为善意取得的要件之一，意味着承认了善意补正了法律行为有效要件的欠缺，善意成了法律行为的有效要件之一。这与现行法规定的法律行为的有效要件及其学说，与将交易相对人的欺诈、重大误解、善意等主观状态作为可能影响法律行为的消极原因的制度设计，均不相符。[①]

c. 与既有的物权取得原因的体系不符

如果把转让合同有效作为善意取得的要件之一，且认为善意补正转让合同的效力，受让人取得标的物的所有权在性质上属于继受取得，那么，在体系上把善意取得归入基于法律行为的继受取得之中，更符合逻辑。可是，无论是既有理论，还是《物权法》和《民法典》，均未如此认识和设计。

既有的物权取得原因的理论，都未将善意取得作为基于法律行为而取得物权的类型看待，而是把善意取得作为独立于法律行为的物权取得的种类。[②]《民法典》亦然，于其"第二编　物权"中的"第九章　所有权取得的特别规定"中把善意取得作为所有权取得的特别情形之一（第311条第1款）。这告诉我们，把转让合同有效作为善意取得的要件之一，与既有的物权取得原因的体系不符。

d. 时间、逻辑和权限方面的障碍

在德国民法及其理论上，物权行为因欠缺处分权限而效力待定，由善意替代处分权限。即使采取善意补正法律行为（德国民法上的物权行为，《合同法》上的买卖等合同）效力的学说，也存在着从效力待定到确定地有效的补正过程，绝不可以说法律行为自始具有完全的法律效力，至少在逻辑上是这样。数件中国物权法草案将转让合同有效作为善意取得的要件之一，法释〔2016〕5号第21条规定："具有下列情形之一，受让人主张根据物权法第一百零六条规定取得所有权的，不予支持：（一）转让合同因违反合同法第五十二条规定被认定无效；（二）转让合同因受让人存在欺诈、胁迫或者乘人之危等法定事由被撤销。"所有这些，都意味着要求转让合同一开始就是有效的，而不是依赖善意的补正才变成有效的。这不是对真实的德国民法及其理论的借鉴，而是重新设计了法律行为的有效要件。笔者认为，在善意取得这样的具体制度中重新设计法律行为的有效要件，颇有些越权的味道，不尽妥当。[③]

C. 利益衡量：何种受让人才应受到优惠保护

赞同善意取得以转让合同有效为前提的专家、学者，认为这样可以使受让人向无处分权人主张违约责任，于其有利。对此，笔者持有异议。不错，违约责任

---

① 崔建远：《出卖他人之物合同的效力设计》，载《河北法学》2006年第3期，第8页。

② 王利明、郭明瑞、吴汉东：《民法新论》（下册），北京，中国政法大学出版社1988年版，第59～77页；寇志新总编：《民法学》，西安，陕西人民出版社1998年版，第333～334、531～536页；梁慧星、陈华彬：《物权法》，北京，法律出版社2003年第2版，第55～57、203～210页；王利明：《物权法论》（修订本），北京，中国政法大学出版社2003年版，第187～220页。

③ 崔建远：《出卖他人之物合同的效力设计》，载《河北法学》2006年第3期，第8～9页。

确实较缔约过失责任为重，但应当用得恰当。受让人若为善意，只要愿意，一定能够取得标的物的所有权，此时不存在损失，无权向无处分权人主张赔偿责任。于此场合，设置违约责任还是缔约过失责任，有什么关系呢？受让人若为恶意，真正的权利人追认或者无处分权人取得了处分权，转让合同有效，受让人据此合同而取得标的物的所有权，无损失可言，违约责任、缔约过失责任还是派不上用场；在无处分权人没有取得处分权、真正的权利人又不予追认的情况下，转让合同归于无效，受让人不能取得标的物所有权，于此场合，受让人向无处分权人主张缔约过失责任，可能不如追究违约责任有利。这是应当的，对于恶意之人为什么要特别保护呢?！就是说，从利益衡量的角度考虑，也无必要规定善意取得以转让合同有效为要件。①

当然，在转让人尚未交付作为动产的标的物或尚未办理不动产的移转登记场合，善意的受让人仍不能善意取得的情况下，转让合同有效模式确实能够使受让人向转让人追究违约责任，较出卖他人之物合同因真正的权利人不予追认而无效更有利于受让人。仅就这点来说，转让合同有效的模式具有优越性。即使如此，也要注意以下四点：第一，这种有利于善意受让人，并非物权领域的利益，仅为债权领域的利益，即善意受让人能够基于有效的转让合同向无处分权人主张违约金或损害赔偿。第二，我们应当将这种对善意受让人的有利，放置于整个善意取得制度甚至于相关制度的大背景下进行利益衡量，全面考虑善意取得制度的方方面面，不难发现转让合同有效模式的缺点过多，优越性过少，权衡利弊，还是不宜将转让合同有效作为善意取得的要件。第三，受让人善意却不能取得标的物的所有权，属于善意取得没有达成，于此场合，相对于善意取得制度而言，转让合同有效作为善意取得的构成要件已经失去本身的意义，换句话说，它不是作为善意取得的构成要件而呈现出价值，只是作为判断无处分权人违约与否的标准而发挥着作用，可这已经不属于善意取得制度的范围了，而是归入法律行为制度的内容了。既然如此，将转让合同有效作为善意取得的构成要件就是画蛇添足，莫不如还转让合同的本来面目和作用，在善意取得的构成要件中不涉及转让合同的效力问题。② 第四，这种仅仅为了追究无处分权人的违约责任而将转让合同有效作为善意取得的构成要件，会造成整个民法体系的不和谐，难以合理解释如下法律制度及规定：(a)《民法典》第153条关于违反法律或社会公共利益的民事法律

① 崔建远：《出卖他人之物合同的效力设计》，载《河北法学》2006年第3期，第9页。

② 时任烟台大学校长的郭明瑞教授在与笔者的讨论中，主张转让合同有效或无效不作为善意取得的构成要件。特此说明。

行为无效的规定。就是说，无权处分违反公序良俗原则，转让合同归于无效，但受让人受让标的物的物权符合《民法典》第 311 条第 1 款规定的善意取得的要件。于此场合，坚持善意取得以转让合同有效为要件的观点陷于尴尬的境地。(b)《民法典》第 157 条关于民事法律行为无效、被撤销或者确定不发生效力后，行为人因该行为取得的财产，应当予以返还；不能返还或者没有必要返还的，应当折价补偿的规定。对此稍加解释就是，无权处分场合，转让合同符合《民法典》第 146 条第 1 款、第 153 条、第 154 条或第 147—149 条规定的原因，但物权变动符合《民法典》第 311 条第 1 款规定的善意取得的要件，《民法典》第 157 条本有适用的余地，可是按照转让合同有效说，则出现了冲突。(c)《民法典》第 545—550 条关于债权让与的规定。这里的问题主要是，债权让与违反了当事人禁止让与的约定，按照《民法典》第 545 条第 1 款的规定，债权让与合同无效。但另一方面，受让人对此为善意，按照一种学说，债权有外部表征即有公示方法时，也发生善意取得。如此，转让合同有效说便无法自圆其说。(d)《民法典》第 147 条、第 157 条关于重大误解及其法律后果的规定。对此稍加解释就是，无权处分人不知其无处分权，受让人亦不知晓，按照《民法典》第 147 条、第 157 条的规定，该合同可被撤销，无处分权人实际上也行使了撤销权；另一方面，受让人可基于《民法典》第 311 条第 1 款善意取得标的物。于此场合，采取转让合同有效说，十分被动。① 第五，如果非得使善意的受让人能够请求转让人对无权处分承担履行利益的损害赔偿而非缔约过失责任制度中固有的信赖利益的损害赔偿不可的话，也可以通过改造缔约过失责任制度的途径达到目的。例如，法释〔2010〕9 号第 6 条第 2 款关于“转让方和外商投资企业拒不根据人民法院生效判决确定的期限履行报批义务，受让方另行起诉，请求解除合同并赔偿损失的，人民法院应予支持。赔偿损失的范围可以包括股权的差价损失、股权收益及其他合理损失”的规定，就是在缔约过失责任中承认了履行利益的损害赔偿。在善意取得制度及原因行为方面也完全可以如此设计。

D. 驳“物权法规定转让合同有效系为了解决转让合同存在着欺诈、胁迫等可撤销的原因问题”说

有专家认为，中国物权法草案把转让合同有效作为善意取得的构成要件，系为了解决转让合同存在着欺诈、胁迫等可撤销的原因问题。② 法释〔2016〕5 号采纳此说（第 21 条第 2 项）。笔者认为，这是一个似是而非的问题，故持反对意

---

① 详细论述，见崔建远：《土地上的权利群研究》，北京，法律出版社 2004 年版，第 77～87 页。

② 这是在研讨我国物权法草案时出现的意见。

见。其理由如下：在欺诈、胁迫、乘人之危而订立合同场合，如果它们未发生在无权处分场合，则此类合同的效力与善意取得制度不发生关联，无须在此讨论。如果它们发生在无权处分场合，则有如下结论：假如欺诈、胁迫、乘人之危等系无处分权人所为，那么，善意受让人只要不行使撤销权，转让合同就继续有效，无处分权人不可能因此而阻断善意取得；倘若欺诈、胁迫、乘人之危等系受让人所为，则他为恶意[①]，当然不构成善意取得。所以，在善意取得问题上，没有必要牵扯转让合同有效无效的问题，而应将之放归债法领域。这在下文继续讨论。[②]

E. 析转让合同无效不得发生善意取得说及“转让合同因违反法律或行政法规的强制性规定，或违反公序良俗而被宣告无效，则根本无法发生善意取得的法律效果”说。

赞同转让合同有效为善意取得要件的理由还有，转让合同因违反法律或行政法规的强制性规定，或违反公序良俗而被宣告无效，则根本无法发生善意取得的法律效果。[③] 法释〔2016〕5号第21条第1项关于转让合同因违反《合同法》第52条的规定被认定无效的，受让人主张根据《物权法》第106条的规定取得所有权的，不予支持的规定，系对这种观点及理由的采纳。对此，笔者分析如下：

a. 在物权变动的问题上，理清善意取得与转让合同之间的关系，尤其是在不同阶段的法律状态，对于认识此处所论十分重要。兹分几个阶段解析如下：a）在基于法律行为的物权变动领域，从未成立过诸如买卖、互易等转让合同，肯定不会发生标的物的物权变动。b）在一般情况下，成立了买卖、互易等转让合同，没有履行买卖、互易等法律行为项下的债务，即动产尚未交付、不动产物权没有办理过户登记，也不会发生标的物的物权变动。c）只有履行完毕债务，即动产

① 诚然，作为善意取得构成要件的善意，是指受让人不知转让人欠缺处分权，且无重大过失。其所谓恶意，就是受让人明知或有重大过失地不知转让人欠缺处分权。受让人为欺诈、胁迫或乘人之危时的恶意，如果不属于此种类型，而是其他的种类，如将质量较差的标的物吹嘘为质量上乘的，胁迫转让人必须将标的物卖给自己等，虽然不能说因欠缺善意取得的构成要件而阻止受让人取得标的物的所有权，但可以从法律不保护恶意之人、惩恶扬善的侧面寻觅阻止受让人取得标的物所有权的理由。

② 有必要指出，有学者认为，在转让合同可撤销、效力待定场合，只要此类转让合同因被撤销、不予追认而归于消灭，也不存在善意取得。不然，就会出现如下不太合理的结果：有权处分场合，转让合同被撤销、不予追认时，受让人无法取得标的物；无权处分场合，转让合同被撤销、不予追认时，善意受让人仍能取得标的物的物权。对此，笔者认为，从《民法典》规定的公信力（第216条第1款）、善意取得的构成要件（第311条第1款）观察，尚未将善意取得制度的适用排除出转让合同被撤销、不予追认等领域。此其一。即使因转让合同被撤销、不予追认出现利益失衡，也可以借助于不当得利返还等制度加以矫正，但不影响善意取得制度的适用。这里所存在的，是若干制度的衔接和配合问题，而非缩小善意取得制度的适用范围问题。此其二。

③ 王利明、尹飞、程啸：《中国物权法教程》，北京，人民法院出版社2007年版，第150页。

已经交付、不动产物权的过户登记办理完毕，才会发生标的物的物权变动。债务的适当履行，也就是债权的实现。d）在买卖、互易等法律行为的存续期间与债权的存续期间相同时，可以说买卖、互易等转让合同是标的物发生物权变动的原因/根据，也可以说买卖、互易等转让合同项下的债务及其履行，或曰债权及其实现，是标的物发生物权变动的原因/根据。在买卖、互易等转让合同约定了较短的存续期间，尤其是该等转让合同已经消失的场合，称债务及其履行或曰债权及其实现，是标的物发生物权变动的原因/根据，更加显而易见。由此可见，债务及其履行/债权及其实现在标的物发生物权变动中所处的重要地位及功能。e）标的物的物权变动与买卖、互易等转让合同之间的关系，在有权处分的情况下是这样，在无权处分且符合《民法典》第 311 条第 1 款规定的条件下，也是如此。有权处分与无权处分之于物权变动，其中的差异及其解决方案，在德国法系不是着眼于买卖、互易等转让合同的效力，而是聚焦于受让人的善意抑或恶意，在中国《民法典》上除此而外还增加了交易有偿且价格合理这一点。f）诚然，面对这样的结论，反对者会质问：这不是在忽视甚至抛弃买卖、互易等转让合同的效力与功能吗？或者换个角度质问：买卖、互易等转让合同的效力还有什么用呢？笔者对此的回应是，买卖、互易等转让合同的效力在受让人取得标的物的物权之后能否继续保有它的方面起着至关重要的作用：受让人取得标的物的物权之后，买卖、互易等转让合同被确认为无效或被撤销，则受让人取得物权所依据的债权不复存在，也就是取得物权的原因消失，继续保有物权的根据没有了，动产物权场合丧失动产物权，不动产物权场合将要注销不动产物权的登记。有权处分的场合是这样，无权处分的情况下也是如此，换句话说，善意取得与有权处分二者在发生物权变动这个阶段还是没有差异。一句话，受让人取得标的物的物权之后，转让合同不发生无效或被撤销情形的，受让人能够继续保有物权；转让合同被确认为无效或被撤销的，受让人取得的物权不能继续保有，得而复失。这个结论同样适合于有权处分发生物权变动的场合和无权处分发生善意取得的场合。再换个说法，善意取得与物权保有系属两项法律制度，善意取得是物权设立的法律事实，管的是“入口”；物权保有属于物权存续而非得而复失的范畴，是“入口”之后能在物权的大本营里“驻扎”得住的现象。可以这么说，转让合同有效，善意取得的法律效果（取得物权）能够有权源地保持下去；转让合同无效，善意取得的法律效果（取得物权）得而复失，受让人取得的物权又回归真实的物权人。于是笔者不禁要问：在有权处分发生物权变动的领域，人们不要求以转让合同有效为要件，为什么在无权处分发生善意取得的领域却要求以转让合同有效为要件之一呢？这样差别对待的合理性到底在哪里呢？笔者呼吁：法律人不应把物权变动与物权保有相混淆，同理，不应将善意取得与物权保有相混淆。转让合同有效抑或无效，是取得的物权能否继续保有的问题，不是物权能否及是否变动了的问题，不是善意取得能否构成的问题。

b. 即使“转让合同因违反法律或行政法规的强制性规定，或违反公序良俗而被宣告无效，则根本无法发生善意取得的法律效果”的观点成立，也难以强劲地支持善意取得必须以转让合同有效为要件的意见，因为在无处分权人系限制行为能力人、无权代理人的场合，转让合同是效力待定的，而非有效的，但照样可以善意取得。

c. 合同违反公序良俗，受让人有重大过失时，不符合善意取得的构成要件。就是说，转让合同违反公序良俗而无效有时不可能发生善意取得，并非证成转让合同有效为善意取得要件的理由，因为于此场合不成立善意取得乃因缺乏善意这个构成要件，而非欠缺合同有效这个要件。例如，甲男已婚，与妻子乙女共有一房产A，但房产登记簿上仅登记有甲男一个人的名字。而甲男有婚外情，但丙女（婚外情对象）被甲男欺骗，一直认为甲男单身，完全不知道甲男已婚。甲男为了讨丙女欢心而维持婚外情，遂将A房产转让并登记至丙女名下，而且该转让乃有偿转让，价格亦合理（转让动机可以是看好房产价格大涨，让丙女享受房屋涨价后之利益，故没有作成赠与）。在此情况下，甲男有偿转让房产与丙女的合同严格来看似应构成违反公序良俗（由甲男的目的观之）。但丙女由于完全不知道甲男乃为维持婚外情而为房产转让，似应为善意且以合理价格受让了该房产，并登记至其名下。甲男未经妻子乙同意擅自处分房产，构成无权处分。故在转让合同违反公序良俗情况下，似仍应有善意取得之适用。[①]

d. 转让合同违反法律或行政法规的强制性规定场合，并非一律禁止善意取得：若违法者为受让人，不论是不知转让人欠缺处分权，且无重大过失，还是除此而外的故意违法或重大过失地违法，均应阻止他取得标的物的所有权；在受让人同时知晓或因重大过失而不知让与人无处分权时，不适用善意取得制度。若违法者为让与人，受让人为善意，同时具备善意取得的其他要件时，笔者认为仍应适用善意取得制度。例如，甲将丙所有但登记在自己名下的A房卖与乙，强迫乙同意直接将A房从自己名下过户给乙，威胁说，若乙把此事告知税务机关，就打断乙的双腿。于此场合，乙不知A房为丙的，对此也无重大过失，则应当善意取得。

至于合同无效，依据《民法典》第157条的规定，善意取得人负有返还给付

① 此处修订的观点及例证乃清华大学法学院法81班章丞亮同学的意见。特此致谢！

物的义务，是合同无效后果的表现，但不是否定善意取得本身的根据。所以，转让合同违反法律、行政法规的强制性规定而无效，不可能发生善意取得，同样不是证成转让合同有效为善意取得要件的理由。

［辨析］

无权代理并非无权处分，理由如下：(1) 在无权代理的场合，不是代理人在处分被代理人的财产，而是被代理人在处分其财产，被代理人才是实体交易的主体，代理人不是实体交易的当事人，仅仅是“代”被代理人为意思表示或接受意思表示。无权处分的场合，在外观上是处分人以自己的名义处分自己的财产，但实质上该财产却归属于他人。所以，判断处分权的有无，是看被代理人对于交易的标的物有无处分权，而不是看代理人对交易的标的物有无处分权。(2) 无权代理只要未被被代理人追认，“代理人”实施行为的法律后果由“代理人”独自承受，可能是基于《民法典》第 577 条等条款的规定承担违约责任，也可能是依据《民法典》第 157 条的规定承担缔约过失责任；无权处分未被真正的物权人追认、处分人于其后也没有取得处分权，适用《民法典》第 597 条以及法释〔2009〕5 号第 15 条和法释〔2012〕8 号第 3 条的规定，则无权处分合同的效力不因此而受影响，处分人要承担违约责任。

［辨析］

越权行为，如甲公司的法定代表人张某将甲公司的财产以甲公司的名义为乙公司设定担保，又如张某将甲公司的财产增资扩股于丙公司，等等，是否属于无权处分？回答是否定的，因为越权行为的场合是法定代表人张某以甲公司的名义处分甲公司的财产，且张某具有代表权，只不过超越了权限范围而已。不难发现，此种情形在实质上是甲公司在处分自己的财产，而非张某在以自己的名义处分在外观上属于他但实质上属于甲公司的财产，故属有权处分。

2. 受让人在受让不动产物权时为善意

这里的善意，含义如何，存在着不知情说和不知情且无重大过失说的分歧。① 鉴于前者意味着要求真正权利人必须举证受让人明知不动产登记簿的记载与真实的物权关系不符，即要求举证受让人的内心状态，使真正权利人处于极为不利的境地，过于苛刻，有失权衡，笔者赞同后者，将善意界定为，受让人无重大过失地不知不动产登记簿记载的物权关系与真实的物权关系不一致，或曰受让

① 德国民法及其学说、中国台湾地区学者坚持不知情说，见《德国民法典》第 892 条、第 893 条；［德］鲍尔/施蒂尔纳：《德国物权法》（上册），张双根译，北京，法律出版社 2004 年版，第 500～502 页；王泽鉴：《民法物权・通则・所有权》（总第 1 册），台北，三民书局有限公司 2003 年 8 月增补版，第 125 页。

人对于不动产登记簿记载的物权关系与真实的物权关系不一致的情形不知，没有过失或只有一般过失。如此界定的理由还有，《民法典》第 311 条规定的善意取得统一适用于动产物权和不动产物权场合，在构成要件上，未如《德国民法典》那样规定动产物权的善意取得要求受让人不知情或无重大过失地不知情（第 932 条第 2 项），不动产物权的善意取得仅要求受让人不知情（第 892 条、第 893 条）。这样，为将中国《民法典》第 311 条第 1 款规定的善意统一解释为不知情且无重大过失提供了空间。

如今，法释〔2016〕5 号采纳了这种观点："《物权法》第 106 条第 1 款第 1 项所称的'受让人受让该不动产……时'，是指依法完成不动产物权转移登记……之时"（第 18 条）。"受让人受让不动产……时，不知道转让人无处分权，且无重大过失的，应当认定受让人为善意"（第 15 条第 1 款）。首先说明，法释〔2016〕5 号第 15 条第 1 款对于善意的界定，不同于不当得利制度中的善意，因为后者场合的善意是指受益人不知情，至于该不知情是发生在重大过失情况下还是一般过失甚至确实没有过失，均在所不问[①]；也不同于债权人撤销权制度所要求的善意，在那里，对于债务人的恶意、善意的判断，只要求债务人不知，其不知是否出于过失，在所不问。[②]

其次明确，法释〔2016〕5 号第 15 条第 1 款将善意界定为"不知道转让人无处分权，且无重大过失"，与《德国民法典》第 892 条、第 893 条确定的善意不同。《德国民法典》区分不动产物权与动产物权的领域而赋予善意不同的含义，在不动产物权善意取得制度中，依据《德国民法典》第 892 条、第 893 条的规定，取得人仅在明知土地登记簿之不正确时，为非善意。取得人重大过失地不知此情的，不妨碍《德国民法典》第 892 条、第 893 条规定的适用。与此有别，在动产物权善意取得制度中，按照《德国民法典》第 932 条第 2 款的规定，取得人知道或因重大过失而不知该动产不属于让与人的，非为善意。法律上如此区别处理的理由，乃立法者认为土地登记簿相比较于占有，能提供更为坚实的信赖基础。[③]"善意之成立，不以取得人事实上确已查阅土地登记簿为前提。只要土地登记簿之登记状态，对其权利取得为支持时，即可成立其善意（联邦最高法院民事判例集，第 104 卷，139、143 页）。"[④]

---

①② 参见［日］山本敬三：《民法讲义Ⅰ·总则》，解亘译，北京，北京大学出版社 2004 年版，第 108 页；王泽鉴：《债法原理·不当得利》（总第 2 册），台北，三民书局有限公司 1999 年 10 月修订版，第 201 页。

③ ［德］鲍尔/施蒂尔纳：《德国物权法》（上册），张双根译，北京，法律出版社 2004 年版，第 500 页；［德］鲍尔/施蒂尔纳：《德国物权法》（下册），申卫星、王洪亮译，北京，法律出版社 2006 年版，第 396 页。

④ ［德］鲍尔/施蒂尔纳：《德国物权法》（上册），张双根译，北京，法律出版社 2004 年版，第 502 页。

在这里，笔者更赞同法释〔2016〕5号第15条第1款关于善意的界定，它暗含着受让人负有查阅不动产登记簿的义务，不查阅便签订买卖合同，在让与人非为不动产登记簿记载的权利人的情况下，受让人具有重大过失，算不上不动产善意取得构成要件中的善意。

笔者不赞同照抄照搬《德国民法典》第892条、第893条的规定，因为在德国受让人无须查阅不动产登记簿，就被推断为善意，所以，在让与人根本就不是土地登记簿记载的权利人，或者土地登记簿的记载错误百出的场合，受让人不查阅土地登记簿，又无其他证据证明受让人明知土地登记簿的记载，还要推定受让人为善意，实在令人费解。试问：不加于受让人查阅土地登记簿的义务，受让人不是睡眠就是游玩，照样认定其为善意，这符合情理吗？什么情况下受让人才是明知土地登记簿的记载与让与人不一致呢？此其一。受让人无须查阅土地登记簿就被推定为善意，这对受让人的要求过于低下了。合同法对于法人作为当事人的合同文本，要求于其上加盖法人公章或法人的合同专用章，或者法定代表人在合同文本上亲笔签字或加盖其私章。如果合同文本上既无法人之章又无法定代表人的签章，则法人有权拒绝承受该合同项下的权利义务。在原理相同或相似的领域，物权法应与合同法有大体相当的要求。此其二。

其实，连德国专家、学者都在反思《德国民法典》第892条、第893条的规定：这种差别处理有无其内在合理性，颇值怀疑。① “真实权利人之地位，还因下述两点而变得更糟：其一，对产生登记簿不正确之事实，取得人虽明知，但并不因此而使其为非善意；就取得人非善意之构造，还要求取得人须自该事实而推导出登记簿之不正确。② 其二，取得人之善意，先已被法律所推定——这可由民法典第892条第1款之规定得出——；也就是说，因民法典第892条之取得而受损害者（真实权利人），须举证证明取得人已明知土地登记簿之不正确。由于该明知为内心之事实，且从经验上看，即使法官依民诉法第445条、第448条对取得人进行当事人讯问，也常常无法查明该内心事实之是否存在，故而，对该事实之举证，就显得尤为困难。”③ 有鉴于此，在存在重大过失的极端情形中，司法判例就试图借助《德国民法典》第226条关于权利滥用之禁止、第826条关于违

---

① ［德］鲍尔/施蒂尔纳：《德国物权法》（上册），张双根译，北京，法律出版社2004年版，第500页。

② 《帝国最高法院民事判例集》，第117卷，第180、187页；巴伐利亚州最高法院，《新法学周刊——司法判例报告，民法》，1989年，第907页、第909页及其引证；哈姆州高等法院，《新法学周刊——司法判例报告，民法》，1993年，第1295、1298页。转引自［德］鲍尔/施蒂尔纳：《德国物权法》（上册），张双根译，北京，法律出版社2004年版，第500～501页。

③ ［德］鲍尔/施蒂尔纳：《德国物权法》（上册），张双根译，北京，法律出版社2004年版，第500～501页。

反善良风俗的故意侵害的规定，施与救济。①

需再反思，尽管不动产登记簿记载的权利状态与真实的权利状态不一致的情形也有一些②，但两种状态相吻合的比例终究高于占有所公示的权利状态与真实的权利状态相吻合的比例，诸如借用、租赁、仓储、让与担保等场合，占有均未反映真实的动产所有权状态。如此，如果说在不动产物权变动的场合，受让人经查阅不动产登记簿得知让与人就是记载的物权人，从而与之交易，即使登记簿记载错误，也不构成重大过失，属于善意，那么，受让人仅仅凭借让与人占有买卖物这个状态，不做其他有关方面的尽职调查，诸如查阅借用、租赁、仓储等合同，就排除其重大过失，这是轻率的、难获赞同的。再者，法释〔2016〕5号第17条规定："受让人受让动产时，交易的对象、场所或者时机等不符合交易习惯的，应当认定受让人具有重大过失。"这也表明受让人受让动产物权时有无重大过失的判断因素较为丰富，相对而言，受让人受让不动产物权时有无重大过失的判断因素较为单纯。因此，法释〔2016〕5号第15条第1款采取统一的重大过失的判断标准，值得商榷。笔者认为，在动产物权变动的场合，受让人是否存在重大过失的判断因素应多于不动产物权变动的场合。在这点上，《民法典》不宜采纳法释〔2016〕5号第15条第1款对重大过失的判断采取同一标准的路径及方法。

最后，法释〔2016〕5号第16条第1款列举的下列五种情形均为不动产受让人知道转让人无处分权：（1）登记簿上存在有效的异议登记；（2）预告登记有效期内，未经预告登记的权利人同意；（3）登记簿上已经记载司法机关或者行政机关依法裁定、决定查封或者以其他形式限制不动产权利的有关事项；（4）受让人知道登记簿上记载的权利主体错误；（5）受让人知道他人已经依法享有不动产物权。法释〔2016〕5号第16条第2款系兜底条款："真实权利人有证据证明不动产受让人应当知道转让人无处分权的，应当认定受让人具有重大过失。"这种列举加兜底条款的模式，既有明示，便于操作，又防止挂一漏万，应予赞同。

此处所谓证据，例如，甲与其妻乙采取夫妻财产共有制，但其A房登记在甲的名下，丙为直接办理A房登记的工作人员。现在甲与丙签订A房的买卖合同，未出示其妻乙的授权。于此场合，丙为应当知道转让人甲无处分权，至少构

① 《帝国最高法院民事判例集》，第117卷，第180、189页；巴伐利亚州最高法院，《新法学周刊——司法判例报告，民法》，1989年，第907、900页。转引自［德］鲍尔/施蒂尔纳：《德国物权法》（上册），张双根译，北京，法律出版社2004年版，第500页。

② 较为详细的列举，请见崔建远：《物权：规范与学说——以中国物权法的解释论为中心》（上册），北京，清华大学出版社2011年版，第203页。

成重大过失。

恶意取得不动产物权的，不在保护之列。基于不动产登记的公信力，应推定信赖不动产登记簿记载的受让人为善意。法释〔2016〕5号第15条第2款关于真实权利人主张受让人不构成善意的，应当承担举证证明责任的规定，将举证受让人恶意的责任分配给了真实权利人，使《民法典》第311条第1款设计的善意取得制度倾斜于真实权利人的天平，往相对平衡的角度矫正了一些，值得肯定。这在比较法的层面也有支持的例证：《德国民法典》及其学说也是由真实物权人举证受让人恶意的。①

［引申与辨析］

A. 实际上，判断受让不动产物权者是否善意，只有结合个案情况，才不会出问题。例如，甲和乙系夫妻，于其夫妻关系存续期间，购买了A楼。但因登记机构的操作惯例，不动产登记簿的所有权人一栏只有甲的姓名，共有人一栏也未记载有乙。现甲将A楼出售与丙。丙和甲乙素不相识，查询不动产登记簿，难以发现乙系A楼的共有人。于此场合，确定丙为善意，当无疑义，除非乙举出相反的证据。

不过，如果稍微变换条件，结果则不相同。假设丙和甲乙系同事关系，丙明知甲乙采取的是夫妻财产共有制，A楼为其夫妻关系存续期间所购。现甲把A楼出售与丙，并办理了过户登记手续。乙得知此情，否认该买卖合同关系，主张A楼的所有权。于此场合，丙至少是重大过失地不知A楼为甲乙所共有，因而应为恶意。

B. 不动产物权未登记在出卖人或转让人的名下，受让人买受或受让该不动产的，非为善意。

C. 在借名登记不动产的情况下，出卖人或转让人以自己的名义处分该不动产，受让人发现出卖人或转让人与第三人存有借名协议，登记簿载明该不动产本为该第三人所有或拥有，该出卖人或转让人又无代理权的授予，于此场合，受让人为非善意。

D. 家事代理仅仅适用于价值不太大的财产处分的领域，不动产的处分不适用于家事代理。因此，配偶一方处分本属夫妻共有但登记在自己名下的不动产，受让人知晓该出卖人或转让人采取夫妻共有财产制的，便有调查该不动产归属的义务，包括索取配偶另一方授权处分的文件，否则，该受让人非为善意。

---

① ［德］鲍尔/施蒂尔纳：《德国物权法》（上册），张双根译，北京，法律出版社2004年版，第500～501页；［德］鲍尔/施蒂尔纳：《德国物权法》（下册），申卫星、王洪亮译，北京，法律出版社2006年版，第396页。

判断善意的时间点，有申请登记时、登记完毕时等不同的意见。① 鉴于此处所要求的善意必须是受让人于受让不动产物权时不知无权处分的事实且无重大过失，鉴于受让不动产物权直至办理完毕变更登记才算受让不动产物权，此处所谓善意，则只能是受让人自交易开始至变更登记完毕时整个阶段一直处于不知无权处分的事实且无重大过失的状态。否则，在该阶段的任何一个时间点受让人了解了无权处分的事实，或虽未了解但有重大过失的，就都构成恶意。换个表述方法就是，受让人在不动产登记簿尚未记载不动产物权的状况时，就决定与声称为物权人的转让人进行交易，显然盲动，在该转让人确实无处分权的场合，应当认定受让人具有重大过失。只有在不动产登记簿已经记载了不动产物权的状况，受让人据此与登记的物权人交易，才可说是善意的。有鉴于此，加上《民法典》第 214 条规定，不动产物权变动自记载于不动产登记簿时发生效力，把判断受让人是否为善意的时间点确定在记载于登记簿时，根据更充分些。法释〔2016〕5 号采纳了此种见解，于第 18 条明确："物权法第一百零六条第一款第一项所称的'受让人受让该不动产或者动产时'，是指依法完成不动产物权转移登记或者动产交付之时。"

3. 受让人受让不动产物权所应（已）支付的价格合理

与德国民法在善意取得方面不强调交易行为有偿无偿的模式不同，中国《民法典》不仅要求交易行为有偿，而且强调价格合理（第 311 条第 1 款第 2 项），具有特色，不可不察。

［探讨］

对于价格是否合理的判断，究竟是依据主观标准还是遵从客观标准，是亟待解决的问题。所谓主观标准，是指以当事人主观上认可的价格为准，至于客观上价格是否与标的物的价值大体相当，在所不问。所谓客观标准，是指按照社会观念，认为价格与标的物的价值大体相当的，即认定为价格合理。本来，合同法以给付与对待给付之间的主观等值性为原则，客观等值性为例外。② 但在善意取得制度中，就交易价格是否合理也贯彻主观判断标准，会给无处分权人和受让人恶意地将过低的价格谎称为合理的价格提供机会，对抗真实的物权人否认无权处分的主张，这有失公平正义。若采取客观判断标准，则会避免此类情况。

① 王泽鉴：《民法物权·通则·所有权》（总第 1 册），台北，三民书局有限公司 2003 年 8 月增补版，第 125 页。

② ［德］卡尔·拉伦茨：《德国民法通论》（上册），王晓晔、邵建东、程建英、徐国建、谢怀栻译，谢怀栻校，北京，法律出版社 2003 年版，第 60～64 页；［德］迪特尔·梅迪库斯：《德国民法总论》，邵建东译，北京，法律出版社 2000 年版，第 657 页；王泽鉴：《民法债编总论·基本理论·债之发生》（总第 1 册），台北，三民书局有限公司 1993 年版，第 70～71 页。

这个结论的合理性具有深层的原因。在合同当事人之间，就两项给付间的关系强调主观等值性，是理性原则和合同正义原则的体现。在善意取得制度中，交易价格是否合理及其判断，更多的是关乎真实的物权人能否成功地否认无权处分，而保有其权利。既然两者存在着如此巨大的差别，不同的事物不同处理就有较为充分的理由。

在这个问题上，法释〔2016〕5号第19条规定："物权法第一百零六条第一款第二项所称'合理的价格'，应当根据转让标的物的性质、数量以及付款方式等具体情况，参考转让时交易地市场价格以及交易习惯等因素综合认定。"例如，通过拍卖程序拍定的A楼，成交确认书签署后发现价格偏低，也不得主张价格不合理，而宜认定为价格合理。再如，A房预售合同约定，A房的价款于合同签订后5日内付清。买受人据此履行了付款义务，此时开发商以与A房同类型的B房价款明显高于A房的价款为由主张约定的房款偏低，请求调整，笔者认为，此种主张不可得到支持。因为B房预售合同约定B房的价款在5年内付清，而非于合同签订后5日内付清。由于付款方式不同，期限利益不同，两份合同约定的房款不具有可比性，不可支持开发商关于调整房款的请求。

［引申］

价格合理中的价格，是指约定的价格，还是指已经支付的价格（价款）？还是两者均可？《北京市高级人民法院关于审理房屋买卖合同纠纷案件适用法律若干问题的指导意见（试行）》（京高法发〔2010〕458号）第19条第2项明确规定："'以合理的价格转让'是指买卖双方之间存在以合理价格转让房屋的交易行为，且买受人已实际全部或部分支付了房屋价款。"笔者则认为，已付合理价款固然为此处所谓合理价格，即便尚未支付，只要约定的价格合理，同样是此处所谓合理价格，理由如下：（1）就《民法典》第311条第1款的文义来看，它用的是"价格"而未用"价款"。按照通常的习惯称谓，当事人已经支付的标的物的对价（钱款），不叫"价格"，而称"价款"；合同约定的买受人等应当支付的标的物的对价，称作"价格"，可能是买受人等业已支付的，也可能是尚未支付的。依据《现代汉语词典》的解释，价款是买卖货物时收付的款项，价格为商品价值的货币表现①，这表明价格一词具有中性，不以支付为界定的标准。由此可以得出结论，作为构成善意取得要件之一的价格合理，既指受让人已经向转让人付清了合理的价款，也包括受让人尚未实际付款，但合同约定了合理的价格。（2）善意取

① 中国社会科学院语言研究所词典编辑室：《现代汉语词典》，北京，商务印书馆2016年第7版，第628页。

得制度的设立以物权（变动和存续的）公示具有公信力为前提，如果法律没有赋予物权（变动和存续的）公示以公信的效力，就不应该有善意取得制度。而物权（变动和存续的）公示制度和公信制度内在地不含有价款及其支付这个元素，只在于使信赖具有公信力的物权（变动和存续的）公示的交易相对人能够取得标的物的物权。如此，善意取得制度天然地不要求价款支付这样的成立要件，甚至于不要求价款这样的成立要件。既然如此，某些解释法律之人却主观地认定《民法典》第 311 条第 1 款第 2 项关于善意取得要求“以合理的价格转让”这个成立要件，是指受让人业已付清价款，这显然脱离了物权（变动和存续的）公示制度与公信制度的要义，而这是不符合法教义学的规则的。所以，纯粹从逻辑的层面考虑和推演，善意取得的成立是不需要合理的价格这个要件的，更不要说价款已经支付这个离谱的要素了。(3) 诚然，立法者不完全囿于形式逻辑，适当地偏离些形式逻辑的要求，在成立要件上，或在法律效果方面，人为地附加些其他要件/要素，只要是出于利益衡平的需要、实现公平正义的需要、社会公共利益的要求，也是可以的，甚至是必要的。《民法典》冲破物权（变动和存续的）公示制度与公信制度的藩篱，于第 311 条第 1 款强调善意取得以有偿交易为必要，即为明证。这样的设计既避免了将善意取得制度适用于无偿交易的领域同时配有不当得利返还制度以矫正出现的不当结果这种烦琐复杂、迂回曲折的不足，又在深层衡平了真正的物权人与交易相对人之间的利益关系，达到了实质正义，值得肯定。但是，什么事情做过了头儿，效果就适得其反。将《民法典》第 311 条第 1 款第 2 项关于“以合理的价格转让”解释为价款已经支付，就属于“做过了头儿”。如此断言的理由之一在于，善意取得制度之所以得以确立，之所以据此“剥夺”真正物权人的物权，牺牲其有关利益，正在于使善意的交易相对人放心，只要存在着并信赖了具有公信力的物权（变动和存续的）公示，即可放心地与公示表征的物权之人实施交易，而且肯定会取得交易标的物的物权。至于价款付清与否，完全交由债法管辖，不在善意取得制度的视野里。这样的制度设计，应当是衡平了各方的利益关系，结果是适当的。假如我们反对这样设计，增加已经付清价款方可成立善意取得的条件，那么，就不可避免地出现不适当的后果，至少在下述情况下必定是失衡的：A. 转让人无理拒收价款，致使受让人没有付清价款；B. 合同约定先交货后付款，受让人依约行事；C. 以付清价款为条件，意味着交易行为（物权变动的原因行为）全部履行完毕，债的关系基本上功成身退，只剩下物权关系设立并存续了，这在利益衡平上对受让人过于苛刻；D. ……如果不强求价款必须支付，而将《民法典》第 311 条第 1 款第 2 项的规定解释为约定了合理的价格，至于是否实际支付了价款，则在所不问，就完全避免了上述失衡。

(4) 上文 (3) 的分析和结论符合等价有偿原则的本质要求。《民法典》第 311 条第 1 款第 2 项要求善意取得“以合理的价格转让”，系等价有偿原则的体现和落实。鉴于民法主要重视形式平等、形式正义，仅仅在个别之处才考虑实质平等，关心实质正义，应当说，等价有偿的衡量标准和时点重在法律行为成立之时，至于履行的结果是否体现了等价有偿，那是履行制度及救济制度所关注和解决的问题。价款实际支付，就属于履行的结果。如果没有付清价款，则属于债权人援用《民法典》第 577 条请求继续履行或违约损害赔偿的范畴。而这些均属债法的领域，若在物权法领域的善意取得制度中刻意强调本属债法的规则，似乎有些“劲儿”使得不是地方，有些“错位”。(5) 从比较法的方面看，境外的立法例及其学说都承认无偿法律行为场合也发生善意取得，这本来是符合物权（变动和存续的）公示制度和公信制度的内在要求的。中国现行法确立自己的立法政策，不受逻辑的羁绊，限缩善意取得制度的适用范围——仅限于有偿法律行为的场合，这已经够严格的了，若还要进一步压缩到业已付清价款的交易领域才成立善意取得，委实矫枉过正，有失权衡。

[论争]

有学者不赞同这种解释，而认为价款原则上必须实际支付，如果只是达成了协议，不能认为已经符合了善意取得的构成要件。因为一方面，如果没有支付价款，原权利人可以以没有完成交易为由否认善意取得的成立，这就很有可能引发很多纠纷；另一方面，这也可以为善意的判断提供明确的标准。假如没有支付合理价款，将导致很多实质上无偿、形式上有偿的转让为法律所保护，这就有违善意取得制度的宗旨。① 对此，笔者分析如下。

(1) 原权利人以没有完成交易为由否认善意取得成立的理由，是站不住脚的，因为交易是指转让合同，在德国民法上还包括物权行为，支付价款仅仅是合同义务的履行，而非交易行为本身。

(2) 引发纠纷说不是切中要害的理由，即使受让人付清了全部价款，原权利人也可能向受让人追讨，从而引发纠纷。事实上，纵观各个立法例及其运作，不乏法律制度设计得合理但实务中纠纷较多的实例。

(3) 不支付价款有违善意取得制度的宗旨说，也难获赞同。其道理在于，善意取得制度的宗旨是什么，需要厘清。德国法系上的善意取得制度不要求交易行为有偿，无偿交易场合的善意取得不存在支付价款的问题。中国《民法典》上的善意取得制度，尽管强调有偿且等价的交易作为要件（第 311 条第 1 款第 2 项），

① 王利明、尹飞、程啸：《中国物权法教程》，北京，人民法院出版社 2007 年版，第 148 页。

但是它即使构成了善意取得制度的“宗旨”，也只是其中之一。善意取得制度的功能在于解决转让人无处分权而受让人善意时的所有权变动问题，并不解决受让人取得财产的结果公平与否的问题。① 为了稳妥，可将该表述稍作修正，善意取得制度旨在解决无权处分场合受让人善意时的物权变动问题，不刻意考虑受让人取得物权是否公平。至于受让人因此而取得利益有违公正的问题，交由不当得利等制度矫正。

需要指出，建设用地使用权、不动产抵押权等他物权的善意取得，是参照《民法典》第311条第1款的规定（《民法典》第311条第3款），因而不宜机械地要求不动产抵押权发生善意取得时，抵押权人必须支付合理的价格。

4. 不动产物权已经登记在受让人名下，或不动产已经交付给受让人

《民法典》第311条第1款第3项规定：“转让的不动产或者动产依照法律规定应当登记的已经登记，不需要登记的已经交付给受让人。”对于该项善意取得的条件，可有两种解释。第一种解释是，对于不动产物权的存在与变动，无论法律是否把登记作为物权变动的生效要件，均可成立善意取得。只不过在法律要求不动产物权的变动必须登记的场合，不动产物权的善意取得以办理了变更登记为要件；在法律不要求不动产物权的存在与变动以登记为生效要件的场合，不动产物权的善意取得以不动产已经交付为要件。② 第二种解释是，不动产物权的善意取得一律以办理了变更登记为要件，法律未要求不动产物权的存在与变动以登记为生效要件的，受让人就无权处分的不动产为交易时难谓善意，故不得发生善意取得的效果。正所谓善意取得必须依据一个外部标记，而这个标记在动产物权中是占有，在不动产物权中就是土地登记簿的登记状态。③ 至于《民法典》第311条第1款第3项所谓“不需要登记的已经交付给受让人”，是仅就动产物权的善意取得而言的。

日本民法就不动产物权的变动没有采用公信原则，因之不承认不动产物权的善意取得。④ 例如，就甲所有的A不动产，丙伪造文书进行移转登记，进而又将A不动产让与丁并进行移转登记。此时，丁虽然表面上呈现拥有A不动产所有权的外观，但由于登记没有公信力，丁即使是信赖丙的登记而买受了A不动产，

① 田士永：《物权立法应当缓行：评〈物权法草案〉第九章》，载《中外法学》2006年第1期，第77～85页。

② 王利明、尹飞、程啸：《中国物权法教程》，北京，人民法院出版社2007年版，第150页。

③ ［德］鲍尔/施蒂尔纳：《德国物权法》（上册），张双根译，北京，法律出版社2004年版，第64页。

④ ［日］我妻荣：《日本物权法》，有泉亨修订，李宜芬校订，台北，五南图书出版公司1999年版，第194～195页。

在A不动产上也不取得任何权利。① 在日本，由于登记簿本身相当不完全，构成不实登记的可能性非常大（对建筑物尤甚）。若非在确实实行公示原则的基础上采用公信原则，静的安全就会因公信原则而受到极大威胁。换言之，在登记簿的记载大体上尚未正确反映出真实的权利关系的情况下，若对此种登记簿的记载赋予公信力的话，真实权利人的利益就会受到不当损害，制度总体的均衡就会被打破，形成困难的局面。②

遵循这种思路，土地承包经营权、宅基地使用权、地役权，以及按照《民法典》第229条、第230条的规定发生的不动产物权变动，均不要求登记，于是登记就不具有公信力，也就不宜适用善意取得制度。换言之，仅仅移转占有，没有办理变更登记手续的场合，不发生善意取得的效力。其法理依据在于，在仅仅承认不动产登记具有对抗效力、未赋予不动产登记以公信力的背景下，不承认不动产物权的善意取得，有其道理，因为此类不动产登记并非不动产物权变动的生效要件，登记所表征的不动产权属状态不一定是真实的不动产物权关系，不动产物权变动之后，怠于或客观上无法及时予以变更登记（过户登记）的情形的确存在，A不动产物权虽然登记在甲名下，但已经移转给了乙，即属此类。在这种情况下，作为理性人的交易相对人不可完全信赖不动产登记，应当适当怀疑登记是否客观地反映了真实的不动产物权关系，因而负有一定的注意义务。交易相对人不履行该项注意义务，盲目地相信登记，不宜认定为善意。所以，在不动产登记仅仅具有对抗效力的法制下，不承认善意取得，在法理上说得通。如此，第二种解释有其根据。

特别需要指出的有二：第一，《农村土地承包法》第53条规定："通过招标、拍卖、公开协商等方式承包农村土地，经依法登记取得权属证书的，可以依法采取出租、入股、抵押或者其他方式流转土地经营权。"这告诉我们，关于此类土地承包经营权转让，转让前已办理了登记，转让后，受让人取得土地承包经营权亦须办理变更登记，否则，不发生转让的效力。据此推论，他人擅自转让此类土地承包经营权，受让人仅仅凭对承包地的占有尚不得主张善意取得，只有办理了变更登记，才可主张善意取得了土地承包经营权。

第二，《民法典》第232条规定："处分依照本节规定享有的不动产物权，依照法律规定需要办理登记的，未经登记，不发生物权效力。"物权人向第三人转让基于《民法典》第229条至第230条的规定取得的尚未办理变更登记的不动产

①② ［日］我妻荣：《日本物权法》，有泉亨修订，李宜芬校订，台北，五南图书出版公司1999年版，第153、43页。

物权的，该第三人不能取得该不动产物权。就此推论，非不动产物权人向第三人转让此类不动产物权，更不会发生物权变动的效力。就是说，在这些领域，不会发生善意取得的情形，第二种解释符合法理。

［探讨］

但是，上述结论仍不足以证明第一种解释全无道理。例一，甲和建设用地使用权人乙就通行于 A 宗建设用地而签订了地役权合同，甲于该地役权合同生效时取得地役权，但一直没有办理登记手续。实际上，甲并未行使该项地役权，而是丙一直在以地役权人的名义通行于该宗建设用地之上，乙对此听之任之。后来，乙和丁就该建设用地使用权签订转让合同，丙以地役权人的身份同意将存在于该宗建设用地上的地役权转让给丁。建设用地使用权的转让和地役权的转让采用同一合同文本的形式，乙、丙和丁分别在转让人和受让人处签字。丁随即在该宗建设用地上行使地役权。当甲发现此情而否认丁的地役权时，丁能否基于善意取得而对抗甲呢？从利益衡平的角度看，承认善意的丁取得地役权似乎更具有合理性。至于这种取得究竟是叫作善意取得还是其他特别的制度，需要继续研究。

例二，甲村把良田 B 发包给乙农户，乙自土地承包合同生效时取得土地承包经营权，一直没有办理登记。实际上，丙一直以土地承包经营权人的名义在该宗承包地上耕种，甲村村委会不但默认，而且在丙把该土地承包经营权转让给丁时，同意该转让行为。事后，乙提出异议，不承认丁的土地承包经营权，善意的丁则主张取得该土地承包经营权。从利益衡平的角度观察，似乎更应支持丁的主张。至于这种取得究竟是叫作善意取得还是其他特别的制度，需要继续研究。

由此看来，在登记仅为对抗效力的法制下，是否例外地承认若干“善意取得”，以及如何命名，颇费思量。

（三）法律效力

1. 受让人取得不动产物权。该取得并非基于让与人既存的权利，故该不动产上的原有权利消灭。这里所谓原有权利，包括以不动产为标的物的抵押权、借用权等权利。在继受取得的情况下，这些权利随着不动产物权的移转而移转。只有原始取得场合，这些权利才不会移转至受让人之手。可知，《民法典》对善意取得采取的是原始取得说。

［探讨］

就善意取得的不动产上存在的原有权利是否因善意取得而不由受让人承受，《物权法》（第 106 条）和《民法典》（第 311 条）均未表态，值得深思和探讨。

不妨依不动产登记的公信力予以处理，即，只要不动产登记簿簿页上记载的各项从权利，就都继续存在于该不动产之上，均应由受让人承受，除非不动产物权转让合同明确排除，且该排除系有法律依据的表现。例如，登记名义人获有该不动产抵押权人的授权，可以决定该抵押权的注销；或者已经获得地役权人的承诺，有权自行决定地役权不随着不动产物权的转让而转让，而是因不动产物权的转让而归于终止。从对面说，凡是不动产登记簿簿页上未记载的原权利，受让人都不予承受之，因为登记的公信力不涉及保护未予公示的权利。

2. 受让人取得不动产物权，系因法律基于保护交易安全的需要，受让人终局地保有所取得的不动产物权。但受让人于其尚未付清价款时，应就该价值形态的利益，负返还不当得利的义务。

［引申］

为达使受让人终局地保有善意取得的物权的目的，德国法系民法学说认为，受让人取得所有权对原所有权人而言系有法律上的原因，自无不当得利可言，原所有权人无从依不当得利的规定请求受让人返还其所受的利益。唯让与人系无偿让与场合，为顾及原所有权人的利益，应使受让人负返还利益为宜。法院应当依衡平的不当得利最高指导原则，创设例外规定，使原所有权人得依不当得利的规定请求受让人返还所受利益。① 笔者认为，中国《民法典》关于不当得利构成的规定，未使用“无法律上的原因”的传统表述，而是采用了“没有法律根据”，这为便利地解决善意取得场合的利益返还提供了法律基础。就是说，善意受让人取得标的物所有权，其法律依据在于善意取得，取得标的物所有权具有合法根据，但若无对价而取得，或者尚未支付对价或尚未支付全部对价而取得，就此享有的利益——价值形态的利益——没有合法根据，依然构成不当得利，应予返还。②

3. 原物权人既已丧失了物权，对于让与人可就如下权利择一行使：（1）在双方当事人之间，如原有债的关系（如租赁关系、保管关系等）存在时，可请求让与人（债务人）承担违约责任。（2）让与人（债务人）无权处分物权，构成侵权责任，原物权人可请求侵权损害赔偿。（3）让与人（债务人）取得的对受让人

① 梅仲协：《民法要义》，台北，1963年自版，第135页；孙森焱：《民法债编总论》（上册），北京，法律出版社2006年版，第135～136页；王泽鉴：《债法原理·不当得利》（总第2册），台北，三民书局有限公司1999年10月修订版，第142页；谢在全：《民法物权论》（上册），台北，三民书局有限公司2003年7月修订2版，第456页。

② 崔建远：《无权处分辨》，载《法学研究》2003年第1期，第21～24页。

的对价（如价款或其请求权），原物权人可基于不当得利制度请求返还。①

4. 让与人嗣后又取得让与标的物的所有权时，无论是否由于让与人的恶意安排，或是让与人的偶然复得，例如巧合地购买了标的物，或是让与人和受让人之间让与标的物的关系不复存在，让与人再取回占有，解释上均认为让与人不能取得物权，而应坚持这样的立场：原物权人的物权因而复活，该标的物上的负担也一并复活。②

［拓展］

因善意信赖不动产登记而取得不动产物权的，取得如同该不动产登记若为正确时同样的权利。兹举例说明如下：

（1）甲冒名将乙所有的A楼登记在了自己的名下，然后把它抵押给了丙银行，并办理了抵押登记手续。丙就A楼享有抵押权，能够对抗乙（积极信赖保护）。③

（2）甲在乙承包的A地已经享有的地役权误被涂销，乙将A地的承包经营权转让与丙，丙取得A地的承包经营权，没有地役权的负担（消极信赖保护）。④

（3）甲冒名登记为A楼的所有权人，后以该楼为银行乙设立抵押权。该抵押权因债务适当履行而归于消灭，但未办理注销抵押登记。其后，甲把A楼出卖与丙，丙因信赖登记、付清了合理的价款并办理了过户登记而取得A楼的所有权。银行乙不得以丙明知A楼有抵押登记而主张抵押继续存在，因为善意受让制度旨在保护第三人的利益，事实上不存在的权利没有保护的必要。所以，丙可以请求注销乙的抵押登记。⑤

（4）某对夫妻实行共同财产制，夫把以妻为登记名义人的A楼出卖给第三人，善意第三人也可因信赖登记、付清合理价款且办理了过户登记手续而取得A楼的所有权。⑥ 对此，我们不可盲从，理由如下：正因为信赖A楼的所有权登记，该第三人有义务查清该“夫”有无代理权向自己出卖登记在该“妻”名下的A楼。如果该“夫”出示了其妻的授权书，则该“夫”实施了有权处分；反之，该“夫”未出示其妻的授权书，则该“夫”实施了无权处分。于无权处分的场合，该第三人仍然购买A楼，构成非善意。该项结论有《民法典》的下述规定支撑：第1062条第2款关于“夫妻对共同财产，有平等的处理权”的规定；第301条正文关于处分共有的不动产或者动产的，应当经占份额2/3以上的按份共有人或者全体共同共有人同意的规定；第1060条关于“夫妻一方因家庭日常生

①② 谢在全：《民法物权论》（上册），台北，三民书局有限公司2003年7月修订2版，第457页。

③④⑤⑥ 王泽鉴：《民法物权·通则·所有权》（总第1册），台北，三民书局有限公司2003年8月增补版，第126页。

活需要而实施的民事法律行为，对夫妻双方发生效力，但是夫妻一方与相对人另有约定的除外”（第1款）；“夫妻之间对一方可以实施的民事法律行为范围的限制，不得对抗善意相对人”（第2款）的规定。

(5) 甲于其建设用地使用权设立抵押权与乙，误被注销，甲就同一建设用地使用权再次设立抵押权与善意之丙，丙取得第一顺位的抵押权。①

三、动产物权的善意取得

（一）动产物权善意取得概述

动产物权的善意取得，是指转让人转让他人的动产，受让人于取得该动产的占有时为善意，则取得该动产的所有权的现象。就其构成而言，它和不动产物权善意取得本应有些差别，但由于《民法典》在同一个条文里一并规定了两者的构成要件（第311条第1款），在某种程度上模糊了两者的差异。对此，需要注意。

（二）构成要件

1. 受让人基于交易行为取得动产物权

这里所谓的交易行为，除了标的物限于动产外，其他方面相同于不动产物权的善意取得中的构成，不再赘述。

需要考察和探讨的是，作为善意取得标的物的动产，是有条件限制的。近代以来，在善意取得适用的范围上，是区分“占有委托物”和“占有脱离物”的。所谓占有委托物，是指基于租赁、保管、借用等合同关系，由承租人、保管人、借用人等实际占有的属于出租人、委托人、出借人等人所有的动产。出租人等人丧失对这些动产的占有，是基于自己的意思。而占有脱离物则是非基于真正权利人的意思而被他人占有的，包括赃物、遗失物、遗忘物、误取物等。占有委托物原则上发生善意取得，而占有脱离物则有条件地发生。② 对此，我们应当有条件地参考，对于在拍卖场所拍定占有脱离物，在信托商店购买某物品，等等，承认善意取得。

作为善意取得标的物的动产，占有委托物是最主要的，还有某些无记名有价证券，仓单、提单所表彰的货物等。③ 票据权利的转让固然依据《票据法》的规定处理，但就其依背书转让而言，在连续背书的过程中也会发生无权处分，故有

---

① 王泽鉴：《民法物权·通则·所有权》（总第1册），台北，三民书局有限公司2003年8月增补版，第126页。

② 梁慧星、陈华彬：《物权法》（第4版），北京，法律出版社2007年版，第208页。

③ 参见谢在全：《民法物权论》（上册），台北，三民书局有限公司2003年7月修订2版，第450～451页。

善意取得制度的适用。记名有价证券需要依背书转让的场合，同样存在着善意取得的现象。

股权可否善意取得，素有争论，法释〔2014〕2号第25条第1款、第27条第1款，法〔2019〕254号第8条正文都持肯定态度。在学说方面，则没这么简单，理念及意见不一。有学说认为，股权转让采取的是意思主义①，转让人和受让人就股权转让达成合意并生效时，作为标的物的股权即转归受让人。这样的权利归属关系或权利人的权利地位欠缺相应的公示手段，从而难以构造作为善意取得的基础的“权利外观基础”②。股东名册仅在目标公司内部发挥效能，不是对外公示的方式；股权转让的生效并非基于股东名册的记载，而是基于股权转让协议等基础法律关系。③

不可否认，中国现行法关于股东名册、股东工商登记等制度的设计，之于股权善意取得制度的应然要求，的确存在“间隙”，甚至是不小的障碍。就此说来，反对说确有道理。但是，只要我们不是进行哲学交流，因为在那个境界里是“你走你的阳关道，我蹚我的独木桥”，难以要求一方必须接受另一方的见解；只要我们不是完美主义者，因为法律是利益集团博弈的产物、妥协的结果，不易完美，法律人无法完成任务，只好“休息”；只要我们存有善意受让人在股权取得方面应受有利保护这样的共识——事情便转化了，转化为通过何种路径实现该共识。

坐等完美的立法设计？这过于消极，《民法典》刚刚颁行，《公司法》何时修订尚不可知；“就地取材”，利用既有的善意取得制度，在构成要件的“装配”方面，“因陋就简”，方为可取之策。因其符合这样的法政策：更看重交易安全，给主要为自己考虑而采取隐名策略的出资人分配多一些的风险。

所谓“就地取材”“因陋就简”，可有如下表现：(1)《公司法》及其司法解释未明定股权转让采取意思主义，反倒有《公司法》第32条第2款关于“记载于股东名册的股东，可以依股东名册主张行使股东权利”的表达。所谓记载于股东名册，情形可有种种，其中包括股权代持人作为股东被记载其上，也包括受让人受让股权的状态（作为股东）被记载其上。受让人作为股东被记载于股东名

---

① 张双根：《股权善意取得之质疑——基于解释论的分析》，载《法学家》2016年第1期，第137～138页。

② 张双根：《股权善意取得之质疑——基于解释论的分析》，载《法学家》2016年第1期，第132～147页；Bohrer, Inhalt und Funktion der Gesellschaftliste-weitere Bemerkungen zum Vertrauensssechuta-konzept des Gmbh-Gesetzes, DStR 2010, S. 1892. 转引自张双根：《德国法上的股权善意取得制度——背景、构造与不足（上）》，载王洪亮、田士永、朱庆育、张谷、张双根主编：《中德私法研究》第11卷，北京，北京大学出版社2015年版，第229、238页。

③ 石一峰：《非权利人转让股权的处置规则》，载《法商研究》2016年第1期，第97页。

册，可以是类似于《民法典》第 225 条、第 335 条、第 341 条、第 374 条、第 403 条等条款规定的效果，即股权已因转让合同的履行而归于受让人，记载于股东名册只是对抗他人的要件；也可以是类似于《民法典》第 214 条、第 216 条第 1 款、第 349 条、第 368 条、第 402 条、第 441 条等条款规定的效果，即股权尚未归于受让人，只有被记载于股东名册才发生变动。如何抉择，既取决于解释者的立场和理念，又受制于相关的法律制度及规则。(2)《公司法》第 32 条第 2 款的规定是面向世人的，具有公示的效力，由此决定了受让股权之人有义务查询股东名册，以免受让的股权被他人追回，避免因他人主张无权代理等事由而使自己失去交易良机。受让人不查询，就具有重大过失，也就无权对抗真正股权人保有其股权的主张。这在实质上显示出经由工商登记，本为目标公司内部文件的股东名册具有公示性①，同时增添其功效——法技术的处理，逻辑的结论——把股东名册的记载作为股权转让的生效要件。② 这就与《民法典》第 209 条第 1 款以公示作为不动产物权变动的生效要件的精神一致起来了；在善意取得方面，与《民法典》第 311 条第 1 款规定的条件相衔接了。(3)《公司法》第 32 条第 2 款的表述，类似于《民法典》第 216 条第 1 款“不动产登记簿是物权归属和内容的根据”的规定，这就为股权转让以股东名册的记载作为（有限责任公司中的）生效要件，而非采取意思主义，提供了可能。(4)《德国有限责任公司法》经过 2008 年的修订，改造、升级有关规则和操作，把股东名册作为股权善意取得的“权利外观基础”（第 16 条第 3 款以及第 40 条第 1 款和第 2 款），确立了股权善意取得制度③；中国最高人民法院通过司法解释明确承认股权可以善意取得，再借助学说进一步完善，也不失为一条路径。

在这里，存在着二者难以两全时如何选取的问题：进路虽美，但只能到达 A 地，而到达 B 地更符合目的，只是道路坑坑洼洼。偏好不同，选取的目标便有差异。笔者更倾向于后者，之所以如此，原因不少，其中之一是法律史上曾有过的一例，给了启示和勇气。

在法国，为了解决车辆、机器等侵权案件，法官曾经扩张《法国民法典》第

---

① 施天涛教授认为，股东名册经过工商登记，便有对外公示的效力。请见施天涛：《公司法论》（第 2 版），北京，法律出版社 2006 年版，第 233 页。

② 对此有相反的见解，例如，施天涛：《公司法论》（第 2 版），北京，法律出版社 2006 年版，第 259 页；姚明斌：《有限公司股权善意取得的法律构成》，载《政治与法律》2012 年第 8 期，第 85～86 页；余佳楠：《我国有限公司股权善意取得制度的缺陷与建构》，载《清华法学》2015 年第 4 期，第 112 页；张双根：《股权善意取得之质疑——基于解释论的分析》，载《法学家》2016 年第 1 期，第 138～139 页。

③ 张双根：《德国法上的股权善意取得制度——背景、构造与不足（上）》，载王洪亮、田士永、朱庆育、张谷、张双根主编：《中德私法研究》（第 11 卷），北京，北京大学出版社 2015 年版，第 223～284 页。

1384 条第 1 项。原来，《法国民法典》对于侵权行为原则上以过失为成立要件。关于由物本身事实所产生的损害，唯有动物及建筑物为例外，可无须证明占有人或所有人的过失而请求赔偿，其余则统须依一般原则，非有过失不负责任。到了 19 世纪末叶，机械的使用日益频繁，对于建筑物以外的其他无生命物，如车辆、机器等致人的损害，倘若要求证明占有人或所有人的过失，则十之八九无法获得赔偿。这在正义道德上是说不过去的事，在法律上是无法补救的。到了 1896 年，忽然发现了第 1384 条的第 1 项。以往对这项规定的解释，仅是将其作为同条第 2、3、4 项及第 1385 条、第 1386 条的一段开场白，向来的判例学说从未重视它。但法国最高法院民庭于 1898 年 6 月 16 日的一则判决里，挑出了“对于所占有之物所致之损害亦应负责”这一句，断章取义，认为这是关于无生命物所致的损害，无须证明占有人之过失即得请求赔偿的一般规定。这是奇妙的新发现，亦是理性的新创造。这是逻辑的矛盾，亦是艺术的和美。①

如果接受上述立场和观点，那么，有限责任公司中的股权转让，要发生善意取得的效果，除去股权转让款应当合理的要件，还要求股东名册所记载的股东（代持人）转让其名下的股权，该股东名册系善意取得的权利外观基础；受让人信赖此种公示，才可构成善意取得所要求的善意，工商登记仅仅在判断受让人有无重大过失时才起着辅助作用。这是因为，股东名册的记载，系股权公示之所在，工商登记仅仅是对抗目标公司的债权人等第三人的公示，不是股权变动的生效要件。按照法〔2019〕254 号第 8 条正文关于“当事人之间转让有限责任公司股权，受让人以其姓名或者名称已记载于股东名册为由主张其已经取得股权的，人民法院依法予以支持”的规定，受让人自其被记载于目标公司的股东名册时取得股权，成为股东。

至于上市公司中的股权转让，同样因《公司法》及其司法解释未明定采取意思主义，故可把证券登记结算机构办理完毕登记作为生效要件，与《民法典》规定股权质权的设立以登记为生效要件（第 443 条第 1 款）的模式匹配起来。如此，除去股权转让款应当合理这个要件，还要求转让人（股权代持人）就是中国证券登记结算有限责任公司（或其下设深圳分公司或上海分公司）所设登记系统中的登记名义人；受让人信赖此种登记，构成善意，交易的股权自该登记系统完成变更登记时发生转移的效力。

退一步说，即使认可股权转让采取意思主义的观点，也可以变通理念及观

① 王伯琦：《法学，科学乎？艺术乎？》，载《王伯琦法学论著集》，台北，三民书局有限公司 1999 年版，第 20～21 页。

点。如果对股权转让场合的善意受让人应予周到的保护，这是共识，那么，可以通过宽松把握“权利外观”的途径，达到与登记、占有具有公信力同样的结果。例如，把名义股权人在目标公司中以股东的身份行事，其他股东证明名义股权人具有股东地位，工商登记记载名义股权人为目标公司的股东等，都作为“权利外观”的构成元素。只要受让人通过尽职调查取得了这些证据，就认定其为善意，从而支持其善意取得股权的主张。此种理念及观点，可从法国民法和日本民法中得到佐证。它们对于动产甚至不动产的买卖采取意思主义，但这并未影响其保护善意买受人的立场及处理。只不过它们将其称作即时取得，未叫善意取得罢了。其实，越来越多的学者更新观念，不再从取得时效的角度，而是改用善意取得的理念看待该项制度。①

与此有别，如果是名义股权人欠付第三人的债务未获清偿，该第三人申请人民法院强制执行股权，由于该执行标的不是名义股权人与该第三人之间交易的标的物，而是名义股权人的一般责任财产，因而不得按照公示和公信的原则处理，即不因股东名册上记载的股权属于名义股权人（持有有限责任公司中的股权的场合），或中国证券登记结算有限责任公司（或其下设深圳分公司或上海分公司）所设登记系统中的登记名义人（持有上市公司中的股权的场合），便将代持股权认定为名义股权人的财产，从而作为执行标的；而应贯彻实事求是的原则，采取实质主义，甄别出属于作为被执行人的名义股权人的责任财产，才可被执行，不属于名义股权人的责任财产，即便在外观上显示为名义股权人的，也不得作为执行标的。既然如此，只要真正的股东举证出充分、确凿的证据，证明其为股东名册上记载的股权的真正股权人，就可以对抗该第三人申请的强制执行。②

变换一些条件，结论会不一样。如果被申请强制执行的股权（执行标的）正是名义股权人转让给强制执行申请人的股权，此股权系他们双方交易的标的物，强制执行申请人自然有权援用《民法典》第577条的规定，请求名义股权人继续履行，即把该股权转移到自己名下。名义股权人未满足该项请求时，强制执行申请人有权持胜诉判决，申请强制执行。

在这样的背景下，强制执行申请人能否取得该股权，或曰执行局是否支持该强制执行的申请？这就必须贯彻公示和公信的原则，适用善意取得制度，只要具备《民法典》第311条第1款要求的条件，受让人即可取得股权，即便真实股东

---

① 尹田：《法国物权法》（第2版），北京，法律出版社2009年版，第207～232页；［日］我妻荣：《日本物权法》，有泉亨修订，李宜芬校订，台北，五南图书出版公司1999年版，第198～217页；石一峰：《非权利人转让股权的处置规则》，载《法商研究》2016年第1期，第97页。

② 请参阅崔建远：《论外观主义的运用边界》，载《清华法学》2019年第5期，第10～11页。

举证证明成功其为真正的股权人，也改变不了这种结局。

遗失物、漂流物、埋藏物、隐藏物在许多立法例上亦为善意取得的对象，但按照《民法典》的规定，它们原则上不适用善意取得制度，只是原所有权人自其知道或应当知道受让人有偿受让遗失物、漂流物、埋藏物、隐藏物时起，逾2年未请求返还的，受让人有权拒绝返还（第312条、第319条）。对此，可理解为发生了善意取得的效果。

对于赃物，《物权法》立法时的考虑是，对被盗、被抢的财物，主要由司法机关依照刑法、刑事诉讼法、治安管理处罚法等有关法律的规定追缴后退回所有权人。在追赃过程中，如何保护善意受让人的权益，维护交易安全和社会经济秩序，可以通过进一步完善有关法律规定解决，《物权法》对此可以不作规定，《民法典》亦然。① 最高人民法院、最高人民检察院、公安部和国家工商行政管理局联合发布的《关于依法查处盗窃、抢劫机动车案件的规定》第12条规定，对明知是赃车而购买的，应将车辆无偿追缴；对违反国家规定购买车辆，经查证是赃车的，公安机关可以根据《刑事诉讼法》第110条、第114条规定进行追缴和扣押。对不明知是赃车而购买的，结案后予以退还买主。在学说上，有观点主张，赃物若为通过公开市场购买的，或通过严格的拍卖程序获得的，受让人支付了合理的对价，且已经实际占有，则应当善意取得该赃物的所有权。② 这符合交易安全的要求，原则上值得赞同，但鉴于《物权法》和《民法典》等现行法在总体上坚持遗失物、漂流物、埋藏物、隐藏物归其所有权人享有，所有权人不明时归国家的原则，考虑到《民法典》仅仅在第三人善意受让遗失物，遗失物所有权人自其知道或应当知道该事实时起满2年未请求返还的场合，才例外地承认该第三人取得该遗失物的所有权（第312条中段），在价值评价方面，赃物的善意取得不得较遗失物的善意取得更为宽松，因而，笔者赞同对赃物例外情况下的善意取得同样适用《民法典》第312条中段的规定。③

至于债权，不属于动产，不是动产善意取得的客体，至为明显。④ 但债权可否为其他权利的善意取得的对象？在欠缺公示方式的债权场合，不得适用善意取得制度，为通说。对于已经公示的债权，如票据所表彰的债权、股票所表彰的股

---

① 胡康生主编：《中华人民共和国物权法释义》，北京，法律出版社2007年版，第244页。

② 王利明、尹飞、程啸：《中国物权法教程》，北京，人民法院出版社2007年版，第144～145页。

③ 赃物的善意取得在构成要件上不得较遗失物的善意取得为宽，是汤文平博士于2010年2月17日向笔者提出建议的，特此致谢！

④ 谢在全：《民法物权论》（上册），台北，三民书局有限公司2003年7月修订2版，第451页。

权[①]、大额可转让存单等，可适用善意取得制度。[②]

2. 受让人在受让动产物权时为善意

受让人在受让动产物权时为善意，是善意取得的必要条件。

此处所谓善意，依据法释〔2016〕5号第15条的规定，是指“受让人受让……动产时，不知道转让人无处分权，且无重大过失”的状态（第1款）。就是说，在《民法典》上，善意在不动产物权的善意取得和动产物权的善意取得中具有相同的意义。

在此再次强调，因为《民法典》第224条、第225条将船舶、航空器、机动车的物权变动模式设计成交付为生效要件、登记为对抗要件，所以，在判断交易相对人善意与否时，需要综合考虑交易相对人对于交付和登记的关注度。换句话说，交易相对人单凭信赖交付而忽视登记就与转让人从事船舶、航空器或机动车的交易，不宜被认定为构成善意，只有对交付和登记均予关注才可认定为善意。例如，甲将其汽车出卖与乙，办理了登记而未交付，接着将该车出卖与丙，交付了但未登记。于此场合，丙不核实登记便信赖甲对该车的占有，并推定其享有所有权，就是具有重大过失，不构成善意。

此处所谓“受让人受让……动产时”，按照法释〔2016〕5号第18条的规定，“是指……动产交付之时”（第1款）。“当事人以物权法第二十五条规定的方式交付动产的，转让动产法律行为生效时为动产交付之时；当事人以物权法第二十六条规定的方式交付动产的，转让人与受让人之间有关转让返还原物请求权的协议生效时为动产交付之时”（第2款）。“法律对……动产物权的设立另有规定的，应当按照法律规定的时间认定权利人是否为善意”（第3款）。

所谓《物权法》第25条规定的方式，也就是《民法典》第226条规定的方式，即简易交付。于此场合，动产已在买受人等受让人之手，故法律行为生效时物权移转，将法律行为生效之时确定为“受让”之时，确有道理。

所谓《物权法》第26条规定的方式，也就是《民法典》第227条规定的方式，即指示交付。于此场合，动产在第三人之手，故转让人与受让人之间有关转让返还原物请求权的协议生效时发生物权变动，将转让人与受让人之间有关转让返还原物请求权的协议生效之时确定为“受让”之时，能够成立。

所谓“法律对……动产物权的设立另有规定的，应当按照法律规定的时间认定权利人是否为善意”，例如，按照《民法典》第447条第1款关于“债务人不

---

① 当然，准确地说，股权不是债权。

② 谢在全：《民法物权论》（上册），台北，三民书局有限公司2003年7月修订2版，第451页；黄松有主编：《〈中华人民共和国物权法〉条文理解与适用》，北京，人民法院出版社2007年版，第330页。

履行到期债务，债权人可以留置已经合法占有的债务人的动产，并有权就该动产优先受偿”的规定，留置权的成立不是自债权人占有债务人的动产时，而是债务人不履行到期债务时，由此决定，留置权的善意取得场合确定善意的时间点，不是看债权人占有第三人的动产时知情与否或有无重大过失的不知，而是看债务人不履行到期债务时债权人是否知道占有的是第三人的动产，并且对于不知有无重大过失。

在举证责任的分配方面，法释〔2016〕5号规定：“真实权利人主张受让人不构成善意的，应当承担举证证明责任”（第15条第2款）。不过，“受让人受让动产时，交易的对象、场所或者时机等不符合交易习惯的，应当认定受让人具有重大过失”（第17条），无须真实权利人举证证明。例如，在机场、车站以极为低廉的价格出售手机、笔记本电脑、名表等，买受人贪图便宜而购买，应当认定其有重大过失。而在拍卖场所拍定拍卖物、在信托商店购买物品，即使价格便宜，也不宜认定其有重大过失。

3. 受让人受让动产物权所应（已）支付的价格合理

以合理的价格，是《物权法》所要求的动产善意取得的另一要件。其意义在本释评书关于不动产物权的善意取得中已经阐释，此处不赘。

需要指出的是，质权善意取得场合，按照《民法典》第311条第3款的规定，是参照《民法典》第311条第1款的规定，故不宜强调价格及其合理这个要件。

4. 动产已经被受让人占有

动产所有权的移转以交付为生效要件，除非法律另有规定（《民法典》第224条）。动产未交付，动产所有权便未移转，受让人自然没有取得动产的所有权。正所谓善意取得必须依据一个外部标记，而这个标记在动产物权中就是占有。①“转让人将物权法第二十四条规定的船舶、航空器和机动车等交付给受让人的，应当认定符合物权法第一百零六条第一款第三项规定的善意取得的条件”（法释〔2016〕5号第20条）。

这告诉我们，船舶、航空器和机动车场合的善意取得，以受让人占有船舶、航空器或机动车为成立要件，仅有转移登记于受让人的名下却无受让人占有船

① ［德］鲍尔/施蒂尔纳：《德国物权法》（上册），张双根译，北京，法律出版社2004年版，第64页。需要说明，该书于此所谓善意取得必须依据一个外部标记，而这个标记在动产物权中就是占有，原本是说转让人于转让动产时应当占有该动产，以贯彻权利外观原则，凸显交易安全的思想。笔者觉得，善意取得也要求受让人占有该动产，借用鲍尔和施蒂尔纳教授的思想及其表达，形象而到位，胜于笔者自己所能想到的用语。

舶、航空器或机动车，并不成立善意取得。

交付，若表现为现实交付、简易交付，让与人已经丧失了对动产的占有，且占有的变动能够从外部识别，发生善意取得，容易理解。但交付表现为占有改定时，由于占有改定表现为受让人取得间接占有，让与人仍然继续占有着动产，是否使受让人善意取得该动产所有权，则不无疑问。《德国民法典》第933条明文规定，以占有改定方式让与动产的，必须是非所有权人的让与人已经把该动产交付给受让人时，受让人才取得该动产所有权。[①]《物权法》和《民法典》对此未设明文，有学说主张，善意取得制度涉及真正权利人（原权利人）和权利取得人（受让人）间的利益衡量，受让人既然是以占有改定受让占有，让与人仍继续占有标的物，此与真正权利人系信赖让与人而使之占有动产完全相同，实难谓受让人的利益有较诸原所有权人的利益更应受保护的理由，何况真正权利如所有权的保护，乃民法甚至宪法的优先价值秩序，所以，占有改定场合，不应发生善意取得[②]，除非让与人已将动产交付给了受让人。这说理透彻，值得我们借鉴。

在指示交付的场合可否成立善意取得，应当区分情形而下结论。第一种情形，转让人甲将乙所有却由自己占有的动产A因某种原因而交由乙直接占有，甲与丙成立该动产A的买卖合同，约定的价格合理，并将其对于乙的返还请求权让与丙，致使甲完全丧失了对于动产A的占有，或曰甲对于动产A没有了一点点占有的残余，于此场合，善意的丙善意取得动产A。第二种情形，前述例子中甲尚未将其对于乙的返还请求权让与丙时，甲对于动产A构成间接占有，或曰对于动产A留有占有残余，丙尚未取得对于动产A的占有，故丙即使善意也不能善意取得动产A。[③] 第三种情形，乙占有甲的动产A，乙将之让与善意的丙，而以占有改定为交付，丙又将之让与善意的丁，并将对乙的返还请求权让与丁，以代交付，丁于受现实交付前，不发生善意取得。第四种情形，转让人甲对于第三人乙无返还请求权，却对受让人丙表示让与返还请求权，来作为动产A占有的转移，因转让人甲无返还请求权可资让与，于此场合，不发生指示交付的效力，只有丙取得对于动产A的现实占有时，才会发生善意取得的效果。[④]

---

① ［德］托马斯·吕福纳：《间接占有与善意取得》，张双根、王洪亮译，载张双根、田士永、王洪亮主编：《中德私法研究》（第2卷），北京，法律出版社2007年版，第48页；谢在全：《民法物权论》（上册），台北，三民书局有限公司2003年7月修订2版，第451页。

② 谢在全：《民法物权论》（上册），台北，三民书局有限公司2003年7月修订2版，第454页。

③ 参考［德］鲍尔/施蒂尔纳：《德国物权法》（下册），申卫星、王洪亮译，北京，法律出版社2006年版，第407～409页。

④ 谢在全：《民法物权论》（上），台北，新学林出版股份有限公司2010年修订5版，第409～410页。

［反思］

站在立法论的立场上，《物权法》和《民法典》将动产物权的善意取得和不动产物权的善意取得统一规定在同一个条文中，极易模糊两者的差异，似有斟酌的余地。未来修法或制定新法时，宜分别规定，且明确规定两者在构成要件及举证责任方面的不同。

(三) 法律效力

动产物权的善意取得的法律效力，将在对《民法典》第313条的释评中介绍，此处不赘。

第三百一十二条

所有权人或者其他权利人有权追回遗失物。该遗失物通过转让被他人占有的，权利人有权向无处分权人请求损害赔偿，或者自知道或者应当知道受让人之日起二年内向受让人请求返还原物；但是，受让人通过拍卖或者向具有经营资格的经营者购得该遗失物的，权利人请求返还原物时应当支付受让人所付的费用。权利人向受让人支付所付费用后，有权向无处分权人追偿。

本条主旨

本条是关于遗失物的善意取得的规定。

相关条文

《物权法》第107条　所有权人或者其他权利人有权追回遗失物。该遗失物通过转让被他人占有的，权利人有权向无处分权人请求损害赔偿，或者自知道或者应当知道受让人之日起二年内向受让人请求返还原物，但受让人通过拍卖或者向具有经营资格的经营者购得该遗失物的，权利人请求返还原物时应当支付受让人所付的费用。权利人向受让人支付所付费用后，有权向无处分权人追偿。

理解与适用

本条是对《物权法》第107条的复制，含有如下几层意思。

1. 前段宣明以遗失物不适用善意取得为原则，遗失物的所有权人或其他权利人有权向拾得人请求返还遗失物。此处所谓其他权利人，如遗失物的承租人、借用人、代管人，遗失物为破产财产时，破产管理人也是此处其他权利人。

2. 在满足法定条件时，遗失物可被善意取得。此处所谓法定条件，即遗失物善意取得的构成要件，根据本条并结合《民法典》第311条第1款的规定，遗失物的善意取得必须具备如下要件：（1）拾得人甲已将遗失物转让（如出卖、以物抵债等）给受让人乙；（2）约定的转让价款合理；（3）受让人乙已经占有该遗失物；（4）乙占有该遗失物时为善意；（5）受让人乙占有该遗失物的期间必须自遗失物的所有权人知道或应当知道受让人乙之日起已满2年。

3. 在善意取得成立的情况下，权利人有权向无处分权人请求损害赔偿。该损害赔偿的性质应为侵权损害赔偿，其请求权基础为《民法典》第1165条。尽管《民法典》第311条第2款、第312条中段都规定了权利人有权向无处分权人请求损害赔偿，但这两个条款的规定没有损害赔偿的构成要件，不是请求权基础。

4. 权利人自知道或应当知道受让人之日起2年内，有权向受让遗失物之人请求返还遗失物，换言之，于此场合善意取得不成立，受让人无权对抗权利人的该项请求。

［**探讨**］

《民法典》第312条中段规定，遗失物所有权人有权自知道或应当知道受让人之日起2年内向受让人请求返还原物。该原物返还请求权属于物权请求权，因为它符合《民法典》第235条规定的构成，及第312条前段规定的文义。

此处的2年期间为一不变期间，无中止、中断和延长的余地，故非诉讼时效期间。由于遗失物所有权人请求受让人返还原物的权利为物权请求权，而非形成权，该2年期间亦非除斥期间。由于学说把《民法典》第692条等规定的保证期间解释为权利失效期间[①]，不妨对《民法典》第312条规定的2年期间作同样的理解。

5. 受让人通过拍卖或者向具有经营资格的经营者购得遗失物，只要权利人自知道或应当知道受让人之日起未满2年的，善意取得不成立，权利人有权请求受让人返还该遗失物，但应当支付受让人所付的费用。普通之物通过拍卖的途径或是被信托商店等具有经营资格的经营者出卖的，即便是无权处分，只要具备《民法典》第311条第1款规定的善意取得的构成要件，无须权利人自知道或应当知道受让人之日起满2年这个要件，就成立善意取得，权利人无权请求受让人返还标的物。但在遗失物通过拍卖的途径或是被信托商店等具有经营资格的经营者出卖的场合，不但必须具备《民法典》第311条第1款规定的善意取得的构成要件，也需要权利人自知道或应当知道受让人之日起满2年这个要件。

6. 受让人通过拍卖或者向具有经营资格的经营者购得该遗失物并符合善意

---

① 参考崔建远主编：《合同法》（第4版），北京，法律出版社2007年版，第182～183、384～385页。

取得的构成要件的，权利人无权请求受让人返还原物，但有权请求返还转让款；在受让人尚未付款的情况下，转让款支付请求权成为不当得利返还的标的物，权利人可向受让人请求该种形态的不当得利返还。

第三百一十三条

善意受让人取得动产后，该动产上的原有权利消灭。但是，善意受让人在受让时知道或者应当知道该权利的除外。

本条主旨

本条是关于动产物权善意取得的法律效果的规定。

相关条文

《物权法》第108条　善意受让人取得动产后，该动产上的原有权利消灭，但善意受让人在受让时知道或者应当知道该权利的除外。

理解与适用

一、本条含义概貌

本条是对《物权法》第108条的复制，含有如下三层意思：（1）受让人取得动产所有权；（2）该动产上的原有权利因受让人善意取得该动产所有权而归于消灭；（3）善意受让人在受让时知道或者应当知道该动产上存有原权利的，这些原权利由受让人承受。

二、展开解读

1. 受让人取得动产的所有权，并且是原始取得，但有所变形，即受让人在受让动产时知道或应当知道动产上存在着抵押权等负担的，这些负担继续存在于该动产之上。

2. 受让人取得动产所有权，系因法律基于保护交易安全的需要，受让人终局地保有所取得的动产所有权。但受让人于其尚未付清价款时，应就该价值形态的利益，负返还不当得利的义务。当然，存在着相反的意见，认为于此场合的不当得利返还不宜采取差额说，于是，动产可回归原所有权人之手。

3. 原所有权人既已丧失了所有权，可视具体情况而请求让与人承担违约责任（限于他们之间存在租赁、保管、借用等关系场合），或侵权损害赔偿，或不当得利返还（在让与人取得对受让人的对价场合）。①

4. 让与人嗣后又取得让与标的物的所有权时，无论是否由于让与人的恶意安排，或是让与人的偶然复得，如巧合地购买了标的物，或是让与人和受让人之间让与标的物的关系不复存在，让与人再取回占有，解释上均认为让与人不能取得所有权，原所有权人的所有权因而复活，该标的物上的负担也一并复活。②

第三百一十四条

拾得遗失物，应当返还权利人。拾得人应当及时通知权利人领取，或者送交公安等有关部门。

本条主旨

本条是关于遗失物不归属于拾得人的基本规则的规定。

相关条文

《民法通则》第 79 条第 2 款　拾得遗失物、漂流物或者失散的饲养动物，应当归还失主，因此而支出的费用由失主偿还。

《物权法》第 109 条　拾得遗失物，应当返还权利人。拾得人应当及时通知权利人领取，或者送交公安等有关部门。

《关于民法通则的意见》第 94 条　拾得物灭失、毁损，拾得人没有故意的，不承担民事责任。拾得人将拾得物据为己有，拒不返还而引起诉讼的，按照侵权之诉处理。

《铁路旅客运输规程》第 55 条　对旅客的遗失物品应设法归还原主。如旅客已经下车，应编制客运记录，注明品名、件数等移交下车站。不能判明时，移交列车终点站。

理解与适用

一、本条含义概貌

本条是对《物权法》第 109 条的复制，确立了遗失物不归属于拾得人的基本

①② 谢在全：《民法物权论》（上册），台北，三民书局有限公司 2003 年 7 月修订 2 版，第 457 页。

规则。

本条前段规定，拾得遗失物，拾得人应当将之返还给遗失物的权利人。此处所谓权利人，首先是遗失物的所有权人；如果该遗失物系他物权的客体，则可以甚至应当返还给他物权人；如果该遗失物已被他人租赁、借用、仓储、保管等，则这些债权人也是本条所谓权利人。

本条后段规定了拾得人的通知义务、送交公安等部门的义务。

本条规则具有特色。拾得遗失物，在有些立法例上，拾得人可以在一定时间后获得该物上的所有权，属于基于法律规定的原始取得。①

二、拾得遗失物的构成要件

1. 必须为遗失物。所谓遗失物，是指非基于占有人的意思而丧失占有，现在无人占有且非为无主物的动产。据此可知，遗失物的构成，必须具备如下要件：（1）必须是占有人丧失占有。是否丧失占有，应依社会观念及客观情况决定。控制力一时不能实现，不属于丧失占有，例如，占有之物偶然落于他人土地上，不属于遗失物。忘置在公共场所的物品，则因该场所为公众所出入，占有人对该物的事实上的支配力已经丧失，属于遗失物。（2）占有人丧失占有必须非基于占有人的意思。占有人同时为所有权人的场合，则其占有的丧失系由于自己的意思，成为所有权的抛弃，该物品属于无主物，而非遗失物。（3）必须现在无人占有。动产虽然不是因占有人的意思而脱离占有，但如该动产现在是有人占有的，仍不属于遗失物。（4）必须是动产，且为有主物。因为不动产在性质上不可能遗失，无主物适用先占规则，而非遗失物规则。遗失物是否为限制流通物或禁止流通物，在所不问，因为遗失物返还并不涉及流通问题，但这不妨碍有关机关依照法律、行政法规的规定采取相应措施。例如，对于遗失违禁物品采取相应措施。②

2. 必须有拾得行为。拾得遗失物，是指发现他人遗失物而占有的事实行为。如果只是发现而不占有，不构成拾得。所谓发现，是指认识到物之所在。而占有系对标的物的事实上的支配力。如此，发现后指示其雇员或其他占有辅助人为占有的，固属拾得；执勤警察查获遗失物的场合，应将警察所属的公安局认定为拾得人。还有，拾得遗失物是一种事实行为，未成年人也可以拾得。判断拾得的标

---

① ［德］鲍尔/施蒂尔纳：《德国物权法》（下册），申卫星、王洪亮译，北京，法律出版社2006年版，第513页以下。

② 谢在全：《民法物权论》（上册），台北，三民书局有限公司2003年7月修订2版，第476～478页。

准，是对遗失物进行了占有，而不是发现了遗失物。①

三、法律效果

拾得人占有遗失物后，据为己有，则构成侵权行为，由侵权责任编调整；若拟将之返还给遗失人，则与遗失人之间产生无因管理关系，其中，拾得人负有告知、保管以及返还等义务（《民法典》第 314 条、第 316 条、第 317 条第 3 款）。

在无因管理关系中，拾得人负有将拾得遗失物的事实通知遗失人的义务。至于通知方式，可以是口头的，也可以是书面的。只要发出通知，拾得人即履行了其义务。通知必须及时。

如果拾得人不愿意进行通知或通知不能的（如不知道遗失人是谁），或者虽然已经通知遗失物的权利人，但该权利人不于合理期间前来领取遗失物的，拾得人可以将拾得物交给公安等有关部门（《民法典》第 314 条）。不然，拾得人的负担过重，不尽合理。

拾得遗失物的其他法律效果将在对《民法典》第 315 条等条款的释评中叙述，此处不赘。

第三百一十五条

有关部门收到遗失物，知道权利人的，应当及时通知其领取；不知道的，应当及时发布招领公告。

本条主旨

本条是关于有关部门管理遗失物的规则的规定。

相关条文

《物权法》第 110 条　有关部门收到遗失物，知道权利人的，应当及时通知其领取；不知道的，应当及时发布招领公告。

理解与适用

本条是对《物权法》第 110 条的复制，前段规定了收到遗失物的部门知道权利人的，应当及时通知其领取；后段规定收到遗失物的部门不知道遗失物的权利

① 谢在全：《民法物权论》（上册），台北，三民书局有限公司 2003 年 7 月修订 2 版，第 479 页。

人的，应当及时发布招领公告。

收到遗失物的部门为行政机关，其所负通知权利人、及时发布招领公告的义务属于行政法上的义务，应该适用行政法的有关规定。如果这些机关怠于履行义务，可成立行政责任，包括国家损害赔偿。

第三百一十六条

拾得人在遗失物送交有关部门前，有关部门在遗失物被领取前，应当妥善保管遗失物。因故意或者重大过失致使遗失物毁损、灭失的，应当承担民事责任。

本条主旨

本条是关于拾得人的保管义务及违反时的责任的规定。

相关条文

《物权法》第111条　拾得人在遗失物送交有关部门前，有关部门在遗失物被领取前，应当妥善保管遗失物。因故意或者重大过失致使遗失物毁损、灭失的，应当承担民事责任。

《关于民法通则的意见》第94条　拾得物灭失、毁损，拾得人没有故意的，不承担民事责任。拾得人将拾得物据为己有，拒不返还而引起诉讼的，按照侵权之诉处理。

《铁路旅客运输规程》第56条　客流量较大的车站应设失物招领处。失物招领处对旅客遗失物品应妥善保管，正确交付。遗失物品需通过铁路向失主所在站转送时，物品在5千克以内的免费转送；超过5千克时，到站按品类补收运费；但对第53条中1、2、3、4项物品及食品不办理转送。

理解与适用

本条是对《物权法》第111条的复制，前段规定了拾得人在将遗失物送交有关部门前，对遗失物负有妥善保管义务，后段规定了拾得人因过错致使遗失物毁损、灭失的，应当承担民事责任。

本条前段规定了拾得人妥善保管遗失物的义务，其义务基础为无因管理，而非保管合同；其注意程度为善良管理人的注意，而非管理自己事务的注意标准。拾得人应当按照可以推断出来的遗失人关于遗失物的保管要求、客观规律、社会常识，尽善良管理人的注意，对遗失物予以保管。

拾得人的保管义务通常限于保存行为，不得为变价行为，如果遗失物不适合较长时间的保管，需要及时变卖，应尽可能地把遗失物交由有关部门保管，除非来不及如此操作。

本条后段规定，因拾得人故意或重大过失致使遗失物毁损、灭失的，应当承担民事责任。这究竟是引致性（管道性）条款，还是请求权基础，可以继续探讨。就其具备损害赔偿的构成要件（拾得人为侵权行为人、遗失物的权利人为受害人）来看，符合请求权基础的规格。假如它不是请求权基础，就把《民法典》第 1165 条第 1 款关于“行为人因过错侵害他人民事权益造成损害的，应当承担侵权责任”的规定作为请求权基础。

第三百一十七条

权利人领取遗失物时，应当向拾得人或者有关部门支付保管遗失物等支出的必要费用。

权利人悬赏寻找遗失物的，领取遗失物时应当按照承诺履行义务。

拾得人侵占遗失物的，无权请求保管遗失物等支出的费用，也无权请求权利人按照承诺履行义务。

本条主旨

本条是关于遗失物的权利人所享权利、所负义务的规定。

相关条文

《物权法》第 112 条　权利人领取遗失物时，应当向拾得人或者有关部门支付保管遗失物等支出的必要费用。

权利人悬赏寻找遗失物的，领取遗失物时应当按照承诺履行义务。

拾得人侵占遗失物的，无权请求保管遗失物等支出的费用，也无权请求权利人按照承诺履行义务。

《刑法》第 270 条　将代为保管的他人财物非法占为己有，数额较大，拒不退还的，处二年以下有期徒刑、拘役或者罚金；数额巨大或者有其他严重情节的，处二年以上五年以下有期徒刑，并处罚金。

将他人的遗忘物或者埋藏物非法占为己有，数额较大，拒不交出的，依照前款的规定处罚。

本条罪，告诉的才处理。

理解与适用

一、遗失物返还义务与费用偿还义务及其同时履行抗辩关系

本条是对《物权法》第112条的复制。第1款规定，在遗失物由拾得人保管的情况下，遗失物的权利人享有请求拾得人返还遗失物的权利，所负义务是向拾得人支付保管遗失物等支出的必要费用。从拾得人的一侧描述是，拾得人对于遗失物的权利人享有费用偿还请求权，负有返还遗失物的义务。

此处所谓保管遗失物支出的必要费用，例如，遗失物为牛马羊等动物时，拾得人支出饲料的费用、治疗其疾病所花费的费用；遗失物为贵重物品时租用保管箱所支出的费用；等等。此处所谓“……等支出的费用”，例如，发出领取遗失物的通知所支出的费用、发布招领启事所支出的费用等。

权利人支付必要费用的义务与拾得人返还遗失物义务，构成同时履行关系，拾得人在权利人未支付必要费用时，可以援用《民法典》第525条的规定，主张同时履行抗辩权，暂时拒绝返还遗失物。

在遗失物由公安等部门保管的情况下，遗失物的权利人享有请求保管遗失物的部门返还遗失物的权利，所负义务是向保管部门支付保管遗失物等支出的必要费用。费用的细目与拾得人保管遗失物的情形一样，不再重复。

二、悬赏承诺酬谢金的支付义务

本条第2款规定悬赏寻找遗失物的场合，遗失物的权利人负担悬赏允诺的酬谢金支付义务。对于悬赏，无论采取单独行为说还是合同说，其受法律认可是肯定的。只要拾得人的拾得行为符合悬赏允诺的情形，拾得人即享有请求遗失物的权利人付清酬谢金的权利。

三、遗失物返还义务、损害赔偿义务与费用偿还义务、酬谢金支付义务形成同时履行抗辩关系

本条第3款所谓拾得人侵占遗失物，是指拾得人在返还请求权人提出返还请求后无正当理由拒绝返还遗失物或对遗失物无权处分的情形。所谓拾得人侵占遗失物的，无权请求保管遗失物等支出的费用，也无权请求权利人按照承诺履行义务，是费用偿还请求权、酬谢金支付请求权消失，还是履行抗辩权的体现？换言之，拾得人返还遗失物的义务与遗失物的权利人费用偿还的义务、酬谢金支付的义务形成同时履行抗辩的关系？两种方案均有道理，但抗辩权说更为合理，因为

拾得人侵占遗失物产生的物的返还请求权必然存在，因此给遗失物的权利造成损失时还成立损害赔偿请求权，此种状态不会因费用偿还请求权、酬谢金支付请求权的消失而改变。假如采取费用偿还请求权、酬谢金支付请求权消失说，就意味着拾得人只有遗失物返还义务、损害赔偿义务，而无费用偿还请求权、酬谢金支付请求权，失去平衡。

第三百一十八条

遗失物自发布招领公告之日起一年内无人认领的，归国家所有。

本条主旨

本条是关于无人认领的遗失物归属于国家的规定。

相关条文

《物权法》第 113 条　遗失物自发布招领公告之日起六个月内无人认领的，归国家所有。

《民事诉讼法》第 192 条　人民法院受理申请后，经审查核实，应当发出财产认领公告。公告满一年无人认领的，判决认定财产无主，收归国家或者集体所有。

《海关法》第 51 条　进出境物品所有人声明放弃的物品、在海关规定期限内未办理海关手续或者无人认领的物品，以及无法投递又无法退回的进境邮递物品，由海关依照本法第三十条的规定处理。

第 30 条　进口货物的收货人自运输工具申报进境之日起超过三个月未向海关申报的，其进口货物由海关提取依法变卖处理，所得价款在扣除运输、装卸、储存等费用和税款后，尚有余款的，自货物依法变卖之日起一年内，经收货人申请，予以发还；其中属于国家对进口有限制性规定，应当提交许可证件而不能提供的，不予发还。逾期无人申请或者不予发还的，上缴国库。

确属误卸或者溢卸的进境货物，经海关审定，由原运输工具负责人或者货物的收发货人自该运输工具卸货之日起三个月内，办理退运或者进口手续；必要时，经海关批准，可以延期三个月。逾期未办手续的，由海关按前款规定处理。

前两款所列货物不宜长期保存的，海关可以根据实际情况提前处理。

收货人或者货物所有人声明放弃的进口货物，由海关提取依法变卖处理；所得价款在扣除运输、装卸、储存等费用后，上缴国库。

《邮政法》第 33 条　邮政企业对无法投递的邮件，应当退回寄件人。

无法投递又无法退回的信件，自邮政企业确认无法退回之日起超过六个月无人认领的，由邮政企业在邮政管理部门的监督下销毁。无法投递又无法退回的其他邮件，按照国务院邮政管理部门的规定处理；其中无法投递又无法退回的进境国际邮递物品，由海关依照《中华人民共和国海关法》的规定处理。

《物资部仓库盘盈物资及无主货管理暂行办法》第 4 条　无主货的确认。盘点检查中发现的不明货主物资，自发现之日起三个月内，仓库应采取必要措施寻找货主。三个月期满后确实找不到货主时方可确认为无主货。记入无主货账。

第 6 条　盘盈物资和无主货要单独存放，单独及时建账、建卡，专人保管和保养。

第 7 条　盘盈物资入账后即可处理；无主货从确认之日起，半年内要继续寻找货主，半年内未找到货主，又无人认领时，可做变卖处理。

第 8 条　盘盈物资处理和无主货变卖权属仓库主管部门。各主管部门要制订具体管理办法并报物资部备案。

第 9 条　处理盘盈物资和无主货，必须严格执行国家有关政策的规定，不得随意抬高价格。要尽量处理给有关归口管理的物资经销部门或生产建设急需部门。

理解与适用

本条在承继《物权法》第 113 条的基础上有所修改，即把《物权法》规定的 6 个月的认领期延长为 1 年，体现了尽可能把遗失物归属于原主的精神。

本条规定于 1 年内无人认领的遗失物归属于国家，与有关法律、法规、规章的规定相互衔接。例如，《民事诉讼法》第 192 条规定："人民法院受理申请后，经审查核实，应当发出财产认领公告。公告满一年无人认领的，判决认定财产无主，收归国家或者集体所有。"再如，《海关法》第 51 条、第 30 条规定："进出境物品所有人声明放弃的物品、在海关规定期限内未办理海关手续或者无人认领的物品，以及无法投递又无法退回的进境邮递物品"，"逾期无人申请或者不予发还的，上缴国库"。

第三百一十九条

拾得漂流物、发现埋藏物或者隐藏物的，参照适用拾得遗失物的有关规定。法律另有规定的，依照其规定。

本条主旨

本条是关于拾得漂流物、发现埋藏物或者隐藏物的规定。

相关条文

《民法通则》第 79 条　所有人不明的埋藏物、隐藏物，归国家所有。接收单位应当对上缴的单位或者个人，给予表扬或者物质奖励。

拾得遗失物、漂流物或者失散的饲养动物，应当归还失主，因此而支出的费用由失主偿还。

《物权法》第 114 条　拾得漂流物、发现埋藏物或者隐藏物的，参照拾得遗失物的有关规定。文物保护法等法律另有规定的，依照其规定。

《文物保护法》第 5 条　中华人民共和国境内地下、内水和领海中遗存的一切文物，属于国家所有。

古文化遗址、古墓葬、石窟寺属于国家所有。国家指定保护的纪念建筑物、古建筑、石刻、壁画、近代现代代表性建筑等不可移动文物，除国家另有规定的以外，属于国家所有。

国有不可移动文物的所有权不因其所依附的土地所有权或者使用权的改变而改变。

下列可移动文物，属于国家所有：

（一）中国境内出土的文物，国家另有规定的除外；

（二）国有文物收藏单位以及其他国家机关、部队和国有企业、事业组织等收藏、保管的文物；

（三）国家征集、购买的文物；

（四）公民、法人和其他组织捐赠给国家的文物；

（五）法律规定属于国家所有的其他文物。

属于国家所有的可移动文物的所有权不因其保管、收藏单位的终止或者变更而改变。

国有文物所有权受法律保护，不容侵犯。

《关于民法通则的意见》第 93 条　公民、法人对于挖掘、发现的埋藏物、隐藏物，如果能够证明属其所有，而且根据现行的法律、政策又可以归其所有的，应当予以保护。

《刑法》第 270 条　将代为保管的他人财物非法占为己有，数额较大，拒不退还的，处二年以下有期徒刑、拘役或者罚金；数额巨大或者有其他严重情节的，处二年以上五年以下有期徒刑，并处罚金。

将他人的遗忘物或者埋藏物非法占为己有，数额较大，拒不交出的，依照前款的规定处罚。

本条罪，告诉的才处理。

《河道管理条例》第 33 条　在河道中流放竹木，不得影响行洪、航运和水工程安全，并服从当地河道主管机关的安全管理。

在汛期，河道主管机关有权对河道上的竹木和其他漂流物进行紧急处置。

《城镇国有土地使用权出让和转让暂行条例》第 2 条第 1 款　国家按照所有权与使用权分离的原则，实行城镇国有土地使用权出让、转让制度，但地下资源、埋藏物和市政公用设施除外。

理解与适用

一、本条含义概貌

本条在承继《物权法》第 114 条的基础上稍微有所修正，即适用拾得漂流物、发现埋藏物或者隐藏物的法律，不限于《民法典》及《文物保护法》，故删除了《物权法》第 114 条后段的“文物保护法等”。

本条前段为引致性的规定，宣明关于拾得漂流物、发现埋藏物或者隐藏物的问题准用《民法典》以及其他有关遗失物的法律规定。简要地说，就是应将所拾得并占有的漂流物、所发现并占有的埋藏物或隐藏物返还给所有权人；无所有权人或所有权人不明的，交由国家有关机关发布招领公告，公告之日起 1 年内无人认领的，由国家取得所有权（《民法典》第 318 条）。这不同于许多立法例及理论，如在德国法上，发现人与掩埋着埋藏物之物的所有权人各取得一半的所有权，其基本考量是对“发现”予以奖励。①

本条后段认可有不同于《民法典》第 319 条前段、第 314－318 条的法律规则。

二、有关概念

漂流物，是指漂流在水面而占有人丧失其占有的遗失物。对于拾得漂流物，《民法典》第 319 条规定“参照适用拾得遗失物的有关规定”。稍微展开来说：其一，漂流物的物权人明确的，物权人可以援用《民法典》第 235 条、第 314 条前段的规定，请求拾得人返还；拾得人有义务满足漂流物的物权人的该项请求，予以返还，否则，构成侵权，成立侵权责任。其二，漂流物的物权人不明确的，适

---

① ［德］鲍尔/施蒂尔纳：《德国物权法》（下册），申卫星、王洪亮译，北京，法律出版社 2006 年版，第 519 页。

用《民法典》第 314 条后段关于“拾得人……送交公安等有关部门”的规定，以及第 315 条至第 318 条关于拾得遗失物的规定。

埋藏物、隐藏物，是长期处于隐藏状态的物，其所有权人是谁并不明确。如果所有权人明确，则不能适用埋藏物规则。埋藏物不同于无主物，并不以所有权人抛弃为前提；埋藏物也不同于遗失物，不一定是无人占有的。

所谓发现，是指认识埋藏物、隐藏物之所在。发现埋藏物重在于发现而不在于取得其占有。发现，为事实行为，未成年人也可以为发现行为。

三、“法律另有规定的，依照其规定”的含义

本条后段规定“法律另有规定的，依照其规定”。此处所谓法律，至少有两种解读：其一，凡是《民法典》以外的法律、法规有关拾得漂流物、发现埋藏物或隐藏物的规定，均属其列；其二，由两个构成要素，一个是《民法典》以外的法律、法规，另一个是与《民法典》的规定在构成要件或法律效果方面存在差异的法律规定。相比较而言，第一种解读弱点多些，虽然是《民法典》以外的法律、法规，但如果其关于拾得漂流物、发现埋藏物或隐藏物的规定与《民法典》的规定在构成要件和法律效果方面没有不同，径直适用《民法典》的规定足以解决问题，为何绕道千里，再去寻觅那些法律、法规？唯有与《民法典》的规定有出入，才有另觅请求权基础的必要。如此说来，第二种解读有其价值，也符合特别法优先于普通法的规则。据此衡量，下面一些法律、法规的规定更符合本条后段所谓“法律另有规定的，依照其规定”的含义。

《文物保护法》第 5 条第 1 款规定：“中华人民共和国境内地下、内水和领海中遗存的一切文物，属于国家所有。”由于《民法典》在发现埋藏物、隐藏物的归属方面奉行有所有权人的归所有权人，无所有权人或所有权人不明的归国家，而《文物保护法》第 5 条第 1 款之意却是统统归属于国家，因而，这与《民法典》的规定及精神不同，在处理中国境内地下、内水和领海中遗存的一切文物归属的案件中，应当优先适用之。

《河道管理条例》第 33 条第 2 款规定：“在汛期，河道主管机关有权对河道上的竹木和其他漂流物进行紧急处置。”这虽未明言这些漂流物径直归属于国家，但其紧急处置的规定显然与《民法典》第 314 条以下的规定不一致，在对待河道上的竹木和其他漂流物的问题上，也应当优先适用之。

第三百二十条

主物转让的，从物随主物转让，但是当事人另有约定的除外。

本条主旨

本条是关于从物原则上随同主物转让的规定。

相关条文

《物权法》第115条　主物转让的，从物随主物转让，但当事人另有约定的除外。

《合同法》第164条　因标的物的主物不符合约定而解除合同的，解除合同的效力及于从物。因标的物的从物不符合约定被解除的，解除的效力不及于主物。

《关于民法通则的意见》第87条　有附属物的财产，附属物随财产所有权的转移而转移。但当事人另有约定又不违法的，按约定处理。

理解与适用

本条是对《物权法》第115条的复制，正文确立从物随同主物的转让而转让的规则，但书宣明当事人关于主物和从物之间关系的约定优先。

本条正文所谓从物，指的是并非主物的成分，时常辅助主物的效用而与主物同属于一人的物。本条正文所谓主物，是指从物所从属的物。

构成从物的要件包括：（1）它不是主物的成分；（2）时常辅助主物发挥效用；（3）与主物同属于一人；（4）交易上无特别习惯（无与一般习惯不同的习惯）。戏院和其座椅、台灯和灯罩、日式房屋和榻榻米等，都表现为主物和从物的关系。①

从物是否限于动产，瑞士和德国的民法持肯定见解，日本民法和中国台湾地区的“民法”则采取否定观点。依据后者，设置于房屋之外的停车场、厕所，属于房屋这个主物的从物。②

本条正文遵从民法通例，奉行对主物的处分及于从物的原则。这样有利于维护物的经济上的利用价值，某物既然时常辅助另一个物发挥效用，若把此类二物

---

① 王泽鉴：《民法物权・通则・所有权》（总第1册），台北，三民书局有限公司2003年8月增补版，第56页。

② 陈华彬：《物权法原理》，北京，国家行政学院出版社1998年版，第66页。

分别归属于二人，势必减少其效用，对社会经济不利。①

不过，本条但书又把意思自治原则放置高位，只要当事人之间约定不遵从对主物的处分及于从物的原则，如约定从物留在原所有权人之手，依其约定。这也有道理，如受让主物之人不需要从物，或从物对主物的所有权人依然有用，在诸如此类的情况下从物不随主物的转让而转让，显然是必要的、合乎情理的。此其一。从物的归属属于有关当事人之间的事项，不涉及公共利益，公序良俗及强制性规定乃至诚信原则都不宜干涉。此其二。

当然，也有可能唯有从物与主物密切配合方可效益最大化，但当事人却置此常识于不顾，或不懂其中道理，约定从物继续留归主物的所有权人。对此，是干预意思自治，还是听之任之？恐怕还是以意思自治原则为原则，只有在极个别的情况下才有例外，较为合适。其道理在于：（1）社会尚未发展到效益至上、忽视交易各方意愿的阶段，在这样的大背景下，即使当事人约定从物不随同主物的转让而转让，也只好默认。（2）在主物转让之事上，如果转让人和受让人之间成立合同约定的标的物只有主物，没有从物，从合同效力所及的角度看，硬性地让从物随同主物转让而转让，不合合同法理论，还有“拉郎配”之嫌。

不过，如果主物的历史价值、文物价值巨大，唯有主物和从物密切配合才可达到目的，尤其不在交易领域，诸如捐献给国家等，那么，笔者倾向于于此场合不适用本条但书。

［探讨］

《民法典》第320条前段关于“主物转让的，从物随主物转让”的规定中，关于从物的转让是否以公示作为生效要件，存在着不同的意见。甲说认为，只要主物的转让依据《民法典》的规定发生了法律效力，如主物为建设用地使用权、房屋，办理了过户登记，建设用地使用权转移给了受让人，房屋的所有权移转给了买受人，那么，从物为不动产的，无须办理过户登记手续，从物为动产的，无须交付，其所有权也随主物的物权变动而移转给买受人等受让人。乙说则主张类型化，（1）法律另有规定、当事人另有约定的，依其规定或约定；（2）主物所有权转让时，并不当然使从物的所有权随之移转。因为基于一物一权主义，主物和从物系两个物，每个物上各存在着一个所有权，其物权变动的法律行为仍应个别为之，始能生物权变动的效力，亦即从物为不动产或动产时，应分别为登记或交

① 王泽鉴：《民法物权·通则·所有权》（总第1册），台北，三民书局有限公司2003年8月增补版，第56页。

付，并非因主物（无论是不动产或动产）物权已经变动，其效力即可及之。①（3）动产质权的设立，以动产的移转占有为生效要件，为贯彻此项公示目的，从物亦须交付，始为质权的效力所及。②（4）在不动产抵押权场合，不动产无须移转占有，其从物自无须交付与抵押权人，纵在从物为不动产的场合，在理论上言，似亦不以登记为必要。③ 笔者认为，乙说的理由更为充分。除了上述各点外，还有一项理由，即，依据乙说处理，在主物所有权移转、主物用益物权转让、主物质权设立诸场合，强调从物的物权变动亦以公示为生效要件，符合交易安全的需要。

第三百二十一条

天然孳息，由所有权人取得；既有所有权人又有用益物权人的，由用益物权人取得。当事人另有约定的，按照其约定。

法定孳息，当事人有约定的，按照约定取得；没有约定或者约定不明确的，按照交易习惯取得。

本条主旨

本条是关于孳息收取规则的规定。

相关条文

《物权法》第116条　天然孳息，由所有权人取得；既有所有权人又有用益物权人的，由用益物权人取得。当事人另有约定的，按照约定。

法定孳息，当事人有约定的，按照约定取得；没有约定或者约定不明确的，按照交易习惯取得。

《合同法》第103条　标的物提存后，毁损、灭失的风险由债权人承担。提存期间，标的物的孳息归债权人所有。提存费用由债权人负担。

《担保法》第47条　债务履行期届满，债务人不履行债务致使抵押物被人民法院依法扣押的，自扣押之日起抵押权人有权收取由抵押物分离的天然孳息以及

---

① 谢在全：《民法物权论》（上册），台北，三民书局有限公司2003年7月修订2版，第156页；王泽鉴：《民法物权·通则·所有权》（总第1册），台北，三民书局有限公司2003年8月增补版，第57页。

② 王泽鉴：《民法物权·通则·所有权》（总第1册），台北，三民书局有限公司2003年8月增补版，第57页。

③ 谢在全：《民法物权论》（上册），台北，三民书局有限公司2003年7月修订2版，第160页；王泽鉴：《民法物权·通则·所有权》（总第1册），台北，三民书局有限公司2003年8月增补版，第57页。

抵押人就抵押物可以收取的法定孳息。抵押权人未将扣押抵押物的事实通知应当清偿法定孳息的义务人的，抵押权的效力不及于该孳息。

前款孳息应当先充抵收取孳息的费用。

理解与适用

本条是对《物权法》第116条的复制，第1款规定天然孳息的取得规则，第2款规定法定孳息的取得规则。

所谓孳息，是指由原物所生的物或收益，分为天然孳息和法定孳息。天然孳息，是指果实、动物的出产物及其他按照物的使用方法所收获的出产物。此处所谓出产物，不仅包括有机物的出产物，如果实、鸡蛋等，也包括无机物的出产物，如矿产品、砂石等。埋藏物，属于独立于埋藏该物之物而存在的物，不存在从中“出产”的问题，所以不属于天然孳息。①

天然孳息在未与原物分离时，为原物的构成部分，不是独立物，因而不得独立为物权的客体。天然孳息与原物分离时，罗马法采取“原物主义”，即已经分离的孳息归收取权利人享有。此处所谓权利人，包括原物所有人、承租人和善意占有人。德国、法国、瑞士、日本、泰国和中国台湾地区等国家或地区的法律沿袭了该项原则。② 中国《物权法》规定得较为周全：“天然孳息，由所有权人取得；既有所有权人又有用益物权人的，由用益物权人取得。当事人另有约定的，按照约定”(第116条第1款)。《民法典》承继了《物权法》的这些规定（第321条）。

本条第1款把意思自治原则放置高位，只要当事人之间存有关于天然孳息由谁取得的约定，就依其约定。这有其道理，即天然孳息的归属属于有关当事人之间的事项，不涉及公共利益，公序良俗及强制性规定乃至诚信原则都不宜干涉。

在当事人之间未约定天然孳息由谁取得的前提下，本条第1款规定用益物权人优先于所有权人取得孳息，符合用益物权的目的及功能的要求，以及所有权与用益物权之间的利益划分关系。不要说土地承包经营权及土地经营权的目的及功能正是在他人土地之上从事农林牧渔并享有农获物（含渔获物）即土地的天然孳息的所有权，就是建设用地使用权、宅基地使用权、海域使用权、地役权等用益物权，也具有附带地取得标的物所生孳息（天然孳息）的法律效力，采矿权、养殖权、捕捞权等用益物权（也是准物权）的主要效力之一就是取得天然孳息。此其一。用益物权的客体上的天然孳息，其产出时常有用益物权人的工作助力其中，而该客体的所有权人则无此贡献。就此说来，天然孳息由用益物权人取得也

①② 陈华彬：《物权法原理》，北京，国家行政学院出版社1998年版，第67、68页。

是合理的。此其二。用益物权人系客体的占有人、使用人，由其享有收益权，也在法理、情理之中。这样处理，可以不必考察、确定用益物权人对于孳息的生长、获取有无过错，不必协调所有权人看护、收取天然孳息时与用益物权人行使权利发生的“扩张”与“让步”的关系，即，可以避免法律关系的复杂化，减少乃至杜绝所有权人和用益物权人之间就此发生纠纷。此其三。

既无当事人的约定，又不存在用益物权，本条第1款开宗明义地规定天然孳息由所有权人取得，正符合原物与孳息之间关系的原理，乃人之常情。

本条第2款所谓法定孳息，是指利息、租金及其他因法律关系所获得的收益。此处所谓法律关系，包括因法律行为而形成的法律关系，也包括基于法律的直接规定而产生的法律关系，如法定利息关系。①

本条第2款前段仍然把当事人的约定放在确定法定孳息归属的首位，契合法定孳息的由来和本性。既然法定孳息产生于法律关系之中，尤其是利息、租金之类，都是基于当事人的约定，那么，法定孳息的归属，当事人有约定的，按照约定处理，就是顺理成章的。

本条第2款后段所谓没有约定或约定不明确的，按照交易习惯取得，有以下几点值得重视：(1) 交易习惯必须适法。首先，交易习惯的内容违反法律、法规的强制性规定的，应确认它为无效。纵使合同当事人有依此的意思，也不能以此确定或填补合同的含义及内容。交易习惯只有在符合法律制度的价值标准的范围内才具有意义。② 其次，交易习惯的内容既不违反法律、法规的强制性规定，又不违反任意性规定的，除当事人明示排斥，或在当事人的职业、阶层、地域等关系中非为普遍而不被各方所知悉者外，该交易习惯就有参照适用的效力。(2) 交易习惯应当是当事人各方已经知道或应当知道而又没有明示排斥的。在当事人各方均不知道该交易习惯存在，或仅为一方所知悉的情况下，则应依照法律的任意性规定确定法定孳息的归属。(3) 交易习惯依其范围可分为一般习惯（通行于全国或全行业的习惯）、特殊习惯（地域习惯或特殊群体习惯）和当事人之间的习惯。在确定法定孳息归属的问题上，其效力依序增强：在合同文义无明示反对该交易习惯的前提下，当事人之间的交易习惯优于特殊习惯，特殊习惯优于一般习惯。但如果当事人一方仅有一般习惯而另一方有特殊习惯，或者当事人来自不同地域或群体而有不同的特殊习惯，则应视具体情况而定：1) 当事人一方将特殊

① 陈华彬：《物权法原理》，北京，国家行政学院出版社1998年版，第68页。

② ［德］卡尔·拉伦茨：《德国民法通论》（上册），王晓晔、邵建东、程建英、徐国建、谢怀栻译，谢怀栻校，北京，法律出版社2003年版，第18页。

习惯在缔约时或其后告知对方，对方未表示反对的，则依各方明知的习惯予以确定。2）一方虽未积极地将其意指的特殊习惯通知对方，但对方对此理应知晓的，仍应依该特殊习惯予以解释。3）如果当事人各方互不了解各自意指的特殊习惯，或者一方不知或不应知对方的特殊习惯，则依一般习惯而不是依特殊习惯解释合同，地域习惯与群体习惯冲突时，适用上述规则加以确定。[①]（4）这里涉及交易习惯与法律规定之间的关系。本条第2款后段虽然仅仅言明“按照交易习惯取得”，没有提及法律规定，但笔者认为，不可把法律规定排除在外，理由如下：1）某些新型领域，尚未形成交易习惯，于此场合必须适用法律规定，若无具体的法律规定，则应适用法律的基本原则；2）虽有交易习惯但其违反法律、法规的强制性规定，或背离公序良俗，因此归于无效，于此场合，必须适用法律规定；3）在民间借贷领域，如果当事人对于利率没有约定，则应当适用法释〔2015〕18号第26条关于“借贷双方约定的利率未超过年利率24%，出借人请求借款人按照约定的利率支付利息的，人民法院应予支持”（第1款）和“借贷双方约定的利率超过年利率36%，超过部分的利息约定无效。借款人请求出借人返还已支付的超过年利率36%部分的利息的，人民法院应予支持”（第2款）的规定；第28条关于“借贷双方对前期借款本息结算后将利息计入后期借款本金并重新出具债权凭证，如果前期利率没有超过年利率24%，重新出具的债权凭证载明的金额可认定为后期借款本金；超过部分的利息不能计入后期借款本金。约定的利率超过年利率24%，当事人主张超过部分的利息不能计入后期借款本金的，人民法院应予支持”（第1款）和“按前款计算，借款人在借款期间届满后应当支付的本息之和，不能超过最初借款本金与以最初借款本金为基数，以年利率24%计算的整个借款期间的利息之和。出借人请求借款人支付超过部分的，人民法院不予支持”（第2款）的规定；第29条第1款关于“借贷双方对逾期利率有约定的，从其约定，但以不超过年利率24%为限”的规定；等等。

第三百二十二条

因加工、附合、混合而产生的物的归属，有约定的，按照约定；没有约定或者约定不明确的，依照法律规定；法律没有规定的，按照充分发挥物的效用以及保护无过错当事人的原则确定。因一方当事人的过错或者确定物的归属造成另一方当事人损害的，应当给予赔偿或者补偿。

---

① 胡基：《合同解释的理论与规则研究》，载梁慧星主编：《民商法论丛》（第8卷），北京，法律出版社1997年版，第44页。

本条主旨

本条是关于添附的规定。

相关条文

《关于民法通则的意见》第 86 条　非产权人在使用他人的财产上增添附属物，财产所有人同意增添，并就财产返还时附属物如何处理有约定的，按约定办理；没有约定又协商不成，能够拆除的，可以责令拆除；不能拆除的，也可以折价归财产所有人，造成财产所有人损失的，应当负赔偿责任。

理解与适用

一、概说

本条吸收了《关于民法通则的意见》第 86 条的有益的内容，同时大大合理化了某些规则。只是本条过于概括，亟待判决、学说细化、丰富和发展添附规则。

所谓添附，是附合、混合和加工的总称。所谓附合，是指这样的现象：分别归属于两个或两个以上主体的物密切结合在一起，在社会交易上已认为形成了新物，虽能辨别原物，但无法分离或分离后会大大降低新物的价值。所谓混合，是指不同所有人的动产互相混合，不能识别或识别需要的费用过大的情况。所谓加工，是指这样的现象：对他人所有之物进行加工改造，使之成为新物。

二、附合

（一）动产与不动产附合

1. 界定

动产与不动产附合，简称为不动产附合，是指动产与他人的不动产相结合，成为其重要成分，而发生动产所有权变动的法律事实。

2. 构成要件

（1）必须是动产与不动产附合，即附合的必须为动产，被附合的为不动产。至于附合的原因，系出于当事人的行为，或第三人的行为，或系由于自然力，均非所问。在附合的原因系人的行为场合，也不关注善意恶意的因素。若人的行为构成侵权，由侵权人向动产所有权人承担侵权损害赔偿责任，不影响附合的构成及发生的法律效果。（2）必须是动产成为不动产的重要成分。所谓重要成分，是指两物结合后，非经毁损或变更其物的性质，不能分离的成分。所谓毁损，不仅系对附合物而言，而且分离如足以造成附合的动产或被附合的不动产毁损的，也属于毁损。两物的结合，必须不是暂时性的，而是继续性的。(3) 动产与其附合的不动产必须分属于不同的主体，因为若同属于一人，附合物的所有权早已确定地归属于该人，无须借助附合规则确定所有权的归属。①至于是否需要“不具有使用不动产的权利”的要件，存在着不同意见。②

值得讨论的是上述构成要件是否需要微调？国有的泥沙与国有的堤岸、海岸、滩涂相结合形成涨滩时，显然是结合之前的动产与不动产同属于一个所有权人。单就这点而言，依传统的不动产附合构成要件衡量，此类涨滩不应适用附合规则。可是，于此类涨滩场合，原来的泥沙所有权已经不复存在，堤岸所有权或海岸所有权或滩涂所有权已经发生了变更，换言之，动产所有权消失了，不动产所有权变更了，遵循法律关系的设立、变更或终止必得由法律事实引起的通说，于此场合的法律事实是什么？遵循法律事实的分类理论，不动产附合似乎处于首选位置，理由如下：(1) 不动产附合规则调整的生活事实是动产与不动产结合在一起，形成一个不动产，原来的动产成为不动产的重要成分，失去独立之物的性质。涨滩场合国有的泥沙与国有的堤岸、海岸、滩涂相结合，泥沙成为堤岸、海岸、滩涂的重要成分。从物理的层面观察，这与不动产附合规则调整的生活事实一模一样。在这个层面的逻辑结论应是不动产附合规则理所应当地适用于此类涨滩。(2) 为什么传统的不动产附合规则理论却反其道而行之呢？原来不动产附合规则建立的初衷是，法律彻底贯彻一物一权主义，在本由数人分别享有所有权的动产、不动产附合时，使附合物所有权单一化而归由一人取得，达到维护添附物经济价值的目的，避免纷争，有利于社会秩序。③换句话说，不动产附合规则不是为解决动产和不动产同属一人但二物结合为一物时确定所有权的问题而出现的，而是专为处理动产和不动产分属不同之人但二物结合为一个不动产时确定所有权归属的问题而设计的，故其构成要件中未认可动产和不动产同属一人的情况。但是，自然界，社会上，有些事物有异变，有些制度有辐射作用，在满足一定条件时，可以“顺手牵羊”，附带解决相关问题。笔者认为，不动产附合规则可以延伸至国有的泥沙与国有的堤岸、海岸、滩涂结合为一个不动产的领域，就是这样的道理。(3) 传统的不动产附合规则强调附合前的动产与不动产分属于不

①② 谢在全：《民法物权论》(上册)，台北，三民书局有限公司2003年7月修订2版，第510～511、520～522页。

③ 谢在全：《民法物权论》(上)，台北，新学林出版股份有限公司2010年修订5版，第449页。

同的所有权人的理由，即“动产与其附合的不动产必须分属于不同的主体，因为若同属于一人，附合物的所有权早已确定地归属于该人，无需借助附合规则确定所有权的归属”①，忽略了附合前的动产所有权消灭、不动产所有权变更这类法律关系的变更、终止必然有、必须有法律事实，而于此场合相对贴切的法律事实就是“附合”，规制“附合”这类法律事实的法律制度正是不动产附合规则。不动产附合，就是附合前的动产与不动产结合在一起，形成一个新的不动产。附合前的动产与不动产归属的不同没有改变这个客观现象。(4) 假如不求助于不动产附合规则，另觅其他法律事实及其法律规则，在笔者的知识储备里未见到比附合更贴切的。

既然如此，莫不如修正不动产附合规则，承认不动产附合构成要件存在例外，在涨滩场合不强求泥沙与堤岸、海岸、滩涂分属于不同的所有权人。

3. 法律效果

根据本条的规定，动产与不动产附合的法律效力应为：附合后物的归属，当事人有约定的，依其约定；没有约定或者约定不明确的，依照法律规定；法律没有规定的，按照充分发挥物的效用以及保护无过错当事人的原则确定（《民法典》第 322 条前段）。这包含如下几层意思：

(1) 关于所有权的归属，把意思自治原则放置高位，尊重当事人的约定。这值得赞同，因为此处所有权归属于谁，属于动产所有权人和不动产物权之间的利益分配，不涉及公共利益，法律不宜强行干预。

(2) 没有约定或者约定不明确的，依照法律规定。此处所谓法律规定，例如，《民法典》第 352 条正文关于“建设用地使用权人建造的建筑物、构筑物及其附属设施的所有权属于建设用地使用权人”的规定。

(3) 既无约定又无法定的情况下，按照充分发挥物的效用的原则确定。在笔者看来，在动产和不动产附合的场合，只有把附合后的不动产物权归属于原不动产物权人才最能体现充分发挥物的效用。假如把附合后的不动产划归动产所有权人所有，会牵涉一些变动，如不动产物权的变更登记，不动产占有、使用的变更，原不动产之上的建筑物、构筑物及其附属设施的权属变化以及使用变化，原房地产已经设立抵押权时引发抵押权的相应变更，原不动产若为租赁、借用的标的物时，还牵涉债的关系的变化，等等。此外，不动产所有权人熟悉不动产利用关系的过程，动产所有权人不见得有能力不当得利返还。显而易见，将附合后的不动产物权归属于原不动产物权人，方为上策。此其一。动产与不动产附合，动

① 谢在全：《民法物权论》(上)，台北，新学林出版股份有限公司 2010 年修订 5 版，第 454 页。

产已经成为不动产的重要成分，动产不复存在，而不动产继续存在，不动产物权继续存在，只不过其客体有所变化进而导致不动产物权有所变更罢了。从这方面看，延续不动产物权人的法律地位，也是合理的。此其二。

(4) 既无约定又无法定的情况下，按照保护无过错当事人的原则确定附合后的不动产物权的归属，这与按照充分发挥物的效用的原则确定不动产物权的归属之间是什么关系？从以上所述的道理看，按照保护无过错当事人的原则确定附合后的不动产物权的归属，仅仅起辅助作用，起增强些由不动产物权人取得新物物权的说服力的作用，不可起主导作用，就是说，不得因原不动产物权人在附合事项上存在过错，就把附合后的不动产物权确定由动产所有权人享有。例如，承包人甲误将乙的化肥播撒在自己承包地里，虽有过错甚至故意，但仍不由化肥所有权人取得土地承包经营权或土地经营权。再如，建设用地使用权人丙把丁的一车砖砌在自己建造的大厦的地基里，虽有过错，但仍应由丙取得该大厦的所有权。

总之，不动产物权人取得动产的所有权，且为原始取得。附合行为人纵然是无权处分，被附合物的所有权人即使为恶意，也不改变所有权变动的这项规则，只是发生侵权责任或不当得利返还义务。

(5) 动产所有权因之消灭，该动产上的其他权利亦然。不动产经过附合后，物权遂发生确定的终局的效力，即使日后该物再被分为两个物，也不发生权利回复的问题。

(6) 本条后段规定：因一方当事人的过错或者确定物的归属造成另一方当事人损害的，应当给予赔偿或者补偿。就是说，丧失动产权利而遭受损害的主体，可根据实际情况而依侵权损害赔偿或不当得利返还的规定，请求救济。

(7) 抵押物因附合使其所有权归第三人所有的，抵押权的效力及于抵押人因此而可以获得的补偿金；原抵押物所有人取得了该附合物所有权的，抵押权的效力及于附合物；第三人与原抵押物所有人共同取得附合物的所有权的，抵押权的效力及于抵押人对共有物享有的份额（法释〔2000〕44 号第 62 条）。

[检讨]

在房屋租赁、房屋借用等合同关系中，承租人、借用人装修所租、所借的房屋乃常有之事，装修材料与房屋结合而成为房屋的重要成分时，适用不动产附合规则，最为适当。法释〔2009〕11 号第 9 条第 2 款、第 11—13 条都或明或暗地体现了不动产附合的思想。

不动产附合规则的构成要件中不含有故意、过失、恶意、善意的要素，法律效力包含三项：(1) 不动产所有权人取得附合后的不动产所有权；(2) 动产所有权因附合而消灭，该动产上的其他权利亦然；（3）该动产权利消灭而受损害者，有权基于不当得利制度请求偿还价额。① 当然，第三项效力在泥沙与国有的堤岸、海岸、滩涂形成涨滩的情况下不复存在。

据此衡量法释〔2009〕11号第9条第2款后段、第10条至第13条的规定，值得商榷。其中未见不当得利制度的踪影，反倒遍布着损害赔偿的规则，个别地方则为风险负担；最高人民法院民一庭负责人对该司法解释的理解和说明②也只是提到了“不当得利”四个字，但其思路亦与不当得利制度相去甚远，同样充满着损害赔偿的思想。如此断定的根据如下③：（1）“不当得利请求权曾艰辛地借助于衡平思想，成为一项法律制度。业经制度化的不当得利，已臻成熟，有其一定之构成要件及法律效果，正义与公平应该功成身退。”④ 可是法释〔2009〕11号第11条第4项的规定，以及最高人民法院民一庭负责人的理解和说明，却强调“按照公平原则分担”“剩余租赁期内的装饰装修残值损失”，不合上述公平原则应当功成身退的要求。（2）不当得利返还请求权，就其功能而言，在于剥夺受益人无法律上原因的全部利益，一方当事人获得利益，不以他方当事人财产上受到损失为必要。⑤ 可是法释〔2009〕11号第11条第1项、第2项和第4项，第12条和第13条的规定，以及最高人民法院民一庭负责人的理解和说明，都是以损失为准来规定赔偿或补偿的。而损害赔偿在这里是违约损害赔偿，或缔约过失责任，或侵权损害赔偿，或风险负担，并非不当得利的返还。（3）不当得利的成立无须过错这个要件，就是不当得利的返还范围，也是受恶意、善意的影响，不宜说取决于过错。可是法释〔2009〕11号第9条第2款后段、第10条、第11条第3项的规定，以及最高人民法院民一庭负责人的理解和说明，都是以过错来决定损害的赔偿、补偿及其范围的。众所周知，以过错确定损害赔偿是否成立及赔偿范围，正是民事责任制度精神及规则的体现。（4）不当得利是与违约责任、缔约过失责任、侵权责任、风险负担诸项制度相并列的独立制度，尤其在抛弃不当得利返还请求权辅助性理论的今天，不当得利返还请求权更是与违约损害赔偿请

---

① 谢在全：《民法物权论》（上），台北，新学林出版股份有限公司2010年修订5版，第455页。

② 《妥处房屋租赁纠纷 促进市场健康发展——最高人民法院民一庭负责人就〈关于审理城镇房屋租赁合同纠纷案件具体应用法律若干问题的解释〉答记者问》，载《人民法院报》2009年9月1日，第4版。

③ 这部分内容，见崔建远：《租赁房屋装饰装修物的归属及利益返还》，载《法学家》2009年第5期，第135～138页。

④ Wilburg, Die Lehre von der ungerechtfertigten Bereicherung nach osterreichischem und deutschem Recht, 1934, S. 18. 转引自王泽鉴：《债法原理·不当得利》（总第2册），台北，三民书局有限公司1999年10月修订版，第5页。

⑤ Koppensteiner-Kramer, S. 160. 转引自王泽鉴：《债法原理·不当得利》（总第2册），台北，三民书局有限公司1999年10月修订版，第197页。

求权等请求权竞合并存，由当事人选择行使的请求权。① 可是法释〔2009〕11号第11条第1项的规定以违约损害赔偿覆盖了不当得利；第11条第2项前段的规定将违约损害赔偿与不当得利返还对立，并排斥了不当得利，且设置了过错者自食苦果的规则；第11条第2项后段使用了“出租人同意利用的，应在利用价值范围内予以适当补偿”，极不利于作不当得利返还的解释；第11条第3项的规定用违约损害赔偿及过失相抵取代了不当得利；第11条第4项的规定以风险负担取代了不当得利。法释〔2009〕11号第13条后段关于“出租人请求承租人恢复原状或者赔偿损失的，人民法院应予支持”的规定将侵权责任与不当得利对立，并以侵权责任吞没了不当得利。

［辨析］

某房屋租赁合同第9.1条规定：“租赁期间内，承租人以建设、装修、安装、购置、更换等各种形式投资形成的装修、设备、设施、不动产及其他附属物、附着物等各种形式的资产的所有权属于承租人。”第9.3条规定：“上述租赁期间内所有权归承租人的新增资产，因合同提前终止或合同期满后承租人不再续约，承租人撤场时，除可移动的独立设备、设施以及货物和货架外，其他须以不可重新安装的破坏性拆除方式体现的资产，其所有权自动归属出租人，承租人不得拆除。”其中包括动产被附合于不动产的情形，且当事人约定了附合物的归属。应该注意，动产被附合于不动产场合，动产的所有权因被不动产的所有权吸收而不复独立存在，承租人已经丧失了这些动产的所有权。而该约定称“租赁期间内，承租人以建设、装修、安装、购置、更换等各种形式投资形成的装修、设备、设施、不动产及其他附属物、附着物等各种形式的资产的所有权属于承租人”，其中涉及已被附合到房屋上的动产仍归属于承租人的约定，显然背离了添附规则和物的重要成分的理论。如果约定这部分资产属于出租人和承租人共有，则顺理成章。

（二）动产与动产附合

1. 界定

动产与动产的附合，是指不同所有权人的两个或两个以上的动产相互结合，非经毁损不能分离或分离需要的费用过高，而发生动产所有权变动的法律事实。

① Koppensteiner-Kramer, S. 213; Schmidt, Die Subsidirität der Bereicherungsausprüche, 1969. 转引自王泽鉴：《债法原理·不当得利》（总第2册），台北，三民书局有限公司1999年10月修订版，第228页。

2. 构成要件

（1）必须是动产与动产附合。其附合，可能是出于人为，也可能由于天然力。若为人为，可能是恶意所为，也可能是善意所为。（2）两个或两个以上的动产必须分属于不同的主体。（3）必须是非经毁损不能分离或分离需要的费用过高。①

3. 法律效果

依据本条的规定，动产与动产附合的法律效力表现为如下几个方面。

（1）动产与动产附合形成的物，叫作合成物。对此，当事人有约定的，依其约定。这是尊重意思自治的表现，由于此处不存在违背公序良俗的问题，该规则具有正当性，值得赞同。

（2）没有约定或者约定不明确的，依照法律规定确定合成物所有权的归属。

（3）既未约定，又无法律规定的，按照保护无过错当事人的原则确定合成物所有权的归属。如果出于该动产所有权人的恶意，即所谓恶意的附合，该恶意之人不得取得合成物的所有权或共有权。② 这与动产与不动产附合时的理念和规则有别。

（4）既未约定，又无法律规定，还没有恶意附合、过失附合的，按照充分发挥物的效用的原则确定合成物的所有权归属。如果其中的动产可视为主物的，则该主物的所有权人取得合成物的单独所有权，而非共有。③ 所谓可视为主物，并非果真存在着主从关系，只是依据一般交易观念，如动产的价值、效用或其性质等因素，认定某动产可视为主物。④

需要注意，与动产和不动产的附合时按照充分发挥物的效用的原则确定不动产物权人延续其法律地位、不可因不动产物权人在这方面有过错而改变这种状况不同，动产与动产的附合，确定哪个动产的所有权人取得合成物的所有权，保护无过错当事人的原则起决定性作用，即禁止恶意之人取得合成物的所有权，即使由其取得该所有权可能效益更大些，也是如此。

（5）主物所有权人取得合成物的所有权时，该主物的原所有权并未消失，该主物上既存的第三人的权利不仅继续存在，而且其效力扩及全部合成物上。

（6）从物的所有权因附合而归于消灭，该从物上存在的第三人的权利归于消灭。不过，该第三人的权利为担保物权时，该担保物权可代位存在于从物所有权人的赔偿金请求权上。

---

①②④ 谢在全：《民法物权论》（上册），台北，三民书局有限公司 2003 年 7 月修订 2 版，第 514、515 页。

③ ［德］鲍尔/施蒂尔纳：《德国物权法》（下册），申卫星、王洪亮译，北京，法律出版社 2006 年版，第 445 页以下；谢在全：《民法物权论》（上册），台北，三民书局有限公司 2003 年 7 月修订 2 版，第 515 页。

（7）动产所有权人共有合成物时，各个所有权人的原所有权归于消灭，各个动产上既存的权利原则上也归于消灭。但是，各个动产所有权人对于合成物享有应有部分（份额），该应有部分在经济上应视为原动产所有权的代替物，如果既存的权利为担保物权，该担保物权应代位存在于合成物的应有部分上。①

（8）本条后段规定：因一方当事人的过错或者确定物的归属造成另一方当事人损害的，应当给予赔偿或者补偿。就是说，丧失动产所有权而遭受损害的主体，可根据实际情况而依侵权损害赔偿或不当得利返还的规定，请求救济。

三、混合

（一）界定

所谓混合，是指分属不同主体的两个或两个以上的动产互相结合，不能识别或识别所需费用过高，而发生所有权变动的法律事实。

（二）构成要件

（1）必须是动产与动产混合。混合的情形，有固体和固体的混合，有液体和液体的混合，有气体和气体的混合。（2）两个或两个以上的动产分属于不同的主体。（3）必须是不能识别或识别所需费用过高。

（三）法律效果

按照本条的规定，混合场合的法律效果表现在如下几个方面。

1. 动产和动产混合时形成混合物，其归属，当事人有约定的，依其约定。这是尊重意思自治的表现，由于此处不存在违背公序良俗的问题，该规则具有正当性，值得赞同。

2. 没有约定或者约定不明确的，依照法律规定确定混合物所有权归属。

3. 既无约定，又无法律规定的，按照保护无过错当事人的原则确定混合物所有权的归属，即恶意的动产所有权人不得取得混合物的所有权。

4. 既无约定，又无法律规定，还无恶意混合的，按照充分发挥物的效用的原则确定混合物的所有权归属，即把混合物的所有权确定给更能发挥混合物的功效之人。当然，在这里，运用视为主物的思路和理论更为精准，即把混合物的所有权确定给原动产价值高的主体。例如，砂石与水泥混合，由水泥的所有权人取得混合物的所有权；半瓶茅台酒与半瓶二锅头混合，将混合物的所有权确定给茅台酒的所有权人。

5. 丧失动产所有权的主体，可基于不当得利或侵权损害赔偿请求救济。

---

① 谢在全：《民法物权论》（上册），台北，三民书局有限公司 2003 年 7 月修订 2 版，第 515～516 页。

6. 抵押物因混合使其所有权归第三人所有的，抵押权的效力及于抵押人因此而可以获得的补偿金；原抵押物所有人取得了该混合物所有权的，抵押权的效力及于混合物；第三人与原抵押物所有人共同取得混合物的所有权的，抵押权的效力及于抵押人对共有物享有的份额（法释〔2000〕44号第62条）。

7. 本条后段规定：因一方当事人的过错或者确定物的归属造成另一方当事人损害的，应当给予赔偿或者补偿。

四、加工

（一）概念与构成

所谓加工，是指利用他人的动产制造新物的法律事实。其构成要件包括：（1）加工标的物限于动产。对于不动产施以工作，不适用民法关于加工的规则，而依无因管理或不当得利的规定处理。有问题的是，对数个动产予以加工，制造出的新物为不动产的，如何解决。例如，利用他人的建筑材料建造成新楼，是否适用加工的规则？有学者持肯定的见解，值得重视。[①] 但需要注意，在出资合建房屋的情况下，当事人有约定且合法有效时，建筑物所有权的归属依其约定；若约定无效，适用《民法典》第231条和第352条的规定解决，而不归《民法典》第322条调整。（2）加工的材料必须为他人所有。（3）必须有加工行为。加工行为系事实行为。加工通常皆出于人为，该加工人为善意或恶意，一般不予考虑，但是，恶意加工的结果，不仅没有增加动产的价值，反倒减少其价值或失去其原有效用的，应无适用加工规则的余地，而应当由加工人承担侵权责任。[②]（4）加工规则的适用，是否需要具备加工后形成新物这个要件，前后有所变化。罗马法要求加工物必须制成新物，因为如果没有形成新物，原有的动产（材料）没有变化，其所有权不应发生变动，仍然归属于原所有权人。是否为新物的判断，应按照社会的交易观念确定，通常指在加工后产出的物与原有的动产（材料）各为一物，或其名称或其经济机能已经不同。法国、德国、瑞士的民法对此均予承继，日本和中国台湾地区的通说也如此解释。值得注意的是，近来有力说认为，加工规则的适用，不以加工后形成新物为必要，只要加工产生的价值显著超过材料的价格时，加工人即可取得该物的所有权。这是因为，近代加工规定的首要立法意旨，已非如罗马法仅仅在于解决动产所有权的变动问题，而是重在鼓励经济价值的创造。由此决定，确定加工人能否取得加工物所有权的标准，不在于加工物是

①② 谢在全：《民法物权论》（上册），台北，三民书局有限公司2003年7月修订2版，第530页。

否成为新物，而在于加工物的价值是否已经显著增加。[①]

还须指出，在高倡合同自由的时代，加工物归属于谁，应由当事人自由决定。如此，根据劳动合同、雇佣合同、委托合同、承揽合同等所为的加工，其成果的归属应依当事人的约定，排除加工规则的适用。[②]

（二）法律效果

根据本条的规定，加工的法律效力表现在如下几个方面。

1. 加工物的归属，当事人有约定的，依其约定。这是尊重意思自治的表现，由于此处不存在公序良俗的问题，该规则具有正当性，值得赞同。

2. 没有约定或者约定不明确的，依照法律规定确定加工物所有权的归属。

3. 既无约定，又无法律规定的，按照保护无过错当事人的原则确定加工物所有权的归属，即恶意的加工人不得取得加工物的所有权。

4. 既无约定，又无法律规定，还无恶意加工的，按照充分发挥物的效用的原则确定加工物的所有权归属。在具体操作上，一般情况下加工物所有权归材料的所有权人享有，但如果加工物所增加的价值明显高于材料价值的，加工物归加工人所有。不过，恶意加工人不能取得加工物的所有权。

5. 加工物所有权如由加工人取得，则加工人乃是依据法律规定而取得，而非基于他人既存的权利，故属原始取得。于此场合，材料所有权人的权利消灭，该材料上的其他权利也随之消灭。但是，法释〔2000〕44 号规定，抵押物因加工使其所有权归第三人所有的，抵押权的效力及于抵押人因此而可以获得的补偿金；原抵押物所有人取得了该加工物所有权的，抵押权的效力及于加工物；第三人与原抵押物所有人共同取得加工物的所有权的，抵押权的效力及于抵押人对共有物享有的份额（第 62 条）。

6. 本条后段规定：因一方当事人的过错或者确定物的归属造成另一方当事人损害的，应当给予赔偿或者补偿。

---

① ［日］我妻荣：《日本物权法》，有泉亨修订，李宜芬校订，台北，五南图书出版公司 1999 年版，第 287～288 页；［日］舟桥纯一：《物权法》，东京，有斐阁 1979 年版，第 371 页；［日］川岛武宜编辑：《注释民法》（7），五十岚清执笔，东京，有斐阁 1984 年版，第 295 页；［日］星野英一：《民法概论Ⅱ·物权·担保物权》，京都，良书普及会平成六年版，第 130 页；［日］广中俊雄：《物权法》（第 2 版），东京，青林书院 1989 年版，第 414 页；苏永钦：《论动产加工的物权及债权效果》，载苏永钦：《民法经济法论文集》（第 1 册），1988 年自版，第 205 页；谢在全：《民法物权论》（上册），台北，三民书局有限公司 2003 年 7 月修订 2 版，第 531 页。

② 参见［日］我妻荣：《日本物权法》，有泉亨修订，李宜芬校订，台北，五南图书出版公司 1999 年版，第 281～282 页。

图书在版编目（CIP）数据

中国民法典释评：十卷本. 物权编. 上卷/崔建远著. —北京：中国人民大学出版社，2020.8
ISBN 978-7-300-28382-1

Ⅰ. ①中…　Ⅱ. ①崔…　Ⅲ. ①民法-法典-法律解释-中国②物权法-法律解释-中国
Ⅳ. ①D923.05

中国版本图书馆 CIP 数据核字（2020）第 123687 号

中国民法典释评·物权编（上卷）
崔建远　著
Zhongguo Minfadian Shiping · Wuquan Bian

出版发行　中国人民大学出版社
社　　址　北京中关村大街 31 号　　**邮政编码**　100080
电　　话　010－62511242（总编室）　010－62511770（质管部）
010－82501766（邮购部）　010－62514148（门市部）
010－62515195（发行公司）　010－62515275（盗版举报）
网　　址　http://www.crup.com.cn
经　　销　新华书店
印　　刷　涿州市星河印刷有限公司
规　　格　170 mm×240 mm　16 开本　　**版　　次**　2020 年 8 月第 1 版
印　　张　36.25　插页 3　　**印　　次**　2020 年 12 月第 2 次印刷
字　　数　663 000　　**定　　价**　1 860.00 元（十卷本）